# 中国社会统计年鉴

# CHINA SOCIAL STATISTICS YEARBOOK

# 2007

国家统计局社会和科技统计司　编

Compiled by
Department of Social, Science and Technology Statistics
National Bureau of Statistics of China

中国统计出版社
China Statistics Press

（京）新登字 041 号

图书在版编目（CIP）数据

中国社会统计年鉴.2007/国家统计局社会和科技统计司编.
—北京：中国统计出版社，2007.8
ISBN 978-7-5037-5245-2

Ⅰ.中…
Ⅱ.国…
Ⅲ.社会统计－统计资料－中国－2007－年鉴
Ⅳ.C832－54

中国版本图书馆 CIP 数据核字（2007）第 111902 号

中国社会统计年鉴－2007

作　　者/国家统计局社会和科技统计司编
责任编辑/徐　涛
装帧设计/艺编广告
出版发行/中国统计出版社
通信地址/北京市西城区月坛南街 57 号　邮政编码/100826
办公地址/北京市丰台区西三环南路甲 6 号
网　　址/www.stats.gov.cn/tjshujia
电　　话/邮购（010）63376907　书店（010）68783172
印　　刷/河北天普润印刷厂
经　　销/新华书店
开　　本/890×1240mm　1/16
字　　数/508 千字
印　　张/26.5
印　　数/1—1500 册
版　　别/2007 年 11 月第 1 版
版　　次/2007 年 11 月第 1 次印刷
书　　号/ISBN 978-7-5037-5245-2/F·2543
定　　价/180.00 元

# 《中国社会统计年鉴—2007》编委会和编辑人员

## 《China Social Statistical Yearbook 2007》
# Editorial Board and Staff

## Editorial Board



## Editorial Staff

# 编者说明

一、《中国社会统计年鉴-2007》是一部较为全面反映我国社会发展相关领域情况的资料性年刊。全书以部门的社会统计资料为基础，主要包括：教育、文化、体育、卫生、社会保障、社会秩序与安全和社会活动参与等几个部分。

二、由于有关部门统计基础和现有资料情况各异，其资料在全书中所占篇幅各有不同，部门资料的历史年份也未统一，但资料基本上可以反映部门统计的不同特点。

三、书中以附录的形式收录了反映部门事业发展的统计公报和重大调查成果的报告，是对社会统计数据资料的必要完善与补充。书后附有主要统计指标解释。

四、本书的资料分别来自于：教育部、文化部、广电总局、新闻出版总署、档案局、体育总局、卫生部、民政部、公安部、最高人民检察院、最高人民法院、司法部、劳动和社会保障部、中央组织部、中央统战部、总工会、团中央、全国妇联和全国残联等部门。

五、资料中的“空格”表示该项统计指标数据不详或无该项数据；“#”表示其中的主要项。

六、在本书的编辑过程中，得到有关部门的大力支持，在此谨致深深的谢意。由于社会统计年鉴涉及的范围广、工作量大，在资料的整理和编排方面难免存在不足甚至疏误，敬请读者指正。

# PREFACE

I. *China Social Statistical Yearbook 2007* is the statistical yearbook which reflects various aspects related to social development. It is based on social statistical data of different departments, and mainly contains the following chapters: education, culture, sports, public health, social security, social order and public security, and other social activities.

II. The Yearbook could reflect basic characteristics of statistics from different departments, although information from each department contained in this yearbook is different, and so is the length of time series of data, due to varying statistical statuses of each department.

III. The Yearbook also includes, in the form of annex, some statistical communiqués and important survey reports reflecting the development of related departments. This is a necessary supplement to social statistical data. In addition, explanatory notes on main statistical indicators are provided at the end of the Yearbook.

IV. Data and materials contained in the Yearbook are sourced from the following departments: Ministry of Education, Ministry of Culture, the State Administration of Radio, Film and Television, General Administration of Press and Publication, the State Archives Administration, General Administration of Sports, Ministry of Health, Ministry of Civil Affairs, Ministry of Public Security, Supreme People's Procuratorate, Supreme People's Court, Ministry of Justice, Ministry of Labor and Social Security, the Organization Department of the CPC Central Committee, the United Front Work Department of CPC Central Committee, All-China Federation of Trade Unions, the Central Committee of the Communist Youth League, All-China Women's Federation, China Disabled Persons' Federation, etc.

V. Notations used in the yearbook: (blank space) indicates that data are unknown or are not available; "#" indicates a major breakdown of the total.

VI. Our deep appreciation goes to many departments which provided supports in compiling this Yearbook. It is inevitable that there might be some mistakes in the book because of wide coverage and large workload involved in collecting and compiling social statistics. Suggestions from readers are welcome so as to improve the quality of this publication in the future.

# 目 录

# CONTENTS

## 一、综 合
## General Survey



## 二、教 育
## Education

## 三、文 化
## Culture

## 四、广播电视
## Radio and Television

## 五、新闻出版、档案
## News Publication and Archive

## 六、体 育
## Sports

## 七、卫生
## Public Health

## 八、社会秩序和安全
## Social Order and Safe

## 九、社会保障
## Social Security

## 十、社会活动参与
## Participance of Social Activities

# 一、综　　合

# General Survey

# 1-1 社会发展主要指标

# Major Indicators of Social Development

| 指 标 | Index | 1978 | 1980 | 1990 | 2000 | 2005 | 2006 |
|---|---|---|---|---|---|---|---|
| **教 育** | **Education** | | | | | | |
| **招生数(万人)** | **New Students Enrollment (10000 persons)** | | | | | | |
| 研究生(人) | Postgraduates (person) | 10708 | 3616 | 29649 | 128484 | 364831 | 397925 |
| 普通高等教育 | Regular Higher Education | 40.2 | 28.1 | 60.9 | 220.6 | 504.5 | 546.1 |
| 成人高等教育 | Adult Higher Education | | | | 156.2 | 193.0 | 184.4 |
| 中等职业教育 | Secondary Vacational Education | | 256.2 | 286.1 | 386.8 | 655.7 | 747.8 |
| 普通高中 | Regular Senior Secondary Schools | 692.9 | 383.4 | 249.8 | 472.7 | 877.7 | 871.2 |
| 普通初中 | Regular Junior Secondary Schools | 2006.0 | 1550.9 | 1369.9 | 2263.3 | 1976.5 | 1923.6 |
| 小 学 | Primary Schools | 3315.4 | 2942.3 | 2064.0 | 1946.5 | 1671.7 | 1729.4 |
| **在校生数(万人)** | **Students Enrollment (10000 persons)** | | | | | | |
| 研究生(人) | Postgraduates (person) | 10934 | 21604 | 93018 | 301239 | 978610 | 1104653 |
| 普通高等教育 | Regular Higher Education | 85.6 | 114.4 | 206.3 | 556.1 | 1561.8 | 1738.8 |
| 成人高等教育 | Adult Higher Education | 140.8 | 155.4 | 166.7 | 353.6 | 436.1 | 524.9 |
| 中等职业教育 | Secondary Vacational Education | | 675.6 | 763.5 | 1229.5 | 1600.0 | 1809.9 |
| 普通高中 | Regular Senior Secondary Schools | 1553.1 | 969.8 | 717.3 | 1201.3 | 2409.1 | 2514.5 |
| 普通初中 | Regular Junior Secondary Schools | 4995.2 | 4538.3 | 3868.7 | 6167.6 | 6171.8 | 5937.4 |
| 小 学 | Primary Schools | 14624.0 | 14627.0 | 12241.4 | 13013.3 | 10864.1 | 10711.5 |
| **毕业生数(万人)** | **Graduates (10000 persons)** | | | | | | |
| 研究生(人) | Postgraduates (person) | 9 | 476 | 35440 | 58767 | 189728 | 255902 |
| 普通高等教育 | Regular Higher Education | 16.5 | 14.7 | 61.4 | 95.0 | 306.8 | 377.5 |
| 成人高等教育 | Adult Higher Education | | | 48.9 | 88.0 | 166.8 | 81.5 |
| 中等职业教育 | Secondary Vacational Education | | | 240.7 | 478.7 | 418.2 | 479.1 |
| 普通高中 | Regular Senior Secondary Schools | 682.7 | 616.2 | 233.0 | 301.5 | 661.6 | 727.1 |
| 普通初中 | Regular Junior Secondary Schools | 1692.6 | 964.7 | 1109.1 | 1607.1 | 2106.5 | 2062.4 |
| 小 学 | Primary Schools | 2287.9 | 2053.3 | 1863.1 | 2419.2 | 2019.5 | 1928.5 |
| **全国教育经费(亿元)** | **Total Funds for Education (100 million yuan)** | | | **548.7** | **3849.1** | **8418.8** | |
| **国家财政性教育经费占GDP比重(%)** | **Percentage of Government Appropriation for Education to GDP (%)** | | | | **2.9** | **2.8** | |

1-1 续表 1 continued

| 指 标 | Index | 1978 | 1980 | 1990 | 2000 | 2005 | 2006 |
|---|---|---|---|---|---|---|---|
| **文 化** | **Culture** | | | | | | |
| 艺术表演团体(个) | Arts Performance Troupes (unit) | 3150 | 3533 | 2805 | 2630 | 2805 | 2866 |
| 公共图书馆(个) | Public Libraries (unit) | 1218 | 1732 | 2527 | 2677 | 2762 | 2778 |
| 博物馆(个) | Museums (unit) | 349 | 365 | 1013 | 1392 | 1581 | 1617 |
| 国家综合档案馆(个) | General Archives (unit) | | | | 3070 | 3142 | 3154 |
| 图书出版种数(种) | Number of Published Books (kind) | 14987 | 21621 | 80224 | 143376 | 222473 | 233971 |
| 报纸出版种数(种) | Number of Published Newspapers (kind) | 186 | 188 | 1444 | 2007 | 1931 | 1938 |
| 杂志出版种数(种) | Number of Published Magazines (kind) | 930 | 2191 | 5751 | 8725 | 9468 | 9468 |
| 图书总印数 (亿册、亿张) | Printed Copies of Books (100 million copies,100 million sheets) | 37.7 | 45.9 | 56.4 | 62.7 | 64.7 | 64.1 |
| 报纸总印数(亿份) | Printed Copies of Newspapers (100 million copies) | 127.8 | 140.4 | 211.3 | 329.3 | 412.6 | 424.5 |
| 杂志总印数(亿册) | Printed Copies of Magazines (100 million copies) | 7.6 | 11.3 | 17.9 | 29.4 | 27.6 | 28.5 |
| 故事影片产量(部) | Number of Feature Films (film) | 46.0 | 82.0 | 134.0 | 91.0 | 260.0 | 330.0 |
| 电视节目制作时间 (万小时) | Production of TV Programs (10000 hours) | | | 9.2 | 102.6 | 255.4 | 261.8 |
| **卫 生** | **Health** | | | | | | |
| 卫生机构数(个) | Number of Health Institutions (unit) | 169732 | 180553 | 208734 | 324771 | 298997 | 308969 |
| #医院、卫生院 | Hospitals and Health Centers | 64311 | 65315 | 62126 | 66095 | 60397 | 60037 |
| 医院卫生院床位数 (万张) | Number of Beds in Hospitals and Health Centers (10000 beds) | 184.7 | 197.1 | 259.2 | 290.8 | 313.5 | 327.1 |
| 卫生技术人员(万人) | Medical and Technical Personnel (10000 persons) | 246.4 | 279.8 | 389.8 | 449.1 | 446.0 | 462.4 |
| #执业医师和执业助理医师 | Certified Doctors and Certified Assistant Doctors | 103.3 | 115.3 | 176.3 | 207.6 | 193.8 | 199.5 |
| 注册护士 | Registered Nurses | 40.7 | 46.6 | 97.5 | 126.7 | 135.0 | 142.6 |
| 每千人口医生数(人) | Number of Doctors per 1 000 Population (person) | 1.08 | 1.17 | 1.56 | 1.68 | 1.52 | 1.54 |
| 卫生总费用(亿元) | Expenditure for Public Health (100 million yuan) | 110.2 | 143.2 | 747.4 | 4586.6 | 8659.9 | |
| 卫生总费用占GDP的比重(%) | Percentage of Expenditure for Public Health to GDP (%) | 3.0 | 3.2 | 4.0 | 4.6 | 4.7 | |

1-1 续表 2 continued

| 指　　标 | Index | 1978 | 1980 | 1990 | 2000 | 2005 | 2006 |
|---|---|---|---|---|---|---|---|
| **体　　育** | **Sports** | | | | | | |
| 《国家体育锻炼标准》达标人数(万人) | Number of Persons Meeting the State Physical Training Standards (10000 persons) | | | 7478 | 15202 | 12234 | 11024 |
| 运动员获世界冠军(个) | World Championships Won by Chinese Athletes (unit) | 4 | 3 | 54 | 110 | 106 | 141 |
| 运动员创世界记录(次) | World Records Broken by Chinese Athletes (time) | 3 | 15 | 16 | 30 | 21 | 25 |
| **社会保障** | **Social Security** | | | | | | |
| 收养性福利事业单位(个) | Adopting Welfare Institutions (unit) | 8571 | 9669 | 40583 | 40491 | 41368 | 41948 |
| 社会福利企业单位(个) | Social Welfare Enterprises (unit) | 920 | 1309 | 41827 | 40670 | 31211 | 30199 |
| 城市居民最低生活保障人数(万人) | Number of Persons Receiving Subsistence Allowance in Urban Areas (10000 persons) | | | | 402.6 | 2234.2 | 2240.1 |
| 农村低保和传统救济人数(万人) | Number of Persons Receiving Traditional Relief in Rural Areas (10000 persons) | | | | | 1891.8 | 2987.8 |
| #农村居民最低生活保障人数 | Number of Persons Receiving Subsistence Allowance in Rural Areas | | | | 300.2 | 825.0 | 1593.1 |
| 城镇社区服务设施数(个) | Number of Community Service Facilities in Urban Areas (unit) | | | 84757 | 181444 | 194796 | 160007 |
| 民政事业总支出(亿元) | Total Expenditure of Civil Affairs (100 million yuan) | 13.7 | 17.5 | 51.9 | 229.7 | 718.4 | 915.4 |
| 民政事业总支出占财政支出的比重(%) | Percentage of Total Expenditure of Civil Affairs to Government Expenditure (%) | 1.25 | 1.44 | 1.54 | 1.50 | 2.13 | 2.28 |
| **公检法司** | **Public Security, Procuratorial,Legal and Judicial Affairs** | | | | | | |
| 公安机关刑事案件立案数(万起) | Number of Criminal Cases Registered in Public Security Organs (10000 cases) | | | | 363.7 | 464.8 | 465.3 |
| 公安机关治安案件查处数(万起) | Number of Offense Cases Against Public Order Handled by Public Security Organs (10000 cases) | | | | 382.3 | 630.1 | 615.4 |

1-1 续表 3 continued

| 指 标 | Index | 1978 | 1980 | 1990 | 2000 | 2005 | 2006 |
|---|---|---|---|---|---|---|---|
| 检察机关立案侦察案件数(件) | Number of Cases under Direct Investigation by Procurator's Offices (case) | | | | 45113 | 35028 | 33668 |
| 检察机关批准决定逮捕犯罪嫌疑人(万人) | Arrests of Criminal Suspects Approved by Procurator's Offices (10000 persons) | | | | 71.6 | 87.6 | 90.7 |
| 人民法院审理一审案件数(万件) | Number of First Trial Cases by Courts (10000 cases) | 44.8 | 76.4 | 291.7 | 535.6 | 516.1 | 518.4 |
| 刑事案件 | Criminal Cases | 14.7 | 19.8 | 46.0 | 56.0 | 68.5 | 70.2 |
| 民事案件 | Civil Cases | 30.1 | 56.6 | 185.2 | 341.2 | 438.0 | 438.6 |
| 行政案件 | Administrative Cases | | | 1.3 | 8.6 | 9.6 | 9.6 |
| 在押服刑人员(万人) | Termers in Custody (10000 persons) | | | | | 155.9 | 156.6 |
| 律师事务所(个) | Number of Law Offices (unit) | | | 3716 | 9541 | 12988 | 13096 |
| 专职律师(万人) | Number of Full-time Lawyers (10000 persons) | | | 2.4 | 6.9 | 11.4 | 12.2 |
| 公证员(人) | Number of Notaries (person) | | | 9210 | 12849 | 11738 | 21362 |
| 交通事故发生数(万起) | Number of Traffic Accidents (10000 cases) | | | 25.0 | 61.7 | 45.0 | 37.9 |
| 交通事故死亡人数(人) | Deaths in Traffic Accidents (person) | | | 49243 | 93853 | 98738 | 89455 |
| 交通事故损失折款(亿元) | Losses from Traffic Accidents (100 million yuan cash equivalent) | | | 3.5 | 26.7 | 18.8 | 14.9 |
| 火灾事故发生数(万起) | Number of Fire Accidents (10000 cases) | | | 5.7 | 18.9 | 23.6 | 22.3 |
| 火灾事故死亡人数(人) | Deaths in Fire Accidents (person) | | | 2107 | 3021 | 2496 | 1517 |
| 火灾事故损失折款(亿元) | Losses from Fire Accidents (100 million yuan cash equivalent) | | | 5.1 | 15.2 | 13.6 | 7.8 |
| **工会妇联** | **Trade Unions and Women's Federations** | | | | | | |
| 工会基层组织数(万个) | Number of Grassroot Trade Unions (10000 units) | | | 37.6 | 60.6 | 85.9 | 117.4 | 132.4 |
| 全国工会会员人数(万人) | Membership of Trade Unions (10000 persons) | | 6116.5 | 10135.6 | 10361.5 | 15029.4 | 16994.2 |
| 工会专职工作人员(万人) | Number of Full-time Personnel of Trade Unions (10000 persons) | | 24.3 | 55.6 | 48.2 | 47.7 | 54.3 |
| 全国妇联专职干部(人) | Number of Full-time Cadres of Women's Federations (person) | | | 97566 | | 61565 | 75236 |
| #少数民族干部 | Number of Minority Cadres | | | 14638 | | 9156 | 11500 |

# 二、教　育
# Education

# 2-1 学校、教职工和专任教师情况（2006年）

# Basic Statistics on Schools, Teachers and Staff and Full-time Teachers (2006)

| 项 目 | Item | 学校数(所) Number of School (unit) | 教职工数(人) Teachers and Staff (person) | 专任教师(人) Full-time Teachers (person) |
|---|---|---|---|---|
| **高等教育** | **Higher Education** | | | |
| 研究生培养机构 | Institutions Providing Postgraduate Programs | (767) | | |
| 普通高校 | Regular Institutions of Higher Education | (450) | | |
| 科研机构 | Research Institutions | (317) | | |
| 普通高等学校 | Regular Institutions of Higher Education | 1867 | 1872601 | 1075989 |
| 本科院校 | Universities with Full Undergraduate Courses | 720 | 1249028 | 677056 |
| 专科院校 | Colleges with Specialized Courses | 1147 | 501397 | 316299 |
| #职业技术学院 | Vocational and Technical Colleges | 981 | 420952 | 266609 |
| 其他机构(教学点) | Other Institutions | (428) | 122176 | 82634 |
| #独立学院 | Independent Institutions | 318 | 106648 | 73820 |
| 成人高等学校 | Adult Institutions of Higher Education | 444 | 139994 | 81403 |
| 民办其他高等教育机构 | Non-state Institutions of Higher Education | 994 | 45866 | 21776 |
| **中等教育** | **Secondary Education** | **94116** | **6952445** | **5670834** |
| 高中阶段教育 | Senior Secondary Education | 31685 | 6930093 | 2191402 |
| 高 中 | Senior Secondary Schools | 16992 | 5792737 | 1392307 |
| 普通高中 | Regular Senior Secondary Schools | 16153 | 5784564 | 1387182 |
| 成人高中 | Adult Senior Secondary Schools | 839 | 8173 | 5125 |
| 中等职业教育 | Secondary Vocational Education | 14693 | 1137356 | 799095 |
| 普通中专 | Regular Specialized Secondary Schools | 3698 | 366780 | 229182 |
| 成人中专 | Adult Specialized Secondary Schools | 2350 | 111186 | 70302 |
| 职业高中 | Vocational Senior Secondary Schools | 5765 | 403710 | 295863 |
| 技工学校 | Technical Schools | 2880 | 215349 | 177155 |
| 其他机构(教学点) | Other Institutions | (2502) | 40331 | 26593 |
| 初中阶段教育 | Junior Secondary Education | 62431 | 22352 | 3479432 |
| 普通初中 | Regular Junior Secondary Schools | 60550 | | 3463478 |
| 职业初中 | Vocational Junior Secondary Schools | 335 | 14110 | 11546 |
| 成人初中 | Adult Junior Secondary Schools | 1546 | 8242 | 4408 |
| **初等教育** | **Primary Education** | **396567** | **6227522** | **5628904** |
| 普通小学 | Regular Primary Schools | 341639 | 6119992 | 5587557 |
| 成人小学 | Adult Primary Schools | 54928 | 107530 | 41347 |
| #扫盲班 | Literacy Courses | 40397 | 82379 | 28920 |
| **工读学校** | **Schools for Juvenile Delinquents** | **74** | **2525** | **1603** |
| **特殊教育** | **Special Education** | **1605** | **43572** | **33396** |
| **学前教育** | **Pre-school Education** | **130495** | **1238567** | **776491** |

注：1.普通高中的教职工数中包含普通初中的教职工数。
2.括号内数据均不计校数。

a) Number of Teachers and Staff in regular senior secondary schools includes that of regular junior secondary schools.

b) Data in "()" don't count number of school.

# 2-2 各级各类学历教育学生情况（2006年）

# Basic Statistics on Students by Level and Type of Education (2006)

单位：人、%　　　　(person，%)

| 项　目 | Item | 招生数 New Enrollment | 在校学生数 Total Enrollment | 毕业生数 Graduates | 女学生占学生总数比重 Percentage of Females to Total |
|---|---|---|---|---|---|
| **高等教育** | **Students Received Higher Education** | | | | |
| 研究生 | Postgraduates | 397925 | 1104653 | 255902 | 44.01 |
| 博　士 | Doctor's Degree | 55955 | 208038 | 36247 | 33.87 |
| 硕　士 | Master's Degree | 341970 | 896615 | 219655 | 46.36 |
| 普通本专科 | Regular Undergraduates and College Students | 5460530 | 17388441 | 3774708 | 48.06 |
| 本　科 | Enrolled in Full Undergraduate Courses | 2530854 | 9433395 | 1726674 | 46.32 |
| 专　科 | Enrolled in Specialized Courses | 2929676 | 7955046 | 2048034 | 50.13 |
| 成人本专科 | Adult Undergraduates and College Students | 1844431 | 5248765 | 815163 | 51.36 |
| 本　科 | Enrolled in Full Undergraduate Courses | 777677 | 2120297 | 218303 | 51.19 |
| 专　科 | Enrolled in Specialized Courses | 1066754 | 3128468 | 596860 | 51.48 |
| 其他高等学历教育 | Other Degree of Higher Education | | | | |
| 在职人员攻读博士、硕士学位 | Employees Enrolled in Graduate Programs Leading to Doctor or Master's Degrees | 109245 | 299100 | | 29.57 |
| 网络本专科 | Undergraduates and College Students Enrolled in Internet-based Courses | 1132516 | 2792945 | 885117 | 49.28 |
| 本　科 | Enrolled in Full Undergraduate Courses | 509530 | 1296893 | 436707 | 49.81 |
| 专　科 | Enrolled in Specialized Courses | 622986 | 1496052 | 448410 | 48.83 |
| 学历文凭考试 | Students Taking Exam Leading to Diploma | | 106820 | 76377 | 51.01 |
| 自学考试 | Students Taking Unified Exams after Completing Self-learning Programs | | | | |
| 其他 | Other | | 25039 | 7899 | 55.19 |
| **中等教育** | **Students Received Secondary Education** | **35485878** | **103502403** | **33704199** | |
| 高中阶段教育 | Senior Secondary Education | 16190298 | 43418552 | 12185352 | |
| 高　中 | Senior Secondary Schools | 8712080 | 25319683 | 7394824 | |
| 普通高中 | Regular Senior Secondary Schools | 8712080 | 25144967 | 7270693 | 46.83 |
| 成人高中 | Adult Senior Secondary Schools | | 174716 | 124131 | 46.48 |
| 中等职业教育 | Secondary Vocational Eduacation | 7478218 | 18098869 | 4790528 | |
| 普通中专 | Regular Specialized Secondary Schools | 2788870 | 7258441 | 1823745 | 52.83 |
| 成人中专 | Adult Specialized Secondary Schools | 461550 | 1075899 | 399429 | 48.25 |
| 职业高中 | Vocational Senior Secondary Schools | 2880187 | 6556379 | 1703097 | 48.02 |
| 技工学校 | Technical Schools | 1347611 | 3208150 | 864257 | 30.92 |
| 初中阶段教育 | Junior Secondary Education | 19295580 | 60083851 | 21518847 | |
| 普通初中 | Regular Junior Secondary Schools | 19236229 | 59373792 | 20623876 | 47.27 |
| 职业初中 | Vocational Junior Secondary Schools | 59351 | 205699 | 91890 | 46.03 |
| 成人初中 | Adult Junior Secondary Schools | | 504360 | 803081 | 45.83 |
| **初等教育** | **Students Received Primary Education** | **17293572** | **109766964** | **22040197** | |
| 普通小学 | Regular Primary Schools | 17293572 | 107115346 | 19284838 | 46.66 |
| 成人小学 | Adult Primary Schools | | 2651618 | 2755359 | 54.23 |
| #扫盲班 | Literacy Courses | | 1674559 | 1646073 | 56.38 |
| **工读学校** | **Schools for Juvenile Delinquents** | **3950** | **8322** | **3565** | **11.74** |
| **特殊教育** | **Students Received Special Education** | **49838** | **362946** | **45187** | **35.51** |
| **学前教育** | **Students Received Pre-sehool Education** | **13912457** | **22638509** | **10451092** | **44.84** |

注：特殊教育学生数中包括普通中小学随班就读的学生。

a) Students receiving special education include those learning in the same class of formal regular junior and primary school students.

# 2-3 全国各级各类非学历教育学生情况（2006年）

# Students Registered in Non-degree Education by Level and Type (2006)

单位：人 (person)

| 项　目 | Item | 结业生数 Certificates | 注册生数 Number of Registered Students |
|---|---|---|---|
| **总　计** | **Total** | **68744222** | **58168136** |
| 高等教育 | Higher Education | 3659927 | 2495630 |
| 研究生课程进修班 | Postgraduate Courses for Advanced Study | 68354 | 73621 |
| 自考助学班 | Classes for Self-learning Programs | 168482 | 833246 |
| 普通预科生 | College Preparatory Courses | | 28378 |
| 进修及培训 | In-service Training Courses | 3423091 | 1560385 |
| #资格证书培训 | Qualification Certificates Training | 980961 | 352190 |
| 岗位证书培训 | Position Certificates Training | 847665 | 435266 |
| 中等职业教育 | Secondary Vocational Education | 65084295 | 55672506 |
| #资格证书培训 | Qualification Certificates Training | 5608824 | 4438295 |
| 岗位证书培训 | Position Certificates Training | 6856411 | 4873730 |
| 中等职业学校 | Secondary Vocational Schools | 7748139 | 4886002 |
| #资格证书培训 | Qualification Certificates Training | 1836304 | 1041482 |
| 岗位证书培训 | Position Certificates Training | 1794254 | 880743 |
| 职业技术培训机构 | Vocational and Technical Training Institutions | 57336156 | 50786504 |
| #资格证书培训 | Qualification Certificates Training | 3772520 | 3396813 |
| 岗位证书培训 | Position Certificates Training | 5062157 | 3992987 |

# 2-4 全国各级各类民办教育基本情况（2006年）

## Basic Statistics on Non-state Education (2006)

单位:人 (person)

| 项目 | Item | 学校数（所） Number of Schools (unit) | 毕业生数 Graduates | 招生数 New Enrollment | 在校生数 Total Enrollment | 教职工数 Teachers and Staff | 专任教师 Full-time Teachers | 另有其他学生数 Other Students |
|---|---|---|---|---|---|---|---|---|
| **民办高等教育** | **Non-state Higher Education** | | | | | | | |
| 民办高校 | Non-state Institutions of Higher Education | 278 | 222991 | 498562 | 1337942 | 123230 | 75144 | 218474 |
| 本　科 | Offering Full Undergraduate Courses | | 13674 | 42659 | 125426 | | | |
| 专　科 | Offering Specialized Courses | | 209317 | 455903 | 1212516 | | | |
| 独立学院 | Independent Schools | (318) | 142139 | 527284 | 1467040 | 106648 | 73820 | 6595 |
| 本　科 | Offering Full Undergraduate Courses | | 108652 | 455163 | 1264513 | | | |
| 专　科 | Offering Specialized Courses | | 33487 | 72121 | 202527 | | | |
| 民办其他高等教育机构 | Other Non-state Institutions of Higher Education | 994 | | | | 45866 | 21776 | 939013 |
| **民办中等教育** | **Non-state Secondary Education** | | | | | | | |
| 高中阶段教育 | Senior Secondary Education | 5805 | 1102202 | 1852010 | 4503451 | 562158 | 392920 | |
| 民办普通高中 | Non-state Regular Senior Secondary Schools | 3246 | 612738 | 909045 | 2477160 | 434801 | 314622 | |
| 民办中等职业教育 | Non-state Junior Secondary Vocational Schools | 2559 | 489464 | 942965 | 2026291 | 127357 | 78298 | 267261 |
| 初中阶段教育 | Junior Secondary Education | 4561 | 1102088 | 1323872 | 3943973 | 310 | 192 | |
| 民办普通初中 | Non-state Regular Junior Secondary Schools | 4550 | 1101403 | 1322984 | 3940611 | | | |
| 民办职业初中 | Non-state Junior Secondary Vocational Schools | 11 | 685 | 888 | 3362 | 310 | 192 | |
| **民办普通小学** | **Non-state Regular Primary Schools** | **6161** | **643121** | **712489** | **4120907** | **246898** | **179836** | |
| **民办幼儿园** | **Non-state Kindergartens** | **75426** | **2628256** | **4104503** | **7756871** | **636914** | **376656** | |
| **另：民办培训机构** | **Non-state Training Institutions** | **(23470)** | | | | **216735** | **117047** | **8768353** |

注：1.“另有其他学生数”包括：学历文凭考试学生、自考助学班学生、预科生、进修及培训学生数；

2.民办普通高中的教职工和专任教师数中包含民办普通初中的教职工和专任教师数；

3.“()”内数据为不计校数。

a) Number of other students includes that of taking exam leading to diploma, classes for self-learning programs, college preparatory courses and in-service training courses.

b) Number of techers and staff in non-state regular senior secondary schools includes those of non-state regular junior secondary secondary schools.

c) Data in "()" don't count number of schools.

# 2-5 各级各类学校数

## Number of Schools by Level and Type of School

单位: 所 (unit)

| 年 份 Year | 普通高等学 校 Regular Institutions of Higher Education | 普通中学 Regular Secondary Schools | 高 中 Senior Secondary Schools | 初 中 Junior Secondary Schools | 职业中学 Secondary Vocational Schools | 普通小学 Primary Schools | 特殊教育学 校 Schools of Special Education | 学前教育 Pre-primary Education |
|---|---|---|---|---|---|---|---|---|
| 1978 | 598 | 162345 | 49215 | 113130 | | 949323 | 292 | 163952 |
| 1980 | 675 | 118377 | 31300 | 87077 | 3314 | 917316 | 292 | 170419 |
| 1985 | 1016 | 93221 | 17318 | 75903 | 8070 | 832309 | 375 | 172262 |
| 1986 | 1054 | 92967 | 17111 | 75856 | 8187 | 820846 | 423 | 173376 |
| 1987 | 1063 | 92857 | 16930 | 75927 | 8381 | 807406 | 504 | 176775 |
| 1988 | 1075 | 91492 | 16524 | 74968 | 8954 | 793261 | 577 | 171845 |
| 1989 | 1075 | 89575 | 16050 | 73525 | 9173 | 777244 | 662 | 172634 |
| 1990 | 1075 | 87631 | 15678 | 71953 | 9164 | 766072 | 746 | 172322 |
| 1991 | 1075 | 85851 | 15243 | 70608 | 9572 | 729158 | 886 | 164465 |
| 1992 | 1053 | 84021 | 14850 | 69171 | 9860 | 712973 | 1077 | 172506 |
| 1993 | 1065 | 82795 | 14380 | 68415 | 9985 | 696681 | 1123 | 165197 |
| 1994 | 1080 | 82358 | 14242 | 68116 | 10217 | 682588 | 1241 | 174657 |
| 1995 | 1054 | 81020 | 13991 | 67029 | 10147 | 668685 | 1379 | 180438 |
| 1996 | 1032 | 79967 | 13875 | 66092 | 10049 | 645983 | 1428 | 187324 |
| 1997 | 1020 | 78642 | 13880 | 64762 | 10047 | 628840 | 1440 | 182485 |
| 1998 | 1022 | 77888 | 13948 | 63940 | 10074 | 609626 | 1535 | 181368 |
| 1999 | 1071 | 77213 | 14127 | 63086 | 9636 | 582291 | 1520 | 181136 |
| 2000 | 1041 | 77268 | 14564 | 62704 | 8849 | 553622 | 1539 | 175836 |
| 2001 | 1225 | 80432 | 14907 | 65525 | 7802 | 491273 | 1531 | 111706 |
| 2002 | 1396 | 80067 | 15406 | 64661 | 7402 | 456903 | 1540 | 111752 |
| 2003 | 1552 | 79490 | 15779 | 63711 | 6843 | 425846 | 1551 | 116390 |
| 2004 | 1731 | 79058 | 15998 | 63060 | 6478 | 394183 | 1560 | 117899 |
| 2005 | 1792 | 77977 | 16092 | 61885 | 6423 | 366213 | 1593 | 124402 |
| 2006 | 1867 | 76703 | 16153 | 60550 | 6100 | 341639 | 1605 | 130495 |

# 2-6 各级各类学校专任教师数

## Number of Full-time Teachers by Level and Type of School

单位: 万人 (10000 persons)

| 年 份 Year | 普通高等学校 Regular Institutions of Higher Education | 普通中学 Regular Secondary Schools | 高中 Senior Secondary Schools | 初中 Junior Secondary Schools | 职业中学 Secondary Vocational Schools | 普通小学 Primary Schools | 特殊教育学校 Schools of Special Education | 学前教育 Pre-primary Education |
|---|---|---|---|---|---|---|---|---|
| 1978 | 20.6 | 318.2 | 74.1 | 244.1 | | 522.6 | 0.4 | 27.7 |
| 1980 | 24.7 | 302.0 | 57.1 | 244.9 | 2.3 | 549.9 | 0.5 | 41.1 |
| 1985 | 34.4 | 265.2 | 49.2 | 216.0 | 14.1 | 537.7 | 0.7 | 55.0 |
| 1986 | 37.2 | 275.8 | 51.8 | 223.9 | 16.4 | 541.4 | 0.8 | 60.5 |
| 1987 | 38.5 | 287.0 | 54.4 | 232.7 | 18.5 | 543.4 | 0.9 | 65.1 |
| 1988 | 39.3 | 296.0 | 55.7 | 240.3 | 20.3 | 550.1 | 1.1 | 67.0 |
| 1989 | 39.7 | 298.0 | 55.4 | 242.7 | 21.4 | 554.4 | 1.2 | 70.9 |
| 1990 | 39.5 | 303.3 | 56.2 | 247.0 | 22.4 | 558.2 | 1.4 | 75.0 |
| 1991 | 39.1 | 309.0 | 57.3 | 251.7 | 23.5 | 553.2 | 1.6 | 76.9 |
| 1992 | 38.8 | 314.1 | 57.6 | 256.5 | 24.8 | 552.7 | 1.9 | 81.5 |
| 1993 | 38.8 | 316.7 | 55.9 | 260.8 | 26.2 | 555.2 | 2.0 | 83.6 |
| 1994 | 39.6 | 323.4 | 54.7 | 268.7 | 27.7 | 561.1 | 2.3 | 86.2 |
| 1995 | 40.1 | 333.4 | 55.1 | 278.4 | 29.2 | 566.4 | 2.5 | 87.5 |
| 1996 | 40.3 | 346.5 | 57.2 | 289.3 | 30.8 | 573.6 | 2.7 | 88.9 |
| 1997 | 40.5 | 358.7 | 60.5 | 298.2 | 32.2 | 579.4 | 2.9 | 88.4 |
| 1998 | 40.7 | 369.7 | 64.2 | 305.5 | 33.6 | 581.9 | 3.0 | 87.5 |
| 1999 | 42.6 | 384.1 | 69.2 | 314.8 | 33.6 | 586.1 | 3.1 | 87.2 |
| 2000 | 46.3 | 400.5 | 75.7 | 324.9 | 32.0 | 586.0 | 3.2 | 85.6 |
| 2001 | 53.2 | 418.8 | 84.0 | 334.8 | 30.6 | 579.8 | 2.9 | 63.0 |
| 2002 | 61.8 | 437.6 | 94.6 | 343.0 | 31.0 | 577.9 | 3.0 | 57.1 |
| 2003 | 72.5 | 453.7 | 107.1 | 346.7 | 28.9 | 570.3 | 3.0 | 61.3 |
| 2004 | 85.8 | 466.8 | 119.1 | 347.7 | 29.4 | 562.9 | 3.1 | 65.6 |
| 2005 | 96.6 | 477.1 | 129.9 | 347.2 | 30.3 | 559.2 | 3.2 | 72.2 |
| 2006 | 107.6 | 485.1 | 138.7 | 346.3 | 30.7 | 558.8 | 3.3 | 77.6 |

# 2-7 各级各类学校招生数

## Number of New Student Enrollment by Level and Type of School

单位: 万人　　(10000 persons)

| 年 份 Year | 普通高等学校 Regular Institutions of Higher Education | 普通中学 Regular Secondary Schools | 高 中 Senior Secondary Schools | 初 中 Junior Secondary Schools | 职业中学 Secondary Vocational Schools | 普通小学 Primary Schools | 特殊教育学校 Schools of Special Education |
|---|---|---|---|---|---|---|---|
| 1978 | 40.2 | 2698.9 | 692.9 | 2006.0 | | 3315.4 | 0.6 |
| 1980 | 28.1 | 1934.3 | 383.4 | 1550.9 | 30.7 | 2942.3 | 0.6 |
| 1985 | 61.9 | 1606.9 | 257.5 | 1349.4 | 116.1 | 2298.2 | 0.9 |
| 1986 | 57.2 | 1643.9 | 257.3 | 1386.6 | 112.8 | 2258.2 | 1.1 |
| 1987 | 61.7 | 1649.5 | 255.2 | 1394.3 | 113.2 | 2094.6 | 1.2 |
| 1988 | 67.0 | 1584.8 | 244.3 | 1340.5 | 119.5 | 2123.3 | 1.2 |
| 1989 | 59.7 | 1551.5 | 242.1 | 1309.4 | 118.3 | 2151.5 | 1.4 |
| 1990 | 60.9 | 1619.6 | 249.8 | 1369.9 | 123.2 | 2064.0 | 1.6 |
| 1991 | 62.0 | 1655.2 | 243.8 | 1411.3 | 137.8 | 2072.7 | 2.0 |
| 1992 | 75.4 | 1699.7 | 234.7 | 1465.0 | 152.1 | 2183.2 | 3.0 |
| 1993 | 92.4 | 1707.3 | 228.3 | 1479.0 | 161.5 | 2353.5 | 3.4 |
| 1994 | 90.0 | 1859.8 | 243.4 | 1616.4 | 175.3 | 2537.0 | 4.0 |
| 1995 | 92.6 | 2025.9 | 273.6 | 1752.3 | 190.1 | 2531.8 | 5.6 |
| 1996 | 96.6 | 2042.9 | 282.2 | 1760.7 | 188.9 | 2524.7 | 4.8 |
| 1997 | 100.0 | 2128.2 | 322.6 | 1805.6 | 211.2 | 2462.0 | 4.6 |
| 1998 | 108.4 | 2321.0 | 359.6 | 1961.4 | 217.6 | 2201.4 | 4.9 |
| 1999 | 159.7 | 2546.0 | 396.3 | 2149.7 | 194.1 | 2029.5 | 5.0 |
| 2000 | 220.6 | 2736.0 | 472.7 | 2263.3 | 182.7 | 1946.5 | 5.3 |
| 2001 | 268.3 | 2815.9 | 558.0 | 2257.9 | 185.0 | 1944.2 | 5.6 |
| 2002 | 320.5 | 2929.0 | 676.7 | 2252.3 | 216.9 | 1952.8 | 5.3 |
| 2003 | 382.2 | 2947.4 | 752.1 | 2195.3 | 222.1 | 1829.4 | 4.9 |
| 2004 | 447.3 | 2899.7 | 821.5 | 2078.2 | 229.1 | 1747.0 | 5.1 |
| 2005 | 504.5 | 2854.3 | 877.7 | 1976.5 | 259.3 | 1671.7 | 4.9 |
| 2006 | 546.1 | 2794.8 | 871.2 | 1923.6 | 294.0 | 1729.4 | 5.0 |

# 2-8 各级各类学校在校学生数

# Number of Student Enrollment by Level and Type of School

单位：万人 (10000 persons)

| 年份 Year | 普通高等学校 Regular Institutions of Higher Education | 普通中学 Regular Secondary Schools | 高中 Senior Secondary Schools | 初中 Junior Secondary Schools | 职业中学 Secondary Vocational Schools | 普通小学 Primary Schools | 特殊教育学校 Schools of Special Education | 学前教育 Pre-primary Education |
|---|---|---|---|---|---|---|---|---|
| 1978 | 85.6 | 6548.3 | 1553.1 | 4995.2 | | 14624.0 | 3.1 | 787.7 |
| 1980 | 114.4 | 5508.1 | 969.8 | 4538.3 | 45.4 | 14627.0 | 3.3 | 1150.8 |
| 1985 | 170.3 | 4706.0 | 741.1 | 3964.8 | 229.5 | 13370.2 | 4.2 | 1479.7 |
| 1986 | 188.0 | 4889.9 | 773.4 | 4116.6 | 256.0 | 13182.5 | 4.7 | 1629.0 |
| 1987 | 195.9 | 4948.1 | 773.7 | 4174.4 | 267.6 | 12835.9 | 5.3 | 1807.8 |
| 1988 | 206.6 | 4761.5 | 746.0 | 4015.5 | 279.4 | 12535.8 | 5.8 | 1854.5 |
| 1989 | 208.2 | 4554.0 | 716.1 | 3837.9 | 282.3 | 12373.1 | 6.4 | 1847.7 |
| 1990 | 206.3 | 4586.0 | 717.3 | 3868.7 | 295.0 | 12241.4 | 7.2 | 1972.2 |
| 1991 | 204.4 | 4683.5 | 722.9 | 3960.6 | 315.6 | 12164.2 | 8.5 | 2209.3 |
| 1992 | 218.4 | 4770.8 | 704.9 | 4065.9 | 342.8 | 12201.3 | 13.0 | 2428.2 |
| 1993 | 253.6 | 4739.1 | 656.9 | 4082.2 | 362.6 | 12421.2 | 16.9 | 2552.5 |
| 1994 | 279.9 | 4981.7 | 664.9 | 4316.7 | 405.6 | 12822.6 | 21.1 | 2630.3 |
| 1995 | 290.6 | 5371.0 | 713.2 | 4657.8 | 448.3 | 13195.2 | 29.6 | 2711.2 |
| 1996 | 302.1 | 5739.7 | 769.3 | 4970.4 | 473.3 | 13615.0 | 32.1 | 2666.3 |
| 1997 | 317.4 | 6017.9 | 850.1 | 5167.8 | 511.9 | 13995.4 | 34.1 | 2519.0 |
| 1998 | 340.9 | 6301.0 | 938.0 | 5363.0 | 541.6 | 13953.8 | 35.8 | 2403.0 |
| 1999 | 413.4 | 6771.3 | 1049.7 | 5721.6 | 533.9 | 13548.0 | 37.2 | 2326.3 |
| 2000 | 556.1 | 7368.9 | 1201.3 | 6167.6 | 503.2 | 13013.3 | 37.8 | 2244.2 |
| 2001 | 719.1 | 7836.0 | 1405.0 | 6431.1 | 466.4 | 12543.5 | 38.6 | 2021.8 |
| 2002 | 903.4 | 8287.9 | 1683.8 | 6604.1 | 511.5 | 12156.7 | 37.5 | 2036.0 |
| 2003 | 1108.6 | 8583.2 | 1964.8 | 6618.4 | 528.2 | 11689.7 | 36.5 | 2003.9 |
| 2004 | 1333.5 | 8695.4 | 2220.4 | 6475.0 | 569.4 | 11246.2 | 37.2 | 2089.4 |
| 2005 | 1561.8 | 8580.9 | 2409.1 | 6171.8 | 625.6 | 10864.1 | 36.4 | 2179.0 |
| 2006 | 1738.8 | 8451.9 | 2514.5 | 5937.4 | 676.2 | 10711.5 | 36.3 | 2263.9 |

# 2-9 各级各类学校毕业生数

## Number of Graduates by Level and Type of School

单位: 万人 (10000 persons)

| 年份 Year | 普通高等学校 Regular Institutions of Higher Education | 普通中学 Regular Secondary Schools | 高中 Senior Secondary Schools | 初中 Junior Secondary Schools | 职业中学 Secondary Vocational Schools | 普通小学 Primary Schools | 特殊教育学校 Schools of Special Education |
|---|---|---|---|---|---|---|---|
| 1978 | 16.5 | 2375.3 | 682.7 | 1692.6 | | 2287.9 | 0.3 |
| 1980 | 14.7 | 1581.0 | 616.2 | 964.7 | 7.9 | 2053.3 | 0.4 |
| 1985 | 31.6 | 1194.9 | 196.6 | 998.3 | 41.3 | 1999.9 | 0.4 |
| 1986 | 39.3 | 1281.0 | 224.0 | 1057.0 | 57.9 | 2016.1 | 0.5 |
| 1987 | 53.2 | 1364.1 | 246.8 | 1117.3 | 75.0 | 2043.0 | 0.4 |
| 1988 | 55.3 | 1407.8 | 250.6 | 1157.2 | 81.0 | 1930.3 | 0.5 |
| 1989 | 57.6 | 1377.5 | 243.2 | 1134.3 | 86.3 | 1857.1 | 0.5 |
| 1990 | 61.4 | 1342.1 | 233.0 | 1109.1 | 89.3 | 1863.1 | 0.5 |
| 1991 | 61.4 | 1308.5 | 222.9 | 1085.5 | 94.5 | 1896.7 | 0.6 |
| 1992 | 60.4 | 1328.4 | 226.1 | 1102.3 | 96.7 | 1872.4 | 0.9 |
| 1993 | 57.1 | 1365.9 | 231.7 | 1134.2 | 102.5 | 1841.5 | 1.2 |
| 1994 | 63.7 | 1361.9 | 209.3 | 1152.6 | 107.6 | 1899.6 | 1.4 |
| 1995 | 80.5 | 1429.0 | 201.6 | 1227.4 | 124.0 | 1961.5 | 1.9 |
| 1996 | 83.9 | 1484.0 | 204.9 | 1279.0 | 139.6 | 1934.1 | 2.4 |
| 1997 | 82.9 | 1664.0 | 221.7 | 1442.4 | 150.1 | 1960.1 | 2.8 |
| 1998 | 83.0 | 1832.0 | 251.8 | 1580.2 | 162.8 | 2117.4 | 3.5 |
| 1999 | 84.8 | 1852.7 | 262.9 | 1589.8 | 167.8 | 2313.7 | 3.8 |
| 2000 | 95.0 | 1908.6 | 301.5 | 1607.1 | 176.3 | 2419.2 | 4.3 |
| 2001 | 103.6 | 2047.4 | 340.5 | 1707.0 | 166.5 | 2396.9 | 4.6 |
| 2002 | 133.7 | 2263.6 | 383.8 | 1879.9 | 145.4 | 2351.9 | 4.4 |
| 2003 | 187.7 | 2453.7 | 458.1 | 1995.6 | 135.5 | 2267.9 | 4.5 |
| 2004 | 239.1 | 2617.4 | 546.9 | 2070.4 | 142.5 | 2135.2 | 4.7 |
| 2005 | 306.8 | 2768.1 | 661.6 | 2106.5 | 170.0 | 2019.5 | 4.3 |
| 2006 | 377.5 | 2789.5 | 727.1 | 2062.4 | 179.5 | 1928.5 | 4.5 |

# 2-10 研究生和留学生数

## Number of Postgraduates and Overseas Students

单位：人 (person)

| 年 份 Year | 研究生数 Number of Postgraduates | | | 出国留学人员 Number of Students Studying Abroad | 学成回国留学人员 Number of Returned Overseas Students |
|---|---|---|---|---|---|
| | 招生数 New Enrollment | 在学人数 Total Enrollment | 毕业生数 Graduates | | |
| 1978 | 10708 | 10934 | 9 | 860 | 248 |
| 1980 | 3616 | 21604 | 476 | 2124 | 162 |
| 1985 | 46871 | 87331 | 17004 | 4888 | 1424 |
| 1986 | 41310 | 110371 | 16950 | 4676 | 1388 |
| 1987 | 39017 | 120191 | 27603 | 4703 | 1605 |
| 1988 | 35645 | 112776 | 40838 | 3786 | 3000 |
| 1989 | 28569 | 101339 | 37232 | 3329 | 1753 |
| 1990 | 29649 | 93018 | 35440 | 2950 | 1593 |
| 1991 | 29679 | 88128 | 32537 | 2900 | 2069 |
| 1992 | 33439 | 94164 | 25692 | 6540 | 3611 |
| 1993 | 42145 | 106771 | 28214 | 10742 | 5128 |
| 1994 | 50864 | 127935 | 28047 | 19071 | 4230 |
| 1995 | 51053 | 145443 | 31877 | 20381 | 5750 |
| 1996 | 59398 | 163322 | 39652 | 20905 | 6570 |
| 1997 | 63749 | 176353 | 46539 | 22410 | 7130 |
| 1998 | 72508 | 198885 | 47077 | 17622 | 7379 |
| 1999 | 92225 | 233513 | 54670 | 23749 | 7748 |
| 2000 | 128484 | 301239 | 58767 | 38989 | 9121 |
| 2001 | 165197 | 393256 | 67809 | 83973 | 12243 |
| 2002 | 202611 | 500980 | 80841 | 125179 | 17945 |
| 2003 | 268925 | 651260 | 111091 | 117307 | 20152 |
| 2004 | 326286 | 819896 | 150777 | 114682 | 24726 |
| 2005 | 364831 | 978610 | 189728 | 118515 | 34987 |
| 2006 | 397925 | 1104653 | 255902 | 134000 | 42000 |

# 2-11 分学科研究生情况（2006年）

## Number of Postgraduate Students by Field of Study (2006)

单位：人 (person)

| 项 目 | Item | 招生数 New Enrollment | 博 士 Doctor's Degree | 硕 士 Master's Degree | 在校学生数 Total Enrollment | 博 士 Doctor's Degree | 硕 士 Master's Degree | 毕业生数 Graduates | 博 士 Doctor's Degree | 硕 士 Master's Degree |
|---|---|---|---|---|---|---|---|---|---|---|
| **总 计** | **Total** | **397925** | **55955** | **341970** | **1104653** | **208038** | **896615** | **255902** | **36247** | **219655** |
| 哲 学 | Philosophy | 4742 | 799 | 3943 | 13221 | 2752 | 10469 | 3117 | 524 | 2593 |
| 经济学 | Economics | 19635 | 2640 | 16995 | 54162 | 10442 | 43720 | 14784 | 2038 | 12746 |
| 法 学 | Law | 26868 | 2420 | 24448 | 71724 | 8260 | 63464 | 19413 | 1700 | 17713 |
| 教育学 | Education | 14340 | 1070 | 13270 | 36702 | 3442 | 33260 | 7767 | 629 | 7138 |
| 文 学 | Literature | 31351 | 2371 | 28980 | 83738 | 8269 | 75469 | 20107 | 1660 | 18447 |
| 历史学 | History | 5481 | 958 | 4523 | 15630 | 3518 | 12112 | 3497 | 603 | 2894 |
| 理 学 | Science | 47749 | 10504 | 37245 | 134729 | 35884 | 98845 | 29137 | 7241 | 21896 |
| 工 学 | Engineering | 144841 | 21532 | 123309 | 412273 | 86833 | 325440 | 94516 | 12130 | 82386 |
| 农 学 | Agricultrue | 14841 | 2289 | 12552 | 41442 | 7981 | 33461 | 8853 | 1544 | 7309 |
| 医 学 | Medicine | 42200 | 6775 | 35425 | 115901 | 21548 | 94353 | 26415 | 5481 | 20934 |
| 军事学 | Military | 215 | 30 | 185 | 629 | 124 | 505 | 117 | 35 | 82 |
| 管理学 | Management | 45662 | 4567 | 41095 | 124502 | 18985 | 105517 | 28179 | 2662 | 25517 |
| **普通高校** | **Regular Institutions of Higher Education** | **381567** | **50078** | **331489** | **1056283** | **188052** | **868231** | **245484** | **31653** | **213831** |
| 哲 学 | Philosophy | 4596 | 756 | 3840 | 12771 | 2622 | 10149 | 2993 | 486 | 2507 |
| 经济学 | Economics | 19130 | 2458 | 16672 | 52600 | 9779 | 42821 | 14307 | 1849 | 12458 |
| 法 学 | Law | 26418 | 2314 | 24104 | 70236 | 7906 | 62330 | 19056 | 1584 | 17472 |
| 教育学 | Education | 14268 | 1037 | 13231 | 36514 | 3339 | 33175 | 7738 | 611 | 7127 |
| 文 学 | Literature | 31105 | 2301 | 28804 | 83064 | 8066 | 74998 | 19944 | 1610 | 18334 |
| 历史学 | History | 5401 | 937 | 4464 | 15389 | 3458 | 11931 | 3438 | 582 | 2856 |
| 理 学 | Science | 41024 | 7387 | 33637 | 114941 | 25505 | 89436 | 25185 | 4743 | 20442 |
| 工 学 | Engineering | 138700 | 19731 | 118969 | 394159 | 80502 | 313657 | 90547 | 10879 | 79668 |
| 农 学 | Agriculture | 14212 | 2084 | 12128 | 39638 | 7302 | 32336 | 8554 | 1410 | 7144 |
| 医 学 | Medicine | 41388 | 6614 | 34774 | 113373 | 20892 | 92481 | 25761 | 5292 | 20469 |
| 军事学 | Military | 212 | 30 | 182 | 622 | 124 | 498 | 115 | 35 | 80 |
| 管理学 | Management | 45113 | 4429 | 40684 | 122976 | 18557 | 104419 | 27846 | 2572 | 25274 |
| **科研机构** | **Research Institutions** | **16358** | **5877** | **10481** | **48370** | **19986** | **28384** | **10418** | **4594** | **5824** |
| 哲 学 | Philosophy | 146 | 43 | 103 | 450 | 130 | 320 | 124 | 38 | 86 |
| 经济学 | Economics | 505 | 182 | 323 | 1562 | 663 | 899 | 477 | 189 | 288 |
| 法 学 | Law | 450 | 106 | 344 | 1488 | 354 | 1134 | 357 | 116 | 241 |
| 教育学 | Education | 72 | 33 | 39 | 188 | 103 | 85 | 29 | 18 | 11 |
| 文 学 | Literature | 246 | 70 | 176 | 674 | 203 | 471 | 163 | 50 | 113 |
| 历史学 | History | 80 | 21 | 59 | 241 | 60 | 181 | 59 | 21 | 38 |
| 理 学 | Science | 6725 | 3117 | 3608 | 19788 | 10379 | 9409 | 3952 | 2498 | 1454 |
| 工 学 | Engineering | 6141 | 1801 | 4340 | 18114 | 6331 | 11783 | 3969 | 1251 | 2718 |
| 农 学 | Agricultrue | 629 | 205 | 424 | 1804 | 679 | 1125 | 299 | 134 | 165 |
| 医 学 | Medicine | 812 | 161 | 651 | 2528 | 656 | 1872 | 654 | 189 | 465 |
| 军事学 | Military | 3 | | 3 | 7 | | 7 | 2 | | 2 |
| 管理学 | Management | 549 | 138 | 411 | 1526 | 428 | 1098 | 333 | 90 | 243 |

# 2-12 高等教育学校(机构)数（2006年）

## Number of Schools or Institutions of Higher Education (2006)

单位：所 (unit)

| 项 目 | Item | 总 计 Total | 中央部委 Central Ministries and Agencies | 教育部 Ministry of Education | 其他部委 Other Ministries | 地方部门 Local Departments and Agencies | 教育部门 Education Departments | 非教育部门 Non-education Departments | 民 办 Non-state |
|---|---|---|---|---|---|---|---|---|---|
| **研究生培养机构** | **Institutions Providing Postgraduate Programs** | **767** | **371** | **73** | **298** | **396** | **331** | **65** | |
| 普通高校 | Regular Instituions of Higher Education | 450 | 97 | 73 | 24 | 353 | 331 | 22 | |
| 科研机构 | Research Institutions | 317 | 274 | | 274 | 43 | | 43 | |
| **普通高校** | **Regular Institutions of Higher Education** | **1867** | **111** | **73** | **38** | **1480** | **853** | **627** | **276** |
| 本科院校 | Universities with Full Undergraduate Courses | 720 | 105 | 73 | 32 | 586 | 517 | 69 | 29 |
| 专科院校 | Colleges with Specialized Courses | 1147 | 6 | | 6 | 894 | 336 | 558 | 247 |
| #高等职业学校 | Senior Vocational Schools | 981 | 2 | | 2 | 738 | 255 | 483 | 241 |
| **成人高等学校** | **Adult Institutions of Higher Education** | **444** | **15** | **1** | **14** | **427** | **177** | **250** | **2** |
| **民办的其他高等教育机构** | **Other Non-state Institutions of Higher Education** | **994** | | | | | | | **994** |

# 2-13 高等学校(机构)学生数（2006年）

## Number of Students in Regular Institutions of Higher Education (2006)

单位：人 (person)

| 项 目 | Item | 招生数 New Enrollment | 在校学生数 Total Enrollment | 毕(结)业生数 Graduates with Degrees or Diplomas | 授予学位数 Degrees Conferred |
|---|---|---|---|---|---|
| 研究生 | Postgraduates | 397925 | 1104653 | 255902 | 247793 |
| 博 士 | Doctor's Degree | 55955 | 208038 | 36247 | 33305 |
| 硕 士 | Master's Degree | 341970 | 896615 | 219655 | 214488 |
| 普通本专科 | Regular Undergraduates and College Students | 5460530 | 17388441 | 3774708 | 1565549 |
| 本 科 | Enrolled in Full Undergraduate Courses | 2530854 | 9433395 | 1726674 | 1565549 |
| 专 科 | Enrolled in Specialized Courses | 2929676 | 7955046 | 2048034 | |
| 成人本专科 | Adult Undergraduates and College Students | 1844431 | 5248765 | 815163 | 51663 |
| 本 科 | Enrolled in Full Undergraduate Courses | 777677 | 2120297 | 218303 | 51663 |
| 专 科 | Enrolled in Specialized Courses | 1066754 | 3128468 | 596860 | |
| 网络本专科 | Undergraduates and College Students Enrolled in Internet-based Course | 1132516 | 2792945 | 885117 | 32954 |
| 本 科 | Enrolled in Full Undergraduate Courses | 509530 | 1296893 | 436707 | 32954 |
| 专 科 | Enrolled in Specialized Courses | 622986 | 1496052 | 448410 | |
| 在职人员攻读博士、硕士学位 | Employees Enrolled in Graduate Programs Leading to Doctor's or Master's Degrees | 109245 | 299100 | | 56184 |
| 学历文凭考试 | Students Taking Exams Leading to Diploma | | 106820 | 76377 | |
| 电大注册视听生 | Students Enrolled in Radio and Television Teaching Programs | | 25039 | 7899 | |
| 自考助学班 | Classes for Self-learning Programs | 416775 | 833246 | 168482 | |
| 研究生课程进修班 | Postgraduate Courses for Advanced Study | | 73621 | 68354 | |
| 普通预科生 | College Preparatory Courses | | 28378 | | |
| 进修及培训 | In-service Training Courses | | 1560385 | 3423091 | |
| 留学生 | Overseas Students | 62612 | 82107 | 44566 | 4782 |

# 2-14 成人本、专科分学科学生数（2006年）

# Number of Students in Adult Institutions of Higher Education by Field of Study (2006)

单位：人 (person)

| 项目 | Item | 招生数 New Enrollment | 本科 Undergraduate Courses | 专科 Specialized Courses | 在校学生数 Total Enrollment | 本科 Undergraduate Courses | 专科 Specialized Courses | 毕业生数 Graduates | 本科 Undergraduate Courses | 专科 Specialized Courses |
|---|---|---|---|---|---|---|---|---|---|---|
| **总计** | **Total** | **1844431** | **777677** | **1066754** | **5248765** | **2120297** | **3128468** | **815163** | **218303** | **596860** |
| **成人高等学校办** | **Run by Adult Institutions of Higher Education** | **246454** | **49306** | **197148** | **702098** | **143244** | **558854** | **176978** | **18893** | **158085** |
| #师范 | Teacher Training | | | | | | | | | |
| 哲学 | Philosophy | | | | | | | 22 | | 22 |
| 经济学 | Economics | 14582 | 325 | 14257 | 38002 | 1092 | 36910 | 12027 | 256 | 11771 |
| 法学 | Law | 13411 | 3557 | 9854 | 37605 | 9187 | 28418 | 16582 | 2213 | 14369 |
| 教育学 | Education | 26239 | 11654 | 14585 | 71899 | 28278 | 43621 | 10548 | 918 | 9630 |
| 文学 | Literature | 46194 | 19910 | 26284 | 146523 | 62003 | 84520 | 38915 | 8228 | 30687 |
| #外语 | Foreign Languages | 13018 | 6365 | 6653 | 40785 | 22913 | 17872 | 11380 | 3773 | 7607 |
| 艺术 | Art | 9605 | 1820 | 7785 | 25354 | 6499 | 18855 | 6505 | 861 | 5644 |
| 历史学 | History | 768 | 731 | 37 | 2861 | 2432 | 429 | 461 | 158 | 303 |
| 理学 | Science | 7962 | 5483 | 2479 | 28465 | 22112 | 6353 | 5340 | 2988 | 2352 |
| 工学 | Engineering | 39293 | 2240 | 37053 | 114001 | 5856 | 108145 | 20839 | 1045 | 19794 |
| 农学 | Agriculture | 1063 | 26 | 1037 | 2450 | 94 | 2356 | 1273 | | 1273 |
| 医学 | Medicine | 16881 | 1528 | 15353 | 62107 | 3577 | 58530 | 9597 | 1777 | 7820 |
| 管理学 | Management | 80061 | 3852 | 76209 | 198185 | 8613 | 189572 | 61374 | 1310 | 60064 |
| **普通高等学校办** | **Run by Regular Institutions of Higher Education** | **1597977** | **728371** | **869606** | **4546667** | **1977053** | **2569614** | **638185** | **199410** | **438775** |
| #师范 | Teacher Training | | | | | | | | | |
| 哲学 | Philosophy | 150 | | 150 | 186 | | 186 | | | |
| 经济学 | Economics | 87965 | 28117 | 59848 | 245676 | 79743 | 165933 | 40096 | 12563 | 27533 |
| 法学 | Law | 88420 | 62957 | 25463 | 267634 | 181484 | 86150 | 41375 | 18116 | 23259 |
| 教育学 | Education | 96182 | 44094 | 52088 | 282432 | 121120 | 161312 | 28400 | 4625 | 23775 |
| 文学 | Literature | 250391 | 158688 | 91703 | 738848 | 438627 | 300221 | 98751 | 42548 | 56203 |
| #外语 | Foreign Languages | 83121 | 53745 | 29376 | 235860 | 149316 | 86544 | 38896 | 19438 | 19458 |
| 艺术 | Art | 50671 | 26978 | 23693 | 143737 | 80226 | 63511 | 30005 | 13213 | 16792 |
| 历史学 | History | 3856 | 3498 | 358 | 15202 | 11919 | 3283 | 634 | 372 | 262 |
| 理学 | Science | 55577 | 43225 | 12352 | 182759 | 144503 | 38256 | 12820 | 5842 | 6978 |
| 工学 | Engineering | 346174 | 139963 | 206211 | 988994 | 373201 | 615793 | 145544 | 43560 | 101984 |
| 农学 | Agriculture | 25520 | 11812 | 13708 | 79463 | 31019 | 48444 | 5818 | 1105 | 4713 |
| 医学 | Medicine | 211984 | 89979 | 122005 | 592007 | 213108 | 378899 | 122568 | 32423 | 90145 |
| 管理学 | Management | 431758 | 146038 | 285720 | 1153466 | 382329 | 771137 | 142179 | 38256 | 103923 |

## 2-15 普通本、专科分学科学生数（2006年）

## Number of Undergraduates and College Students by Field of Study (2006)

单位：人 (person)

| 项 目 | Item | 招生数 New Enrollment | | | 在校学生数 Total Enrollment | | | 毕业生数 Graduates | | |
|---|---|---|---|---|---|---|---|---|---|---|
| | | | 本科 Undergraduate Courses | 专科 Specialized Courses | | 本科 Undergraduate Courses | 专科 Specialized Courses | | 本科 Undergraduate Courses | 专科 Specialized Courses |
| **总 计** | **Total** | **5460530** | **2530854** | **2929676** | **17388441** | **9433395** | **7955046** | **3774708** | **1726674** | **2048034** |
| #师 范 | Teacher Training | | | | | | | | | |
| 哲 学 | Philosophy | 2158 | 2158 | | 6846 | 6846 | | 1417 | 1417 | |
| 经济学 | Economics | 268773 | 152592 | 116181 | 921365 | 574452 | 346913 | 203957 | 104665 | 99292 |
| 法 学 | Law | 196195 | 110019 | 86176 | 710173 | 441090 | 269083 | 186164 | 91596 | 94568 |
| 教育学 | Education | 334939 | 90533 | 244406 | 1029612 | 339420 | 690192 | 322317 | 61740 | 260577 |
| 文 学 | Literature | 816922 | 470022 | 346900 | 2642439 | 1677537 | 964902 | 524806 | 283404 | 241402 |
| #外语 | Foreign Languages | 329822 | 161688 | 168134 | 1069362 | 595914 | 473448 | 226878 | 107093 | 119785 |
| 艺术 | Art | 323081 | 185246 | 137835 | 975489 | 620963 | 354526 | 162403 | 90027 | 72376 |
| 历史学 | History | 13698 | 13698 | | 52514 | 52514 | | 10605 | 10605 | |
| 理 学 | Science | 281691 | 279708 | 1983 | 1047936 | 1041387 | 6549 | 197231 | 194807 | 2424 |
| 工 学 | Engineering | 1992426 | 798106 | 1194320 | 6143918 | 2958802 | 3185116 | 1341724 | 575634 | 766090 |
| 农 学 | Agriculture | 100020 | 47312 | 52708 | 331606 | 188067 | 143539 | 77177 | 36740 | 40437 |
| 医 学 | Medicine | 380083 | 155242 | 224841 | 1268587 | 688777 | 579810 | 253252 | 107210 | 146042 |
| 管理学 | Management | 1073625 | 411464 | 662161 | 3233445 | 1464503 | 1768942 | 656058 | 258856 | 397202 |

## 2-16 网络本、专科分学科学生数（2006年）

## Number of Undergraduates and College Students Enrolled in Internet-based Courses by Field of Study (2006)

单位：人 (person)

| 项 目 | Item | 招生数 New Enrollment | | | 在校学生数 Total Enrollment | | | 毕业生数 Graduates | | |
|---|---|---|---|---|---|---|---|---|---|---|
| | | | 本科 Undergraduate Courses | 专科 Specialized Courses | | 本科 Undergraduate Courses | 专科 Specialized Courses | | 本科 Undergraduate Courses | 专科 Specialized Courses |
| **总 计** | **Total** | **1132516** | **509530** | **622986** | **2792945** | **1296893** | **1496052** | **885117** | **436707** | **448410** |
| #师 范 | Teacher Training | | | | | | | | | |
| 哲 学 | Philosophy | | | | | | | 13 | 13 | |
| 经济学 | Economics | 46607 | 30284 | 16323 | 140505 | 88526 | 51979 | 51337 | 30921 | 20416 |
| 法 学 | Law | 169775 | 91203 | 78572 | 425324 | 224880 | 200444 | 174294 | 94137 | 80157 |
| 教育学 | Education | 43838 | 15658 | 28180 | 131966 | 36705 | 95261 | 58467 | 10639 | 47828 |
| 文 学 | Literature | 126423 | 92465 | 33958 | 320663 | 238523 | 82140 | 96403 | 76090 | 20313 |
| #外语 | Foreign Languages | 31802 | 19604 | 12198 | 92399 | 56267 | 36132 | 27292 | 18137 | 9155 |
| 历史学 | History | 723 | 723 | | 1026 | 1026 | | 218 | 218 | |
| 理 学 | Science | 15076 | 14294 | 782 | 31731 | 30716 | 1015 | 9552 | 9526 | 26 |
| 工 学 | Engineering | 115387 | 54414 | 60973 | 289038 | 143156 | 145882 | 88696 | 49902 | 38794 |
| 农 学 | Agriculture | 13291 | 1514 | 11777 | 27655 | 2834 | 24821 | 12172 | 1103 | 11069 |
| 医 学 | Medicine | 40493 | 16613 | 23880 | 98035 | 35169 | 62866 | 20482 | 4266 | 16216 |
| 管理学 | Management | 560903 | 192362 | 368541 | 1327002 | 495358 | 831644 | 373483 | 159892 | 213591 |

## 2-17 中等职业学校(机构)数（2006年）
## Number of Secondary Vocational Schools (2006)

单位：个 (unit)

| 项目 | Item | 总计 Total | 中央部门 Central Ministries and Agencies | 地方部门 Local Departments and Agencies | 教育部门 Run by Education Departments | 非教育部门 Run by Non-Education Departments | 民办 Nonstate |
|---|---|---|---|---|---|---|---|
| **中等职业学校** | **Secondary Vocational Schools** | **11813** | **76** | **9178** | **6583** | **2595** | **2559** |
| 普通中等专业学校 | Regular Specialized Secondary Schools | 3698 | 34 | 2890 | 1515 | 1375 | 774 |
| 成人中等专业学校 | Adult Specialized Secondary Schools | 2350 | 27 | 2138 | 1542 | 596 | 185 |
| 职业高中学校 | Senior Secondary Vocational Schools | 5765 | 15 | 4150 | 3526 | 624 | 1600 |
| **其他机构(教学点)（不计校数）** | **Other Institutions** | **2502** | **12** | **2165** | **1409** | **756** | **325** |

注：中等职业学校未含技工学校数据(以下各表同)。

a) Number of secondary vocational schools excludes technical schools.The same as in the following tables.

## 2-18 中等职业学校(机构)分科类学生情况（2006年）
## Students in Secondary Vocational Schools by Field of Study (2006)

单位：人 (person)

| 项目 | Item | 招生数 New Enrollment | #初中毕业生 Graduates of Junior Secondary Schools | #应届毕业生 Current Year Graduates | 在校学生数 Total Enrollment | 毕业生数 Graduates | #获得职业资格证书 With Certificates on Professional Competence |
|---|---|---|---|---|---|---|---|
| **总计** | **Total** | **6130607** | **5802988** | **5616975** | **14890719** | **3926271** | **2200018** |
| 农林类 | Agriculture and Forestry | 246437 | 224826 | 209825 | 572913 | 183240 | 95130 |
| 资源与环境类 | Resources and Environment | 53328 | 39982 | 36980 | 113472 | 27014 | 10664 |
| 能源类 | Energy | 42760 | 35999 | 33061 | 116894 | 28040 | 11387 |
| 土木水利工程类 | Civil and Hydraulic Engineering | 150721 | 140740 | 135896 | 369855 | 93492 | 53143 |
| 加工制造类 | Manufacturing | 1455853 | 1391893 | 1354507 | 3248791 | 671277 | 436561 |
| 交通运输类 | Communication & Transportation | 198021 | 183472 | 176316 | 472265 | 106175 | 68272 |
| 信息技术类 | Information Technologies | 1489353 | 1434186 | 1400520 | 3592222 | 1018490 | 650551 |
| 医药卫生类 | Medicine and Health | 491784 | 458131 | 433098 | 1328663 | 350700 | 96162 |
| 商贸与旅游类 | Trade and Tourism | 503951 | 484648 | 471868 | 1282335 | 364724 | 219728 |
| 财经类 | Finance and Economics | 350964 | 328683 | 319245 | 912339 | 263457 | 154772 |
| 文化艺术与体育类 | Culture, Arts and Physical Education | 312771 | 297240 | 289034 | 821019 | 231369 | 120319 |
| 社会公共事务类 | Public Affairs | 166558 | 152283 | 146579 | 411688 | 139428 | 70810 |
| 师范类 | Teacher Training | 242219 | 227233 | 222253 | 678898 | 221719 | 102063 |
| 其他 | Others | 425887 | 403672 | 387793 | 969365 | 227146 | 110456 |

# 2-19 职业技术培训机构基本情况（2006年）

## Basic Statistics on Vocational and Technical Training Institutions (2006)

单位：人 (person)

| 项　目 | Item | 学校数（所）Schools (unit) | 注　册学生数 Registered Students | 结业生数 Graduates | 教职工数 Teachers and Staff | #专任教师 Full-time Teachers |
|---|---|---|---|---|---|---|
| **总　计** | **Total** | **177686** | **50786504** | **57336156** | **507008** | **258522** |
| 职工技术培训学校(机构) | Vocational and Technical Training Schools (Institutions) | 3177 | 1921148 | 2251861 | 42573 | 28410 |
| 教育部门和集体办 | Run by Education Departments and Collectives | 999 | 814443 | 1081323 | 19251 | 13708 |
| 其他部门办 | Run by Other Departments | 1010 | 785461 | 843502 | 10824 | 6396 |
| 民　办 | Non-state Institutes | 1168 | 321244 | 327036 | 12498 | 8306 |
| 农村成人文化技术培训学校(机构) | Cultural and Technical Training Schools for Adult Farmers | 150955 | 38423598 | 45205798 | 232579 | 103116 |
| 教育部门和集体办 | Run by Education Departments and Collectives | 147492 | 37455404 | 44277451 | 224880 | 98727 |
| 县办 | Run by Counties | 1426 | 1251977 | 1342845 | 11789 | 6293 |
| 乡办 | Run by Townships | 22064 | 16917706 | 19789469 | 73077 | 38558 |
| 村办 | Run by Villages | 124002 | 19285721 | 23145137 | 140014 | 53876 |
| 其他部门办 | Run by Other Departments | 2439 | 847293 | 827263 | 4098 | 1497 |
| 民　办 | Non-state Institutes | 1024 | 120901 | 101084 | 3601 | 2892 |
| 其他培训机构(含社会培训机构) | Other Training Institutions (Including Social Training Institutions) | 23554 | 10441758 | 9878497 | 231856 | 126996 |
| 教育部门和集体办 | Run by Education Departments and Collectives | 794 | 883785 | 826118 | 12295 | 8323 |
| 其他部门办 | Run by Other Departments | 1482 | 1231765 | 1179261 | 18925 | 12824 |
| 民　办 | Non-state Institutes | 21278 | 8326208 | 7873118 | 200636 | 105849 |

# 2-20 普通高中学校和学生情况（2006年）

## Statistics on Regular Senior Secondary Schools and Students (2006)

| 项　目 | Item | 学校数（所）Schools (unit) | 高级中学 Senior Secondary Schools | 完全中学 Whole Secondary Schools | 招生数（人）New Enrollment (person) | 在校学生数（人）Total Enrollment (person) | 毕业生数（人）Graduates (person) |
|---|---|---|---|---|---|---|---|
| **总　计** | **Total** | **16153** | **6494** | **9659** | **8712080** | **25144967** | **7270693** |
| 教育部门和集体办 | Run by Education Departments and Collectives | 12268 | 5306 | 6962 | 7640691 | 22183740 | 6514111 |
| 社会力量办 | Run by Non-state/Private | 3246 | 1054 | 2192 | 909045 | 2477160 | 612738 |
| 其他部门办 | Run by Other Departments | 639 | 134 | 505 | 162344 | 484067 | 143844 |
| 城　市 | Cities | 5907 | 2180 | 3727 | 2736861 | 8119882 | 2415299 |
| 教育部门和集体办 | Run by Education Departments and Collectives | 3976 | 1556 | 2420 | 2288646 | 6801826 | 2054101 |
| 社会力量办 | Run by Non-state/Private | 1591 | 560 | 1031 | 353934 | 1033678 | 275230 |
| 其他部门办 | Run by Other Departments | 340 | 64 | 276 | 94281 | 284378 | 85968 |
| 县　镇 | Counties and Townships | 8086 | 3586 | 4500 | 5151259 | 14704187 | 4179757 |
| 教育部门和集体办 | Run by Education Departments and Collectives | 6653 | 3142 | 3511 | 4642440 | 13379652 | 3872016 |
| 社会力量办 | Run by Non-state/Private | 1281 | 402 | 879 | 469616 | 1209282 | 273991 |
| 其他部门办 | Run by Other Departments | 152 | 42 | 110 | 39203 | 115253 | 33750 |
| 农　村 | Rural Area | | 728 | 1432 | 823960 | 2320898 | 675637 |
| 教育部门和集体办 | Run by Education Departments and Collectives | 1639 | 608 | 1031 | 709605 | 2002262 | 587994 |
| 社会力量办 | Run by Non-state/Private | 374 | 92 | 282 | 85495 | 234200 | 63517 |
| 其他部门办 | Run by Other Departments | 147 | 28 | 119 | 28860 | 84436 | 24126 |

## 2-21 普通初中学校和学生情况（2006年）

## Statistics on Regular Junior Secondary Schools and Students (2006)

| 项 目 | Item | 学校数(所) Schools (unit) | 初级中学 Junior Secondary Schools | 九年一贯制 9-Year Primary-Secondary Schools | 招生数(人) New Enrollment (person) | 在校学生数(人) Total Enrollment (person) | 毕业生数(人) Graduates (person) |
|---|---|---|---|---|---|---|---|
| **总 计** | **Total** | **60550** | **49491** | **11059** | **19236229** | **59373792** | **20623876** |
| 教育部门和集体办 | Run by Education Departments and Collectives | 54576 | 46390 | 8186 | 17629798 | 54560706 | 19233538 |
| 社会力量办 | Run by Non-state/Private | 4550 | 2408 | 2142 | 1322984 | 3940611 | 1101403 |
| 其他部门办 | Run by Other Departments | 1424 | 693 | 731 | 283447 | 872475 | 288935 |
| 城 市 | Cities | 7190 | 5131 | 2059 | 3159019 | 9501015 | 3038989 |
| 教育部门和集体办 | Run by Education Departments and Collectives | 5252 | 4236 | 1016 | 2555191 | 7735534 | 2540201 |
| 社会力量办 | Run by Non-state/Private | 1435 | 669 | 766 | 475671 | 1384475 | 371249 |
| 其他部门办 | Run by Other Departments | 503 | 226 | 277 | 128157 | 381006 | 127539 |
| 县 镇 | Counties and Townships | 18077 | 15696 | 2381 | 7981210 | 24236201 | 8183033 |
| 教育部门和集体办 | Run by Education Departments and Collectives | 16241 | 14684 | 1557 | 7335061 | 22320906 | 7628246 |
| 社会力量办 | Run by Non-state/Private | 1583 | 881 | 702 | 594538 | 1751962 | 499649 |
| 其他部门办 | Run by Other Departments | 253 | 131 | 122 | 51611 | 163333 | 55138 |
| 农 村 | Rural Areas | 35283 | 28664 | 6619 | 8096000 | 25636576 | 9401854 |
| 教育部门和集体办 | Run by Education Departments and Collectives | 33083 | 27470 | 5613 | 7739546 | 24504266 | 9065091 |
| 社会力量办 | Run by Non-state/Private | 1532 | 858 | 674 | 252775 | 804174 | 230505 |
| 其他部门办 | Run by Other Departments | 668 | 336 | 332 | 103679 | 328136 | 106258 |

## 2-22 职业初中学校和学生情况（2006年）

## Statistics on Junior Secondary Vocational Schools and Students (2006)

| 项 目 | Item | 学校数(所) Schools (unit) | 招生数(人) New Enrollment (person) | 在校学生数(人) Total Enrollment (person) | 毕业生数(人) Graduates (person) |
|---|---|---|---|---|---|
| **总 计** | **Total** | **335** | **59351** | **205699** | **91890** |
| 教育部门和集体办 | Run by Education Departments and Collectives | 322 | 58305 | 201752 | 91017 |
| 社会力量办 | Run by Non-state/Private | 11 | 888 | 3362 | 685 |
| 其他部门办 | Run by Other Departments | 2 | 158 | 585 | 188 |
| 城 市 | Cities | 16 | 1331 | 7484 | 3892 |
| 教育部门和集体办 | Run by Education Departments and Collectives | 14 | 1063 | 6470 | 3560 |
| 社会力量办 | Run by Non-state/Private | 1 | 134 | 540 | 200 |
| 其他部门办 | Run by Other Departments | 1 | 134 | 474 | 132 |
| 县 镇 | Counties and Townships | 97 | 22997 | 76459 | 34095 |
| 教育部门和集体办 | Run by Education Departments and Collectives | 93 | 22639 | 75014 | 33891 |
| 社会力量办 | Run by Non-state/Private | 4 | 358 | 1415 | 186 |
| 其他部门办 | Run by Other Departments |  |  | 30 | 18 |
| 农 村 | Rural Areas | 222 | 35023 | 121756 | 53903 |
| 教育部门和集体办 | Run by Education Departments and Collectives | 215 | 34603 | 120268 | 53566 |
| 社会力量办 | Run by Non-state/Private | 6 | 396 | 1407 | 299 |
| 其他部门办 | Run by Other Departments | 1 | 24 | 81 | 38 |

## 2-23 普通小学学校和学生情况（2006年）

## Statistics on Regular Primary Schools and Students (2006)

| 项 目 | Item | 学校数（所）Schools (unit) | 招生数（人）New Enrollment (person) | 在校学生数（人）Total Enrollment (person) | 毕业生数（人）Graduates (person) |
|---|---|---|---|---|---|
| **总 计** | **Total** | **341639** | **17293572** | **107115346** | **19284838** |
| 教育部门和集体办 | Run by Education Departments and Collectives | 333058 | 16321330 | 101380996 | 18348345 |
| 社会力量办 | Run by Non-state/Private | 6161 | 712489 | 4120907 | 643121 |
| 其他部门办 | Run by Other Departments | 2420 | 259753 | 1613443 | 293372 |
| 城 市 | Cities | 16999 | 2682773 | 16035689 | 2766402 |
| 教育部门和集体办 | Run by Education Departments and Collectives | 14571 | 2269735 | 13712383 | 2412547 |
| 社会力量办 | Run by Non-state/Private | 1694 | 296711 | 1627408 | 229639 |
| 其他部门办 | Run by Other Departments | 734 | 116327 | 695898 | 124216 |
| 县 镇 | Counties and Townships | 29588 | 3796390 | 24318225 | 4362883 |
| 教育部门和集体办 | Run by Education Departments and Collectives | 27849 | 3569137 | 22915072 | 4118062 |
| 社会力量办 | Run by Non-state/Private | 1335 | 186906 | 1142779 | 196710 |
| 其他部门办 | Run by Other Departments | 404 | 40347 | 260374 | 48111 |
| 农 村 | Rural Areas | 295052 | 10814409 | 66761432 | 12155553 |
| 教育部门和集体办 | Run by Education Departments and Collectives | 290638 | 10482458 | 64753541 | 11817736 |
| 社会力量办 | Run by Non-state/Private | 3132 | 228872 | 1350720 | 216772 |
| 其他部门办 | Run by Other Departments | 1282 | 103079 | 657171 | 121045 |

## 2-24 技工学校数和学生数

## Number of Technical Schools, Students, Teachers and Staff

| 年 份 Year | 学校数（所）Schools (unit) | 招生数（万人）New Enrollment (10000 persons) | 在校学生数（万人）Total Enrollment (10000 persons) | 毕业生数（万人）Graduates (10000 persons) | 教职工数（万人）Teachers and Staff (10000 persons) |
|---|---|---|---|---|---|
| 1985 | 3548 | 35.5 | 74.2 | 22.6 | 21.5 |
| 1986 | 3765 | 39.4 | 89.2 | 23.3 | 24.4 |
| 1987 | 3952 | 42.3 | 103.1 | 26.5 | 26.2 |
| 1988 | 3996 | 46.1 | 116.1 | 31.1 | 28.0 |
| 1989 | 4102 | 47.0 | 125.8 | 36.8 | 29.6 |
| 1990 | 4184 | 50.6 | 133.2 | 41.3 | 30.8 |
| 1991 | 4269 | 54.4 | 142.2 | 45.4 | 32.5 |
| 1992 | 4392 | 60.2 | 155.6 | 45.7 | 33.6 |
| 1993 | 4477 | 66.4 | 171.7 | 49.7 | 33.5 |
| 1994 | 4430 | 71.4 | 187.1 | 55.7 | 34.0 |
| 1995 | 4521 | 74.0 | 188.6 | 68.1 | 33.7 |
| 1996 | 4467 | 72.7 | 191.8 | 68.1 | 33.5 |
| 1997 | 4395 | 73.4 | 193.1 | 69.9 | 31.0 |
| 1998 | 4362 | 59.4 | 181.3 | 68.2 | 31.0 |
| 1999 | 4098 | 51.5 | 156.0 | 66.2 | 26.9 |
| 2000 | 3792 | 50.4 | 140.1 | 64.6 | 24.0 |
| 2001 | 3470 | 55.1 | 134.7 | 47.7 | 22.0 |
| 2002 | 3075 | 73.3 | 153.0 | 45.4 | 20.3 |
| 2003 | 2970 | 91.6 | 193.1 | 45.3 | 20.2 |
| 2004 | 2884 | 109.7 | 234.5 | 53.5 | 20.5 |
| 2005 | 2855 | 118.4 | 275.3 | 69.0 | 20.4 |
| 2006 | 2880 | 134.8 | 320.8 | 86.0 | 21.5 |

# 2-25　各类技工学校情况（2006年）

## Statistics on Technical Schools (2006)

| 项　目 | Item | 合 计<br>Total | 国务院各部门<br>Ministries of the State Council | 省、自治区、直辖市<br>Provinces, Autonomous Regions and Municipalities |
|---|---|---|---|---|
| 学校数(所) | Number of Schools (unit) | 2880 | 111 | 2769 |
| 在校学生数(万人) | Total Enrollment (10000 persons) | 320.8 | 10.2 | 310.6 |
| 教职工数(万人) | Teachers and Staff (10000 persons) | 21.5 | 0.9 | 20.6 |
| 专任教师数(万人) | Full-time Teachers (10000 persons) | 17.7 | 0.7 | 17.0 |
| 文化技术理论课指导教师 | Teachers Instructing Cultural and Technical Theory | 10.4 | 0.4 | 10.0 |
| 生产实习课指导教师 | Teachers Instructing Production and Practice | 4.2 | 0.2 | 4.0 |
| 理论实习一体化教师 | Teachers Instructing Theory and Practice | 3.1 | 0.1 | 3.0 |

# 2-26　学龄儿童入学率和各级普通学校毕业生升学率

## Proportion of students Entering into Schools of Higher Grade and Enrollment Rate of School-age Children

单位：%　　(%)

| 年　份<br>Year | 学龄儿童净入学率<br>Net Enrollment Rate of School-Age Children | 小学升初中<br>Primary School Graduates Entering into Junior Secondary Schools | 初中升高级中学<br>Junior Secondary School Graduates Entering into Senior Secondary Schools | 高中升高等教育<br>Senior Secondary School Graduates Entering into Institution of Higher Education |
|---|---|---|---|---|
| 1990 | 97.8 | 74.6 | 40.6 | 27.3 |
| 1991 | 97.8 | 77.7 | 42.6 | 28.7 |
| 1992 | 97.2 | 79.7 | 43.6 | 34.9 |
| 1993 | 97.7 | 81.8 | 44.1 | 43.3 |
| 1994 | 98.4 | 86.6 | 47.8 | 46.7 |
| 1995 | 98.5 | 90.8 | 50.3 | 49.9 |
| 1996 | 98.8 | 92.6 | 49.8 | 51.0 |
| 1997 | 98.9 | 93.7 | 51.5 | 48.6 |
| 1998 | 98.9 | 94.3 | 50.7 | 46.1 |
| 1999 | 99.1 | 94.4 | 50.0 | 63.8 |
| 2000 | 99.1 | 94.9 | 51.2 | 73.2 |
| 2001 | 99.1 | 95.5 | 52.9 | 78.8 |
| 2002 | 98.6 | 97.0 | 58.3 | 83.5 |
| 2003 | 98.7 | 97.9 | 59.6 | 83.4 |
| 2004 | 98.9 | 98.1 | 62.9 | 82.5 |
| 2005 | 99.2 | 98.4 | 69.7 | 76.3 |
| 2006 | 99.3 | 100.0 | 75.7 | 75.1 |

注：1.初中升高级中学包含升入技工学校。

2.高中升学率为普通高校招生数(含电大普通班)与普通高中毕业生数之比。

a) Data on proportion of junior secondary school graduates entering into senior secondary schools includes those entering into technical schools.

b) Data on proportion of senior secondary school graduates entering into institution of higher education referres to the ratio between new enrollment into regular institutions of higher education (including regular classes of radio and TV programs) and regular senior secondary school graduates.

# 2-27 各地区高等学校普通本、专科学生数（2006年）

# Number of Students Enrolled in Undergraduate or Specialized Courses in Institutions of Higher Education by Province (2006)

单位：人 (person)

| 地 区 | Province | 学校数（所）Schools (unit) | 毕(结)业生数 Graduates | 本 科 Undergraduate Courses | 专 科 Specialized Courses | 授 予 学位数 Degrees Awarded | 招生数 New Enrollment | 本 科 Undergraduate Courses | 专 科 Specialized Courses |
|---|---|---|---|---|---|---|---|---|---|
| **全 国** | **National Total** | **1867** | **3774708** | **1726674** | **2048034** | **1565549** | **5460530** | **2530854** | **2929676** |
| 北 京 | Beijing | 80 | 135490 | 94003 | 41487 | 82649 | 154074 | 111392 | 42682 |
| 天 津 | Tianjin | 45 | 81983 | 39279 | 42704 | 35443 | 102481 | 56392 | 46089 |
| 河 北 | Hebei | 88 | 221049 | 80631 | 140418 | 73183 | 285649 | 101457 | 184192 |
| 山 西 | Shanxi | 56 | 108431 | 39342 | 69089 | 35518 | 142398 | 56581 | 85817 |
| 内蒙古 | Inner Mongolia | 37 | 55653 | 23557 | 32096 | 21889 | 79849 | 35073 | 44776 |
| 辽 宁 | Liaoning | 78 | 154970 | 90339 | 64631 | 84398 | 214425 | 132409 | 82016 |
| 吉 林 | Jilin | 45 | 102484 | 63445 | 39039 | 57609 | 130565 | 85966 | 44599 |
| 黑龙江 | Heilongjiang | 65 | 130973 | 73009 | 57964 | 70269 | 179327 | 96834 | 82493 |
| 上 海 | Shanghai | 60 | 110520 | 54383 | 56137 | 50532 | 137859 | 80313 | 57546 |
| 江 苏 | Jiangsu | 116 | 257296 | 126203 | 131093 | 108957 | 413712 | 190585 | 223127 |
| 浙 江 | Zhejiang | 68 | 162531 | 67510 | 95021 | 63160 | 234584 | 111278 | 123306 |
| 安 徽 | Anhui | 83 | 144183 | 58029 | 86154 | 52427 | 217373 | 89347 | 128026 |
| 福 建 | Fujian | 63 | 94979 | 32830 | 62149 | 31337 | 148552 | 71286 | 77266 |
| 江 西 | Jiangxi | 66 | 141085 | 49437 | 91648 | 45428 | 227432 | 77858 | 149574 |
| 山 东 | Shandong | 108 | 268384 | 123988 | 144396 | 118526 | 422220 | 158887 | 263333 |
| 河 南 | Henan | 84 | 202144 | 78628 | 123516 | 73163 | 317051 | 123446 | 193605 |
| 湖 北 | Hubei | 86 | 262591 | 122125 | 140466 | 105337 | 338004 | 148140 | 189864 |
| 湖 南 | Hunan | 96 | 191257 | 78790 | 112467 | 74102 | 261239 | 109465 | 151774 |
| 广 东 | Guangdong | 105 | 196036 | 70294 | 125742 | 67474 | 339303 | 155104 | 184199 |
| 广 西 | Guangxi | 55 | 82295 | 27847 | 54448 | 25408 | 132287 | 48096 | 84191 |
| 海 南 | Hainan | 15 | 16436 | 6189 | 10247 | 4698 | 34511 | 13772 | 20739 |
| 重 庆 | Chongqing | 38 | 76512 | 39046 | 37466 | 33944 | 122313 | 66369 | 55944 |
| 四 川 | Sichuan | 74 | 173287 | 94296 | 78991 | 84482 | 262799 | 125811 | 136988 |
| 贵 州 | Guizhou | 36 | 53233 | 24328 | 28905 | 20651 | 71687 | 32360 | 39327 |
| 云 南 | Yunnan | 50 | 63566 | 28594 | 34972 | 26937 | 93564 | 47956 | 45608 |
| 西 藏 | Tibet | 6 | 3846 | 1702 | 2144 | 1407 | 8359 | 4751 | 3608 |
| 陕 西 | Shaanxi | 76 | 162314 | 74749 | 87565 | 63778 | 211620 | 110431 | 101189 |
| 甘 肃 | Gansu | 33 | 57381 | 28470 | 28911 | 24819 | 86902 | 44378 | 42524 |
| 青 海 | Qinghai | 11 | 8609 | 4378 | 4231 | 2705 | 11856 | 5880 | 5976 |
| 宁 夏 | Ningxia | 13 | 11008 | 6080 | 4928 | 5362 | 19473 | 10087 | 9386 |
| 新 疆 | Xinjiang | 31 | 44182 | 25173 | 19009 | 19957 | 59062 | 29150 | 29912 |

## 2-27 续表 continued

单位：人 (person)

| 地区 | Province | 在校学生数 Total Enrollment | 本科 Undergraduate Courses | 专科 Specialized Courses | 预计毕业生数 Anticipated Graduates for Next Year | 本科 Undergraduate Courses | 专科 Specialized Courses |
|---|---|---|---|---|---|---|---|
| **全国** | **National Total** | **17388441** | **9433395** | **7955046** | **4587743** | **2056794** | **2530949** |
| 北京 | Beijing | 565779 | 435590 | 130189 | 147751 | 102977 | 44774 |
| 天津 | Tianjin | 357382 | 212526 | 144856 | 94879 | 45950 | 48929 |
| 河北 | Hebei | 862618 | 395381 | 467237 | 246766 | 89152 | 157614 |
| 山西 | Shanxi | 446428 | 217713 | 228715 | 130794 | 48983 | 81811 |
| 内蒙古 | Inner Mongolia | 252917 | 133085 | 119832 | 68889 | 31480 | 37409 |
| 辽宁 | Liaoning | 720548 | 482502 | 238046 | 176720 | 100949 | 75771 |
| 吉林 | Jilin | 435065 | 330290 | 104775 | 111419 | 73234 | 38185 |
| 黑龙江 | Heilongjiang | 592000 | 373424 | 218576 | 152574 | 82212 | 70362 |
| 上海 | Shanghai | 466333 | 292859 | 173474 | 124799 | 65223 | 59576 |
| 江苏 | Jiangsu | 1306181 | 709884 | 596297 | 326556 | 154590 | 171966 |
| 浙江 | Zhejiang | 719869 | 393212 | 326657 | 191118 | 83184 | 107934 |
| 安徽 | Anhui | 663684 | 319721 | 343963 | 184097 | 66777 | 117320 |
| 福建 | Fujian | 461341 | 246806 | 214535 | 116953 | 50043 | 66910 |
| 江西 | Jiangxi | 770525 | 293429 | 477096 | 214411 | 63062 | 151349 |
| 山东 | Shandong | 1338122 | 673439 | 664683 | 356429 | 168680 | 187749 |
| 河南 | Henan | 974096 | 449914 | 524182 | 270131 | 99535 | 170596 |
| 湖北 | Hubei | 1092274 | 567035 | 525239 | 284811 | 117423 | 167388 |
| 湖南 | Hunan | 830181 | 408862 | 421319 | 218955 | 90245 | 128710 |
| 广东 | Guangdong | 1008577 | 515132 | 493445 | 242754 | 94266 | 148488 |
| 广西 | Guangxi | 387447 | 165857 | 221590 | 109426 | 33318 | 76108 |
| 海南 | Hainan | 90138 | 41414 | 48724 | 21528 | 8167 | 13361 |
| 重庆 | Chongqing | 376118 | 239873 | 136245 | 92148 | 49099 | 43049 |
| 四川 | Sichuan | 860640 | 483951 | 376689 | 229251 | 111908 | 117343 |
| 贵州 | Guizhou | 221546 | 125498 | 96048 | 62446 | 28712 | 33734 |
| 云南 | Yunnan | 284230 | 167518 | 116712 | 73934 | 34042 | 39892 |
| 西藏 | Tibet | 23327 | 15698 | 7629 | 4435 | 2180 | 2255 |
| 陕西 | Shaanxi | 726219 | 415207 | 311012 | 194648 | 91039 | 103609 |
| 甘肃 | Gansu | 263691 | 154845 | 108846 | 65666 | 33054 | 32612 |
| 青海 | Qinghai | 35983 | 21328 | 14655 | 9966 | 4581 | 5385 |
| 宁夏 | Ningxia | 55931 | 33210 | 22721 | 14267 | 6940 | 7327 |
| 新疆 | Xinjiang | 199251 | 118192 | 81059 | 49222 | 25789 | 23433 |

# 2-28 各地区中等职业学校(机构)基本情况 (2006年)

# Basic Statistics on Secondary Vocational Schools (Institutions) by Province (2006)

单位: 人 (person)

| 地区 | Province | 学校数(所) Schools (unit) | 招生数 New Enrollment | 在校学生数 Total Enrollment | 毕业生数 Graduates | 教职工数 Teachers and Staff | #专任教师 Full-time Teachers |
|---|---|---|---|---|---|---|---|
| **全 国** | **National Total** | **14668** | **7314300** | **17643693** | **4616247** | **1126016** | **783034** |
| 北 京 | Beijing | 173 | 75974 | 264892 | 80156 | 21449 | 12493 |
| 天 津 | Tianjin | 161 | 58875 | 183883 | 54194 | 17435 | 10727 |
| 河 北 | Hebei | 882 | 421366 | 1009511 | 261987 | 76295 | 51700 |
| 山 西 | Shanxi | 609 | 214908 | 532292 | 129041 | 38755 | 26434 |
| 内蒙古 | Inner Mongolia | 298 | 96521 | 237437 | 65670 | 22378 | 15663 |
| 辽 宁 | Liaoning | 553 | 213984 | 531497 | 150137 | 46912 | 30310 |
| 吉 林 | Jilin | 410 | 123878 | 269397 | 69384 | 33283 | 22457 |
| 黑龙江 | Heilongjiang | 492 | 148323 | 325282 | 118066 | 34074 | 22953 |
| 上 海 | Shanghai | 195 | 62697 | 228498 | 60699 | 16325 | 8620 |
| 江 苏 | Jiangsu | 650 | 547423 | 1439045 | 287794 | 68305 | 50956 |
| 浙 江 | Zhejiang | 583 | 285085 | 794796 | 254362 | 46562 | 37825 |
| 安 徽 | Anhui | 642 | 359027 | 864806 | 200574 | 37107 | 26109 |
| 福 建 | Fujian | 496 | 229073 | 565402 | 150478 | 29180 | 22039 |
| 江 西 | Jiangxi | 558 | 282313 | 674483 | 198991 | 32734 | 23330 |
| 山 东 | Shandong | 998 | 563897 | 1468805 | 457960 | 101690 | 70732 |
| 河 南 | Henan | 1023 | 578884 | 1370902 | 371729 | 81537 | 57726 |
| 湖 北 | Hubei | 592 | 442282 | 935054 | 223129 | 49841 | 35202 |
| 湖 南 | Hunan | 824 | 375244 | 880211 | 253865 | 52198 | 34598 |
| 广 东 | Guangdong | 803 | 456130 | 1136481 | 268878 | 65323 | 48388 |
| 广 西 | Guangxi | 438 | 241071 | 540056 | 120103 | 34673 | 22677 |
| 海 南 | Hainan | 94 | 30735 | 75809 | 16053 | 4834 | 3111 |
| 重 庆 | Chongqing | 348 | 185997 | 420151 | 123691 | 22749 | 15899 |
| 四 川 | Sichuan | 902 | 496808 | 1070937 | 250717 | 61709 | 42269 |
| 贵 州 | Guizhou | 275 | 151765 | 303438 | 52901 | 15340 | 10319 |
| 云 南 | Yunnan | 417 | 146051 | 362293 | 96990 | 26815 | 18833 |
| 西 藏 | Tibet | 7 | 2336 | 14775 | 2280 | 753 | 484 |
| 陕 西 | Shaanxi | 561 | 277700 | 603012 | 171334 | 38972 | 26598 |
| 甘 肃 | Gansu | 340 | 111915 | 255537 | 58673 | 21447 | 14921 |
| 青 海 | Qinghai | 66 | 23470 | 42471 | 9248 | 3716 | 2821 |
| 宁 夏 | Ningxia | 49 | 29701 | 69895 | 18780 | 4196 | 2845 |
| 新 疆 | Xinjiang | 229 | 80867 | 172645 | 38383 | 19429 | 13995 |

注：本表数据未包括技工学校数。

a) Data in this table excludes technical schools.

# 2-29 各地区普通高中基本情况（2006年）

## Basic Statistics on Regular Senior Secondary Schools by Province (2006)

单位：人 (person)

| 地区 | Province | 学校数（所）Schools (unit) | 招生数 New Enrollment | 在校学生数 Total Enrollment | 毕业生数 Graduates | 教职工数 Teachers and Staff | #专任教师 Full-time Teachers |
|---|---|---|---|---|---|---|---|
| **全国** | **National Total** | **16153** | **8712080** | **25144967** | **7270693** | **5784564** | **1387182** |
| 北京 | Beijing | 335 | 76375 | 259414 | 78037 | 75402 | 20581 |
| 天津 | Tianjin | 231 | 68023 | 216281 | 69891 | 54851 | 15101 |
| 河北 | Hebei | 801 | 496971 | 1438065 | 450595 | 340581 | 78219 |
| 山西 | Shanxi | 589 | 253177 | 747093 | 222176 | 198703 | 45158 |
| 内蒙古 | Inner Mongolia | 359 | 202487 | 561484 | 157028 | 123928 | 28858 |
| 辽宁 | Liaoning | 470 | 258495 | 768629 | 224519 | 177916 | 39794 |
| 吉林 | Jilin | 296 | 176246 | 512759 | 146440 | 125398 | 25976 |
| 黑龙江 | Heilongjiang | 475 | 208852 | 607896 | 181583 | 174745 | 35788 |
| 上海 | Shanghai | 317 | 70012 | 271696 | 102088 | 73275 | 18030 |
| 江苏 | Jiangsu | 838 | 536898 | 1525666 | 449680 | 340852 | 93879 |
| 浙江 | Zhejiang | 611 | 293473 | 893173 | 291952 | 198158 | 58566 |
| 安徽 | Anhui | 786 | 451317 | 1287853 | 332059 | 241850 | 55564 |
| 福建 | Fujian | 636 | 274141 | 780435 | 201834 | 171006 | 49593 |
| 江西 | Jiangxi | 587 | 307160 | 869310 | 256998 | 182336 | 48520 |
| 山东 | Shandong | 787 | 622811 | 1931767 | 622155 | 462298 | 111858 |
| 河南 | Henan | 955 | 677543 | 2015781 | 573592 | 434114 | 91866 |
| 湖北 | Hubei | 689 | 455543 | 1347692 | 410721 | 275389 | 68109 |
| 湖南 | Hunan | 800 | 489621 | 1357102 | 378477 | 300958 | 72268 |
| 广东 | Guangdong | 1005 | 607748 | 1634639 | 429856 | 377490 | 95581 |
| 广西 | Guangxi | 537 | 264552 | 739666 | 201957 | 191906 | 38048 |
| 海南 | Hainan | 111 | 54135 | 137974 | 32472 | 36686 | 7712 |
| 重庆 | Chongqing | 286 | 184239 | 506077 | 141448 | 114144 | 27207 |
| 四川 | Sichuan | 809 | 505571 | 1419794 | 414133 | 311353 | 76016 |
| 贵州 | Guizhou | 482 | 198389 | 530899 | 137065 | 144303 | 28121 |
| 云南 | Yunnan | 452 | 204748 | 545421 | 127676 | 160042 | 34046 |
| 西藏 | Tibet | 45 | 13213 | 37677 | 9868 | 9477 | 2103 |
| 陕西 | Shaanxi | 641 | 327912 | 960457 | 277374 | 193560 | 47220 |
| 甘肃 | Gansu | 495 | 207257 | 603458 | 164257 | 118578 | 32081 |
| 青海 | Qinghai | 142 | 37106 | 103073 | 29313 | 23047 | 6963 |
| 宁夏 | Ningxia | 100 | 45212 | 131415 | 40027 | 26852 | 7541 |
| 新疆 | Xinjiang | 486 | 142853 | 402321 | 115422 | 125366 | 26815 |

注：教职工数为普通高中和普通初中之和。

a) Number of teachers and staff is the sum of that of regular senior secondary schools and regular junior secondary schools.

# 2-30 各地区普通初中基本情况（2006年）

# Basic Statistics on Regular Junior Secondary Schools by Province (2006)

单位：人 (person)

| 地 区 | Province | 学校数 (所) Schools (unit) | 招生数 New Enrollment | 在校学生数 Total Enrollment | 毕业生数 Graduates | 专任教师 Full-time Teachers |
|---|---|---|---|---|---|---|
| **全 国** | **National Total** | **60550** | **19236229** | **59373792** | **20623876** | **3463478** |
| 北 京 | Beijing | 372 | 90722 | 288298 | 124250 | 29958 |
| 天 津 | Tianjin | 376 | 104253 | 335783 | 124325 | 26533 |
| 河 北 | Hebei | 3663 | 1074907 | 3368253 | 1330344 | 208902 |
| 山 西 | Shanxi | 2618 | 621298 | 1892237 | 606995 | 119964 |
| 内蒙古 | Inner Mongolia | 1125 | 303378 | 990473 | 334285 | 66258 |
| 辽 宁 | Liaoning | 1767 | 504826 | 1499946 | 541891 | 103425 |
| 吉 林 | Jilin | 1295 | 311434 | 977306 | 374768 | 68643 |
| 黑龙江 | Heilongjiang | 2041 | 422087 | 1559789 | 536646 | 106740 |
| 上 海 | Shanghai | 477 | 108347 | 440011 | 120283 | 33332 |
| 江 苏 | Jiangsu | 2260 | 990637 | 3187076 | 1213543 | 190280 |
| 浙 江 | Zhejiang | 1848 | 625833 | 1729981 | 594032 | 111540 |
| 安 徽 | Anhui | 3301 | 1102157 | 3414456 | 1178202 | 152801 |
| 福 建 | Fujian | 1384 | 523708 | 1650310 | 602290 | 98462 |
| 江 西 | Jiangxi | 2145 | 535175 | 1807153 | 694356 | 114222 |
| 山 东 | Shandong | 3388 | 1023237 | 3608673 | 1344839 | 260512 |
| 河 南 | Henan | 5090 | 1661044 | 5406380 | 1878809 | 284540 |
| 湖 北 | Hubei | 2509 | 964018 | 3010769 | 1061845 | 167572 |
| 湖 南 | Hunan | 3594 | 727244 | 2489107 | 1162280 | 183779 |
| 广 东 | Guangdong | 3327 | 1706870 | 4758296 | 1425940 | 228956 |
| 广 西 | Guangxi | 2239 | 782810 | 2290412 | 730511 | 116325 |
| 海 南 | Hainan | 463 | 169890 | 475365 | 145244 | 22044 |
| 重 庆 | Chongqing | 1087 | 459707 | 1288052 | 388027 | 68575 |
| 四 川 | Sichuan | 4372 | 1262356 | 3595157 | 1113295 | 189524 |
| 贵 州 | Guizhou | 2151 | 704579 | 2032209 | 650318 | 100153 |
| 云 南 | Yunnan | 1814 | 655668 | 1901616 | 635183 | 104419 |
| 西 藏 | Tibet | 73 | 45024 | 127882 | 35827 | 6574 |
| 陕 西 | Shaanxi | 2047 | 695258 | 2118803 | 699797 | 115656 |
| 甘 肃 | Gansu | 1660 | 504419 | 1444489 | 431380 | 74025 |
| 青 海 | Qinghai | 356 | 73938 | 224954 | 71245 | 13802 |
| 宁 夏 | Ningxia | 303 | 101833 | 290375 | 86851 | 15802 |
| 新 疆 | Xinjiang | 1405 | 379572 | 1170181 | 386275 | 80160 |

# 2-31 各地区职业初中基本情况（2006年）

## Basic Statistics on Junior Secondary Vocational Schools by Province (2006)

单位：人 (person)

| 地区 | Province | 学校数（所）Schools (unit) | 招生数 New Enrollment | 在校学生数 Total Enrollment | 毕业生数 Graduates | 教职工数 Teachers and Staff | #专任教师 Full-time Teachers |
|---|---|---|---|---|---|---|---|
| **全国** | **National Total** | **335** | **59351** | **205699** | **91890** | **14110** | **11546** |
| 北京 | Beijing | | | | | | |
| 天津 | Tianjin | | | | | | |
| 河北 | Hebei | 9 | 1494 | 5268 | 3948 | 499 | 413 |
| 山西 | Shanxi | 55 | 7288 | 24792 | 9690 | 1806 | 1489 |
| 内蒙古 | Inner Mongolia | 73 | 10845 | 39268 | 20337 | 3947 | 2840 |
| 辽宁 | Liaoning | | | | | | |
| 吉林 | Jilin | 33 | 6933 | 28757 | 13016 | 2002 | 1589 |
| 黑龙江 | Heilongjiang | 7 | 380 | 2864 | 5558 | 174 | 159 |
| 上海 | Shanghai | 1 | 124 | 365 | 150 | 58 | 30 |
| 江苏 | Jiangsu | | | | | | |
| 浙江 | Zhejiang | | | | | | |
| 安徽 | Anhui | 10 | 1547 | 6432 | 3524 | 443 | 391 |
| 福建 | Fujian | 1 | 143 | 454 | 65 | 25 | 19 |
| 江西 | Jiangxi | 1 | 259 | 855 | 412 | 40 | 40 |
| 山东 | Shandong | 1 | | 204 | 120 | 49 | 37 |
| 河南 | Henan | 6 | 852 | 3425 | 1816 | 193 | 184 |
| 湖北 | Hubei | 29 | 6750 | 22639 | 8967 | 1396 | 1253 |
| 湖南 | Hunan | 1 | 30 | 81 | 31 | 12 | 10 |
| 广东 | Guangdong | | | | | | |
| 广西 | Guangxi | 4 | 790 | 2473 | 1502 | 143 | 102 |
| 海南 | Hainan | | | | | | |
| 重庆 | Chongqing | 1 | | | 69 | | |
| 四川 | Sichuan | 12 | 1929 | 5834 | 1893 | 490 | 414 |
| 贵州 | Guizhou | 65 | 10723 | 33673 | 12108 | 2001 | 1833 |
| 云南 | Yunnan | 13 | 6066 | 20045 | 5981 | 537 | 475 |
| 西藏 | Tibet | 1 | 272 | 272 | 261 | 2 | 2 |
| 陕西 | Shaanxi | 5 | 1180 | 3311 | 1078 | 159 | 135 |
| 甘肃 | Gansu | 6 | 79 | 199 | 88 | 19 | 17 |
| 青海 | Qinghai | 1 | 100 | 285 | 217 | 4 | 3 |
| 宁夏 | Ningxia | | 1567 | 4203 | 1059 | 111 | 111 |
| 新疆 | Xinjiang | | | | | | |

## 2-32 各地区普通小学基本情况（2006年）

## Basic Statistics on Regular Primary Schools by Province (2006)

单位：人　　　　(person)

| 地区 | Province | 学校数（所）Schools (unit) | 招生数 New Enrollment | 在校学生数 Total Enrollment | 毕业生数 Graduates | 教职工数 Teachers and Staff | #专任教师 Full-time Teachers |
|---|---|---|---|---|---|---|---|
| **全国** | **National Total** | **341639** | **17293572** | **107115346** | **19284838** | **6119992** | **5587557** |
| 北京 | Beijing | 1310 | 73138 | 473275 | 90799 | 61313 | 48207 |
| 天津 | Tianjin | 1023 | 82102 | 516823 | 106075 | 47916 | 39951 |
| 河北 | Hebei | 19162 | 800719 | 4702450 | 1085840 | 338714 | 315278 |
| 山西 | Shanxi | 21647 | 524908 | 3377597 | 635295 | 209485 | 193386 |
| 内蒙古 | Inner Mongolia | 4884 | 260748 | 1563790 | 311752 | 138487 | 116582 |
| 辽宁 | Liaoning | 8434 | 388660 | 2546811 | 506789 | 180474 | 155848 |
| 吉林 | Jilin | 7010 | 235755 | 1556078 | 311724 | 160189 | 134450 |
| 黑龙江 | Heilongjiang | 9288 | 333206 | 2103073 | 427035 | 184214 | 160511 |
| 上海 | Shanghai | 626 | 108733 | 533677 | 108520 | 48610 | 37500 |
| 江苏 | Jiangsu | 5940 | 637467 | 4557486 | 978186 | 288430 | 260510 |
| 浙江 | Zhejiang | 5471 | 529852 | 3394297 | 620416 | 179848 | 163843 |
| 安徽 | Anhui | 18204 | 854020 | 5582911 | 1104018 | 268327 | 256368 |
| 福建 | Fujian | 9867 | 412394 | 2692218 | 526101 | 173913 | 163350 |
| 江西 | Jiangxi | 14244 | 703789 | 3999286 | 538387 | 202991 | 195538 |
| 山东 | Shandong | 14611 | 1071757 | 6230225 | 1016943 | 415117 | 381673 |
| 河南 | Henan | 31410 | 1768598 | 9970930 | 1667126 | 505033 | 478153 |
| 湖北 | Hubei | 11422 | 570100 | 3913276 | 946634 | 225803 | 209342 |
| 湖南 | Hunan | 15859 | 785684 | 4293059 | 716297 | 263305 | 247567 |
| 广东 | Guangdong | 20512 | 1556420 | 10569906 | 1754494 | 467730 | 407584 |
| 广西 | Guangxi | 15152 | 779629 | 4601201 | 774149 | 234827 | 206912 |
| 海南 | Hainan | 3050 | 173749 | 1047236 | 178501 | 57578 | 51635 |
| 重庆 | Chongqing | 8754 | 362368 | 2523824 | 450958 | 126432 | 113724 |
| 四川 | Sichuan | 17372 | 1151856 | 7217750 | 1221708 | 336132 | 306886 |
| 贵州 | Guizhou | 14076 | 787895 | 4743780 | 731361 | 200576 | 188762 |
| 云南 | Yunnan | 18127 | 760283 | 4522624 | 686863 | 234630 | 222022 |
| 西藏 | Tibet | 880 | 52864 | 329532 | 48655 | 16646 | 15961 |
| 陕西 | Shaanxi | 18590 | 485432 | 3251046 | 679839 | 200256 | 184573 |
| 甘肃 | Gansu | 14685 | 481721 | 2984425 | 506371 | 140031 | 135491 |
| 青海 | Qinghai | 2841 | 101658 | 522025 | 76135 | 29209 | 28124 |
| 宁夏 | Ningxia | 2373 | 120073 | 696760 | 104005 | 33981 | 33108 |
| 新疆 | Xinjiang | 4815 | 337994 | 2097975 | 373862 | 149795 | 134718 |

# 2-33 各地区特殊教育基本情况（2006年）

## Basic Statistics on Special Education by Province (2006)

单位：人 (person)

| 地区 | Province | 学校数（所）Schools (unit) | 招生数 New Enrollment | 在校学生数 Total Enrollment | 毕业生数 Graduates | 教职工数 Teachers and Staff | #专任教师 Full-time Teachers |
|---|---|---|---|---|---|---|---|
| **全国** | **National Total** | **1605** | **49838** | **362946** | **45187** | **43572** | **33396** |
| 北京 | Beijing | 24 | 643 | 6448 | 1152 | 1085 | 783 |
| 天津 | Tianjin | 21 | 191 | 2504 | 413 | 603 | 436 |
| 河北 | Hebei | 124 | 1652 | 11495 | 1113 | 2642 | 2066 |
| 山西 | Shanxi | 42 | 914 | 5977 | 593 | 1197 | 980 |
| 内蒙古 | Inner Mongolia | 28 | 397 | 3168 | 197 | 887 | 696 |
| 辽宁 | Liaoning | 74 | 753 | 8300 | 853 | 2589 | 1948 |
| 吉林 | Jilin | 48 | 428 | 4881 | 611 | 1771 | 1232 |
| 黑龙江 | Heilongjiang | 71 | 800 | 6591 | 724 | 2295 | 1799 |
| 上海 | Shanghai | 28 | 1170 | 9772 | 2294 | 1614 | 1047 |
| 江苏 | Jiangsu | 107 | 3871 | 30004 | 4298 | 3419 | 2600 |
| 浙江 | Zhejiang | 63 | 1535 | 12160 | 1717 | 1576 | 1281 |
| 安徽 | Anhui | 63 | 1777 | 15761 | 1452 | 1201 | 945 |
| 福建 | Fujian | 67 | 5384 | 35180 | 6212 | 1589 | 1363 |
| 江西 | Jiangxi | 60 | 2579 | 18625 | 1527 | 746 | 604 |
| 山东 | Shandong | 140 | 2120 | 15130 | 1680 | 5445 | 3936 |
| 河南 | Henan | 121 | 2217 | 17738 | 1665 | 3240 | 2656 |
| 湖北 | Hubei | 77 | 1316 | 9232 | 898 | 1626 | 1337 |
| 湖南 | Hunan | 52 | 1347 | 8898 | 937 | 1245 | 945 |
| 广东 | Guangdong | 69 | 3562 | 25938 | 3346 | 2020 | 1512 |
| 广西 | Guangxi | 54 | 1985 | 13528 | 1235 | 917 | 668 |
| 海南 | Hainan | 4 | 179 | 1648 | 73 | 112 | 74 |
| 重庆 | Chongqing | 44 | 1806 | 12151 | 1994 | 757 | 584 |
| 四川 | Sichuan | 89 | 4530 | 28797 | 2963 | 1643 | 1318 |
| 贵州 | Guizhou | 39 | 1715 | 14815 | 924 | 761 | 620 |
| 云南 | Yunnan | 26 | 3432 | 19740 | 3315 | 700 | 535 |
| 西藏 | Tibet | 1 | 14 | 172 |  | 26 | 21 |
| 陕西 | Shaanxi | 31 | 1196 | 9012 | 1584 | 710 | 543 |
| 甘肃 | Gansu | 14 | 1301 | 9127 | 701 | 453 | 314 |
| 青海 | Qinghai | 9 | 331 | 2465 | 201 | 149 | 123 |
| 宁夏 | Ningxia | 6 | 171 | 1332 | 105 | 176 | 144 |
| 新疆 | Xinjiang | 9 | 522 | 2357 | 410 | 378 | 286 |

## 2-34 各地区各级学校生师比（2006年）

## Student-Teacher Ratio by Province and Level of School (2006)

| 地 区 | Province | 小 学 Primary School | 初 中 Junior Secondary School | 普通高中 Regular Senior Secondary School | 职业高中 Vocational Senior Secondary School | 普通中专 Regular Specialized Secondary School | 普通高校 Regular Institution of Higher Education | 本科院校 Undergraduate Courses | 专科院校 Specialized Courses |
|---|---|---|---|---|---|---|---|---|---|
| **总 计** | **National Total** | **19.17** | **17.15** | **18.13** | **22.16** | **31.67** | **17.80** | **17.61** | **18.26** |
| 北 京 | Beijing | 9.82 | 9.62 | 12.60 | 13.19 | 32.63 | 15.81 | 16.37 | 14.45 |
| 天 津 | Tianjin | 12.94 | 12.66 | 14.32 | 16.24 | 23.52 | 16.59 | 16.00 | 17.61 |
| 河 北 | Hebei | 16.34 | 16.12 | 19.32 | 22.66 | 30.19 | 18.16 | 18.35 | 17.81 |
| 山 西 | Shanxi | 14.23 | 15.78 | 15.07 | 17.44 | 38.06 | 17.77 | 16.80 | 20.00 |
| 内蒙古 | Inner Mongolia | 17.49 | 14.90 | 16.25 | 15.62 | 25.37 | 15.54 | 16.48 | 14.10 |
| 辽 宁 | Liaoning | 20.72 | 14.50 | 15.25 | 15.83 | 22.75 | 17.48 | 17.97 | 15.72 |
| 吉 林 | Jilin | 16.48 | 14.32 | 15.74 | 19.20 | 21.43 | 16.86 | 17.22 | 15.34 |
| 黑龙江 | Heilongjiang | 16.32 | 14.62 | 17.27 | 14.29 | 25.92 | 17.96 | 18.37 | 17.01 |
| 上 海 | Shanghai | 25.93 | 13.20 | 17.10 | 18.68 | 26.13 | 17.46 | 17.63 | 16.97 |
| 江 苏 | Jiangsu | 14.92 | 16.75 | 18.39 | 21.56 | 45.21 | 18.54 | 16.92 | 20.84 |
| 浙 江 | Zhejiang | 17.47 | 15.51 | 16.54 | 22.91 | 30.35 | 18.67 | 18.36 | 19.29 |
| 安 徽 | Anhui | 11.57 | 22.33 | 19.74 | 39.84 | 36.24 | 18.47 | 18.26 | 18.76 |
| 福 建 | Fujian | 13.10 | 16.76 | 16.99 |  | 26.38 | 17.33 | 17.79 | 16.56 |
| 江 西 | Jiangxi | 21.78 | 15.82 | 23.18 | 26.96 | 51.19 | 18.91 | 18.06 | 20.38 |
| 山 东 | Shandong | 20.45 | 13.85 | 17.92 | 20.58 | 28.02 | 17.07 | 16.63 | 17.74 |
| 河 南 | Henan | 20.85 | 19.00 | 21.94 | 22.40 | 43.25 | 18.40 | 17.86 | 19.17 |
| 湖 北 | Hubei | 18.69 | 17.97 | 19.79 | 28.87 | 33.68 | 17.79 | 17.33 | 18.56 |
| 湖 南 | Hunan | 17.34 | 13.54 | 18.78 | 22.26 | 57.49 | 18.66 | 17.75 | 19.78 |
| 广 东 | Guangdong | 20.28 | 20.78 | 17.89 | 19.42 | 26.75 | 18.15 | 18.10 | 18.25 |
| 广 西 | Guangxi | 13.41 | 19.69 | 19.46 |  | 24.51 | 17.19 | 16.87 | 17.70 |
| 海 南 | Hainan | 22.24 | 21.56 | 19.44 | 11.75 | 46.04 | 19.07 | 18.47 | 19.90 |
| 重 庆 | Chongqing | 22.19 | 18.78 | 18.60 | 22.94 | 56.53 | 18.20 | 17.95 | 18.77 |
| 四 川 | Sichuan | 23.52 | 18.96 | 18.68 | 26.65 | 31.55 | 18.21 | 17.84 | 19.01 |
| 贵 州 | Guizhou | 25.13 | 20.26 | 18.88 | 31.32 | 40.75 | 18.39 | 17.04 | 21.55 |
| 云 南 | Yunnan | 20.37 | 18.32 | 16.02 | 18.80 | 28.29 | 17.60 | 17.91 | 16.94 |
| 西 藏 | Tibet | 20.65 | 19.49 | 17.92 |  | 34.02 | 14.11 | 15.42 | 10.67 |
| 陕 西 | Shaanxi | 17.61 | 18.33 | 20.34 | 25.73 | 34.43 | 15.84 | 16.64 | 14.04 |
| 甘 肃 | Gansu | 22.03 | 19.51 | 18.81 | 17.43 | 21.41 | 18.01 | 17.71 | 18.63 |
| 青 海 | Qinghai | 18.56 | 16.32 | 14.80 | 27.33 | 17.82 | 14.13 | 13.28 | 17.27 |
| 宁 夏 | Ningxia | 21.05 | 18.51 | 17.43 | 23.07 | 45.02 | 17.27 | 16.44 | 18.84 |
| 新 疆 | Xinjiang | 15.57 | 14.60 | 15.00 | 9.06 | 24.92 | 16.69 | 16.74 | 16.59 |

注：普通高校生师比中专任教师数包括聘请校外教师。

a) For student-teacher ratio of regular institution of higher education, data of full-time teachers includes those employed from other schools.

# 2-35 各地区每十万人口各级学校平均在校生数（2006年）

# Number of Students Per 100 000 Population by Level of School and Province (2006)

单位：人 (person)

| 地 区 | Province | 幼儿园 Kindergartens | 小 学 Primary Schools | 初中阶段 Junior Secondary Schools | 高中阶段 Senior Secondary Schools | 高等学校 Institutions of Higher Education |
|---|---|---|---|---|---|---|
| **全 国** | **National Total** | **1731** | **8192** | **4557** | **3321** | **1816** |
| 北 京 | Beijing | 1284 | 3077 | 1874 | 3488 | 6897 |
| 天 津 | Tianjin | 1858 | 4955 | 3219 | 3848 | 4600 |
| 河 北 | Hebei | 1950 | 6864 | 4924 | 3618 | 1630 |
| 山 西 | Shanxi | 1830 | 10067 | 5714 | 3851 | 1790 |
| 内蒙古 | Inner Mongolia | 1220 | 6554 | 4316 | 3379 | 1413 |
| 辽 宁 | Liaoning | 1695 | 6034 | 3554 | 3172 | 2379 |
| 吉 林 | Jilin | 1196 | 5729 | 3704 | 2906 | 2359 |
| 黑龙江 | Heilongjiang | 1084 | 5505 | 4091 | 2549 | 2090 |
| 上 海 | Shanghai | 1686 | 3002 | 2477 | 2782 | 4206 |
| 江 苏 | Jiangsu | 2009 | 6097 | 4264 | 4058 | 2301 |
| 浙 江 | Zhejiang | 2836 | 6930 | 3532 | 3539 | 2115 |
| 安 徽 | Anhui | 1198 | 9122 | 5590 | 3520 | 1351 |
| 福 建 | Fujian | 2464 | 7616 | 4670 | 3826 | 1656 |
| 江 西 | Jiangxi | 1870 | 9277 | 4194 | 3612 | 2105 |
| 山 东 | Shandong | 1730 | 6737 | 3902 | 3711 | 1811 |
| 河 南 | Henan | 1681 | 10630 | 5767 | 3652 | 1331 |
| 湖 北 | Hubei | 1125 | 6853 | 5312 | 4079 | 2542 |
| 湖 南 | Hunan | 1403 | 6786 | 3935 | 3594 | 1719 |
| 广 东 | Guangdong | 2385 | 11497 | 5175 | 3089 | 1591 |
| 广 西 | Guangxi | 2162 | 9874 | 4920 | 2771 | 1228 |
| 海 南 | Hainan | 1637 | 12648 | 5741 | 2649 | 1374 |
| 重 庆 | Chongqing | 1897 | 9020 | 4603 | 3389 | 1906 |
| 四 川 | Sichuan | 1903 | 8789 | 4385 | 3057 | 1414 |
| 贵 州 | Guizhou | 1943 | 12718 | 5539 | 2261 | 910 |
| 云 南 | Yunnan | 1851 | 10163 | 4318 | 2059 | 1042 |
| 西 藏 | Tibet | 330 | 11896 | 4626 | 1894 | 1014 |
| 陕 西 | Shaanxi | 1357 | 8739 | 5705 | 4285 | 2549 |
| 甘 肃 | Gansu | 1320 | 11505 | 5569 | 3334 | 1427 |
| 青 海 | Qinghai | 1621 | 9614 | 4148 | 2752 | 935 |
| 宁 夏 | Ningxia | 1721 | 11691 | 4943 | 3406 | 1511 |
| 新 疆 | Xinjiang | 1095 | 10438 | 5822 | 2906 | 1416 |

注：1.高等学校包括普通高等学校和成人高等学校。

2.高中阶段合计数据包括普通高中、成人高中、普通中专、职业高中、技工学校和成人中专，分省数据不含技工学校。

3.初中阶段包括普通初中和职业初中。

a) Institutions of higher education include regular institutions of higher education and adult institutions of higher education.

b) Total of senior secondary schools includes regular senior secondary schools,adult senior secondary schools,regular specialized secondary schools, senior secondary vocational schools,technical schools and adult specialized secondary schools,while data by province excludes technical schools.

c) Junior secondary schools include regular junior secondary schools and junior secondary vocational schools.

# 2-36 各地区教育经费情况

## Educational Funds by Province

单位: 万元 (10000 yuan)

| 年份<br>地区 | Year<br>Province | 合计<br>Total | 国家财政性教育经费<br>Government Appropriation for Education | #预算内教育经费<br>Budgetary Appropriation | 社会团体和公民个人办学经费<br>Funds from Social Organizations and Citizens | 社会捐资和集资办学经费<br>Donations and Fund-raising | 学费和杂费<br>Tuition and Miscellaneous Fee | 其他教育经费<br>Other Educational Funds |
|---|---|---|---|---|---|---|---|---|
| | 1992 | 8670490.5 | 7287505.8 | 5387381.7 | | 696285.2 | 439319.3 | 247380.2 |
| | 1993 | 10599374.4 | 8677618.3 | 6443914.0 | 33322.7 | 701856.1 | 871476.9 | 315100.4 |
| | 1994 | 14887812.6 | 11747395.6 | 8839794.7 | 107795.2 | 974487.1 | 1469228.1 | 588906.6 |
| | 1995 | 18779501.1 | 14115233.3 | 10283930.0 | 203671.5 | 1628414.0 | 2012422.5 | 819759.8 |
| | 1996 | 22623393.5 | 16717045.5 | 12119133.6 | 261998.9 | 1884189.5 | 2610361.2 | 1149798.4 |
| | 1997 | 25317325.7 | 18625416.3 | 13577262.1 | 301746.4 | 1706587.6 | 3260792.0 | 1422783.4 |
| | 1998 | 29490592.0 | 20324526.0 | 15655917.0 | 480314.0 | 1418537.0 | 3697474.0 | 3569741.0 |
| | 1999 | 33490416.4 | 22871756.1 | 18157597.3 | 628957.1 | 1258694.2 | 4636107.9 | 4094901.1 |
| | 2000 | 38490805.8 | 25626055.7 | 20856792.0 | 858537.2 | 1139556.9 | 5948304.3 | 4918351.7 |
| | 2001 | 46376626.2 | 30570099.5 | 25823761.9 | 1280895.2 | 1128851.8 | 7456013.5 | 5940766.2 |
| | 2002 | 54800277.6 | 34914047.5 | 31142383.3 | 1725548.7 | 1272791.0 | 9227791.7 | 7660098.7 |
| | 2003 | 62082653.0 | 38506236.6 | 34538582.6 | 2590147.8 | 1045926.9 | 11214984.7 | 8725357.0 |
| | 2004 | 72425989.2 | 44658574.8 | 40278158.0 | 3478528.8 | 934203.8 | 13465517.3 | 9889164.5 |
| | 2005 | 84188390.5 | 51610759.3 | 46656939.0 | 4522185.0 | 931612.9 | 15530544.6 | 11593288.7 |
| 北京 | Beijing | 5227188.0 | 3357549.6 | 3102584.8 | 105056.0 | 71549.4 | 597106.5 | 1095926.5 |
| 天津 | Tianjin | 1479873.4 | 895562.1 | 811644.3 | 58516.6 | 5230.7 | 245230.8 | 275333.2 |
| 河北 | Hebei | 3249421.0 | 2126918.2 | 1950141.9 | 98160.6 | 18125.2 | 703147.2 | 303069.8 |
| 山西 | Shanxi | 1891252.6 | 1289169.0 | 1123124.2 | 90023.0 | 19402.7 | 335099.2 | 157558.7 |
| 内蒙古 | Inner Mongolia | 1293432.4 | 997738.2 | 905043.9 | 8596.3 | 3384.1 | 192873.4 | 90840.4 |
| 辽宁 | Liaoning | 3164488.3 | 2059684.7 | 1853963.6 | 170293.7 | 10959.4 | 632030.5 | 291520.0 |
| 吉林 | Jilin | 1742325.2 | 1126803.3 | 1037038.4 | 78109.1 | 41368.0 | 276480.1 | 219564.7 |
| 黑龙江 | Heilongjiang | 2342133.4 | 1508936.6 | 1288563.6 | 80957.2 | 4709.6 | 433849.9 | 313680.1 |
| 上海 | Shanghai | 4229481.5 | 2750648.1 | 2351703.3 | 192031.6 | 21115.4 | 728975.7 | 536710.7 |
| 江苏 | Jiangsu | 6653202.1 | 3660669.7 | 3233064.7 | 420076.5 | 182545.5 | 1114971.2 | 1274939.2 |
| 浙江 | Zhejiang | 5684275.0 | 3237876.4 | 2615565.5 | 472143.1 | 126291.9 | 848663.6 | 999300.0 |
| 安徽 | Anhui | 2524901.0 | 1575071.4 | 1471848.5 | 68591.0 | 22853.1 | 569144.5 | 289241.0 |
| 福建 | Fujian | 2505241.2 | 1541166.8 | 1442703.1 | 211024.5 | 34216.9 | 433926.6 | 284906.4 |
| 江西 | Jiangxi | 1889654.3 | 979639.2 | 922478.9 | 209766.6 | 7658.8 | 444571.5 | 248018.2 |
| 山东 | Shandong | 4988242.5 | 2991837.6 | 2648999.4 | 251412.4 | 50766.8 | 1122236.8 | 571988.9 |
| 河南 | Henan | 3579528.4 | 2357388.8 | 2212157.8 | 140180.4 | 9782.9 | 697317.1 | 374859.2 |
| 湖北 | Hubei | 3392273.4 | 1681180.6 | 1534620.5 | 201291.3 | 16292.8 | 945000.0 | 548508.7 |
| 湖南 | Hunan | 3234353.2 | 1669161.8 | 1529979.9 | 321192.1 | 34230.8 | 739582.6 | 470185.9 |
| 广东 | Guangdong | 8066357.2 | 4692174.2 | 4358518.3 | 671621.1 | 109372.8 | 1687383.7 | 905805.4 |
| 广西 | Guangxi | 1832797.8 | 1208967.3 | 1146766.4 | 55741.6 | 7939.9 | 371220.2 | 188928.8 |
| 海南 | Hainan | 468454.9 | 314243.8 | 272459.0 | 21051.5 | 5425.5 | 52334.3 | 75399.8 |
| 重庆 | Chongqing | 1731032.6 | 956460.0 | 885290.6 | 35555.3 | 57048.0 | 325041.8 | 356927.5 |
| 四川 | Sichuan | 3632253.8 | 2055506.6 | 1880914.2 | 188902.4 | 27061.3 | 658098.3 | 702685.2 |
| 贵州 | Guizhou | 1394866.8 | 1031411.2 | 933707.0 | 28227.0 | 6862.7 | 190649.3 | 137716.6 |
| 云南 | Yunnan | 1985087.7 | 1536867.7 | 1449152.2 | 67888.9 | 15267.3 | 232695.3 | 132368.5 |
| 西藏 | Tibet | 301722.1 | 288218.8 | 285946.0 | | 327.1 | 10270.7 | 2905.5 |
| 陕西 | Shaanxi | 2331533.3 | 1276078.3 | 1186420.9 | 205142.2 | 13659.7 | 527885.3 | 308767.8 |
| 甘肃 | Gansu | 1195073.8 | 847512.0 | 785026.4 | 34540.7 | 5555.0 | 198727.5 | 108738.6 |
| 青海 | Qinghai | 287258.9 | 246544.8 | 239082.6 | 1997.4 | 394.1 | 22806.0 | 15516.6 |
| 宁夏 | Ningxia | 363459.4 | 277220.7 | 262882.5 | 8570.3 | 793.3 | 47665.1 | 29210.0 |
| 新疆 | Xinjiang | 1527225.3 | 1072551.8 | 935546.6 | 25524.6 | 1422.2 | 145559.9 | 282166.8 |

# 2-37 各类学校教育经费情况（2005年）

## Educational Funds by Type of School (2005)

单位：万元 (10000 yuan)

| 学校类别 | Type of Schools | 合计 Total | 国家财政性教育经费 Government Appropriation for Education | #预算内教育经费 Budgetary Appropriation | 社会团体和公民个人办学经费 Funds from Social Organizations and Citizens | 社会捐资和集资办学经费 Donations and Fund-Raising for Running Schools | 学费和杂费 Tuition and Miscellaneous Fee | 其他教育经费 Other Educational Funds |
|---|---|---|---|---|---|---|---|---|
| **全国总计** | **National Total** | **84188390.5** | **51610759.3** | **46656939.0** | **4522185.0** | **931612.9** | **15530544.6** | **11593288.7** |
| 中　央 | Central Government | 8520062.1 | 4095993.0 | 3782633.6 | | 110772.4 | 1739735.7 | 2573561.0 |
| 地　方 | Local Governments | 75668328.4 | 47514766.3 | 42874305.4 | 4522185.0 | 820840.5 | 13790808.9 | 9019727.7 |
| **按学校类别分组** | **By Type of Schools** | | | | | | | |
| 高等学校 | Institutions of Higher Education | 26578618.3 | 11285356.1 | 10801930.8 | 1814894.8 | 211955.9 | 8379125.9 | 4887285.6 |
| 普通高等学校 | Regular Institutions of Higher Education | 25502370.8 | 10908368.7 | 10463734.0 | 1801315.4 | 210796.3 | 7919249.3 | 4662641.1 |
| 成人高等学校 | Adult Institutions of Higher Education | 1076247.5 | 376987.4 | 338196.8 | 13579.4 | 1159.6 | 459876.6 | 224644.5 |
| 中等专业学校 | Specialized Secondary Schools | 2711219.7 | 1439488.1 | 1317102.4 | 87470.3 | 5536.6 | 862350.9 | 316373.8 |
| 中等技术学校 | Technical Schools | 1942673.2 | 1022753.1 | 935966.9 | 50916.0 | 3968.6 | 663741.3 | 201294.2 |
| 中等师范学校 | Teacher Training Schools | 297587.1 | 154070.7 | 144520.7 | | 550.6 | 109757.4 | 33208.4 |
| 成人中专学校 | Adult Specialized Secondary Schools | 470959.4 | 262664.3 | 236614.8 | 36554.3 | 1017.4 | 88852.2 | 81871.2 |
| 技工学校 | Technical Schools | 584840.5 | 275104.6 | 217779.9 | 1619.6 | 967.0 | 162001.7 | 145147.6 |
| 中　学 | Secondary Schools | 25930835.1 | 16440048.4 | 14364813.4 | 1862514.4 | 386405.3 | 3872267.4 | 3369599.6 |
| 普通中学 | Regular Secondary Schools | 25896132.3 | 16424223.5 | 14353512.0 | 1858377.2 | 386379.5 | 3866866.6 | 3360285.5 |
| 高级中学 | Senior Secondary Schools | 10876056.0 | 5565181.1 | 4680070.6 | 800873.2 | 192740.2 | 2394945.9 | 1922315.6 |
| 初级中学 | Junior Secondary Schools | 15020076.3 | 10859042.4 | 9673441.4 | 1057504.0 | 193639.3 | 1471920.7 | 1437969.9 |
| #农村 | In Rural Areas | 6991883.7 | 5749746.1 | 5377152.6 | | 61389.2 | 680825.9 | 471965.1 |
| 成人中学 | Adult Secondary Schools | 34702.8 | 15824.9 | 11301.4 | 4137.2 | 25.8 | 5400.8 | 9314.1 |
| 职业中学 | Secondary Vocational Schools | 2391089.9 | 1357768.8 | 1143757.2 | 205195.6 | 12660.6 | 575281.7 | 240183.2 |
| 小　学 | Primary Schools | 20321074.5 | 16695144.0 | 15444844.2 | 550079.3 | 268410.0 | 1525970.9 | 1281470.3 |
| 普通小学 | Regular Primary Schools | 20315175.9 | 16690390.0 | 15440216.3 | 549345.2 | 268409.2 | 1525780.9 | 1281250.6 |
| #农村 | In Rural Areas | 12394754.4 | 10794943.0 | 10296328.1 | | 127271.2 | 952222.7 | 501677.5 |
| 成人小学 | Adult Primary Schools | 5898.6 | 4754.0 | 4627.9 | 734.1 | 0.8 | 190.0 | 219.7 |
| 特殊教育学校 | Schools of Special Education | 235841.9 | 211484.7 | 178192.4 | 411.0 | 3522.8 | 3565.0 | 16858.4 |
| 幼儿园 | Kindergartens | 1045524.0 | 657237.9 | 620820.8 | | 18842.8 | 149981.1 | 219462.2 |
| 其　它 | Others | 4389346.6 | 3249126.7 | 2567697.9 | | 23311.9 | | 1116908.0 |

# 三、文　化
# Culture

# 3-1 全国文化文物机构和从业人员情况（2006年）

# Number of Institutions and Personnel in Culture and Cultural Relics (2006)

单位：个、人 (unit,person)

| 项目 | Item | 总计 Total 机构数 Number of Institutions | 从业人员数 Number of Employed Persons | #高级职称 Senior Title | #中级职称 Middle Title | 文化部门 Cultural Department 机构数 Number of Institutions | 从业人员数 Number of Employed Persons | #高级职称 Senior Title | #中级职称 Middle Title |
|---|---|---|---|---|---|---|---|---|---|
| **总计** | **Total** | **376660** | **1905908** | **34391** | **91797** | **144562** | **864196** | **33432** | **89983** |
| **文化及相关产业** | **Cultural and Related Industry** | **374326** | **1894013** | **34391** | **91797** | **144330** | **858908** | **33432** | **89983** |
| 艺术业 | Arts | 5211 | 184455 | 18331 | 40367 | 4736 | 170637 | 17504 | 39069 |
| 图书馆业 | Libraries | 2778 | 51311 | 3631 | 15159 | 2770 | 51156 | 3605 | 15094 |
| 群众文化服务业 | Mass Cultural Service | 40088 | 123465 | 4422 | 18961 | 37461 | 117970 | 4376 | 18688 |
| 艺术教育业 | Arts and Education | 186 | 13952 | 2048 | 3852 | 186 | 13952 | 2048 | 3852 |
| 文化市场经营单位 | Cultural Business Units | 318965 | 1379920 | | | 92121 | 368475 | | |
| 文艺科研 | Cuture and Art Research Institutions | 188 | 3395 | 972 | 881 | 188 | 3395 | 972 | 881 |
| 文物业 | Cultural Relics | 4092 | 80894 | 4428 | 11225 | 4061 | 76930 | 4371 | 11056 |
| 其他文化产业 | Other Cultural Industry | 2818 | 56621 | 559 | 1352 | 2807 | 56393 | 556 | 1343 |
| **非文化及相关产业** | **Non-cultural and Related Industry** | **233** | **5295** | | | **232** | **5288** | | |

3-1 续表 1 continued

单位：个、人 (unit,person)

| 项目 | Item | 国有经济 State-owned Economy 机构数 Number of Institutions | 从业人员数 Number of Employed Persons | #高级职称 Senior Title | #中级职称 Middle Title | 集体经济 Collective-owned Economy 机构数 Number of Institutions | 从业人员数 Number of Employed Persons | #高级职称 Senior Title | #中级职称 Middle Title |
|---|---|---|---|---|---|---|---|---|---|
| **总计** | **Total** | **53730** | **488863** | **31663** | **84126** | **3507** | **30303** | **826** | **3574** |
| **文化及相关产业** | **Cultural and Related Industry** | **53559** | **484614** | **31663** | **84126** | **3467** | **29817** | **826** | **3574** |
| 艺术业 | Arts | 4042 | 146813 | 16128 | 34713 | 544 | 17837 | 812 | 3335 |
| 图书馆业 | Libraries | 2687 | 49703 | 3517 | 14655 | 1 | 20 | | 7 |
| 群众文化服务业 | Mass Cultural Service | 34709 | 110312 | 4261 | 18042 | 1470 | 3405 | 11 | 225 |
| 艺术教育业 | Arts and Education | 174 | 13585 | 1966 | 3744 | 2 | 4 | | |
| 文化市场经营单位 | Cultural Business Units | 5123 | 30801 | | | 1397 | 7953 | | |
| 文艺科研 | Cuture and Art Research Institutions | 181 | 3300 | 955 | 862 | | | | |
| 文物业 | Cultural Relics | 3911 | 75095 | 4292 | 10812 | 18 | 201 | | 4 |
| 其他文化产业 | Other Cultural Industry | 2732 | 55005 | 544 | 1298 | 35 | 397 | 3 | 3 |
| **非文化及相关产业** | **Non-cultural and Related Industry** | **171** | **4249** | | | **40** | **486** | | |

## 3-1 续表 2 continued

单位：个、人 (unit,person)

| 项目 | Item | 其他经济 Other Economy | | | | 其他部门 Other Departments | | | |
|---|---|---|---|---|---|---|---|---|---|
| | | 机构数 Number of Institutions | 从业人员数 Number of Employed Persons | #高级职称 Senior Title | #中级职称 Middle Title | 机构数 Number of Institutions | 从业人员数 Number of Employed Persons | #高级职称 Senior Title | #中级职称 Middle Title |
| **总计** | **Total** | **87325** | **345030** | **943** | **2283** | **229997** | **1035112** | **959** | **1814** |
| **文化及相关产业** | **Cultural and Related Industry** | **87304** | **344477** | **943** | **2283** | **229996** | **1035105** | **959** | **1814** |
| 艺术业 | Arts | 150 | 5987 | 564 | 1021 | 475 | 13818 | 827 | 1298 |
| 图书馆业 | Libraries | 82 | 1433 | 88 | 432 | 8 | 155 | 26 | 65 |
| 群众文化服务业 | Mass Cultural Service | 1282 | 4253 | 104 | 421 | 2627 | 5495 | 46 | 273 |
| 艺术教育业 | Arts and Education | 10 | 363 | 82 | 108 | | | | |
| 文化市场经营单位 | Cultural Business Units | 85601 | 329721 | | | 226844 | 1011445 | | |
| 文艺科研 | Cuture and Art Research Institutions | 7 | 95 | 17 | 19 | | | | |
| 文物业 | Cultural Relics | 132 | 1634 | 79 | 240 | 31 | 3964 | 57 | 169 |
| 其他文化产业 | Other Cultural Industry | 40 | 991 | 9 | 42 | 11 | 228 | 3 | 9 |
| **非文化及相关产业** | **Non-cultural and Related Industry** | **21** | **553** | | | **1** | **7** | | |

## 3-2 全国艺术表演业机构和从业人员情况（2006年）

## Number of Institutions and Personnel in Art Performance (2006)

| 项目 | Item | 总计 Total | | | | 文化部门 Cultural Department | | | |
|---|---|---|---|---|---|---|---|---|---|
| | | 机构数 Number of Institutions | 从业人员数 Number of Employed Persons | #高级职称 Senior Title | #中级职称 Middle Title | 机构数 Number of Institutions | 从业人员数 Number of Employed Persons | #高级职称 Senior Title | #中级职称 Middle Title |
| **总计** | **Total** | **4705** | **179112** | **17385** | **39350** | **4232** | **165313** | **16562** | **38055** |
| **艺术表演团体** | **Art Performance Troupes** | **2866** | **144167** | **16623** | **36058** | **2508** | **132432** | **15877** | **34952** |
| 话剧、儿童剧、滑稽剧团 | Drama, Children's Play and Comedy Troupes | 143 | 8485 | 1843 | 2263 | 128 | 7926 | 1753 | 2117 |
| #儿童剧团 | Children's Play Troupes | 10 | 843 | 232 | 240 | 8 | 683 | 206 | 184 |
| 歌剧、舞剧、歌舞剧团 | Opera, Dance, Song and Dance Drama Troupes | 109 | 11096 | 2102 | 3278 | 92 | 10801 | 2102 | 3267 |
| 歌舞团、轻音乐团 | Song and Dance,Light Music Troupes | 380 | 21931 | 3046 | 6082 | 343 | 21041 | 2936 | 5992 |
| 乐团、合唱团 | Philharmonic and Chorus Troupes | 34 | 2503 | 634 | 612 | 24 | 2049 | 539 | 445 |
| 文工队、文宣队、乌兰牧骑 | Cultural and Performance Troupes and Ulanmuchi (Equestrian Art Troupes) | 330 | 10068 | 480 | 2227 | 327 | 9090 | 250 | 1851 |
| 戏曲剧团 | Local Opera Troupes | 1505 | 71459 | 6430 | 16599 | 1314 | 65743 | 6414 | 16457 |
| #京剧 | Local Beijing Opera Troupes | 93 | 7490 | 1631 | 2401 | 89 | 7336 | 1630 | 2391 |
| 曲、杂、木、皮团 | Recitation and Ballad Troupes, Acrobatics and Circus Troupes, Puppet Show Troupes and Shadow Play Troupes | 194 | 9664 | 1119 | 2459 | 161 | 8700 | 1113 | 2445 |
| 综合性艺术表演团体 | Comprehensive Art Performance Troupes | 171 | 8961 | 969 | 2538 | 119 | 7082 | 770 | 2378 |
| **艺术表演场馆** | **Art Performance Places** | **1839** | **34945** | **762** | **3292** | **1724** | **32881** | **685** | **3103** |
| 剧场、影剧院 | Theaters, Music Halls and Cinemas | 1712 | 31805 | 720 | 3102 | 1642 | 30736 | 651 | 2974 |
| #儿童剧场 | Children's Play Theaters | 95 | 1887 | 73 | 254 | 94 | 1859 | 73 | 254 |
| 书场、曲艺场 | Storytelling, Recitation and Ballad Places | 14 | 121 | 2 | 2 | 12 | 106 | 2 | 2 |
| 杂技、马戏场 | Acrobatics and Circus Places | 2 | 84 | 1 | 5 | 2 | 84 | 1 | 5 |
| 音乐厅 | Concert Halls | 22 | 563 | 11 | 32 | 13 | 386 | 9 | 24 |
| 综合性 | General Performance Theaters | 48 | 1580 | 16 | 81 | 30 | 1296 | 15 | 79 |
| 其他 | Others | 41 | 792 | 12 | 70 | 25 | 273 | 7 | 19 |

## 3-2 续表 1 continued

| 项 目 | Item | 国有经济 State-owned Economy | | | | 集体经济 Collective-owned Economy | | | |
|---|---|---|---|---|---|---|---|---|---|
| | | 机构数 Number of Institutions | 从业人员数 Number of Employed Persons | #高级职称 Senior Title | #中级职称 Middle Title | 机构数 Number of Institutions | 从业人员数 Number of Employed Persons | #高级职称 Senior Title | #中级职称 Middle Title |
| **总 计** | **Total** | **3555** | **141819** | **15189** | **33708** | **539** | **17828** | **811** | **3331** |
| **艺术表演团体** | **Art Performance Troupes** | **1987** | **111328** | **14530** | **30751** | **441** | **17100** | **804** | **3271** |
| 话剧、儿童剧、滑稽剧团 | Drama, Children's Play and Comedy Troupes | 109 | 6582 | 1395 | 1764 | 9 | 316 | 33 | 80 |
| #儿童剧团 | Children's Play Troupes | 6 | 564 | 184 | 168 | | | | |
| 歌剧、舞剧、歌舞剧团 | Opera, Dance, Song and Dance Drama Troupes | 77 | 9539 | 1953 | 2977 | 12 | 786 | 46 | 166 |
| 歌舞团、轻音乐团 | Song and Dance,Light Music Troupes | 303 | 19292 | 2774 | 5563 | 22 | 902 | 107 | 253 |
| 乐团、合唱团 | Philharmonic and Chorus Troupes | 20 | 1939 | 538 | 445 | | | | |
| 文工队、文宣队、乌兰牧骑 | Cultural and Performance Troupes and Ulanmuchi (Equestrian Art Troupes) | 310 | 8560 | 226 | 1717 | 12 | 424 | 24 | 122 |
| 戏曲剧团 | Local Opera Troupes | 940 | 51157 | 5832 | 13758 | 343 | 13375 | 537 | 2386 |
| #京剧 | Local Beijing Opera Troupes | 79 | 6968 | 1579 | 2269 | 9 | 305 | 48 | 103 |
| 曲、杂、木、皮团 | Recitation and Ballad Troupes, Acrobatics and Circus Troupes, Puppet Show Troupes and Shadow Play Troupes | 120 | 7523 | 1056 | 2202 | 38 | 1115 | 54 | 242 |
| 综合性艺术表演团体 | Comprehensive Art Performance Troupes | 108 | 6736 | 756 | 2325 | 5 | 182 | 3 | 22 |
| **艺术表演场馆** | **Art Performance Places** | **1568** | **30491** | **659** | **2957** | **98** | **728** | **7** | **60** |
| 剧场、影剧院 | Theaters, Music Halls and Cinemas | 1504 | 28732 | 635 | 2849 | 92 | 635 | 5 | 52 |
| #儿童剧场 | Children's Play Theaters | 74 | 1433 | 69 | 229 | 15 | 140 | 4 | 23 |
| 书场、曲艺场 | Storytelling, Recitation and Ballad Places | 7 | 86 | 2 | 1 | 5 | 20 | | 1 |
| 杂技、马戏场 | Acrobatics and Circus Places | 2 | 84 | 1 | 5 | | | | |
| 音乐厅 | Concert Halls | 13 | 331 | 8 | 18 | | 55 | 1 | 6 |
| 综合性 | General Performance Theaters | 26 | 1079 | 11 | 69 | | | | |
| 其他 | Others | 16 | 179 | 2 | 15 | 1 | 18 | 1 | 1 |

## 3-2 续表 2 continued

| 项 目 | Item | 其他经济 Other Economy | | | | 其他部门 Other Departments | | | |
|---|---|---|---|---|---|---|---|---|---|
| | | 机构数 Number of Institutions | 从业人员数 Number of Employed Persons | #高级职称 Senior Title | #中级职称 Middle Title | 机构数 Number of Institutions | 从业人员数 Number of Employed Persons | #高级职称 Senior Title | #中级职称 Middle Title |
| **总 计** | **Total** | **138** | **5666** | **562** | **1016** | **473** | **13799** | **823** | **1295** |
| **艺术表演团体** | **Art Performance Troupes** | **80** | **4004** | **543** | **930** | **358** | **11735** | **746** | **1106** |
| 话剧、儿童剧、滑稽剧团 | Drama, Children's Play and Comedy Troupes | 10 | 1028 | 325 | 273 | 15 | 559 | 90 | 146 |
| #儿童剧团 | Children's Play Troupes | 2 | 119 | 22 | 16 | 2 | 160 | 26 | 56 |
| 歌剧、舞剧、歌舞剧团 | Opera, Dance, Song and Dance Drama Troupes | 3 | 476 | 103 | 124 | 17 | 295 | | 11 |
| 歌舞团、轻音乐团 | Song and Dance,Light Music Troupes | 18 | 847 | 55 | 176 | 37 | 890 | 110 | 90 |
| 乐团、合唱团 | Philharmonic and Chorus Troupes | 4 | 110 | 1 | | 10 | 454 | 95 | 167 |
| 文工队、文宣队、乌兰牧骑 | Cultural and Performance Troupes and Ulanmuchi (Equestrian Art Troupes) | 5 | 106 | | 12 | 3 | 978 | 230 | 376 |
| 戏曲剧团 | Local Opera Troupes | 31 | 1211 | 45 | 313 | 191 | 5716 | 16 | 142 |
| #京剧 | Local Beijing Opera Troupes | 1 | 63 | 3 | 19 | 4 | 154 | 1 | 10 |
| 曲、杂、木、皮团 | Recitation and Ballad Troupes, Acrobatics and Circus Troupes, Puppet Show Troupes and Shadow Play Troupes | 3 | 62 | 3 | 1 | 33 | 964 | 6 | 14 |
| 综合性艺术表演团体 | Comprehensive Art Performance Troupes | 6 | 164 | 11 | 31 | 52 | 1879 | 199 | 160 |
| **艺术表演场馆** | **Art Performance Places** | **58** | **1662** | **19** | **86** | **115** | **2064** | **77** | **189** |
| 剧场、影剧院 | Theaters, Music Halls and Cinemas | 46 | 1369 | 11 | 73 | 70 | 1069 | 69 | 128 |
| #儿童剧场 | Children's Play Theaters | 5 | 286 | | 2 | 1 | 28 | | |
| 书场、曲艺场 | Storytelling, Recitation and Ballad Places | | | | | 2 | 15 | | |
| 杂技、马戏场 | Acrobatics and Circus Places | | | | | | | | |
| 音乐厅 | Concert Halls | | | | | 9 | 177 | 2 | 8 |
| 综合性 | General Performance Theaters | 4 | 217 | 4 | 10 | 18 | 284 | 1 | 2 |
| 其他 | Others | 8 | 76 | 4 | 3 | 16 | 519 | 5 | 51 |

# 3-3 全国图书馆业、群众文化业机构和从业人员情况（2006年）

## Number of Institutions and Personnel in Libraries and Mass Culture Institutions (2006)

单位：个、人 (unit,person)

| 项目 | Item | 总计 Total 机构数 Number of Institutions | 总计 Total 从业人员数 Number of Employed Persons | 总计 Total #高级职称 Senior Title | 总计 Total #中级职称 Middle Title | 文化部门 Cultural Department 机构数 Number of Institutions | 文化部门 Cultural Department 从业人员数 Number of Employed Persons | 文化部门 Cultural Department #高级职称 Senior Title | 文化部门 Cultural Department #中级职称 Middle Title |
|---|---|---|---|---|---|---|---|---|---|
| 图书馆业 | Libraries | 2778 | 51311 | 3631 | 15159 | 2770 | 51156 | 3605 | 15094 |
| #少儿图书馆 | Children's Libraries | 86 | 1605 | 149 | 526 | 83 | 1571 | 146 | 519 |
| 群众文化服务业 | Mass Culture | 40088 | 123465 | 4422 | 18961 | 37482 | 118136 | 4388 | 18721 |
| 省级文化馆、群众艺术馆 | Cultural Centers and Mass Art Centers at Provincial Level | 32 | 1622 | 431 | 423 | 32 | 1622 | 431 | 423 |
| 地市级文化馆、群众文化馆 | Cultural Centers and Mass Art Centers in Cities at Prefecture Level | 363 | 9913 | 1493 | 3308 | 363 | 9913 | 1493 | 3308 |
| 县、市文化馆 | Cultural Centers in Cities (at County Level) and Counties | 2819 | 39936 | 1986 | 10267 | 2819 | 39936 | 1986 | 10267 |
| 文化站 | Cultural Stations | 36874 | 71994 | 512 | 4963 | 34268 | 66665 | 478 | 4723 |
| #乡镇文化站 | Township Cultural Stations | 32706 | 62704 | 431 | 4182 | 30730 | 58738 | 407 | 3988 |

3-3 续表 1 continued

单位：个、人 (unit,person)

| 项目 | Item | 国有经济 State-owned Economy 机构数 Number of Institutions | 国有经济 State-owned Economy 从业人员数 Number of Employed Persons | 国有经济 State-owned Economy #高级职称 Senior Title | 国有经济 State-owned Economy #中级职称 Middle Title | 集体经济 Collective-owned Economy 机构数 Number of Institutions | 集体经济 Collective-owned Economy 从业人员数 Number of Employed Persons | 集体经济 Collective-owned Economy #高级职称 Senior Title | 集体经济 Collective-owned Economy #中级职称 Middle Title |
|---|---|---|---|---|---|---|---|---|---|
| 图书馆业 | Libraries | 2687 | 49703 | 3517 | 14655 | 1 | 20 | | 7 |
| #少儿图书馆 | Children's Libraries | 80 | 1540 | 145 | 512 | | | | |
| 群众文化服务业 | Mass Culture | 34730 | 110478 | 4273 | 18075 | 1470 | 3405 | 11 | 225 |
| 省级文化馆、群众艺术馆 | Cultural Centers and Mass Art Centers at Provincial Level | 30 | 1533 | 415 | 417 | | | | |
| 地市级文化馆、群众文化馆 | Cultural Centers and Mass Art Centers in Cities at Prefecture Level | 357 | 9811 | 1484 | 3269 | | | | |
| 县、市文化馆 | Cultural Centers in Cities (at County Level) and Counties | 2756 | 38886 | 1939 | 10027 | 1 | 12 | | 5 |
| 文化站 | Cultural Stations | 31587 | 60248 | 435 | 4362 | 1469 | 3393 | 11 | 220 |
| #乡镇文化站 | Township Cultural Stations | 28359 | 53253 | 370 | 3669 | 1265 | 2787 | 9 | 196 |

3-3 续表 2 continued

单位：个、人 (unit,person)

| 项目 | Item | 其他经济 Other Economy | | | | 其他部门 Other Departments | | | |
|---|---|---|---|---|---|---|---|---|---|
| | | 机构数 Number of Institutions | 从业人员数 Number of Employed Persons | #高级职称 Senior Title | #中级职称 Middle Title | 机构数 Number of Institutions | 从业人员数 Number of Employed Persons | #高级职称 Senior Title | #中级职称 Middle Title |
| 图书馆业 | Libraries | 82 | 1433 | 88 | 432 | 8 | 155 | 26 | 65 |
| #少儿图书馆 | Children's Libraries | 3 | 31 | 1 | 7 | 3 | 34 | 3 | 7 |
| 群众文化服务业 | Mass Culture | 1282 | 4253 | 104 | 421 | 2606 | 5329 | 34 | 240 |
| 省级文化馆、群众艺术馆 | Cultural Centers and Mass Art Centers at Provincial Level | 2 | 89 | 16 | 6 | | | | |
| 地市级文化馆、群众文化馆 | Cultural Centers and Mass Art Centers in Cities at Prefecture Level | 6 | 102 | 9 | 39 | | | | |
| 县、市文化馆 | Cultural Centers in Cities (at County Level) and Counties | 62 | 1038 | 47 | 235 | | | | |
| 文化站 | Cultural Stations | 1212 | 3024 | 32 | 141 | 2606 | 5329 | 34 | 240 |
| #乡镇文化站 | Township Cultural Stations | 1106 | 2698 | 28 | 123 | 1976 | 3966 | 24 | 194 |

## 3-4 全国文物业机构数、从业人员情况（2006年）
## Number of Institutions and Personnel in Cultural Relics (2006)

单位：个、人 (unit,person)

| 项目 | Item | 总计 Total | | | | 文化部门 Cultural Department | | | |
|---|---|---|---|---|---|---|---|---|---|
| | | 机构数 Number of Institutions | 从业人员数 Number of Employed Persons | #高级职称 Senior Title | #中级职称 Middle Title | 机构数 Number of Institutions | 从业人员数 Number of Employed Persons | #高级职称 Senior Title | #中级职称 Middle Title |
| **总计** | **Total** | **4092** | **80894** | **4428** | **11225** | **4061** | **76930** | **4371** | **11056** |
| 文物机构合计 | Sub-total of Cutural Relics | 2379 | 37721 | 1605 | 4233 | 2371 | 34408 | 1573 | 4110 |
| 文物保护管理机构 | Agencies of Cultural Relics Preservation | 2204 | 29257 | 712 | 2877 | 2199 | 26221 | 704 | 2804 |
| 文物科研机构 | Scientific Research Institutions of Cultural Relics | 90 | 3668 | 680 | 837 | 90 | 3668 | 680 | 837 |
| 其他文物机构 | Other Cultural Relics Institutions | 85 | 4796 | 213 | 519 | 82 | 4519 | 189 | 469 |
| 博物馆合计 | Sub-total of Museums | 1617 | 40818 | 2729 | 6606 | 1595 | 40181 | 2705 | 6564 |
| 艺术类 | Arts Museums | 130 | 2699 | 243 | 488 | 129 | 2692 | 242 | 488 |
| 综合类 | Comprehensive Museums | 801 | 17656 | 1472 | 3496 | 801 | 17656 | 1472 | 3496 |
| 历史类 | History Museums | 556 | 17264 | 863 | 2327 | 546 | 16856 | 858 | 2297 |
| 自然科学类 | Nature Science and Technology Museums | 23 | 734 | 73 | 100 | 20 | 589 | 56 | 89 |
| 其他 | Other Museums | 107 | 2465 | 78 | 195 | 99 | 2388 | 77 | 194 |
| 文物商店合计 | Sub-total of Cultural Relics Stores | 96 | 2355 | 94 | 386 | 95 | 2341 | 93 | 382 |

## 3-4 续表 1 continued

单位：个、人 (unit,person)

| 项 目 | Item | 国有经济 State-owned Economy 机构数 Number of Institutions | 从业人员数 Number of Employed Persons | #高级职称 Senior Title | #中级职称 Middle Title | 集体经济 Collective-owned Economy 机构数 Number of Institutions | 从业人员数 Number of Employed Persons | #高级职称 Senior Title | #中级职称 Middle Title |
|---|---|---|---|---|---|---|---|---|---|
| **总 计** | **Total** | **3911** | **75095** | **4292** | **10812** | **18** | **201** | | **4** |
| 文物机构合计 | Sub-total of Cutural Relics | 2277 | 33405 | 1537 | 4010 | 14 | 172 | | 1 |
| 文物保护管理机构 | Agencies of Cultural Relics Preservation | 2109 | 25315 | 689 | 2714 | 14 | 172 | | 1 |
| 文物科研机构 | Scientific Research Institutions of Cultural Relics | 88 | 3610 | 663 | 829 | | | | |
| 其他文物机构 | Other Cultural Relics Institutions | 80 | 4480 | 185 | 467 | | | | |
| 博物馆合计 | Sub-total of Museums | 1544 | 39432 | 2666 | 6429 | 4 | 29 | | 3 |
| 艺术类 | Arts Museums | 128 | 2688 | 242 | 488 | | | | |
| 综合类 | Comprehensive Museums | 768 | 17206 | 1445 | 3408 | 3 | 16 | | 3 |
| 历史类 | History Museums | 537 | 16706 | 851 | 2276 | 1 | 13 | | |
| 自然科学类 | Nature Science and Technology Museums | 19 | 565 | 55 | 87 | | | | |
| 其 他 | Other Museums | 92 | 2267 | 73 | 170 | | | | |
| 文物商店合计 | Sub-total of Cultural Relics Stores | 90 | 2258 | 89 | 373 | | | | |

## 3-4 续表 2 continued

单位：个、人 (unit,person)

| 项 目 | Item | 其他经济 Other Economy 机构数 Number of Institutions | 从业人员数 Number of Employed Persons | #高级职称 Senior Title | #中级职称 Middle Title | 其他部门 Other Departments 机构数 Number of Institutions | 从业人员数 Number of Employed Persons | #高级职称 Senior Title | #中级职称 Middle Title |
|---|---|---|---|---|---|---|---|---|---|
| **总 计** | **Total** | **132** | **1634** | **79** | **240** | **31** | **3964** | **57** | **169** |
| 文物机构合计 | Sub-total of Cutural Relics | 80 | 831 | 36 | 99 | 8 | 3313 | 32 | 123 |
| 文物保护管理机构 | Agencies of Cultural Relics Preservation | 76 | 734 | 15 | 89 | 5 | 3036 | 8 | 73 |
| 文物科研机构 | Scientific Research Institutions of Cultural Relics | 2 | 58 | 17 | 8 | | | | |
| 其他文物机构 | Other Cultural Relics Institutions | 2 | 39 | 4 | 2 | 3 | 277 | 24 | 50 |
| 博物馆合计 | Sub-total of Museums | 47 | 720 | 39 | 132 | 22 | 637 | 24 | 42 |
| 艺术类 | Arts Museums | 1 | 4 | | | 1 | 7 | 1 | |
| 综合类 | Comprehensive Museums | 30 | 434 | 27 | 85 | | | | |
| 历史类 | History Museums | 8 | 137 | 7 | 21 | 10 | 408 | 5 | 30 |
| 自然科学类 | Nature Science and Technology Museums | 1 | 24 | 1 | 2 | 3 | 145 | 17 | 11 |
| 其 他 | Other Museums | 7 | 121 | 4 | 24 | 8 | 77 | 1 | 1 |
| 文物商店合计 | Sub-total of Cultural Relics Stores | 5 | 83 | 4 | 9 | 1 | 14 | 1 | 4 |

# 3-5　全国经营性文化产业机构和人员基本情况（2006年）

# Number of Commercial Institutions and Personnel in Cultural Industry (2006)

单位：个、人　　　　(unit,person)

| 项　目 | Item | 总　计 Total | | 文化部门 Cultural Department | | 国有经济 State-owned Economy | |
|---|---|---|---|---|---|---|---|
| | | 机构数 Number of Institutions | 从业人员数 Number of Employed Persons | 机构数 Number of Institutions | 从业人员数 Number of Employed Persons | 机构数 Number of Institutions | 从业人员数 Number of Employed Persons |
| **总　计** | **Total** | **208225** | **1313469** | **83734** | **401247** | **6630** | **89861** |
| 演出业 | Performance Industry | 4155 | 71578 | 1665 | 27951 | 389 | 9677 |
| 影视业 | Film & TV Industry | 159 | 4056 | 154 | 4039 | 144 | 3874 |
| 音像业 | Audio-video Industry | 118 | 866 | 118 | 423 | 17 | 216 |
| 文化娱乐业 | Cultural Entertainment Industry | 27809 | 609443 | 25909 | 144811 | 884 | 8224 |
| 网络文化 | Internet-related Culture Industry | 116511 | 458069 | 33541 | 122498 | 2061 | 6996 |
| 文化旅游业 | Cultural Tourism Industry | 1614 | 40807 | 1595 | 40181 | 1544 | 39432 |
| 图书报刊业 | Publishing Industry | 57191 | 110919 | 20311 | 44380 | 1291 | 5232 |
| 艺术培训业 | Arts Training Industry | 186 | 13952 | 186 | 13952 | 174 | 13585 |
| 文物和艺术品业 | Cultural Relics and Works of Art Industry | 482 | 3779 | 255 | 3012 | 126 | 2625 |

3-5　续表　continued

单位：个、人　　　　(unit,person)

| 项　目 | Item | 集体经济 Collective-owned Economy | | 其他经济 Other Economy | | 其他部门 Other Departments | |
|---|---|---|---|---|---|---|---|
| | | 机构数 Number of Institutions | 从业人员数 Number of Employed Persons | 机构数 Number of Institutions | 从业人员数 Number of Employed Persons | 机构数 Number of Institutions | 从业人员数 Number of Employed Persons |
| **总　计** | **Total** | **1269** | **7823** | **75835** | **303563** | **124491** | **912222** |
| 演出业 | Performance Industry | 111 | 1478 | 1165 | 16796 | 2490 | 43627 |
| 影视业 | Film & TV Industry | 3 | 35 | 7 | 130 | 5 | 17 |
| 音像业 | Audio-video Industry | 2 | 8 | 99 | 199 | | 443 |
| 文化娱乐业 | Cultural Entertainment Industry | 743 | 4582 | 24282 | 132005 | 1900 | 464632 |
| 网络文化 | Internet-related Culture Industry | 57 | 270 | 31423 | 115232 | 82970 | 335571 |
| 文化旅游业 | Cultural Tourism Industry | 4 | 29 | 47 | 720 | 19 | 626 |
| 图书报刊业 | Publishing Industry | 347 | 1417 | 18673 | 37731 | 36880 | 66539 |
| 艺术培训业 | Arts Training Industry | 2 | 4 | 10 | 363 | | |
| 文物和艺术品业 | Cultural Relics and Works of Art Industry | | | 129 | 387 | 227 | 767 |

# 3-6 艺术表演场馆基本情况（2006年）

# Number of Art Performance Places (2006)

| 项　目 | Item | 机构数（个）Number of Institutions (unit) | 从业人员（人）Number of Employed Persons (person) | #高级职称 Senior Title | #中级职称 Middle Title |
|---|---|---|---|---|---|
| **总　计** | **Total** | **1839** | **34945** | **761** | **3286** |
| #附属剧场 | Auxiliary Theaters | 282 | 3277 | 94 | 353 |
| 儿童剧场 | Children's Play Theaters | 97 | 1918 | 73 | 254 |
| 按登记注册类型分 | By Status of Registration | | | | |
| #国　有 | State-owned | 1595 | 31049 | 682 | 3019 |
| 集　体 | Collective-owned | 120 | 890 | 15 | 74 |
| 其　他 | Others | 124 | 2951 | 64 | 193 |
| 按管理部门分 | By Management Authority | | | | |
| 文化部门 | Cultural Departments | 1724 | 32826 | 684 | 3097 |
| 其他部门 | Other Departments | 115 | 2064 | 77 | 189 |
| 按隶属关系分 | By Jurisdiction of Management | | | | |
| 中　央 | Run by Central Government | 5 | 87 | 6 | 10 |
| 省、区、市 | Run by Provinces, Autonomous Regions and Municipalities | 136 | 4369 | 149 | 358 |
| 地、市 | Run by Prefectures (Cities) | 629 | 13496 | 241 | 1403 |
| 县、市 | Run by Counties (Cities) | 1069 | 16938 | 365 | 1515 |

3-6　续表 1　continued

| 项　目 | Item | 座席数（个）Seating Capacity (unit) | 屏幕数（个）Number of Screens (unit) | 演(映)出场次合计（千场次）Total Number of Performances (1000 shows) | #艺术演出场次 Art Performances | #电影放映场次 Film Shows |
|---|---|---|---|---|---|---|
| **总　计** | **Total** | **1413647** | **2324** | **582.0** | **88.0** | **463.0** |
| #附属剧场 | Auxiliary Theaters | 169163 | 168 | 38.0 | 19.0 | 19.0 |
| 儿童剧场 | Children's Play Theaters | 65906 | 72 | 24.0 | 4.0 | 19.0 |
| 按登记注册类型分 | By Status of Registration | | | | | |
| #国　有 | State-owned | 1244857 | 2066 | 526.0 | 72.0 | 432.0 |
| 集　体 | Collective-owned | 79122 | 147 | 21.0 | 9.0 | 12.0 |
| 其　他 | Others | 89668 | 111 | 36.0 | 13.0 | 21.0 |
| 按管理部门分 | By Management Authority | | | | | |
| 文化部门 | Cultural Departments | 1327066 | 2213 | 561.0 | 79.0 | 455.0 |
| 其他部门 | Other Departments | 86581 | 111 | 22.0 | 15.0 | 9.0 |
| 按隶属关系分 | By Jurisdiction of Management | | | | | |
| 中　央 | Run by Central Government | 2962 | 149 | | | |
| 省、区、市 | Run by Provinces, Autonomous Regions and Municipalities | 125027 | 154 | 136.0 | 14.0 | 116.0 |
| 地、市 | Run by Prefectures (Cities) | 440056 | 565 | 285.0 | 34.0 | 229.0 |
| 县、市 | Run by Counties (Cities) | 845602 | 1456 | 163.0 | 39.0 | 118.0 |

3-6 续表 2 continued

| 项　目 | Item | 观众人次合计(千人次) Number of Audience (1000 audience) | #艺术演出观众人次 Art Performances | #电影放映观众人次 Film Shows | 收入情况(千元) Total Income (1000 yuan) 财政拨款 Government Budget | 艺术演出分成收入 Income from Art Performances | 电影放映分成收入 Income from Film |
|---|---|---|---|---|---|---|---|
| **总　计** | **Total** | **215647** | **92119** | **116998** | **218257** | **670663** | **166830** |
| #附属剧场 | Auxiliary Theaters | 10791 | 7058 | 3353 | 14238 | 160080 | 8659 |
| 儿童剧场 | Children's Play Theaters | 5915 | 3228 | 2411 | 7726 | 50249 | 10797 |
| 按登记注册类型分 | By Status of Registration | | | | | | |
| #国　有 | State-owned | 198389 | 83410 | 111280 | 203277 | 441879 | 148040 |
| 集　体 | Collective-owned | 5090 | 2274 | 2521 | 1344 | 26099 | 5050 |
| 其　他 | Others | 12168 | 6435 | 3197 | 13636 | 202685 | 13740 |
| 按管理部门分 | By Management Authority | | | | | | |
| 文化部门 | Cultural Departments | 208298 | 86822 | 115543 | 217031 | 471393 | 159946 |
| 其他部门 | Other Departments | 7349 | 5297 | 1455 | 1226 | 199270 | 6884 |
| 按隶属关系分 | By Jurisdiction of Management | | | | | | |
| 中　央 | Run by Central Government | 260 | 260 | | | 8063 | |
| 省、区、市 | Run by Provinces, Autonomous Regions and Municipalities | 69532 | 61003 | 8374 | 27842 | 396633 | 39830 |
| 地、市 | Run by Prefectures (Cities) | 36380 | 15155 | 17193 | 114329 | 149208 | 76433 |
| 县、市 | Run by Counties (Cities) | 109475 | 15701 | 91431 | 76086 | 116759 | 50567 |

3-6 续表 3 continued

| 项　目 | Item | 人员支出(千元) Personnel Expenses (1000 yuan) | 年末固定资产原值(千元) Year-end Original Value of Fixed Assets (1000 yuan) | 增加值(千元) Value Added (1000 yuan) | 公用房屋建筑面积(千平方米) Floor Space of Public Buildings (1000 sqm) | #演(映)业务用房 Buildings for Performance and Projecting |
|---|---|---|---|---|---|---|
| **总　计** | **Total** | **485474** | **7462545** | **1134484** | **5237** | **2624** |
| #附属剧场 | Auxiliary Theaters | 48133 | 520284 | 99181 | 645 | 252 |
| 儿童剧场 | Children's Play Theaters | 29608 | 289337 | 60044 | 260 | 128 |
| 按登记注册类型分 | By Status of Registration | | | | | |
| #国　有 | State-owned | 399150 | 6973564 | 948505 | 4525 | 2346 |
| 集　体 | Collective-owned | 9152 | 64975 | 28681 | 182 | 116 |
| 其　他 | Others | 77172 | 424006 | 157297 | 533 | 161 |
| 按管理部门分 | By Management Authority | | | | | |
| 文化部门 | Cultural Departments | 455142 | 7251066 | 1059876 | 4866 | 2466 |
| 其他部门 | Other Departments | 30332 | 211479 | 74608 | 374 | 158 |
| 按隶属关系分 | By Jurisdiction of Management | | | | | |
| 中　央 | Run by Central Government | 2153 | 7969 | 4844 | 25 | 3 |
| 省、区、市 | Run by Provinces, Autonomous Regions and Municipalities | 139443 | 3110982 | 481902 | 772 | 371 |
| 地、市 | Run by Prefectures (Cities) | 196201 | 2415090 | 381866 | 2021 | 985 |
| 县、市 | Run by Counties (Cities) | 147677 | 1928504 | 265868 | 2426 | 1262 |

# 3-7 全国公共图书馆基本情况（2006年）

# Basic Statistics on Public Libraries (2006)

| 项 目 | Item | 机构数（个） Number of Institutions (unit) | 从业人员（人） Number of Employed Persons (person) | #高级职称 Senior Title | #中级职称 Middle Title | 阅览室座席数（千个） Seating Capacity of Reading Rooms (1000 units) | #少儿阅览室座席数 Seating Capacity of Children Reading Rooms |
|---|---|---|---|---|---|---|---|
| **总 计** | **Total** | **2778** | **51311** | **3631** | **15159** | **500** | **142** |
| #少儿图书馆 | Children's Libraries | 86 | 1605 | 149 | 526 | 20 | 18 |
| 按隶属关系分 | by Jurisdiction of Management | | | | | | |
| 中 央 | Run by Central Government | 1 | 1418 | 174 | 567 | 3 | 0 |
| 省、区、市 | Run by Provinces, Autonomous Regions and Municipalities | 37 | 7531 | 1187 | 2261 | 38 | 5 |
| 地、市 | Run by Prefectures (Cities) | 349 | 13193 | 1380 | 4879 | 126 | 31 |
| 县、市 | Run by Counties (Cities) | 2391 | 29169 | 890 | 7452 | 333 | 107 |

3-7 续表 1 continued

| 项 目 | Item | 总藏量（千册） Total Collections (1000 copies) | 图书 Books | #古籍 Ancient Books | #善本 Rare Books | 报刊 Newspapers and Periodicals | 缩微制品 Microfilm-products | 其它 Others |
|---|---|---|---|---|---|---|---|---|
| **总 计** | **Total** | **500243** | **375130** | **27701** | **2373** | **67479** | **20295** | **37339** |
| #少儿图书馆 | Children's Libraries | 14581 | 12827 | 58 | 4 | 853 | 507 | 394 |
| 按隶属关系分 | by Jurisdiction of Management | | | | | | | |
| 中 央 | Run by Central Government | 25704 | 9704 | 1920 | 277 | 12570 | 1483 | 1947 |
| 省、区、市 | Run by Provinces, Autonomous Regions and Municipalities | 147079 | 91692 | 13756 | 1253 | 15969 | 13987 | 25431 |
| 地、市 | Run by Prefectures (Cities) | 130102 | 107430 | 6868 | 340 | 14922 | 2557 | 5192 |
| 县、市 | Run by Counties (Cities) | 197360 | 166303 | 5156 | 504 | 24018 | 2269 | 4771 |

3-7 续表 2 continued

| 项 目 | Item | 在藏量中:开架书刊(千册) Of Total Collection: Books on Open Shelves (1000 copies) | 当年购买的报刊种类(种) Number of Newspapers and Periodicals Purchased During the Year (kind) | 书架单层总长度(千米) Total Length of Bookshelves (km) | 累计发放有效借书证数(千个) Accumulative Number of Library Cards Distributed (1000 units) | 总流通人次(人次) Total Number of Circulation (person-times) | #书刊文献外借人次 Person-times Borrowing Publications from Libraries | 书刊文献外借册次(册) Number of Books and Periodicals Lent to Readers (copy) |
|---|---|---|---|---|---|---|---|---|
| **总 计** | **Total** | **164784** | **816293** | **14130** | **11599** | **252173.0** | **114078.0** | **210394.0** |
| #少儿图书馆 | Children's Libraries | 9213 | 25541 | 141 | 711 | 12226.1 | 6755.9 | 12383.5 |
| 按隶属关系分 | by Jurisdiction of Management | | | | | | | |
| 中 央 | Run by Central Government | | 22100 | 333 | 96 | 3905.4 | 1105.2 | 3315.6 |
| 省、区、市 | Run by Provinces, Autonomous Regions and Municipalities | 26785 | 143656 | 3104 | 1954 | 34318.3 | 15623.4 | 32770.5 |
| 地、市 | Run by Prefectures (Cities) | 52051 | 266781 | 6110 | 3796 | 76784.1 | 32298.5 | 60430.8 |
| 县、市 | Run by Counties (Cities) | 85950 | 383756 | 4580 | 5752 | 137167.8 | 65052.2 | 113876.9 |

3-7 续表 3 continued

| 项 目 | Item | 为读者举办各种活动(次) Service Activies Provided for Readers (times) | 参加人次(人次) Number of Participants (person-times) | 信息化装备 Informatization Equipment | | | | 共享工程服务点(个) Number of Sharing Project Service Stations (unit) |
|---|---|---|---|---|---|---|---|---|
| | | | | 计算机(台) Computers (set) | #电子阅览室终端数 Number of Terminals in Electronic Media Reading | 网站数(个) Number of Websites (unit) | 因特网总带宽(mbps) Total Bandwidth of Internet (mbps) | |
| **总 计** | **Total** | **83117** | **27414.0** | **75296** | **37148** | **762** | **15226** | **14355** |
| #少儿图书馆 | Children's Libraries | 5360 | 3920.7 | 3125 | 1635 | 33 | 428 | 203 |
| 按隶属关系分 | by Jurisdiction of Management | | | | | | | |
| 中 央 | Run by Central Government | 729 | 149.5 | 1750 | 96 | 1 | 112 | |
| 省、区、市 | Run by Provinces, Autonomous Regions and Municipalities | 7101 | 3995.0 | 12605 | 3182 | 78 | 1686 | 5127 |
| 地、市 | Run by Prefectures (Cities) | 11197 | 9608.1 | 22414 | 11403 | 248 | 5218 | 5861 |
| 县、市 | Run by Counties (Cities) | 64090 | 13662.5 | 38527 | 22467 | 435 | 8210 | 3367 |

## 3-7 续表 4 continued

单位: 千元 (1000 yuan)

| 项目 | Item | 本年收入合计 Total Income During the Year | 财政拨款 Government Budget | 上级补助收入 Subsidies from Superior Authority | 事业收入 Undertaking Income | 经营收入 Business Income | 附属单位上缴收入 Payment from Auxiliary Organizations | 其他收入 Other Income |
|---|---|---|---|---|---|---|---|---|
| **总计** | **Total** | **3660892** | **3194791** | **63600** | **212141** | **34974** | **6110** | **149276** |
| #少儿图书馆 | Children's Libraries | 136086 | 114995 | 5064 | 7607 | 1746 | | 6674 |
| 按隶属关系分 | by Jurisdiction of Management | | | | | | | |
| 中央 | Run by Central Government | 341974 | 292112 | 78 | 32740 | 6434 | 4989 | 5621 |
| 省、区、市 | Run by Provinces, Autonomous Regions and Municipalities | 1092068 | 946707 | 5734 | 91434 | 18241 | 414 | 29538 |
| 地、市 | Run by Prefectures (Cities) | 961048 | 834293 | 13240 | 45875 | 2918 | 584 | 64138 |
| 县、市 | Run by Counties (Cities) | 1265802 | 1121679 | 44548 | 42092 | 7381 | 123 | 49979 |

## 3-7 续表 5 continued

单位: 千元 (1000 yuan)

| 项目 | Item | 本年支出合计 Total Expenditure During the Year | 基本支出 Basic Expenditure | 项目支出 Project Expenditure | 经营支出 Business Expenditure | 在支出合计中 In Total Expenditure: 人员支出 Personnel Expenses | #社会保障缴费 Social Security Expenses | 公用支出 Public Expenditure | #福利费 Welfare Expenses |
|---|---|---|---|---|---|---|---|---|---|
| **总计** | **Total** | **3440759** | **2307925** | **970006** | **21341** | **1269944** | **111030** | **1636283** | **31523** |
| #少儿图书馆 | Children's Libraries | 131275 | 87022 | 40365 | 1271 | 46082 | 4266 | 67448 | 827 |
| 按隶属关系分 | by Jurisdiction of Management | | | | | | | | |
| 中央 | Run by Central Government | 301403 | 135733 | 164583 | 1087 | 48993 | 1620 | 172670 | 8369 |
| 省、区、市 | Run by Provinces, Autonomous Regions and Municipalities | 922977 | 516475 | 393932 | 12508 | 240192 | 24001 | 575781 | 4014 |
| 地、市 | Run by Prefectures (Cities) | 966467 | 699232 | 232927 | 3572 | 358008 | 34557 | 438360 | 8109 |
| 县、市 | Run by Counties (Cities) | 1249912 | 956485 | 178564 | 4174 | 622751 | 50852 | 449472 | 11031 |

## 3-7 续表 6 continued

单位：千元、千册 (1000 yuan,1000 copies)

| 项目 | Item | 维修费 Maintenance Expenses | 各种设备购置费 Equipment Purchase Expenses | #新增藏量购置费 Purchase of New Collections | #图书购置费 Purchase of Books | 税金支出 Tax Expenses | 对个人和家庭补助支出 Subsidies to Individuals and Families | 本年新购藏量 Number of New Purchase During the Year | #新购图书 Number of Books Purchased |
|---|---|---|---|---|---|---|---|---|---|
| **总 计** | **Total** | **85884** | **931938** | **727533** | **660948** | **16009** | **336965** | **21020** | **16860** |
| #少儿图书馆 | Children's Libraries | 4940 | 31914 | 26381 | 23962 | 842 | 12493 | 1405 | 1206 |
| 按隶属关系分 | by Jurisdiction of Management | | | | | | | | |
| 中 央 | Run by Central Government | 4653 | 130027 | 130027 | 130027 | 2165 | 44097 | 747 | 319 |
| 省、区、市 | Run by Provinces, Autonomous Regions and Municipalities | 23051 | 345783 | 254449 | 231550 | 7647 | 76573 | 4078 | 3153 |
| 地、市 | Run by Prefectures (Cities) | 25195 | 223247 | 163581 | 140227 | 3654 | 105618 | 7108 | 5478 |
| 县、市 | Run by Counties (Cities) | 32985 | 232881 | 179476 | 159144 | 2543 | 110677 | 9087 | 7910 |

## 3-7 续表 7 continued

单位：千元、千平方米 (1000 yuan, 1000 sqm)

| 项目 | Item | 年末固定资产原值 Year-end Original Value of Fixed Assets | 增加值 Value Added | 公用房屋建筑面积 Floor Space of Public Buildings | #书库 Stack Rooms | #阅览室 Reading Rooms | #书刊阅览室 Books and Periodicals Reading Rooms | #电子阅览室 Electronic Media Reading Rooms |
|---|---|---|---|---|---|---|---|---|
| **总 计** | **Total** | **13293513** | **2186246** | **7189** | **1755** | **1590** | **1124** | **194** |
| #少儿图书馆 | Children's Libraries | 358465 | 74583 | 178 | 25 | 49 | 35 | 8 |
| 按隶属关系分 | by Jurisdiction of Management | | | | | | | |
| 中 央 | Run by Central Government | 1662174 | 170111 | 164 | 50 | 21 | 21 | 0 |
| 省、区、市 | Run by Provinces, Autonomous Regions and Municipalities | 4712691 | 516934 | 1047 | 349 | 208 | 176 | 13 |
| 地、市 | Run by Prefectures (Cities) | 2981349 | 594643 | 2115 | 515 | 511 | 382 | 57 |
| 县、市 | Run by Counties (Cities) | 3937299 | 904557 | 3864 | 843 | 849 | 545 | 125 |

# 3-8 文化部门教育机构基本情况（2006年）

## Basic Statistics on Educational Institutions under the Administration of Cultural Department (2006)

单位：个、人 (unit, person)

| 项目 | Item | 机构数 Number of Institutions | 从业人员 Number of Employed Persons | #高级职称 Senior Title | #中级职称 Middle Title | 毕业生数 Number of Graduates | 招生数 New Enrollment |
|---|---|---|---|---|---|---|---|
| **总计** | **Total** | **186** | **13952** | **2048** | **3852** | **21166** | **26222** |
| 高等院校 | Institutions of Higher Education | 16 | 3626 | 625 | 901 | 4971 | 7965 |
| 中等专业学校 | Specialized Secondary Schools | 121 | 9232 | 1300 | 2688 | 13764 | 16147 |
| 文化干部学校 | Cadres Training Schools | 8 | 210 | 38 | 57 | 352 | 320 |
| 其他教育机构 | Other Educational Institutions | 41 | 884 | 85 | 206 | 2079 | 1790 |

3-8 续表 1 continued

单位：人 (person)

| 项目 | Item | 在校生数 Total Enrollment | 戏剧类 Drama | 戏曲类 Traditional Opera | 舞蹈类 Dance | 音乐类 Music | 美术类 Art | 电影放映 Film Projecting | 其他 Others |
|---|---|---|---|---|---|---|---|---|---|
| **总计** | **Total** | **82157** | **5207** | **6495** | **24284** | **20040** | **12285** | **72** | **13774** |
| 高等院校 | Institutions of Higher Education | 23789 | 2088 | 1299 | 5509 | 6156 | 5708 | 72 | 2957 |
| 中等专业学校 | Specialized Secondary Schools | 53063 | 2807 | 5138 | 16547 | 12841 | 6056 |  | 9674 |
| 文化干部学校 | Cadres Training Schools | 805 | 142 |  | 178 | 310 | 175 |  |  |
| 其他教育机构 | Other Educational Institutions | 4500 | 170 | 58 | 2050 | 733 | 346 |  | 1143 |

## 3-8 续表 2 continued

单位：人、千元、千平方米 (person,1000 yuan, 1000 sqm)

| 项　目 | Item | 在校生中高职生数 Number of Students in Vocational Schools among Total Enrollment | 培训干部 Number of Cadres Trained | 年末固定资产原值 Year-end Original Value of Fixed Assets | 增加值 Value Added | 公用房屋建筑面积 Floor Space of Public Buildings | #教学用房 Buildings for Teaching |
|---|---|---|---|---|---|---|---|
| **总　计** | **Total** | **16438** | **3084** | **1495403** | **647188** | **1611** | **1066** |
| 高等院校 | Institutions of Higher Education | 11776 | 368 | 463199 | 193169 | 409 | 285 |
| 中等专业学校 | Specialized Secondary Schools | 3442 | 72 | 980675 | 419201 | 1109 | 720 |
| 文化干部学校 | Cadres Training Schools | 287 | 1744 | 26072 | 9941 | 30 | 21 |
| 其他教育机构 | Other Educational Institutions | 933 | 900 | 25457 | 24879 | 62 | 39 |

## 3-8 续表 3 continued

单位：千元 (1000 yuan)

| 项　目 | Item | 本年收入合　计 Total Income During the Year | 财政拨款 Government Budget | 上级补助收　入 Subsidies from Superior Authority | 事业收入 Undertaking Income | 经营收入 Business Income | 附属单位上缴收入 Payment from Auxiliary Organizations | 其他收入 Other Income |
|---|---|---|---|---|---|---|---|---|
| **总　计** | **Total** | **1143349** | **695012** | **23141** | **387377** | **7299** | **108** | **30412** |
| 高等院校 | Institutions of Higher Education | 370193 | 194088 | 9029 | 150391 | 5010 | | 11675 |
| 中等专业学校 | Secondary Specialized Schools | 718113 | 468853 | 13869 | 219437 | 1874 | 108 | 13972 |
| 文化干部学校 | Cadres Training Schools | 15408 | 10359 | 73 | 4103 | 275 | | 598 |
| 其他教育机构 | Other Educational Institutions | 39635 | 21712 | 170 | 13446 | 140 | | 4167 |

## 3-8 续表 4 continued

单位: 千元 (1000 yuan)

| 项　目 | Item | 本年支出合计 Total Expenditure During the Year | 基本支出 Basic Expenditure | 项目支出 Project Expenditure | 经营支出 Business Expenditure | 在支出合计中: 人员支出 Personnel Expenses | #社会保障缴费 Social Security Expenses |
|---|---|---|---|---|---|---|---|
| **总　计** | **Total** | **1053193** | **865810** | **129418** | **10435** | **408048** | **32457** |
| 高等院校 | Institutions of Higher Education | 337632 | 279295 | 48972 | 3618 | 115224 | 7922 |
| 中等专业学校 | Secondary Specialized Schools | 661282 | 540445 | 76053 | 6460 | 269438 | 22705 |
| 文化干部学校 | Cadres Training Schools | 15692 | 12415 | 1697 | 276 | 5917 | 601 |
| 其他教育机构 | Other Educational Institutions | 38587 | 33655 | 2696 | 81 | 17469 | 1229 |

## 3-8 续表 5 continued

单位: 千元 (1000 yuan)

| 项　目 | Item | In Total Expenditure: 公用支出 Public Expenditure | 福利费 Welfare Expenses | 维修费 Maintenance Expenses | 设备购置费 Equipment Purchasing Expenses | 税金支出 Tax Expenses | 对个人和家庭补助支出 Subsidies to Individuals and Families | #助学金 Stipend |
|---|---|---|---|---|---|---|---|---|
| **总　计** | **Total** | **346386** | **8409** | **54386** | **39246** | **1349** | **179415** | **16356** |
| 高等院校 | Institutions of Higher Education | 124955 | 2907 | 22240 | 16750 | 446 | 56750 | 5251 |
| 中等专业学校 | Secondary Specialized Schools | 203598 | 4983 | 29297 | 20241 | 802 | 113772 | 10915 |
| 文化干部学校 | Cadres Training Schools | 4910 | 108 | 558 | 580 | 59 | 2814 | |
| 其他教育机构 | Other Educational Institutions | 12923 | 411 | 2291 | 1675 | 42 | 6079 | 190 |

# 3-9 全国文化市场经营单位基本情况（2006年）

# Basic Statistics on Cultural Business Units (2006)

单位：个、人、千元 (unit,person,1000 yuan )

| 项目 | Item | 机构数 Number of Institutions | 从业人员 Number of Persons Employed | 增加值 Value Added | 注册资本金 Registered Capital | 实收资本 Paid-in Capital | #国家资本金 State Capital | 负债合计 Total Liabilities | 固定资产原值 Original Value of Fixed Assets |
|---|---|---|---|---|---|---|---|---|---|
| **总计** | **Total** | **318966** | **1379920** | **28165949** | **153090444** | **45943501** | **2761926** | **24145680** | **142811052** |
| 按城乡分 | By Urban and Rural Areas | | | | | | | | |
| 城市 | Urban Areas | 144674 | 777529 | 16263931 | 125143785 | 30700370 | 2100608 | 18824863 | 117145246 |
| 县市 | Counties (Cities) | 113335 | 396619 | 8053936 | 18559501 | 9478901 | 504273 | 1745306 | 15450531 |
| 乡村 | Rural Areas | 60957 | 205772 | 3848079 | 9387158 | 5764230 | 157045 | 3575511 | 10215275 |
| 按行业经营范围分 | By Business Scope | | | | | | | | |
| 文化娱乐业 | Cultural Entertainment Industry | 202419 | 1067765 | 23750983 | 65068960 | 38355212 | 1776980 | 16767594 | 59388778 |
| 文化市场其他经营单位 | Other Cultural Business Units | 116547 | 312155 | 4414962 | 88021484 | 7588289 | 984946 | 7378086 | 83422274 |

3-9 续表 1 continued

单位：千元 (1000 yuan)

| 项目 | Item | 固定资产累计折旧 Accumulative Depreciation of Fixed Assets | #本年提取折旧 Depreciation During the Year | 损益及分配 Profit, Loss and Distribution: 营业收入 Business Income | 营业成本及费用 Business Cost | 税金及附加 Taxes and Other Charges | 主营业务利润 Profits from Principal Business | 其他业务利润 Profits from Other Businesses |
|---|---|---|---|---|---|---|---|---|
| **总计** | **Total** | **16606121** | **4090004** | **63486307** | **35567806** | **4239391** | **17642550** | **1189315** |
| 按城乡分 | By Urban and Rural Areas | | | | | | | |
| 城市 | Urban Areas | 11165993 | 2524639 | 40968018 | 23533012 | 2667891 | 10990143 | 808508 |
| 县市 | Counties (Cities) | 3081296 | 983611 | 14775318 | 7719397 | 1019249 | 4577803 | 271244 |
| 乡村 | Rural Areas | 2358832 | 581754 | 7742971 | 4315397 | 552251 | 2074602 | 109563 |
| 按行业经营范围分 | By Business Scope | | | | | | | |
| 文化娱乐业 | Cultural Entertainment Industry | 14545564 | 3652835 | 49612652 | 25577972 | 3672722 | 14703905 | 851834 |
| 文化市场其他经营单位 | Other Cultural Business Units | 2060557 | 437169 | 13873655 | 9989834 | 566669 | 2938643 | 337481 |

## 3-9 续表 2 continued

单位：千元 (1000 yuan)

| 项 目 | Item | 损益及分配 Profit, Loss and Distribution | | | | | | |
|---|---|---|---|---|---|---|---|---|
| | | 管理费用 Manage-ment Expenses | #税金 Taxes | #劳动、待业保险 Labour and Unemp-loyment Insurance | 财务费用 Financial Cost | 营业利润 Business Profits | 利润总额 Total Profits | 应交所得税 Income Tax Payable |
| **总 计** | **Total** | **5448174** | **749873** | **343923** | **2854524** | **10585642** | **12488995** | **1767635** |
| 按城乡分 | By Urban and Rural Areas | | | | | | | |
| 城 市 | Urban Areas | 3754837 | 381460 | 214403 | 2675987 | 5932265 | 7144360 | 1435114 |
| 县 市 | Counties (Cities) | 833975 | 240429 | 89142 | 109414 | 3391643 | 3834201 | 235521 |
| 乡 村 | Rural Areas | 859362 | 127981 | 40378 | 69123 | 1261734 | 1510434 | 97000 |
| 按行业经营范围分 | By Business Scope | | | | | | | |
| 文化娱乐业 | Cultural Entertainment Industry | 4320402 | 641943 | 254669 | 430799 | 9140141 | 10684590 | 588227 |
| 文化市场其他经营单位 | Other Cultural Business Units | 1127772 | 107926 | 89254 | 2423725 | 1445501 | 1804405 | 1179408 |

## 3-9 续表 3 continued

单位：千元、个、千平方米 (1000 yuan,unit,1000 sqm)

| 项 目 | Item | 其 他 Others | | | 上交主办单位数 Payment to Higher Autho-rities | 门店加盟费 Payment from Chain Stores through License Arran-gement | 连锁企业门店数 Number of Chain Stores | 房屋建筑面积 Floor Space of Buildings | |
|---|---|---|---|---|---|---|---|---|---|
| | | 从业人员劳动报酬 Earnings of Emp-loyed Persons | 本年应付福利费总额 Total Welfare Expenses Payable During the Year | 本年应交增值税 Value Added Tax Payable During the Year | | | | | #经营面积 Opera-tional Area |
| **总 计** | **Total** | **8501039** | **428482** | **263588** | **78154** | **89756** | **53491** | **94633** | **50701** |
| 按城乡分 | By Urban and Rural Areas | | | | | | | | |
| 城 市 | Urban Areas | 4757676 | 291602 | 209575 | 40493 | 59796 | 37478 | 55195 | 29276 |
| 县 市 | Counties (Cities) | 2419004 | 49423 | 36608 | 19518 | 19434 | 10759 | 28093 | 14224 |
| 乡 村 | Rural Areas | 1324359 | 87457 | 17405 | 18142 | 10525 | 5254 | 11344 | 7203 |
| 按行业经营范围分 | By Business Scope | | | | | | | | |
| 文化娱乐业 | Cultural Entertainment Industry | 6643342 | 306008 | 123363 | 68210 | 85474 | 41886 | 81438 | 43481 |
| 文化市场其他经营单位 | Other Cultural Business Units | 1857697 | 122474 | 140225 | 9943 | 4281 | 11605 | 13194 | 7222 |

# 3-10 全国文化娱乐业基本情况（2006年）

# Basic Statistics on Cultural and Entertainment Industry (2006)

单位：个、人、千元 (unit,person,1000 yuan )

| 项 目 | Item | 机构数 Number of Institutions | 从业人员 Number of Persons Employed | 注册资本金 Registered Capital | 实收资本 Paid-in Capital | #国家资本金 State Capital | 负债合计 Total Liabilities | 固定资产原值 Original Value of Fixed Assets |
|---|---|---|---|---|---|---|---|---|
| **总 计** | **Total** | **202419** | **1067765** | **65068960** | **38355212** | **1776980** | **16767594** | **59388778** |
| 按城乡分 | By Urban and Rural Areas | | | | | | | |
| 城 市 | Urban Areas | 93500 | 619494 | 41240174 | 25402477 | 1362657 | 12465484 | 37298112 |
| 县 市 | Counties (Cities) | 71508 | 300665 | 15605476 | 7873499 | 270401 | 977162 | 12609905 |
| 乡 村 | Rural Areas | 37411 | 147606 | 8223310 | 5079236 | 143922 | 3324948 | 9480761 |
| 按行业分 | By Sector | | | | | | | |
| 歌舞娱乐场所 | Song and Dance Halls | 51742 | 490289 | 31008771 | 17832480 | 1050408 | 12987829 | 29904237 |
| 游戏电子游艺经营场所 | Electronic Games Amusement Places | 23043 | 61247 | 2823329 | 1367233 | 75027 | 314709 | 2721336 |
| 其他娱乐场所 | Other Entertainment Places | 8422 | 46809 | 2769327 | 2117097 | 221484 | 1469194 | 3443368 |
| 网 吧 | Internet Bars | 114273 | 443745 | 27004051 | 16086473 | 371013 | 1175154 | 22108429 |
| 经营性互联网文化单位 | Internet-related Cultural Business Units | 2164 | 14145 | 1030727 | 767365 | 14597 | 643127 | 623827 |
| 其 他 | Others | 2775 | 11530 | 432755 | 184564 | 44451 | 177581 | 587581 |

## 3-10 续表 1 continued

单位：千元 (1000 yuan)

| 项 目 | Item | 固定资产累计折旧 Accumulative Depreciation of Fixed Assets | #本年提取折旧 Depreciation During the Year | 损益及分配 Profit, Loss and Distribution: 营业收入 Business Income | 营业成本及费用 Business Cost | 税金及附加 Taxes and Other Charges | 主营业务利润 Profits from Principal Business | 其他业务利润 Profits from Other Businesses |
|---|---|---|---|---|---|---|---|---|
| **总 计** | **Total** | **14545564** | **3652835** | **49612652** | **25577972** | **3672722** | **14703907** | **851834** |
| 按城乡分 | By Urban and Rural Areas | | | | | | | |
| 城 市 | Urban Areas | 9746317 | 2257790 | 31748536 | 16331826 | 2314446 | 9201110 | 555679 |
| 县 市 | Counties (Cities) | 2600322 | 858617 | 11460995 | 5776877 | 866157 | 3752874 | 216705 |
| 乡 村 | Rural Areas | 2198925 | 536428 | 6403121 | 3469269 | 492119 | 1749921 | 79450 |
| 按行业分 | By Sector | | | | | | | |
| 歌舞娱乐场所 | Song and Dance Halls | 6780938 | 1387537 | 21018896 | 11611980 | 1854225 | 5548580 | 429564 |
| 游戏电子游艺经营场所 | Electronic Games Amusement Places | 527584 | 114654 | 1813649 | 826939 | 156367 | 565358 | 40257 |
| 其他娱乐场所 | Other Entertainment Places | 992658 | 170374 | 1796895 | 1024911 | 125173 | 431185 | 39882 |
| 网 吧 | Internet Bars | 6014603 | 1882533 | 20169128 | 10332011 | 1280219 | 6285018 | 326229 |
| 经营性互联网文化单位 | Internet-related Cultural Business Units | 129025 | 67699 | 4379903 | 1570680 | 222299 | 1729696 | 7209 |
| 其 他 | Others | 100756 | 30038 | 434181 | 211451 | 34439 | 144068 | 8693 |

## 3-10 续表 2 continued

单位：千元 (1000 yuan)

| 项目 | Item | 损益及分配 Profit, Loss and Distribution | | | | | | | 增加值 Value Added |
|---|---|---|---|---|---|---|---|---|---|
| | | 管理费用 Management Expenses | #税金 Taxes | #劳动、待业保险 Labour and Unemployment Insurance | 财务费用 Financial Cost | 营业利润 Business Profits | 利润总额 Total Profits | 应交所得税 Income Tax Payable | |
| **总计** | **Total** | **4320402** | **641945** | **254669** | **430799** | **9140141** | **10684590** | **588227** | **23750985** |
| 按城乡分 | By Urban and Rural Areas | | | | | | | | |
| 城市 | Urban Areas | 2877779 | 331029 | 154544 | 273786 | 5286997 | 6307372 | 323456 | 13961291 |
| 县市 | Counties (Cities) | 671664 | 202868 | 67201 | 92529 | 2842845 | 3182970 | 184754 | 6653237 |
| 乡村 | Rural Areas | 770959 | 108047 | 32924 | 64484 | 1010299 | 1194248 | 80017 | 3136456 |
| 按行业分 | By Sector | | | | | | | | |
| 歌舞娱乐场所 | Song and Dance Halls | 2407529 | 293488 | 137640 | 230536 | 2705727 | 3295566 | 242276 | 9259252 |
| 游戏电子游艺经营场所 | Electronic Games Amusement Places | 126937 | 39290 | 13128 | 17064 | 393461 | 509690 | 31119 | 1002229 |
| 其他娱乐场所 | Other Entertainment Places | 352548 | 18104 | 11081 | 66547 | 45044 | 92421 | 13342 | 646090 |
| 网吧 | Internet Bars | 1079860 | 282265 | 85378 | 112239 | 4814267 | 5530144 | 297038 | 10979385 |
| 经营性互联网文化单位 | Internet-related Cultural Business Units | 332279 | 2367 | 5032 | -1367 | 1096295 | 1150737 | 1592 | 1655575 |
| 其他 | Others | 21249 | 6431 | 2410 | 5780 | 85347 | 106032 | 2860 | 208454 |

## 3-10 续表 3 continued

单位：千元、个、千平方米 (1000 yuan,unit,1000 sqm)

| 项目 | Item | 其他 Others | | | 上交主办单位数 Payment to Higher Authorities | 门店加盟费 Payment from Chain Stores through License Arrangement | 连锁企业门店数 Number of Chain Stores | 房屋建筑面积 Floor Space of Buildings | #经营面积 Operational Area |
|---|---|---|---|---|---|---|---|---|---|
| | | 从业人员劳动报酬 Earnings of Employed Persons | 本年应付福利费总额 Total Welfare Expenses Payable During the Year | 本年应交增值税 Value Added Tax Payable During the Year | | | | | |
| **总计** | **Total** | **6643342** | **306008** | **123363** | **68211** | **85474** | **41886** | **81437** | **43480** |
| 按城乡分 | By Urban and Rural Areas | | | | | | | | |
| 城市 | Urban Areas | 3771029 | 223719 | 89653 | 34568 | 56935 | 29139 | 47925 | 25423 |
| 县市 | Counties (Cities) | 1882750 | 35998 | 21071 | 17164 | 18668 | 8480 | 23968 | 11934 |
| 乡村 | Rural Areas | 989563 | 46291 | 12639 | 16477 | 9872 | 4267 | 9545 | 6124 |
| 按行业分 | By Sector | | | | | | | | |
| 歌舞娱乐场所 | Song and Dance Halls | 3018275 | 155675 | 85541 | 26761 | 4541 | 20109 | 49407 | 20705 |
| 游戏电子游艺经营场所 | Electronic Games Amusement Places | 298457 | 6257 | 4046 | 626 | 92 | 1859 | 4200 | 2562 |
| 其他娱乐场所 | Other Entertainment Places | 287395 | 19111 | 4140 | 313 | 105 | 208 | 2365 | 1529 |
| 网吧 | Internet Bars | 2720101 | 56465 | 29416 | 38982 | 80579 | 19057 | 24235 | 17899 |
| 经营性互联网文化单位 | Internet-related Cultural Business Units | 266915 | 66441 | 8 | 1524 | 153 | 585 | 363 | 313 |
| 其他 | Others | 52199 | 2059 | 212 | 5 | 4 | 68 | 868 | 472 |

# 3-11 全国艺术表演团体分剧种机构数

## Number of Art Performance Troupes by Type of Art

单位：个 (unit)

| 年 份 Year | 总 计 Total | 话剧、儿童剧、滑稽剧团 Drama, Children's Play and Comedy Troupes | 歌剧、舞剧、歌舞剧团 Opera, Dance, Drama Troupes | 歌舞团、轻音乐团 Song and Dance, Light Music Troupes | 乐团、合唱团 Philharmonic and Chorus Troupes | 文工团、文宣队、乌兰牧骑 Cultural and Performance Troupes and Ulanmuchi (Equestrian Art Troupes) | 戏曲剧团 Local Opera Troupes | 京 剧 Local Beijing Opera Troupes | 曲、杂、木、皮团 Recitation and Ballad Troupes, Acrobatics and Circus Troupes,Puppet Show Troupes and Shadow Play Troupes |
|---|---|---|---|---|---|---|---|---|---|
| 1949 | 1000 | … | … | … | … | … | 860 | … | … |
| 1952 | 2084 | … | … | … | … | 255 | 1706 | 350 | 123 |
| 1957 | 2884 | 100 | 103 | … | … | 13 | 2406 | … | 262 |
| 1962 | 3320 | 78 | 113 | … | 15 | 91 | 2450 | 249 | 647 |
| 1965 | 3458 | 94 | 102 | … | 14 | 212 | 2318 | 230 | 725 |
| 1970 | 2541 | 52 | 93 | … | 7 | 932 | 1293 | 226 | 156 |
| 1975 | 2836 | 58 | 113 | … | 4 | 1225 | 1253 | 243 | 183 |
| 1978 | 3150 | 76 | 116 | … | 7 | 959 | 1726 | 239 | 266 |
| 1980 | 3533 | 100 | 143 | … | 11 | 669 | 2224 | 231 | 386 |
| 1981 | 3483 | 104 | 152 | … | 10 | 605 | 2272 | 221 | 340 |
| 1982 | 3460 | 5 | 165 | … | 11 | 584 | 2269 | 215 | 326 |
| 1983 | 3444 | 105 | 170 | … | 12 | 558 | 2271 | 209 | 328 |
| 1984 | 3397 | 105 | 184 | … | 16 | 530 | 2231 | 191 | 331 |
| 1985 | 3317 | 103 | 204 | … | 18 | 517 | 2167 | 181 | 308 |
| 1986 | 3195 | 100 | 226 | … | 20 | 502 | 2061 | 163 | 286 |
| 1987 | 3094 | 97 | 261 | … | 22 | 490 | 1954 | 154 | 270 |
| 1988 | 2985 | 94 | 283 | … | 21 | 466 | 1861 | 138 | 260 |
| 1989 | 2850 | 91 | 289 | … | 24 | 445 | 176 | 126 | 234 |
| 1990 | 2805 | 90 | 298 | … | 22 | 440 | 1722 | 122 | 233 |
| 1991 | 2772 | 92 | 41 | 252 | 21 | 432 | 1707 | 121 | 227 |
| 1992 | 2753 | 94 | 43 | 250 | 21 | 432 | 1695 | 120 | 218 |
| 1993 | 2707 | 90 | 42 | 254 | 18 | 421 | 1667 | 119 | 215 |
| 1994 | 2698 | 90 | 44 | 258 | 20 | 427 | 1647 | 116 | 212 |
| 1995 | 2682 | 89 | 45 | 261 | 19 | 425 | 1634 | 116 | 209 |
| 1996 | 2664 | 92 | 61 | 283 | 17 | 415 | 1587 | 114 | 209 |
| 1997 | 2663 | 93 | 59 | 283 | 19 | 432 | 1573 | 113 | 204 |
| 1998 | 2652 | 88 | 65 | 286 | 17 | 424 | 1562 | 112 | 210 |
| 1999 | 2632 | 86 | 74 | 295 | 17 | 410 | 1541 | 110 | 209 |
| 2000 | 2630 | 86 | 79 | 289 | 17 | 419 | 1531 | 109 | 209 |
| 2001 | 2605 | 97 | 112 | 321 | 15 | 379 | 1479 | 109 | 187 |
| 2002 | 2587 | 87 | 109 | 343 | 15 | 383 | 1472 | 111 | 178 |
| 2003 | 2618 | 88 | 104 | 361 | 32 | 361 | 1483 | 114 | 189 |
| 2004 | 2759 | 140 | 92 | 347 | 28 | 313 | 1544 | 110 | 173 |
| 2005 | 2805 | 118 | 97 | 345 | 37 | 351 | 1531 | 109 | 189 |
| 2006 | 2866 | 143 | 109 | 380 | 34 | 330 | 1505 | 93 | 194 |

# 3-12 按年份各地区文化部门艺术表演场所数

## Number of Art Performance Places under the Administration of Cultural Departments of Selected Years by Province

单位：个　　　　(unit)

| 地区 | Province | 1952 | 1965 | 1978 | 1980 | 1985 | 1990 | 1995 | 2000 | 2002 | 2003 | 2004 | 2005 | 2006 |
|---|---|---|---|---|---|---|---|---|---|---|---|---|---|---|
| **总计** | **Total** | **1510** | **2943** | **1095** | **1444** | **1377** | **1995** | **1918** | **1863** | **1819** | **1900** | **1928** | **1866** | **1839** |
| 中央 | National Art Performance Places | 4 | 8 | 6 | 5 | 2 | 2 | 3 | 3 | 4 | 4 | 6 | 4 | 5 |
| 地方 | Local Art Performance Places | 1506 | 2935 | 1089 | 1439 | 1375 | 1993 | 1915 | 1860 | 1815 | 1896 | 1922 | 1862 | 1834 |
| 北京 | Beijing | 18 | 30 | 28 | 30 | 32 | 24 | 22 | 22 | 24 | 24 | 36 | 39 | 42 |
| 天津 | Tianjin | 33 | 28 | 13 | 9 | 9 | 29 | 27 | 30 | 32 | 32 | 29 | 28 | 28 |
| 河北 | Hebei | 152 | 274 | 29 | 84 | 94 | 101 | 99 | 96 | 95 | 96 | 97 | 95 | 93 |
| 山西 | Shanxi | 27 | 52 | 25 | 29 | 44 | 51 | 53 | 49 | 49 | 48 | 45 | 44 | 46 |
| 内蒙古 | InnerMongolia | 23 | 43 | 8 | 19 | 12 | 30 | 33 | 30 | 36 | 30 | 31 | 27 | 28 |
| 辽宁 | Liaoning | 71 | 81 | 55 | 60 | 70 | 83 | 79 | 71 | 68 | 68 | 59 | 59 | 50 |
| 吉林 | Jilin | 24 | 57 | 33 | 50 | 60 | 64 | 59 | 51 | 49 | 48 | 43 | 73 | 69 |
| 黑龙江 | Heilongjiang | 24 | 60 | 39 | 50 | 56 | 53 | 48 | 53 | 53 | 50 | 46 | 45 | 46 |
| 上海 | Shanghai | 96 | 68 | 18 | 43 | 43 | 39 | 35 | 38 | 36 | 180 | 177 | 160 | 148 |
| 江苏 | Jiangsu | 216 | 587 | 33 | 23 | 21 | 125 | 129 | 134 | 129 | 115 | 96 | 87 | 81 |
| 浙江 | Zhejiang | 78 | 124 | 85 | 107 | 89 | 93 | 93 | 88 | 82 | 77 | 161 | 125 | 141 |
| 安徽 | Anhui | 106 | 196 | 95 | 169 | 12 | 107 | 109 | 103 | 94 | 91 | 91 | 90 | 93 |
| 福建 | Fujian | 32 | 81 | … | 24 | 55 | 75 | 77 | 79 | 78 | 76 | 74 | 76 | 69 |
| 江西 | Jiangxi | 53 | 79 | 53 | 49 | 80 | 77 | 69 | 61 | 62 | 57 | 61 | 58 | 58 |
| 山东 | Shandong | 89 | 128 | 74 | 71 | 62 | 117 | 115 | 105 | 104 | 104 | 95 | 94 | 95 |
| 河南 | Henan | 66 | 356 | 81 | 97 | 87 | 175 | 169 | 165 | 159 | 159 | 155 | 156 | 152 |
| 湖北 | Hubei | 79 | 116 | 55 | 75 | 75 | 90 | 86 | 77 | 72 | 69 | 72 | 66 | 67 |
| 湖南 | Hunan | 87 | 120 | 66 | 106 | 108 | 110 | 104 | 94 | 97 | 94 | 84 | 83 | 78 |
| 广东 | Guangdong | 38 | 70 | 5 | 21 | 26 | 75 | 79 | 74 | 71 | 70 | 69 | 68 | 67 |
| 广西 | Guangxi | 23 | 33 | 21 | 27 | 35 | 39 | 34 | 31 | 26 | 22 | 22 | 23 | 22 |
| 海南 | Hainan | ... | ... | ... | ... | ... | 3 | 3 | 18 | 19 | 19 | 18 | 13 | 16 |
| 重庆 | Chongqing | ... | ... | ... | ... | ... | ... | ... | 25 | 24 | 25 | 20 | 17 | 19 |
| 四川 | Sichuan | 99 | 162 | 141 | 159 | 159 | 150 | 124 | 92 | 80 | 76 | 72 | 65 | 65 |
| 贵州 | Guizhou | 16 | 3 | 3 | 7 | 17 | 14 | 15 | 14 | 13 | 13 | 12 | 12 | 11 |
| 云南 | Yunnan | 19 | 34 | 3 | 26 | 16 | 46 | 44 | 40 | 38 | 37 | 42 | 38 | 33 |
| 西藏 | Tibet | … | … | … | … | 1 | 9 | 9 | 20 | 33 | 36 | 29 | 24 | 26 |
| 陕西 | Shaanxi | 20 | 77 | 89 | 70 | 68 | 111 | 108 | 111 | 110 | 108 | 108 | 107 | 108 |
| 甘肃 | Gansu | 11 | 38 | 26 | 24 | 27 | 56 | 47 | 46 | 40 | 32 | 29 | 30 | 28 |
| 青海 | Qinghai | 3 | 6 | 4 | 3 | 3 | 3 | 3 | 2 | 2 | 1 | 1 | 1 | 1 |
| 宁夏 | Ningxia | 3 | 10 | ... | ... | 2 | 16 | 17 | 19 | 14 | 13 | 13 | 12 | 11 |
| 新疆 | Xinjiang | … | 16 | 7 | 7 | 12 | 28 | 26 | 22 | 26 | 26 | 35 | 47 | 43 |

# 3-13 全国文化部门艺术表演团体演出及收支情况

## Performance, Income and Expenditures of Art Troupes under the Administration of Cultural Department

| 年份 Year | 机构数（个） Number of Troupes (unit) | 演出场次（万场） Number of Performances (10000 shows) | #农村演出 Shows in Rural Areas | 观众人次（万人） Number of Audience (10000 person-times) | 平均每团演出场次（场） Average Performance per Troupe (show) | 总收入（万元） Total Income (10000 yuan) | #财政补助收入 Government Subsidies | #演出收入 Income from Performance | 总支出（万元） Total Expenditure (10000 yuan) | #排练制作费 Expenditure for Rehearsal and Production | 经费自给率（%） Total Expenditure Ratio (%) |
|---|---|---|---|---|---|---|---|---|---|---|---|
| 1949 | 1000 | 30 | | | 300 | | | | | | |
| 1952 | 2084 | 66 | | 2312 | 317 | | | | | | |
| 1957 | 2884 | 137 | | 79245 | 474 | | | | | | |
| 1958 | 3181 | 205 | | 120290 | 644 | | | | | | |
| 1964 | 3302 | 171 | 82 | 84293 | 518 | 19030 | 5290 | | 19817 | | 68 |
| 1978 | 3143 | 65 | 22 | 79395 | 206 | 32086 | 19644 | 11079 | 30049 | 7393 | 41.4 |
| 1980 | 2183 | 54 | 20 | 61519 | 245 | 34687 | 22503 | 10685 | 29524 | 5953 | 41.3 |
| 1985 | 3295 | 74 | 49 | 72322 | 226 | 48568 | 30942 | 13091 | 47292 | 6007 | 37.3 |
| 1986 | 3173 | 63 | 40 | 60012 | 198 | 53638 | 35562 | 13278 | 53238 | 3815 | 34 |
| 1990 | 2788 | 49 | 32 | 51012 | 176 | 71535 | 43759 | 18041 | 67514 | 3952 | 41.1 |
| 1991 | 2760 | 45 | 29 | 46411 | 162 | 71756 | 42638 | 17798 | 76065 | 4566 | 38.3 |
| 1992 | 2744 | 43 | 28 | 46338 | 155 | 80959 | 46617 | 19559 | 87797 | 4843 | 39.1 |
| 1993 | 2698 | 41 | 26 | 42530 | 151 | 92770 | 51093 | 21756 | 100106 | 4762 | 41.6 |
| 1994 | 2691 | 40 | 26 | 40935 | 149 | 127628 | 75583 | 27276 | 134508 | 6608 | 38.7 |
| 1995 | 2676 | 41 | 26 | 43166 | 154 | 151388 | 86620 | 34382 | 160654 | 9302 | 40.3 |
| 1996 | 2656 | 42 | 27 | 47934 | 158 | 184240 | 109781 | 39870 | 183534 | 8090 | 40.1 |
| 1997 | 2651. | 42 | 26 | 46361 | 157 | 206794 | 125300 | 40716 | 202789 | 10161 | 37.9 |
| 1998 | 2640 | 42 | 26 | 53486 | 161 | 218546 | 139913 | 41730 | 223877 | 11215 | 34.5 |
| 1999 | 2622 | 42 | 26 | 46904 | 161 | 242645 | 155609 | 48967 | 242797 | 16423 | 33.2 |
| 2000 | 2619 | 41 | 26 | 46168 | 157 | 263664 | 172864 | 51650 | 268886 | 14926 | 31.5 |
| 2001 | 2590 | 42 | 24 | 47385 | 163 | 311852 | 210018 | 57448 | 312601 | 18783 | 30.3 |
| 2002 | 2577 | 42 | 24 | 45980 | 161 | 365331 | 246661 | 64884 | 363312 | 188896 | 29.1 |
| 2003 | 2601 | 39 | 22 | 39163 | 147 | 400867 | 269640 | 71781 | 397890 | 22036 | 29.5 |
| 2004 | 2694 | 45 | 26 | 39833 | 165 | 464215 | 313068 | 91157 | 462777 | 21635 | 36.1 |
| 2005 | 2502 | 40 | 23 | 36295 | 159 | 507628 | 346987 | 99023 | 496305 | 24776 | 30.8 |
| 2006 | 2866 | 49 | 29 | 46115 | 171 | 590880 | 399920 | 109825 | 583881 | 32080 | 37.9 |

# 3-14 全国公共图书馆业务活动情况

## Facilities and Services of Public Libraries

| 年份 Year | 机构数（个） Number of Institutions (unit) | 总藏量（万册、件） Total Collections (10000 volumes, pieces) | #书刊 Books | 总流通人次（万人次） Total Number of Circulation (10000 person-times) | #外借人次 Person-times Borrowing Publications from Libraries | 书刊、文献外借册次（万册次） Number of Books and Magazines Lent to Readers (10000 volume-times) | 书架单层总长度（万米） Total Length of Bookshelves (10000 m) | 发放借书证数（万个） Number of Library Cards Distributed (10000 units) |
|---|---|---|---|---|---|---|---|---|
| 1979 | 1651 | 18353 | 18353 | 7787 | -- | 9625 | -- | -- |
| 1980 | 1732 | 19904 | 19904 | 9045 | -- | 11830 | -- | -- |
| 1985 | 2344 | 25573 | 25573 | 11614 | -- | 18942 | -- | -- |
| 1986 | 2406 | 26133 | 26133 | 11722 | -- | 16205 | 504 | 523 |
| 1990 | 2527 | 29064 | 29064 | 12435 | -- | 20242 | 772 | 603 |
| 1991 | 2535 | 30614 | 29877 | 20496 | 7949 | 13325 | 758 | 631 |
| 1992 | 2558 | 31175 | 30493 | 18495 | 7653 | 12625 | 748 | 563 |
| 1993 | 2572 | 31410 | 30737 | 16973 | 6970 | 11685 | 797 | 562 |
| 1994 | 2589 | 32332 | 31683 | 14451 | 7232 | 11852 | 776 | 552 |
| 1995 | 2608 | 32850 | 32171 | 18298 | 7160 | 11814 | 899 | 540 |
| 1996 | 2620 | 33686 | 32913 | 14793 | 7731 | 13544 | 967 | 527 |
| 1997 | 2628 | 37549 | 33514 | 16114 | 8561 | 15685 | 817 | 556 |
| 1998 | 2662 | 38514 | 34443 | 17058 | 8910 | 15422 | 873 | 582 |
| 1999 | 2669 | 39539 | 35418 | 18040 | 9075 | 16290 | 934 | 596 |
| 2000 | 2677 | 40953 | 36550 | 18854 | 9600 | 16913 | 978 | 623 |
| 2001 | 2696 | 42130 | 37585 | 20757 | 9829 | 17559 | 945 | 792 |
| 2002 | 2697 | 42683 | 37928 | 21950 | 10428 | 20021 | 995 | 918 |
| 2003 | 2709 | 43776 | 38992 | 21440 | 10666 | 18775 | 1035 | 943 |
| 2004 | 2720 | 46152 | 40891 | 22095 | 10140 | 18536 | 1247 | 1056 |
| 2005 | 2762 | 48055 | 42480 | 23331 | 10821 | 20268 | 1320 | 1061 |
| 2006 | 2778 | 50024 | 44261 | 25217 | 11408.0 | 21039.0 | 1413 | 1160 |

# 3-15 各地区文化部门主要文化事业机构数（2006年）

# Number of Cultural Institutions under the Administration of Cultural Department by Province (2006)

单位：个 (unit)

| 地 区 | Province | 艺术表演团体 Art Performance Troupes | 艺术表演场所 Art Performance Places | 博物馆 Museums | 公 共 图书馆 Public Libraries | 群 众 艺术馆 Mass Art Centers | 文化馆 Cultural Centers | 文化站 Cultural Stations | 中等艺术学校 Secondary Art Schools |
|---|---|---|---|---|---|---|---|---|---|
| **总 计** | **Total** | **2866** | **1839** | **1617** | **2778** | **395** | **2819** | **36874** | **121** |
| 中 央 | | 16 | 5 | 4 | 1 | | | | |
| 北 京 | Beijing | 18 | 42 | 33 | 24 | 1 | 20 | 308 | 1 |
| 天 津 | Tianjin | 16 | 28 | 19 | 32 | 1 | 18 | 181 | 3 |
| 河 北 | Hebei | 135 | 93 | 46 | 156 | 13 | 162 | 2056 | 4 |
| 山 西 | Shanxi | 158 | 46 | 87 | 122 | 12 | 119 | 1254 | 11 |
| 内蒙古 | InnerMongolia | 108 | 28 | 35 | 110 | 13 | 102 | 933 | 5 |
| 辽 宁 | Liaoning | 66 | 50 | 36 | 127 | 23 | 110 | 1362 | 7 |
| 吉 林 | Jilin | 60 | 69 | 18 | 64 | 14 | 67 | 749 | |
| 黑龙江 | Heilongjiang | 84 | 46 | 47 | 95 | 17 | 126 | 832 | 7 |
| 上 海 | Shanghai | 97 | 148 | 26 | 28 | 1 | 29 | 220 | 1 |
| 江 苏 | Jiangsu | 127 | 81 | 100 | 104 | 13 | 102 | 1362 | 8 |
| 浙 江 | Zhejiang | 245 | 141 | 83 | 92 | 12 | 87 | 1494 | 3 |
| 安 徽 | Anhui | 89 | 93 | 44 | 85 | 15 | 99 | 1400 | 2 |
| 福 建 | Fujian | 92 | 69 | 84 | 85 | 10 | 80 | 1018 | 3 |
| 江 西 | Jiangxi | 78 | 58 | 87 | 105 | 12 | 101 | 1280 | 6 |
| 山 东 | Shandong | 118 | 95 | 76 | 145 | 18 | 140 | 1857 | 6 |
| 河 南 | Henan | 199 | 152 | 79 | 136 | 18 | 184 | 2171 | 14 |
| 湖 北 | Hubei | 114 | 67 | 96 | 102 | 18 | 103 | 1200 | 5 |
| 湖 南 | Hunan | 93 | 78 | 72 | 120 | 15 | 125 | 2485 | 4 |
| 广 东 | Guangdong | 138 | 67 | 148 | 129 | 22 | 120 | 1589 | 7 |
| 广 西 | Guangxi | 118 | 22 | 53 | 100 | 16 | 99 | 1137 | 3 |
| 海 南 | Hainan | 73 | 16 | 15 | 20 | 3 | 18 | 208 | 1 |
| 重 庆 | Chongqing | 36 | 19 | 16 | 43 | 16 | 25 | 1016 | 2 |
| 四 川 | Sichuan | 81 | 65 | 59 | 146 | 21 | 181 | 3600 | 3 |
| 贵 州 | Guizhou | 24 | 11 | 13 | 91 | 8 | 87 | 1324 | 1 |
| 云 南 | Yunnan | 126 | 33 | 33 | 149 | 17 | 131 | 1400 | |
| 西 藏 | Tibet | 26 | 26 | 2 | 3 | 8 | 33 | 165 | |
| 陕 西 | Shaanxi | 112 | 108 | 86 | 111 | 11 | 109 | 1637 | 8 |
| 甘 肃 | Gansu | 75 | 28 | 70 | 92 | 16 | 85 | 1101 | 1 |
| 青 海 | Qinghai | 12 | 1 | 17 | 43 | 10 | 44 | 208 | 1 |
| 宁 夏 | Ningxia | 14 | 11 | 5 | 20 | 6 | 19 | 215 | 1 |
| 新 疆 | Xinjiang | 118 | 43 | 28 | 98 | 15 | 94 | 1112 | 3 |

注:本表机构数均指由文化(文物)主管部门管辖的文化(文物)事业机构。

a) Institutions in this table refer to those under the administration of cultural (cultural relics) departments.

# 3-16 按年份各地区艺术表演团体机构数

## Number of Art Performance Troupes of Selected Years by Province

单位：个 (unit)

| 地区 | Province | 1958 | 1965 | 1978 | 1980 | 1985 | 1990 | 1995 | 2000 | 2002 | 2003 | 2004 | 2005 | 2006 |
|---|---|---|---|---|---|---|---|---|---|---|---|---|---|---|
| **总 计** | **Total** | **3181** | **3458** | **3150** | **3533** | **3317** | **2805** | **2684** | **2630** | **2587** | **2618** | **2759** | **2805** | **2866** |
| 中 央 | National Art Performance Troupes | ... | 34 | 19 | 18 | 19 | 20 | 20 | 22 | 17 | 27 | 16 | 17 | 16 |
| 地 方 | Local Art Performance Troupes | 3181 | 3424 | 3131 | 3515 | 3298 | 2785 | 2664 | 2608 | 2570 | 2591 | 2743 | 2788 | 2850 |
| 北 京 | Beijing | 36 | 29 | 11 | 24 | 23 | 23 | 22 | 20 | 20 | 20 | 20 | 20 | 18 |
| 天 津 | Tianjin | 26 | 29 | 21 | 19 | 25 | 23 | 19 | 16 | 15 | 15 | 16 | 16 | 16 |
| 河 北 | Hebei | 289 | 264 | 205 | 206 | 181 | 143 | 138 | 138 | 135 | 133 | 127 | 126 | 135 |
| 山 西 | Shanxi | 172 | 136 | 147 | 162 | 175 | 169 | 162 | 159 | 155 | 158 | 158 | 156 | 158 |
| 内蒙古 | InnerMongolia | 49 | 86 | 70 | 176 | 148 | 124 | 118 | 116 | 113 | 113 | 110 | 109 | 108 |
| 辽 宁 | Liaoning | 81 | 119 | 116 | 132 | 120 | 97 | 89 | 77 | 72 | 74 | 70 | 66 | 66 |
| 吉 林 | Jilin | 72 | 106 | 103 | 107 | 99 | 74 | 68 | 65 | 65 | 65 | 60 | 61 | 60 |
| 黑龙江 | Heilongjiang | 62 | 129 | 112 | 120 | 122 | 94 | 92 | 89 | 88 | 86 | 85 | 84 | 84 |
| 上 海 | Shanghai | 65 | 73 | 16 | 48 | 44 | 36 | 31 | 29 | 28 | 65 | 75 | 85 | 97 |
| 江 苏 | Jiangsu | 224 | 233 | 143 | 157 | 147 | 137 | 136 | 133 | 131 | 127 | 128 | 129 | 127 |
| 浙 江 | Zhejiang | 139 | 146 | 127 | 170 | 126 | 90 | 83 | 79 | 80 | 77 | 257 | 273 | 245 |
| 安 徽 | Anhui | 153 | 140 | 129 | 137 | 126 | 99 | 92 | 92 | 93 | 93 | 93 | 92 | 89 |
| 福 建 | Fujian | 126 | 115 | 101 | 107 | 104 | 91 | 91 | 96 | 94 | 94 | 94 | 91 | 92 |
| 江 西 | Jiangxi | 103 | 126 | 118 | 118 | 105 | 86 | 81 | 79 | 78 | 78 | 76 | 79 | 78 |
| 山 东 | Shandong | 175 | 176 | 155 | 156 | 158 | 119 | 118 | 118 | 121 | 120 | 118 | 117 | 118 |
| 河 南 | Henan | 281 | 390 | 250 | 280 | 264 | 231 | 216 | 205 | 202 | 199 | 199 | 199 | 199 |
| 湖 北 | Hubei | 148 | 151 | 117 | 127 | 118 | 108 | 105 | 100 | 98 | 98 | 98 | 99 | 114 |
| 湖 南 | Hunan | 118 | 134 | 141 | 138 | 115 | 91 | 89 | 90 | 87 | 86 | 91 | 91 | 93 |
| 广 东 | Guangdong | 197 | 171 | 172 | 195 | 171 | 130 | 134 | 138 | 141 | 144 | 140 | 139 | 138 |
| 广 西 | Guangxi | 39 | 54 | 118 | 121 | 117 | 115 | 117 | 118 | 118 | 117 | 119 | 118 | 118 |
| 海 南 | Hainan | ... | ... | ... | ... | ... | 22 | 23 | 21 | 22 | 28 | 23 | 22 | 73 |
| 重 庆 | Chongqing | ... | ... | ... | ... | ... | ... | ... | 38 | 32 | 32 | 29 | 29 | 36 |
| 四 川 | Sichuan | 197 | 246 | 254 | 244 | 207 | 155 | 140 | 98 | 89 | 89 | 84 | 84 | 81 |
| 贵 州 | Guizhou | 70 | 41 | 31 | 32 | 33 | 33 | 30 | 28 | 28 | 26 | 26 | 26 | 24 |
| 云 南 | Yunnan | 85 | 72 | 149 | 154 | 156 | 137 | 134 | 129 | 124 | 121 | 116 | 135 | 126 |
| 西 藏 | Tibet | ... | 5 | 9 | 10 | 29 | 25 | 25 | 26 | 35 | 27 | 27 | 27 | 26 |
| 陕 西 | Shaanxi | 104 | 105 | 132 | 137 | 139 | 119 | 117 | 118 | 116 | 116 | 115 | 113 | 112 |
| 甘 肃 | Gansu | 69 | 36 | 82 | 98 | 97 | 85 | 78 | 76 | 74 | 74 | 76 | 76 | 75 |
| 青 海 | Qinghai | 19 | 12 | 21 | 23 | 18 | 14 | 14 | 14 | 13 | 14 | 12 | 12 | 12 |
| 宁 夏 | Ningxia | 17 | 15 | 17 | 23 | 25 | 20 | 15 | 15 | 14 | 14 | 14 | 23 | 14 |
| 新 疆 | Xinjiang | 65 | 85 | 64 | 94 | 106 | 95 | 87 | 88 | 89 | 88 | 87 | 91 | 118 |

# 3-17 按年份各地区艺术表演团体演出场次

## Performance of Art Performance Troupes of Selected Years by Province

单位：千场 (1000 shows)

| 地 区 | Province | 1964 | 1978 | 1980 | 1985 | 1990 | 1995 | 2000 | 2002 | 2003 | 2004 | 2005 | 2006 |
|---|---|---|---|---|---|---|---|---|---|---|---|---|---|
| **总 计** | **Total** | **1709** | **647** | **1112** | **744** | **491** | **412** | **410** | **391** | **384** | **462** | **470** | **493** |
| 中 央 | National Art Performance Troupes | 3 | 2 | 4 | 3 | 2 | 1 | 1 | 1 | 1 | 3 | 3 | 3 |
| 地 方 | Local Art Performance Troupes | 1706 | 646 | 1108 | 741 | 490 | 411 | 409 | 390 | 383 | 459 | 467 | 490 |
| 北 京 | Beijing | 22 | 3 | 10 | 7 | 4 | 4 | 6 | 7 | 8 | 8 | 8 | 8 |
| 天 津 | Tianjin | ... | 3 | 8 | 7 | 4 | 3 | 2 | 2 | 2 | 3 | 2 | 2 |
| 河 北 | Hebei | 125 | 45 | 64 | 49 | 36 | 29 | 27 | 27 | 24 | 32 | 32 | 28 |
| 山 西 | Shanxi | 52 | 37 | 51 | 57 | 48 | 44 | 34 | 32 | 26 | 29 | 26 | 29 |
| 内蒙古 | InnerMongolia | 49 | 9 | 24 | 18 | 17 | 13 | 14 | 14 | 12 | 13 | 14 | 15 |
| 辽 宁 | Liaoning | 97 | 22 | 37 | 25 | 16 | 10 | 9 | 8 | 9 | 9 | 9 | 8 |
| 吉 林 | Jilin | 59 | 14 | 26 | 23 | 15 | 11 | 7 | 5 | 7 | 6 | 5 | 6 |
| 黑龙江 | Heilongjiang | 32 | 17 | 30 | 22 | 14 | 14 | 12 | 10 | 9 | 10 | 11 | 10 |
| 上 海 | Shanghai | 76 | 6 | 49 | 33 | 21 | 10 | 13 | 12 | 15 | 17 | 15 | 17 |
| 江 苏 | Jiangsu | 261 | 54 | 141 | 93 | 47 | 38 | 40 | 37 | 39 | 38 | 39 | 40 |
| 浙 江 | Zhejiang | 112 | 28 | 82 | 38 | 18 | 11 | 13 | 12 | 13 | 51 | 66 | 62 |
| 安 徽 | Anhui | 65 | 21 | 42 | 29 | 10 | 7 | 13 | 12 | 15 | 19 | 11 | 13 |
| 福 建 | Fujian | 43 | 16 | 32 | 26 | 15 | 15 | 14 | 14 | 14 | 15 | 12 | 14 |
| 江 西 | Jiangxi | 40 | 23 | 30 | 16 | 10 | 7 | 9 | 9 | 9 | 9 | 10 | 10 |
| 山 东 | Shandong | 69 | 43 | 58 | 37 | 19 | 17 | 21 | 22 | 20 | 20 | 20 | 19 |
| 河 南 | Henan | 158 | 67 | 101 | 74 | 57 | 50 | 37 | 37 | 33 | 38 | 39 | 39 |
| 湖 北 | Hubei | 84 | 26 | 39 | 19 | 13 | 13 | 15 | 16 | 15 | 16 | 16 | 23 |
| 湖 南 | Hunan | 61 | 35 | 45 | 22 | 13 | 12 | 15 | 16 | 18 | 19 | 22 | 22 |
| 广 东 | Guangdong | 57 | 32 | 45 | 30 | 24 | 17 | 18 | 17 | 16 | 17 | 16 | 16 |
| 广 西 | Guangxi | 12 | 15 | 17 | 10 | 14 | 11 | 13 | 12 | 11 | 12 | 12 | 12 |
| 海 南 | Hainan | ... | ... | ... | ... | 2 | 2 | 2 | 2 | 3 | 2 | 2 | 10 |
| 重 庆 | Chongqing | ... | ... | ... | ... | ... | ... | 2 | 3 | 2 | 3 | 3 | 3 |
| 四 川 | Sichuan | 130 | 72 | 92 | 34 | 12 | 9 | 10 | 8 | 8 | 10 | 9 | 10 |
| 贵 州 | Guizhou | 20 | 4 | 4 | 3 | 3 | 2 | 2 | 3 | 2 | 2 | 3 | 2 |
| 云 南 | Yunnan | 19 | 7 | 16 | 9 | 9 | 15 | 10 | 8 | 9 | 10 | 13 | 14 |
| 西 藏 | Tibet | 0 | 0 | 1 | 1 | 1 | 2 | 2 | 1 | 1 | 2 | 2 | 2 |
| 陕 西 | Shaanxi | 33 | 22 | 33 | 29 | 25 | 23 | 22 | 20 | 18 | 21 | 20 | 22 |
| 甘 肃 | Gansu | 13 | 20 | 19 | 14 | 13 | 13 | 14 | 14 | 12 | 14 | 15 | 15 |
| 青 海 | Qinghai | 1 | 2 | 2 | 2 | 2 | 2 | 2 | 2 | 2 | 1 | 2 | 1 |
| 宁 夏 | Ningxia | 3 | 2 | 3 | 5 | 4 | 2 | 2 | 2 | 2 | 2 | 2 | 2 |
| 新 疆 | Xinjiang | 12 | 4 | 8 | 10 | 7 | 7 | 9 | 8 | 9 | 10 | 11 | 16 |

# 3-18 按年份各地区文化部门艺术表演团体演出收入情况

# Income of Art Performance Troupes under the Administration of Cultural Departments of Selected Years by Province

单位：万元 (10000 yuan)

| 地区 | Province | 1978 | 1980 | 1985 | 1990 | 1995 | 2000 | 2002 | 2003 | 2004 | 2005 | 2006 |
|---|---|---|---|---|---|---|---|---|---|---|---|---|
| **总 计** | **Total** | **11079** | **17767** | **13092** | **18041** | **34385** | **51650** | **64884** | **71781** | **98121** | **114385** | **134253** |
| 中 央 | National Art Performance Troupes | 56 | 221 | 204 | 403 | 1394 | 2630 | 4028 | 6479 | 11739 | 12048 | 15329 |
| 地 方 | Local Art Performance Troupes | 11023 | 17546 | 12888 | 17638 | 32991 | 49020 | 60855 | 65302 | 86382 | 102337 | 118927 |
| 北 京 | Beijing | 70 | 271 | 231 | 295 | 1068 | 2265 | 3759 | 3836 | 6018 | 8001 | 9635 |
| 天 津 | Tianjin | 78 | 211 | 226 | 209 | 347 | 547 | 654 | 773 | 610 | 1335 | 1415 |
| 河 北 | Hebei | 779 | 1068 | 875 | 1148 | 1754 | 2279 | 3014 | 2839 | 3939 | 3853 | 4732 |
| 山 西 | Shanxi | 574 | 1041 | 1316 | 1742 | 2528 | 2683 | 3030 | 2832 | 3722 | 4299 | 4440 |
| 内蒙古 | InnerMongolia | 63 | 233 | 182 | 275 | 606 | 497 | 776 | 779 | 906 | 914 | 1190 |
| 辽 宁 | Liaoning | 456 | 776 | 660 | 887 | 1209 | 2185 | 2509 | 2668 | 3107 | 3298 | 3051 |
| 吉 林 | Jilin | 236 | 381 | 387 | 554 | 778 | 1051 | 1437 | 2539 | 3033 | 2658 | 3411 |
| 黑龙江 | Heilongjiang | 347 | 439 | 287 | 245 | 866 | 959 | 1012 | 746 | 812 | 887 | 1033 |
| 上 海 | Shanghai | 151 | 614 | 561 | 1639 | 3023 | 4527 | 7465 | 8869 | 11260 | 12412 | 13002 |
| 江 苏 | Jiangsu | 744 | 1155 | 866 | 1149 | 2332 | 4142 | 4838 | 5347 | 6163 | 8022 | 8602 |
| 浙 江 | Zhejiang | 367 | 735 | 430 | 626 | 1648 | 2768 | 3226 | 4488 | 9567 | 11426 | 13157 |
| 安 徽 | Anhui | 302 | 600 | 457 | 298 | 507 | 993 | 1212 | 1267 | 1604 | 2017 | 2219 |
| 福 建 | Fujian | 225 | 552 | 596 | 869 | 1953 | 2382 | 2274 | 2474 | 2814 | 3158 | 3085 |
| 江 西 | Jiangxi | 398 | 551 | 222 | 276 | 381 | 438 | 741 | 582 | 642 | 727 | 1375 |
| 山 东 | Shandong | 737 | 956 | 579 | 640 | 1500 | 2963 | 3242 | 3088 | 4244 | 4202 | 5015 |
| 河 南 | Henan | 1263 | 1932 | 1518 | 1910 | 2647 | 3104 | 3363 | 3205 | 3929 | 4743 | 5818 |
| 湖 北 | Hubei | 403 | 618 | 319 | 427 | 1075 | 1610 | 1988 | 2010 | 2449 | 2813 | 3629 |
| 湖 南 | Hunan | 595 | 835 | 322 | 405 | 630 | 1137 | 1434 | 1665 | 1972 | 2151 | 2617 |
| 广 东 | Guangdong | 857 | 1292 | 1108 | 1656 | 3861 | 6282 | 7415 | 7846 | 9034 | 9157 | 10105 |
| 广 西 | Guangxi | 183 | 290 | 147 | 365 | 507 | 717 | 839 | 841 | 1128 | 1550 | 1332 |
| 海 南 | Hainan | ... | ... | ... | 142 | 476 | 367 | 322 | 658 | 563 | 550 | 2801 |
| 重 庆 | Chongqing | ... | ... | ... | ... | ... | 433 | 551 | 493 | 868 | 467 | 664 |
| 四 川 | Sichuan | 1160 | 1387 | 502 | 303 | 604 | 732 | 1164 | 967 | 1691 | 1725 | 2015 |
| 贵 州 | Guizhou | 70 | 71 | 40 | 69 | 119 | 142 | 233 | 147 | 419 | 313 | 263 |
| 云 南 | Yunnan | 88 | 173 | 67 | 167 | 353 | 455 | 634 | 820 | 1140 | 6096 | 7654 |
| 西 藏 | Tibet | ... | 2 | 1 | 8 | 27 | 12 | 11 | 31 | 15 | 28 | 57 |
| 陕 西 | Shaanxi | 436 | 761 | 563 | 679 | 1245 | 1804 | 1726 | 1539 | 2165 | 2685 | 3041 |
| 甘 肃 | Gansu | 375 | 379 | 215 | 244 | 446 | 579 | 843 | 1065 | 1387 | 1652 | 1806 |
| 青 海 | Qinghai | 16 | 25 | 17 | 46 | 63 | 71 | 155 | 135 | 241 | 215 | 272 |
| 宁 夏 | Ningxia | 22 | 62 | 63 | 108 | 52 | 122 | 270 | 159 | 141 | 221 | 337 |
| 新 疆 | Xinjiang | 30 | 140 | 131 | 254 | 386 | 775 | 719 | 596 | 801 | 762 | 1154 |

# 3-19 按年份各地区艺术表演场所演映场次情况

# Basic Statistics on Performance in Art Performance Places of Selected Years by Province

单位：千场 (1000 shows)

| 地 区 | Province | 1985 | 1990 | 1995 | 2000 | 2001 | 2002 | 2003 | 2004 | 2005 | 2006 |
|---|---|---|---|---|---|---|---|---|---|---|---|
| **总 计** | **Total** | **988** | **3020** | **2048** | **1355** | **832** | **740** | **559** | **624** | **604** | **582** |
| 中 央 | National Art Performance Troupes | 1 | … | 1 | … | … | 1 | … | 2 | | |
| 地 方 | Local Art Performance Troupes | 987 | 3 020 | 2047 | 1 355 | 832 | 739 | 559 | 622 | 604 | 582 |
| 北 京 | Beijing | 31 | 49 | 28 | 23 | 17 | 18 | 14 | 25 | 27 | 32 |
| 天 津 | Tianjin | 11 | 65 | 68 | 40 | 39 | 39 | 30 | 28 | 20 | 26 |
| 河 北 | Hebei | 38 | 82 | 82 | 64 | 40 | 31 | 21 | 21 | 18 | 14 |
| 山 西 | Shanxi | 50 | 35 | 36 | 31 | 24 | 21 | 17 | 29 | 26 | 28 |
| 内蒙古 | InnerMongolia | 11 | 29 | 19 | 18 | 7 | 6 | 3 | 6 | 6 | 5 |
| 辽 宁 | Liaoning | 78 | 205 | 66 | 49 | 16 | 13 | 10 | 13 | 12 | 11 |
| 吉 林 | Jilin | 71 | 132 | 32 | 27 | 20 | 13 | 12 | 6 | 10 | 19 |
| 黑龙江 | Heilongjiang | 27 | 36 | 15 | 19 | 12 | 11 | 7 | 5 | 5 | 4 |
| 上 海 | Shanghai | 58 | 73 | 48 | 39 | 21 | 20 | 36 | 56 | 47 | 35 |
| 江 苏 | Jiangsu | 14 | 340 | 266 | 126 | 80 | 58 | 51 | 55 | 50 | 63 |
| 浙 江 | Zhejiang | 7 | 171 | 142 | 73 | 55 | 39 | 28 | 35 | 31 | 27 |
| 安 徽 | Anhui | 4 | 170 | 169 | 82 | 35 | 27 | 17 | 16 | 15 | 14 |
| 福 建 | Fujian | 61 | 130 | 64 | 49 | 28 | 27 | 20 | 21 | 21 | 23 |
| 江 西 | Jiangxi | 51 | 91 | 49 | 20 | 12 | 11 | 6 | 8 | 7 | 6 |
| 山 东 | Shandong | 15 | 133 | 116 | 95 | 73 | 4 | 35 | 24 | 25 | 16 |
| 河 南 | Henan | 46 | 222 | 164 | 103 | 66 | 82 | 53 | 56 | 78 | 70 |
| 湖 北 | Hubei | 64 | 161 | 118 | 89 | 49 | 54 | 23 | 23 | 28 | 11 |
| 湖 南 | Hunan | 91 | 166 | 109 | 76 | 52 | 45 | 37 | 41 | 33 | 31 |
| 广 东 | Guangdong | 25 | 181 | 156 | 90 | 58 | 53 | 49 | 50 | 48 | 46 |
| 广 西 | Guangxi | 13 | 68 | 37 | 18 | 5 | 3 | 2 | 12 | 12 | 13 |
| 海 南 | Hainan | ... | 4 | 3 | 8 | 4 | 3 | 2 | 2 | 2 | 2 |
| 重 庆 | Chongqing | ... | ... | ... | 16 | 7 | 6 | 4 | 1 | 3 | 7 |
| 四 川 | Sichuan | 72 | 150 | 60 | 24 | 12 | 16 | 12 | 9 | 12 | 19 |
| 贵 州 | Guizhou | 26 | 36 | 14 | 10 | 11 | 12 | 10 | 10 | 13 | 10 |
| 云 南 | Yunnan | 6 | 71 | 63 | 48 | 19 | 14 | 8 | 14 | 7 | 7 |
| 西 藏 | Tibet | 0 | 4 | 21 | 21 | 5 | 9 | 18 | 4 | 7 | 3 |
| 陕 西 | Shaanxi | 30 | 98 | 39 | 42 | 24 | 17 | 12 | 19 | 11 | 10 |
| 甘 肃 | Gansu | 12 | 49 | 29 | 32 | 19 | 16 | 12 | 7 | 6 | 4 |
| 青 海 | Qinghai | 7 | 11 | 4 | 2 | 2 | 2 | 2 | 1 | 2 | 2 |
| 宁 夏 | Ningxia | 5 | 33 | 22 | 12 | 7 | 2 | 1 | ... | 1 | 2 |
| 新 疆 | Xinjiang | 3 | 25 | 7 | 9 | 13 | 17 | 7 | 25 | 21 | 22 |

# 3-20 按年份各地区公共图书馆机构数

## Number of Public Libraries of Selected Years by Province

单位：个 (unit)

| 地区 | Province | 1949 | 1957 | 1965 | 1978 | 1980 | 1985 | 1990 | 1995 | 2000 | 2002 | 2003 | 2004 | 2005 | 2006 |
|---|---|---|---|---|---|---|---|---|---|---|---|---|---|---|---|
| **总 计** | **Total** | **52** | **400** | **562** | **1218** | **1732** | **2344** | **2527** | **2615** | **2675** | **2697** | **2709** | **2720** | **2762** | **2778** |
| 中 央 | National Public Libraries | 1 | 1 | 1 | 1 | 1 | 1 | 1 | 1 | 1 | 1 | 1 | 1 | 1 | 1 |
| 地 方 | Local Public Libraries | 51 | 399 | 561 | 1217 | 1731 | 2343 | 2526 | 2614 | 2674 | 2696 | 2708 | 2719 | 2761 | 2777 |
| 北 京 | Beijing | 2 | 7 | 6 | 17 | 20 | 22 | 22 | 22 | 24 | 25 | 25 | 25 | 25 | 24 |
| 天 津 | Tianjin | 2 | 5 | 10 | 19 | 18 | 26 | 30 | 31 | 31 | 31 | 31 | 32 | 32 | 32 |
| 河 北 | Hebei | 2 | 14 | 12 | 42 | 80 | 104 | 121 | 134 | 145 | 145 | 147 | 149 | 153 | 156 |
| 山 西 | Shanxi | … | 5 | 17 | 61 | 72 | 103 | 111 | 119 | 121 | 122 | 122 | 122 | 122 | 122 |
| 内蒙古 | InnerMongolia | … | 15 | 12 | 24 | 83 | 94 | 104 | 107 | 108 | 108 | 108 | 109 | 110 | 110 |
| 辽 宁 | Liaoning | … | 22 | 30 | 71 | 85 | 121 | 123 | 127 | 128 | 128 | 128 | 126 | 126 | 127 |
| 吉 林 | Jilin | 2 | 11 | 18 | 60 | 48 | 39 | 47 | 51 | 60 | 61 | 62 | 63 | 63 | 64 |
| 黑龙江 | Heilongjiang | … | 12 | 26 | 78 | 80 | 87 | 96 | 96 | 97 | 96 | 97 | 96 | 96 | 95 |
| 上 海 | Shanghai | 20 | 21 | 24 | 17 | 23 | 46 | 51 | 31 | 31 | 32 | 35 | 28 | 28 | 28 |
| 江 苏 | Jiangsu | … | 25 | 35 | 78 | 82 | 90 | 91 | 94 | 101 | 101 | 100 | 100 | 103 | 104 |
| 浙 江 | Zhejiang | 2 | 31 | 35 | 63 | 69 | 76 | 80 | 81 | 83 | 83 | 83 | 84 | 90 | 92 |
| 安 徽 | Anhui | … | 16 | 34 | 36 | 80 | 82 | 84 | 83 | 84 | 84 | 84 | 85 | 88 | 85 |
| 福 建 | Fujian | … | 10 | 12 | 23 | 26 | 65 | 74 | 78 | 81 | 82 | 82 | 83 | 84 | 85 |
| 江 西 | Jiangxi | 2 | 11 | 20 | 38 | 49 | 105 | 104 | 104 | 104 | 104 | 104 | 104 | 104 | 105 |
| 山 东 | Shandong | 3 | 40 | 27 | 80 | 88 | 99 | 115 | 130 | 133 | 140 | 140 | 142 | 145 | 145 |
| 河 南 | Henan | 1 | 10 | 17 | 36 | 71 | 118 | 127 | 132 | 134 | 134 | 136 | 135 | 136 | 136 |
| 湖 北 | Hubei | 3 | 15 | 7 | 47 | 101 | 99 | 101 | 100 | 103 | 103 | 103 | 104 | 102 | 102 |
| 湖 南 | Hunan | 1 | 15 | 37 | 72 | 77 | 110 | 116 | 116 | 115 | 115 | 115 | 115 | 120 | 120 |
| 广 东 | Guangdong | 2 | 19 | 46 | 76 | 97 | 117 | 103 | 114 | 124 | 131 | 129 | 128 | 129 | 129 |
| 广 西 | Guangxi | … | 10 | 29 | 84 | 87 | 89 | 90 | 92 | 94 | 96 | 96 | 96 | 95 | 100 |
| 海 南 | Hainan | … | … | … | … | … | … | 19 | 19 | 19 | 19 | 19 | 19 | 20 | 20 |
| 重 庆 | Chongqing | … | … | … | … | … | … | … | … | 42 | 44 | 44 | 44 | 43 | 43 |
| 四 川 | Sichuan | … | 26 | 44 | 78 | 98 | 115 | 148 | 166 | 129 | 131 | 132 | 137 | 141 | 146 |
| 贵 州 | Guizhou | … | 9 | 16 | 25 | 44 | 76 | 84 | 87 | 89 | 90 | 90 | 90 | 91 | 91 |
| 云 南 | Yunnan | … | 10 | 16 | 16 | 80 | 149 | 148 | 148 | 148 | 148 | 149 | 149 | 149 | 149 |
| 西 藏 | Tibet | … | 1 | 1 | 1 | 1 | 18 | 18 | 18 | 1 | 1 | 1 | 4 | 4 | 3 |
| 陕 西 | Shaanxi | 7 | 9 | 13 | 43 | 69 | 113 | 113 | 114 | 114 | 111 | 111 | 112 | 111 | 111 |
| 甘 肃 | Gansu | 1 | 12 | 8 | 6 | 39 | 75 | 83 | 86 | 91 | 90 | 92 | 92 | 92 | 92 |
| 青 海 | Qinghai | … | 1 | 1 | 13 | 23 | 27 | 41 | 41 | 38 | 38 | 38 | 38 | 43 | 43 |
| 宁 夏 | Ningxia | … | 3 | 3 | 8 | 14 | 20 | 20 | 20 | 22 | 21 | 21 | 16 | 20 | 20 |
| 新 疆 | Xinjiang | 1 | 14 | 5 | 5 | 27 | 58 | 62 | 60 | 80 | 82 | 84 | 92 | 96 | 98 |

# 3-21 按年份各地区公共图书馆总流通人次情况

## Circulation in Public Libraries of Selected Years by Province

单位: 万人次 (10000 person-times)

| 地 区 | Province | 1979 | 1980 | 1985 | 1990 | 1995 | 2000 | 2002 | 2003 | 2004 | 2005 | 2006 |
|---|---|---|---|---|---|---|---|---|---|---|---|---|
| **总 计** | **Total** | **7787** | **9045** | **11614** | **12435** | **18298** | **18854** | **21950** | **21440** | **22095** | **23331** | **25218** |
| 中 央 | National Public Libraries | 48 | 53 | 72 | 169 | 133 | 381 | 498 | 449 | 445 | 458 | 391 |
| 地 方 | Local Public Libraries | 7739 | 8992 | 11542 | 12266 | 18165 | 18473 | 21452 | 20991 | 21650 | 22873 | 24827 |
| 北 京 | Beijing | 126 | 157 | 142 | 180 | 272 | 320 | 500 | 443 | 586 | 715 | 747 |
| 天 津 | Tianjin | 209 | 214 | 291 | 245 | 265 | 461 | 475 | 399 | 377 | 483 | 474 |
| 河 北 | Hebei | 135 | 242 | 289 | 390 | 473 | 736 | 653 | 602 | 629 | 634 | 588 |
| 山 西 | Shanxi | 200 | 251 | 247 | 330 | 227 | 261 | 279 | 348 | 279 | 255 | 257 |
| 内蒙古 | InnerMongolia | 139 | 195 | 190 | 179 | 282 | 270 | 300 | 291 | 353 | 380 | 324 |
| 辽 宁 | Liaoning | 432 | 544 | 606 | 686 | 829 | 1184 | 1359 | 1132 | 1110 | 1133 | 1209 |
| 吉 林 | Jilin | 133 | 132 | 182 | 314 | 385 | 409 | 524 | 510 | 468 | 505 | 551 |
| 黑龙江 | Heilongjiang | 241 | 327 | 514 | 619 | 631 | 608 | 568 | 441 | 460 | 505 | 547 |
| 上 海 | Shanghai | 439 | 544 | 797 | 660 | 687 | 1225 | 1349 | 1204 | 1318 | 1249 | 1342 |
| 江 苏 | Jiangsu | 575 | 640 | 883 | 909 | 883 | 1227 | 1594 | 1533 | 1605 | 1734 | 1753 |
| 浙 江 | Zhejiang | 446 | 464 | 482 | 589 | 555 | 1140 | 1149 | 1174 | 1233 | 1397 | 1651 |
| 安 徽 | Anhui | 274 | 487 | 358 | 402 | 372 | 561 | 600 | 541 | 419 | 460 | 560 |
| 福 建 | Fujian | 142 | 130 | 405 | 384 | 466 | 647 | 702 | 777 | 679 | 733 | 713 |
| 江 西 | Jiangxi | 279 | 319 | 778 | 490 | 413 | 485 | 476 | 553 | 513 | 533 | 460 |
| 山 东 | Shandong | 701 | 707 | 494 | 504 | 509 | 795 | 982 | 1055 | 1546 | 1421 | 1334 |
| 河 南 | Henan | 323 | 555 | 442 | 440 | 650 | 713 | 788 | 799 | 719 | 828 | 780 |
| 湖 北 | Hubei | 263 | 316 | 370 | 548 | 559 | 714 | 986 | 897 | 1025 | 1145 | 1197 |
| 湖 南 | Hunan | 396 | 375 | 616 | 498 | 618 | 808 | 850 | 978 | 923 | 787 | 960 |
| 广 东 | Guangdong | 524 | 504 | 739 | 903 | 1447 | 2235 | 2627 | 2635 | 3021 | 3542 | 4695 |
| 广 西 | Guangxi | 320 | 239 | 452 | 461 | 809 | 927 | 989 | 949 | 1343 | 895 | 1381 |
| 海 南 | Hainan | ... | ... | ... | 52 | 94 | 121 | 97 | 115 | 74 | 114 | 139 |
| 重 庆 | Chongqing | ... | ... | ... | ... | ... | 266 | 343 | 459 | 557 | 594 | 330 |
| 四 川 | Sichuan | 740 | 814 | 850 | 933 | 776 | 554 | 664 | 638 | 660 | 766 | 889 |
| 贵 州 | Guizhou | 113 | 129 | 275 | 320 | 462 | 228 | 226 | 241 | 184 | 187 | 190 |
| 云 南 | Yunnan | 206 | 289 | 463 | 517 | 559 | 654 | 638 | 739 | 626 | 735 | 695 |
| 西 藏 | Tibet | … | … | 3 | 5 | … | 2 | 3 | 3 | 1 | 1 | 3 |
| 陕 西 | Shaanxi | 217 | 236 | 258 | 207 | 242 | 275 | 432 | 617 | 386 | 365 | 368 |
| 甘 肃 | Gansu | 65 | 71 | 166 | 222 | 225 | 185 | 462 | 334 | 223 | 316 | 306 |
| 青 海 | Qinghai | 33 | 35 | 73 | 43 | 39 | 58 | 251 | 61 | 53 | 68 | 57 |
| 宁 夏 | Ningxia | 40 | 38 | 101 | 131 | 140 | 142 | 214 | 140 | 153 | 166 | 160 |
| 新 疆 | Xinjiang | 28 | 38 | 76 | 105 | 140 | 263 | 373 | 384 | 128 | 211 | 167 |

# 3-22 按年份各地区公共图书馆图书外借情况

## Number of Books Lent from Public Libraries of Selected Years by Province

单位：万册次 (10000 volume-times)

| 地区 | Province | 1979 | 1980 | 1985 | 1990 | 1995 | 2000 | 2002 | 2003 | 2004 | 2005 | 2006 |
|---|---|---|---|---|---|---|---|---|---|---|---|---|
| **总计** | **Total** | **9625** | **11830** | **18942** | **20242** | **11814** | **16913** | **20021** | **18775** | **18536** | **20268** | **21040** |
| 中央 | National Public Libraries | 110 | 129 | 177 | 654 | 29 | 217 | 276 | 321 | 456 | 428 | 332 |
| 地方 | Local Public Libraries | 9515 | 11701 | 18765 | 19588 | 11785 | 16697 | 19745 | 18454 | 18080 | 19840 | 20708 |
| 北京 | Beijing | 279 | 361 | 367 | 366 | 283 | 442 | 504 | 448 | 543 | 678 | 734 |
| 天津 | Tianjin | 485 | 471 | 581 | 467 | 237 | 274 | 401 | 339 | 263 | 379 | 359 |
| 河北 | Hebei | 133 | 234 | 358 | 504 | 379 | 673 | 595 | 541 | 520 | 468 | 497 |
| 山西 | Shanxi | 228 | 310 | 403 | 467 | 204 | 207 | 219 | 181 | 195 | 272 | 228 |
| 内蒙古 | InnerMongolia | 116 | 202 | 246 | 294 | 239 | 233 | 269 | 264 | 283 | 243 | 260 |
| 辽宁 | Liaoning | 726 | 957 | 1321 | 1197 | 856 | 1119 | 1290 | 1101 | 1188 | 1173 | 1245 |
| 吉林 | Jilin | 165 | 165 | 474 | 338 | 332 | 259 | 524 | 466 | 375 | 794 | 432 |
| 黑龙江 | Heilongjiang | 268 | 533 | 1346 | 1239 | 500 | 527 | 585 | 457 | 366 | 789 | 425 |
| 上海 | Shanghai | 673 | 862 | 1143 | 1045 | 507 | 970 | 1085 | 956 | 1371 | 1027 | 1087 |
| 江苏 | Jiangsu | 720 | 837 | 1758 | 1557 | 967 | 1269 | 1326 | 1245 | 1359 | 1493 | 1642 |
| 浙江 | Zhejiang | 513 | 600 | 926 | 1068 | 550 | 1054 | 1156 | 1087 | 1099 | 1233 | 1612 |
| 安徽 | Anhui | 289 | 588 | 497 | 463 | 343 | 455 | 505 | 399 | 380 | 340 | 416 |
| 福建 | Fujian | 179 | 217 | 633 | 610 | 517 | 779 | 906 | 1002 | 721 | 729 | 700 |
| 江西 | Jiangxi | 326 | 364 | 987 | 726 | 383 | 543 | 491 | 524 | 665 | 722 | 437 |
| 山东 | Shandong | 932 | 872 | 753 | 807 | 573 | 718 | 904 | 984 | 1268 | 1378 | 1166 |
| 河南 | Henan | 401 | 614 | 652 | 796 | 517 | 695 | 772 | 948 | 635 | 646 | 697 |
| 湖北 | Hubei | 293 | 371 | 661 | 954 | 543 | 769 | 1899 | 965 | 824 | 926 | 1078 |
| 湖南 | Hunan | 457 | 388 | 1081 | 953 | 562 | 735 | 789 | 858 | 889 | 801 | 880 |
| 广东 | Guangdong | 374 | 488 | 952 | 1439 | 687 | 1192 | 1397 | 1452 | 1636 | 2036 | 3097 |
| 广西 | Guangxi | 251 | 287 | 338 | 546 | 528 | 688 | 602 | 687 | 626 | 761 | 683 |
| 海南 | Hainan | ... | ... | ... | 39 | 49 | 64 | 53 | 78 | 32 | 28 | 44 |
| 重庆 | Chongqing | ... | ... | ... | ... | ... | 435 | 514 | 603 | 690 | 471 | 586 |
| 四川 | Sichuan | 960 | 953 | 1328 | 1370 | 691 | 564 | 665 | 664 | 652 | 651 | 713 |
| 贵州 | Guizhou | 115 | 141 | 372 | 289 | 133 | 189 | 203 | 179 | 153 | 117 | 123 |
| 云南 | Yunnan | 218 | 338 | 540 | 705 | 529 | 680 | 641 | 618 | 585 | 700 | 631 |
| 西藏 | Tibet | ... | ... | 3 | 10 | 10 | 11 | 3 | 1 | 4 | 3 | 6 |
| 陕西 | Shaanxi | 209 | 299 | 366 | 311 | 238 | 305 | 294 | 671 | 255 | 263 | 278 |
| 甘肃 | Gansu | 89 | 94 | 220 | 398 | 173 | 153 | 338 | 275 | 154 | 261 | 265 |
| 青海 | Qinghai | 36 | 40 | 136 | 86 | 51 | 52 | 70 | 60 | 29 | 57 | 46 |
| 宁夏 | Ningxia | 47 | 62 | 197 | 372 | 125 | 265 | 278 | 123 | 205 | 212 | 172 |
| 新疆 | Xinjiang | 33 | 53 | 126 | 172 | 91 | 251 | 469 | 280 | 118 | 175 | 169 |

# 3-23 按年份各地区公共图书馆新购图书册数

# Number of Books Purchased by Public Libraries of Selected Years by Province

单位：万册 (10000 volumes)

| 地 区 | Province | 1983 | 1985 | 1990 | 1991 | 1995 | 2000 | 2004 | 2005 | 2006 |
|---|---|---|---|---|---|---|---|---|---|---|
| **总 计** | **Total** | **1541** | **1343** | **895** | **771** | **551** | **692** | **1228** | **1507** | **1686** |
| 中 央 | National Public Libraries | 41 | 70 | 71 | 70 | 17 | 21 | 32 | 28 | 32 |
| 地 方 | Local Public Libraries | 1500 | 1273 | 824 | 701 | 534 | 671 | 1196 | 1507 | 1653 |
| 北 京 | Beijing | 44 | 30 | 23 | 21 | 11 | 33 | 51 | 114 | 152 |
| 天 津 | Tianjin | 39 | 31 | 13 | 15 | 14 | 17 | 29 | 34 | 81 |
| 河 北 | Hebei | 38 | 45 | 22 | 20 | 26 | 15 | 30 | 33 | 39 |
| 山 西 | Shanxi | 32 | 30 | 25 | 11 | 7 | 12 | 22 | 16 | 17 |
| 内蒙古 | InnerMongolia | 33 | 31 | 18 | 19 | 7 | 11 | 14 | 8 | 14 |
| 辽 宁 | Liaoning | 97 | 94 | 66 | 55 | 41 | 39 | 58 | 72 | 79 |
| 吉 林 | Jilin | 50 | 34 | 17 | 17 | 14 | 14 | 17 | 31 | 22 |
| 黑龙江 | Heilongjiang | 43 | 48 | 32 | 30 | 17 | 17 | 19 | 26 | 37 |
| 上 海 | Shanghai | 90 | 67 | 49 | 38 | 44 | 67 | 88 | 100 | 103 |
| 江 苏 | Jiangsu | 108 | 68 | 54 | 51 | 41 | 57 | 98 | 106 | 136 |
| 浙 江 | Zhejiang | 73 | 67 | 50 | 45 | 33 | 54 | 102 | 142 | 163 |
| 安 徽 | Anhui | 33 | 27 | 17 | 13 | 9 | 11 | 18 | 23 | 34 |
| 福 建 | Fujian | 49 | 40 | 23 | 25 | 18 | 25 | 36 | 70 | 52 |
| 江 西 | Jiangxi | 44 | 61 | 19 | 21 | 9 | 15 | 19 | 25 | 25 |
| 山 东 | Shandong | 52 | 44 | 28 | 27 | 23 | 32 | 58 | 64 | 78 |
| 河 南 | Henan | 73 | 40 | 25 | 15 | 16 | 21 | 30 | 29 | 31 |
| 湖 北 | Hubei | 70 | 64 | 43 | 38 | 23 | 28 | 46 | 42 | 48 |
| 湖 南 | Hunan | 76 | 62 | 26 | 23 | 19 | 24 | 31 | 54 | 32 |
| 广 东 | Guangdong | 64 | 54 | 58 | 62 | 69 | 77 | 235 | 315 | 296 |
| 广 西 | Guangxi | 55 | 38 | 66 | 24 | 16 | 20 | 26 | 26 | 28 |
| 海 南 | Hainan | ... | ... | 4 | 6 | 6 | 3 | 5 | 2 | 2 |
| 重 庆 | Chongqing | ... | ... | ... | ... | ... | 12 | 16 | 23 | 19 |
| 四 川 | Sichuan | 86 | 74 | 46 | 37 | 25 | 21 | 69 | 46 | 74 |
| 贵 州 | Guizhou | 34 | 36 | 20 | 14 | 5 | 8 | 9 | 7 | 10 |
| 云 南 | Yunnan | 83 | 69 | 33 | 27 | 22 | 15 | 19 | 25 | 25 |
| 西 藏 | Tibet | 5 | 3 | 1 | ... | 0.1 | 0.3 | 0.4 | 1 | 1 |
| 陕 西 | Shaanxi | 33 | 28 | 10 | 9 | 5 | 6 | 19 | 25 | 19 |
| 甘 肃 | Gansu | 30 | 26 | 15 | 10 | 7 | 7 | 13 | 12 | 11 |
| 青 海 | Qinghai | 20 | 13 | 4 | 4 | 1 | 2 | 2 | 3 | 1 |
| 宁 夏 | Ningxia | 25 | 24 | 7 | 12 | 2 | 3 | 5 | 4 | 5 |
| 新 疆 | Xinjiang | 21 | 25 | 10 | 12 | 6 | 5 | 12 | 14 | 19 |

# 3-24 按年份各地区群众文化事业机构数

## Number of Mass Cultural Institutions of Selected Years by Province

单位: 个 (unit)

| 地 区 | Province | 1964 | 1978 | 1985 | 1986 | 1990 | 1995 | 2000 | 2004 | 2005 | 2006 |
|---|---|---|---|---|---|---|---|---|---|---|---|
| **总 计** | **Total** | **4467** | **6893** | **56158** | **56849** | **55756** | **58525** | **45321** | **41402** | **41588** | **40088** |
| 北 京 | Beijing | 36 | 22 | 392 | 399 | 396 | 356 | 278 | 331 | 328 | 329 |
| 天 津 | Tianjin | ... | 18 | 524 | 364 | 367 | 362 | 306 | 221 | 217 | 200 |
| 河 北 | Hebei | 186 | 175 | 3916 | 3847 | 3587 | 3194 | 2257 | 2146 | 2149 | 2231 |
| 山 西 | Shanxi | 103 | 124 | 1785 | 1906 | 1803 | 1835 | 1851 | 1362 | 1355 | 1385 |
| 内蒙古 | InnerMongolia | 98 | 61 | 1708 | 1752 | 1622 | 2122 | 1712 | 1411 | 1329 | 1048 |
| 辽 宁 | Liaoning | 171 | 910 | 1732 | 1839 | 2479 | 3327 | 1520 | 1455 | 1522 | 1495 |
| 吉 林 | Jilin | 256 | 445 | 1105 | 1079 | 1072 | 1420 | 894 | 836 | 821 | 830 |
| 黑龙江 | Heilongjiang | 179 | 194 | 1337 | 1360 | 1372 | 1546 | 1201 | 1018 | 1015 | 975 |
| 上 海 | Shanghai | 68 | 20 | 369 | 403 | 410 | 334 | 340 | 251 | 249 | 250 |
| 江 苏 | Jiangsu | 665 | 1042 | 2427 | 2429 | 2287 | 3401 | 1771 | 1511 | 1534 | 1477 |
| 浙 江 | Zhejiang | 230 | 372 | 3610 | 3629 | 3623 | 3877 | 1932 | 1634 | 1592 | 1593 |
| 安 徽 | Anhui | 403 | 825 | 3196 | 3387 | 3328 | 2178 | 1898 | 1751 | 1677 | 1514 |
| 福 建 | Fujian | 120 | 117 | 1115 | 1089 | 1160 | 1321 | 1085 | 1071 | 1116 | 1108 |
| 江 西 | Jiangxi | 188 | 106 | 2050 | 2131 | 2096 | 1999 | 2000 | 1533 | 1546 | 1393 |
| 山 东 | Shandong | 139 | 155 | 2355 | 2435 | 2641 | 2521 | 2581 | 1942 | 1926 | 2015 |
| 河 南 | Henan | 178 | 173 | 2351 | 2462 | 2452 | 2435 | 2479 | 2469 | 2395 | 2373 |
| 湖 北 | Hubei | 222 | 876 | 2991 | 2647 | 1849 | 3136 | 1695 | 1296 | 1258 | 1321 |
| 湖 南 | Hunan | 225 | 182 | 3286 | 3180 | 3333 | 2788 | 2667 | 2642 | 2617 | 2625 |
| 广 东 | Guangdong | 135 | 139 | 2127 | 2184 | 1926 | 3057 | 2042 | 1742 | 1725 | 1731 |
| 广 西 | Guangxi | 88 | 86 | 1256 | 1299 | 1422 | 1527 | 1408 | 1445 | 1254 | 1252 |
| 海 南 | Hainan | ... | ... | ... | ... | 326 | 328 | 327 | 242 | 243 | 229 |
| 重 庆 | Chongqing | ... | ... | ... | ... | ... | ... | 1248 | 1135 | 1086 | 1057 |
| 四 川 | Sichuan | 227 | 234 | 7294 | 7676 | 7041 | 4964 | 3865 | 3902 | 4716 | 3802 |
| 贵 州 | Guizhou | 85 | 89 | 2187 | 2199 | 1858 | 1556 | 1030 | 1384 | 1401 | 1419 |
| 云 南 | Yunnan | 140 | 145 | 1605 | 1607 | 1661 | 3254 | 1734 | 1726 | 1684 | 1548 |
| 西 藏 | Tibet | ... | 5 | 27 | 39 | 56 | 104 | 94 | 224 | 208 | 206 |
| 陕 西 | Shaanxi | 114 | 117 | 2857 | 2850 | 2785 | 2370 | 2065 | 1741 | 1732 | 1757 |
| 甘 肃 | Gansu | 75 | 95 | 1181 | 1238 | 1310 | 1363 | 1432 | 1266 | 1190 | 1202 |
| 青 海 | Qinghai | 30 | 43 | 305 | 315 | 307 | 358 | 250 | 225 | 244 | 262 |
| 宁 夏 | Ningxia | 23 | 36 | 297 | 304 | 318 | 465 | 309 | 250 | 252 | 240 |
| 新 疆 | Xinjiang | 83 | 87 | 773 | 800 | 869 | 1023 | 1060 | 1240 | 1207 | 1221 |

# 3-25 按年份各地区群众艺术馆机构数

## Number of Mass Art Centers of Selected Years by Province

单位：个 (unit)

| 地区 | Province | 1959 | 1965 | 1978 | 1980 | 1985 | 1990 | 1995 | 2000 | 2002 | 2003 | 2004 | 2005 | 2006 |
|---|---|---|---|---|---|---|---|---|---|---|---|---|---|---|
| **总计** | **Total** | **51** | **62** | **92** | **218** | **335** | **366** | **373** | **390** | **389** | **382** | **380** | **447** | **395** |
| 北京 | Beijing | 1 | 1 | … | 1 | 1 | 1 | 1 | 1 | 1 | 1 | 1 | 22 | 1 |
| 天津 | Tianjin | 1 | 1 | 1 | 1 | 1 | 1 | 1 | 1 | 1 | 1 | 1 | 11 | 1 |
| 河北 | Hebei | 3 | 1 | 14 | 17 | 20 | 18 | 12 | 12 | 12 | 12 | 12 | 13 | 13 |
| 山西 | Shanxi | 1 | … | … | 5 | 11 | 12 | 12 | 12 | 12 | 12 | 13 | 12 | 12 |
| 内蒙古 | InnerMongolia | 1 | … | 4 | 10 | 13 | 13 | 13 | 13 | 13 | 13 | 13 | 13 | 13 |
| 辽宁 | Liaoning | 6 | 3 | 9 | 13 | 16 | 16 | 23 | 23 | 23 | 22 | 24 | 22 | 23 |
| 吉林 | Jilin | 3 | 4 | 7 | 7 | 10 | 12 | 13 | 13 | 13 | 13 | 14 | 14 | 14 |
| 黑龙江 | Heilongjiang | 4 | 3 | 15 | 18 | 17 | 16 | 16 | 15 | 17 | 16 | 17 | 17 | 17 |
| 上海 | Shanghai | 1 | 1 | … | 1 | 1 | 1 | 3 | 3 | 3 | 2 | 1 | 32 | 1 |
| 江苏 | Jiangsu | … | 2 | … | 1 | 11 | 12 | 12 | 14 | 9 | 4 | 14 | 14 | 13 |
| 浙江 | Zhejiang | 2 | 2 | 1 | 12 | 12 | 12 | 12 | 12 | 12 | 12 | 12 | 12 | 12 |
| 安徽 | Anhui | 1 | 1 | 1 | 2 | 12 | 14 | 14 | 14 | 14 | 15 | 14 | 14 | 15 |
| 福建 | Fujian | 2 | 8 | 6 | 9 | 10 | 10 | 10 | 10 | 10 | 10 | 10 | 10 | 10 |
| 江西 | Jiangxi | 1 | 8 | … | 11 | 12 | 12 | 12 | 12 | 12 | 12 | 22 | 12 | 12 |
| 山东 | Shandong | 4 | 8 | 8 | 13 | 13 | 17 | 18 | 19 | 18 | 19 | 18 | 18 | 18 |
| 河南 | Henan | 2 | 11 | 10 | 12 | 17 | 22 | 23 | 23 | 23 | 23 | 19 | 18 | 18 |
| 湖北 | Hubei | 2 | 2 | 1 | 15 | 17 | 16 | 13 | 18 | 18 | 18 | 11 | 13 | 18 |
| 湖南 | Hunan | 1 | … | … | 1 | 16 | 14 | 15 | 15 | 15 | 15 | 15 | 15 | 15 |
| 广东 | Guangdong | 2 | … | … | 13 | 15 | 19 | 21 | 21 | 22 | 22 | 22 | 22 | 22 |
| 广西 | Guangxi | 1 | … | … | 4 | 14 | 14 | 14 | 15 | 15 | 15 | 16 | 16 | 16 |
| 海南 | Hainan | ... | ... | ... | ... | ... | 3 | 3 | 3 | 3 | 2 | 3 | 3 | 3 |
| 重庆 | Chongqing | ... | ... | ... | ... | ... | ... | ... | 4 | 1 | 3 | 1 | 11 | 16 |
| 四川 | Sichuan | 3 | 2 | 5 | 5 | 16 | 24 | 24 | 27 | 26 | 25 | 21 | 21 | 21 |
| 贵州 | Guizhou | 2 | 2 | 2 | 3 | 7 | 7 | 8 | 8 | 11 | 11 | 8 | 8 | 8 |
| 云南 | Yunnan | 1 | 1 | 1 | 18 | 18 | 19 | 19 | 20 | 20 | 20 | 15 | 17 | 17 |
| 西藏 | Tibet | … | … | 2 | 6 | 7 | 7 | 7 | 7 | 10 | 8 | 7 | 8 | 8 |
| 陕西 | Shaanxi | 3 | … | 2 | 9 | 11 | 11 | 11 | 11 | 11 | 11 | 11 | 11 | 11 |
| 甘肃 | Gansu | 1 | … | 1 | 8 | 14 | 15 | 15 | 15 | 15 | 15 | 15 | 16 | 16 |
| 青海 | Qinghai | 2 | 1 | 1 | 2 | 8 | 9 | 9 | 9 | 9 | 9 | 10 | 9 | 10 |
| 宁夏 | Ningxia | … | … | 1 | 1 | 2 | 4 | 4 | 4 | 5 | 5 | 4 | 7 | 6 |
| 新疆 | Xinjiang | … | … | … | … | 13 | 15 | 15 | 16 | 15 | 16 | 16 | 16 | 15 |

# 3-26 按年份各地区文化馆机构数

## Number of Cultural Centers of Selected Years by Province

单位：个 (unit)

| 地区 | Province | 1952 | 1965 | 1978 | 1985 | 1990 | 1995 | 2000 | 2004 | 2005 | 2006 |
|---|---|---|---|---|---|---|---|---|---|---|---|
| **总计** | **Total** | **2430** | **2598** | **2748** | **2960** | **2955** | **2886** | **2907** | **2841** | **2779** | **2819** |
| 北京 | Beijing | 24 | 18 | 19 | 22 | 22 | 22 | 22 | 21 | | 20 |
| 天津 | Tianjin | 21 | 13 | 17 | 18 | 18 | 18 | 18 | 18 | 8 | 18 |
| 河北 | Hebei | 168 | 166 | 161 | 172 | 170 | 169 | 166 | 162 | 162 | 162 |
| 山西 | Shanxi | 116 | 108 | 124 | 117 | 118 | 118 | 118 | 118 | 119 | 119 |
| 内蒙古 | InnerMongolia | 70 | 81 | 54 | 104 | 103 | 102 | 104 | 102 | 102 | 102 |
| 辽宁 | Liaoning | 109 | 97 | 118 | 161 | 161 | 105 | 102 | 100 | 110 | 110 |
| 吉林 | Jilin | 64 | 62 | 72 | 36 | 43 | 45 | 89 | 66 | 67 | 67 |
| 黑龙江 | Heilongjiang | 85 | 86 | 100 | 132 | 122 | 121 | 118 | 128 | 127 | 126 |
| 上海 | Shanghai | 2 | 20 | 20 | 42 | 48 | 40 | 45 | 31 | 1 | 29 |
| 江苏 | Jiangsu | 108 | 99 | 110 | 108 | 109 | 110 | 107 | 102 | 103 | 102 |
| 浙江 | Zhejiang | 90 | 83 | 75 | 93 | 85 | 83 | 84 | 87 | 87 | 87 |
| 安徽 | Anhui | 100 | 93 | 96 | 101 | 101 | 99 | 103 | 100 | 104 | 99 |
| 福建 | Fujian | 72 | 73 | 76 | 78 | 80 | 80 | 80 | 78 | 80 | 80 |
| 江西 | Jiangxi | 92 | 97 | 106 | 103 | 101 | 101 | 101 | 91 | 101 | 101 |
| 山东 | Shandong | 166 | 133 | 147 | 144 | 142 | 140 | 140 | 141 | 140 | 140 |
| 河南 | Henan | 134 | 151 | 150 | 210 | 203 | 201 | 191 | 190 | 186 | 184 |
| 湖北 | Hubei | 112 | 138 | 176 | 188 | 182 | 179 | 129 | 117 | 111 | 103 |
| 湖南 | Hunan | 102 | 121 | 119 | 127 | 127 | 122 | 125 | 125 | 125 | 125 |
| 广东 | Guangdong | 117 | 118 | 124 | 123 | 113 | 115 | 119 | 119 | 117 | 120 |
| 广西 | Guangxi | 77 | 87 | 86 | 92 | 96 | 98 | 99 | 99 | 99 | 99 |
| 海南 | Hainan | ... | ... | ... | ... | 17 | 17 | 18 | 18 | 18 | 18 |
| 重庆 | Chongqing | ... | ... | ... | ... | ... | ... | 43 | 43 | 31 | 25 |
| 四川 | Sichuan | 198 | 215 | 220 | 214 | 209 | 212 | 171 | 180 | 180 | 181 |
| 贵州 | Guizhou | 61 | 83 | 87 | 86 | 84 | 85 | 85 | 87 | 87 | 87 |
| 云南 | Yunnan | 65 | 140 | 144 | 130 | 128 | 128 | 127 | 134 | 132 | 131 |
| 西藏 | Tibet | ... | ... | 3 | 10 | 23 | 26 | 52 | 38 | 33 | 33 |
| 陕西 | Shaanxi | 127 | 110 | 115 | 112 | 113 | 111 | 111 | 109 | 110 | 109 |
| 甘肃 | Gansu | 94 | 75 | 94 | 83 | 84 | 83 | 83 | 84 | 84 | 85 |
| 青海 | Qinghai | 21 | 30 | 30 | 43 | 42 | 42 | 43 | 42 | 43 | 44 |
| 宁夏 | Ningxia | ... | 18 | 19 | 20 | 19 | 22 | 22 | 19 | 18 | 19 |
| 新疆 | Xinjiang | 35 | 83 | 86 | 91 | 92 | 92 | 92 | 92 | 94 | 94 |

# 四、广播电视
# Radio and Television

# 4-1 全国广播和电视综合人口覆盖情况（2006年）

## Coverage of Radio and TV Program Broadcasting (2006)

单位：%　　　　(%)

| 地　区 | Province | 广播综合人口覆盖率 Listener Rating | #中央台第一套覆盖率 Listener Rating of Central Radio Station | 电视人口综合覆盖率 Viewer Rating | #中央台第一套覆盖率 Viewer Rating of CCTV |
|---|---|---|---|---|---|
| **全国合计** | **National Total** | **95.04** | **92.77** | **96.23** | **93.18** |
| 北　京 | Beijing | 100.00 | 100.00 | 99.99 | 99.99 |
| 天　津 | Tianjin | 100.00 | 100.00 | 99.83 | 99.83 |
| 河　北 | Hebei | 98.63 | 98.28 | 98.55 | 98.47 |
| 山　西 | Shanxi | 92.13 | 90.35 | 96.34 | 94.00 |
| 内蒙古 | Inner Mongolia | 92.84 | 92.04 | 91.23 | 90.41 |
| 辽　宁 | Liaoning | 98.23 | 96.41 | 98.29 | 96.79 |
| 吉　林 | Jilin | 97.59 | 93.39 | 98.00 | 94.84 |
| 黑龙江 | Heilongjiang | 98.53 | 97.85 | 98.73 | 98.55 |
| 上　海 | Shanghai | 100.00 | 100.00 | 100.00 | 100.00 |
| 江　苏 | Jiangsu | 99.86 | 99.40 | 99.88 | 98.35 |
| 浙　江 | Zhejiang | 98.56 | 97.64 | 98.95 | 97.24 |
| 安　徽 | Anhui | 96.05 | 92.76 | 95.38 | 93.10 |
| 福　建 | Fujian | 96.99 | 96.33 | 98.13 | 97.94 |
| 江　西 | Jiangxi | 94.49 | 93.81 | 96.17 | 95.68 |
| 山　东 | Shandong | 95.93 | 90.11 | 96.32 | 87.72 |
| 河　南 | Henan | 96.51 | 94.44 | 96.42 | 94.28 |
| 湖　北 | Hubei | 96.29 | 95.66 | 96.76 | 95.43 |
| 湖　南 | Hunan | 88.38 | 86.12 | 94.01 | 92.44 |
| 广　东 | Guangdong | 96.41 | 93.38 | 96.66 | 94.09 |
| 广　西 | Guangxi | 88.66 | 83.24 | 93.45 | 75.65 |
| 海　南 | Hainan | 96.05 | 95.93 | 95.00 | 94.67 |
| 重　庆 | Chongqing | 92.57 | 90.55 | 96.02 | 94.11 |
| 四　川 | Sichuan | 95.70 | 94.57 | 96.77 | 93.00 |
| 贵　州 | Guizhou | 83.72 | 76.03 | 90.65 | 85.53 |
| 云　南 | Yunnan | 92.02 | 90.77 | 93.68 | 93.11 |
| 西　藏 | Tibet | 85.80 | 76.06 | 86.94 | 76.68 |
| 陕　西 | Shaanxi | 93.77 | 91.47 | 95.18 | 91.79 |
| 甘　肃 | Gansu | 90.73 | 85.79 | 91.11 | 84.41 |
| 青　海 | Qinghai | 87.50 | 87.50 | 93.00 | 93.00 |
| 宁　夏 | Ningxia | 91.42 | 91.42 | 93.47 | 93.37 |
| 新　疆 | Xinjiang | 93.36 | 89.52 | 93.11 | 86.92 |
| **计划单列市** | **Separate Planning Cities** | **98.97** | **98.44** | **99.20** | **98.61** |
| 大　连 | Dalian | 97.84 | 95.16 | 98.88 | 95.94 |
| 宁　波 | Ningbo | 99.98 | 99.98 | 99.98 | 99.98 |
| 厦　门 | Xiamen | 98.68 | 98.68 | 100.00 | 100.00 |
| 青　岛 | Qingdao | 98.00 | 98.00 | 97.80 | 97.80 |
| 深　圳 | Shenzhen | 100.00 | 100.00 | 100.00 | 100.00 |

# 4-2 全国有线广播电视传输干线网络及用户情况（2006年）

# Transmission Trunk and Users of Cable Radios and TVs (2006)

| 地区 | Province | 有线广播电视传输干线网络总长（公里）Total Length of Transmission Trunk for Cable Radios and TVs (km) | 有线广播电视用户数（户）Users of Cable Radios and TVs (household) | #数字电视用户数 Users of Digital TV Programs | #付费电视用户数 Users of Pay TV |
|---|---|---|---|---|---|
| **全国合计** | **National Total** | **2721612.42** | **139951545** | **12662537** | **1730315** |
| 国家广电总局直属 | Directly under the State Administration of Radio, Film and Television | 40949.28 | | | |
| 北京 | Beijing | 110637.00 | 3195707 | 200000 | |
| 天津 | Tianjin | 21884.20 | 2001837 | 239143 | 4514 |
| 河北 | Hebei | 99167.73 | 5405542 | 94236 | 23319 |
| 山西 | Shanxi | 84920.77 | 3284103 | 519149 | |
| 内蒙古 | Inner Mongolia | 44370.50 | 2331707 | 22836 | 17962 |
| 辽宁 | Liaoning | 81552.75 | 5255919 | 717097 | 14497 |
| 吉林 | Jilin | 67561.26 | 2695131 | 22712 | 1910 |
| 黑龙江 | Heilongjiang | 117761.83 | 3532125 | 120916 | 25269 |
| 上海 | Shanghai | 28550.54 | 4772104 | 101234 | 81533 |
| 江苏 | Jiangsu | 255091.68 | 12350846 | 1091626 | 85606 |
| 浙江 | Zhejiang | 156358.89 | 9479839 | 1075185 | 211927 |
| 安徽 | Anhui | 19835.80 | 3165194 | 39506 | 11550 |
| 福建 | Fujian | 124994.18 | 4473884 | 305063 | 9411 |
| 江西 | Jiangxi | 59317.46 | 3526980 | 59666 | 57749 |
| 山东 | Shandong | 248019.58 | 11624625 | 1332609 | 29470 |
| 河南 | Henan | 97514.49 | 5056984 | 318208 | 42904 |
| 湖北 | Hubei | 148084.42 | 5762631 | 124706 | 93679 |
| 湖南 | Hunan | 90411.27 | 4701298 | 492971 | 31323 |
| 广东 | Guangdong | 153058.80 | 12483118 | 1955812 | 142216 |
| 广西 | Guangxi | 27205.68 | 4668981 | 1612383 | 556 |
| 海南 | Hainan | 3964.00 | 664165 | | |
| 重庆 | Chongqing | 80139.01 | 4304808 | 298829 | 297088 |
| 四川 | Sichuan | 326014.53 | 10621974 | 630838 | 311085 |
| 贵州 | Guizhou | 64629.55 | 3249276 | 322104 | 33460 |
| 云南 | Yunnan | 44614.86 | 3641467 | 306069 | 135215 |
| 西藏 | Tibet | 1983.82 | 137105 | 120 | |
| 陕西 | Shaanxi | 52044.48 | 3490388 | 200557 | 40353 |
| 甘肃 | Gansu | 31946.99 | 1779772 | 123258 | |
| 青海 | Qinghai | 2811.90 | 313877 | 1887 | 1464 |
| 宁夏 | Ningxia | 12951.00 | 439525 | 300000 | |
| 新疆 | Xinjiang | 23264.17 | 1540633 | 33817 | 26255 |
| **计划单列市** | **Cities Specifically Designated in State Plan** | **95359.75** | **6910956** | **2837355** | **89491** |
| 大连 | Dalian | 7076.28 | 1077961 | 701642 | 14497 |
| 宁波 | Ningbo | 21513.00 | 1428650 | 154980 | 20119 |
| 厦门 | Xiamen | 2388.01 | 420652 | 154664 | 4495 |
| 青岛 | Qingdao | 46479.80 | 2016471 | 856419 | 12000 |
| 深圳 | Shenzhen | 17902.66 | 1967222 | 969650 | 38380 |

# 4-3 全国各省、自治区、直辖市有线广播电视入户率排序（2006年）

# Ranking of Popularization Rate of Cable Radio and TV Programs by Province (2006)

| 地 区 | Province | 位 次<br>Ranking | 有线电视入户率(%)<br>Popularization Rate of Cable TV Programs (%) | 有线电视用户数(户)<br>Users of Cable TV Programs (household) |
|---|---|---|---|---|
| 上 海 | Shanghai | 1 | 96.08 | 4772104 |
| 北 京 | Beijing | 2 | 70.75 | 3195707 |
| 浙 江 | Zhejiang | 3 | 63.72 | 9479839 |
| 天 津 | Tianjin | 4 | 61.99 | 2001837 |
| 广 东 | Guangdong | 5 | 59.97 | 12483118 |
| 江 苏 | Jiangsu | 6 | 52.99 | 12350846 |
| 福 建 | Fujian | 7 | 47.40 | 4473884 |
| 重 庆 | Chongqing | 8 | 42.60 | 4304808 |
| 山 东 | Shandong | 9 | 42.44 | 11624625 |
| 四 川 | Sichuan | 10 | 40.87 | 10621974 |
| 辽 宁 | Liaoning | 11 | 38.35 | 5255919 |
| 广 西 | Guangxi | 12 | 35.16 | 4668981 |
| 山 西 | Shanxi | 13 | 33.21 | 3284103 |
| 陕 西 | Shaanxi | 14 | 33.06 | 3490388 |
| 海 南 | Hainan | 15 | 32.68 | 664165 |
| 吉 林 | Jilin | 16 | 31.84 | 2695131 |
| 湖 北 | Hubei | 17 | 31.68 | 5762631 |
| 内蒙古 | Inner Mongolia | 18 | 31.43 | 2331707 |
| 宁 夏 | Ningxia | 19 | 31.20 | 439525 |
| 云 南 | Yunnan | 20 | 31.10 | 3641467 |
| 新 疆 | Xinjiang | 21 | 30.15 | 1540633 |
| 黑龙江 | Heilongjiang | 22 | 29.00 | 3532125 |
| 贵 州 | Guizhou | 23 | 28.59 | 3249276 |
| 河 北 | Hebei | 24 | 27.24 | 5405542 |
| 江 西 | Jiangxi | 25 | 26.83 | 3526980 |
| 甘 肃 | Gansu | 26 | 26.47 | 1779772 |
| 西 藏 | Tibet | 27 | 23.28 | 137105 |
| 湖 南 | Hunan | 28 | 23.15 | 4701298 |
| 青 海 | Qinghai | 29 | 22.56 | 313877 |
| 河 南 | Henan | 30 | 18.34 | 5056984 |
| 安 徽 | Anhui | 31 | 17.11 | 3165194 |

# 4-4 全国广播节目播出情况（2006年）

# National Radio Programs (2006)

| 地区 | Province | 公共广播节目套数(套) Number of Public Radio Programs (set) | 全年广播剧播出数 Number of Radio Plays 部 set | 集 part | 全年公共广播节目播出时间(小时) Broadcasting Hours of Public Radio Programs (hour) | #转中央台节目 Relaying Programs of Central Radio Station | #播出制作节目 Own-produced Programs | #首播 Premiere |
|---|---|---|---|---|---|---|---|---|
| **全国合计** | **National Total** | **2365** | **22508** | **373311** | **10780486** | **1219273** | **7344476** | **5048229** |
| 国家广电总局直属 | Directly under the State Administration of Radio, Film and Television | 14 | 432 | 1090 | 136037 | | 133950 | 100854 |
| 北京 | Beijing | 17 | 13 | 889 | 103253 | 2645 | 93559 | 67287 |
| 天津 | Tianjin | 22 | 25 | 441 | 114761 | 5869 | 100326 | 81108 |
| 河北 | Hebei | 94 | 499 | 7687 | 381209 | 34660 | 259937 | 207147 |
| 山西 | Shanxi | 98 | 1241 | 20531 | 323047 | 43196 | 171717 | 86170 |
| 内蒙古 | Inner Mongolia | 115 | 1950 | 19530 | 527107 | 141628 | 232942 | 153227 |
| 辽宁 | Liaoning | 122 | 1958 | 25183 | 693684 | 39605 | 524223 | 459060 |
| 吉林 | Jilin | 64 | 426 | 10649 | 325005 | 21641 | 253205 | 187931 |
| 黑龙江 | Heilongjiang | 92 | 965 | 10448 | 367589 | 38338 | 204153 | 150137 |
| 上海 | Shanghai | 21 | 167 | 4138 | 129740 | 6684 | 101712 | 68138 |
| 江苏 | Jiangsu | 121 | 1158 | 19134 | 655751 | 40346 | 539854 | 382991 |
| 浙江 | Zhejiang | 104 | 1443 | 20134 | 657249 | 43792 | 504327 | 351629 |
| 安徽 | Anhui | 100 | 444 | 17807 | 431544 | 50610 | 283472 | 221130 |
| 福建 | Fujian | 87 | 779 | 7053 | 498365 | 97851 | 301911 | 210163 |
| 江西 | Jiangxi | 97 | 1042 | 23199 | 326813 | 56176 | 183989 | 115260 |
| 山东 | Shandong | 149 | 2678 | 30119 | 718397 | 60246 | 502914 | 328042 |
| 河南 | Henan | 146 | 582 | 11936 | 591605 | 70434 | 408328 | 197731 |
| 湖北 | Hubei | 83 | 1099 | 31430 | 402904 | 39287 | 277240 | 212784 |
| 湖南 | Hunan | 93 | 1316 | 20202 | 305743 | 62568 | 164819 | 110275 |
| 广东 | Guangdong | 120 | 1208 | 20139 | 746528 | 29481 | 577076 | 312954 |
| 广西 | Guangxi | 62 | 350 | 7850 | 257427 | 22693 | 196025 | 142674 |
| 海南 | Hainan | 23 | 89 | 3154 | 98773 | 15484 | 61885 | 19062 |
| 重庆 | Chongqing | 27 | 340 | 5876 | 107354 | 20693 | 70675 | 49672 |
| 四川 | Sichuan | 112 | 536 | 14022 | 395285 | 68244 | 227668 | 159518 |
| 贵州 | Guizhou | 23 | 61 | 3088 | 123801 | 6489 | 95850 | 81135 |
| 云南 | Yunnan | 31 | 293 | 10022 | 180273 | 7857 | 156704 | 108335 |
| 西藏 | Tibet | 7 | 71 | 1167 | 35992 | 2552 | 29158 | 16170 |
| 陕西 | Shaanxi | 95 | 471 | 8227 | 316549 | 46485 | 207320 | 149385 |
| 甘肃 | Gansu | 85 | 173 | 5679 | 222623 | 44093 | 126153 | 78634 |
| 青海 | Qinghai | 8 | 7 | 733 | 44107 | 2340 | 39267 | 32651 |
| 宁夏 | Ningxia | 28 | 112 | 2014 | 95899 | 27262 | 57843 | 32480 |
| 新疆 | Xinjiang | 105 | 580 | 9740 | 466073 | 70025 | 256278 | 174494 |
| **计划单列市** | **Cities Specifically Designated in State Plan** | **43** | **833** | **9763** | **293310** | **18266** | **239237** | **190744** |
| 大连 | Dalian | 11 | 164 | 2754 | 77320 | 8944 | 60009 | 55406 |
| 宁波 | Ningbo | 11 | 234 | 2673 | 76708 | 3577 | 65586 | 38204 |
| 厦门 | Xiamen | 5 | 6 | 1230 | 38169 | 548 | 34604 | 29062 |
| 青岛 | Qingdao | 12 | 94 | 2296 | 69611 | 4468 | 50884 | 45266 |
| 深圳 | Shenzhen | 4 | 335 | 810 | 31502 | 729 | 28154 | 22807 |

4-4 续表 continued

单位：小时 (hour)

| 地区 | Province | 按节目类型分 by Type of Programs | | | | | |
|---|---|---|---|---|---|---|---|
| | | 新闻资讯类节目 News Programs | 专题服务类节目 Special Subject Programs | 综艺类节目 General Entertainment Programs | 广播剧类节目 Radio Play Programs | 广告类节目 Advertising Programs | 其他类节目 Others |
| **全国合计** | **National Total** | **2146492** | **2399472** | **3262499** | **428423** | **999526** | **1544074** |
| 国家广电总局直属 | Directly under the State Administration of Radio, Film and Television | 44570 | 52797 | 28421 | 485 | 8311 | 1453 |
| 北京 | Beijing | 16650 | 31063 | 30170 | 2370 | 12392 | 10609 |
| 天津 | Tianjin | 20637 | 15368 | 44931 | 1572 | 14723 | 17531 |
| 河北 | Hebei | 74733 | 113800 | 137161 | 4840 | 32163 | 18510 |
| 山西 | Shanxi | 66456 | 71282 | 97025 | 24740 | 24865 | 38678 |
| 内蒙古 | Inner Mongolia | 95212 | 116331 | 196417 | 9955 | 28850 | 80342 |
| 辽宁 | Liaoning | 103092 | 157300 | 280370 | 19410 | 74252 | 59260 |
| 吉林 | Jilin | 51452 | 77288 | 118916 | 7061 | 36666 | 33622 |
| 黑龙江 | Heilongjiang | 84087 | 79187 | 91117 | 18476 | 34955 | 59766 |
| 上海 | Shanghai | 33888 | 18395 | 45601 | 9741 | 14099 | 8017 |
| 江苏 | Jiangsu | 118750 | 165682 | 163484 | 18542 | 77996 | 111298 |
| 浙江 | Zhejiang | 118522 | 143389 | 177122 | 20325 | 77989 | 119902 |
| 安徽 | Anhui | 88612 | 114151 | 117990 | 15972 | 37548 | 57270 |
| 福建 | Fujian | 110843 | 96374 | 158017 | 11149 | 27394 | 94587 |
| 江西 | Jiangxi | 87377 | 62267 | 78206 | 42910 | 27088 | 28966 |
| 山东 | Shandong | 132857 | 142280 | 231674 | 30314 | 76701 | 104572 |
| 河南 | Henan | 106560 | 126511 | 194093 | 27828 | 52838 | 83774 |
| 湖北 | Hubei | 73564 | 84846 | 123906 | 20696 | 47906 | 51985 |
| 湖南 | Hunan | 75156 | 45172 | 74418 | 24059 | 32910 | 54029 |
| 广东 | Guangdong | 127598 | 136110 | 213949 | 41961 | 67121 | 159790 |
| 广西 | Guangxi | 56270 | 59264 | 78065 | 4376 | 24542 | 34911 |
| 海南 | Hainan | 22256 | 15332 | 33410 | 1427 | 9539 | 16810 |
| 重庆 | Chongqing | 23237 | 24174 | 30890 | 2836 | 8861 | 17355 |
| 四川 | Sichuan | 85393 | 84430 | 102089 | 14044 | 31215 | 78113 |
| 贵州 | Guizhou | 18506 | 27979 | 44799 | 3435 | 15270 | 13812 |
| 云南 | Yunnan | 33107 | 45425 | 58159 | 8398 | 14738 | 20447 |
| 西藏 | Tibet | 4308 | 7657 | 10652 | 882 | 3907 | 8586 |
| 陕西 | Shaanxi | 72500 | 89642 | 93554 | 9436 | 20955 | 30461 |
| 甘肃 | Gansu | 60527 | 52865 | 43467 | 7582 | 16104 | 42079 |
| 青海 | Qinghai | 6945 | 7186 | 20251 | 1277 | 3682 | 4765 |
| 宁夏 | Ningxia | 20484 | 18655 | 25589 | 4708 | 11839 | 14624 |
| 新疆 | Xinjiang | 112343 | 117273 | 118585 | 17614 | 32107 | 68150 |
| **计划单列市** | **Cities Specifically Designated in State Plan** | **56169** | **69144** | **87993** | **10324** | **25584** | **44095** |
| 大连 | Dalian | 14364 | 20710 | 26987 | 2746 | 8020 | 4493 |
| 宁波 | Ningbo | 12712 | 16760 | 26050 | 3211 | 5524 | 12451 |
| 厦门 | Xiamen | 7778 | 10269 | 7071 | 610 | 3275 | 9165 |
| 青岛 | Qingdao | 16549 | 13777 | 20532 | 3036 | 5846 | 9871 |
| 深圳 | Shenzhen | 4766 | 7628 | 7353 | 721 | 2919 | 8115 |

# 4-5 全国省级广播节目播出情况（2006年）

# Provincial Radio Programs (2006)

| 地　区 | Province | 公共广播节目套数（套）Number of Public Radio Programs (set) | 全年广播剧播出数 Number of Radio Plays 部 set | 集 part | 全年公共广播节目播出时间（小时）Broadcasting Hours of Public Radio Programs (hour) | #转中央台节目 Relaying Programs of Central Radio Station | #播出制作节目 Own-produced Programs | #首播 Premiere |
|---|---|---|---|---|---|---|---|---|
| **全国合计** | **National Total** | **208** | **1147** | **28213** | **1510963** | **45792** | **1379919** | **1139287** |
| 北　京 | Beijing | 8 | 10 | 524 | 58919 | 1186 | 55558 | 48985 |
| 天　津 | Tianjin | 10 | 2 | 5 | 77958 | 2555 | 71646 | 64422 |
| 河　北 | Hebei | 7 | 287 | 1106 | 46626 | 548 | 43628 | 43494 |
| 山　西 | Shanxi | 7 | 114 | 934 | 46019 | 1128 | 35487 | 24667 |
| 内蒙古 | InnerMongolia | 6 | | | 37317 | 1277 | 33963 | 32045 |
| 辽　宁 | Liaoning | 8 | 6 | 100 | 55920 | 183 | 51354 | 51354 |
| 吉　林 | Jilin | 6 | 2 | 200 | 49578 | 183 | 45026 | 38347 |
| 黑龙江 | Heilongjiang | 7 | 37 | 1580 | 44541 | 912 | 42150 | 41785 |
| 上　海 | Shanghai | 11 | 37 | 765 | 77174 | 2516 | 70959 | 55858 |
| 江　苏 | Jiangsu | 10 | | | 61294 | 703 | 60047 | 17023 |
| 浙　江 | Zhejiang | 7 | 2 | 360 | 60995 | 365 | 59567 | 56410 |
| 安　徽 | Anhui | 6 | 1 | 1 | 46481 | 1239 | 40801 | 40541 |
| 福　建 | Fujian | 6 | 33 | 1165 | 45990 | 730 | 42149 | 41784 |
| 江　西 | Jiangxi | 6 | 117 | 5885 | 44197 | 913 | 39634 | 33064 |
| 山　东 | Shandong | 9 | 11 | 160 | 72848 | 1825 | 60268 | 31960 |
| 河　南 | Henan | 8 | 47 | 1463 | 67183 | 1095 | 63796 | 49658 |
| 湖　北 | Hubei | 9 | 22 | 2602 | 69962 | 1642 | 64459 | 61547 |
| 湖　南 | Hunan | 4 | 34 | 1355 | 28226 | 1589 | 25388 | 23791 |
| 广　东 | Guangdong | 9 | | 3697 | 77460 | 725 | 75343 | 40540 |
| 广　西 | Guangxi | 5 | 14 | 49 | 33385 | 562 | 32189 | 26971 |
| 海　南 | Hainan | 3 | | | 20258 | 913 | 17186 | 10772 |
| 重　庆 | Chongqing | 5 | 45 | 45 | 42273 | 861 | 38181 | 33796 |
| 四　川 | Sichuan | 5 | 15 | 36 | 34310 | 365 | 33900 | 25937 |
| 贵　州 | Guizhou | 5 | 6 | 730 | 41459 | 2092 | 38272 | 34438 |
| 云　南 | Yunnan | 9 | 159 | 1873 | 52165 | 913 | 48276 | 44016 |
| 西　藏 | Tibet | 4 | 71 | 1167 | 28792 | 2192 | 22738 | 13716 |
| 陕　西 | Shaanxi | 7 | 10 | 600 | 57670 | 538 | 56585 | 56220 |
| 甘　肃 | Gansu | 5 | 12 | 1095 | 31974 | 1509 | 29303 | 24731 |
| 青　海 | Qinghai | 4 | 1 | 3 | 24396 | 911 | 22139 | 19389 |
| 宁　夏 | Ningxia | 4 | 23 | 471 | 29126 | 9611 | 18207 | 10303 |
| 新　疆 | Xinjiang | 8 | 29 | 242 | 46471 | 4016 | 41725 | 41725 |

4-5 续表 continued

单位：小时 (hour)

| 地 区 | Province | 按节目类型分 by Type of Programs | | | | | |
|---|---|---|---|---|---|---|---|
| | | 新闻资讯类节目 News Programs | 专题服务类节目 Special Subject Programs | 综艺类节目 General Entertainment Programs | 广播剧类节目 Radio Play Programs | 广告类节目 Advertising Programs | 其他类节目 Others |
| **全国合计** | **National Total** | **227386** | **410709** | **476062** | **31520** | **201614** | **163672** |
| 北 京 | Beijing | 12456 | 17675 | 14529 | 262 | 9139 | 4858 |
| 天 津 | Tianjin | 15482 | 9946 | 35557 | 365 | 13170 | 3437 |
| 河 北 | Hebei | 4851 | 26332 | 12149 | 472 | 2760 | 62 |
| 山 西 | Shanxi | 4169 | 15721 | 17400 | 252 | 6380 | 2098 |
| 内蒙古 | InnerMongolia | 4866 | 17383 | 11131 | | 3650 | 287 |
| 辽 宁 | Liaoning | 8491 | 7803 | 12553 | 160 | 14302 | 12611 |
| 吉 林 | Jilin | 10524 | 13965 | 10370 | 100 | 9875 | 4745 |
| 黑龙江 | Heilongjiang | 5273 | 16028 | 13254 | 1277 | 5558 | 3151 |
| 上 海 | Shanghai | 20951 | 12509 | 31606 | 2373 | 9736 | |
| 江 苏 | Jiangsu | 9756 | 12538 | 14342 | | 11560 | 13099 |
| 浙 江 | Zhejiang | 6997 | 22710 | 10711 | 253 | 9494 | 10830 |
| 安 徽 | Anhui | 5243 | 13785 | 13105 | 402 | 8572 | 5374 |
| 福 建 | Fujian | 7982 | 12715 | 9994 | 1142 | 1520 | 12638 |
| 江 西 | Jiangxi | 4407 | 12358 | 14614 | 3103 | 7104 | 2611 |
| 山 东 | Shandong | 7546 | 16524 | 28944 | 300 | 10356 | 9178 |
| 河 南 | Henan | 7257 | 23899 | 26334 | 1079 | 5176 | 3438 |
| 湖 北 | Hubei | 7481 | 16868 | 16605 | 2142 | 12119 | 14746 |
| 湖 南 | Hunan | 5320 | 4658 | 4172 | 1043 | 2949 | 10085 |
| 广 东 | Guangdong | 9427 | 13000 | 28954 | 8135 | 6728 | 11216 |
| 广 西 | Guangxi | 4420 | 12597 | 7800 | 732 | 2204 | 5632 |
| 海 南 | Hainan | 3655 | 5323 | 9066 | | 2031 | 183 |
| 重 庆 | Chongqing | 4419 | 11475 | 11293 | 301 | 4841 | 9945 |
| 四 川 | Sichuan | 7178 | 9278 | 12972 | 15 | 4868 | |
| 贵 州 | Guizhou | 5813 | 9977 | 18569 | 653 | 6448 | |
| 云 南 | Yunnan | 7368 | 18165 | 19741 | 1120 | 4362 | 1411 |
| 西 藏 | Tibet | 2106 | 6007 | 8282 | 882 | 3907 | 7608 |
| 陕 西 | Shaanxi | 8395 | 18068 | 24455 | 365 | 2616 | 3772 |
| 甘 肃 | Gansu | 3766 | 9542 | 7418 | 548 | 8503 | 2197 |
| 青 海 | Qinghai | 5017 | 5148 | 5997 | 912 | 3317 | 4005 |
| 宁 夏 | Ningxia | 6143 | 7106 | 8846 | 1784 | 4935 | 312 |
| 新 疆 | Xinjiang | 10629 | 11609 | 15301 | 1352 | 3435 | 4145 |

# 4-6 全国地市级广播节目播出情况（2006年）
# Radio Programs at Prefecture Level (2006)

| 地　区 | Province | 公共广播节目套数（套）Number of Public Radio Programs (set) | 全年广播剧播出数 Number of Radio Plays 部 set | 集 part | 全年公共广播节目播出时间（小时）Broadcasting Hours of Public Radio Programs (hour) | #转中央台节目 Relaying Programs of Central Radio Station | #播出制作节目 Own-produced Programs | #首播 Premiere |
|---|---|---|---|---|---|---|---|---|
| **全国合计** | **National Total** | **647** | **9706** | **170212** | **4175035** | **221797** | **3388738** | **2551480** |
| 河　北 | Hebei | 22 | 68 | 2646 | 144399 | 5475 | 119950 | 107720 |
| 山　西 | Shanxi | 16 | 335 | 9607 | 89763 | 5944 | 55644 | 34885 |
| 内蒙古 | Inner Mongolia | 33 | 745 | 5999 | 192281 | 15627 | 136279 | 92306 |
| 辽　宁 | Liaoning | 54 | 1490 | 16493 | 383946 | 8981 | 309962 | 276532 |
| 吉　林 | Jilin | 25 | 273 | 6574 | 171336 | 8153 | 149644 | 111593 |
| 黑龙江 | Heilongjiang | 26 | 100 | 7220 | 153593 | 8394 | 114589 | 89813 |
| 江　苏 | Jiangsu | 44 | 709 | 11359 | 306898 | 10421 | 267547 | 227886 |
| 浙　江 | Zhejiang | 31 | 414 | 5945 | 222154 | 7740 | 196651 | 160541 |
| 安　徽 | Anhui | 34 | 240 | 14079 | 219176 | 17308 | 172688 | 143371 |
| 福　建 | Fujian | 21 | 475 | 4145 | 158932 | 7227 | 139837 | 116984 |
| 江　西 | Jiangxi | 16 | 467 | 7518 | 108087 | 5231 | 95275 | 67696 |
| 山　东 | Shandong | 47 | 1433 | 16002 | 323607 | 19303 | 242619 | 186071 |
| 河　南 | Henan | 32 | 198 | 2881 | 208158 | 8940 | 175771 | 92131 |
| 湖　北 | Hubei | 22 | 376 | 9523 | 146311 | 8175 | 118395 | 101376 |
| 湖　南 | Hunan | 19 | 623 | 3972 | 114564 | 9118 | 91707 | 58232 |
| 广　东 | Guangdong | 48 | 671 | 9824 | 327901 | 11099 | 280432 | 179562 |
| 广　西 | Guangxi | 20 | 236 | 6921 | 126156 | 4103 | 108779 | 88446 |
| 海　南 | Hainan | 4 | 28 | 1088 | 27274 | 550 | 21164 | 2787 |
| 四　川 | Sichuan | 27 | 170 | 6622 | 158211 | 11073 | 123551 | 90883 |
| 贵　州 | Guizhou | 12 | 55 | 2358 | 71339 | 2754 | 54513 | 45560 |
| 云　南 | Yunnan | 20 | 125 | 8139 | 122990 | 6580 | 104588 | 62669 |
| 西　藏 | Tibet | 3 | | | 7200 | 360 | 6420 | 2454 |
| 陕　西 | Shaanxi | 20 | 72 | 4189 | 120903 | 6284 | 101022 | 75389 |
| 甘　肃 | Gansu | 11 | 42 | 1470 | 48894 | 4795 | 38038 | 24589 |
| 青　海 | Qinghai | 4 | 6 | 730 | 19711 | 1430 | 17128 | 13262 |
| 宁　夏 | Ningxia | 11 | 49 | 1178 | 43493 | 9914 | 31160 | 17194 |
| 新　疆 | Xinjiang | 25 | 306 | 3730 | 157760 | 16820 | 115386 | 81549 |
| **计划单列市** | **Cities Specifically Designated in State Plan** | **21** | **362** | **4060** | **166351** | **5108** | **148755** | **138782** |
| 大　连 | Dalian | 6 | | | 48331 | 729 | 44256 | 44256 |
| 宁　波 | Ningbo | 3 | 3 | 1095 | 23603 | 548 | 21778 | 15756 |
| 厦　门 | Xiamen | 4 | 6 | 1230 | 29409 | 548 | 25844 | 24682 |
| 青　岛 | Qingdao | 5 | 18 | 925 | 40067 | 2920 | 34289 | 32377 |
| 深　圳 | Shenzhen | 3 | 335 | 810 | 24942 | 364 | 22588 | 21712 |

4-6 续表 continued

单位：小时 (hour)

| 地 区 | Province | 按节目类型分 by Type of Programs | | | | | |
|---|---|---|---|---|---|---|---|
| | | 新闻资讯类节目 News Programs | 专题服务类节目 Special Subject Programs | 综艺类节目 General Entertainment Programs | 广播剧类节目 Radio Play Programs | 广告类节目 Advertising Programs | 其他类节目 Others |
| **全国合计** | **National Total** | **680493** | **1009257** | **1270753** | **152890** | **498925** | **562717** |
| 河 北 | Hebei | 17779 | 50671 | 44168 | 1438 | 21445 | 8899 |
| 山 西 | Shanxi | 14855 | 20881 | 22245 | 5868 | 12056 | 13858 |
| 内蒙古 | Inner Mongolia | 30914 | 51789 | 69980 | 4011 | 17083 | 18504 |
| 辽 宁 | Liaoning | 51414 | 94789 | 156890 | 11211 | 45005 | 24638 |
| 吉 林 | Jilin | 21526 | 41345 | 70602 | 3626 | 20065 | 14173 |
| 黑龙江 | Heilongjiang | 31641 | 30260 | 41182 | 7302 | 24682 | 18526 |
| 江 苏 | Jiangsu | 54637 | 90624 | 59993 | 10026 | 39967 | 51651 |
| 浙 江 | Zhejiang | 35775 | 45788 | 54568 | 6997 | 30405 | 48622 |
| 安 徽 | Anhui | 30508 | 63375 | 63778 | 10500 | 19596 | 31420 |
| 福 建 | Fujian | 27660 | 30098 | 49193 | 3009 | 16806 | 32166 |
| 江 西 | Jiangxi | 17910 | 22640 | 39029 | 5368 | 14081 | 9062 |
| 山 东 | Shandong | 60240 | 71162 | 87605 | 13899 | 42573 | 48128 |
| 河 南 | Henan | 28370 | 51787 | 62698 | 7747 | 26286 | 31270 |
| 湖 北 | Hubei | 23790 | 33360 | 49671 | 5749 | 22747 | 10994 |
| 湖 南 | Hunan | 18728 | 16333 | 37846 | 6323 | 17654 | 17679 |
| 广 东 | Guangdong | 58703 | 68428 | 88587 | 18595 | 34560 | 59028 |
| 广 西 | Guangxi | 23341 | 28606 | 41963 | 3216 | 15357 | 13672 |
| 海 南 | Hainan | 2466 | 3968 | 7217 | 365 | 3614 | 9644 |
| 四 川 | Sichuan | 27258 | 32002 | 39540 | 5011 | 15974 | 38426 |
| 贵 州 | Guizhou | 8587 | 17522 | 25441 | 2782 | 8694 | 8313 |
| 云 南 | Yunnan | 24691 | 25985 | 37461 | 6731 | 10364 | 17758 |
| 西 藏 | Tibet | 2202 | 1650 | 2370 | | | 978 |
| 陕 西 | Shaanxi | 16190 | 43651 | 38993 | 3409 | 11860 | 6800 |
| 甘 肃 | Gansu | 10239 | 14765 | 14846 | 1315 | 3634 | 4096 |
| 青 海 | Qinghai | 1928 | 2038 | 14254 | 365 | 365 | 760 |
| 宁 夏 | Ningxia | 7005 | 7798 | 11744 | 2289 | 5399 | 9257 |
| 新 疆 | Xinjiang | 32137 | 47947 | 38888 | 5739 | 18655 | 14395 |
| **计划单列市** | **Cities Specifically Designated in State Plan** | **34264** | **39322** | **51404** | **2730** | **17029** | **21602** |
| 大 连 | Dalian | 10675 | 11681 | 17581 | | 6510 | 1884 |
| 宁 波 | Ningbo | 5658 | 5293 | 8578 | 730 | 730 | 2616 |
| 厦 门 | Xiamen | 5954 | 7710 | 3426 | 610 | 3275 | 8435 |
| 青 岛 | Qingdao | 7760 | 8106 | 14821 | 1034 | 4326 | 4019 |
| 深 圳 | Shenzhen | 4218 | 6533 | 6998 | 356 | 2189 | 4648 |

# 4-7 全国县级广播节目播出情况（2006年）

## Radio Programs at County Level (2006)

| 地区 | Province | 公共广播节目套数（套） Number of Public Radio Programs (set) | 全年广播剧播出数 Number of Radio Plays 部 set | 集 part | 全年公共广播节目播出时间（小时） Broadcasting Hours of Public Radio Programs (hour) | #转中央台节目 Relaying Programs of Central Radio Station | #播出制作节目 Own-produced Programs | #首播 Premiere |
|---|---|---|---|---|---|---|---|---|
| **全国合计** | **National Total** | **1496** | **11223** | **173796** | **4958451** | **951685** | **2441869** | **1256607** |
| 北京 | Beijing | 9 | 3 | 365 | 44334 | 1460 | 38001 | 18303 |
| 天津 | Tianjin | 12 | 23 | 436 | 36803 | 3314 | 28680 | 16686 |
| 河北 | Hebei | 65 | 144 | 3935 | 190184 | 28638 | 96358 | 55932 |
| 山西 | Shanxi | 75 | 792 | 9990 | 187264 | 36125 | 80586 | 26618 |
| 内蒙古 | Inner Mongolia | 76 | 1205 | 13531 | 297510 | 124724 | 62700 | 28876 |
| 辽宁 | Liaoning | 60 | 462 | 8590 | 253818 | 30440 | 162907 | 131174 |
| 吉林 | Jilin | 33 | 151 | 3875 | 104090 | 13305 | 58536 | 37991 |
| 黑龙江 | Heilongjiang | 59 | 828 | 1648 | 169455 | 29033 | 47414 | 18539 |
| 上海 | Shanghai | 10 | 130 | 3373 | 52566 | 4168 | 30753 | 12280 |
| 江苏 | Jiangsu | 67 | 449 | 7775 | 287559 | 29223 | 212261 | 138082 |
| 浙江 | Zhejiang | 66 | 1027 | 13829 | 374101 | 35687 | 248109 | 134677 |
| 安徽 | Anhui | 60 | 203 | 3727 | 165886 | 32063 | 69983 | 37218 |
| 福建 | Fujian | 60 | 271 | 1743 | 293443 | 89893 | 119924 | 51395 |
| 江西 | Jiangxi | 75 | 458 | 9796 | 174529 | 50032 | 49080 | 14500 |
| 山东 | Shandong | 93 | 1234 | 13957 | 321943 | 39118 | 200027 | 110011 |
| 河南 | Henan | 106 | 337 | 7592 | 316264 | 60399 | 168761 | 55942 |
| 湖北 | Hubei | 52 | 701 | 19305 | 186631 | 29470 | 94386 | 49861 |
| 湖南 | Hunan | 70 | 659 | 14875 | 162953 | 51861 | 47724 | 28252 |
| 广东 | Guangdong | 63 | 537 | 6618 | 341168 | 17657 | 221301 | 92852 |
| 广西 | Guangxi | 37 | 100 | 880 | 97887 | 18028 | 55058 | 27257 |
| 海南 | Hainan | 16 | 61 | 2066 | 51242 | 14022 | 23536 | 5504 |
| 重庆 | Chongqing | 22 | 295 | 5831 | 65081 | 19832 | 32494 | 15876 |
| 四川 | Sichuan | 80 | 351 | 7364 | 202765 | 56805 | 70217 | 42698 |
| 贵州 | Guizhou | 6 |  |  | 11003 | 1644 | 3065 | 1137 |
| 云南 | Yunnan | 2 | 9 | 10 | 5118 | 365 | 3840 | 1650 |
| 陕西 | Shaanxi | 68 | 389 | 3438 | 137976 | 39664 | 49713 | 17776 |
| 甘肃 | Gansu | 69 | 119 | 3114 | 141755 | 37789 | 58812 | 29315 |
| 宁夏 | Ningxia | 13 | 40 | 365 | 23281 | 7737 | 8477 | 4984 |
| 新疆 | Xinjiang | 72 | 245 | 5768 | 261842 | 49189 | 99167 | 51220 |
| **计划单列市** | **Cities Specifically Designated in State Plan** | **22** | **471** | **5703** | **126958** | **13158** | **90482** | **51962** |
| 大连 | Dalian | 5 | 164 | 2754 | 28989 | 8215 | 15753 | 11150 |
| 宁波 | Ningbo | 8 | 231 | 1578 | 53105 | 3030 | 43808 | 22448 |
| 厦门 | Xiamen | 1 |  |  | 8760 |  | 8760 | 4380 |
| 青岛 | Qingdao | 7 | 76 | 1371 | 29544 | 1548 | 16596 | 12890 |
| 深圳 | Shenzhen | 1 |  |  | 6560 | 365 | 5566 | 1095 |

## 4-7 续表 continued

| 地 区 | Province | 按节目类型分 by Type of Programs | | | | | |
|---|---|---|---|---|---|---|---|
| | | 新闻资讯类节目 News Programs | 专题服务类节目 Special Subject Programs | 综艺类节目 General Entertainment Programs | 广播剧类节目 Radio Play Programs | 广告类节目 Advertising Programs | 其他类节目 Others |
| **全国合计** | **National Total** | **1194043** | **926709** | **1487264** | **243528** | **290676** | **816231** |
| 北 京 | Beijing | 4194 | 13388 | 15641 | 2108 | 3253 | 5751 |
| 天 津 | Tianjin | 5155 | 5422 | 9374 | 1207 | 1552 | 14094 |
| 河 北 | Hebei | 52103 | 36798 | 80845 | 2931 | 7958 | 9549 |
| 山 西 | Shanxi | 47432 | 34680 | 57380 | 18620 | 6430 | 22722 |
| 内蒙古 | Inner Mongolia | 59432 | 47159 | 115306 | 5944 | 8117 | 61551 |
| 辽 宁 | Liaoning | 43187 | 54707 | 110927 | 8040 | 14945 | 22012 |
| 吉 林 | Jilin | 19402 | 21978 | 37944 | 3335 | 6727 | 14704 |
| 黑龙江 | Heilongjiang | 47174 | 32899 | 36681 | 9897 | 4715 | 38089 |
| 上 海 | Shanghai | 12937 | 5886 | 13996 | 7368 | 4363 | 8017 |
| 江 苏 | Jiangsu | 54357 | 62521 | 89149 | 8516 | 26469 | 46549 |
| 浙 江 | Zhejiang | 75750 | 74892 | 111843 | 13076 | 38090 | 60450 |
| 安 徽 | Anhui | 52861 | 36991 | 41108 | 5071 | 9381 | 20476 |
| 福 建 | Fujian | 75201 | 53561 | 98830 | 6998 | 9069 | 49783 |
| 江 西 | Jiangxi | 65060 | 27269 | 24563 | 34440 | 5903 | 17294 |
| 山 东 | Shandong | 65071 | 54594 | 115125 | 16116 | 23772 | 47265 |
| 河 南 | Henan | 70933 | 50826 | 105061 | 19003 | 21375 | 49066 |
| 湖 北 | Hubei | 42294 | 34617 | 57630 | 12805 | 13040 | 26245 |
| 湖 南 | Hunan | 51108 | 24180 | 32400 | 16693 | 12307 | 26265 |
| 广 东 | Guangdong | 59468 | 54682 | 96409 | 15231 | 25833 | 89545 |
| 广 西 | Guangxi | 28509 | 18061 | 28302 | 428 | 6981 | 15607 |
| 海 南 | Hainan | 16135 | 6041 | 17127 | 1063 | 3893 | 6983 |
| 重 庆 | Chongqing | 18819 | 12699 | 19597 | 2535 | 4020 | 7411 |
| 四 川 | Sichuan | 50957 | 43150 | 49578 | 9018 | 10374 | 39688 |
| 贵 州 | Guizhou | 4106 | 481 | 790 | | 128 | 5499 |
| 云 南 | Yunnan | 1049 | 1275 | 957 | 548 | 12 | 1278 |
| 陕 西 | Shaanxi | 47916 | 27923 | 30106 | 5662 | 6480 | 19889 |
| 甘 肃 | Gansu | 46521 | 28558 | 21203 | 5720 | 3966 | 35786 |
| 宁 夏 | Ningxia | 7336 | 3752 | 4999 | 635 | 1506 | 5054 |
| 新 疆 | Xinjiang | 69577 | 57718 | 64396 | 10523 | 10018 | 49610 |
| **计划单列市** | **Cities Specifically Designated in State Plan** | **21905** | **29822** | **36590** | **7594** | **8555** | **22493** |
| 大 连 | Dalian | 3689 | 9029 | 9406 | 2746 | 1510 | 2609 |
| 宁 波 | Ningbo | 7054 | 11468 | 17473 | 2481 | 4794 | 9835 |
| 厦 门 | Xiamen | 1825 | 2560 | 3645 | | | 730 |
| 青 岛 | Qingdao | 8789 | 5670 | 5711 | 2002 | 1521 | 5852 |
| 深 圳 | Shenzhen | 548 | 1095 | 355 | 365 | 730 | 3468 |

# 4-8 全国电视节目播出情况（2006年）

# National TV Programs (2006)

| 地区 | Province | 公共电视节目套数（套） Number of Public TV Programs (set) | 全年公共电视节目播出时间（小时） Broadcasting Hours of Public TV Programs (hour) | #转中央台节目 Relaying Programs of CCTV | #播出制作节目 Own-produced Programs | #首播 Premiere |
|---|---|---|---|---|---|---|
| **全国合计** | **National Total** | **2983** | **13604469** | **1186467** | **4735206** | **1790367** |
| 国家广电总局直属 | Directly under the State Administration of Radio, Film and Television | 16 | 137201 | | 110608 | 51773 |
| 北京 | Beijing | 24 | 107395 | 1447 | 65354 | 22957 |
| 天津 | Tianjin | 26 | 127175 | 6029 | 67449 | 15277 |
| 河北 | Hebei | 179 | 661433 | 38191 | 259998 | 115399 |
| 山西 | Shanxi | 100 | 421164 | 48448 | 110767 | 37249 |
| 内蒙古 | Inner Mongolia | 118 | 552061 | 104437 | 155966 | 51173 |
| 辽宁 | Liaoning | 114 | 640563 | 23075 | 295889 | 181576 |
| 吉林 | Jilin | 75 | 388094 | 19591 | 143095 | 65599 |
| 黑龙江 | Heilongjiang | 125 | 616358 | 97631 | 143204 | 52012 |
| 上海 | Shanghai | 25 | 159550 | 1288 | 78634 | 26171 |
| 江苏 | Jiangsu | 135 | 731999 | 24561 | 356091 | 114887 |
| 浙江 | Zhejiang | 111 | 608806 | 19380 | 232870 | 76809 |
| 安徽 | Anhui | 120 | 568823 | 62648 | 142936 | 52138 |
| 福建 | Fujian | 103 | 316262 | 3338 | 132896 | 41430 |
| 江西 | Jiangxi | 111 | 568512 | 98751 | 124734 | 62498 |
| 山东 | Shandong | 150 | 796622 | 55987 | 283808 | 99931 |
| 河南 | Henan | 164 | 810247 | 84859 | 266325 | 79603 |
| 湖北 | Hubei | 115 | 582525 | 32410 | 190635 | 79872 |
| 湖南 | Hunan | 137 | 725486 | 104101 | 191974 | 66088 |
| 广东 | Guangdong | 125 | 612265 | 30279 | 201786 | 59154 |
| 广西 | Guangxi | 114 | 288717 | 7927 | 126287 | 47055 |
| 海南 | Hainan | 15 | 73885 | 4825 | 25082 | 6533 |
| 重庆 | Chongqing | 45 | 201715 | 8584 | 80152 | 31073 |
| 四川 | Sichuan | 171 | 752843 | 120240 | 239722 | 113217 |
| 贵州 | Guizhou | 99 | 289209 | 19260 | 107919 | 33209 |
| 云南 | Yunnan | 43 | 247763 | 13781 | 74240 | 21165 |
| 西藏 | Tibet | 10 | 40657 | 2397 | 14339 | 3767 |
| 陕西 | Shaanxi | 122 | 505405 | 51562 | 154983 | 49856 |
| 甘肃 | Gansu | 102 | 352405 | 30500 | 115747 | 49905 |
| 青海 | Qinghai | 13 | 66660 | 3421 | 27999 | 20507 |
| 宁夏 | Ningxia | 33 | 121709 | 22124 | 49581 | 21913 |
| 新疆 | Xinjiang | 143 | 530961 | 45396 | 164137 | 40569 |
| **计划单列市** | **Cities Specifically Designated in State Plan** | **57** | **350973** | **7541** | **134419** | **48569** |
| 大连 | Dalian | 13 | 80842 | 3248 | 35689 | 14095 |
| 宁波 | Ningbo | 12 | 73126 | 1643 | 23450 | 7526 |
| 厦门 | Xiamen | 8 | 47707 | 409 | 15957 | 6420 |
| 青岛 | Qingdao | 15 | 85978 | 1842 | 43009 | 12357 |
| 深圳 | Shenzhen | 9 | 63320 | 399 | 16313 | 8172 |

## 4-8 续表 1 continued

单位：小时 (hour)

| 地区 | Province | 全年公共电视节目播出时间按节目类型分类 Broadcasting Hours of Public TV Programs by Type of Programs<br>新闻资讯类节目 News Programs | 专题服务类节目 Special Subject Programs | 综艺益智类节目 General Entertainment and Puzzle Programs | 影视剧类节目 Films and TV Plays Programs | 广告类节目 Advertising Programs | 其他类节目 Others |
|---|---|---|---|---|---|---|---|
| **全国合计** | **National Total** | **1590273** | **1394965** | **1219801** | **6070776** | **1780110** | **1548544** |
| 国家广电总局直属 | Directly under the State Administration of Radio, Film and Television | 36190 | 40425 | 19897 | 31421 | 7066 | 2202 |
| 北京 | Beijing | 15437 | 32872 | 11214 | 22565 | 13466 | 11840 |
| 天津 | Tianjin | 9689 | 32684 | 12418 | 48961 | 18304 | 5119 |
| 河北 | Hebei | 84499 | 73665 | 88460 | 299238 | 88393 | 27178 |
| 山西 | Shanxi | 45862 | 29850 | 37599 | 186330 | 57325 | 64198 |
| 内蒙古 | Inner Mongolia | 57544 | 57094 | 48029 | 262660 | 55303 | 71432 |
| 辽宁 | Liaoning | 48388 | 71346 | 106928 | 280849 | 82126 | 50925 |
| 吉林 | Jilin | 28350 | 38751 | 67468 | 168767 | 57409 | 27350 |
| 黑龙江 | Heilongjiang | 58176 | 47482 | 43305 | 264307 | 70641 | 132446 |
| 上海 | Shanghai | 20861 | 27163 | 20706 | 56538 | 20081 | 14201 |
| 江苏 | Jiangsu | 78558 | 89745 | 57098 | 326979 | 97577 | 82042 |
| 浙江 | Zhejiang | 64457 | 53103 | 31510 | 299631 | 92017 | 68088 |
| 安徽 | Anhui | 64360 | 53939 | 41907 | 289307 | 76777 | 42534 |
| 福建 | Fujian | 54850 | 37982 | 31321 | 104235 | 49092 | 38783 |
| 江西 | Jiangxi | 62663 | 40034 | 38080 | 291172 | 51521 | 85042 |
| 山东 | Shandong | 72137 | 67799 | 74257 | 366501 | 126378 | 89551 |
| 河南 | Henan | 85486 | 75760 | 80093 | 379353 | 98690 | 90866 |
| 湖北 | Hubei | 57248 | 50002 | 43734 | 313353 | 83032 | 35157 |
| 湖南 | Hunan | 98022 | 58302 | 61369 | 320342 | 87286 | 100165 |
| 广东 | Guangdong | 77966 | 78023 | 44919 | 218992 | 81963 | 110402 |
| 广西 | Guangxi | 47331 | 44329 | 21105 | 80210 | 56609 | 39133 |
| 海南 | Hainan | 8921 | 5876 | 4445 | 29682 | 11834 | 13127 |
| 重庆 | Chongqing | 20602 | 25488 | 29968 | 78411 | 27895 | 19352 |
| 四川 | Sichuan | 104026 | 74239 | 65614 | 311710 | 96215 | 101038 |
| 贵州 | Guizhou | 58147 | 18085 | 15309 | 122103 | 46648 | 28916 |
| 云南 | Yunnan | 27274 | 20492 | 14355 | 118304 | 39853 | 27485 |
| 西藏 | Tibet | 6655 | 3344 | 1607 | 16456 | 4544 | 8050 |
| 陕西 | Shaanxi | 60523 | 59394 | 37284 | 225598 | 58233 | 64373 |
| 甘肃 | Gansu | 49748 | 32780 | 23588 | 177521 | 33082 | 35686 |
| 青海 | Qinghai | 4671 | 3723 | 2304 | 32902 | 9589 | 13471 |
| 宁夏 | Ningxia | 23597 | 14484 | 15725 | 34402 | 22050 | 11451 |
| 新疆 | Xinjiang | 58037 | 36710 | 28186 | 311976 | 59111 | 36941 |
| **计划单列市** | **Cities Specifically Designated in State Plan** | **34635** | **47039** | **21121** | **143416** | **55460** | **49302** |
| 大连 | Dalian | 7407 | 7095 | 5191 | 36158 | 15418 | 9573 |
| 宁波 | Ningbo | 6646 | 6287 | 2929 | 35916 | 8921 | 12429 |
| 厦门 | Xiamen | 7672 | 4744 | 3307 | 12018 | 7524 | 12442 |
| 青岛 | Qingdao | 7986 | 9740 | 6084 | 33929 | 17179 | 11059 |
| 深圳 | Shenzhen | 4923 | 19174 | 3610 | 25394 | 6419 | 3800 |

4-8 续表 2 continued

| 地 区 | Province | 全年电视剧播出数 Number of TV Plays | | #进口电视剧 Number of Imported TV Plays | | 全年动画电视播出数 Number of Cartoon TV Plays | | #进口动画电视 Number of Imported Cartoon TV Plays | |
|---|---|---|---|---|---|---|---|---|---|
| | | 部 set | 集 part | 部 set | 集 part | 部 set | 集 part | 部 set | 集 part |
| **全国合计** | **National Total** | **227269** | **4902687** | **13311** | **250800** | **15743** | **462121** | **1865** | **60375** |
| 国家广电总局直属 | Directly under the State Administration of Radio, Film and Television | 1156 | 21311 | 59 | 1818 | 229 | 7059 | 39 | 1555 |
| 北 京 | Beijing | 368 | 20330 | 52 | 1535 | 32 | 10920 | 18 | 1700 |
| 天 津 | Tianjin | 1654 | 41445 | 78 | 1679 | 107 | 4409 | 22 | 1215 |
| 河 北 | Hebei | 11563 | 295473 | 433 | 11122 | 315 | 9797 | 26 | 987 |
| 山 西 | Shanxi | 6024 | 140384 | 149 | 3645 | 534 | 10544 | 49 | 909 |
| 内蒙古 | Inner Mongolia | 10724 | 229140 | 1124 | 16386 | 509 | 13233 | 23 | 942 |
| 辽 宁 | Liaoning | 11794 | 232155 | 1089 | 28244 | 379 | 12520 | 106 | 3152 |
| 吉 林 | Jilin | 6812 | 174250 | 523 | 13625 | 92 | 3894 | | |
| 黑龙江 | Heilongjiang | 7581 | 159207 | 204 | 4364 | 268 | 12333 | 49 | 2089 |
| 上 海 | Shanghai | 1466 | 37868 | 90 | 2018 | 1059 | 21868 | 154 | 4481 |
| 江 苏 | Jiangsu | 10342 | 255173 | 794 | 13722 | 691 | 25877 | 56 | 2306 |
| 浙 江 | Zhejiang | 8710 | 222508 | 693 | 16844 | 849 | 32334 | 174 | 6884 |
| 安 徽 | Anhui | 13821 | 264267 | 351 | 7568 | 503 | 16594 | 65 | 1952 |
| 福 建 | Fujian | 4243 | 93612 | 442 | 7659 | 226 | 11422 | 63 | 2834 |
| 江 西 | Jiangxi | 10512 | 226008 | 816 | 13057 | 626 | 19968 | 117 | 3279 |
| 山 东 | Shandong | 12337 | 285828 | 267 | 6718 | 1046 | 17496 | 46 | 1438 |
| 河 南 | Henan | 12926 | 313724 | 299 | 7597 | 686 | 17459 | 29 | 771 |
| 湖 北 | Hubei | 12512 | 312231 | 792 | 16449 | 840 | 24994 | 83 | 2643 |
| 湖 南 | Hunan | 11236 | 226154 | 829 | 13685 | 877 | 33431 | 105 | 5163 |
| 广 东 | Guangdong | 5191 | 128417 | 145 | 4043 | 602 | 30088 | 103 | 4690 |
| 广 西 | Guangxi | 2976 | 71903 | 408 | 6043 | 258 | 10007 | 24 | 1279 |
| 海 南 | Hainan | 956 | 23145 | 21 | 945 | 179 | 7144 | 36 | 730 |
| 重 庆 | Chongqing | 3330 | 85259 | 159 | 4833 | 119 | 4440 | 26 | 1056 |
| 四 川 | Sichuan | 18105 | 336667 | 1004 | 18985 | 798 | 23851 | 71 | 2920 |
| 贵 州 | Guizhou | 2275 | 57302 | 277 | 4852 | 142 | 4613 | 28 | 1098 |
| 云 南 | Yunnan | 9458 | 73139 | 281 | 8553 | 561 | 7587 | 46 | 834 |
| 西 藏 | Tibet | 353 | 8110 | 35 | 656 | 48 | 996 | 5 | 68 |
| 陕 西 | Shaanxi | 6580 | 178473 | 68 | 802 | 531 | 19006 | 21 | 410 |
| 甘 肃 | Gansu | 5631 | 129465 | 39 | 1186 | 412 | 10992 | 2 | 103 |
| 青 海 | Qinghai | 1021 | 26727 | 37 | 925 | 66 | 4164 | | |
| 宁 夏 | Ningxia | 668 | 11403 | 17 | 400 | 140 | 4777 | 5 | 140 |
| 新 疆 | Xinjiang | 14944 | 221609 | 1736 | 10842 | 2019 | 28304 | 274 | 2747 |
| **计划单列市** | **Cities Specifically Designated in State Plan** | **3940** | **105373** | **407** | **10369** | **230** | **14338** | **80** | **5548** |
| 大 连 | Dalian | 906 | 26827 | 109 | 3321 | 64 | 3213 | 26 | 1903 |
| 宁 波 | Ningbo | 1119 | 26018 | 150 | 3172 | 67 | 4896 | 15 | 1571 |
| 厦 门 | Xiamen | 382 | 10918 | 69 | 1868 | 15 | 884 | 3 | 260 |
| 青 岛 | Qingdao | 759 | 19412 | 28 | 557 | 6 | 1052 | | |
| 深 圳 | Shenzhen | 774 | 22198 | 51 | 1451 | 78 | 4293 | 36 | 1814 |

# 4-9 全国省级电视节目播出情况（2006年）

# Provincial TV Programs (2006)

| 地区 | Province | 公共电视节目套数（套）Number of Public TV Programs (set) | 全年公共电视节目播出时间（小时）Broadcasting Hours of Public TV Programs (hour) | #转中央台节目 Relaying Programs of CCTV | #播出制作节目 Own-produced Programs | #首播 Premiere |
|---|---|---|---|---|---|---|
| **全国合计** | **National Total** | **252** | **1816666.32** | **17083.23** | **769377.60** | **320729.10** |
| 北京 | Beijing | 10 | 76650.00 | 185.50 | 39377.67 | 14368.45 |
| 天津 | Tianjin | 9 | 68096.10 | 182.50 | 30037.77 | 6906.58 |
| 河北 | Hebei | 7 | 49169.62 | 182.50 | 22584.23 | 8827.65 |
| 山西 | Shanxi | 10 | 55071.00 | 182.50 | 14766.75 | 3661.38 |
| 内蒙古 | Inner Mongolia | 7 | 48273.00 | 191.00 | 20965.83 | 6000.50 |
| 辽宁 | Liaoning | 7 | 53964.73 | 186.50 | 23925.80 | 20937.82 |
| 吉林 | Jilin | 8 | 64901.23 | 365.00 | 33365.75 | 25290.15 |
| 黑龙江 | Heilongjiang | 7 | 49066.05 | 182.50 | 15193.87 | 5419.73 |
| 上海 | Shanghai | 16 | 117467.85 | 738.38 | 66416.70 | 22867.87 |
| 江苏 | Jiangsu | 9 | 63302.50 |  | 46558.43 | 7826.07 |
| 浙江 | Zhejiang | 9 | 71713.00 | 203.50 | 33647.67 | 17036.78 |
| 安徽 | Anhui | 6 | 37544.48 | 193.50 | 7328.95 | 3980.83 |
| 福建 | Fujian | 10 | 79992.42 | 202.83 | 36868.67 | 11625.38 |
| 江西 | Jiangxi | 7 | 42570.00 | 196.00 | 22524.50 | 17491.17 |
| 山东 | Shandong | 9 | 74922.32 | 163.00 | 27411.12 | 11967.80 |
| 河南 | Henan | 8 | 53811.42 | 209.33 | 17113.95 | 7920.15 |
| 湖北 | Hubei | 8 | 51869.22 | 182.00 | 19465.90 | 8249.00 |
| 湖南 | Hunan | 10 | 83612.58 | 218.58 | 27358.42 | 9767.72 |
| 广东 | Guangdong | 13 | 101732.50 | 274.00 | 20199.00 | 11101.00 |
| 广西 | Guangxi | 7 | 48746.65 | 182.83 | 13449.65 | 3395.17 |
| 海南 | Hainan | 5 | 31591.08 | 383.00 | 9041.33 | 2839.33 |
| 重庆 | Chongqing | 10 | 77492.95 | 182.50 | 29420.92 | 17856.63 |
| 四川 | Sichuan | 9 | 67026.93 | 188.00 | 30500.60 | 21307.55 |
| 贵州 | Guizhou | 6 | 40490.47 | 2238.27 | 16784.08 | 11733.70 |
| 云南 | Yunnan | 6 | 43800.00 | 182.00 | 7611.00 | 1258.25 |
| 西藏 | Tibet | 3 | 19829.13 | 230.50 | 8913.05 | 1299.60 |
| 陕西 | Shaanxi | 9 | 66047.17 | 286.00 | 23932.17 | 7428.33 |
| 甘肃 | Gansu | 6 | 39450.42 | 183.00 | 12577.42 | 4620.00 |
| 青海 | Qinghai | 4 | 32000.00 | 182.50 | 19117.50 | 19117.50 |
| 宁夏 | Ningxia | 5 | 26530.00 | 4502.00 | 8698.00 | 5008.00 |
| 新疆 | Xinjiang | 12 | 79931.50 | 4103.50 | 64220.92 | 3619.00 |

4-9 续表 1 continued

单位：小时 (hour)

| 地区 | Province | 全年公共电视节目播出时间按节目类型分类 Broadcasting Hours of Public TV Programs by Type of Programs | | | | | |
|---|---|---|---|---|---|---|---|
| | | 新闻资讯类节目 News Programs | 专题服务类节目 Special Subject Programs | 综艺益智类节目 General Entertainment and Puzzle Programs | 影视剧类节目 Films and TV Plays Programs | 广告类节目 Advertising Programs | 其他类节目 Others |
| **全国合计** | **National Total** | **177659.05** | **285785.98** | **157187.92** | **687947.30** | **306019.88** | **202066.18** |
| 北京 | Beijing | 7236.25 | 25573.08 | 4016.33 | 21835.42 | 9239.42 | 8749.50 |
| 天津 | Tianjin | 4176.67 | 29341.88 | 3888.52 | 15804.88 | 14884.15 | |
| 河北 | Hebei | 3213.13 | 7838.23 | 6216.92 | 21737.83 | 7192.88 | 2970.62 |
| 山西 | Shanxi | 4756.92 | 5196.50 | 2540.83 | 20136.50 | 11564.50 | 10875.75 |
| 内蒙古 | Inner Mongolia | 4213.83 | 6607.17 | 4915.33 | 20895.33 | 7680.17 | 3961.17 |
| 辽宁 | Liaoning | 4817.03 | 5400.57 | 5041.22 | 22041.38 | 8404.08 | 8260.45 |
| 吉林 | Jilin | 4434.55 | 6177.68 | 4641.40 | 24640.77 | 21396.27 | 3610.57 |
| 黑龙江 | Heilongjiang | 1778.50 | 3081.73 | 1430.62 | 30346.33 | 9930.87 | 2498.00 |
| 上海 | Shanghai | 16305.85 | 23057.03 | 19834.57 | 34806.20 | 13293.92 | 10170.28 |
| 江苏 | Jiangsu | 5772.30 | 8155.17 | 5146.78 | 24583.25 | 7806.63 | 11838.37 |
| 浙江 | Zhejiang | 8043.78 | 9016.67 | 5057.75 | 28571.25 | 10843.33 | 10180.22 |
| 安徽 | Anhui | 2281.33 | 9288.63 | 4413.50 | 17188.02 | 3876.72 | 496.28 |
| 福建 | Fujian | 16191.77 | 12784.65 | 8571.25 | 19181.18 | 10568.90 | 12694.67 |
| 江西 | Jiangxi | 5038.00 | 3097.83 | 4848.33 | 25894.83 | 3354.00 | 337.00 |
| 山东 | Shandong | 8356.60 | 10792.52 | 6435.50 | 27016.33 | 10925.05 | 11396.32 |
| 河南 | Henan | 5301.32 | 8832.17 | 8590.58 | 19663.33 | 6732.97 | 4691.05 |
| 湖北 | Hubei | 5249.23 | 9426.50 | 3793.65 | 23112.00 | 8378.67 | 1909.17 |
| 湖南 | Hunan | 6374.73 | 5494.20 | 6441.52 | 32426.47 | 17235.03 | 15640.63 |
| 广东 | Guangdong | 10302.50 | 13248.50 | 13086.00 | 33902.50 | 16494.50 | 14698.50 |
| 广西 | Guangxi | 6129.50 | 3266.42 | 1625.07 | 19003.92 | 8587.42 | 10134.33 |
| 海南 | Hainan | 2511.67 | 1107.67 | 1038.83 | 12010.10 | 5629.00 | 9293.82 |
| 重庆 | Chongqing | 4575.93 | 15282.32 | 17105.02 | 26014.27 | 10442.30 | 4073.12 |
| 四川 | Sichuan | 7380.57 | 10418.60 | 3752.13 | 24240.25 | 12261.75 | 8973.63 |
| 贵州 | Guizhou | 2793.40 | 3505.00 | 1238.47 | 18570.00 | 8447.03 | 5936.57 |
| 云南 | Yunnan | 4166.00 | 8214.00 | 2555.00 | 14843.00 | 10037.00 | 3985.00 |
| 西藏 | Tibet | 3149.17 | 1566.18 | 1275.00 | 8636.47 | 3485.50 | 1716.82 |
| 陕西 | Shaanxi | 5876.67 | 20851.33 | 1618.83 | 22528.00 | 13786.00 | 1386.33 |
| 甘肃 | Gansu | 4615.75 | 7159.25 | 2477.75 | 15724.67 | 8351.00 | 1122.00 |
| 青海 | Qinghai | 520.00 | 304.00 | | 12700.00 | 6300.00 | 12176.00 |
| 宁夏 | Ningxia | 6070.00 | 4443.00 | 3248.00 | 8552.00 | 3437.00 | 780.00 |
| 新疆 | Xinjiang | 6026.10 | 7257.50 | 2343.22 | 41340.82 | 15453.83 | 7510.03 |

## 4-9 续表 2 continued

| 地　区 | Province | 全年电视剧播出数 Number of TV Plays | | #进口电视剧 Number of Imported TV Plays | | 全年动画电视播出数 Number of Cartoon TV Plays | | #进口动画电视 Number of Imported Cartoon TV Plays | |
|---|---|---|---|---|---|---|---|---|---|
| | | 部 set | 集 part | 部 set | 集 part | 部 set | 集 part | 部 set | 集 part |
| **全国合计** | **National Total** | **22167** | **567437** | **2174** | **55689** | **2565** | **91262** | **544** | **23815** |
| 北　京 | Beijing | 368 | 20330 | 52 | 1535 | 32 | 10920 | 18 | 1700 |
| 天　津 | Tianjin | 566 | 17048 | 40 | 928 | 71 | 2372 | 3 | 850 |
| 河　北 | Hebei | 595 | 15339 | 48 | 1281 | 40 | 365 | 1 | 52 |
| 山　西 | Shanxi | 766 | 18941 | 27 | 746 | 16 | 777 | 4 | 156 |
| 内蒙古 | Inner Mongolia | 985 | 24371 | 179 | 3296 | 105 | 2305 | | |
| 辽　宁 | Liaoning | 483 | 13476 | 27 | 723 | 6 | 160 | | |
| 吉　林 | Jilin | 926 | 23690 | 163 | 3517 | | | | |
| 黑龙江 | Heilongjiang | 1162 | 28666 | 37 | 730 | 73 | 4790 | 17 | 988 |
| 上　海 | Shanghai | 774 | 19900 | 90 | 2018 | 916 | 14945 | 150 | 4286 |
| 江　苏 | Jiangsu | 616 | 18724 | 144 | 4170 | 220 | 3255 | 18 | 839 |
| 浙　江 | Zhejiang | 838 | 22624 | 85 | 2096 | 41 | 2200 | 18 | 681 |
| 安　徽 | Anhui | 506 | 13599 | 57 | 1300 | 60 | 1352 | 26 | 676 |
| 福　建 | Fujian | 677 | 18832 | 122 | 3337 | 75 | 3652 | 27 | 1324 |
| 江　西 | Jiangxi | 1003 | 18870 | 33 | 782 | 56 | 1825 | 24 | 600 |
| 山　东 | Shandong | 1185 | 30090 | 175 | 4386 | 77 | 4405 | 40 | 1308 |
| 河　南 | Henan | 960 | 24972 | 116 | 2987 | 17 | 693 | 6 | 133 |
| 湖　北 | Hubei | 842 | 17055 | 18 | 385 | 30 | 785 | 6 | 240 |
| 湖　南 | Hunan | 634 | 17636 | 45 | 1034 | 92 | 8484 | 36 | 3796 |
| 广　东 | Guangdong | 727 | 19875 | 48 | 1178 | 224 | 10246 | 54 | 2438 |
| 广　西 | Guangxi | 680 | 17464 | 122 | 3073 | 27 | 1653 | 12 | 861 |
| 海　南 | Hainan | 406 | 10545 | 10 | 701 | 109 | 3190 | 36 | 730 |
| 重　庆 | Chongqing | 545 | 21705 | 113 | 3497 | 14 | 702 | 9 | 527 |
| 四　川 | Sichuan | 1093 | 28531 | 120 | 3045 | 55 | 2122 | 26 | 1272 |
| 贵　州 | Guizhou | 708 | 16898 | 55 | 1650 | 14 | 232 | | 90 |
| 云　南 | Yunnan | 516 | 15960 | 205 | 6286 | 18 | 365 | 3 | 60 |
| 西　藏 | Tibet | 241 | 5870 | 15 | 256 | 35 | 690 | 5 | 68 |
| 陕　西 | Shaanxi | 661 | 16808 | 2 | 50 | 43 | 3157 | | |
| 甘　肃 | Gansu | 590 | 13140 | 9 | 302 | 5 | 778 | | |
| 青　海 | Qinghai | 332 | 10454 | | | 15 | 1089 | | |
| 宁　夏 | Ningxia | 185 | 1796 | 17 | 400 | 6 | 500 | 5 | 140 |
| 新　疆 | Xinjiang | 1597 | 24228 | | | 73 | 3253 | | |

# 4-10 全国地市级电视节目播出情况（2006年）

## Basic Statistics on TV Programs at Prefecture Level (2006)

| 地区 | Province | 公共电视节目套数（套） Number of Public Radio Programs (set) | 全年公共电视节目播出时间（小时） Broadcasting Hours of Public TV Programs (hour) | #转中央台节目 Relaying Programs of CCTV | #播出制作节目 Own-produced Programs | #首播 Premiere |
|---|---|---|---|---|---|---|
| **全国合计** | **National Total** | **885** | **5086816** | **158176** | **1914439** | **726023** |
| 河北 | Hebei | 31 | 196949 | 2701 | 91410 | 43606 |
| 山西 | Shanxi | 28 | 174667 | 11367 | 55958 | 19856 |
| 内蒙古 | Inner Mongolia | 34 | 193841 | 8898 | 80027 | 25105 |
| 辽宁 | Liaoning | 43 | 274132 | 5149 | 147243 | 83450 |
| 吉林 | Jilin | 27 | 171231 | 1105 | 62831 | 26265 |
| 黑龙江 | Heilongjiang | 32 | 183942 | 6897 | 66510 | 27965 |
| 江苏 | Jiangsu | 52 | 337573 | 729 | 175728 | 66452 |
| 浙江 | Zhejiang | 36 | 219398 | 1834 | 76156 | 24457 |
| 安徽 | Anhui | 48 | 258613 | 17988 | 66725 | 23470 |
| 福建 | Fujian | 24 | 175648 | 1687 | 57299 | 18393 |
| 江西 | Jiangxi | 24 | 142294 | 2913 | 42023 | 20098 |
| 山东 | Shandong | 57 | 355227 | 6758 | 113108 | 48264 |
| 河南 | Henan | 44 | 259265 | 13003 | 95377 | 25146 |
| 湖北 | Hubei | 37 | 236504 | 3513 | 87086 | 34096 |
| 湖南 | Hunan | 31 | 168456 | 5906 | 72400 | 26354 |
| 广东 | Guangdong | 64 | 363655 | 4173 | 140504 | 40224 |
| 广西 | Guangxi | 32 | 181437 | 3755 | 71052 | 27349 |
| 海南 | Hainan | 5 | 27634 | 1112 | 12132 | 2820 |
| 四川 | Sichuan | 47 | 295890 | 16558 | 104225 | 40459 |
| 贵州 | Guizhou | 22 | 126399 | 4548 | 62457 | 10623 |
| 云南 | Yunnan | 35 | 189227 | 10599 | 56633 | 17756 |
| 西藏 | Tibet | 7 | 20827 | 2166 | 5426 | 2468 |
| 陕西 | Shaanxi | 25 | 112614 | 2391 | 47300 | 16142 |
| 甘肃 | Gansu | 29 | 136570 | 4417 | 38008 | 18475 |
| 青海 | Qinghai | 8 | 28182 | 3058 | 5483 | 1363 |
| 宁夏 | Ningxia | 11 | 54031 | 6360 | 23537 | 11099 |
| 新疆 | Xinjiang | 52 | 202609 | 8590 | 57802 | 24270 |
| **计划单列市** | **Cities Specifically Designated in State Plan** | **29** | **196484** | **1171** | **62388** | **25080** |
| 大连 | Dalian | 5 | 34569 | 362 | 17505 | 7339 |
| 宁波 | Ningbo | 4 | 24640 |  | 3962 | 1045 |
| 厦门 | Xiamen | 5 | 35841 | 227 | 14345 | 5950 |
| 青岛 | Qingdao | 6 | 38114 | 183 | 10264 | 2575 |
| 深圳 | Shenzhen | 9 | 63320 | 399 | 16313 | 8172 |

## 4-10 续表 1 continued

单位：小时 (hour)

| 地区 | Province | 新闻资讯类节目 News Programs | 专题服务类节目 Special Subject Programs | 综艺益智类节目 General Entertainment and Puzzle Programs | 影视剧类节目 Films and TV Plays Programs | 广告类节目 Advertising Programs | 其他类节目 Others |
|---|---|---|---|---|---|---|---|
| | | 全年公共电视节目播出时间按节目类型分类 Broadcasting Hours of Public TV Programs by Type of Programs | | | | | |
| **全国合计** | **National Total** | **504396** | **571862** | **420773** | **2328309** | **754810** | **506667** |
| 河北 | Hebei | 15502 | 36299 | 27465 | 73938 | 32501 | 11245 |
| 山西 | Shanxi | 12664 | 9408 | 11747 | 79669 | 30622 | 30557 |
| 内蒙古 | Inner Mongolia | 15341 | 28374 | 15168 | 85473 | 27524 | 21961 |
| 辽宁 | Liaoning | 20486 | 40943 | 38746 | 103020 | 39474 | 31462 |
| 吉林 | Jilin | 8656 | 20281 | 33267 | 73494 | 21462 | 14073 |
| 黑龙江 | Heilongjiang | 13564 | 18647 | 12031 | 92447 | 32414 | 14839 |
| 江苏 | Jiangsu | 39824 | 54614 | 31009 | 144273 | 40982 | 26871 |
| 浙江 | Zhejiang | 23612 | 17774 | 10779 | 111021 | 34411 | 21801 |
| 安徽 | Anhui | 23153 | 26011 | 13079 | 129913 | 41171 | 25286 |
| 福建 | Fujian | 21927 | 18379 | 20301 | 79875 | 23444 | 11722 |
| 江西 | Jiangxi | 11464 | 11254 | 8250 | 78219 | 22417 | 10690 |
| 山东 | Shandong | 33533 | 32434 | 29576 | 163097 | 57645 | 38943 |
| 河南 | Henan | 23806 | 32835 | 23597 | 116908 | 37443 | 24675 |
| 湖北 | Hubei | 18981 | 18134 | 19375 | 126365 | 39868 | 13780 |
| 湖南 | Hunan | 27517 | 19989 | 13961 | 65722 | 26996 | 14270 |
| 广东 | Guangdong | 39132 | 52409 | 20133 | 145466 | 42462 | 64053 |
| 广西 | Guangxi | 16465 | 33339 | 18395 | 61206 | 31335 | 20698 |
| 海南 | Hainan | 2618 | 3806 | 2503 | 12528 | 4726 | 1453 |
| 四川 | Sichuan | 36381 | 25150 | 15974 | 137181 | 48065 | 33139 |
| 贵州 | Guizhou | 12836 | 8895 | 6803 | 64590 | 21657 | 11617 |
| 云南 | Yunnan | 21848 | 11187 | 9300 | 96376 | 29816 | 20700 |
| 西藏 | Tibet | 3506 | 1778 | 332 | 7820 | 1058 | 6333 |
| 陕西 | Shaanxi | 12690 | 13762 | 9615 | 51165 | 18085 | 7296 |
| 甘肃 | Gansu | 13797 | 8194 | 8776 | 82092 | 12394 | 11315 |
| 青海 | Qinghai | 3995 | 3229 | 2052 | 14962 | 2829 | 1115 |
| 宁夏 | Ningxia | 9400 | 4381 | 7465 | 14913 | 12354 | 5517 |
| 新疆 | Xinjiang | 21697 | 20356 | 11074 | 116574 | 21655 | 11254 |
| **计划单列市** | **Cities Specifically Designated in State Plan** | **21913** | **34342** | **11347** | **81691** | **22218** | **24973** |
| 大连 | Dalian | 4286 | 3976 | 2586 | 13093 | 4624 | 6004 |
| 宁波 | Ningbo | 2306 | 1412 | 406 | 11789 | 2921 | 5807 |
| 厦门 | Xiamen | 6427 | 4488 | 3187 | 12018 | 6469 | 3252 |
| 青岛 | Qingdao | 3971 | 5292 | 1558 | 19397 | 1785 | 6111 |
| 深圳 | Shenzhen | 4923 | 19174 | 3610 | 25394 | 6419 | 3800 |

4-10 续表 2 continued

| 地　区 | Province | 全年电视剧播出数 Number of TV Plays | | #进口电视剧 Number of Imported TV Plays | | 全年动画电视播出数 Number of Cartoon TV Plays | | #进口动画电视 Number of Imported Cartoon TV Plays | |
|---|---|---|---|---|---|---|---|---|---|
| | | 部 set | 集 part | 部 set | 集 part | 部 set | 集 part | 部 set | 集 part |
| **全国合计** | **National Total** | **94882** | **1925096** | **6072** | **96173** | **6755** | **182425** | **704** | **20285** |
| 河　北 | Hebei | 2230 | 59495 | 70 | 2190 | 112 | 5791 | 13 | 775 |
| 山　西 | Shanxi | 3117 | 71876 | 35 | 834 | 251 | 5567 | 29 | 443 |
| 内蒙古 | Inner Mongolia | 3385 | 76387 | 256 | 4841 | 243 | 6315 | 16 | 707 |
| 辽　宁 | Liaoning | 5230 | 103536 | 426 | 12306 | 164 | 7463 | 55 | 1747 |
| 吉　林 | Jilin | 2637 | 74385 | 226 | 7282 | 45 | 1669 | | |
| 黑龙江 | Heilongjiang | 3845 | 66427 | 69 | 2109 | 167 | 7253 | 32 | 1101 |
| 江　苏 | Jiangsu | 4908 | 118546 | 498 | 6114 | 231 | 8828 | 19 | 723 |
| 浙　江 | Zhejiang | 2586 | 76203 | 298 | 8308 | 132 | 8710 | 33 | 2387 |
| 安　徽 | Anhui | 6741 | 120401 | 180 | 4017 | 338 | 10425 | 39 | 1276 |
| 福　建 | Fujian | 3402 | 70744 | 320 | 4322 | 138 | 7255 | 35 | 1464 |
| 江　西 | Jiangxi | 3225 | 65538 | 480 | 5573 | 205 | 5650 | 27 | 780 |
| 山　东 | Shandong | 5260 | 128215 | 34 | 1165 | 708 | 6059 | | |
| 河　南 | Henan | 3866 | 86353 | 160 | 3519 | 244 | 6919 | 18 | 458 |
| 湖　北 | Hubei | 4444 | 123138 | 174 | 4350 | 244 | 6882 | 35 | 1103 |
| 湖　南 | Hunan | 2260 | 49069 | 186 | 2129 | 132 | 6190 | 22 | 457 |
| 广　东 | Guangdong | 3811 | 97040 | 91 | 2665 | 306 | 17189 | 42 | 2117 |
| 广　西 | Guangxi | 2296 | 54439 | 286 | 2970 | 231 | 8354 | 12 | 418 |
| 海　南 | Hainan | 401 | 9478 | 11 | 244 | 36 | 2916 | | |
| 四　川 | Sichuan | 8324 | 151295 | 497 | 6760 | 325 | 12742 | 24 | 643 |
| 贵　州 | Guizhou | 1512 | 38616 | 215 | 3052 | 105 | 3951 | 27 | 988 |
| 云　南 | Yunnan | 8883 | 55249 | 40 | 1394 | 506 | 6762 | 10 | 374 |
| 西　藏 | Tibet | 112 | 2240 | 20 | 400 | 13 | 306 | | |
| 陕　西 | Shaanxi | 1360 | 41090 | 13 | 364 | 94 | 3821 | 20 | 380 |
| 甘　肃 | Gansu | 2355 | 57560 | 28 | 824 | 115 | 5942 | 2 | 103 |
| 青　海 | Qinghai | 499 | 12333 | 37 | 925 | 48 | 2545 | | |
| 宁　夏 | Ningxia | 254 | 5975 | | | 61 | 2092 | | |
| 新　疆 | Xinjiang | 7939 | 109468 | 1422 | 7516 | 1561 | 14829 | 194 | 1841 |
| **计划单列市** | **Cities Specifically Designated in State Plan** | **2216** | **62363** | **266** | **7570** | **155** | **10892** | **66** | **4302** |
| 大　连 | Dalian | 382 | 11340 | 100 | 3108 | 42 | 2178 | 20 | 1083 |
| 宁　波 | Ningbo | 355 | 8220 | 46 | 1143 | 16 | 2725 | 7 | 1145 |
| 厦　门 | Xiamen | 382 | 10918 | 69 | 1868 | 15 | 884 | 3 | 260 |
| 青　岛 | Qingdao | 323 | 9687 | | | 4 | 812 | | |
| 深　圳 | Shenzhen | 774 | 22198 | 51 | 1451 | 78 | 4293 | 36 | 1814 |

# 4-11 全国县级电视节目播出情况（2006年）

## TV Programs at County Level (2006)

| 地区 | Province | 公共电视节目套数（套）Number of Public TV Programs (set) | 全年公共电视节目播出时间（小时）Broadcasting Hours of Public TV Programs (hour) | #转中央台节目 Relaying Programs of CCTV | #播出制作节目 Own-produced Programs | #首播 Premiere |
|---|---|---|---|---|---|---|
| **全国合计** | **National Total** | **1830** | **6563786** | **1011208** | **1940781** | **691841** |
| 北京 | Beijing | 14 | 30745 | 1261 | 25977 | 8589 |
| 天津 | Tianjin | 17 | 59079 | 5846 | 37411 | 8370 |
| 河北 | Hebei | 141 | 415314 | 35307 | 146004 | 62966 |
| 山西 | Shanxi | 62 | 191426 | 36899 | 40043 | 13732 |
| 内蒙古 | Inner Mongolia | 77 | 309947 | 95348 | 54973 | 20067 |
| 辽宁 | Liaoning | 64 | 312466 | 17739 | 124721 | 77188 |
| 吉林 | Jilin | 40 | 151962 | 18121 | 46898 | 14045 |
| 黑龙江 | Heilongjiang | 86 | 383350 | 90551 | 61500 | 18627 |
| 上海 | Shanghai | 9 | 42082 | 550 | 12218 | 3303 |
| 江苏 | Jiangsu | 74 | 331123 | 23832 | 133804 | 40609 |
| 浙江 | Zhejiang | 66 | 317694 | 17343 | 123066 | 35315 |
| 安徽 | Anhui | 66 | 272665 | 44467 | 68882 | 24687 |
| 福建 | Fujian | 69 | 60622 | 1448 | 38728 | 11412 |
| 江西 | Jiangxi | 80 | 383648 | 95642 | 60186 | 24910 |
| 山东 | Shandong | 84 | 366473 | 49066 | 143289 | 39700 |
| 河南 | Henan | 112 | 497171 | 71647 | 153834 | 46537 |
| 湖北 | Hubei | 70 | 294152 | 28715 | 84082 | 37527 |
| 湖南 | Hunan | 96 | 473418 | 97977 | 92216 | 29966 |
| 广东 | Guangdong | 48 | 146877 | 25832 | 41083 | 7829 |
| 广西 | Guangxi | 75 | 58534 | 3990 | 41786 | 16310 |
| 海南 | Hainan | 5 | 14660 | 3330 | 3909 | 873 |
| 重庆 | Chongqing | 35 | 124222 | 8401 | 50731 | 13216 |
| 四川 | Sichuan | 115 | 389926 | 103495 | 104996 | 51451 |
| 贵州 | Guizhou | 71 | 122320 | 12474 | 28678 | 10852 |
| 云南 | Yunnan | 2 | 14736 | 3000 | 9996 | 2151 |
| 陕西 | Shaanxi | 88 | 326744 | 48884 | 83751 | 26286 |
| 甘肃 | Gansu | 67 | 176385 | 25900 | 65161 | 26811 |
| 青海 | Qinghai | 1 | 6478 | 180 | 3398 | 26 |
| 宁夏 | Ningxia | 17 | 41148 | 11262 | 17346 | 5806 |
| 新疆 | Xinjiang | 79 | 248420 | 32703 | 42114 | 12680 |
| **计划单列市** | **Separate Planning Cities** | **28** | **154489** | **6370** | **72031** | **23489** |
| 大连 | Dalian | 8 | 46274 | 2886 | 18184 | 6756 |
| 宁波 | Ningbo | 8 | 48486 | 1643 | 19488 | 6481 |
| 厦门 | Xiamen | 3 | 11866 | 182 | 1613 | 470 |
| 青岛 | Qingdao | 9 | 47864 | 1660 | 32746 | 9782 |

## 4-11 续表 1 continued

单位：小时 (hour)

| 地区 | Province | 全年公共电视节目播出时间按节目类型分类 Broadcasting Hours of Public TV Programs by Type of Programs | | | | | |
|---|---|---|---|---|---|---|---|
| | | 新闻资讯类节目 News Programs | 专题服务类节目 Special Subject Programs | 综艺益智类节目 General Entertainment and Puzzle Programs | 影视剧类节目 Films and TV Plays Programs | 广告类节目 Advertising Programs | 其他类节目 Others |
| **全国合计** | **National Total** | **872028** | **496893** | **621944** | **3023098** | **712215** | **837609** |
| 北京 | Beijing | 8201 | 7299 | 7198 | 730 | 4227 | 3091 |
| 天津 | Tianjin | 5512 | 3342 | 8529 | 33157 | 3420 | 5119 |
| 河北 | Hebei | 65784 | 29528 | 54778 | 203562 | 48699 | 12963 |
| 山西 | Shanxi | 28442 | 15246 | 23310 | 86524 | 15139 | 22765 |
| 内蒙古 | Inner Mongolia | 37989 | 22113 | 27945 | 156292 | 20099 | 45509 |
| 辽宁 | Liaoning | 23085 | 25003 | 63140 | 155788 | 34248 | 11202 |
| 吉林 | Jilin | 15259 | 12292 | 29560 | 70633 | 14551 | 9666 |
| 黑龙江 | Heilongjiang | 42833 | 25753 | 29844 | 141513 | 28296 | 115110 |
| 上海 | Shanghai | 4555 | 4106 | 871 | 21732 | 6787 | 4031 |
| 江苏 | Jiangsu | 32962 | 26976 | 20942 | 158122 | 48789 | 43333 |
| 浙江 | Zhejiang | 32801 | 26313 | 15673 | 160038 | 46763 | 36107 |
| 安徽 | Anhui | 38926 | 18640 | 24414 | 142205 | 31729 | 16751 |
| 福建 | Fujian | 16731 | 6819 | 2449 | 5178 | 15079 | 14366 |
| 江西 | Jiangxi | 46162 | 25682 | 24981 | 187058 | 25750 | 74015 |
| 山东 | Shandong | 30247 | 24573 | 38246 | 176388 | 57808 | 39211 |
| 河南 | Henan | 56379 | 34092 | 47905 | 242781 | 54514 | 61499 |
| 湖北 | Hubei | 33017 | 22442 | 20565 | 163875 | 34785 | 19468 |
| 湖南 | Hunan | 64130 | 32819 | 40967 | 222193 | 43055 | 70254 |
| 广东 | Guangdong | 28531 | 12365 | 11701 | 39623 | 23007 | 31650 |
| 广西 | Guangxi | 24737 | 7724 | 1085 | | 16687 | 8301 |
| 海南 | Hainan | 3791 | 962 | 903 | 5144 | 1479 | 2381 |
| 重庆 | Chongqing | 16026 | 10205 | 12863 | 52397 | 17452 | 15278 |
| 四川 | Sichuan | 60264 | 38670 | 45888 | 150289 | 35888 | 58926 |
| 贵州 | Guizhou | 42517 | 5685 | 7267 | 38944 | 16545 | 11362 |
| 云南 | Yunnan | 1260 | 1091 | 2500 | 7085 | | 2800 |
| 陕西 | Shaanxi | 41956 | 24780 | 26050 | 151905 | 26362 | 55690 |
| 甘肃 | Gansu | 31335 | 17426 | 12334 | 79704 | 12337 | 23249 |
| 青海 | Qinghai | 156 | 190 | 252 | 5240 | 460 | 180 |
| 宁夏 | Ningxia | 8127 | 5660 | 5012 | 10936 | 6259 | 5154 |
| 新疆 | Xinjiang | 30314 | 9097 | 14769 | 154061 | 22002 | 18176 |
| **计划单列市** | **Cities Specifically Designated in State Plan** | **12722** | **12697** | **9774** | **61724** | **33243** | **24329** |
| 大连 | Dalian | 3122 | 3119 | 2605 | 23065 | 10794 | 3569 |
| 宁波 | Ningbo | 4340 | 4875 | 2523 | 24127 | 6000 | 6622 |
| 厦门 | Xiamen | 1245 | 256 | 120 | | 1055 | 9190 |
| 青岛 | Qingdao | 4015 | 4448 | 4526 | 14532 | 15394 | 4948 |

4-11 续表 2 continued

| 地区 | Province | 全年电视剧播出数 Number of TV Plays | | #进口电视剧 Number of Imported TV Plays | | 全年动画电视播出数 Number of Cartoon TV Plays | | #进口动画电视 Number of Imported Cartoon TV Plays | |
|---|---|---|---|---|---|---|---|---|---|
| | | 部 set | 集 part | 部 set | 集 part | 部 set | 集 part | 部 set | 集 part |
| **全国合计** | **National Total** | **109064** | **2388843** | **5006** | **97120** | **6194** | **181375** | **578** | **14720** |
| 北京 | Beijing | | | | | | | | |
| 天津 | Tianjin | 1088 | 24397 | 38 | 751 | 36 | 2037 | 19 | 365 |
| 河北 | Hebei | 8738 | 220639 | 315 | 7651 | 163 | 3641 | 12 | 160 |
| 山西 | Shanxi | 2141 | 49567 | 87 | 2065 | 267 | 4200 | 16 | 310 |
| 内蒙古 | Inner Mongolia | 6354 | 128382 | 689 | 8249 | 161 | 4613 | 7 | 235 |
| 辽宁 | Liaoning | 6081 | 115143 | 636 | 15215 | 209 | 4897 | 51 | 1405 |
| 吉林 | Jilin | 3249 | 76175 | 134 | 2826 | 47 | 2225 | | |
| 黑龙江 | Heilongjiang | 2574 | 64114 | 98 | 1525 | 28 | 290 | | |
| 上海 | Shanghai | 692 | 17968 | | | 143 | 6923 | 4 | 195 |
| 江苏 | Jiangsu | 4818 | 117903 | 152 | 3438 | 240 | 13794 | 19 | 744 |
| 浙江 | Zhejiang | 5286 | 123681 | 310 | 6440 | 676 | 21424 | 123 | 3816 |
| 安徽 | Anhui | 6574 | 130267 | 114 | 2251 | 105 | 4817 | | |
| 福建 | Fujian | 164 | 4036 | | | 13 | 515 | 1 | 46 |
| 江西 | Jiangxi | 6284 | 141600 | 303 | 6702 | 365 | 12493 | 66 | 1899 |
| 山东 | Shandong | 5892 | 127523 | 58 | 1167 | 261 | 7032 | 6 | 130 |
| 河南 | Henan | 8100 | 202399 | 23 | 1091 | 425 | 9847 | 5 | 180 |
| 湖北 | Hubei | 7226 | 172038 | 600 | 11714 | 566 | 17327 | 42 | 1300 |
| 湖南 | Hunan | 8342 | 159449 | 598 | 10522 | 653 | 18757 | 47 | 910 |
| 广东 | Guangdong | 653 | 11502 | 6 | 200 | 72 | 2653 | 7 | 135 |
| 广西 | Guangxi | | | | | | | | |
| 海南 | Hainan | 149 | 3122 | | | 34 | 1038 | | |
| 重庆 | Chongqing | 2785 | 63554 | 46 | 1336 | 105 | 3738 | 17 | 529 |
| 四川 | Sichuan | 8688 | 156841 | 387 | 9180 | 418 | 8987 | 21 | 1005 |
| 贵州 | Guizhou | 55 | 1788 | 7 | 150 | 23 | 430 | 1 | 20 |
| 云南 | Yunnan | 59 | 1930 | 36 | 873 | 37 | 460 | 33 | 400 |
| 陕西 | Shaanxi | 4559 | 120575 | 53 | 388 | 394 | 12028 | 1 | 30 |
| 甘肃 | Gansu | 2686 | 58765 | 2 | 60 | 292 | 4272 | | |
| 青海 | Qinghai | 190 | 3940 | | | 3 | 530 | | |
| 宁夏 | Ningxia | 229 | 3632 | | | 73 | 2185 | | |
| 新疆 | Xinjiang | 5408 | 87913 | 314 | 3326 | 385 | 10222 | 80 | 906 |
| **计划单列市** | **Separate Planning Cities** | **1724** | **43010** | **141** | **2799** | **75** | **3446** | **14** | **1246** |
| 大连 | Dalian | 524 | 15487 | 9 | 213 | 22 | 1035 | 6 | 820 |
| 宁波 | Ningbo | 764 | 17798 | 104 | 2029 | 51 | 2171 | 8 | 426 |
| 厦门 | Xiamen | | | | | | | | |
| 青岛 | Qingdao | 436 | 9725 | 28 | 557 | 2 | 240 | | |

# 4-12 全国广播节目制作情况（2006年）

## Production of Radio Programs at National Level (2006)

| 地区 | Province | 全年制作广播节目时间（小时） Producing Hours of Radio Programs (hours) | #新闻资讯类 News Programs | #广播剧类 Radio Plays | 全年制作广播剧数量 Number of Radio Plays 部 set | 集 part |
|---|---|---|---|---|---|---|
| **全国合计** | **National Total** | **6192339** | **1055077** | **59225** | **3411** | **48582** |
| 国家广电总局直属 | Directly under the State Administration of Radio, Film and Television | 189003 | 69072 | 486 | 432 | 1090 |
| 北京 | Beijing | 92276 | 14006 | 1000 | 10 | 524 |
| 天津 | Tianjin | 83465 | 13968 | 185 | 2 | 5 |
| 河北 | Hebei | 208388 | 23422 | 114 | 224 | 276 |
| 山西 | Shanxi | 146645 | 24344 | 2240 | 129 | 1174 |
| 内蒙古 | Inner Mongolia | 179535 | 28753 | 21 | 9 | 21 |
| 辽宁 | Liaoning | 459060 | 64176 | 170 | 9 | 114 |
| 吉林 | Jilin | 198497 | 30204 | 1182 | 64 | 677 |
| 黑龙江 | Heilongjiang | 166244 | 30997 | 4204 | 85 | 6238 |
| 上海 | Shanghai | 90582 | 24834 | 2374 | 38 | 766 |
| 江苏 | Jiangsu | 500707 | 81237 | 5736 | 229 | 5182 |
| 浙江 | Zhejiang | 434668 | 61270 | 2532 | 21 | 981 |
| 安徽 | Anhui | 239741 | 32693 | 1098 | 6 | 731 |
| 福建 | Fujian | 232202 | 42818 | 1267 | 382 | 1004 |
| 江西 | Jiangxi | 158467 | 29963 | 2056 | 112 | 2300 |
| 山东 | Shandong | 463604 | 83193 | 3846 | 68 | 1242 |
| 河南 | Henan | 296168 | 45530 | 247 | 12 | 41 |
| 湖北 | Hubei | 215481 | 29920 | 1461 | 153 | 2432 |
| 湖南 | Hunan | 150527 | 27135 | 2511 | 113 | 2917 |
| 广东 | Guangdong | 446025 | 81293 | 14182 | 690 | 8122 |
| 广西 | Guangxi | 170952 | 31441 | 484 | 117 | 938 |
| 海南 | Hainan | 47678 | 8978 | 547 | 19 | 476 |
| 重庆 | Chongqing | 57293 | 7967 | 327 | 16 | 147 |
| 四川 | Sichuan | 160321 | 34062 | 226 | 18 | 323 |
| 贵州 | Guizhou | 86156 | 10677 | 617 | 28 | 1077 |
| 云南 | Yunnan | 137316 | 21664 | 2144 | 74 | 4345 |
| 西藏 | Tibet | 17906 | 2550 | | | |
| 陕西 | Shaanxi | 169128 | 26969 | 430 | 22 | 854 |
| 甘肃 | Gansu | 94424 | 22320 | 2148 | 20 | 1781 |
| 青海 | Qinghai | 38004 | 5719 | 369 | 1 | 3 |
| 宁夏 | Ningxia | 43442 | 8780 | 1128 | 7 | 84 |
| 新疆 | Xinjiang | 218434 | 35122 | 3893 | 301 | 2717 |
| **计划单列市** | **Cities Specifically Designated in State Plan** | **225656** | **40542** | **2386** | **368** | **1629** |
| 大连 | Dalian | 55406 | 11790 | | | |
| 宁波 | Ningbo | 60796 | 9528 | 54 | 2 | 5 |
| 厦门 | Xiamen | 33442 | 7778 | 610 | 8 | 230 |
| 青岛 | Qingdao | 48604 | 6882 | 1399 | 10 | 514 |
| 深圳 | Shenzhen | 27408 | 4564 | 323 | 348 | 880 |

## 4-13 全国省级广播节目制作情况（2006年）

## Production of Radio Programs at Provincial Level (2006)

| 地 区 | Province | 全年制作广播节目时间（小时） Producing Hours of Radio Programs (hours) | #新闻资讯类 News Programs | #广播剧类 Radio Plays | 全年制作广播剧数量 Number of Radio Plays 部 set | 集 part |
|---|---|---|---|---|---|---|
| **全国合计** | **National Total** | **1296039** | **194926** | **13960** | **617** | **14253** |
| 北 京 | Beijing | 58112 | 11271 | 262 | 10 | 524 |
| 天 津 | Tianjin | 64422 | 11466 | 185 | 2 | 5 |
| 河 北 | Hebei | 43494 | 4235 | 90 | 220 | 229 |
| 山 西 | Shanxi | 36427 | 3406 | 252 | 114 | 934 |
| 内蒙古 | Inner Mongolia | 32637 | 2800 | 10 | 3 | 12 |
| 辽 宁 | Liaoning | 51354 | 8131 | 160 | 6 | 100 |
| 吉 林 | Jilin | 45027 | 10342 | 100 | 2 | 200 |
| 黑龙江 | Heilongjiang | 44541 | 5273 | 1277 | 37 | 1580 |
| 上 海 | Shanghai | 76016 | 20951 | 2373 | 37 | 765 |
| 江 苏 | Jiangsu | 61808 | 9756 | 1064 | 20 | 1450 |
| 浙 江 | Zhejiang | 56636 | 6496 | 203 | 1 | 203 |
| 安 徽 | Anhui | 41921 | 4916 | 3 | 1 | 1 |
| 福 建 | Fujian | 41784 | 7249 | 183 | 3 | 368 |
| 江 西 | Jiangxi | 39634 | 3531 | 183 | 15 | 45 |
| 山 东 | Shandong | 46730 | 6971 | 210 | 5 | 40 |
| 河 南 | Henan | 60099 | 6708 | 52 | 7 | 19 |
| 湖 北 | Hubei | 63265 | 6364 | 968 | 21 | 1872 |
| 湖 南 | Hunan | 25386 | 3730 | 1042 | 49 | 1355 |
| 广 东 | Guangdong | 40540 | 7101 | 1535 | | 2700 |
| 广 西 | Guangxi | 30032 | 3597 | 29 | 5 | 23 |
| 海 南 | Hainan | 17547 | 2924 | | | |
| 重 庆 | Chongqing | 40685 | 4418 | 301 | 4 | 45 |
| 四 川 | Sichuan | 26326 | 5843 | 7 | 6 | 8 |
| 贵 州 | Guizhou | 34438 | 4534 | 252 | 1 | 365 |
| 云 南 | Yunnan | 48274 | 6638 | | | |
| 西 藏 | Tibet | 15452 | 1888 | | | |
| 陕 西 | Shaanxi | 57314 | 8394 | 10 | 1 | 10 |
| 甘 肃 | Gansu | 25321 | 2963 | 546 | 12 | 1095 |
| 青 海 | Qinghai | 19389 | 3791 | 369 | 1 | 3 |
| 宁 夏 | Ningxia | 9703 | 2626 | 942 | 5 | 60 |
| 新 疆 | Xinjiang | 41725 | 6613 | 1352 | 29 | 242 |

# 4-14 全国地市级广播节目制作情况（2006年）

## Production of Radio Programs at Prefecture Level (2006)

| 地　区 | Province | 全年制作广播节目时间(小时) Producing Hours of Radio Programs (hours) | #新闻资讯类 News Programs | #广播剧类 Radio Plays | 全年制作广播剧数量 Number of Radio Plays | |
|---|---|---|---|---|---|---|
| | | | | | 部 set | 集 part |
| **全国合计** | **National Total** | **2995801** | **454225** | **30621** | **1783** | **26013** |
| 河　北 | Hebei | 108816 | 12776 | 24 | 4 | 47 |
| 山　西 | Shanxi | 54311 | 9332 | 546 | 15 | 240 |
| 内蒙古 | Inner Mongolia | 113109 | 16818 | 11 | 6 | 9 |
| 辽　宁 | Liaoning | 276532 | 38012 | 10 | 3 | 14 |
| 吉　林 | Jilin | 115478 | 13929 | 613 | 61 | 472 |
| 黑龙江 | Heilongjiang | 97829 | 18299 | 2562 | 42 | 3938 |
| 江　苏 | Jiangsu | 257145 | 42052 | 2759 | 55 | 1865 |
| 浙　江 | Zhejiang | 188137 | 28666 | 1091 | 13 | 757 |
| 安　徽 | Anhui | 151873 | 17658 | 1095 | 5 | 730 |
| 福　建 | Fujian | 120871 | 18141 | 793 | 374 | 596 |
| 江　西 | Jiangxi | 88526 | 14290 | 1826 | 65 | 2190 |
| 山　东 | Shandong | 244261 | 45317 | 2778 | 54 | 924 |
| 河　南 | Henan | 133190 | 19077 | 195 | 5 | 22 |
| 湖　北 | Hubei | 101778 | 13339 | 490 | 128 | 556 |
| 湖　南 | Hunan | 84610 | 12442 | 1078 | 32 | 832 |
| 广　东 | Guangdong | 240087 | 41903 | 9574 | 445 | 3293 |
| 广　西 | Guangxi | 107518 | 20164 | 455 | 112 | 915 |
| 海　南 | Hainan | 14927 | 833 | | | |
| 四　川 | Sichuan | 91240 | 16547 | 219 | 12 | 315 |
| 贵　州 | Guizhou | 50580 | 5560 | 365 | 27 | 712 |
| 云　南 | Yunnan | 88487 | 14890 | 2144 | 74 | 4345 |
| 西　藏 | Tibet | 2454 | 662 | | | |
| 陕　西 | Shaanxi | 84670 | 9497 | 420 | 21 | 844 |
| 甘　肃 | Gansu | 28032 | 4874 | 157 | 5 | 321 |
| 青　海 | Qinghai | 18615 | 1928 | | | |
| 宁　夏 | Ningxia | 24254 | 3110 | 186 | 2 | 24 |
| 新　疆 | Xinjiang | 108471 | 14109 | 1230 | 223 | 2052 |
| **计划单列市** | **Cities Specifically Designated in State Plan** | **148446** | **30048** | **1956** | **364** | **1474** |
| 大　连 | Dalian | 44256 | 9945 | | | |
| 宁　波 | Ningbo | 21574 | 4927 | | | |
| 厦　门 | Xiamen | 24682 | 5953 | 610 | 8 | 230 |
| 青　岛 | Qingdao | 33586 | 5205 | 1034 | 8 | 364 |
| 深　圳 | Shenzhen | 24348 | 4018 | 312 | 348 | 880 |

# 4-15 全国县级广播制作情况（2006年）

# Production of Radio Programs at County Level (2006)

| 地区 | Province | 全年制作广播节目时间（小时） Producing Hours of Radio Programs (hours) | #新闻资讯类 News Programs | #广播剧类 Radio Plays | 全年制作广播剧数量 Number of Radio Plays 部 set | 集 part |
|---|---|---|---|---|---|---|
| **全国合计** | **National Total** | **1711496** | **336854** | **14158** | **579** | **7226** |
| 北京 | Beijing | 34164 | 2735 | 738 | | |
| 河北 | Hebei | 19043 | 2502 | | | |
| 山西 | Shanxi | 56078 | 6411 | | | |
| 内蒙古 | Inner Mongolia | 55907 | 11606 | 1442 | | |
| 辽宁 | Liaoning | 33789 | 9135 | | | |
| 吉林 | Jilin | 131174 | 18033 | | | |
| 黑龙江 | Heilongjiang | 37992 | 5933 | 469 | 1 | 5 |
| 上海 | Shanghai | 23874 | 7425 | 365 | 6 | 720 |
| 江苏 | Jiangsu | 14566 | 3883 | 1 | 1 | 1 |
| 浙江 | Zhejiang | 181754 | 29429 | 1913 | 154 | 1867 |
| 安徽 | Anhui | 189895 | 26108 | 1238 | 7 | 21 |
| 福建 | Fujian | 45947 | 10119 | | | |
| 江西 | Jiangxi | 69547 | 17428 | 291 | 5 | 40 |
| 山东 | Shandong | 30307 | 12142 | 47 | 32 | 65 |
| 河南 | Henan | 172613 | 30905 | 858 | 9 | 278 |
| 湖北 | Hubei | 102879 | 19745 | | | |
| 湖南 | Hunan | 50438 | 10217 | 3 | 4 | 4 |
| 广东 | Guangdong | 40531 | 10963 | 391 | 32 | 730 |
| 广西 | Guangxi | 165398 | 32289 | 3073 | 245 | 2129 |
| 海南 | Hainan | 33402 | 7680 | | | |
| 重庆 | Chongqing | 15204 | 5221 | 547 | 19 | 476 |
| 四川 | Sichuan | 16608 | 3549 | 26 | 12 | 102 |
| 贵州 | Guizhou | 42755 | 11672 | | | |
| 云南 | Yunnan | 1138 | 583 | | | |
| 陕西 | Shaanxi | 555 | 136 | | | |
| 甘肃 | Gansu | 27144 | 9078 | | | |
| 宁夏 | Ningxia | 41071 | 14483 | 1445 | 3 | 365 |
| 新疆 | Xinjiang | 9485 | 3044 | | | |
| | | 68238 | 14400 | 1311 | 49 | 423 |
| **计划单列市** | **Cities Specifically Designated in State Plan** | **77210** | **10494** | **430** | **4** | **155** |
| 大连 | Dalian | 11150 | 1845 | | | |
| 宁波 | Ningbo | 39222 | 4601 | 54 | 2 | 5 |
| 厦门 | Xiamen | 8760 | 1825 | | | |
| 青岛 | Qingdao | 15018 | 1677 | 365 | 2 | 150 |
| 深圳 | Shenzhen | 3060 | 546 | 11 | | |

# 4-16 全国电视节目制作情况（2006年）

# Production of TV Programs at National Level (2006)

| 地区 | Province | 全年制作电视节目时间（小时）Producing Hours of TV Programs (hours) | #新闻资讯类 News Programs | 全年制作电视剧数量 Number of TV Plays | | 全年制作动画电视数量 Number of Cartoon TV Programs | | 全年电视剧制作投资（万元）Investment in Production of TV Plays (10000 yuan) | 全年动画电视制作投资（万元）Investment in Production of Cartoon TV Programs (10000 yuan) |
|---|---|---|---|---|---|---|---|---|---|
| | | | | 部 set | 集 part | 部 set | 集 part | | |
| **全国合计** | **National Total** | **2618034** | **646337** | **546** | **18133** | **195** | **8866** | **370643.7** | **54940.0** |
| 国家广电总局直属 | Directly under the State Administration of Radio, Film and Television | 65696 | 38398 | 37 | 1098 | 45 | 1492 | 134859.3 | 7369.4 |
| 北京 | Beijing | 83160 | 38081 | 94 | 2811 | 14 | 1056 | 74357.9 | 7734.8 |
| 天津 | Tianjin | 28248 | 4082 | 18 | 502 | 5 | 171 | 550.0 | |
| 河北 | Hebei | 119137 | 19242 | 9 | 243 | | | 6322.0 | 51.6 |
| 山西 | Shanxi | 85739 | 17585 | 21 | 506 | 1 | 90 | 8795.0 | |
| 内蒙古 | Inner Mongolia | 59904 | 15083 | 6 | 134 | | | 874.0 | |
| 辽宁 | Liaoning | 184511 | 25005 | 16 | 386 | 3 | 125 | 5473.0 | 150.0 |
| 吉林 | Jilin | 70820 | 9711 | 17 | 331 | 3 | 64 | 5255.0 | 95.3 |
| 黑龙江 | Heilongjiang | 60910 | 17749 | 55 | 3620 | 5 | 175 | 800.0 | 230.0 |
| 上海 | Shanghai | 66275 | 15150 | 33 | 1229 | 10 | 475 | 9948.2 | 2405.8 |
| 江苏 | Jiangsu | 216089 | 34761 | 33 | 980 | 18 | 852 | 21155.5 | 1579.5 |
| 浙江 | Zhejiang | 117623 | 29043 | 26 | 628 | 15 | 607 | 23082.7 | 10523.0 |
| 安徽 | Anhui | 61302 | 17447 | 10 | 299 | 3 | 108 | 6830.0 | 289.0 |
| 福建 | Fujian | 49114 | 18230 | 5 | 109 | 1 | 26 | 6510.0 | 495.0 |
| 江西 | Jiangxi | 73413 | 22110 | 7 | 229 | | | 3820.0 | 50.0 |
| 山东 | Shandong | 165045 | 34018 | 10 | 260 | | | 4817.0 | |
| 河南 | Henan | 131498 | 26379 | 15 | 240 | | | 5780.0 | |
| 湖北 | Hubei | 88434 | 18621 | 9 | 238 | 15 | 258 | 5857.0 | 4654.0 |
| 湖南 | Hunan | 145438 | 38942 | 5 | 136 | 25 | 2001 | 2825.0 | 8510.0 |
| 广东 | Guangdong | 138422 | 39281 | 61 | 2171 | 28 | 974 | 23468.4 | 6884.7 |
| 广西 | Guangxi | 97043 | 22847 | 15 | 381 | 1 | 40 | 2256.0 | 110.0 |
| 海南 | Hainan | 11765 | 3229 | 2 | 40 | | | 1362.0 | |
| 重庆 | Chongqing | 35655 | 6671 | 11 | 682 | 2 | 339 | 2019.0 | 1605.0 |
| 四川 | Sichuan | 105406 | 35541 | 2 | 102 | | | | |
| 贵州 | Guizhou | 55595 | 15815 | | | | | | |
| 云南 | Yunnan | 38068 | 12559 | 2 | 60 | | | 250.0 | |
| 西藏 | Tibet | 3847 | 1877 | | | | | | |
| 陕西 | Shaanxi | 72290 | 21056 | 20 | 517 | 1 | 13 | 10803.0 | 2203.0 |
| 甘肃 | Gansu | 65246 | 17921 | 2 | 21 | | | 100.0 | |
| 青海 | Qinghai | 24551 | 2645 | | | | | | |
| 宁夏 | Ningxia | 46389 | 11995 | 5 | 180 | | | 30.0 | |
| 新疆 | Xinjiang | 51401 | 15263 | | | | | 2443.6 | |
| **计划单列市** | **Separate Planning Cities** | **66799** | **15718** | **29** | **791** | **8** | **413** | **9434.4** | **3892.4** |
| 大连 | Dalian | 14661 | 3983 | 2 | 48 | | | 1693.0 | |
| 宁波 | Ningbo | 9545 | 2194 | 3 | 68 | | | 1010.0 | |
| 厦门 | Xiamen | 8130 | 2070 | | | | | | |
| 青岛 | Qingdao | 12774 | 2600 | 1 | 28 | | | | |
| 深圳 | Shenzhen | 21689 | 4871 | 23 | 647 | 8 | 413 | 6731.4 | 3892.4 |

# 4-17 全国省级电视节目制作情况（2006年）

## Production of TV Programs at Provincial Level (2006)

| 地区 | Province | 全年制作电视节目时间（小时）Producing Hours of TV Programs (hours) | #新闻资讯类 News Programs | 全年制作电视剧数量 Number of TV Plays | | 全年制作动画电视数量 Number of Cartoon TV Programs | | 全年电视剧制作投资（万元）Investment in Production of TV Plays (10000 yuan) | 全年动画电视制作投资（万元）Investment in Production of Cartoon TV Programs (10000 yuan) |
|---|---|---|---|---|---|---|---|---|---|
| | | | | 部 set | 集 part | 部 set | 集 part | | |
| **全国合计** | **National Total** | **555349** | **119771** | **378** | **11369** | **114** | **5769** | **200832.3** | **41916.8** |
| 北　京 | Beijing | 64657 | 32693 | 94 | 2811 | 14 | 1056 | 74357.9 | 7734.8 |
| 天　津 | Tianjin | 19220 | 2737 | 18 | 502 | 5 | 171 | 550.0 | |
| 河　北 | Hebei | 9844 | 1998 | 9 | 243 | | | 6322.0 | 51.6 |
| 山　西 | Shanxi | 16203 | 1467 | 19 | 471 | 1 | 90 | 8495.0 | |
| 内蒙古 | Inner Mongolia | 6108 | 1425 | 6 | 134 | | | 874.0 | |
| 辽　宁 | Liaoning | 23308 | 3859 | 12 | 284 | 3 | 125 | 3680.0 | 150.0 |
| 吉　林 | Jilin | 28000 | 1920 | 15 | 284 | 3 | 64 | 5255.0 | 95.3 |
| 黑龙江 | Heilongjiang | 5609 | 1142 | | | | | | |
| 上　海 | Shanghai | 55232 | 11060 | 33 | 1229 | 10 | 475 | 9948.2 | 2405.8 |
| 江　苏 | Jiangsu | 46003 | 4071 | 15 | 412 | | | 7316.5 | 303.0 |
| 浙　江 | Zhejiang | 21474 | 3372 | 22 | 528 | 15 | 607 | 22072.7 | 10523.0 |
| 安　徽 | Anhui | 4720 | 1023 | 9 | 277 | 3 | 108 | 6060.0 | 289.0 |
| 福　建 | Fujian | 13181 | 5425 | 3 | 74 | 1 | 26 | 3620.0 | 495.0 |
| 江　西 | Jiangxi | 18486 | 4229 | 7 | 229 | | | 3820.0 | 50.0 |
| 山　东 | Shandong | 21503 | 4770 | 9 | 232 | | | 4817.0 | |
| 河　南 | Henan | 8235 | 2409 | 12 | 192 | | | 5780.0 | |
| 湖　北 | Hubei | 15026 | 2752 | 7 | 182 | 15 | 258 | 3157.0 | 4654.0 |
| 湖　南 | Hunan | 16409 | 2833 | 5 | 136 | 25 | 2001 | 1907.0 | 8510.0 |
| 广　东 | Guangdong | 16541 | 4652 | 33 | 1406 | 15 | 396 | 15817.0 | 2737.3 |
| 广　西 | Guangxi | 21157 | 2470 | 15 | 381 | 1 | 40 | 2256.0 | 110.0 |
| 海　南 | Hainan | 6281 | 1246 | | | | | 1350.0 | |
| 重　庆 | Chongqing | 20521 | 2004 | 11 | 682 | 2 | 339 | 2019.0 | 1605.0 |
| 四　川 | Sichuan | 12922 | 4268 | 2 | 102 | | | | |
| 贵　州 | Guizhou | 22894 | 4009 | | | | | | |
| 云　南 | Yunnan | 7611 | 3439 | 2 | 60 | | | 250.0 | |
| 西　藏 | Tibet | 1299 | 738 | | | | | | |
| 陕　西 | Shaanxi | 13798 | 2885 | 14 | 337 | 1 | 13 | 8598.0 | 2203.0 |
| 甘　肃 | Gansu | 5527 | 220 | 2 | 21 | | | 100.0 | |
| 青　海 | Qinghai | 19117 | 337 | | | | | | |
| 宁　夏 | Ningxia | 7698 | 2520 | 4 | 160 | | | | |
| 新　疆 | Xinjiang | 6765 | 1798 | | | | | 2410.0 | |

# 4-18 全国地市级电视节目制作情况（2006年）

## Production of TV Programs at Prefecture Level (2006)

| 地 区 | Province | 全年制作电视节目时间（小时）Producing Hours of TV Programs (hours) | #新闻资讯类 News Programs | 全年制作电视剧数量 Number of TV Plays | | 全年制作动画电视数量 Number of Cartoon TV Programs | | 全年电视剧制作投资（万元）Investment in Production of TV Plays (10000 yuan) | 全年动画电视制作投资（万元）Investment in Production of Cartoon TV Programs (10000 yuan) |
|---|---|---|---|---|---|---|---|---|---|
| | | | | 部 set | 集 part | 部 set | 集 part | | |
| **全国合计** | **National Total** | **996263** | **219359** | **131** | **5666** | **36** | **1605** | **34952.0** | **5653.8** |
| 河 北 | Hebei | 43792 | 5663 | | | | | | |
| 山 西 | Shanxi | 29864 | 4108 | 2 | 35 | | | 300.0 | |
| 内蒙古 | Inner Mongolia | 30040 | 6049 | | | | | | |
| 辽 宁 | Liaoning | 84015 | 10903 | 4 | 102 | | | 1793.0 | |
| 吉 林 | Jilin | 28176 | 4266 | 2 | 47 | | | | |
| 黑龙江 | Heilongjiang | 33236 | 7184 | 55 | 3620 | 5 | 175 | 800.0 | 230.0 |
| 江 苏 | Jiangsu | 106568 | 18456 | 18 | 568 | 18 | 852 | 13839.0 | 1276.5 |
| 浙 江 | Zhejiang | 42422 | 12335 | 4 | 100 | | | 1010.0 | |
| 安 徽 | Anhui | 27071 | 7445 | 1 | 22 | | | 770.0 | |
| 福 建 | Fujian | 20069 | 5743 | 2 | 35 | | | 2890.0 | |
| 江 西 | Jiangxi | 19726 | 4910 | | | | | | |
| 山 东 | Shandong | 68648 | 17028 | 1 | 28 | | | | |
| 河 南 | Henan | 38756 | 7116 | 3 | 48 | | | | |
| 湖 北 | Hubei | 35407 | 5671 | 2 | 56 | | | 2700.0 | |
| 湖 南 | Hunan | 53843 | 15973 | | | | | 918.0 | |
| 广 东 | Guangdong | 96763 | 22359 | 28 | 765 | 13 | 578 | 7651.4 | 4147.4 |
| 广 西 | Guangxi | 46118 | 8352 | | | | | | |
| 海 南 | Hainan | 3494 | 1091 | 2 | 40 | | | 12.0 | |
| 四 川 | Sichuan | 40716 | 15880 | | | | | | |
| 贵 州 | Guizhou | 20751 | 5879 | | | | | | |
| 云 南 | Yunnan | 24568 | 7830 | | | | | | |
| 西 藏 | Tibet | 2548 | 1139 | | | | | | |
| 陕 西 | Shaanxi | 21768 | 6204 | 6 | 180 | | | 2205.0 | |
| 甘 肃 | Gansu | 23432 | 5217 | | | | | | |
| 青 海 | Qinghai | 4878 | 2242 | | | | | | |
| 宁 夏 | Ningxia | 18793 | 3079 | 1 | 20 | | | 30.0 | |
| 新 疆 | Xinjiang | 30801 | 7237 | | | | | 33.6 | |
| **计划单列市** | **Cities Specifically Designated in State Plan** | **40361** | **11070** | **29** | **791** | **8** | **413** | **9434.4** | **3892.4** |
| 大 连 | Dalian | 7905 | 2691 | 2 | 48 | | | 1693.0 | |
| 宁 波 | Ningbo | 1107 | 598 | 3 | 68 | | | 1010.0 | |
| 厦 门 | Xiamen | 6990 | 1396 | | | | | | |
| 青 岛 | Qingdao | 2670 | 1514 | 1 | 28 | | | | |
| 深 圳 | Shenzhen | 21689 | 4871 | 23 | 647 | 8 | 413 | 6731.4 | 3892.4 |

## 4-19 全国县级电视制作情况（2006年）
## Production of TV Programs at County Level (2006)

单位：小时 (hour)

| 地区 | Province | 全年制作电视节目时间 Producing Hours of TV Programs | #新闻资讯类 News Programs | 地区 | Province | 全年制作电视节目时间 Producing Hours of TV Programs | #新闻资讯类 News Programs |
|---|---|---|---|---|---|---|---|
| **全国合计** | **National Total** | **1000726** | **268809** | 广东 | Guangdong | 25118 | 12270 |
| 北京 | Beijing | 18503 | 5388 | 广西 | Guangxi | 29768 | 12025 |
| 天津 | Tianjin | 9028 | 1345 | 海南 | Hainan | 1990 | 892 |
| 河北 | Hebei | 65501 | 11581 | 重庆 | Chongqing | 15134 | 4667 |
| 山西 | Shanxi | 39672 | 12010 | 四川 | Sichuan | 51768 | 15393 |
| 内蒙古 | Inner Mongolia | 23756 | 7609 | 贵州 | Guizhou | 11950 | 5927 |
| 辽宁 | Liaoning | 77188 | 10243 | 云南 | Yunnan | 5889 | 1290 |
| 吉林 | Jilin | 14644 | 3525 | 陕西 | Shaanxi | 36724 | 11967 |
| 黑龙江 | Heilongjiang | 22065 | 9423 | 甘肃 | Gansu | 36287 | 12484 |
| 上海 | Shanghai | 11043 | 4090 | 青海 | Qinghai | 556 | 66 |
| 江苏 | Jiangsu | 63518 | 12234 | 宁夏 | Ningxia | 19898 | 6396 |
| 浙江 | Zhejiang | 53727 | 13336 | 新疆 | Xinjiang | 13835 | 6228 |
| 安徽 | Anhui | 29511 | 8979 | **计划单列市** | **Cities Specifically Designated in State Plan** | **26438** | **4648** |
| 福建 | Fujian | 15864 | 7062 | | | | |
| 江西 | Jiangxi | 35201 | 12971 | | | | |
| 山东 | Shandong | 74894 | 12220 | 大连 | Dalian | 6756 | 1292 |
| 河南 | Henan | 84507 | 16854 | 宁波 | Ningbo | 8438 | 1596 |
| 湖北 | Hubei | 38001 | 10198 | 厦门 | Xiamen | 1140 | 674 |
| 湖南 | Hunan | 75186 | 20136 | 青岛 | Qingdao | 10104 | 1086 |

## 4-20 全国广播电视对外宣传情况
## International Radio and TV Programs (2006)

| 地区 | Province | 对外广播 International Radio Programs: 对外广播节目播出套数（套） Number of International Radio Programs (set) | 对外广播节目播出时间（时：分） Broadcasting Hours of International Radio Programs (h : m) | #自制节目 Broadcasting Hours of Own-produced International Radio Programs | 对外电视 International TV Programs: 对外电视节目播出套数（套） Number of International TV Programs (set) | 对外电视节目播出时间（时：分） Broadcasting Hours of International TV Programs (h : m) | #自制节目 Broadcasting Hours of Own-produced International TV Programs |
|---|---|---|---|---|---|---|---|
| **全国合计** | **National Total** | **55** | **388070：00** | **385321：00** | **29** | **190312：11** | **75507：00** |
| 国家广电总局直属 | Directly under the State Administration of Radio, Film and Television | 43 | 359525：00 | 359525：00 | 8 | 70080：00 | 21474：04 |
| 北京 | Beijing | | 0：00 | 0：00 | 1 | 8760：00 | 8760：00 |
| 山西 | Shanxi | | 0：00 | 0：00 | 4 | 18615：00 | 6635：00 |
| 内蒙古 | Inner Mongolia | 1 | 3754：00 | 3754：00 | 1 | 6630：30 | 6630：30 |
| 黑龙江 | Heilongjiang | | 0：00 | 0：00 | 1 | 8500：00 | 4315：00 |
| 江苏 | Jiangsu | 1 | 1460：00 | 1460：00 | 1 | 7627：50 | 1803：16 |
| 浙江 | Anhui | | 0：00 | 0：00 | 1 | 3216：00 | 528：00 |
| 安徽 | Fujian | 1 | 104：00 | 104：00 | 1 | 121：48 | 121：48 |
| 福建 | Shandong | 3 | 17702：30 | 14957：30 | 2 | 16861：00 | 7887：42 |
| 山东 | Henan | | 0：00 | 0：00 | 1 | 8772：30 | 1472：30 |
| 河南 | Hubei | | 0：00 | 0：00 | 1 | 112：40 | 112：40 |
| 广东 | Guangdong | 1 | 130：00 | 130：00 | 3 | 17098：00 | 9317：00 |
| 广西 | Guangxi | 1 | 3012：00 | 3008：00 | 1 | 7848：00 | 3620：10 |
| 云南 | Yunnan | 2 | 1834：30 | 1834：30 | 1 | 8760：00 | 1460：00 |
| 西藏 | Tibet | | 0：00 | 0：00 | 1 | 6852：38 | 913：05 |
| 新疆 | Xinjiang | 2 | 548：00 | 548：00 | 1 | 456：15 | 456：15 |
| **计划单列市** | **Total of Cities Specifically Designated in State Plan** | **1** | **6752：30** | **5110：00** | **1** | **8101：00** | **6302：20** |
| 厦门 | Xiamen | 1 | 6752：30 | 5110：00 | 1 | 8101：00 | 6302：20 |

# 4-21 全国广播电视节目交易情况（2006年）

# Trade of Radio and TV Programs (2006)

| 地　区 | Province | 全年广播节目购买、交换时间（小时）Hours Purchased or Exchanged of Radio Programs (hour) | 全年电视节目购买、交换时间（小时）Hours Purchased or Exchanged of TV Programs (hour) | 全年电视节目国内销售额（万元）Domestic Sales of TV Programs (10000 yuan) | #电视剧 TV Plays | #动画电视 Imported Cartoon TV Programs |
|---|---|---|---|---|---|---|
| **全国合计** | **National Total** | **643450** | **3701028** | **207943.89** | **149966.56** | **11834.21** |
| 国家广电总局直属 | Directly under the State Administration of Radio, Film and Television | 2087 | 914 | 55649.30 | 41075.94 | |
| 北　京 | Beijing | 14059 | 8138 | 50247.87 | 39585.61 | 866.55 |
| 天　津 | Tianjin | 4791 | 12710 | 317.69 | | |
| 河　北 | Hebei | 48412 | 244364 | 936.89 | 933.19 | 2.20 |
| 山　西 | Shanxi | 23034 | 53933 | 10.00 | 10.00 | |
| 内蒙古 | Inner Mongolia | 19986 | 128131 | | | |
| 辽　宁 | Liaoning | 82274 | 233627 | 2238.00 | 2029.00 | 1.00 |
| 吉　林 | Jilin | 21113 | 129375 | 260.00 | 260.00 | |
| 黑龙江 | Heilongjiang | 22997 | 75732 | | | |
| 上　海 | Shanghai | 12180 | 23099 | 16362.12 | 13254.97 | 1169.15 |
| 江　苏 | Jiangsu | 28125 | 188984 | 17085.32 | 15238.27 | 184.22 |
| 浙　江 | Zhejiang | 32618 | 167443 | 16906.39 | 12247.89 | 987.52 |
| 安　徽 | Anhui | 35920 | 190778 | 7354.32 | 526.27 | 98.43 |
| 福　建 | Fujian | 13693 | 72281 | 4496.33 | 3287.85 | 236.00 |
| 江　西 | Jiangxi | 10458 | 186042 | | | |
| 山　东 | Shandong | 66511 | 228462 | 1433.00 | 1433.00 | |
| 河　南 | Henan | 36543 | 246051 | 1336.90 | 1336.90 | |
| 湖　北 | Hubei | 32549 | 236039 | 7109.65 | 2849.53 | 3721.00 |
| 湖　南 | Hunan | 19858 | 231379 | 940.90 | 199.90 | 382.00 |
| 广　东 | Guangdong | 21947 | 109765 | 18146.76 | 12715.91 | 2445.64 |
| 广　西 | Guangxi | 10935 | 85103 | 1345.20 | 395.20 | |
| 海　南 | Hainan | 7614 | 32117 | | | |
| 重　庆 | Chongqing | 5008 | 61633 | 5530.25 | 2372.13 | 1718.50 |
| 四　川 | Sichuan | 16741 | 197617 | | | |
| 贵　州 | Guizhou | 5863 | 47288 | | | |
| 云　南 | Yunnan | 10287 | 58264 | 55.00 | 33.00 | 22.00 |
| 西　藏 | Tibet | 2301 | 5740 | | | |
| 陕　西 | Shaanxi | 16912 | 209061 | 182.00 | 182.00 | |
| 甘　肃 | Gansu | 4718 | 107903 | | | |
| 青　海 | Qinghai | 1660 | 23055 | | | |
| 宁　夏 | Ningxia | 3543 | 25477 | | | |
| 新　疆 | Xinjiang | 8713 | 80523 | | | |
| **计划单列市** | **Cities Specifically Designated in State Plan** | **14391** | **59995** | **8364.85** | **3446.85** | **1968.00** |
| 大　连 | Dalian | 4261 | 17348 | | | |
| 宁　波 | Ningbo | 1703 | 20197 | | | |
| 厦　门 | Xiamen | 2173 | 13436 | 476.85 | 392.85 | 84.00 |
| 青　岛 | Qingdao | 4067 | 4038 | | | |
| 深　圳 | Shenzhen | 2187 | 4976 | 7888.00 | 3054.00 | 1884.00 |

# 4-22 全国广播电视节目进出口情况（2006年）

# Imports and Exports of TV Programs (2006)

| 指　　标 | Item | 合计 Total | 欧洲 Europe | 美国 United States | 拉美 Latin America |
|---|---|---|---|---|---|
| 电视节目进口总额(万元) | Imported TV Programs (Value in 10000 yuan) | 33714.22 | 6920.84 | 7849.70 | 52.20 |
| #电视剧 | TV Plays | 18513.00 | 2183.00 | 219.00 | 19.20 |
| 动画电视 | Cartoon TV Programs | 802.97 | 293.00 | 458.17 | |
| 电视节目进口量(小时) | Imported TV Programs (Hour) | 35914 | 7120 | 13154 | 22 |
| 进口电视剧(部) | Imported TV Play Series (Set) | 196 | 35 | 36 | 1 |
| 进口电视剧(集) | Imported TV Plays (Part) | 5496 | 382 | 85 | 24 |
| 进口动画电视(部) | Imported Cartoon TV Program Series (Set) | 19 | 4 | 7 | |
| 进口动画电视(集) | Imported Cartoon TV Programs (Part) | 869 | 193 | 287 | |
| 电视节目出口总额(万元) | Exported TV Programs (Value in 10000 yuan) | 16939.79 | 1629.12 | 301.87 | 111.00 |
| #电视剧 | TV Plays | 11084.86 | 568.00 | 233.50 | 111.00 |
| 动画电视 | Cartoon TV Programs | 5148.30 | 1017.00 | | |
| 电视节目出口量(小时) | Exported TV Programs (Hour) | 8051 | 273 | 650 | 60 |
| 出口电视剧(部) | Exported TV Play Series (Set) | 111 | 6 | 5 | 2 |
| 出口电视剧(集) | Exported TV Plays (Part) | 3685 | 180 | 218 | 80 |
| 出口动画电视(部) | Exported Cartoon TV Program Series (Set) | 27/3651 | 8/198 | | |
| 出口动画电视(集) | Exported Cartoon TV Programs (Part) | 3651 | 198 | | |

4-22 续表 1 continued

| 指　　标 | Item | 日本 Japan | 韩国 South Korea | 非洲 Africa | 其他 Other |
|---|---|---|---|---|---|
| 电视节目进口总额(万元) | Imported TV Programs (Value in 10000 yuan) | 224.80 | 1654.80 | 5.00 | 17006.88 |
| #电视剧 | TV Plays | 70.00 | 1387.80 | 5.00 | 14629.00 |
| 动画电视 | Cartoon TV Programs | 48.80 | | | 3.00 |
| 电视节目进口量(小时) | Imported TV Programs (Hour) | 234 | 2251 | 2 | 13131 |
| 进口电视剧(部) | Imported TV Play Series (Set) | 2 | 58 | 1 | 63 |
| 进口电视剧(集) | Imported TV Plays (Part) | 64 | 2948 | 2 | 1991 |
| 进口动画电视(部) | Imported Cartoon TV Program Series (Set) | 7 | | | 1 |
| 进口动画电视(集) | Imported Cartoon TV Programs (Part) | 338 | | | 51 |
| 电视节目出口总额(万元) | Exported TV Programs (Value in 10000 yuan) | 1865.08 | 538.00 | | 12494.72 |
| #电视剧 | TV Plays | 1801.00 | 321.00 | | 8050.36 |
| 动画电视 | Cartoon TV Programs | | 157.00 | | 3974.30 |
| 电视节目出口量(小时) | Exported TV Programs (Hour) | 988 | 773 | | 5307 |
| 出口电视剧(部) | Exported TV Play Series (Set) | 23 | 10 | | 65 |
| 出口电视剧(集) | Exported TV Plays (Part) | 735 | 355 | | 2117 |
| 出口动画电视(部) | Exported Cartoon TV Program Series (Set) | | 4 | | 15 |
| 出口动画电视(集) | Exported Cartoon TV Programs (Part) | | 1088 | | 2365 |

4-22 续表 2 continued

| 指　标 | Item | 国家广电总局直属 Under State Administration of Radio, Film and Television | 北　京 Beijing | 河　北 Hebei | 吉　林 Jilin | 上　海 Shanghai | 江　苏 Jiangsu | 浙　江 Zhejiang |
|---|---|---|---|---|---|---|---|---|
| 电视节目进口总额(万元) | Imported TV Programs (Value in 10000 yuan) | 16187.81 | 389.30 | 24.52 | 415.96 | 968.80 | 996.00 | |
| #电视剧 | TV Plays | 3806.00 | 150.00 | | 415.96 | 968.80 | 470.00 | |
| 动画电视 | Cartoon TV Programs | 330.00 | 106.92 | | | | | |
| 电视节目进口量(小时) | Imported TV Programs (Hour) | | 331 | 99 | 1790 | 55 | 2622 | |
| 进口电视剧(部) | Imported TV Play Series (Set) | 85 | 1 | | 33 | 3 | 11 | |
| 进口电视剧(集) | Imported TV Plays (Part) | 732 | 48 | | 2385 | 67 | 320 | |
| 进口动画电视(部) | Imported Cartoon TV Program Series (Set) | 5 | 2 | | | | | |
| 进口动画电视(集) | Imported Cartoon TV Programs (Part) | 124 | 103 | | | | | |
| 电视节目出口总额(万元) | Exported TV Programs (Value in 10000 yuan) | 6735.61 | 4727.30 | | | 402.34 | 10.30 | 150.00 |
| #电视剧 | TV Plays | 6472.81 | 4399.30 | | | 22.45 | 10.30 | |
| 动画电视 | Cartoon TV Programs | 260.00 | | | | 4.06 | | 150.00 |
| 电视节目出口量(小时) | Exported TV Programs (Hour) | 5267 | 955 | | | 872 | 34 | 19 |
| 出口电视剧(部) | Exported TV Play Series (Set) | 80 | 21 | | | 2 | 2 | |
| 出口电视剧(集) | Exported TV Plays (Part) | 2445 | 971 | | | 60 | 44 | |
| 出口动画电视(部) | Exported Cartoon TV Program Series (Set) | 7 | | | | 1 | | 1 |
| 出口动画电视(集) | Exported Cartoon TV Programs (Part) | 227 | | | | 150 | | 52 |

4-22 续表 3 continued

| 指　标 | Item | 安　徽 Anhui | 山　东 Shandong | 湖　北 Hubei | 湖　南 Hunan | 广　东 Guangdong | 广　西 Guangxi | 四　川 Sichuan |
|---|---|---|---|---|---|---|---|---|
| 电视节目进口总额(万元) | Imported TV Programs (Value in 10000 yuan) | 4060.95 | 35.84 | | 8000.00 | 2224.04 | 89.00 | 322.00 |
| #电视剧 | TV Plays | 4058.40 | 35.84 | | 8000.00 | 311.00 | | 297.00 |
| 动画电视 | Cartoon TV Programs | 2.55 | | | | 338.50 | | 25.00 |
| 电视节目进口量(小时) | Imported TV Programs (Hour) | 453 | 27 | | 450 | 12754 | 5200 | 465 |
| 进口电视剧(部) | Imported TV Play Series (Set) | 23 | 2 | | 12 | 10 | | 16 |
| 进口电视剧(集) | Imported TV Plays (Part) | 575 | 36 | | 600 | 349 | | 384 |
| 进口动画电视(部) | Imported Cartoon TV Program Series (Set) | 1 | | | | 5 | | 6 |
| 进口动画电视(集) | Imported Cartoon TV Programs (Part) | 51 | | | | 287 | | 304 |
| 电视节目出口总额(万元) | Exported TV Programs (Value in 10000 yuan) | | | 4454.00 | 274.00 | 186.24 | | |
| #电视剧 | TV Plays | | | | | 180.00 | | |
| 动画电视 | Cartoon TV Programs | | | 4454.00 | 274.00 | 6.24 | | |
| 电视节目出口量(小时) | Exported TV Programs (Hour) | | | 52 | 681 | 171 | | |
| 出口电视剧(部) | Exported TV Play Series (Set) | | | | | 6 | | |
| 出口电视剧(集) | Exported TV Plays (Part) | | | | | 165 | | |
| 出口动画电视(部) | Exported Cartoon TV Program Series (Set) | | | 7 | 10 | 1 | | |
| 出口动画电视(集) | Exported Cartoon TV Programs (Part) | | | 108 | 3088 | 26 | | |

# 4-23 全国中短波和调频广播发射转播情况（2006年）
# Transmission and Relay of Medium Short Wave and Frequency Modulation Radio Programs (2006)

| 地区 | Province | 中、短波转播发射台（座）Medium Short Wave Transmission and Relaying Stations (set) | 中波发射机 Medium Wave Transmitters | | #转中央台节目 Relaying Programs of Central Stations | | #转省级台节目 Relaying Programs of Provincial Stations | |
|---|---|---|---|---|---|---|---|---|
| | | | 数量（部）Number (unit) | 功率（千瓦）Power (kw) | 数量（部）Number (unit) | 功率（千瓦）Power (kw) | 数量（部）Number (unit) | 功率（千瓦）Power (kw) |
| **全国合计** | **National Total** | **800** | **2 079** | **40387.0** | **739** | **22873.9** | **890** | **13141.5** |
| 国家广电总局直属 | Directly under the State Administration of Radio, Film and Television | 39 | 67 | 18454.0 | 55 | 17502.0 | 7 | 920.0 |
| 北京 | Beijing | 1 | 5 | 160.0 | | | | |
| 天津 | Tianjin | 3 | 8 | 170.0 | | | 8 | 170.0 |
| 河北 | Hebei | 30 | 43 | 300.0 | 5 | 32.0 | 21 | 206.0 |
| 山西 | Shanxi | 15 | 32 | 443.0 | 10 | 73.0 | 15 | 318.0 |
| 内蒙古 | Inner Mongolia | 57 | 170 | 1203.0 | 63 | 179.0 | 74 | 620.0 |
| 辽宁 | Liaoning | 33 | 77 | 1143.0 | 18 | 441.0 | 23 | 531.0 |
| 吉林 | Jilin | 31 | 59 | 701.0 | 16 | 115.0 | 27 | 297.0 |
| 黑龙江 | Heilongjiang | 42 | 90 | 1379.0 | 35 | 757.0 | 36 | 468.0 |
| 上海 | Shanghai | 4 | 8 | 240.0 | 2 | 20.0 | 6 | 220.0 |
| 江苏 | Jiangsu | 21 | 59 | 515.0 | 12 | 95.0 | 15 | 86.0 |
| 浙江 | Zhejiang | 36 | 143 | 585.0 | 93 | 169.0 | 34 | 347.0 |
| 安徽 | Anhui | 22 | 69 | 645.0 | 14 | 137.0 | 23 | 431.0 |
| 福建 | Fujian | 36 | 96 | 1067.0 | 45 | 345.0 | 38 | 655.0 |
| 江西 | Jiangxi | 16 | 28 | 399.5 | 8 | 116.0 | 12 | 238.0 |
| 山东 | Shandong | 31 | 101 | 1246.5 | 25 | 255.5 | 35 | 698.0 |
| 河南 | Henan | 30 | 103 | 1212.0 | 2 | 60.0 | 48 | 752.0 |
| 湖北 | Hubei | 28 | 67 | 1109.0 | 14 | 180.0 | 30 | 763.0 |
| 湖南 | Hunan | 26 | 51 | 587.0 | 21 | 39.0 | 22 | 522.0 |
| 广东 | Guangdong | 21 | 152 | 2591.0 | 56 | 731.0 | 81 | 796.0 |
| 广西 | Guangxi | 21 | 37 | 881.0 | 13 | 232.0 | 23 | 639.0 |
| 海南 | Hainan | 3 | 7 | 132.0 | 4 | 62.0 | 3 | 70.0 |
| 重庆 | Chongqing | 5 | 13 | 120.0 | 4 | 62.0 | 9 | 58.0 |
| 四川 | Sichuan | 35 | 69 | 508.0 | 26 | 158.0 | 39 | 328.0 |
| 贵州 | Guizhou | 11 | 21 | 547.0 | 5 | 41.0 | 11 | 490.0 |
| 云南 | Yunnan | 57 | 97 | 1054.0 | 45 | 288.0 | 44 | 544.0 |
| 西藏 | Tibet | 38 | 133 | 153.0 | 59 | 72.4 | 73 | 80.5 |
| 陕西 | Shaanxi | 14 | 38 | 418.0 | 6 | 82.0 | 20 | 306.0 |
| 甘肃 | Gansu | 30 | 52 | 630.0 | 20 | 179.0 | 25 | 390.0 |
| 青海 | Qinghai | 8 | 16 | 514.0 | 5 | 42.0 | 3 | 410.0 |
| 宁夏 | Ningxia | 11 | 32 | 339.0 | 14 | 258.0 | 14 | 68.0 |
| 新疆 | Xinjiang | 45 | 136 | 941.0 | 44 | 151.0 | 71 | 720.0 |
| **计划单列市** | **Cities Specifically Designated in State Plan** | **13** | **55** | **501.0** | **14** | **224.0** | **10** | **90.0** |
| 大连 | Dalian | 5 | 14 | 163.0 | 4 | 71.0 | 3 | 61.0 |
| 宁波 | Ningbo | 3 | 12 | 41.0 | 3 | 12.0 | 3 | 3.0 |
| 厦门 | Xiamen | 2 | 16 | 184.0 | 4 | 120.0 | 1 | 10.0 |
| 青岛 | Qingdao | 1 | 7 | 70.0 | 1 | 10.0 | 1 | 10.0 |
| 深圳 | Shenzhen | 2 | 6 | 43.0 | 2 | 11.0 | 2 | 6.0 |

4-23 续表 continued

| 地 区 | Province | 短波发射机 Short Wave Transmitters | | 调频转播发射台(座) Frequency Modulation Transmission and Relaying Stations (set) | 调频发射机 Frequency Modulation Transmitters | | #转中央台节目 Relaying Programs of Central Radio Station | |
|---|---|---|---|---|---|---|---|---|
| | | 数量(部) Number (Unit) | 功率(千瓦) Power (kw) | | 数量(部) Number (Unit) | 功率(千瓦) Power (kw) | 数量(部) Number (Unit) | 功率(千瓦) Power (kw) |
| **全国合计** | **National Total** | **413** | **5557.50** | **16657** | **22621** | **6210.82** | **6406** | **1553.83** |
| 国家广电总局直属 | Directly under the State Administration of Radio, Film and Television | 266 | 473.00 | | | | | |
| 北 京 | Beijing | | | 10 | 19 | 33.65 | | |
| 天 津 | Tianjin | | | 13 | 25 | 26.13 | 4 | 0.61 |
| 河 北 | Hebei | | | 129 | 174 | 131.16 | 30 | 39.70 |
| 山 西 | Shanxi | | | 107 | 141 | 205.43 | 66 | 93.75 |
| 内蒙古 | Inner Mongolia | 11 | 43.00 | 466 | 588 | 262.11 | 379 | 98.32 |
| 辽 宁 | Liaoning | | | 251 | 303 | 207.81 | 98 | 32.13 |
| 吉 林 | Jilin | | | 61 | 108 | 165.18 | 17 | 42.75 |
| 黑龙江 | Heilongjiang | 1 | 15.00 | 244 | 387 | 250.76 | 47 | 20.45 |
| 上 海 | Shanghai | 3 | 2.00 | 11 | 22 | 80.20 | 6 | 26.20 |
| 江 苏 | Jiangsu | 2 | 5.00 | 82 | 131 | 119.43 | 9 | 2.70 |
| 浙 江 | Zhejiang | | | 101 | 175 | 215.51 | 11 | 26.25 |
| 安 徽 | Anhui | | | 656 | 808 | 316.65 | 174 | 99.34 |
| 福 建 | Fujian | 2 | 57.50 | 98 | 206 | 164.57 | 40 | 36.54 |
| 江 西 | Jiangxi | | | 637 | 751 | 275.81 | 303 | 94.06 |
| 山 东 | Shandong | | | 120 | 208 | 396.97 | 28 | 13.68 |
| 河 南 | Henan | | | 130 | 157 | 159.11 | 39 | 37.06 |
| 湖 北 | Hubei | | | 420 | 519 | 418.73 | 166 | 50.90 |
| 湖 南 | Hunan | 1 | 1.00 | 97 | 130 | 182.03 | 68 | 81.82 |
| 广 东 | Guangdong | | | 125 | 216 | 599.87 | 24 | 166.16 |
| 广 西 | Guangxi | 2 | 65.00 | 105 | 215 | 399.71 | 65 | 118.27 |
| 海 南 | Hainan | | | 83 | 112 | 144.37 | 78 | 65.07 |
| 重 庆 | Chongqing | | | 64 | 178 | 113.74 | 38 | 8.76 |
| 四 川 | Sichuan | 27 | 15.00 | 1617 | 3566 | 235.25 | 2410 | 57.95 |
| 贵 州 | Guizhou | 2 | 2.00 | 183 | 204 | 120.44 | 56 | 30.64 |
| 云 南 | Yunnan | 3 | 15.00 | 199 | 322 | 163.37 | 149 | 47.95 |
| 西 藏 | Tibet | | | 2074 | 3574 | 82.90 | 826 | 31.74 |
| 陕 西 | Shaanxi | 1 | 15.00 | 6535 | 6556 | 174.09 | 30 | 18.66 |
| 甘 肃 | Gansu | 2 | 65.00 | 781 | 1094 | 176.65 | 702 | 42.33 |
| 青 海 | Qinghai | 5 | 25.00 | 242 | 300 | 26.39 | 175 | 17.42 |
| 宁 夏 | Ningxia | | | 19 | 63 | 109.79 | 35 | 77.21 |
| 新 疆 | Xinjiang | 85 | 178.00 | 997 | 1369 | 253.00 | 333 | 75.43 |
| **计划单列市** | **Cities Specifically Designated in State Plan** | | | **67** | **118** | **166.04** | **16** | **29.59** |
| 大 连 | Dalian | | | 40 | 63 | 34.29 | 9 | 6.19 |
| 宁 波 | Ningbo | | | 14 | 24 | 34.30 | 3 | 1.40 |
| 厦 门 | Xiamen | | | 2 | 9 | 16.30 | 2 | 2.00 |
| 青 岛 | Qingdao | | | 9 | 15 | 20.15 | | |
| 深 圳 | Shenzhen | | | 2 | 7 | 61.00 | 2 | 20.00 |

## 4-24 全国电视发射转播情况（2006年）

## Transmission and Relay of TV Programs (2006)

| 地　区 | Province | 电视转播发射台（座）TV Transmission and Relaying Stations (set) | 电视发射机 TV Program Transmitters | | #专转中央台发射机 Transmitters for Relaying CCTV Programs | | #专转省一套发射机 Transmitters for Relaying Provincial Channel I Programs | |
|---|---|---|---|---|---|---|---|---|
| | | | 数量（部）Number (unit) | 功率（千瓦）Power (kw) | 数量（部）Number (unit) | 功率（千瓦）Power (kw) | 数量（部）Number (unit) | 功率（千瓦）Power (kw) |
| **全国合计** | **National Total** | **27163** | **48190** | **9000.28** | **25628** | **2576.59** | **19660** | **3562.08** |
| 北　京 | Beijing | 10 | 16 | 89.60 | 2 | 1.30 | 5 | 71.30 |
| 天　津 | Tianjin | 9 | 25 | 147.15 | 8 | 34.10 | 8 | 102.00 |
| 河　北 | Hebei | 235 | 304 | 286.61 | 127 | 53.84 | 99 | 133.41 |
| 山　西 | Shanxi | 655 | 923 | 321.52 | 526 | 75.58 | 344 | 168.17 |
| 内蒙古 | Inner Mongolia | 1838 | 2274 | 341.07 | 1589 | 136.31 | 542 | 116.41 |
| 辽　宁 | Liaoning | 367 | 499 | 429.92 | 287 | 132.66 | 100 | 167.97 |
| 吉　林 | Jilin | 184 | 295 | 245.23 | 115 | 64.38 | 117 | 112.55 |
| 黑龙江 | Heilongjiang | 278 | 586 | 428.70 | 391 | 190.16 | 151 | 159.58 |
| 上　海 | Shanghai | 11 | 17 | 170.00 | 3 | 32.00 | 7 | 132.00 |
| 江　苏 | Jiangsu | 112 | 339 | 474.96 | 117 | 138.12 | 78 | 123.73 |
| 浙　江 | Zhejiang | 128 | 289 | 238.11 | 104 | 27.52 | 84 | 81.59 |
| 安　徽 | Anhui | 227 | 491 | 531.01 | 214 | 151.63 | 103 | 173.98 |
| 福　建 | Fujian | 155 | 264 | 198.27 | 150 | 70.86 | 79 | 85.48 |
| 江　西 | Jiangxi | 350 | 552 | 360.92 | 335 | 156.93 | 116 | 96.21 |
| 山　东 | Shandong | 152 | 358 | 765.17 | 134 | 162.96 | 75 | 185.49 |
| 河　南 | Henan | 153 | 370 | 674.11 | 123 | 125.28 | 82 | 245.63 |
| 湖　北 | Hubei | 1053 | 1267 | 399.84 | 865 | 92.11 | 190 | 107.82 |
| 湖　南 | Hunan | 335 | 372 | 307.44 | 171 | 129.26 | 133 | 121.81 |
| 广　东 | Guangdong | 93 | 181 | 552.28 | 58 | 75.30 | 76 | 361.68 |
| 广　西 | Guangxi | 67 | 131 | 230.83 | 47 | 25.15 | 33 | 84.13 |
| 海　南 | Hainan | 23 | 42 | 94.55 | 24 | 47.70 | 12 | 36.85 |
| 重　庆 | Chongqing | 51 | 75 | 41.12 | 34 | 5.54 | 33 | 32.45 |
| 四　川 | Sichuan | 2471 | 5542 | 280.69 | 2967 | 61.00 | 1796 | 116.75 |
| 贵　州 | Guizhou | 2400 | 3079 | 99.12 | 1629 | 25.21 | 1424 | 66.60 |
| 云　南 | Yunnan | 140 | 1466 | 113.36 | 812 | 42.21 | 576 | 37.59 |
| 西　藏 | Tibet | 1745 | 4262 | 59.89 | 1467 | 21.64 | 2790 | 35.96 |
| 陕　西 | Shaanxi | 8303 | 15718 | 227.69 | 7989 | 34.49 | 7691 | 125.27 |
| 甘　肃 | Gansu | 3207 | 4882 | 176.04 | 3315 | 84.58 | 1495 | 58.40 |
| 青　海 | Qinghai | 1480 | 1654 | 37.01 | 1170 | 25.09 | 474 | 10.31 |
| 宁　夏 | Ningxia | 21 | 233 | 323.05 | 209 | 231.59 | 11 | 71.11 |
| 新　疆 | Xinjiang | 910 | 1684 | 355.03 | 646 | 122.09 | 936 | 139.84 |
| **计划单列市** | **Cities Specifically Designated in State Plan** | **71** | **147** | **315.01** | **59** | **83.75** | **18** | **66.33** |
| 大　连 | Dalian | 48 | 93 | 106.63 | 43 | 30.20 | 10 | 15.73 |
| 宁　波 | Ningbo | 10 | 23 | 27.38 | 8 | 3.25 | 4 | 10.60 |
| 厦　门 | Xiamen | 1 | 5 | 50.00 | 2 | 20.00 | 1 | 10.00 |
| 青　岛 | Qingdao | 10 | 18 | 50.80 | 2 | 10.10 | 1 | 10.00 |
| 深　圳 | Shenzhen | 2 | 8 | 80.20 | 4 | 20.20 | 2 | 20.00 |

# 4-25 全国广播电视卫星、微波情况（2006年）

# Satellite and Microwave Facilities for Radio and TV Broadcasting (2006)

| 地区 | Province | 卫星地球站（座） Satellite Earth Stations (unit) | 移动卫星转播车（辆） Mobile Satellite Outside Broadcasting Vans (unit) | 卫星收转站（座） Satellite Receiving Stations (unit) | 微波实有站（座） Actual Number of Microwave Stations (unit) | 微波传送线路长度（公里） Length of Microwave Transmission Lines (km) | #数字微波线路长度 Length of Digital Microwave Lines |
|---|---|---|---|---|---|---|---|
| **全国合计** | **National Total** | **35** | **38** | **2020761** | **2749** | **100511.67** | **28972.68** |
| 国家广电总局直属 | Directly under the State Administration of Radio, Film and Television | 5 | | | | | |
| 北京 | Beijing | 1 | 2 | 1643 | 10 | 84.80 | |
| 天津 | Tianjin | 1 | 2 | 261 | 14 | 102.00 | 20.00 |
| 河北 | Hebei | 1 | | 13311 | 29 | 1529.00 | 1529.00 |
| 山西 | Shanxi | 1 | 1 | 16947 | 81 | 3726.00 | 1470.00 |
| 内蒙古 | Inner Mongolia | 1 | 2 | 57799 | 133 | 5780.10 | 540.00 |
| 辽宁 | Liaoning | 1 | | 2004 | 77 | 3716.94 | 1348.70 |
| 吉林 | Jilin | 1 | | 3551 | 85 | 3218.00 | 1789.00 |
| 黑龙江 | Heilongjiang | 1 | 1 | 2488 | 64 | 5775.00 | |
| 上海 | Shanghai | 1 | 1 | 859 | | | |
| 江苏 | Jiangsu | 1 | 3 | 984 | 92 | 3408.50 | 1824.00 |
| 浙江 | Zhejiang | 1 | 2 | 3436 | 78 | 2618.20 | 790.00 |
| 安徽 | Anhui | 1 | 1 | 4024 | 93 | 4886.10 | 60.00 |
| 福建 | Fujian | 1 | 4 | 5897 | 306 | 9853.68 | 1582.78 |
| 江西 | Jiangxi | 1 | 2 | 7723 | 26 | 2245.50 | |
| 山东 | Shandong | 1 | 1 | 1359 | 78 | 4052.00 | 703.00 |
| 河南 | Henan | 1 | | 4014 | 58 | 2083.00 | 87.00 |
| 湖北 | Hubei | 1 | 4 | 179649 | 187 | 4086.80 | 50.00 |
| 湖南 | Hunan | 1 | 1 | 50838 | 131 | 5690.10 | 2119.50 |
| 广东 | Guangdong | 1 | 4 | 2219 | 537 | 11771.05 | 3860.59 |
| 广西 | Guangxi | 1 | 1 | 110779 | 114 | 5532.46 | 1927.96 |
| 海南 | Hainan | 1 | 1 | 985 | 14 | 564.90 | 55.30 |
| 重庆 | Chongqing | 1 | 1 | 54916 | 44 | 1585.85 | 225.60 |
| 四川 | Sichuan | 1 | 1 | 520647 | 58 | 2421.00 | 1659.00 |
| 贵州 | Guizhou | 1 | 1 | 556336 | 92 | 95.25 | 59.75 |
| 云南 | Yunnan | 1 | 1 | 48918 | 117 | 6561.49 | 987.00 |
| 西藏 | Tibet | 1 | | 11964 | | | |
| 陕西 | Shaanxi | | | 314145 | 74 | 2996.00 | 2838.00 |
| 甘肃 | Gansu | 1 | | 11981 | 92 | 3958.95 | 2753.50 |
| 青海 | Qinghai | 1 | | 26937 | 11 | 716.00 | 531.00 |
| 宁夏 | Ningxia | 1 | | 437 | 30 | 984.00 | |
| 新疆 | Xinjiang | 1 | 1 | 3710 | 24 | 469.00 | 162.00 |
| **计划单列市** | **Cities Specifically Designated in State Plan** | | **5** | **823** | **26** | **1538.00** | **1485.00** |
| 大连 | Dalian | | | 254 | 18 | 741.00 | 741.00 |
| 宁波 | Ningbo | | | 62 | | 710.00 | 710.00 |
| 厦门 | Xiamen | | 1 | 174 | 4 | 53.00 | |
| 青岛 | Qingdao | | | 168 | | | |
| 深圳 | Shenzhen | | 4 | 165 | 4 | 34.00 | 34.00 |

# 4-26 全国广播电视从业人员情况（2006年）

## Employees Engaged in Radio and Television Broadcasting Industry (2006)

| 地 区 | Province | 从业人员（人）Total Number of Employees (person) | #长期职工 Long-time Employees | 从业人员报酬（万元）Earnings of Employed Persons (10000 yuan) | 编辑、记者（人）Editors and Reporters (person) | 高 级 Senior | 中 级 Middle | 初级及以下 Junior and Below |
|---|---|---|---|---|---|---|---|---|
| **全国合计** | **National Total** | **624287** | **563811** | **1665409** | **107546** | **11469** | **34273** | **61804** |
| 国家广电总局直属 | Directly under the State Administration of Radio, Film and Television | 30636 | 26323 | 132337 | 5341 | 929 | 1073 | 3339 |
| 北 京 | Beijing | 13855 | 12062 | 71193 | 2259 | 285 | 829 | 1145 |
| 天 津 | Tianjin | 6374 | 5901 | 19289 | 1452 | 311 | 345 | 796 |
| 河 北 | Hebei | 29070 | 27383 | 45353 | 5301 | 785 | 1377 | 3139 |
| 山 西 | Shanxi | 18593 | 16470 | 38516 | 4109 | 338 | 1502 | 2269 |
| 内蒙古 | Inner Mongolia | 16515 | 15532 | 34227 | 3139 | 478 | 1198 | 1463 |
| 辽 宁 | Liaoning | 24783 | 23971 | 55467 | 4982 | 688 | 2041 | 2253 |
| 吉 林 | Jilin | 17876 | 17005 | 31380 | 3718 | 774 | 1265 | 1679 |
| 黑龙江 | Heilongjiang | 21832 | 20122 | 37753 | 4584 | 790 | 1562 | 2232 |
| 上 海 | Shanghai | 15182 | 13063 | 95311 | 1459 | 76 | 509 | 874 |
| 江 苏 | Jiangsu | 35378 | 31204 | 116032 | 5550 | 342 | 1889 | 3319 |
| 浙 江 | Zhejiang | 31211 | 25690 | 128098 | 4647 | 334 | 1678 | 2635 |
| 安 徽 | Anhui | 16870 | 16190 | 47982 | 2872 | 241 | 1091 | 1540 |
| 福 建 | Fujian | 19098 | 17394 | 54518 | 2986 | 185 | 649 | 2152 |
| 江 西 | Jiangxi | 16733 | 15525 | 32015 | 2250 | 244 | 712 | 1294 |
| 山 东 | Shandong | 33649 | 31415 | 86004 | 7574 | 1245 | 3020 | 3309 |
| 河 南 | Henan | 39967 | 35264 | 58937 | 6946 | 478 | 2165 | 4303 |
| 湖 北 | Hubei | 30115 | 28405 | 57466 | 5060 | 506 | 2022 | 2532 |
| 湖 南 | Hunan | 28433 | 26023 | 58618 | 3358 | 218 | 844 | 2296 |
| 广 东 | Guangdong | 41382 | 35550 | 163878 | 5835 | 399 | 1740 | 3696 |
| 广 西 | Guangxi | 11808 | 11020 | 37510 | 2329 | 156 | 709 | 1464 |
| 海 南 | Hainan | 3876 | 3751 | 11848 | 879 | 63 | 176 | 640 |
| 重 庆 | Chongqing | 10439 | 8733 | 29499 | 1137 | 57 | 279 | 801 |
| 四 川 | Sichuan | 32185 | 29089 | 70857 | 5384 | 239 | 1289 | 3856 |
| 贵 州 | Guizhou | 11441 | 10647 | 21572 | 1877 | 123 | 346 | 1408 |
| 云 南 | Yunnan | 13785 | 12293 | 31538 | 2716 | 251 | 852 | 1613 |
| 西 藏 | Tibet | 2961 | 2958 | 8464 | 286 | 42 | 69 | 175 |
| 陕 西 | Shaanxi | 17790 | 15391 | 26459 | 3218 | 262 | 1149 | 1807 |
| 甘 肃 | Gansu | 13279 | 11834 | 22840 | 2160 | 172 | 583 | 1405 |
| 青 海 | Qinghai | 2744 | 2530 | 6453 | 586 | 121 | 221 | 244 |
| 宁 夏 | Ningxia | 3518 | 3431 | 7387 | 550 | 31 | 135 | 384 |
| 新 疆 | Xinjiang | 12909 | 11642 | 26611 | 3002 | 306 | 954 | 1742 |
| **计划单列市** | **Cities Specifically Designated in State Plan** | **19077** | **16987** | **99389** | **3272** | **386** | **1109** | **1777** |
| 大 连 | Dalian | 3213 | 3089 | 10685 | 870 | 108 | 278 | 484 |
| 宁 波 | Ningbo | 3421 | 3021 | 18773 | 287 | 2 | 81 | 204 |
| 厦 门 | Xiamen | 1785 | 1736 | 10483 | 503 | 31 | 140 | 332 |
| 青 岛 | Qingdao | 4224 | 4090 | 15876 | 632 | 98 | 224 | 310 |
| 深 圳 | Shenzhen | 6434 | 5051 | 43572 | 980 | 147 | 386 | 447 |

## 4-26 续表 continued

| 地 区 | Province | 播音员主持人（人） Announcers and Anchor Persons (Person) | 高 级 Senior | 中 级 Middle | 初 级 及以下 Junior and Below | 工程技术人员（人） Engineering Technical Personnel (Person) | 高 级 Senior | 中 级 Middle | 初 级 及以下 Junior and Below |
|---|---|---|---|---|---|---|---|---|---|
| **全国合计** | **National Total** | **22409** | **1325** | **5955** | **15129** | **116713** | **7954** | **30650** | **78109** |
| 国家广电总局直属 | Directly under the State Administration of Radio, Film and Television | 442 | 127 | 132 | 183 | 7469 | 726 | 1878 | 4865 |
| 北 京 | Beijing | 335 | 32 | 102 | 201 | 1134 | 123 | 457 | 554 |
| 天 津 | Tianjin | 254 | 48 | 70 | 136 | 1118 | 148 | 265 | 705 |
| 河 北 | Hebei | 1457 | 82 | 453 | 922 | 5536 | 499 | 1382 | 3655 |
| 山 西 | Shanxi | 643 | 61 | 212 | 370 | 3010 | 187 | 1016 | 1807 |
| 内蒙古 | Inner Mongolia | 694 | 62 | 248 | 384 | 3054 | 227 | 885 | 1942 |
| 辽 宁 | Liaoning | 1048 | 75 | 336 | 637 | 5311 | 380 | 1573 | 3358 |
| 吉 林 | Jilin | 690 | 113 | 193 | 384 | 4491 | 432 | 1212 | 2847 |
| 黑龙江 | Heilongjiang | 727 | 72 | 228 | 427 | 4587 | 399 | 1261 | 2927 |
| 上 海 | Shanghai | 263 | 17 | 101 | 145 | 1490 | 122 | 420 | 948 |
| 江 苏 | Jiangsu | 1235 | 38 | 240 | 957 | 6342 | 411 | 1788 | 4143 |
| 浙 江 | Zhejiang | 1318 | 29 | 339 | 950 | 4601 | 257 | 1247 | 3097 |
| 安 徽 | Anhui | 915 | 38 | 243 | 634 | 2638 | 309 | 819 | 1510 |
| 福 建 | Fujian | 631 | 21 | 107 | 503 | 2459 | 163 | 668 | 1628 |
| 江 西 | Jiangxi | 763 | 23 | 151 | 589 | 2833 | 164 | 704 | 1965 |
| 山 东 | Shandong | 1518 | 140 | 597 | 781 | 9427 | 903 | 2646 | 5878 |
| 河 南 | Henan | 1153 | 61 | 328 | 764 | 5203 | 286 | 1183 | 3734 |
| 湖 北 | Hubei | 824 | 41 | 255 | 528 | 6013 | 308 | 1896 | 3809 |
| 湖 南 | Hunan | 766 | 20 | 200 | 546 | 5903 | 382 | 1290 | 4231 |
| 广 东 | Guangdong | 1568 | 32 | 212 | 1324 | 6973 | 408 | 1396 | 5169 |
| 广 西 | Guangxi | 508 | 22 | 96 | 390 | 2520 | 180 | 796 | 1544 |
| 海 南 | Hainan | 186 | 7 | 31 | 148 | 859 | 36 | 190 | 633 |
| 重 庆 | Chongqing | 223 | 15 | 56 | 152 | 1889 | 71 | 380 | 1438 |
| 四 川 | Sichuan | 833 | 13 | 204 | 616 | 5606 | 149 | 1375 | 4082 |
| 贵 州 | Guizhou | 468 | 10 | 85 | 373 | 2926 | 60 | 444 | 2422 |
| 云 南 | Yunnan | 703 | 31 | 197 | 475 | 3230 | 121 | 842 | 2267 |
| 西 藏 | Tibet | 105 | 7 | 29 | 69 | 815 | 13 | 160 | 642 |
| 陕 西 | Shaanxi | 658 | 23 | 181 | 454 | 3093 | 181 | 845 | 2067 |
| 甘 肃 | Gansu | 481 | 15 | 74 | 392 | 1894 | 114 | 534 | 1246 |
| 青 海 | Qinghai | 135 | 8 | 54 | 73 | 776 | 32 | 215 | 529 |
| 宁 夏 | Ningxia | 137 | 1 | 21 | 115 | 621 | 25 | 136 | 460 |
| 新 疆 | Xinjiang | 728 | 41 | 180 | 507 | 2892 | 138 | 747 | 2007 |
| **计划单列市** | **Cities Specifically Designated in State Plan** | **695** | **35** | **206** | **454** | **4241** | **451** | **974** | **2816** |
| 大 连 | Dalian | 101 | 9 | 47 | 45 | 577 | 72 | 205 | 300 |
| 宁 波 | Ningbo | 164 |  | 12 | 152 | 393 | 50 | 74 | 269 |
| 厦 门 | Xiamen | 44 | 4 | 16 | 24 | 432 | 41 | 135 | 256 |
| 青 岛 | Qingdao | 193 | 9 | 67 | 117 | 1809 | 112 | 272 | 1425 |
| 深 圳 | Shenzhen | 193 | 13 | 64 | 116 | 1030 | 176 | 288 | 566 |

# 4-27 全国广播电视收入情况（2006年）

## Revenue of Radio and Television Broadcasting Industry (2006)

单位：万元 (10000 yuan)

| 地区 | Province | 总收入 Total Incomes | 事业、企业单位实际创收 Incomes from Institutions and Enterprises | #广告收入 Revenue from Advertising | #有线广播电视收视费收入 Revenue from Subscription of Cable Radio and TV Programs |
|---|---|---|---|---|---|
| **全国合计** | **National Total** | **10991237** | **9599354** | **5273464** | **1835454** |
| 国家广电总局直属 | Directly under the State Administration of Radio, Film and Television | 1899833 | 1560828 | 1103705 | 57295 |
| 北京 | Beijing | 594103 | 518695 | 240146 | 61029 |
| 天津 | Tianjin | 173144 | 145820 | 34309 | 21210 |
| 河北 | Hebei | 257440 | 230485 | 144454 | 56681 |
| 山西 | Shanxi | 143823 | 113728 | 52780 | 34390 |
| 内蒙古 | Inner Mongolia | 109646 | 67782 | 25492 | 24463 |
| 辽宁 | Liaoning | 333254 | 301479 | 183681 | 81567 |
| 吉林 | Jilin | 148259 | 124664 | 72917 | 37555 |
| 黑龙江 | Heilongjiang | 222736 | 200962 | 107818 | 67348 |
| 上海 | Shanghai | 918752 | 894916 | 383815 | 67714 |
| 江苏 | Jiangsu | 728392 | 685586 | 400205 | 143340 |
| 浙江 | Zhejiang | 797821 | 734411 | 354507 | 148394 |
| 安徽 | Anhui | 226890 | 196857 | 138386 | 29646 |
| 福建 | Fujian | 287512 | 234690 | 116920 | 67779 |
| 江西 | Jiangxi | 165905 | 143547 | 69493 | 48649 |
| 山东 | Shandong | 489534 | 456968 | 259244 | 133046 |
| 河南 | Henan | 270577 | 221071 | 136104 | 51399 |
| 湖北 | Hubei | 292026 | 258306 | 125523 | 69057 |
| 湖南 | Hunan | 435238 | 385220 | 200172 | 66221 |
| 广东 | Guangdong | 1000812 | 947076 | 567514 | 201799 |
| 广西 | Guangxi | 186515 | 149575 | 71198 | 54411 |
| 海南 | Hainan | 52071 | 41610 | 23076 | 13373 |
| 重庆 | Chongqing | 180221 | 168292 | 85706 | 40265 |
| 四川 | Sichuan | 335591 | 290384 | 126177 | 102851 |
| 贵州 | Guizhou | 103192 | 78454 | 40703 | 23601 |
| 云南 | Yunnan | 178631 | 141308 | 57472 | 49130 |
| 西藏 | Tibet | 21070 | 4533 | 2198 | 1678 |
| 陕西 | Shaanxi | 181171 | 157797 | 90127 | 34028 |
| 甘肃 | Gansu | 78459 | 45255 | 19012 | 14884 |
| 青海 | Qinghai | 26961 | 14570 | 2924 | 6548 |
| 宁夏 | Ningxia | 36417 | 25890 | 13873 | 8503 |
| 新疆 | Xinjiang | 115242 | 58596 | 23816 | 17599 |
| **计划单列市** | **Cities Specifically Designated in State Plan** | **541022** | **504235** | **259858** | **123837** |
| 大连 | Dalian | 79621 | 75145 | 37524 | 22380 |
| 宁波 | Ningbo | 91150 | 81523 | 38983 | 25453 |
| 厦门 | Xiamen | 49192 | 32933 | 14665 | 6550 |
| 青岛 | Qingdao | 82081 | 80525 | 35827 | 29419 |
| 深圳 | Shenzhen | 238978 | 234109 | 132859 | 40035 |

# 4-28 全国广播电视行政事业单位财务收支情况（2006年）

# Financial Indicators of Administrative Organs and Institutions of Broadcasting Industry (2006)

单位：万元 (10000 yuan)

| 地 区 | Province | 总收入 Total Revenue | 财政补助收入 Government Subsidies | 事业收入 Undertaking Revenue | 经营收入 Income from Operations | 其它收入 Others | 总支出 Total Expenditure | 固定资产投资额 Total Investment in Fixed Assets |
|---|---|---|---|---|---|---|---|---|
| **全国合计** | **National Total** | **7125726** | **1255625** | **5155349** | **289893** | **424859** | **6826662** | **1482517** |
| 国家广电总局直属 | Directly under the State Administration of Radio, Film and Television | 1490327 | 291017 | 1122797 | 43 | 76470 | 1479039 | 413362 |
| 北 京 | Beijing | 289156 | 49146 | 192417 | 1496 | 46098 | 272555 | 47522 |
| 天 津 | Tianjin | 131048 | 24683 | 101588 | 111 | 4666 | 116102 | 41740 |
| 河 北 | Hebei | 192554 | 24142 | 155239 | 4625 | 8548 | 186466 | 34536 |
| 山 西 | Shanxi | 112152 | 31604 | 71170 | 1550 | 7828 | 115493 | 16939 |
| 内蒙古 | Inner Mongolia | 78053 | 38808 | 36197 | 268 | 2779 | 75039 | 9506 |
| 辽 宁 | Liaoning | 241057 | 36275 | 194350 | 938 | 9494 | 239105 | 41700 |
| 吉 林 | Jilin | 109116 | 36808 | 68714 | 1245 | 2349 | 102391 | 37974 |
| 黑龙江 | Heilongjiang | 213525 | 29823 | 153813 | 20160 | 9729 | 209776 | 26217 |
| 上 海 | Shanghai | 68929 | 27520 | 27074 | 5805 | 8529 | 66346 | 4061 |
| 江 苏 | Jiangsu | 513333 | 44043 | 408382 | 39561 | 21348 | 468443 | 126809 |
| 浙 江 | Zhejiang | 425902 | 54024 | 313371 | 35876 | 22631 | 390975 | 90855 |
| 安 徽 | Anhui | 189461 | 23215 | 147442 | 781 | 18022 | 166161 | 28870 |
| 福 建 | Fujian | 197847 | 41468 | 139328 | 614 | 16436 | 195220 | 41133 |
| 江 西 | Jiangxi | 105571 | 17969 | 77375 | 1328 | 8899 | 100750 | 18107 |
| 山 东 | Shandong | 420334 | 31897 | 363092 | 8390 | 16955 | 396053 | 71964 |
| 河 南 | Henan | 205276 | 44353 | 136735 | 12014 | 12173 | 200522 | 42856 |
| 湖 北 | Hubei | 178874 | 31172 | 138868 | 118 | 8716 | 181146 | 29032 |
| 湖 南 | Hunan | 263979 | 38160 | 164801 | 30578 | 30441 | 258922 | 46086 |
| 广 东 | Guangdong | 733018 | 52853 | 596911 | 59635 | 23620 | 681532 | 129510 |
| 广 西 | Guangxi | 126017 | 32940 | 73602 | 9851 | 9625 | 125773 | 21048 |
| 海 南 | Hainan | 40364 | 10057 | 11994 | 15855 | 2458 | 30889 | 3702 |
| 重 庆 | Chongqing | 93693 | 10148 | 76916 | 4101 | 2528 | 93838 | 7793 |
| 四 川 | Sichuan | 152168 | 41003 | 94661 | 6553 | 9951 | 153092 | 36990 |
| 贵 州 | Guizhou | 86977 | 21878 | 48245 | 12578 | 4275 | 79764 | 17828 |
| 云 南 | Yunnan | 111211 | 37250 | 67320 | 1692 | 4950 | 104131 | 21512 |
| 西 藏 | Tibet | 21070 | 16097 | 3245 | 274 | 1454 | 18723 | 2118 |
| 陕 西 | Shaanxi | 115722 | 17363 | 89252 | 917 | 8190 | 115356 | 18469 |
| 甘 肃 | Gansu | 76801 | 32569 | 32053 | 5117 | 7062 | 75941 | 18177 |
| 青 海 | Qinghai | 20536 | 13053 | 6655 | 55 | 773 | 18448 | 6081 |
| 宁 夏 | Ningxia | 28515 | 9355 | 15850 | 1179 | 2131 | 27777 | 3113 |
| 新 疆 | Xinjiang | 93138 | 44932 | 25889 | 6586 | 15731 | 80894 | 26906 |
| **计划单列市** | **Cities Specifically Designated in State Plan** | **383335** | **34970** | **310920** | **19414** | **18031** | **337299** | **55543** |
| 大 连 | Dalian | 37587 | 4306 | 25909 | 504 | 6868 | 38592 | 2586 |
| 宁 波 | Ningbo | 86345 | 9451 | 67976 | 6095 | 2822 | 75416 | 14479 |
| 厦 门 | Xiamen | 30421 | 14888 | 12624 | 143 | 2767 | 28916 | 5882 |
| 青 岛 | Qingdao | 73329 | 1684 | 70640 | 315 | 691 | 70074 | 11952 |
| 深 圳 | Shenzhen | 155654 | 4641 | 133772 | 12357 | 4883 | 124301 | 20643 |

# 4-29 全国广播电视行政事业单位实际创收情况（2006年）

# Actual Revenue of Administrative Organs and Institutions of Broadcasting Industry (2006)

单位：万元 (10000 yuan)

| 地区 | Province | 实际创收收入 Actual Income | 广告收入 Revenue from Advertising | 广播广告收入 Radio Advertising Revenue | 电视广告收入 TV Advertising Revenue | 其它广告收入 Other Advertising Revenue |
|---|---|---|---|---|---|---|
| **全国合计** | **National Total** | **5751447** | **4267182** | **522355** | **3674519** | **70309** |
| 国家广电总局直属 | Directly under the State Administration of Radio, Film and Television | 1148859 | 1029326 | 24861 | 1003416 | 1049 |
| 北京 | Beijing | 214236 | 195238 | 50692 | 143566 | 980 |
| 天津 | Tianjin | 104449 | 32828 | 6150 | 26610 | 67 |
| 河北 | Hebei | 165847 | 131351 | 22250 | 105108 | 3994 |
| 山西 | Shanxi | 82058 | 52116 | 8866 | 41497 | 1753 |
| 内蒙古 | Inner Mongolia | 36189 | 25367 | 3967 | 20442 | 958 |
| 辽宁 | Liaoning | 209431 | 162896 | 33455 | 127672 | 1770 |
| 吉林 | Jilin | 85841 | 70297 | 11565 | 58717 | 14 |
| 黑龙江 | Heilongjiang | 191684 | 107020 | 18264 | 84253 | 4502 |
| 上海 | Shanghai | 48629 | 3554 | 170 | 3346 | 38 |
| 江苏 | Jiangsu | 470697 | 332756 | 45347 | 278505 | 8904 |
| 浙江 | Zhejiang | 369234 | 203889 | 28046 | 169144 | 6699 |
| 安徽 | Anhui | 159493 | 137896 | 14768 | 121046 | 2082 |
| 福建 | Fujian | 145531 | 92409 | 9341 | 82012 | 1056 |
| 江西 | Jiangxi | 82952 | 64616 | 6398 | 56973 | 1246 |
| 山东 | Shandong | 387591 | 257252 | 39218 | 203993 | 14040 |
| 河南 | Henan | 156572 | 126692 | 21680 | 103334 | 1678 |
| 湖北 | Hubei | 145238 | 97984 | 20409 | 71661 | 5914 |
| 湖南 | Hunan | 214087 | 153955 | 13240 | 139002 | 1714 |
| 广东 | Guangdong | 679238 | 514040 | 79882 | 429563 | 4594 |
| 广西 | Guangxi | 89638 | 70994 | 8793 | 60885 | 1316 |
| 海南 | Hainan | 29903 | 23076 | 1114 | 21948 | 14 |
| 重庆 | Chongqing | 83314 | 66885 | 6257 | 60278 | 351 |
| 四川 | Sichuan | 108135 | 68581 | 12229 | 53552 | 2801 |
| 贵州 | Guizhou | 66639 | 40584 | 3441 | 36559 | 584 |
| 云南 | Yunnan | 73287 | 57472 | 6908 | 50017 | 547 |
| 西藏 | Tibet | 4533 | 2198 | 163 | 2035 | |
| 陕西 | Shaanxi | 92657 | 87601 | 14214 | 72974 | 413 |
| 甘肃 | Gansu | 43607 | 18480 | 2051 | 16096 | 333 |
| 青海 | Qinghai | 7412 | 2924 | 691 | 2069 | 163 |
| 宁夏 | Ningxia | 17989 | 13873 | 1075 | 12675 | 123 |
| 新疆 | Xinjiang | 36478 | 23031 | 6847 | 15572 | 611 |
| **计划单列市** | **Cities Specifically Designated in State Plan** | **346288** | **236603** | **38755** | **196422** | **1426** |
| 大连 | Dalian | 33261 | 26003 | 5829 | 20091 | 83 |
| 宁波 | Ningbo | 76737 | 38913 | 5439 | 32863 | 611 |
| 厦门 | Xiamen | 13495 | 9425 | 1779 | 7574 | 72 |
| 青岛 | Qingdao | 71773 | 34046 | 7109 | 26683 | 254 |
| 深圳 | Shenzhen | 151022 | 128216 | 18599 | 109211 | 406 |

单位：万元 (10000 yuan)

| 地区 | Province | 网络收入 Revenue from Network Services | 有线广播电视收视费收入 Revenue from Subscription of Cable Programs | 付费数字电视收入 Revenue from Pay Digital TV Programs | 其它网络收入 Revenue from Other Network Services | 其它创收收入 Revenue from Other Services |
|---|---|---|---|---|---|---|
| **全国合计** | **National Total** | **987786** | **821485** | **2970** | **163332** | **496478** |
| 国家广电总局直属 | Directly under the State Administration of Radio, Film and Television | 54128 | 53881 | 247 | | 65405 |
| 北京 | Beijing | | | | | 18997 |
| 天津 | Tianjin | 111 | | | 111 | 71511 |
| 河北 | Hebei | 26617 | 21086 | 110 | 5421 | 7879 |
| 山西 | Shanxi | 18910 | 15858 | 45 | 3007 | 11031 |
| 内蒙古 | Inner Mongolia | 5849 | 5263 | 245 | 341 | 4973 |
| 辽宁 | Liaoning | 34028 | 29853 | | 4175 | 12507 |
| 吉林 | Jilin | 12658 | 11315 | 2 | 1341 | 2887 |
| 黑龙江 | Heilongjiang | 76885 | 62482 | 595 | 13808 | 7779 |
| 上海 | Shanghai | 34475 | 19207 | | 15269 | 10599 |
| 江苏 | Jiangsu | 105043 | 86314 | | 18729 | 32898 |
| 浙江 | Zhejiang | 137508 | 103322 | 407 | 33780 | 27836 |
| 安徽 | Anhui | 8134 | 7784 | | 350 | 13463 |
| 福建 | Fujian | 42983 | 35688 | 81 | 7214 | 10139 |
| 江西 | Jiangxi | 4297 | 3626 | 13 | 658 | 14039 |
| 山东 | Shandong | 112073 | 94992 | | 17081 | 18266 |
| 河南 | Henan | 20563 | 19051 | | 1512 | 9316 |
| 湖北 | Hubei | 34784 | 28733 | 6 | 6045 | 12470 |
| 湖南 | Hunan | 27961 | 25877 | 3 | 2081 | 32170 |
| 广东 | Guangdong | 133520 | 115682 | 970 | 16867 | 31678 |
| 广西 | Guangxi | 1 | | | 1 | 18642 |
| 海南 | Hainan | 1672 | 1672 | | | 5155 |
| 重庆 | Chongqing | 12221 | 10086 | 41 | 2094 | 4208 |
| 四川 | Sichuan | 29363 | 25802 | 63 | 3497 | 10191 |
| 贵州 | Guizhou | 22752 | 18609 | 142 | 4001 | 3303 |
| 云南 | Yunnan | 1384 | 1125 | | 259 | 14431 |
| 西藏 | Tibet | 1824 | 1678 | | 146 | 511 |
| 陕西 | Shaanxi | 132 | 128 | | 4 | 4924 |
| 甘肃 | Gansu | 19756 | 14786 | | 4970 | 5370 |
| 青海 | Qinghai | 668 | 668 | | | 3820 |
| 宁夏 | Ningxia | 3287 | 3066 | | 221 | 829 |
| 新疆 | Xinjiang | 4198 | 3850 | | 348 | 9249 |
| **计划单列市** | **Cities Specifically Designated in State Plan** | **86805** | **69549** | **281** | **16976** | **22879** |
| 大连 | Dalian | | | | | 7258 |
| 宁波 | Ningbo | 31544 | 25453 | 94 | 5997 | 6279 |
| 厦门 | Xiamen | 760 | 440 | | 320 | 3309 |
| 青岛 | Qingdao | 36136 | 29419 | | 6716 | 1591 |
| 深圳 | Shenzhen | 18366 | 14236 | 187 | 3943 | 4441 |

# 4-30 全国广播电视行政事业单位资产负债情况（2006年）
## Assets and Liabilities of Administrative Organs and Institutions of Broadcasting Industry (2006)

单位：万元 (10000 yuan)

| 地　区 | Province | 资产总额 Total Assets | 负债总额 Total Liabilities | 净资产 Net Assets |
|---|---|---|---|---|
| **全国合计** | **National Total** | **16902730** | **3651597** | **13251133** |
| 国家广电总局直属 | Directly under the State Administration of Radio, Film and Television | 3312335 | 265684 | 3046651 |
| 北　京 | Beijing | 699543 | 75826 | 623718 |
| 天　津 | Tianjin | 325300 | 69074 | 256226 |
| 河　北 | Hebei | 463866 | 88628 | 375238 |
| 山　西 | Shanxi | 232535 | 75854 | 156681 |
| 内蒙古 | Inner Mongolia | 169536 | 34689 | 134847 |
| 辽　宁 | Liaoning | 576802 | 179584 | 397218 |
| 吉　林 | Jilin | 272405 | 67499 | 204906 |
| 黑龙江 | Heilongjiang | 489112 | 135421 | 353691 |
| 上　海 | Shanghai | 135703 | 20023 | 115680 |
| 江　苏 | Jiangsu | 1273947 | 269325 | 1004623 |
| 浙　江 | Zhejiang | 1048248 | 229416 | 818832 |
| 安　徽 | Anhui | 330010 | 64692 | 265317 |
| 福　建 | Fujian | 494354 | 131946 | 362408 |
| 江　西 | Jiangxi | 215240 | 37625 | 177615 |
| 山　东 | Shandong | 1142159 | 347347 | 794812 |
| 河　南 | Henan | 434901 | 113456 | 321445 |
| 湖　北 | Hubei | 412770 | 123372 | 289399 |
| 湖　南 | Hunan | 703780 | 300718 | 403062 |
| 广　东 | Guangdong | 1720700 | 294155 | 1426545 |
| 广　西 | Guangxi | 274241 | 74499 | 199741 |
| 海　南 | Hainan | 82698 | 24953 | 57745 |
| 重　庆 | Chongqing | 299942 | 111040 | 188901 |
| 四　川 | Sichuan | 388357 | 113645 | 274712 |
| 贵　州 | Guizhou | 230107 | 62698 | 167409 |
| 云　南 | Yunnan | 395837 | 145352 | 250485 |
| 西　藏 | Tibet | 63909 | 2698 | 61211 |
| 陕　西 | Shaanxi | 268390 | 85048 | 183342 |
| 甘　肃 | Gansu | 194230 | 68193 | 126037 |
| 青　海 | Qinghai | 36083 | 2493 | 33590 |
| 宁　夏 | Ningxia | 54125 | 6749 | 47375 |
| 新　疆 | Xinjiang | 161565 | 29895 | 131671 |
| **计划单列市** | **Cities Specifically Designated in State Plan** | **1080186** | **188194** | **891992** |
| 大　连 | Dalian | 113337 | 15872 | 97465 |
| 宁　波 | Ningbo | 274163 | 63859 | 210304 |
| 厦　门 | Xiamen | 95989 | 1723 | 94266 |
| 青　岛 | Qingdao | 243446 | 71707 | 171739 |
| 深　圳 | Shenzhen | 353250 | 35033 | 318217 |

# 4-31 全国广播电视企业单位经营情况（2006年）

## Main Financal Indicators of Broadcasting Enterprises (2006)

单位：万元 (10000 yuan)

| 地 区 | Province | 总收入 Total Revenue | 主营业务收入 Revenue from Principal Activities | 本年应缴税金 Taxes Payable | 营业利润 Business Profit |
|---|---|---|---|---|---|
| **全国合计** | **National Total** | **3865511.40** | **3793714.48** | **212318.26** | **353074.99** |
| 国家广电总局直属 | Directly under the State Administration of Radio, Film and Television | 409506.22 | 405162.44 | 27478.24 | 80950.70 |
| 北 京 | Beijing | 304947.32 | 297598.59 | 17712.33 | 63316.81 |
| 天 津 | Tianjin | 42096.16 | 40779.56 | 2640.84 | -7984.94 |
| 河 北 | Hebei | 64885.65 | 64305.06 | 2630.18 | 6566.21 |
| 山 西 | Shanxi | 31670.67 | 31314.58 | 1229.32 | -1496.18 |
| 内蒙古 | Inner Mongolia | 31592.89 | 31097.91 | 1055.85 | 8973.41 |
| 辽 宁 | Liaoning | 92197.34 | 89615.43 | 8905.69 | 14677.52 |
| 吉 林 | Jilin | 39142.66 | 36769.95 | 3183.14 | 1576.49 |
| 黑龙江 | Heilongjiang | 9211.02 | 9151.12 | 483.45 | -1001.56 |
| 上 海 | Shanghai | 849823.81 | 843376.87 | 61346.94 | 93706.15 |
| 江 苏 | Jiangsu | 215058.61 | 208588.81 | 8228.71 | 14985.07 |
| 浙 江 | Zhejiang | 371918.68 | 360820.42 | 14638.56 | 21341.50 |
| 安 徽 | Anhui | 37428.77 | 36293.61 | 1263.15 | 2008.88 |
| 福 建 | Fujian | 89665.54 | 86943.58 | 5530.96 | -2537.66 |
| 江 西 | Jiangxi | 60333.57 | 59666.68 | 1801.90 | 17816.37 |
| 山 东 | Shandong | 69200.33 | 67565.31 | 3140.88 | 4299.79 |
| 河 南 | Henan | 65301.01 | 63669.56 | 3515.76 | -12414.26 |
| 湖 北 | Hubei | 113152.54 | 110817.75 | 6071.12 | 5633.37 |
| 湖 南 | Hunan | 171258.80 | 167729.51 | 5618.32 | 24371.56 |
| 广 东 | Guangdong | 267793.55 | 266620.44 | 13296.02 | 19266.60 |
| 广 西 | Guangxi | 60497.31 | 59771.32 | 1260.34 | -5087.25 |
| 海 南 | Hainan | 11706.86 | 11700.86 | 186.32 | 314.00 |
| 重 庆 | Chongqing | 86527.59 | 84031.54 | 3395.64 | 3731.73 |
| 四 川 | Sichuan | 183422.56 | 179290.21 | 6206.82 | 13572.66 |
| 贵 州 | Guizhou | 16214.92 | 11774.45 | 299.32 | -3495.00 |
| 云 南 | Yunnan | 67420.14 | 66359.30 | 7438.34 | 112.39 |
| 陕 西 | Shaanxi | 65448.99 | 65120.22 | 2207.01 | 5385.14 |
| 甘 肃 | Gansu | 1657.78 | 1561.11 | 113.94 | -17269.62 |
| 青 海 | Qinghai | 6425.00 | 6288.00 | 321.58 | 819.00 |
| 宁 夏 | Ningxia | 7901.32 | 7830.45 | 48.30 | 859.74 |
| 新 疆 | Xinjiang | 22103.79 | 22099.84 | 1069.29 | 76.37 |
| **计划单列市** | **Cities Specifically Designated in State Plan** | **157687.02** | **154388.08** | **11449.73** | **11061.22** |
| 大 连 | Dalian | 42034.00 | 39686.50 | 5189.74 | 8225.71 |
| 宁 波 | Ningbo | 4805.62 | 4761.27 | 278.66 | -1656.32 |
| 厦 门 | Xiamen | 18770.81 | 18555.07 | 1339.32 | -483.95 |
| 青 岛 | Qingdao | 8751.89 | 8750.54 | 516.55 | -738.93 |
| 深 圳 | Shenzhen | 83324.70 | 82634.70 | 4125.46 | 5714.71 |

# 4-32 全国广播电视企业单位创收情况（2006年）

# Actual Revenue of Broadcasting Enterprises (2006)

单位：万元 (10000 yuan)

| 地　区 | Province | 实际创收收入 Actural Revenue | 广告收入 Revenue from Advertising | 广播广告收　入 Radio Advertising | 电视广告收　入 TV Advertising | 其它广告收　入 Other Advertising |
|---|---|---|---|---|---|---|
| **全国合计** | **National Total** | **3847907** | **1006282** | **67753** | **858831** | **79698** |
| 国家广电总局直属 | Directly under the State Administration of Radio, Film and Television | 411969 | 74379 | | 69869 | 4511 |
| 北　京 | Beijing | 304460 | 44907 | 773 | 24193 | 19942 |
| 天　津 | Tianjin | 41371 | 1481 | | 763 | 718 |
| 河　北 | Hebei | 64637 | 13103 | 2664 | 5942 | 4497 |
| 山　西 | Shanxi | 31671 | 663 | 30 | 550 | 83 |
| 内蒙古 | Inner Mongolia | 31593 | 124 | | | 124 |
| 辽　宁 | Liaoning | 92047 | 20785 | 4004 | 15089 | 1691 |
| 吉　林 | Jilin | 38823 | 2620 | | 2347 | 273 |
| 黑龙江 | Heilongjiang | 9278 | 799 | | 325 | 474 |
| 上　海 | Shanghai | 846288 | 380261 | 30116 | 330847 | 19298 |
| 江　苏 | Jiangsu | 214889 | 67449 | 7865 | 51769 | 7815 |
| 浙　江 | Zhejiang | 365178 | 150618 | 15855 | 133211 | 1552 |
| 安　徽 | Anhui | 37364 | 490 | | | 490 |
| 福　建 | Fujian | 89159 | 24510 | 2420 | 20564 | 1527 |
| 江　西 | Jiangxi | 60595 | 4876 | | 4281 | 595 |
| 山　东 | Shandong | 69376 | 1992 | 1348 | 463 | 181 |
| 河　南 | Henan | 64499 | 9412 | 22 | 1722 | 7668 |
| 湖　北 | Hubei | 113068 | 27538 | | 26848 | 691 |
| 湖　南 | Hunan | 171133 | 46216 | 155 | 45577 | 485 |
| 广　东 | Guangdong | 267838 | 53474 | 1840 | 45523 | 6111 |
| 广　西 | Guangxi | 59937 | 203 | | 60 | 144 |
| 海　南 | Hainan | 11707 | | | | |
| 重　庆 | Chongqing | 84977 | 18821 | 8 | 18385 | 427 |
| 四　川 | Sichuan | 182248 | 57596 | 39 | 57284 | 273 |
| 贵　州 | Guizhou | 11816 | 119 | | 10 | 109 |
| 云　南 | Yunnan | 68021 | | | | |
| 陕　西 | Shaanxi | 65140 | 2526 | | 2526 | |
| 甘　肃 | Gansu | 1648 | 532 | 513 | | 19 |
| 青　海 | Qinghai | 7158 | | | | |
| 宁　夏 | Ningxia | 7901 | | | | |
| 新　疆 | Xinjiang | 22118 | 785 | 101 | 685 | |
| **计划单列市** | **Cities Specifically Designated in State Plan** | **157947** | **23255** | **4317** | **16276** | **2662** |
| 大　连 | Dalian | 41884 | 11521 | 2781 | 8182 | 558 |
| 宁　波 | Ningbo | 4786 | 70 | | | 70 |
| 厦　门 | Xiamen | 19439 | 5240 | 193 | 4671 | 376 |
| 青　岛 | Qingdao | 8752 | 1782 | 1343 | 266 | 172 |
| 深　圳 | Shenzhen | 83087 | 4642 | | 3157 | 1486 |

## 4-32 续表 continued

单位：万元 (10000 yuan)

| 地区 | Province | 网络收入 Revenue from Network Services | 有线广播电视收视费收入 Subscription of Cable Programs | 付费数字电视收入 Pay Digital TV Programs | 其它网络收入 Revenue from Other Network Services | 其它创收收入 Revenue from Other Services |
|---|---|---|---|---|---|---|
| **全国合计** | **National Total** | **1527310** | | | **463981** | **1314314** |
| 国家广电总局直属 | Directly under the State Administration of Radio, Film and Television | 28323 | 3414 | 10147 | 14762 | 309266 |
| 北京 | Beijing | 98512 | 61029 | 132 | 37351 | 161040 |
| 天津 | Tianjin | 31834 | 21210 | 204 | 10420 | 8056 |
| 河北 | Hebei | 48193 | 35595 | 302 | 12296 | 3341 |
| 山西 | Shanxi | 22905 | 18532 | | 4373 | 8102 |
| 内蒙古 | Inner Mongolia | 31211 | 19199 | 1138 | 10874 | 257 |
| 辽宁 | Liaoning | 59628 | 51714 | 1193 | 6721 | 11635 |
| 吉林 | Jilin | 33796 | 26240 | 21 | 7535 | 2407 |
| 黑龙江 | Heilongjiang | 5390 | 4867 | | 524 | 3089 |
| 上海 | Shanghai | 129904 | 48507 | 3783 | 77613 | 336123 |
| 江苏 | Jiangsu | 91862 | 57026 | 1894 | 32942 | 55578 |
| 浙江 | Zhejiang | 80739 | 45072 | 6986 | 28681 | 133821 |
| 安徽 | Anhui | 32320 | 21862 | 958 | 9500 | 4553 |
| 福建 | Fujian | 47298 | 32091 | 1034 | 14173 | 17351 |
| 江西 | Jiangxi | 51982 | 45023 | 1314 | 5645 | 3736 |
| 山东 | Shandong | 54940 | 38054 | 1435 | 15451 | 12444 |
| 河南 | Henan | 45555 | 32348 | 403 | 12804 | 9533 |
| 湖北 | Hubei | 54876 | 40324 | 1121 | 13430 | 30654 |
| 湖南 | Hunan | 50468 | 40344 | 1023 | 9101 | 74449 |
| 广东 | Guangdong | 135771 | 86117 | 4166 | 45488 | 78592 |
| 广西 | Guangxi | 54616 | 54411 | 35 | 170 | 5117 |
| 海南 | Hainan | 11701 | 11701 | | | 6 |
| 重庆 | Chongqing | 51302 | 30180 | 1191 | 19931 | 14855 |
| 四川 | Sichuan | 107736 | 77049 | 5234 | 25454 | 16916 |
| 贵州 | Guizhou | 6761 | 4992 | 162 | 1608 | 4936 |
| 云南 | Yunnan | 65806 | 48005 | 3535 | 14265 | 2215 |
| 陕西 | Shaanxi | 60411 | 33900 | 753 | 25758 | 2203 |
| 甘肃 | Gansu | 97 | 97 | | | 1019 |
| 青海 | Qinghai | 7058 | 5880 | 25 | 1153 | 100 |
| 宁夏 | Ningxia | 5437 | 5437 | | | 2464 |
| 新疆 | Xinjiang | 20877 | 13749 | 1170 | 5959 | 455 |
| **计划单列市** | **Cities Specifically Designated in State Plan** | **98852** | **54289** | **4701** | **39863** | **35839** |
| 大连 | Dalian | 28881 | 22380 | 1193 | 5308 | 1482 |
| 宁波 | Ningbo | 3782 | | 885 | 2897 | 933 |
| 厦门 | Xiamen | 9314 | 6110 | 999 | 2206 | 4884 |
| 青岛 | Qingdao | 4525 | | 554 | 3972 | 2445 |
| 深圳 | Shenzhen | 52349 | 25799 | 1070 | 25480 | 26095 |

# 4-33 全国广播电视企业资产负债情况（2006年）

## Main Financal Indicators of Broadcasting Enterprises (2006)

单位：万元 (10000 yuan)

| 地 区 | Province | 资产总额 Total Assets | 负债总额 Total Liabilities | 所有者权益 Owners' Equity |
|---|---|---|---|---|
| **全国合计** | **National Total** | **12815697.38** | **5842390.09** | **6973307.29** |
| 国家广电总局直属 | Directly under the State Administration of Radio, Film and Television | 1048669.01 | 451029.32 | 597639.69 |
| 北 京 | Beijing | 1310292.27 | 535454.23 | 774838.04 |
| 天 津 | Tianjin | 189864.71 | 154412.79 | 35451.92 |
| 河 北 | Hebei | 278359.97 | 107406.61 | 170953.36 |
| 山 西 | Shanxi | 208793.08 | 118391.34 | 90401.74 |
| 内蒙古 | Inner Mongolia | 103797.19 | 49106.63 | 54690.56 |
| 辽 宁 | Liaoning | 340723.53 | 152781.39 | 187942.14 |
| 吉 林 | Jilin | 269002.74 | 68554.95 | 200447.79 |
| 黑龙江 | Heilongjiang | 53287.96 | 17738.41 | 35549.55 |
| 上 海 | Shanghai | 1841066.37 | 625846.07 | 1215220.30 |
| 江 苏 | Jiangsu | 675415.27 | 263788.33 | 411626.94 |
| 浙 江 | Zhejiang | 744583.12 | 321854.70 | 422728.42 |
| 安 徽 | Anhui | 176913.68 | 100479.91 | 76433.77 |
| 福 建 | Fujian | 274507.98 | 150572.62 | 123935.36 |
| 江 西 | Jiangxi | 312620.90 | 223347.54 | 89273.36 |
| 山 东 | Shandong | 340335.80 | 153560.30 | 186775.50 |
| 河 南 | Henan | 393303.33 | 163015.50 | 230287.83 |
| 湖 北 | Hubei | 576064.32 | 231822.60 | 344241.72 |
| 湖 南 | Hunan | 916214.28 | 406426.05 | 509788.23 |
| 广 东 | Guangdong | 657570.09 | 344708.85 | 312861.24 |
| 广 西 | Guangxi | 309279.81 | 202986.20 | 106293.61 |
| 海 南 | Hainan | 96060.57 | 54772.69 | 41287.88 |
| 重 庆 | Chongqing | 306865.46 | 185539.56 | 121325.90 |
| 四 川 | Sichuan | 516961.71 | 279673.10 | 237288.61 |
| 贵 州 | Guizhou | 34968.90 | 34322.11 | 646.79 |
| 云 南 | Yunnan | 380970.50 | 188311.23 | 192659.27 |
| 陕 西 | Shaanxi | 292277.30 | 185421.30 | 106856.00 |
| 甘 肃 | Gansu | 7184.87 | 2891.51 | 4293.36 |
| 青 海 | Qinghai | 23444.41 | 8636.91 | 14807.50 |
| 宁 夏 | Ningxia | 42974.89 | 24613.42 | 18361.47 |
| 新 疆 | Xinjiang | 93323.36 | 34923.92 | 58399.44 |
| **计划单列市** | **Cities Specifically Designated in State Plan** | **542312.51** | **285865.96** | **256446.55** |
| 大 连 | Dalian | 157362.21 | 83702.75 | 73659.46 |
| 宁 波 | Ningbo | 18321.20 | 6388.98 | 11932.22 |
| 厦 门 | Xiamen | 72532.05 | 57721.32 | 14810.73 |
| 青 岛 | Qingdao | 33103.90 | 6439.05 | 26664.85 |
| 深 圳 | Shenzhen | 260993.15 | 131613.86 | 129379.29 |

# 4-34 全国各省广播电视总收入和创收收入排序（2006年）

# Ranking of Provinces in Total and Actual Revenue of Radio and TV Broadcasting Industry (2006)

单位：亿元 (100 millon yuan)

| 地区 | Province | 位次 Ranking | 全国广播电视总收入 Total Revenue | 地区 | Province | 位次 Ranking | 全国广播电视创收收入 Actual Revenue |
|---|---|---|---|---|---|---|---|
| 广东 | Guangdong | 1 | 100.08 | 广东 | Guangdong | 1 | 94.71 |
| 上海 | Shanghai | 2 | 91.88 | 上海 | Shanghai | 2 | 89.49 |
| 浙江 | Zhejiang | 3 | 79.78 | 浙江 | Zhejiang | 3 | 73.44 |
| 江苏 | Jiangsu | 4 | 72.84 | 江苏 | Jiangsu | 4 | 68.56 |
| 北京 | Beijing | 5 | 59.41 | 北京 | Beijing | 5 | 51.87 |
| 山东 | Shandong | 6 | 48.95 | 山东 | Shandong | 6 | 45.70 |
| 湖南 | Hunan | 7 | 43.52 | 湖南 | Hunan | 7 | 38.52 |
| 四川 | Sichuan | 8 | 33.56 | 辽宁 | Liaoning | 8 | 30.15 |
| 辽宁 | Liaoning | 9 | 33.33 | 四川 | Sichuan | 9 | 29.04 |
| 湖北 | Hubei | 10 | 29.20 | 湖北 | Hubei | 10 | 25.83 |
| 福建 | Fujian | 11 | 28.75 | 福建 | Fujian | 11 | 23.47 |
| 河南 | Henan | 12 | 27.06 | 河北 | Hebei | 12 | 23.05 |
| 河北 | Hebei | 13 | 25.74 | 河南 | Henan | 13 | 22.11 |
| 安徽 | Anhui | 14 | 22.69 | 黑龙江 | Heilongjiang | 14 | 20.10 |
| 黑龙江 | Heilongjiang | 15 | 22.27 | 安徽 | Anhui | 15 | 19.69 |
| 广西 | Guangxi | 16 | 18.65 | 重庆 | Chongqing | 16 | 16.83 |
| 陕西 | Shaanxi | 17 | 18.12 | 陕西 | Shaanxi | 17 | 15.78 |
| 重庆 | Chongqing | 18 | 18.02 | 广西 | Guangxi | 18 | 14.96 |
| 云南 | Yunnan | 19 | 17.86 | 天津 | Tianjin | 19 | 14.58 |
| 天津 | Tianjin | 20 | 17.31 | 江西 | Jiangxi | 20 | 14.35 |
| 江西 | Jiangxi | 21 | 16.59 | 云南 | Yunnan | 21 | 14.13 |
| 吉林 | Jilin | 22 | 14.83 | 吉林 | Jilin | 22 | 12.47 |
| 山西 | Shanxi | 23 | 14.38 | 山西 | Shanxi | 23 | 11.37 |
| 新疆 | Xinjiang | 24 | 11.52 | 贵州 | Guizhou | 24 | 7.85 |
| 内蒙古 | Inner Mongolia | 25 | 10.96 | 内蒙古 | Inner Mongolia | 25 | 6.78 |
| 贵州 | Guizhou | 26 | 10.32 | 新疆 | Xinjiang | 26 | 5.86 |
| 甘肃 | Gansu | 27 | 7.85 | 甘肃 | Gansu | 27 | 4.53 |
| 海南 | Hainan | 28 | 5.21 | 海南 | Hainan | 28 | 4.16 |
| 宁夏 | Ningxia | 29 | 3.64 | 宁夏 | Ningxia | 29 | 2.59 |
| 青海 | Qinghai | 30 | 2.70 | 青海 | Qinghai | 30 | 1.46 |
| 西藏 | Tibet | 31 | 2.11 | 西藏 | Tibet | 31 | 0.45 |

# 4-35 全国各省广播电视广告收入和有线电视收视费收入排序（2006年）

# Ranking of Provinces in Revenue from Advertissing and from Subscription of Radio and TV Broadcasting Industry (2006)

单位：亿元 (100 millon yuan)

| 地 区 | Province | 位 次 Ranking | 广告收入 Revenue from Advertising | 地 区 | Province | 位 次 Ranking | 有线电视收视费收入 Revenue from Subscription |
|---|---|---|---|---|---|---|---|
| 广 东 | Guangdong | 1 | 56.75 | 广 东 | Guangdong | 1 | 20.18 |
| 江 苏 | Jiangsu | 2 | 40.02 | 浙 江 | Zhejiang | 2 | 14.84 |
| 上 海 | Shanghai | 3 | 38.38 | 江 苏 | Jiangsu | 3 | 14.33 |
| 浙 江 | Zhejiang | 4 | 35.45 | 山 东 | Shandong | 4 | 13.30 |
| 山 东 | Shandong | 5 | 25.92 | 四 川 | Sichuan | 5 | 10.29 |
| 北 京 | Beijing | 6 | 24.01 | 辽 宁 | Liaoning | 6 | 8.16 |
| 湖 南 | Hunan | 7 | 20.02 | 湖 北 | Hubei | 7 | 6.91 |
| 辽 宁 | Liaoning | 8 | 18.37 | 福 建 | Fujian | 8 | 6.78 |
| 河 北 | Hebei | 9 | 14.45 | 上 海 | Shanghai | 9 | 6.77 |
| 安 徽 | Anhui | 10 | 13.84 | 黑龙江 | Heilongjiang | 10 | 6.73 |
| 河 南 | Henan | 11 | 13.61 | 湖 南 | Hunan | 11 | 6.62 |
| 四 川 | Sichuan | 12 | 12.62 | 北 京 | Beijing | 12 | 6.10 |
| 湖 北 | Hubei | 13 | 12.55 | 河 北 | Hebei | 13 | 5.67 |
| 福 建 | Fujian | 14 | 11.69 | 广 西 | Guangxi | 14 | 5.44 |
| 黑龙江 | Heilongjiang | 15 | 10.78 | 河 南 | Henan | 15 | 5.14 |
| 陕 西 | Shaanxi | 16 | 9.01 | 云 南 | Yunnan | 16 | 4.91 |
| 重 庆 | Chongqing | 17 | 8.57 | 江 西 | Jiangxi | 17 | 4.86 |
| 吉 林 | Jilin | 18 | 7.29 | 重 庆 | Chongqing | 18 | 4.03 |
| 广 西 | Guangxi | 19 | 7.12 | 吉 林 | Jilin | 19 | 3.76 |
| 江 西 | Jiangxi | 20 | 6.95 | 山 西 | Shanxi | 20 | 3.44 |
| 云 南 | Yunnan | 21 | 5.75 | 陕 西 | Shaanxi | 21 | 3.40 |
| 山 西 | Shanxi | 22 | 5.28 | 安 徽 | Anhui | 22 | 2.96 |
| 贵 州 | Guizhou | 23 | 4.07 | 内蒙古 | Inner Mongolia | 23 | 2.45 |
| 天 津 | Tianjin | 24 | 3.43 | 贵 州 | Guizhou | 24 | 2.36 |
| 内蒙古 | Inner Mongolia | 25 | 2.55 | 天 津 | Tianjin | 25 | 2.12 |
| 新 疆 | Xinjiang | 26 | 2.38 | 新 疆 | Xinjiang | 26 | 1.76 |
| 海 南 | Hainan | 27 | 2.31 | 甘 肃 | Gansu | 27 | 1.49 |
| 甘 肃 | Gansu | 28 | 1.90 | 海 南 | Hainan | 28 | 1.34 |
| 宁 夏 | Ningxia | 29 | 1.39 | 宁 夏 | Ningxia | 29 | 0.85 |
| 青 海 | Qinghai | 30 | 0.29 | 青 海 | Qinghai | 30 | 0.65 |
| 西 藏 | Tibet | 31 | 0.22 | 西 藏 | Tibet | 31 | 0.17 |

# 4-36 全国少数民族广播电视宣传覆盖情况（2006年）

# Publicity and Coverage of Radio and TV Programs for Minority Population (2006)

| 地　区 | Province | 公共广播节目播出时间（小时） Broadcasting of Public Radio Programs (hour) | 公共电视节目播出时间（小时） Broadcasting of Public TV Programs (hour) | 制作广播节目时间（小时） Radio Programs Produced (hour) | 制作电视节目时间（小时） TV Programs Produced (hour) | 广播综合覆盖（%） Radio Program Coverage (%) | 电视综合覆盖（%） Radio Program Coverage (%) |
|---|---|---|---|---|---|---|---|
| **全国合计** | **National Total** | **1675706** | **2099041** | **748664** | **337561** | **88.28** | **92.35** |
| 河　北 | Hebei | 6400 | 10410 | 459 | 3345 | 92.31 | 94.53 |
| 内蒙古 | Inner Mongolia | 527107 | 552061 | 179535 | 59904 | 92.84 | 91.23 |
| 辽　宁 | Liaoning | 27359 | 34713 | 8145 | 8906 | 94.02 | 94.82 |
| 吉　林 | Jilin | 49746 | 71060 | 31514 | 6001 | 98.30 | 96.58 |
| 黑龙江 | Heilongjiang | 2229 | 3379 | 151 | 201 | 92.61 | 93.21 |
| 浙　江 | Zhejiang | 2585 | 3280 | 390 | 625 | 97.86 | 99.66 |
| 湖　北 | Hubei | 15218 | 45613 | 2514 | 7102 | 93.63 | 94.36 |
| 湖　南 | Hunan | 24917 | 87887 | 11306 | 13500 | 72.70 | 90.41 |
| 广　东 | Guangdong | 10220 | 4380 | 1613 | 182 | 94.27 | 92.36 |
| 广　西 | Guangxi | 257427 | 288717 | 170952 | 97043 | 88.66 | 93.45 |
| 海　南 | Hainan | 18069 |  | 6659 |  | 94.39 | 93.39 |
| 重　庆 | Chongqing | 1825 | 10051 | 380 | 1096 | 52.46 | 87.67 |
| 四　川 | Sichuan | 31801 | 57210 | 4288 | 5468 | 82.36 | 90.30 |
| 贵　州 | Guizhou | 9585 | 94475 | 4899 | 9007 | 78.53 | 89.62 |
| 云　南 | Yunnan | 63462 | 93124 | 33481 | 15400 | 91.02 | 93.53 |
| 西　藏 | Tibet | 35992 | 40657 | 17906 | 3847 | 85.80 | 86.94 |
| 甘　肃 | Gansu | 24316 | 27104 | 7121 | 5083 | 82.97 | 89.14 |
| 青　海 | Qinghai | 5476 | 22250 | 5475 | 3061 | 83.52 | 89.91 |
| 宁　夏 | Ningxia | 95899 | 121709 | 43442 | 46389 | 91.42 | 93.47 |
| 新　疆 | Xinjiang | 466073 | 530961 | 218434 | 51401 | 93.36 | 93.11 |

# 五、新闻出版、档案
# News Publication and Archive

# 5-1 全国各类图书出版种数（2006年）

# Number of Books Published in China (2006)

单位：种、% (kind,%)

| 项目 | Item | 本版图书种数 Book Publications of Original Edition 合计 Total | 新出 New Publication | 重印 Reprint Publication | 种数比上年增减 Increase Rate over Preceding Year 合计 Total | 新出 New Publication | 重印 Reprint Publication | 租型图书种数 Number of Book Publication for Rent | 比上年增减 Increase Rate over Preceding Year |
|---|---|---|---|---|---|---|---|---|---|
| **图书总计** | **Total** | **233971** | **130264** | **103707** | **5.17** | **1.31** | **10.45** | **12482** | **3.03** |
| 使用《中国标准书号》图书合计 | Publications with "China International Standard Book Number" | 232904 | 129489 | 103415 | 5.15 | 1.25 | 10.49 | 12482 | 3.03 |
| 马克思主义、列宁主义、毛泽东思想 | Marxism-Leninism, Mao Zedong Thought | 389 | 181 | 208 | -14.32 | -30.12 | 6.67 | 4 | |
| 哲学 | Philosophy | 4478 | 3171 | 1307 | 14.21 | 6.16 | 39.94 | 1 | |
| 社会科学总论 | General Social Sciences | 2923 | 1916 | 1007 | 2.85 | -3.72 | 18.19 | 5 | |
| 政治、法律 | Politics and Law | 10989 | 8145 | 2844 | 8.76 | 5.79 | 18.25 | 45 | |
| 军事 | Military Affairs | 637 | 499 | 138 | -9.13 | -12.91 | 7.81 | | |
| 经济 | Economics | 19783 | 12930 | 6853 | 7.58 | 0.53 | 23.99 | 2 | -71.43 |
| 文化、科学、教育、体育 | Culture, Science, Education and Sports | 86352 | 37004 | 49348 | 0.80 | -3.90 | 4.63 | 11539 | 3.80 |
| 语言、文字 | Languages | 12402 | 6311 | 6091 | 6.37 | 0.24 | 13.57 | 24 | |
| 文学 | Literature | 14812 | 11266 | 3546 | 10.30 | 3.91 | 37.07 | 2 | |
| 艺术 | Arts | 11905 | 7722 | 4183 | 12.08 | 6.39 | 24.35 | 468 | -18.18 |
| 历史、地理 | History and Geography | 9013 | 6886 | 2127 | 5.72 | 4.95 | 8.30 | 357 | -13.14 |
| 自然科学总论 | General Natural Sciences | 982 | 526 | 456 | | -4.19 | 5.31 | 1 | |
| 数理科学、化学 | Mathematics, Physics and Chemistry | 4752 | 1867 | 2885 | 1.78 | -9.98 | 11.18 | 30 | |
| 天文学、地球科学 | Astronomy and Geology | 1155 | 818 | 337 | 15.62 | 8.92 | 35.89 | | |
| 生物科学 | Biology | 1220 | 715 | 505 | 2.52 | -2.59 | 10.75 | 4 | |
| 医药、卫生 | Medicine and Health Care | 10324 | 6311 | 4013 | 7.94 | 5.31 | 12.35 | | |
| 农业科学 | Agricultural Science | 3476 | 2384 | 1092 | 14.15 | 20.22 | 2.82 | | |
| 工业技术 | Industrial Technology | 32198 | 17464 | 14734 | 9.10 | 6.82 | 11.93 | | |
| 交通运输 | Transportation | 2210 | 1108 | 1102 | 4.89 | 2.40 | 7.51 | | |
| 航空、航天 | Aeronautics and Aerospace | 177 | 135 | 42 | 42.74 | 22.73 | 200.00 | | |
| 环境科学 | Environmental Science | 1009 | 738 | 271 | -0.49 | -1.20 | 1.50 | | |
| 综合性图书 | General Books | 1718 | 1392 | 326 | -12.70 | -17.78 | 18.55 | | |
| 不使用《中国标准书号》图书—图片合计 | Publications without "China International Standard Book Number" -Total of Pictures | 1067 | 775 | 292 | 8.43 | 13.64 | -3.31 | | |

# 5-2 全国各类图书总印数（2006年）

# Printed Copies of Books Published in China (2006)

| 项　目 | Item | 本年图书总印数(万册、万张) Total Printed Copies of Books During the Year (10000 copies, 10000 sheets) | | | | 比上年增减(%) Increase Rate over Preceding Year (%) | |
|---|---|---|---|---|---|---|---|
| | | 合计 Total | 新出 New Publication | 重印 Reprint Publication | 租型 Publication for Rent | 合计 Total | 租型 Publication for Rent |
| **图书总计** | **Total** | **640809** | **160758** | **291041** | **189010** | **-0.90** | **10.35** |
| 使用《中国标准书号》图书合计 | Publications with "China International Standard Book Number" | 638880 | 159639 | 290231 | 189010 | -0.90 | 10.35 |
| 马克思主义、列宁主义、毛泽东思想 | Marxism-Leninism, Mao Zedong Thought | 558 | 98 | 396 | 64 | -24.39 | |
| 哲学 | Philosophy | 3116 | 2018 | 1097 | 1 | -3.89 | |
| 社会科学总论 | General Social Sciences | 1990 | 1210 | 778 | 2 | 1.22 | -50.00 |
| 政治、法律 | Politics and Law | 12403 | 8983 | 2544 | 876 | 3.93 | |
| 军事 | Military Affairs | 447 | 296 | 151 | | -22.13 | |
| 经济 | Economics | 13418 | 8094 | 5315 | 9 | -6.16 | -67.86 |
| 文化、科学、教育、体育 | Culture, Science, Education and Sports | 498318 | 91067 | 233599 | 173652 | 1.77 | 11.38 |
| 语言、文字 | Languages | 17169 | 6200 | 10810 | 159 | 1.08 | |
| 文学 | Literature | 15880 | 10742 | 5137 | 1 | 13.63 | |
| 艺术 | Arts | 17564 | 5478 | 5969 | 6117 | -2.29 | -2.89 |
| 历史、地理 | History and Geography | 15806 | 4349 | 3559 | 7898 | -46.24 | -12.21 |
| 自然科学总论 | General Natural Sciences | 2791 | 717 | 2074 | | -17.65 | |
| 数理科学、化学 | Mathematics, Physics and Chemistry | 3791 | 1077 | 2518 | 196 | -11.45 | |
| 天文学、地球科学 | Astronomy and Geology | 549 | 404 | 145 | | 52.08 | |
| 生物科学 | Biology | 680 | 310 | 335 | 35 | -8.72 | |
| 医药、卫生 | Medicine and Health Care | 7217 | 3870 | 3347 | | 10.78 | |
| 农业科学 | Agricultural Science | 2221 | 1449 | 772 | | 1.65 | |
| 工业技术 | Industrial Technology | 19620 | 9693 | 9927 | | -0.40 | |
| 交通运输 | Transportation | 1747 | 749 | 998 | | 2.64 | |
| 航空、航天 | Aeronautics and Aerospace | 103 | 87 | 16 | | 139.53 | |
| 环境科学 | Environmental Science | 1242 | 986 | 256 | | -61.76 | |
| 综合性图书 | General Books | 2250 | 1762 | 488 | | 27.33 | |
| 不使用《中国标准书号》图书—图片合计 | Publications without "China International Standard Book Number" -Total of Pictures | 1929 | 1119 | 810 | | 0.36 | |

## 5-3 全国各类图书总印张（2006年）

## Printed Sheets of Books Published in China (2006)

单位：千印张、%　　　　(1000 sheets,%)

| 项 目 | Item | 本年图书总印张 Total Printed Sheets of Books During the Year | | | | 比上年增减 Increase Rate over Preceding Year | |
|---|---|---|---|---|---|---|---|
| | | 合计 Total | 新出 New Publication | 重印 Reprint Publication | 租型 Publication for Rent | 合计 Total | 租型 Publication for Rent |
| **图书总计** | **Total** | **51195776** | **16064647** | **21788218** | **13342911** | **3.78** | **12.28** |
| 使用《中国标准书号》图书合计 | Publications with "China International Standard Book Number" | 51042867 | 15977569 | 21722387 | 13342911 | 3.84 | 12.28 |
| 马克思主义、列宁主义、毛泽东思想 | Marxism-Leninism, Mao Zedong Thought | 90625 | 23765 | 52390 | 14470 | -3.29 | |
| 哲学 | Philosophy | 495278 | 319449 | 175770 | 59 | 11.17 | |
| 社会科学总论 | General Social Sciences | 314793 | 178671 | 136046 | 76 | 3.23 | -88.09 |
| 政治、法律 | Politics and Law | 1775622 | 1192271 | 421251 | 162100 | 19.57 | |
| 军事 | Military Affairs | 65279 | 47287 | 17992 | | -6.89 | |
| 经济 | Economics | 2218432 | 1307507 | 910566 | 359 | 4.29 | -71.64 |
| 文化、科学、教育、体育 | Culture, Science, Education and Sports | 32456421 | 6548507 | 13685435 | 12222479 | 3.90 | 11.57 |
| 语言、文字 | Languages | 2683028 | 853067 | 1815582 | 14379 | 3.57 | |
| 文学 | Literature | 2050600 | 1357361 | 693164 | 75 | 19.77 | |
| 艺术 | Arts | 986852 | 409917 | 321709 | 255226 | 4.88 | 10.70 |
| 历史、地理 | History and Geography | 1500679 | 616758 | 229618 | 654303 | -19.61 | -5.16 |
| 自然科学总论 | General Natural Sciences | 174090 | 56832 | 117244 | 14 | -18.98 | |
| 数理科学、化学 | Mathematics, Physics and Chemistry | 648662 | 187435 | 444730 | 16497 | -5.06 | |
| 天文学、地球科学 | Astronomy and Geology | 59955 | 38664 | 21291 | | 23.38 | |
| 生物科学 | Biology | 122043 | 47507 | 71662 | 2874 | -6.42 | |
| 医药、卫生 | Medicine and Health Care | 1316053 | 658439 | 657614 | | 15.62 | |
| 农业科学 | Agricultural Science | 195915 | 116943 | 78972 | | 7.19 | |
| 工业技术 | Industrial Technology | 3303697 | 1659273 | 1644424 | | 0.51 | |
| 交通运输 | Transportation | 228129 | 101365 | 126764 | | 4.29 | |
| 航空、航天 | Aeronautics and Aerospace | 10210 | 8367 | 1843 | | 47.42 | |
| 环境科学 | Environmental Science | 88674 | 65911 | 22763 | | -42.02 | |
| 综合性图书 | General Books | 257830 | 182273 | 75557 | | 18.27 | |
| 不使用《中国标准书号》图书合计 | Publications without "China International Standard Book Number" | 152909 | 87078 | 65831 | | -11.23 | |
| 图片 | Pictures | 44320 | 28644 | 15676 | | 2.29 | |
| 国标(GB)、部标(BB)等标准类文件印品 | Standardization Documents such as National Standard, Department Standard | 85121 | 42658 | 42463 | | -6.53 | |
| 活页文选、活页歌篇、小件印品等 | Loose-leaf Anthologies, Loose-leaf Songbooks and Pamphlets | 23468 | 15776 | 7692 | | -38.01 | |

# 5-4 全国各类图书总定价（2006年）

## Total Priced Value of Books Published in China (2006)

单位：万元、%　　(10000 yuan,%)

| 项　目 | Item | 图书总定价 Total Priced Value 合　计 Total | 新　出 New Publication | 重　印 Reprint Publication | 租　型 Publication for Rent | 总定价比上年增减 Increase Rate over Preceding Year |
|---|---|---|---|---|---|---|
| **图书总计** | **Total** | **6491278** | **2731260** | **2617027** | **1142991** | **2.67** |
| 使用《中国标准书号》图书合计 | Publications with "China International Standard Book Number" | 6441475 | 2699532 | 2598952 | 1142991 | 2.69 |
| 马克思主义、列宁主义、毛泽东思想 | Marxism-Leninism, Mao Zedong Thought | 11862 | 3806 | 6036 | 2020 | -12.89 |
| 哲学 | Philosophy | 81963 | 57838 | 24113 | 12 | 8.88 |
| 社会科学总论 | General Social Sciences | 50646 | 31955 | 18680 | 11 | 5.38 |
| 政治、法律 | Politics and Law | 270573 | 188655 | 55357 | 26561 | 17.16 |
| 军事 | Military Affairs | 12179 | 9698 | 2481 | | -17.72 |
| 经济 | Economics | 391526 | 258898 | 132597 | 31 | 5.42 |
| 文化、科学、教育、体育 | Culture, Science, Education and Sports | 3325697 | 820439 | 1468094 | 1037164 | 2.10 |
| 语言、文字 | Languages | 377510 | 135463 | 240845 | 1202 | 2.50 |
| 文学 | Literature | 318356 | 229335 | 88984 | 37 | 9.52 |
| 艺术 | Arts | 259875 | 171622 | 62805 | 25448 | 9.55 |
| 历史、地理 | History and Geography | 266440 | 170131 | 47434 | 48875 | -18.49 |
| 自然科学总论 | General Natural Sciences | 21299 | 9004 | 12285 | 10 | -18.30 |
| 数理科学、化学 | Mathematics, Physics and Chemistry | 81890 | 28252 | 52315 | 1323 | -5.06 |
| 天文学、地球科学 | Astronomy and Geology | 13362 | 10119 | 3243 | | 20.87 |
| 生物科学 | Biology | 20744 | 11023 | 9424 | 297 | -5.26 |
| 医药、卫生 | Medicine and Health Care | 220828 | 128938 | 91890 | | 13.57 |
| 农业科学 | Agricultural Science | 34999 | 24253 | 10746 | | 12.03 |
| 工业技术 | Industrial Technology | 563476 | 329559 | 233917 | | 3.61 |
| 交通运输 | Transportation | 44163 | 21043 | 23120 | | 6.91 |
| 航空、航天 | Aeronautics and Aerospace | 2028 | 1688 | 340 | | 33.86 |
| 环境科学 | Environmental Science | 18763 | 14930 | 3833 | | -32.27 |
| 综合性图书 | General Books | 53296 | 42883 | 10413 | | 1.12 |
| 不使用《中国标准书号》图书合计 | Publications without "China International Standard Book Number" | 49803 | 31728 | 18075 | | -0.60 |
| 图片 | Pictures | 15175 | 11709 | 3466 | | -5.31 |
| 国标(GB)、部标(BB)等标准类文件印品 | Standardization Documents such as National Standard, Department Standard | 27912 | 16025 | 11887 | | -2.27 |
| 活页文选、活页歌篇、小件印品等 | Loose-leaf Anthologies, Loose-leaf Songbooks and Pamphlets | 6716 | 3994 | 2722 | | 21.64 |

# 5-5 中央出版单位各类图书出版种数（2006年）

# Number of Books Published by National Publishing Houses (2006)

单位：种、% (kind,%)

| 项目 | Item | 本版图书种数 Book Publications of Original Edition 合计 Total | 新出 New Publication | 重印 Reprint Publication | 种数比上年增减 Increase Rate over Preceding Year 合计 Total | 新出 New Publication | 重印 Reprint Publication | 租型图书种数 Number of Book Publications for Rent |
|---|---|---|---|---|---|---|---|---|
| **图书总计** | **Total** | **108590** | **62456** | **46134** | **6.14** | **0.82** | **14.32** | **3** |
| 使用《中国标准书号》图书合计 | Publications with "China International Standard Book Number" | 108466 | 62389 | 46077 | 6.14 | 0.82 | 14.32 | 3 |
| 马克思主义、列宁主义、毛泽东思想 | Marxism-Leninism, Mao Zedong Thought | 209 | 105 | 104 | | -8.70 | 10.64 | |
| 哲学 | Philosophy | 2349 | 1734 | 615 | 8.65 | 1.23 | 36.97 | |
| 社会科学总论 | General Social Sciences | 1617 | 1006 | 611 | 1.25 | -8.63 | 23.19 | |
| 政治、法律 | Politics and Law | 7811 | 5673 | 2138 | 4.05 | -0.09 | 16.89 | 3 |
| 军事 | Military Affairs | 405 | 328 | 77 | -20.12 | -23.36 | -2.53 | |
| 经济 | Economics | 12821 | 8459 | 4362 | 5.71 | -3.55 | 29.90 | |
| 文化、科学、教育、体育 | Culture, Science, Education and Sports | 22171 | 10529 | 11642 | 3.65 | -1.34 | 8.62 | |
| 语言、文字 | Languages | 7096 | 3376 | 3720 | 8.32 | -1.89 | 19.61 | |
| 文学 | Literature | 5440 | 3994 | 1446 | 6.52 | -0.97 | 34.64 | |
| 艺术 | Arts | 2930 | 1784 | 1146 | 3.35 | -4.80 | 19.25 | |
| 历史、地理 | History and Geography | 4041 | 3005 | 1036 | -1.70 | -1.83 | -1.33 | |
| 自然科学总论 | General Natural Sciences | 186 | 126 | 60 | 10.71 | 4.13 | 27.66 | |
| 数理科学、化学 | Mathematics, Physics and Chemistry | 2865 | 1070 | 1795 | 3.39 | -8.39 | 11.98 | |
| 天文学、地球科学 | Astronomy and Geology | 818 | 589 | 229 | 14.25 | 9.48 | 28.65 | |
| 生物科学 | Biology | 811 | 442 | 369 | 5.46 | 3.51 | 7.89 | |
| 医药、卫生 | Medicine and Health Care | 6523 | 3756 | 2767 | 14.10 | 14.79 | 13.17 | |
| 农业科学 | Agricultural Science | 2238 | 1373 | 865 | 15.90 | 23.81 | 5.23 | |
| 工业技术 | Industrial Technology | 24784 | 13001 | 11783 | 9.05 | 5.79 | 12.90 | |
| 交通运输 | Transportation | 1656 | 754 | 902 | -2.59 | -10.24 | 4.88 | |
| 航空、航天 | Aeronautics and Aerospace | 106 | 89 | 17 | 15.22 | 7.23 | 88.89 | |
| 环境科学 | Environmental Science | 790 | 575 | 215 | -4.36 | -4.49 | -4.02 | |
| 综合性图书 | General Books | 799 | 621 | 178 | 19.79 | 13.94 | 45.90 | |
| 不使用《中国标准书号》图书合计 | Publications without "China International Standard Book Number"-Total of Pictures | 124 | 67 | 57 | 4.20 | -4.29 | 16.33 | |

# 5-6 中央出版单位各类图书出版总印数（2006年）

# Printed Copies of Books Published by National Publishing Houses (2006)

| 项　目 | Item | 图书总印数(万册、万张) Total Printed Copies of Books (10000 copies, 10000 sheets) 合　计 Total | 新　出 New Publication | 重　印 Reprint Publication | 租　型 Publication for Rent | 总印数比上年增减(%) Increase Rate over Preceding Year(%) |
|---|---|---|---|---|---|---|
| **图书总计** | **Total** | **165888** | **62498** | **103045** | **345** | **1.49** |
| 使用《中国标准书号》图书合计 | Publications with "China International Standard Book Number" | 165332 | 62352 | 102635 | 345 | 1.45 |
| 马克思主义、列宁主义、毛泽东思想 | Marxism-Leninism, Mao Zedong Thought | 258 | 65 | 193 | | -35.98 |
| 哲学 | Philosophy | 1869 | 1234 | 635 | | -12.05 |
| 社会科学总论 | General Social Sciences | 1314 | 730 | 584 | | 0.46 |
| 政治、法律 | Politics and Law | 9318 | 7033 | 1940 | 345 | 1.15 |
| 军事 | Military Affairs | 238 | 199 | 39 | | -27.66 |
| 经济 | Economics | 9896 | 6031 | 3865 | | -10.13 |
| 文化、科学、教育、体育 | Culture, Science, Education and Sports | 91721 | 23713 | 68008 | | 20.95 |
| 语言、文字 | Languages | 10812 | 3305 | 7507 | | -2.07 |
| 文学 | Literature | 5716 | 3634 | 2082 | | 9.94 |
| 艺术 | Arts | 2461 | 1140 | 1321 | | -8.68 |
| 历史、地理 | History and Geography | 4450 | 2098 | 2352 | | -73.47 |
| 自然科学总论 | General Natural Sciences | 104 | 60 | 44 | | 30.00 |
| 数理科学、化学 | Mathematics, Physics and Chemistry | 2334 | 671 | 1663 | | -18.22 |
| 天文学、地球科学 | Astronomy and Geology | 366 | 272 | 94 | | 77.67 |
| 生物科学 | Biology | 446 | 186 | 260 | | -1.55 |
| 医药、卫生 | Medicine and Health Care | 4977 | 2447 | 2530 | | 11.59 |
| 农业科学 | Agricultural Science | 1411 | 929 | 482 | | -0.70 |
| 工业技术 | Industrial Technology | 14782 | 6963 | 7819 | | -1.47 |
| 交通运输 | Transportation | 1358 | 533 | 825 | | -4.16 |
| 航空、航天 | Aeronautics and Aerospace | 35 | 30 | 5 | | 29.63 |
| 环境科学 | Environmental Science | 502 | 336 | 166 | | -9.39 |
| 综合性图书 | General Books | 964 | 743 | 221 | | 70.92 |
| 不使用《中国标准书号》图书合计 | Publications without "China International Standard Book Number"-Total of Pictures | 556 | 146 | 410 | | 15.35 |

# 5-7 中央出版单位各类图书出版总印张（2006年）

# Printed Sheets of Books Published by National Publishing Houses (2006)

| 项　目 | Item | 图书总印张(千印张) Total Printed Sheets of Books (1000 sheets) | | | | 总印张比上年增减(%) Increase Rate over Preceding Year(%) |
|---|---|---|---|---|---|---|
| | | 合　计 Total | 新　出 New Publication | 重　印 Reprint Publication | 租　型 Publication for Rent | |
| **图书总计** | **Total** | **18022257** | **7907920** | **10046487** | **67850** | **3.58** |
| 使用《中国标准书号》图书合计 | Publications with "China International Standard Book Number" | 17934153 | 7858168 | 10008135 | 67850 | 3.63 |
| 马克思主义、列宁主义、毛泽东思想 | Marxism-Leninism, Mao Zedong Thought | 45882 | 17913 | 27969 | | -14.81 |
| 哲学 | Philosophy | 299501 | 200626 | 98875 | | 1.63 |
| 社会科学总论 | General Social Sciences | 213031 | 111054 | 101977 | | 3.92 |
| 政治、法律 | Politics and Law | 1355260 | 944020 | 343390 | 67850 | 11.85 |
| 军事 | Military Affairs | 38065 | 32192 | 5873 | | -17.65 |
| 经济 | Economics | 1629760 | 969579 | 660181 | | 1.11 |
| 文化、科学、教育、体育 | Culture, Science, Education and Sports | 6367500 | 1968337 | 4399163 | | 11.07 |
| 语言、文字 | Languages | 1788564 | 474264 | 1314300 | | 0.83 |
| 文学 | Literature | 816264 | 492081 | 324183 | | 13.36 |
| 艺术 | Arts | 241693 | 132390 | 109303 | | 1.78 |
| 历史、地理 | History and Geography | 457669 | 326599 | 131070 | | -42.02 |
| 自然科学总论 | General Natural Sciences | 17065 | 10382 | 6683 | | 25.31 |
| 数理科学、化学 | Mathematics, Physics and Chemistry | 427384 | 125556 | 301828 | | -13.81 |
| 天文学、地球科学 | Astronomy and Geology | 42867 | 27621 | 15246 | | 20.34 |
| 生物科学 | Biology | 96497 | 35576 | 60921 | | -5.81 |
| 医药、卫生 | Medicine and Health Care | 957326 | 428301 | 529025 | | 11.58 |
| 农业科学 | Agricultural Science | 138120 | 80161 | 57959 | | 7.26 |
| 工业技术 | Industrial Technology | 2636428 | 1285747 | 1350681 | | -0.77 |
| 交通运输 | Transportation | 190385 | 76114 | 114271 | | -0.50 |
| 航空、航天 | Aeronautics and Aerospace | 5201 | 4370 | 831 | | 0.54 |
| 环境科学 | Environmental Science | 60993 | 41854 | 19139 | | -12.02 |
| 综合性图书 | General Books | 108698 | 73431 | 35267 | | 49.40 |
| 不使用《中国标准书号》图书合计 | Publications without "China International Standard Book Number" | 88104 | 49752 | 38352 | | -4.43 |
| 图片 | Pictures | 8790 | 3060 | 5730 | | 57.02 |
| 国标(GB)、部标(BB)等标准类文件印品 | Standardization Documents such as National Standard, Department Standard | 67322 | 37973 | 29349 | | 12.19 |
| 活页文选、活页歌篇、小件印品等 | Loose-leaf Anthologies, Loose-leaf Songbooks and Pamphlets | 11992 | 8719 | 3273 | | -54.89 |

# 5-8 中央出版单位各类图书总定价（2006年）

# Total Priced Value of Books Published by Central Publishing Houses (2006)

单位：万元、% (10000 yuan,%)

| 项目 | Item | 图书总定价 Total Priced Value of Books 合计 Total | 新出 New Publication | 重印 Reprint Publication | 租型 Publication for Rent | 总定价比上年增减 Increase Rate over Preceding Year |
|---|---|---|---|---|---|---|
| **图书总计** | **Total** | **2732284** | **1429699** | **1291660** | **10925** | **2.55** |
| 使用《中国标准书号》图书合计 | Publications with "China International Standard Book Number" | 2699808 | 1409992 | 1278891 | 10925 | 2.47 |
| 马克思主义、列宁主义、毛泽东思想 | Marxism-Leninism, Mao Zedong Thought | 6423 | 3012 | 3411 | | -26.49 |
| 哲学 | Philosophy | 47583 | 33944 | 13639 | | -5.70 |
| 社会科学总论 | General Social Sciences | 33767 | 19645 | 14122 | | 4.65 |
| 政治、法律 | Politics and Law | 204649 | 149007 | 44717 | 10925 | 9.57 |
| 军事 | Military Affairs | 8004 | 6997 | 1007 | | -27.45 |
| 经济 | Economics | 290555 | 193217 | 97338 | | 3.59 |
| 文化、科学、教育、体育 | Culture, Science, Education and Sports | 750608 | 263829 | 486779 | | 8.77 |
| 语言、文字 | Languages | 259887 | 79921 | 179966 | | -0.80 |
| 文学 | Literature | 128106 | 86845 | 41261 | | 0.71 |
| 艺术 | Arts | 75511 | 56086 | 19425 | | 2.66 |
| 历史、地理 | History and Geography | 116826 | 87470 | 29356 | | -28.20 |
| 自然科学总论 | General Natural Sciences | 3248 | 2326 | 922 | | 26.73 |
| 数理科学、化学 | Mathematics, Physics and Chemistry | 55591 | 19278 | 36313 | | -10.49 |
| 天文学、地球科学 | Astronomy and Geology | 9933 | 7623 | 2310 | | 23.31 |
| 生物科学 | Biology | 15823 | 7981 | 7842 | | 0.63 |
| 医药、卫生 | Medicine and Health Care | 155967 | 84756 | 71211 | | 12.64 |
| 农业科学 | Agricultural Science | 23692 | 15958 | 7734 | | 11.62 |
| 工业技术 | Industrial Technology | 439299 | 246749 | 192550 | | 1.69 |
| 交通运输 | Transportation | 36331 | 15609 | 20722 | | 1.81 |
| 航空、航天 | Aeronautics and Aerospace | 1278 | 1125 | 153 | | 5.62 |
| 环境科学 | Environmental Science | 12511 | 9220 | 3291 | | -14.21 |
| 综合性图书 | General Books | 24216 | 19394 | 4822 | | 36.74 |
| 不使用《中国标准书号》图书合计 | Publications without "China International Standard Book Number" | 32476 | 19707 | 12769 | | 9.28 |
| 图片 | Pictures | 3040 | 1719 | 1321 | | 24.95 |
| 国标(GB)、部标(BB)等标准类文件印品 | Standardization Documents such as National Standard, Department Standard | 25370 | 15203 | 10167 | | 3.78 |
| 活页文选、活页歌篇、小件印品等 | Loose-leaf Anthologies, Loose-leaf Songbooks and Pamphlets | 4066 | 2785 | 1281 | | 43.27 |

# 5-9 地方出版单位各类图书出版种数（2006年）

# Number of Books Published by Local Publishing Houses (2006)

单位：种、%　　　　(kind,%)

| 项　目 | Item | 本版图书种数 Book Publications of Original Edition | | | 种数比上年增减 Increase Rate over Preceding Year | | |
|---|---|---|---|---|---|---|---|
| | | 合计 Total | 新出 New Publication | 重印 Reprint Publication | 合计 Total | 新出 New Publication | 重印 Reprint Publication |
| **图书总计** | **Total** | **125381** | **67808** | **57573** | **4.34** | **1.77** | **7.53** |
| 使用《中国标准书号》图书合计 | Publications with "China International Standard Book Number" | 124438 | 67100 | 57338 | 4.31 | 1.64 | 7.60 |
| 马克思主义、列宁主义、毛泽东思想 | Marxism-Leninism, Mao Zedong Thought | 180 | 76 | 104 | -26.53 | -47.22 | 2.97 |
| 哲学 | Philosophy | 2129 | 1437 | 692 | 21.03 | 12.79 | 42.68 |
| 社会科学总论 | General Social Sciences | 1306 | 910 | 396 | 4.90 | 2.36 | 11.24 |
| 政治、法律 | Politics and Law | 3178 | 2472 | 706 | 22.37 | 22.32 | 22.57 |
| 军事 | Military Affairs | 232 | 171 | 61 | 19.59 | 17.93 | 24.49 |
| 经济 | Economics | 6962 | 4471 | 2491 | 11.20 | 9.26 | 14.85 |
| 文化、科学、教育、体育 | Culture, Science, Education and Sports | 64181 | 26475 | 37706 | -0.15 | -4.88 | 3.46 |
| 语言、文字 | Languages | 5306 | 2935 | 2371 | 3.88 | 2.80 | 5.24 |
| 文学 | Literature | 9372 | 7272 | 2100 | 12.62 | 6.80 | 38.80 |
| 艺术 | Arts | 8975 | 5938 | 3037 | 15.26 | 10.29 | 26.38 |
| 历史、地理 | History and Geography | 4972 | 3881 | 1091 | 12.64 | 10.89 | 19.37 |
| 自然科学总论 | General Natural Sciences | 796 | 400 | 396 | -2.21 | -6.54 | 2.59 |
| 数理科学、化学 | Mathematics, Physics and Chemistry | 1887 | 797 | 1090 | -0.58 | -12.03 | 9.88 |
| 天文学、地球科学 | Astronomy and Geology | 337 | 229 | 108 | 19.08 | 7.51 | 54.29 |
| 生物科学 | Biology | 409 | 273 | 136 | -2.85 | -11.07 | 19.30 |
| 医药、卫生 | Medicine and Health Care | 3801 | 2555 | 1246 | -1.22 | -6.10 | 10.56 |
| 农业科学 | Agricultural Science | 1238 | 1011 | 227 | 11.13 | 15.68 | -5.42 |
| 工业技术 | Industrial Technology | 7414 | 4463 | 2951 | 9.27 | 9.95 | 8.25 |
| 交通运输 | Transportation | 554 | 354 | 200 | 36.12 | 46.28 | 21.21 |
| 航空、航天 | Aeronautics and Aerospace | 71 | 46 | 25 | 121.88 | 70.37 | 400.00 |
| 环境科学 | Environmental Science | 219 | 163 | 56 | 16.49 | 12.41 | 30.23 |
| 综合性图书 | General Books | 919 | 771 | 148 | -29.36 | -32.84 | -3.27 |
| 不使用《中国标准书号》图书一图片合计 | Publications without "China International Standard Book Number"-Total of Pictures | 943 | 708 | 235 | 9.02 | 15.69 | -7.11 |

# 5-10 地方出版单位各类图书总印数（2006年）

# Printed Copies of Books Published by Local Publishing Houses (2006)

| 项　目 | Item | 图书总印数(万册、万张) Total Printed Copies of Books (10000 copies, 10000 sheets) | | | | 比上年增减(%) Increase Rate over Preceding Year (%) | |
|---|---|---|---|---|---|---|---|
| | | 合　计 Total | 新　出 New Publication | 重　印 Reprint Publication | 租　型 Publication for Rent | 合　计 Total | 租　型 Publication for Rent |
| **图书总计** | **Total** | **474921** | **98260** | **187996** | **188665** | **-1.70** | **10.15** |
| 使用《中国标准书号》图书合计 | Publications with "China International Standard Book Number" | 473548 | 97287 | 187596 | 188665 | -1.69 | 10.15 |
| 马克思主义、列宁主义、毛泽东思想 | Marxism-Leninism, Mao Zedong Thought | 300 | 33 | 203 | 64 | -10.45 | |
| 哲学 | Philosophy | 1247 | 784 | 462 | 1 | 11.64 | |
| 社会科学总论 | General Social Sciences | 676 | 480 | 194 | 2 | 2.74 | -50.00 |
| 政治、法律 | Politics and Law | 3085 | 1950 | 604 | 531 | 13.34 | |
| 军事 | Military Affairs | 209 | 97 | 112 | | -14.69 | |
| 经济 | Economics | 3522 | 2063 | 1450 | 9 | 7.12 | -66.67 |
| 文化、科学、教育、体育 | Culture, Science, Education and Sports | 406597 | 67354 | 165591 | 173652 | -1.74 | 11.38 |
| 语言、文字 | Languages | 6357 | 2895 | 3303 | 159 | 6.93 | |
| 文学 | Literature | 10164 | 7108 | 3055 | 1 | 15.82 | |
| 艺术 | Arts | 15103 | 4338 | 4648 | 6117 | -1.16 | -2.86 |
| 历史、地理 | History and Geography | 11356 | 2251 | 1207 | 7898 | -10.07 | -12.21 |
| 自然科学总论 | General Natural Sciences | 2687 | 657 | 2030 | | -18.80 | |
| 数理科学、化学 | Mathematics, Physics and Chemistry | 1457 | 406 | 855 | 196 | 2.10 | |
| 天文学、地球科学 | Astronomy and Geology | 183 | 132 | 51 | | 18.06 | |
| 生物科学 | Biology | 234 | 124 | 75 | 35 | -19.86 | |
| 医药、卫生 | Medicine and Health Care | 2240 | 1423 | 817 | | 9.00 | |
| 农业科学 | Agricultural Science | 810 | 520 | 290 | | 6.02 | |
| 工业技术 | Industrial Technology | 4838 | 2730 | 2108 | | 3.05 | |
| 交通运输 | Transportation | 389 | 216 | 173 | | 36.49 | |
| 航空、航天 | Aeronautics and Aerospace | 68 | 57 | 11 | | 325.00 | |
| 环境科学 | Environmental Science | 740 | 650 | 90 | | -72.53 | |
| 综合性图书 | General Books | 1286 | 1019 | 267 | | 6.90 | |
| 不使用《中国标准书号》图书—图片合计 | Publications without "China International Standard Book Number"-Total of Pictures | 1373 | 973 | 400 | | -4.65 | |

# 5-11 地方出版单位各类图书总印张数（2006年）

# Printed Sheets of Books Published by Local Publishing Houses (2006)

| 项　目 | Item | 图书总印张(千印张) Total Printed Sheets of Books (1000 sheets) | | | | 比上年增减(%) Increase Rate over Preceding Year (%) | |
|---|---|---|---|---|---|---|---|
| | | 合　计 Total | 新　出 New Publication | 重　印 Reprint Publication | 租　型 Publication for Rent | 合　计 Total | 租　型 Publication for Rent |
| **图书总计** | **Total** | **33173519** | **8156727** | **11741731** | **13275061** | **3.89** | **11.71** |
| 使用《中国标准书号》图书合计 | Publications with "China International Standard Book Number" | 33108714 | 8119401 | 11714252 | 13275061 | 3.95 | 11.71 |
| 马克思主义、列宁主义、毛泽东思想 | Marxism-Leninism, Mao Zedong Thought | 44743 | 5852 | 24421 | 14470 | 12.29 | |
| 哲学 | Philosophy | 195777 | 118823 | 76895 | 59 | 29.81 | |
| 社会科学总论 | General Social Sciences | 101762 | 67617 | 34069 | 76 | 1.81 | -88.09 |
| 政治、法律 | Politics and Law | 420362 | 248251 | 77861 | 94250 | 53.85 | |
| 军事 | Military Affairs | 27214 | 15095 | 12119 | | 13.91 | |
| 经济 | Economics | 588672 | 337928 | 250385 | 359 | 14.24 | -69.65 |
| 文化、科学、教育、体育 | Culture, Science, Education and Sports | 26088921 | 4580170 | 9286272 | 12222479 | 2.29 | 11.57 |
| 语言、文字 | Languages | 894464 | 378803 | 501282 | 14379 | 9.50 | |
| 文学 | Literature | 1234336 | 865280 | 368981 | 75 | 24.43 | |
| 艺术 | Arts | 745159 | 277527 | 212406 | 255226 | 5.93 | 10.72 |
| 历史、地理 | History and Geography | 1043010 | 290159 | 98548 | 654303 | -3.20 | -5.16 |
| 自然科学总论 | General Natural Sciences | 157025 | 46450 | 110561 | 14 | -21.98 | |
| 数理科学、化学 | Mathematics, Physics and Chemistry | 221278 | 61879 | 142902 | 16497 | 18.09 | |
| 天文学、地球科学 | Astronomy and Geology | 17088 | 11043 | 6045 | | 31.73 | |
| 生物科学 | Biology | 25546 | 11931 | 10741 | 2874 | -8.65 | |
| 医药、卫生 | Medicine and Health Care | 358727 | 230138 | 128589 | | 27.99 | |
| 农业科学 | Agricultural Science | 57795 | 36782 | 21013 | | 7.03 | |
| 工业技术 | Industrial Technology | 667269 | 373526 | 293743 | | 5.88 | |
| 交通运输 | Transportation | 37744 | 25251 | 12493 | | 37.78 | |
| 航空、航天 | Aeronautics and Aerospace | 5009 | 3997 | 1012 | | 185.74 | |
| 环境科学 | Environmental Science | 27681 | 24057 | 3624 | | -66.89 | |
| 综合性图书 | General Books | 149132 | 108842 | 40290 | | 2.68 | |
| 不使用《中国标准书号》图书合计 | Publications without "China International Standard Book Number" | 95539 | 62033 | 33506 | | 19.34 | |
| 图片 | Pictures | 35530 | 25584 | 9946 | | -5.83 | |
| 国标(GB)、部标(BB)等标准类文件印品 | Standardization Documents such as National Standard, Department Standard | 17799 | 4685 | 13114 | | -42.69 | |
| 活页文选、活页歌篇、小件印品等 | Loose-leaf Anthologies, Loose-leaf Songbooks and Pamphlets | 11476 | 7057 | 4419 | | 1.80 | |

# 5-12 地方出版单位各类图书总定价（2006年）

# Total Priced Value of Books Published by Local Publishing Houses (2006)

| 项目 | Item | 图书总定价(万元) Total Priced Value of Books (10000 yuan) 合计 Total | 新出 New Publication | 重印 Reprint Publication | 租型 Publication for Rent | 总定价比上年增减(%) Increase Rate over Preceding Year (%) |
|---|---|---|---|---|---|---|
| **图书总计** | **Total** | **3758994** | **1301561** | **1325367** | **1132066** | **2.75** |
| 使用《中国标准书号》图书合计 | Publications with "China International Standard Book Number" | 3741667 | 1289540 | 1320061 | 1132066 | 2.85 |
| 马克思主义、列宁主义、毛泽东思想 | Marxism-Leninism, Mao Zedong Thought | 5439 | 794 | 2625 | 2020 | 11.43 |
| 哲学 | Philosophy | 34380 | 23894 | 10474 | 12 | 38.50 |
| 社会科学总论 | General Social Sciences | 16879 | 12310 | 4558 | 11 | 6.86 |
| 政治、法律 | Politics and Law | 65924 | 39648 | 10640 | 15636 | 49.21 |
| 军事 | Military Affairs | 4175 | 2701 | 1474 | | 10.77 |
| 经济 | Economics | 100971 | 65681 | 35259 | 31 | 11.06 |
| 文化、科学、教育、体育 | Culture, Science, Education and Sports | 2575089 | 556610 | 981315 | 1037164 | 0.30 |
| 语言、文字 | Languages | 117623 | 55542 | 60879 | 1202 | 10.62 |
| 文学 | Literature | 190250 | 142490 | 47723 | 37 | 16.37 |
| 艺术 | Arts | 184364 | 115536 | 43380 | 25448 | 12.64 |
| 历史、地理 | History and Geography | 149614 | 82661 | 18078 | 48875 | -8.86 |
| 自然科学总论 | General Natural Sciences | 18051 | 6678 | 11363 | 10 | -23.21 |
| 数理科学、化学 | Mathematics, Physics and Chemistry | 26299 | 8974 | 16002 | 1323 | 8.92 |
| 天文学、地球科学 | Astronomy and Geology | 3429 | 2496 | 933 | | 14.30 |
| 生物科学 | Biology | 4921 | 3042 | 1582 | 297 | -20.26 |
| 医药、卫生 | Medicine and Health Care | 64861 | 44182 | 20679 | | 15.89 |
| 农业科学 | Agricultural Science | 11307 | 8295 | 3012 | | 12.89 |
| 工业技术 | Industrial Technology | 124177 | 82810 | 41367 | | 11.00 |
| 交通运输 | Transportation | 7832 | 5434 | 2398 | | 39.33 |
| 航空、航天 | Aeronautics and Aerospace | 750 | 563 | 187 | | 145.90 |
| 环境科学 | Environmental Science | 6252 | 5710 | 542 | | -52.35 |
| 综合性图书 | General Books | 29080 | 23489 | 5591 | | -16.90 |
| 不使用《中国标准书号》图书合计 | Publications without "China International Standard Book Number" | 17327 | 12021 | 5306 | | -15.02 |
| 图片 | Pictures | 12135 | 9990 | 2145 | | -10.73 |
| 国标(GB)、部标(BB)等标准类文件印品 | Standardization Documents such as National Standard, Department Standard | 2542 | 822 | 1720 | | -38.20 |
| 活页文选、活页歌篇、小件印品等 | Loose-leaf Anthologies, Loose-leaf Songbooks and Pamphlets | 2650 | 1209 | 1441 | | -1.23 |

# 5-13 各地区报纸出版数量（2006年）

# Publication of Newspapers by Province (2006)

| 地 区 | Province | 种 数（种）Number of Newspapers (kind) | 平均期印数（万份）Average Printed Copies per Issue (10000 copies) | 总印数（万份）Total Printed Copies (10000 copies) | 总印张（千印张）Total Printed Sheets (1000 sheets) |
|---|---|---|---|---|---|
| **全 国** | **National Total** | **1938** | **19703** | **4245172** | **165893884** |
| 中 央 | National Newspapers | 221 | 3243 | 633247 | 17639007 |
| 地 方 | Local Newspapers | 1717 | 16461 | 3611925 | 148254877 |
| 北 京 | Beijing | 35 | 408 | 106804 | 6400339 |
| 天 津 | Tianjin | 27 | 382 | 93870 | 5173776 |
| 河 北 | Hebei | 66 | 790 | 222134 | 4958957 |
| 山 西 | Shanxi | 60 | 2705 | 206223 | 3283101 |
| 内蒙古 | Inner Mongolia | 61 | 144 | 25011 | 464532 |
| 辽 宁 | Liaoning | 81 | 663 | 163648 | 7864644 |
| 吉 林 | Jilin | 50 | 317 | 62567 | 2518141 |
| 黑龙江 | Heilongjiang | 72 | 364 | 76407 | 2668182 |
| 上 海 | Shanghai | 74 | 814 | 174395 | 7450068 |
| 江 苏 | Jiangsu | 80 | 967 | 261147 | 9937378 |
| 浙 江 | Zhejiang | 70 | 994 | 286117 | 12300954 |
| 安 徽 | Anhui | 51 | 405 | 100786 | 3231584 |
| 福 建 | Fujian | 43 | 482 | 95720 | 3421894 |
| 江 西 | Jiangxi | 40 | 253 | 64973 | 1830832 |
| 山 东 | Shandong | 85 | 903 | 239743 | 11610903 |
| 河 南 | Henan | 79 | 887 | 201599 | 5317039 |
| 湖 北 | Hubei | 74 | 585 | 154424 | 4527518 |
| 湖 南 | Hunan | 50 | 456 | 102397 | 3766922 |
| 广 东 | Guangdong | 101 | 1665 | 434279 | 29576392 |
| 广 西 | Guangxi | 55 | 247 | 60423 | 1679228 |
| 海 南 | Hainan | 16 | 114 | 23500 | 724634 |
| 重 庆 | Chongqing | 26 | 284 | 57753 | 3442226 |
| 四 川 | Sichuan | 85 | 618 | 155800 | 6855702 |
| 贵 州 | Guizhou | 31 | 123 | 31711 | 1157525 |
| 云 南 | Yunnan | 42 | 201 | 53080 | 2327849 |
| 西 藏 | Tibet | 23 | 18 | 3440 | 89356 |
| 陕 西 | Shaanxi | 44 | 244 | 63033 | 3135041 |
| 甘 肃 | Gansu | 56 | 174 | 37365 | 1142998 |
| 青 海 | Qinghai | 25 | 21 | 4506 | 69954 |
| 宁 夏 | Ningxia | 15 | 48 | 10886 | 234843 |
| 新 疆 | Xinjiang | 100 | 187 | 38184 | 1092365 |

# 5-14 各地区期刊出版数量（2006年）

# Publication of Magazines by Province (2006)

| 地 区 | Province | 种 数 (种) Number of Magazines (kind) | 平均期印数 (万份) Average Printed Copies per Issue (10000 copies) | 总印数 (万份) Total Printed Copies (10000 copies) | 总印张 (千印张) Total Printed Sheets (1000 sheets) |
|---|---|---|---|---|---|
| **全 国** | **National Total** | **9468** | **16435** | **285216** | **13693565** |
| 中 央 | National Magazines | 2640 | 4872 | 79491 | 4536942 |
| 地 方 | Local Magazines | 6828 | 11563 | 205725 | 9156623 |
| 北 京 | Beijing | 169 | 205 | 3372 | 202315 |
| 天 津 | Tianjin | 245 | 329 | 4081 | 192939 |
| 河 北 | Hebei | 226 | 245 | 4124 | 146669 |
| 山 西 | Shanxi | 199 | 257 | 4648 | 245863 |
| 内蒙古 | Inner Mongolia | 148 | 79 | 1231 | 51773 |
| 辽 宁 | Liaoning | 322 | 690 | 10111 | 381685 |
| 吉 林 | Jilin | 236 | 450 | 8374 | 351560 |
| 黑龙江 | Heilongjiang | 314 | 254 | 4069 | 175462 |
| 上 海 | Shanghai | 626 | 1125 | 18336 | 787511 |
| 江 苏 | Jiangsu | 439 | 436 | 9473 | 379313 |
| 浙 江 | Zhejiang | 218 | 544 | 8020 | 299433 |
| 安 徽 | Anhui | 176 | 444 | 5602 | 155742 |
| 福 建 | Fujian | 178 | 209 | 2915 | 124219 |
| 江 西 | Jiangxi | 162 | 248 | 5610 | 170257 |
| 山 东 | Shandong | 263 | 431 | 8995 | 340929 |
| 河 南 | Henan | 244 | 487 | 8839 | 376219 |
| 湖 北 | Hubei | 417 | 998 | 21577 | 853795 |
| 湖 南 | Hunan | 246 | 481 | 9885 | 310098 |
| 广 东 | Guangdong | 379 | 1119 | 23558 | 1344451 |
| 广 西 | Guangxi | 184 | 241 | 4029 | 149781 |
| 海 南 | Hainan | 40 | 59 | 1059 | 69162 |
| 重 庆 | Chongqing | 134 | 298 | 4457 | 264449 |
| 四 川 | Sichuan | 334 | 509 | 8215 | 599960 |
| 贵 州 | Guizhou | 89 | 89 | 1414 | 81196 |
| 云 南 | Yunnan | 126 | 192 | 2975 | 141897 |
| 西 藏 | Tibet | 34 | 14 | 267 | 10420 |
| 陕 西 | Shaanxi | 266 | 366 | 5328 | 317462 |
| 甘 肃 | Gansu | 131 | 627 | 13688 | 549905 |
| 青 海 | Qinghai | 43 | 20 | 173 | 6918 |
| 宁 夏 | Ningxia | 34 | 23 | 335 | 14827 |
| 新 疆 | Xinjiang | 206 | 94 | 965 | 60413 |

## 5-15 各地区电子出版物数量（2006年）

## Basic Statistics on Electronic Publications by Province (2006)

单位：种、万张 (kind, 10000 discs)

| 地区 | Province | 电子出版物 Total of Electronic Publications 种数 Number of Publications | 数量 Volume | #新版 New Publication 种数 Number of Publications | 数量 Volume | 只读光盘 CD-ROM 种数 Number of Publications | 数量 Volume | #新版 New Publication 种数 Number of Publications | 数量 Volume |
|---|---|---|---|---|---|---|---|---|---|
| **全国** | **National Total** | **7207** | **16035.72** | **5905** | **8906.19** | **6943** | **14879.95** | **5658** | **7766.56** |
| 中央 | National Publishing Houses | 4585 | 8830.86 | 3681 | 5214.62 | 4458 | 7850.73 | 3558 | 4235.90 |
| 地方 | Local Publishing Houses | 2622 | 7204.86 | 2224 | 3691.57 | 2485 | 7029.22 | 2100 | 3530.66 |
| 北京 | Beijing | 367 | 742.06 | 367 | 732.06 | 316 | 638.16 | 316 | 628.16 |
| 天津 | Tianjin | 62 | 35.61 | 54 | 23.91 | 58 | 33.99 | 50 | 22.29 |
| 河北 | Hebei | 19 | 3.80 | 19 | 3.80 | 17 | 3.50 | 17 | 3.50 |
| 山西 | Shanxi | 66 | 19.65 | 66 | 19.65 | 66 | 19.65 | 66 | 19.65 |
| 内蒙古 | Inner Mongolia | | | | | | | | |
| 辽宁 | Liaoning | 102 | 112.78 | 102 | 112.38 | 100 | 112.62 | 100 | 112.22 |
| 吉林 | Jilin | 45 | 25.65 | 45 | 25.65 | 43 | 24.65 | 43 | 24.65 |
| 黑龙江 | Heilongjiang | 39 | 12.90 | 39 | 12.90 | 39 | 12.90 | 39 | 12.90 |
| 上海 | Shanghai | 385 | 3686.65 | 245 | 831.59 | 356 | 3666.04 | 228 | 825.66 |
| 江苏 | Jiangsu | 140 | 417.92 | 89 | 263.93 | 132 | 384.29 | 81 | 230.30 |
| 浙江省 | Zhejiang | 163 | 51.44 | 99 | 21.25 | 146 | 47.58 | 83 | 17.44 |
| 安徽 | Anhui | 2 | 0.40 | 2 | 0.40 | 2 | 0.40 | 2 | 0.40 |
| 福建 | Fujian | 43 | 18.08 | 43 | 18.08 | 43 | 18.08 | 43 | 18.08 |
| 江西 | Jiangxi | 44 | 94.67 | 41 | 87.11 | 44 | 94.67 | 41 | 87.11 |
| 山东 | Shandong | 448 | 445.44 | 447 | 444.44 | 439 | 443.64 | 438 | 442.64 |
| 河南 | Henan | 13 | 4.85 | 13 | 4.85 | 13 | 4.85 | 13 | 4.85 |
| 湖北 | Hubei | 124 | 204.11 | 103 | 138.79 | 115 | 196.58 | 94 | 131.26 |
| 湖南 | Hunan | 88 | 10.05 | 6 | 4.84 | 87 | 9.24 | 5 | 4.03 |
| 广东 | Guangdong | 27 | 43.61 | 18 | 10.20 | 27 | 43.61 | 18 | 10.20 |
| 广西 | Guangxi | 20 | 645.89 | 18 | 315.59 | 20 | 645.89 | 18 | 315.59 |
| 海南 | Hainan | 9 | 2.90 | 8 | 2.60 | 9 | 2.90 | 8 | 2.60 |
| 重庆 | Chongqing | 134 | 469.95 | 132 | 464.93 | 132 | 469.63 | 130 | 464.61 |
| 四川 | Sichuan | 127 | 89.01 | 116 | 86.21 | 127 | 89.01 | 116 | 86.21 |
| 贵州 | Guizhou | | | | | | | | |
| 云南 | Yunnan | 20 | 3.67 | 20 | 3.67 | 19 | 3.57 | 19 | 3.57 |
| 西藏 | Tibet | | | | | | | | |
| 陕西 | Shaanxi | 80 | 33.97 | 77 | 32.94 | 80 | 33.97 | 77 | 32.94 |
| 甘肃 | Gansu | 6 | 12.80 | 6 | 12.80 | 6 | 12.80 | 6 | 12.80 |
| 青海 | Qinghai | | | | | | | | |
| 宁夏 | Ningxia | 49 | 17.00 | 49 | 17.00 | 49 | 17.00 | 49 | 17.00 |
| 新疆 | Xinjiang | | | | | | | | |

## 5-15 续表 continued

单位：种、万张 (kind, 10000 disks)

| 地区 | Province | 密度只读光盘 DVD-ROM 种数 Number of Publications | 数量 Volume | #新版 New Publication 种数 Number of Publications | 数量 Volume | 交互式光盘及其他 CD-I and Others 种数 Number of Publications | 数量 Volume | #新版 New Publication 种数 Number of Publications | 数量 Volume |
|---|---|---|---|---|---|---|---|---|---|
| **全国** | **National Total** | **170** | **990.93** | **164** | **988.80** | **94** | **164.84** | **83** | **150.83** |
| 中央 | National Publishing Houses | 108 | 864.68 | 104 | 863.77 | 19 | 115.45 | 19 | 114.95 |
| 地方 | Local Publishing Houses | 62 | 126.25 | 60 | 125.03 | 75 | 49.39 | 64 | 35.88 |
| 北京 | Beijing | 28 | 78.50 | 28 | 78.50 | 23 | 25.40 | 23 | 25.40 |
| 天津 | Tianjin | 1 | 0.72 | 1 | 0.72 | 3 | 0.90 | 3 | 0.90 |
| 河北 | Hebei | 2 | 0.30 | 2 | 0.30 | | | | |
| 山西 | Shanxi | | | | | | | | |
| 内蒙古 | Inner Mongolia | | | | | | | | |
| 辽宁 | Liaoning | 2 | 0.16 | 2 | 0.16 | | | | |
| 吉林 | Jilin | | | | | 2 | 1.00 | 2 | 1.00 |
| 黑龙江 | Heilongjiang | | | | | | | | |
| 上海 | Shanghai | 9 | 4.99 | 7 | 3.77 | 20 | 15.62 | 10 | 2.16 |
| 江苏 | Jiangsu | 8 | 33.63 | 8 | 33.63 | | | | |
| 浙江省 | Zhejiang | | | | | 17 | 3.86 | 16 | 3.81 |
| 安徽 | Anhui | | | | | | | | |
| 福建 | Fujian | | | | | | | | |
| 江西 | Jiangxi | | | | | | | | |
| 山东 | Shandong | | | | | 9 | 1.80 | 9 | 1.80 |
| 河南 | Henan | | | | | | | | |
| 湖北 | Hubei | 9 | 7.53 | 9 | 7.53 | | | | |
| 湖南 | Hunan | | | | | 1 | 0.81 | 1 | 0.81 |
| 广东 | Guangdong | | | | | | | | |
| 广西 | Guangxi | | | | | | | | |
| 海南 | Hainan | | | | | | | | |
| 重庆 | Chongqing | 2 | 0.32 | 2 | 0.32 | | | | |
| 四川 | Sichuan | | | | | | | | |
| 贵州 | Guizhou | | | | | | | | |
| 云南 | Yunnan | 1 | 0.10 | 1 | 0.10 | | | | |
| 西藏 | Tibet | | | | | | | | |
| 陕西 | Shaanxi | | | | | | | | |
| 甘肃 | Gansu | | | | | | | | |
| 青海 | Qinghai | | | | | | | | |
| 宁夏 | Ningxia | | | | | | | | |
| 新疆 | Xinjiang | | | | | | | | |

# 5-16 各地区录像制品出版数量（2006年）

## Publications of Video Products by Province (2006)

单位：种、万盒、万张 (kind,10000 cassettes,10000 discs)

| 地区 Province | 录像制品 Total of Video Products | | #新版 New Publication | | 录像带 VT | | #新版 New Publication | | 高密度激光视盘 DVD-V | | #新版 New Publication | |
|---|---|---|---|---|---|---|---|---|---|---|---|---|
| | 种数 Number of Publications | 数量 Volume | 种数 Number of Publications | 数量 Volume | 种数 Number of Publications | 数量 Volume | 种数 Number of Publications | 数量 Volume | 种数 Number of Publications | 数量 Volume | 种数 Number of Publications | 数量 Volume |
| **全国 National Total** | **17856** | **32293.3** | **13322** | **27172.2** | **47** | **6.79** | **9** | **4.23** | **4601** | **9951.3** | **4007** | **7928.8** |
| 中央 National Publishing Houses | 7238 | 10593.7 | 5092 | 8911.4 | 23 | 2.02 | 1 | 0.30 | 1656 | 2856.1 | 1509 | 2575.3 |
| 地方 Local Publishing Houses | 10618 | 21699.6 | 8230 | 18260.7 | 24 | 4.77 | 8 | 3.93 | 2945 | 7095.2 | 2498 | 5353.6 |
| 北京 Beijing | 307 | 295.5 | 307 | 295.5 | | | | | 80 | 58.7 | 80 | 58.7 |
| 天津 Tianjin | 101 | 187.3 | 101 | 187.3 | | | | | 28 | 67.2 | 28 | 67.2 |
| 河北 Hebei | 148 | 275.5 | 146 | 273.5 | | | | | 21 | 74.9 | 21 | 74.9 |
| 山西 Shanxi | 68 | 92.1 | 63 | 33.5 | | | | | 5 | 1.3 | 5 | 1.3 |
| 内蒙古 Inner Mongolia | 1 | 0.0 | 1 | 0.0 | | | | | 1 | 0.0 | 1 | 0.0 |
| 辽宁 Liaoning | 97 | 823.3 | 97 | 823.3 | | | | | 17 | 93.6 | 17 | 93.6 |
| 吉林 Jilin | 132 | 217.7 | 132 | 217.7 | | | | | 30 | 46.6 | 30 | 46.6 |
| 黑龙江 Heilongjiang | 114 | 34.9 | 114 | 34.9 | | | | | 38 | 9.0 | 38 | 9.0 |
| 上海 Shanghai | 1018 | 1218.2 | 568 | 554.1 | 16 | 0.84 | | | 383 | 244.4 | 337 | 217.2 |
| 江苏 Jiangsu | 566 | 276.1 | 475 | 203.9 | | | | | 56 | 42.2 | 55 | 35.2 |
| 浙江省 Zhejiang | 528 | 204.5 | 518 | 201.8 | | | | | 179 | 50.7 | 178 | 50.4 |
| 安徽 Anhui | 301 | 193.3 | 300 | 193.1 | 1 | 0.50 | 1 | 0.50 | 22 | 5.3 | 22 | 5.3 |
| 福建 Fujian | 658 | 2711.2 | 258 | 944.8 | | | | | 494 | 2000.0 | 150 | 475.5 |
| 江西 Jiangxi | 364 | 269.6 | 208 | 198.7 | | | | | 19 | 11.1 | 19 | 11.1 |
| 山东 Shandong | 1186 | 644.5 | 1174 | 640.7 | | | | | 360 | 163.7 | 358 | 163.1 |
| 河南 Henan | 187 | 103.8 | 157 | 97.5 | | | | | 57 | 38.4 | 27 | 32.1 |
| 湖北 Hubei | 219 | 500.4 | 182 | 467.5 | | | | | 24 | 207.8 | 24 | 207.8 |
| 湖南 Hunan | 997 | 342.2 | 76 | 176.3 | | | | | 15 | 29.4 | 12 | 24.5 |
| 广东 Guangdong | 2097 | 12199.8 | 1874 | 11633.1 | | | | | 577 | 3613.5 | 559 | 3459.8 |
| 广西 Guangxi | 183 | 183.0 | 181 | 182.4 | 2 | 0.33 | 2 | 0.33 | 42 | 54.5 | 42 | 54.5 |
| 海南 Hainan | 21 | 22.8 | 20 | 22.3 | | | | | 7 | 14.9 | 7 | 14.9 |
| 重庆 Chongqing | 136 | 185.2 | 96 | 179.7 | | | | | 26 | 8.4 | 26 | 8.4 |
| 四川 Sichuan | 543 | 245.0 | 541 | 244.7 | 3 | 1.10 | 3 | 1.10 | 296 | 116.7 | 296 | 116.7 |
| 贵州 Guizhou | 151 | 206.3 | 149 | 189.2 | | | | | 35 | 59.0 | 33 | 41.9 |
| 云南 Yunnan | 183 | 71.1 | 183 | 71.1 | | | | | 51 | 23.0 | 51 | 23.0 |
| 西藏 Tibet | 14 | 10.5 | 14 | 10.5 | | | | | 7 | 0.5 | 7 | 0.5 |
| 陕西 Shaanxi | 184 | 117.2 | 181 | 115.2 | 1 | 1.00 | 1 | 1.00 | 38 | 31.5 | 38 | 31.5 |
| 甘肃 Gansu | 59 | 53.8 | 59 | 53.8 | 1 | 1.00 | 1 | 1.00 | 11 | 24.8 | 11 | 24.8 |
| 青海 Qinghai | | | | | | | | | | | | |
| 宁夏 Ningxia | 12 | 5.8 | 12 | 5.8 | | | | | | | | |
| 新疆 Xinjiang | 43 | 9.0 | 43 | 9.0 | | | | | 26 | 4.2 | 26 | 4.2 |

## 5-16 续表 continued

单位：种、万盒、万张 (kind,10000 cassettes,10000 disks)

| 地区 Province | 数码激光视盘 VCD 种数 Number of Publications | 数码激光视盘 VCD 数量 Volume | #新版 New Publication 种数 Number of Publications | #新版 New Publication 数量 Volume | 其他 Others 种数 Number of Publications | 其他 Others 数量 Volume | #新版 New Publication 种数 Number of Publications | #新版 New Publication 数量 Volume |
|---|---|---|---|---|---|---|---|---|
| **全国 National Total** | **12747** | **20387.7** | **8890** | **17350.5** | **461** | **1947.5** | **416** | **1888.6** |
| 中央 Central Publishing Houses | 5430 | 7297.9 | 3478 | 5903.0 | 129 | 437.7 | 104 | 432.9 |
| 地方 Local Publishing Houses | 7317 | 13089.8 | 5412 | 11447.5 | 332 | 1509.8 | 312 | 1455.7 |
| 北京 Beijing | 202 | 217.5 | 202 | 217.5 | 25 | 19.3 | 25 | 19.3 |
| 天津 Tianjin | 73 | 120.1 | 73 | 120.1 | | | | |
| 河北 Hebei | 126 | 195.9 | 124 | 193.9 | 1 | 4.8 | 1 | 4.8 |
| 山西 Shanxi | 63 | 90.8 | 58 | 32.3 | | | | |
| 内蒙古 Inner Mongolia | | | | | | | | |
| 辽宁 Liaoning | 79 | 729.5 | 79 | 729.5 | 1 | 0.2 | 1 | 0.2 |
| 吉林 Jilin | 102 | 171.1 | 102 | 171.1 | | | | |
| 黑龙江 Heilongjiang | 76 | 25.9 | 76 | 25.9 | | | | |
| 上海 Shanghai | 619 | 972.9 | 231 | 336.9 | | | | |
| 江苏 Jiangsu | 368 | 192.5 | 279 | 127.6 | 142 | 41.5 | 141 | 41.2 |
| 浙江省 Zhejiang | 349 | 153.9 | 340 | 151.4 | | | | |
| 安徽 Anhui | 278 | 187.5 | 277 | 187.3 | | | | |
| 福建 Fujian | 164 | 711.2 | 108 | 469.3 | | | | |
| 江西 Jiangxi | 345 | 258.5 | 189 | 187.6 | | | | |
| 山东 Shandong | 814 | 475.1 | 804 | 471.9 | 12 | 5.7 | 12 | 5.7 |
| 河南 Henan | 130 | 65.4 | 130 | 65.4 | | | | |
| 湖北 Hubei | 193 | 292.2 | 157 | 259.6 | 2 | 0.4 | 1 | 0.1 |
| 湖南 Hunan | 977 | 299.1 | 60 | 143.5 | 5 | 13.8 | 4 | 8.3 |
| 广东 Guangdong | 1391 | 7167.6 | 1203 | 6802.6 | 129 | 1418.7 | 112 | 1370.7 |
| 广西 Guangxi | 139 | 128.2 | 137 | 127.6 | | | | |
| 海南 Hainan | 14 | 7.9 | 13 | 7.4 | | | | |
| 重庆 Chongqing | 109 | 176.7 | 69 | 171.1 | 1 | 0.1 | 1 | 0.1 |
| 四川 Sichuan | 244 | 127.2 | 242 | 126.9 | | | | |
| 贵州 Guizhou | 116 | 147.3 | 116 | 147.3 | | | | |
| 云南 Yunnan | 132 | 48.0 | 132 | 48.0 | | | | |
| 西藏 Tibet | 7 | 10.0 | 7 | 10.0 | | | | |
| 陕西 Shaanxi | 136 | 81.4 | 133 | 79.4 | 9 | 3.3 | 9 | 3.3 |
| 甘肃 Gansu | 47 | 28.0 | 47 | 28.0 | | | | |
| 青海 Qinghai | | | | | | | | |
| 宁夏 Ningxia | 7 | 3.7 | 7 | 3.7 | 5 | 2.1 | 5 | 2.1 |
| 新疆 Xinjiang | 17 | 4.8 | 17 | 4.8 | | | | |

# 5-17　全国各地区录音制品出版数量（2006年）

# Publication of Audio Products by Province (2006)

单位：种、万盒、万张　　　　(kind,10000 cassettes,10000 discs)

| 地区 Province | 录音制品 Toyal of Audio Products | | #新版 New Publication | | 录音带 AT | | #新版 New Publication | | 高密度激光唱盘 DVD-A | | #新版 New Publication | |
|---|---|---|---|---|---|---|---|---|---|---|---|---|
| | 种数 Number of Publications | 数量 Volume | 种数 Number of Publications | 数量 Volume | 种数 Number of Publications | 数量 Volume | 种数 Number of Publications | 数量 Volume | 种数 Number of Publications | 数量 Volume | 种数 Number of Publications | 数量 Volume |
| **全国 National Total** | **15850** | **26013.4** | **9755** | **14985.6** | **8176** | **18430.1** | **3549** | **9088.6** | **56** | **26.9** | **53** | **21.9** |
| 中央 National Publishing Houses | 4574 | 15928.6 | 2769 | 9128.9 | 2292 | 12207.1 | 995 | 6587.4 | 16 | 7.3 | 16 | 7.3 |
| 地方 Local Publishing Houses | 11276 | 10084.8 | 6986 | 5856.7 | 5884 | 6223.1 | 2554 | 2501.2 | 40 | 19.6 | 37 | 14.6 |
| 北京 Beijing | 377 | 273.3 | 377 | 273.3 | 303 | 180.2 | 303 | 180.2 | 1 | 0.1 | 1 | 0.1 |
| 天津 Tianjin | 143 | 236.3 | 127 | 210.6 | 47 | 128.5 | 36 | 109.7 | | | | |
| 河北 Hebei | 96 | 285.5 | 95 | 285.0 | 66 | 270.9 | 66 | 270.9 | | | | |
| 山西 Shanxi | 19 | 38.3 | 17 | 28.8 | 17 | 38.1 | 16 | 28.8 | | | | |
| 内蒙古 Inner Mongolia | 152 | 216.3 | 152 | 216.3 | | | | | 2 | 2.2 | 2 | 2.2 |
| 辽宁 Liaoning | 62 | 100.8 | 62 | 100.8 | 1 | 1.0 | 1 | 1.0 | | | | |
| 吉林 Jilin | 101 | 70.2 | 101 | 70.2 | 38 | 34.1 | 38 | 34.1 | 1 | 1.8 | 1 | 1.8 |
| 黑龙江 Heilongjiang | 34 | 6.6 | 34 | 6.6 | 26 | 4.7 | 26 | 4.7 | | | | |
| 上海 Shanghai | 4493 | 4235.2 | 2068 | 1178.2 | 2693 | 3394.1 | 759 | 532.8 | 14 | 6.0 | 12 | 6.0 |
| 江苏 Jiangsu | 388 | 251.1 | 260 | 156.3 | 180 | 112.6 | 113 | 71.3 | 1 | 0.1 | 1 | 0.1 |
| 浙江省 Zhejiang | 273 | 327.4 | 140 | 200.8 | 205 | 252.2 | 77 | 126.6 | | | | |
| 安徽 Anhui | 217 | 112.3 | 209 | 110.5 | 75 | 20.9 | 67 | 19.1 | | | | |
| 福建 Fujian | 88 | 63.7 | 59 | 45.5 | 63 | 44.5 | 40 | 28.9 | | | | |
| 江西 Jiangxi | 183 | 255.5 | 137 | 196.8 | 49 | 91.2 | 36 | 68.1 | | | | |
| 山东 Shandong | 874 | 473.7 | 804 | 448.7 | 143 | 136.1 | 86 | 115.2 | 12 | 2.0 | 12 | 2.0 |
| 河南 Henan | 194 | 27.7 | 19 | 5.2 | 160 | 21.3 | 8 | 1.1 | | | | |
| 湖北 Hubei | 296 | 315.1 | 172 | 258.4 | 167 | 205.4 | 84 | 175.3 | | | | |
| 湖南 Hunan | 710 | 196.9 | 117 | 177.4 | 568 | 178.0 | 80 | 160.8 | | | | |
| 广东 Guangdong | 1808 | 1990.6 | 1374 | 1505.9 | 728 | 696.6 | 454 | 383.5 | 7 | 7.3 | 6 | 2.3 |
| 广西 Guangxi | 106 | 27.1 | 106 | 27.1 | 44 | 8.3 | 44 | 8.3 | 1 | 0.1 | 1 | 0.1 |
| 海南 Hainan | 66 | 141.8 | 65 | 138.2 | 62 | 133.2 | 61 | 129.6 | | | | |
| 重庆 Chongqing | 96 | 31.1 | 52 | 14.7 | 44 | 18.8 | 11 | 3.1 | | | | |
| 四川 Sichuan | 139 | 70.6 | 137 | 68.9 | 44 | 15.6 | 44 | 15.6 | | | | |
| 贵州 Guizhou | 61 | 19.2 | 60 | 19.1 | 1 | 0.1 | 1 | 0.1 | | | | |
| 云南 Yunnan | 77 | 28.1 | 77 | 28.1 | 53 | 14.9 | 53 | 14.9 | | | | |
| 西藏 Tibet | 6 | 1.5 | 6 | 1.5 | | | | | 1 | | 1 | |
| 陕西 Shaanxi | 177 | 270.0 | 119 | 64.8 | 94 | 219.5 | 37 | 15.4 | | | | |
| 甘肃 Gansu | 6 | 1.7 | 6 | 1.7 | 1 | 0.1 | 1 | 0.1 | | | | |
| 青海 Qinghai | | | | | | | | | | | | |
| 宁夏 Ningxia | 9 | 3.9 | 9 | 3.9 | | | | | | | | |
| 新疆 Xinjiang | 25 | 13.6 | 25 | 13.6 | 12 | 2.1 | 12 | 2.1 | | | | |

## 5-17 续表 continued

单位：种、万盒、万张 (kind,10000 cassettes,10000 disks)

| 地区 Province | 激光唱盘 CD | | #新版 New Publication | | 其他 Others | | #新版 New Publication | |
|---|---|---|---|---|---|---|---|---|
| | 种数 Number of Publications | 数量 Volume | 种数 Number of Publications | 数量 Volume | 种数 Number of Publications | 数量 Volume | 种数 Number of Publications | 数量 Volume |
| **全 国 National Total** | **6774** | **6415.7** | **5508** | **5340.9** | **844** | **1140.6** | **645** | **534.2** |
| 中 央 Central Publishing Houses | 1694 | 2783.3 | 1364 | 2200.3 | 572 | 931.0 | 394 | 333.9 |
| 地 方 Local Publishing Houses | 5080 | 3632.4 | 4144 | 3140.6 | 272 | 209.7 | 251 | 200.3 |
| 北 京 Beijing | 70 | 90.5 | 70 | 90.5 | 3 | 2.5 | 3 | 2.5 |
| 天 津 Tianjin | 96 | 107.8 | 91 | 100.9 | | | | |
| 河 北 Hebei | 30 | 14.6 | 29 | 14.1 | | | | |
| 山 西 Shanxi | 2 | 0.1 | 1 | 0.0 | | | | |
| 内蒙古 Inner Mongolia | 127 | 173.8 | 127 | 173.8 | 23 | 40.3 | 23 | 40.3 |
| 辽 宁 Liaoning | 61 | 99.8 | 61 | 99.8 | | | | |
| 吉 林 Jilin | 62 | 34.2 | 62 | 34.2 | | | | |
| 黑龙江 Heilongjiang | 8 | 1.9 | 8 | 1.9 | | | | |
| 上 海 Shanghai | 1617 | 726.6 | 1141 | 537.5 | 169 | 108.6 | 156 | 101.9 |
| 江 苏 Jiangsu | 207 | 138.3 | 146 | 84.9 | | | | |
| 浙江省 Zhejiang | 68 | 75.2 | 63 | 74.2 | | | | |
| 安 徽 Anhui | 139 | 89.6 | 139 | 89.6 | 3 | 1.8 | 3 | 1.8 |
| 福 建 Fujian | 25 | 19.1 | 19 | 16.6 | | | | |
| 江 西 Jiangxi | 134 | 164.3 | 101 | 128.7 | | | | |
| 山 东 Shandong | 703 | 315.0 | 690 | 310.9 | 16 | 20.6 | 16 | 20.6 |
| 河 南 Henan | 34 | 6.5 | 11 | 4.1 | | | | |
| 湖 北 Hubei | 101 | 95.4 | 68 | 71.6 | 28 | 14.2 | 20 | 11.5 |
| 湖 南 Hunan | 142 | 18.8 | 37 | 16.6 | | | | |
| 广 东 Guangdong | 1060 | 1281.8 | 901 | 1115.3 | 13 | 4.9 | 13 | 4.9 |
| 广 西 Guangxi | 60 | 18.3 | 60 | 18.3 | 1 | 0.5 | 1 | 0.5 |
| 海 南 Hainan | 3 | 7.8 | 3 | 7.8 | 1 | 0.8 | 1 | 0.8 |
| 重 庆 Chongqing | 51 | 12.1 | 40 | 11.6 | 1 | 0.1 | 1 | 0.1 |
| 四 川 Sichuan | 95 | 55.0 | 93 | 53.3 | | | | |
| 贵 州 Guizhou | 60 | 17.3 | 59 | 17.2 | | 1.8 | | 1.8 |
| 云 南 Yunnan | 24 | 13.2 | 24 | 13.2 | | | | |
| 西 藏 Tibet | 5 | 1.5 | 5 | 1.5 | | | | |
| 陕 西 Shaanxi | 69 | 36.9 | 68 | 35.8 | 14 | 13.6 | 14 | 13.6 |
| 甘 肃 Gansu | 5 | 1.6 | 5 | 1.6 | | | | |
| 青 海 Qinghai | | | | | | | | |
| 宁 夏 Ningxia | 9 | 3.9 | 9 | 3.9 | | | | |
| 新 疆 Xinjiang | 13 | 11.5 | 13 | 11.5 | | | | |

# 5-18 全国引进版权情况（2006年）

## Basic Statistics on Copyright Import (2006)

单位：项 (item)

| 项　目 | Item | 合计 Total | 图书 Books | 期刊 Magazines | 录音制品 Audio Products | 录像制品 Video Products | 电子出版物 Electronic Publications | 软件 Software | 电影 Films | 电视节目 TV Programs | 其他 Others |
|---|---|---|---|---|---|---|---|---|---|---|---|
| 本年引进版权总数 | Total Number of Copyright Import During the Year | 12386 | 10950 | 540 | 150 | 108 | 174 | 434 | 29 | 1 | |
| #通过版权中介机构 | Imported through Intermediary Agents | 792 | 669 | 111 | 12 | | | | | | |
| 原版权所在国家或地区 | Countries and Regions of Copyright Origin | | | | | | | | | | |
| 美　国 | United States | 3423 | 2957 | 297 | 9 | 30 | 51 | 70 | 8 | 1 | |
| 英　国 | United Kingdom | 1406 | 1296 | 48 | 24 | 5 | 11 | 22 | | | |
| 德　国 | Germany | 358 | 303 | 36 | 3 | 6 | 7 | 3 | | | |
| 法　国 | France | 315 | 253 | 29 | 3 | 10 | 18 | 2 | | | |
| 俄罗斯 | Russia | 38 | 38 | | | | | | | | |
| 加拿大 | Canada | 48 | 40 | | | 5 | 1 | 2 | | | |
| 新加坡 | Singapore | 164 | 156 | | | | 2 | 6 | | | |
| 日　本 | Japan | 588 | 484 | 60 | | 2 | 8 | 34 | | | |
| 韩　国 | Korea Rep. | 348 | 315 | | | 2 | 14 | 17 | | | |
| 香港地区 | Hong Kong China | 498 | 144 | 2 | 87 | 39 | 11 | 206 | 9 | | |
| 澳门地区 | Macao China | 2 | 2 | | | | | | | | |
| 台湾地区 | Taiwan China | 852 | 749 | 12 | 22 | | 40 | 17 | 12 | | |
| 其　他 | Others | 4346 | 4213 | 56 | 2 | 9 | 11 | 55 | | | |

# 5-19 全国输出版权情况（2006年）

## Basic Statistics on Copyright Export (2006)

单位:项 (Item)

| 项　目 | Item | 合计 Total | 图书 Books | 期刊 Magazines | 录音制品 Audio Products | 录像制品 Video Products | 电子出版物 Electronic Publications | 软件 Software | 电影 Films | 电视节目 TV Programs | 其他 Others |
|---|---|---|---|---|---|---|---|---|---|---|---|
| 本年输出版权总数 | Total Number of Copyright Export During the Year | 2057 | 2050 | 2 | | | 5 | | | | |
| #通过版权中介机构 | Exported through Intermediary Agents | 87 | 87 | | | | | | | | |
| 版权购买者所在国家或地区 | Destination of Copyright Export | | | | | | | | | | |
| 美　国 | United States | 147 | | | | | | | | | |
| 英　国 | United Kingdom | 66 | | | | | | | | | |
| 德　国 | Germany | 104 | | | | | | | | | |
| 法　国 | France | 14 | | | | | | | | | |
| 俄罗斯 | Russia | 66 | | | | | | | | | |
| 加拿大 | Canada | 25 | | | | | | | | | |
| 新加坡 | Singapore | 47 | | | | | | | | | |
| 日　本 | Japan | 116 | | | | | 4 | | | | |
| 韩　国 | Korea Rep. | 363 | | | | | | | | | |
| 香港地区 | Hong Kong China | 119 | | 2 | | | | | | | |
| 澳门地区 | Macao China | 53 | | | | | | | | | |
| 台湾地区 | Taiwan China | 702 | | | | | | | | | |
| 其　他 | Others | 228 | | | | | 1 | | | | |

## 5-20 档案馆机构和人员情况

## Statistics on Archive Institutions and Personnel

单位：个、人 (unit, person)

| 年份<br>Year | 国家综合档案馆<br>National Comprehensive Archives | | 国家专门档案馆<br>National Special Archives | | 部门档案馆<br>Department Archives | | 企业档案馆数<br>Enterprise Archive Institutions | 文化事业档案馆数<br>Culture Archive Institutions | 科技事业单位档案馆数<br>Science and Technology Archive Institutions |
|---|---|---|---|---|---|---|---|---|---|
| | 馆数<br>Number of Institutions | 专职人员<br>Full-time Personnel | 馆数<br>Number of Institutions | 专职人员<br>Full-time Personnel | 馆数<br>Number of Institutions | 专职人员<br>Full-time Personnel | | | |
| 1991 | 2957 | 21657 | 211 | 2038 | 128 | 2171 | 229 | 19 | 28 |
| 1992 | 2962 | 22226 | 206 | 2082 | 122 | 2258 | 231 | 19 | 28 |
| 1993 | 2980 | 23624 | 200 | 2245 | 122 | 1448 | 221 | 20 | 31 |
| 1994 | 2983 | 23568 | 205 | 2294 | 136 | 2160 | 209 | 20 | 36 |
| 1995 | 3024 | 24777 | 216 | 2484 | 144 | 2168 | 213 | 27 | 38 |
| 1996 | 3011 | 24542 | 226 | 2658 | 134 | 2072 | 232 | 23 | 44 |
| 1997 | 3021 | 24904 | 223 | 2578 | 162 | 2521 | 228 | 26 | 46 |
| 1998 | 3034 | 24197 | 232 | 3200 | 149 | 2411 | 245 | 27 | 46 |
| 1999 | 3046 | 23530 | 225 | 3436 | 142 | 2123 | 304 | 40 | 59 |
| 2000 | 3070 | 23701 | 234 | 3319 | 141 | 1865 | 307 | 53 | 80 |
| 2001 | 3100 | 23652 | 243 | 3448 | 142 | 2086 | 286 | 47 | 84 |
| 2002 | 3110 | 22825 | 253 | 3435 | 148 | 2109 | 299 | 75 | 93 |
| 2003 | 3121 | 23086 | 260 | 3514 | 141 | 1770 | 300 | 75 | 85 |
| 2004 | 3127 | 23401 | 258 | 3591 | 149 | 1932 | 300 | 79 | 99 |
| 2005 | 3142 | 23413 | 238 | 3452 | 145 | 2020 | 301 | 105 | 63 |
| 2006 | 3154 | 22689 | 239 | 3537 | 137 | 1699 | 216 | 110 | 95 |

## 5-21 国家综合档案馆基本情况

## Basic Statistics on National Comprehensive Archives

| 年份<br>Year | 馆藏档案（万卷、万件）<br>Number of Archives (10000 volume, 10000 pieces) | 照片档案（万张）<br>Photos (10000 sheets) | 开放档案（万卷、万件）<br>Archives Open to Public (10000 volume, 10000 pieces) | 利用档案（万卷、万件次）<br>Utilized Archives (10000 volume, 10000pieces) | 档案馆建筑面积（万平方米）<br>Floor Space of Archive Institutions (10000 sq.m) |
|---|---|---|---|---|---|
| 1991 | 9637.4 | 371.0 | 2094.3 | 937.0 | 348.1 |
| 1992 | 10003.5 | 402.4 | 2018.7 | 773.8 | 255.7 |
| 1993 | 10726.8 | 435.5 | 2140.7 | 891.9 | 275.9 |
| 1994 | 10782.9 | 449.6 | 2454.6 | 674.4 | 268.3 |
| 1995 | 11318.3 | 485.5 | 2790.3 | 529.3 | 282.5 |
| 1996 | 11341.4 | 494.6 | 2939.2 | 485.4 | 297.5 |
| 1997 | 12222.9 | 553.0 | 3304.6 | 501.0 | 347.6 |
| 1998 | 12276.5 | 579.7 | 3556.5 | 446.5 | 310.7 |
| 1999 | 12866.8 | 584.5 | 3808.2 | 508.5 | 328.4 |
| 2000 | 13314.0 | 631.7 | 4072.0 | 494.4 | 336.2 |
| 2001 | 13756.6 | 642.8 | 4129.7 | 575.4 | 342.0 |
| 2002 | 14790.7 | 720.5 | 4301.1 | 548.8 | 351.0 |
| 2003 | 15945.9 | 797.4 | 4618.4 | 602.6 | 361.4 |
| 2004 | 17601.5 | 827.9 | 4868.3 | 813.9 | 376.8 |
| 2005 | 18688.7 | 908.8 | 5132.3 | 868.0 | 393.1 |
| 2006 | 21656.5 | 1277.2 | 5746.3 | 1166.4 | 406.1 |

# 六、体　育
# Sports

# 6-1 运动员获世界冠军情况

## World Championships Won by Chinese Athletes

| 年 份<br>Year | 项 数<br>(项)<br>Number of Events<br>(Item) | #女 子<br>Female | 人 数<br>(人)<br>Number of Persons<br>(person) | #女 子<br>Female | 个 数<br>(个)<br>Number of Champions<br>(time) | #女 子<br>Female |
|---|---|---|---|---|---|---|
| 1959 | 1 | | 1 | | 1 | |
| 1963 | 4 | | 7 | | 4 | |
| 1965 | 5 | 2 | 9 | 4 | 5 | 2 |
| 1971 | 4 | 2 | 7 | 2 | 4 | 2 |
| 1975 | 2 | 1 | 9 | 4 | 2 | 1 |
| 1978 | 4 | 2 | 4 | 2 | 4 | 2 |
| 1979 | 12 | 6.5 | 20 | 11 | 12 | 6.5 |
| 1980 | 3 | | 3 | | 3 | |
| 1981 | 25 | 12.5 | 53 | 32 | 25 | 12.5 |
| 1982 | 12 | 2 | 31 | 15 | 13 | 2 |
| 1983 | 37 | 15 | 50 | 24 | 39 | 17 |
| 1984 | 33 | 10 | 46 | 26 | 37 | 10 |
| 1985 | 42 | 20 | 70 | 41 | 46 | 23 |
| 1986 | 26 | 14 | 56 | 34 | 26 | 14 |
| 1987 | 64 | 39 | 72 | 34 | 69 | 41.5 |
| 1988 | 54 | 36.5 | 59 | 30 | 54 | 36.5 |
| 1989 | 80 | 49 | 83 | 48 | 82 | 50 |
| 1990 | 54 | 33.5 | 61 | 30 | 54 | 33.5 |
| 1991 | 88 | 57.5 | 86 | 51 | 93 | 61.5 |
| 1992 | 86 | 69.5 | 68 | 52 | 89 | 72.5 |
| 1993 | 101 | 66.5 | 106 | 70 | 103 | 68.5 |
| 1994 | 79 | 53.5 | 86 | 45 | 79 | 53.5 |
| 1995 | 98 | 49.5 | 187 | 86 | 102 | 51.5 |
| 1996 | 72 | 55 | 58 | 42 | 75 | 57 |
| 1997 | 87 | 46 | 96 | 46 | 92 | 50.5 |
| 1998 | 75 | 49 | 89 | 59 | 83 | 55 |
| 1999 | 91 | 43 | 129 | 72 | 92 | 44 |
| 2000 | 92 | 52 | 109 | 60 | 110 | 66.5 |
| 2001 | 79 | 46.5 | 138 | 77 | 90 | 54.5 |
| 2002 | 99 | 58 | 123 | 81 | 110 | 64 |
| 2003 | 17 | 15.5 | 94 | 62.5 | 84 | 49 |
| 2004 | 27 | 21 | 175 | 98 | 101 | 56 |
| 2005 | 22 | 19 | 159 | 89 | 106 | 63 |
| 2006 | 24 | 18 | 169 | 87 | 141 | 76 |

注：男女混合运动项目，女子按半项和半个计算。

a) For male/female mixed events,female athelets count for 0.5 evnet and 0.5 champion.

# 6-2 体育局系统从业人员数（2006年）

## Number of Persons Engaged in Sport-related Activities (2006)

单位：人 (person)

| 项目 Item | | 合计 Total | 体育行政机关 Administrative Organs | 优秀运动队 Excellent Sports Teams | 体育运动学校 Physical Education and Sports Schools | 业余体校 Spare-time Sports Schools | 体育场馆 Public Stadiums and Gymnasiums | 训练基地 Training Bases | 其他事业单位 Other Institutions | 其他 Others |
|---|---|---|---|---|---|---|---|---|---|---|
| **合 计** | **Total** | **145319** | **26453** | **37403** | **17234** | **29729** | **14624** | **4923** | **13661** | **1292** |
| 公务员 | Civil Servants | 18409 | 18409 | | | | | | | |
| 教练员 | Coaches | 25098 | | 4481 | 4807 | 14783 | 451 | 361 | 215 | |
| 在 聘 | With Contract | 24064 | | 4150 | 4623 | 14315 | 428 | 345 | 203 | |
| 待 聘 | Without Contract | 1034 | | 331 | 184 | 468 | 23 | 16 | 12 | |
| 运动员 | Athletes | 23148 | | 20708 | 538 | 200 | 26 | 1601 | 75 | |
| 在 队 | With Contract | 18387 | | 16485 | 417 | 183 | 26 | 1215 | 61 | |
| 待 分 | Without Contract | 4761 | | 4223 | 121 | 17 | | 386 | 14 | |
| 科研人员 | Scientific Research Personnel | 1156 | | 102 | 88 | 92 | 51 | 28 | 795 | |
| 医务人员 | Medical Personnel | 1487 | | 690 | 277 | 149 | 26 | 111 | 234 | |
| 文化教师 | Full-time Teachers | 9921 | | 380 | 4990 | 3899 | 17 | 78 | 557 | |
| 管理人员 | Managerial Personnel | 35096 | 4653 | 6643 | 3416 | 5942 | 6969 | 1054 | 6228 | 191 |
| 其他人员 | Others | 31004 | 3391 | 4399 | 3118 | 4664 | 7084 | 1690 | 5557 | 1101 |

# 6-3 各地区体育局系统机构和从业人员数（2006年）

# Number of Institutions and Employees in Sports Bureaus by Province (2006)

单位：个、人 (unit,person)

| 地 区 | Province | 合 计 Total 机构数 Institutions | 合 计 Total 人数 Persons | 行政机关 Administrative Organs 机构数 Institutions | 行政机关 Administrative Organs 人数 Persons | 优秀运动队 Excellent Sports Teams 机构数 Institutions | 优秀运动队 Excellent Sports Teams 人数 Persons | 体育运动学校 Physical Education and Sports Schools 机构数 Institutions | 体育运动学校 Physical Education and Sports Schools 人数 Persons | 业余体校 Spare-time Sports Schools 机构数 Institutions | 业余体校 Spare-time Sports Schools 人数 Persons |
|---|---|---|---|---|---|---|---|---|---|---|---|
| **总 计** | **Total** | **7102** | **145319** | **3044** | **26453** | **284** | **37403** | **238** | **17234** | **2095** | **29729** |
| 国家直属 | Directly Under the Jurisdiction of State | 42 | 5533 | 1 | 214 | 22 | 2289 | | | | |
| 地区合计 | Sub-total of Regions | 7060 | 139786 | 3043 | 26239 | 262 | 35114 | 238 | 17234 | 2095 | 29729 |
| 北 京 | Beijing | 120 | 4733 | 20 | 428 | 8 | 1474 | 6 | 533 | 27 | 953 |
| 天 津 | Tianjin | 88 | 3395 | 19 | 234 | 8 | 1597 | 5 | 245 | 19 | 501 |
| 河 北 | Hebei | 358 | 5684 | 189 | 1289 | 13 | 1120 | 7 | 730 | 98 | 1274 |
| 山 西 | Shanxi | 268 | 5414 | 129 | 1186 | 10 | 818 | 12 | 1112 | 74 | 1055 |
| 内蒙古 | Inner Mongolia | 214 | 3376 | 115 | 816 | 4 | 819 | 11 | 752 | 49 | 603 |
| 辽 宁 | Liaoning | 298 | 7541 | 112 | 1022 | 9 | 1975 | 26 | 1754 | 84 | 1286 |
| 吉 林 | Jilin | 208 | 3846 | 70 | 395 | 12 | 943 | 6 | 507 | 74 | 1085 |
| 黑龙江 | Heilongjiang | 268 | 4584 | 116 | 582 | 19 | 1759 | 4 | 468 | 90 | 1023 |
| 上 海 | Shanghai | 152 | 6857 | 20 | 394 | 6 | 1799 | 4 | 520 | 38 | 1484 |
| 江 苏 | Jiangsu | 345 | 7679 | 105 | 1033 | 15 | 2421 | 12 | 781 | 93 | 1652 |
| 浙 江 | Zhejiang | 268 | 4950 | 101 | 935 | 9 | 1170 | 5 | 496 | 65 | 857 |
| 安 徽 | Anhui | 203 | 3369 | 104 | 887 | 7 | 772 | 6 | 350 | 51 | 801 |
| 福 建 | Fujian | 217 | 4108 | 93 | 656 | 5 | 1065 | 4 | 326 | 83 | 1207 |
| 江 西 | Jiangxi | 282 | 3625 | 112 | 856 | 11 | 780 | 3 | 238 | 99 | 848 |
| 山 东 | Shandong | 379 | 10567 | 145 | 1639 | 12 | 2111 | 24 | 1669 | 115 | 3193 |
| 河 南 | Henan | 344 | 7571 | 174 | 1723 | 14 | 1754 | 17 | 1071 | 94 | 1585 |
| 湖 北 | Hubei | 282 | 5421 | 106 | 1414 | 16 | 1381 | 9 | 590 | 81 | 908 |
| 湖 南 | Hunan | 311 | 4701 | 138 | 1236 | 10 | 1149 | 3 | 255 | 109 | 1129 |
| 广 东 | Guangdong | 383 | 11445 | 141 | 1803 | 7 | 1535 | 20 | 1385 | 105 | 1904 |
| 广 西 | Guangxi | 245 | 4326 | 124 | 983 | 2 | 1546 | 1 | 168 | 83 | 1099 |
| 海 南 | Hainan | 45 | 555 | 21 | 118 | 2 | 161 | 2 | 101 | 18 | 146 |
| 重 庆 | Chongqing | 89 | 1685 | 40 | 435 | 2 | 423 | 6 | 277 | 20 | 236 |
| 四 川 | Sichuan | 462 | 5437 | 207 | 1331 | 15 | 1533 | 4 | 97 | 173 | 1463 |
| 贵 州 | Guizhou | 147 | 2142 | 84 | 657 | 11 | 594 | 4 | 314 | 16 | 112 |
| 云 南 | Yunnan | 241 | 3595 | 144 | 1108 | 7 | 1012 | 7 | 645 | 63 | 512 |
| 西 藏 | Tibet | 21 | 528 | 8 | 84 | 3 | 294 | 2 | 63 | 5 | 48 |
| 陕 西 | Shaanxi | 276 | 4376 | 124 | 863 | 9 | 602 | 9 | 605 | 94 | 1292 |
| 甘 肃 | Gansu | 180 | 3580 | 98 | 1053 | 5 | 1115 | 10 | 595 | 54 | 498 |
| 青 海 | Qinghai | 88 | 1063 | 53 | 206 | 3 | 395 | | | 20 | 252 |
| 宁 夏 | Ningxia | 60 | 950 | 26 | 160 | 1 | 384 | 2 | 84 | 25 | 162 |
| 新 疆 | Xinjiang | 218 | 2683 | 105 | 713 | 7 | 613 | 7 | 503 | 76 | 561 |

# 6-4 各地区体育局系统行政机关从业人员和机构数（2006年）

# Number of Employees and Institutions in Sports Administrative Organs by Province (2006)

| 地　区 | Province | 从业人数（人）Number of Employees (person) | 公务员 Civil Servants | 管理人员 Managerial Personnel | 其他人员 Others | 机构（个）Number of Institutions (unit) | 独立 Independent | 合并 Combined |
|---|---|---|---|---|---|---|---|---|
| **总　计** | **Total** | **26453** | **18409** | **4653** | **3391** | **3044** | **1354** | **1690** |
| 国家直属 | Directly Under the Jurisdiction of State | 214 | 209 | | 5 | 1 | 1 | |
| 地区合计 | Sub-total of Regions | 26239 | 18200 | 4653 | 3386 | 3043 | 1353 | 1690 |
| 北　京 | Beijing | 428 | 343 | 33 | 52 | 20 | 19 | 1 |
| 天　津 | Tianjin | 234 | 194 | 17 | 23 | 19 | 19 | |
| 河　北 | Hebei | 1289 | 891 | 213 | 185 | 189 | 44 | 145 |
| 山　西 | Shanxi | 1186 | 588 | 373 | 225 | 129 | 59 | 70 |
| 内蒙古 | Inner Mongolia | 816 | 545 | 187 | 84 | 115 | 15 | 100 |
| 辽　宁 | Liaoning | 1022 | 630 | 293 | 99 | 112 | 52 | 60 |
| 吉　林 | Jilin | 395 | 331 | 33 | 31 | 70 | 33 | 37 |
| 黑龙江 | Heilongjiang | 582 | 495 | 43 | 44 | 116 | 41 | 75 |
| 上　海 | Shanghai | 394 | 204 | 142 | 48 | 20 | 20 | |
| 江　苏 | Jiangsu | 1033 | 860 | 110 | 63 | 105 | 62 | 43 |
| 浙　江 | Zhejiang | 935 | 624 | 185 | 126 | 101 | 77 | 24 |
| 安　徽 | Anhui | 887 | 678 | 88 | 121 | 104 | 74 | 30 |
| 福　建 | Fujian | 656 | 493 | 89 | 74 | 93 | 12 | 81 |
| 江　西 | Jiangxi | 856 | 647 | 110 | 99 | 112 | 65 | 47 |
| 山　东 | Shandong | 1639 | 1057 | 445 | 137 | 145 | 92 | 53 |
| 河　南 | Henan | 1723 | 968 | 485 | 270 | 174 | 78 | 96 |
| 湖　北 | Hubei | 1414 | 1166 | 107 | 141 | 106 | 36 | 70 |
| 湖　南 | Hunan | 1236 | 907 | 216 | 113 | 138 | 102 | 36 |
| 广　东 | Guangdong | 1803 | 1240 | 312 | 251 | 141 | 118 | 23 |
| 广　西 | Guangxi | 983 | 757 | 131 | 95 | 124 | 24 | 100 |
| 海　南 | Hainan | 118 | 82 | 28 | 8 | 21 | | 21 |
| 重　庆 | Chongqing | 435 | 348 | 65 | 22 | 40 | 22 | 18 |
| 四　川 | Sichuan | 1331 | 1026 | 115 | 190 | 207 | 49 | 158 |
| 贵　州 | Guizhou | 657 | 308 | 156 | 193 | 84 | 27 | 57 |
| 云　南 | Yunnan | 1108 | 823 | 163 | 122 | 144 | 67 | 77 |
| 西　藏 | Tibet | 84 | 58 | 12 | 14 | 8 | 8 | |
| 陕　西 | Shaanxi | 863 | 520 | 195 | 148 | 124 | 59 | 65 |
| 甘　肃 | Gansu | 1053 | 613 | 152 | 288 | 98 | 60 | 38 |
| 青　海 | Qinghai | 206 | 167 | 26 | 13 | 53 | 2 | 51 |
| 宁　夏 | Ningxia | 160 | 98 | 31 | 31 | 26 | 10 | 16 |
| 新　疆 | Xinjiang | 713 | 539 | 98 | 76 | 105 | 7 | 98 |

# 6-5 各地区优秀运动队人员情况（2006年）

## Persons in Excellent Sports Teams by Province (2006)

单位：人 (person)

| 地区 | Province | 合计 Total | 教练员 Coaches | 在聘 With Contract | 待聘 Without Contract | 运动员 Athletes | 在队 With Contract | 待分 Without Contract | 科研人员 Scientific Research Personnel | 医务人员 Medical Personnel | 文化教师 Full-time Teachers | 管理人员 Managerial Personnel | 其他人员 Others |
|---|---|---|---|---|---|---|---|---|---|---|---|---|---|
| **总计** | **Total** | **37403** | **4481** | **4150** | **331** | **20708** | **16485** | **4223** | **102** | **690** | **380** | **6643** | **4399** |
| 国家直属 | Directly Under the Jurisdiction of State | 2289 | 86 | 78 | 8 | 404 | 269 | 135 | 10 | 23 | | 1087 | 679 |
| 地区合计 | Sub-total of Regions | 35114 | 4395 | 4072 | 323 | 20304 | 16216 | 4088 | 92 | 667 | 380 | 5556 | 3720 |
| 北京 | Beijing | 1474 | 163 | 157 | 6 | 773 | 727 | 46 | 3 | 44 | 2 | 201 | 288 |
| 天津 | Tianjin | 1597 | 195 | 180 | 15 | 938 | 650 | 288 | | 21 | 27 | 158 | 258 |
| 河北 | Hebei | 1120 | 157 | 139 | 18 | 737 | 691 | 46 | 7 | 12 | | 140 | 67 |
| 山西 | Shanxi | 818 | 82 | 75 | 7 | 398 | 300 | 98 | 1 | 24 | 2 | 240 | 71 |
| 内蒙古 | Inner Mongolia | 819 | 92 | 87 | 5 | 526 | 505 | 21 | | 24 | | 152 | 25 |
| 辽宁 | Liaoning | 1975 | 171 | 158 | 13 | 1343 | 1178 | 165 | 2 | 21 | 24 | 206 | 208 |
| 吉林 | Jilin | 943 | 117 | 111 | 6 | 605 | 440 | 165 | 2 | 3 | | 192 | 24 |
| 黑龙江 | Heilongjiang | 1759 | 242 | 238 | 4 | 1091 | 774 | 317 | 11 | 31 | 1 | 124 | 259 |
| 上海 | Shanghai | 1799 | 179 | 179 | | 1133 | 1096 | 37 | | 36 | 43 | 241 | 167 |
| 江苏 | Jiangsu | 2421 | 300 | 277 | 23 | 1346 | 1102 | 244 | 26 | 58 | 124 | 339 | 228 |
| 浙江 | Zhejiang | 1170 | 203 | 201 | 2 | 853 | 783 | 70 | 2 | 2 | | 99 | 11 |
| 安徽 | Anhui | 772 | 133 | 99 | 34 | 368 | 246 | 122 | 2 | 2 | | 170 | 97 |
| 福建 | Fujian | 1065 | 150 | 133 | 17 | 567 | 416 | 151 | 7 | 34 | 13 | 175 | 119 |
| 江西 | Jiangxi | 780 | 105 | 99 | 6 | 412 | 324 | 88 | | 7 | | 172 | 84 |
| 山东 | Shandong | 2111 | 297 | 289 | 8 | 1096 | 972 | 124 | 4 | 46 | 4 | 371 | 293 |
| 河南 | Henan | 1754 | 297 | 294 | 3 | 854 | 794 | 60 | 3 | 33 | 4 | 526 | 37 |
| 湖北 | Hubei | 1381 | 236 | 223 | 13 | 746 | 655 | 91 | | 32 | | 195 | 172 |
| 湖南 | Hunan | 1149 | 133 | 118 | 15 | 480 | 385 | 95 | | 19 | 48 | 306 | 163 |
| 广东 | Guangdong | 1535 | 106 | 96 | 10 | 1226 | 1138 | 88 | 6 | 16 | 5 | 107 | 69 |
| 广西 | Guangxi | 1546 | 128 | 113 | 15 | 1094 | 547 | 547 | | 27 | 17 | 71 | 209 |
| 海南 | Hainan | 161 | 27 | 27 | | 77 | 51 | 26 | 4 | 6 | | 35 | 12 |
| 重庆 | Chongqing | 423 | 45 | 44 | 1 | 295 | 295 | | | 11 | 3 | 58 | 11 |
| 四川 | Sichuan | 1533 | 298 | 267 | 31 | 663 | 582 | 81 | 6 | 42 | 36 | 300 | 188 |
| 贵州 | Guizhou | 594 | 83 | 73 | 10 | 264 | 148 | 116 | | 8 | 5 | 150 | 84 |
| 云南 | Yunnan | 1012 | 118 | 93 | 25 | 478 | 315 | 163 | | 37 | 1 | 208 | 170 |
| 西藏 | Tibet | 294 | 30 | 22 | 8 | 140 | 83 | 57 | | 11 | 4 | 52 | 57 |
| 陕西 | Shaanxi | 602 | 85 | 73 | 12 | 340 | 270 | 70 | 1 | 6 | | 147 | 23 |
| 甘肃 | Gansu | 1115 | 95 | 93 | 2 | 601 | 368 | 233 | 4 | 22 | 17 | 265 | 111 |
| 青海 | Qinghai | 395 | 39 | 35 | 4 | 276 | 54 | 222 | | 7 | | 46 | 27 |
| 宁夏 | Ningxia | 384 | 24 | 24 | | 236 | 79 | 157 | | 6 | | 5 | 113 |
| 新疆 | Xinjiang | 613 | 65 | 55 | 10 | 348 | 248 | 100 | 1 | 19 | | 105 | 75 |

# 6-6 各地区体育运动学校人员情况（2006年）

## Persons in Physical Education and Sports Schools by Province (2006)

单位：人 (person)

| 地 区 | Province | 合 计 Total | 教练员 Coaches | 在聘 With Contract | 待聘 Without Contract | 运动员 Athletes | 在队 With Contract | 待分 Without Contract | 科研人员 Scientific Research Personnel | 医务人员 Medical Personnel | 文化教师 Full-time Teachers | 管理人员 Managerial Personnel | 其他人员 Others |
|---|---|---|---|---|---|---|---|---|---|---|---|---|---|
| **总　计** | **Total** | **17234** | **4807** | **4623** | **184** | **538** | **538** | **121** | **88** | **277** | **4990** | **3416** | **3118** |
| 地区合计 | Sub-total of Regions | 17234 | 4807 | 4623 | 184 | 538 | 417 | 121 | 88 | 277 | 4990 | 3416 | 3118 |
| 北 京 | Beijing | 533 | 108 | 103 | 5 | | | | | 12 | 57 | 62 | 294 |
| 天 津 | Tianjin | 245 | 63 | 59 | 4 | | | | 1 | 5 | 67 | 65 | 44 |
| 河 北 | Hebei | 730 | 159 | 159 | | | | | 2 | 8 | 248 | 138 | 175 |
| 山 西 | Shanxi | 1112 | 235 | 231 | 4 | 13 | 13 | | 6 | 13 | 333 | 316 | 196 |
| 内蒙古 | Inner Mongolia | 752 | 210 | 185 | 25 | | | | 2 | 13 | 269 | 157 | 101 |
| 辽 宁 | Liaoning | 1754 | 500 | 482 | 18 | 234 | 139 | 95 | 5 | 19 | 363 | 367 | 266 |
| 吉 林 | Jilin | 507 | 152 | 139 | 13 | | | | | 4 | 151 | 123 | 77 |
| 黑龙江 | Heilongjiang | 468 | 136 | 109 | 27 | | | | 3 | 5 | 71 | 62 | 191 |
| 上 海 | Shanghai | 520 | 105 | 104 | 1 | 122 | 111 | 11 | 2 | 14 | 60 | 101 | 116 |
| 江 苏 | Jiangsu | 781 | 267 | 254 | 13 | | | | 6 | 9 | 253 | 139 | 107 |
| 浙 江 | Zhejiang | 496 | 178 | 173 | 5 | | | | 8 | 8 | 152 | 87 | 63 |
| 安 徽 | Anhui | 350 | 98 | 97 | 1 | 8 | 5 | 3 | | 6 | 115 | 98 | 25 |
| 福 建 | Fujian | 326 | 90 | 90 | | | | | 1 | 5 | 115 | 80 | 35 |
| 江 西 | Jiangxi | 238 | 55 | 52 | 3 | | | | | 2 | 73 | 34 | 74 |
| 山 东 | Shandong | 1669 | 562 | 553 | 9 | 23 | 23 | | 17 | 29 | 572 | 297 | 169 |
| 河 南 | Henan | 1071 | 342 | 334 | 8 | | | | 8 | 13 | 347 | 219 | 142 |
| 湖 北 | Hubei | 590 | 162 | 154 | 8 | 14 | 13 | 1 | 1 | 2 | 219 | 91 | 101 |
| 湖 南 | Hunan | 255 | 63 | 63 | | | | | 2 | 4 | 97 | 42 | 47 |
| 广 东 | Guangdong | 1385 | 334 | 321 | 13 | 19 | 19 | | 7 | 42 | 415 | 224 | 344 |
| 广 西 | Guangxi | 168 | 47 | 47 | | | | | | 6 | 39 | 25 | 51 |
| 海 南 | Hainan | 101 | 25 | 22 | 3 | | | | | 1 | 42 | 20 | 13 |
| 重 庆 | Chongqing | 277 | 85 | 83 | 2 | 59 | 59 | | | 4 | 25 | 74 | 30 |
| 四 川 | Sichuan | 97 | 17 | 16 | 1 | | | | | 1 | 33 | 31 | 15 |
| 贵 州 | Guizhou | 314 | 91 | 89 | 2 | | | | 1 | 8 | 88 | 100 | 26 |
| 云 南 | Yunnan | 645 | 192 | 187 | 5 | 17 | 14 | 3 | 3 | 17 | 181 | 85 | 150 |
| 西 藏 | Tibet | 63 | 6 | 6 | | | | | 1 | 2 | 26 | 16 | 12 |
| 陕 西 | Shaanxi | 605 | 147 | 139 | 8 | 20 | 15 | 5 | 7 | 5 | 198 | 153 | 75 |
| 甘 肃 | Gansu | 595 | 184 | 178 | 6 | | | | 2 | 10 | 197 | 111 | 91 |
| 青 海 | Qinghai | | | | | | | | | | | | |
| 宁 夏 | Ningxia | 84 | 31 | 31 | | | | | | 2 | 29 | 10 | 12 |
| 新 疆 | Xinjiang | 503 | 163 | 163 | | 9 | 6 | 3 | 3 | 8 | 155 | 89 | 76 |

# 6-7 各地区少年儿童业余体校人员情况（2006年）

# Persons in Spare-time Sports Schools by Province (2006)

单位：人 (person)

| 地 区 | Province | 合 计<br>Total | 教练员<br>Coaches | 在聘<br>With Contract | 待聘<br>Without Contract | 运动员<br>Athletes | 在队<br>With Contract | 待分<br>Without Contract | 科研人员<br>Scientific Research Personnel | 医务人员<br>Medical Personnel | 文化教师<br>Full-time Teachers | 管理人员<br>Managerial Personnel | 其他人员<br>Others |
|---|---|---|---|---|---|---|---|---|---|---|---|---|---|
| **总 计** | **Total** | **29729** | **14783** | **14315** | **468** | **200** | **183** | **17** | **92** | **149** | **3899** | **5942** | **4664** |
| 地区小计 | Sub-total of Regions | 29729 | 14783 | 14315 | 468 | 200 | 183 | 17 | 92 | 149 | 3899 | 5942 | 4664 |
| 北 京 | Beijing | 953 | 443 | 434 | 9 | | | | 19 | 8 | 87 | 250 | 146 |
| 天 津 | Tianjin | 501 | 277 | 259 | 18 | | | | | 6 | 51 | 54 | 113 |
| 河 北 | Hebei | 1274 | 778 | 760 | 18 | | | | | 5 | 166 | 167 | 158 |
| 山 西 | Shanxi | 1055 | 452 | 426 | 26 | | | | 2 | 4 | 259 | 195 | 143 |
| 内蒙古 | Inner Mongolia | 603 | 317 | 312 | 5 | | | | | 1 | 150 | 103 | 32 |
| 辽 宁 | Liaoning | 1286 | 641 | 627 | 14 | 37 | 33 | 4 | | 1 | 35 | 405 | 167 |
| 吉 林 | Jilin | 1085 | 540 | 533 | 7 | | | | | 3 | 35 | 303 | 204 |
| 黑龙江 | Heilongjiang | 1023 | 645 | 632 | 13 | 20 | 19 | 1 | 4 | 6 | 27 | 224 | 97 |
| 上 海 | Shanghai | 1484 | 641 | 602 | 39 | 36 | 35 | 1 | 10 | 9 | 95 | 339 | 354 |
| 江 苏 | Jiangsu | 1652 | 732 | 723 | 9 | | | | 10 | 8 | 372 | 341 | 189 |
| 浙 江 | Zhejiang | 857 | 453 | 441 | 12 | 5 | 5 | | 1 | 1 | 126 | 128 | 143 |
| 安 徽 | Anhui | 801 | 488 | 476 | 12 | | | | 6 | 4 | 46 | 128 | 129 |
| 福 建 | Fujian | 1207 | 712 | 695 | 17 | | | | | 5 | 175 | 117 | 198 |
| 江 西 | Jiangxi | 848 | 423 | 415 | 8 | | | | 2 | 9 | 168 | 172 | 74 |
| 山 东 | Shandong | 3193 | 1199 | 1137 | 62 | 3 | 2 | 1 | 24 | 26 | 917 | 559 | 465 |
| 河 南 | Henan | 1585 | 749 | 742 | 7 | 4 | 4 | | 2 | 6 | 250 | 367 | 207 |
| 湖 北 | Hubei | 908 | 459 | 428 | 31 | 32 | 32 | | | | 97 | 189 | 131 |
| 湖 南 | Hunan | 1129 | 614 | 588 | 26 | | | | 6 | 3 | 73 | 270 | 163 |
| 广 东 | Guangdong | 1904 | 762 | 731 | 31 | | | | 2 | 8 | 251 | 359 | 522 |
| 广 西 | Guangxi | 1099 | 631 | 611 | 20 | | | | | 13 | 186 | 152 | 117 |
| 海 南 | Hainan | 146 | 86 | 84 | 2 | | | | | 1 | | 27 | 32 |
| 重 庆 | Chongqing | 236 | 95 | 92 | 3 | 39 | 35 | 4 | 1 | 1 | 13 | 60 | 27 |
| 四 川 | Sichuan | 1463 | 777 | 742 | 35 | | | | | 13 | 68 | 370 | 235 |
| 贵 州 | Guizhou | 112 | 62 | 62 | | 5 | 5 | | | 1 | 1 | 20 | 23 |
| 云 南 | Yunnan | 512 | 283 | 275 | 8 | 2 | 1 | 1 | | 1 | 69 | 82 | 75 |
| 西 藏 | Tibet | 48 | 17 | 16 | 1 | | | | | | 8 | 7 | 16 |
| 陕 西 | Shaanxi | 1292 | 612 | 606 | 6 | 12 | 7 | 5 | 2 | 1 | 106 | 374 | 185 |
| 甘 肃 | Gansu | 498 | 236 | 226 | 10 | | | | | 4 | 30 | 69 | 159 |
| 青 海 | Qinghai | 252 | 142 | 133 | 9 | | | | 1 | 1 | 34 | 44 | 30 |
| 宁 夏 | Ningxia | 162 | 115 | 114 | 1 | | | | | | | 11 | 36 |
| 新 疆 | Xinjiang | 561 | 402 | 393 | 9 | 5 | 5 | | | | 4 | 56 | 94 |

# 6-8 各地区体育训练基地人员情况（2006年）

# Persons in Physical Training Bases by Province (2006)

单位：人 (person)

| 地区 | Province | 合计 Total | 教练员 Coaches | 在聘 With Contract | 待聘 Without Contract | 运动员 Athletes | 在队 With Contract | 待分 Without Contract | 科研人员 Scientific Research Personnel | 医务人员 Medical Personnel | 文化教师 Full-time Teachers | 管理人员 Managerial Personnel | 其他人员 Others |
|---|---|---|---|---|---|---|---|---|---|---|---|---|---|
| **总计** | **Total** | **4923** | **361** | **345** | **16** | **1601** | **1215** | **386** | **28** | **111** | **78** | **1054** | **1690** |
| 国家直属 | Directly Under the Jurisdiction of State | 857 | 30 | 30 | | | | | 6 | 16 | 35 | 215 | 555 |
| 地区合计 | Sub-total of Regions | 4066 | 331 | 315 | 16 | **1601** | 1215 | 386 | 22 | 95 | 43 | 839 | 1135 |
| 北京 | Beijing | | | | | | | | | | | | |
| 天津 | Tianjin | | | | | | | | | | | | |
| 河北 | Hebei | 35 | | | | | | | | 1 | 12 | 3 | 19 |
| 山西 | Shanxi | 47 | 2 | 2 | | **10** | 10 | | | | | 35 | |
| 内蒙古 | Inner Mongolia | 10 | | | | | | | | | | 10 | |
| 辽宁 | Liaoning | 480 | 38 | 31 | 7 | **117** | 116 | 1 | | 13 | 18 | 46 | 248 |
| 吉林 | Jilin | 126 | | | | | | | | | | 44 | 82 |
| 黑龙江 | Heilongjiang | 20 | | | | | | | | | | 4 | 16 |
| 上海 | Shanghai | 163 | | | | | | | 1 | 3 | | 52 | 107 |
| 江苏 | Jiangsu | | | | | | | | | | | | |
| 浙江 | Zhejiang | 22 | | | | | | | | | | 8 | 14 |
| 安徽 | Anhui | 70 | | | | | | | | | | 41 | 29 |
| 福建 | Fujian | 56 | | | | | | | | | | 20 | 36 |
| 江西 | Jiangxi | | | | | | | | | | | | |
| 山东 | Shandong | 60 | 1 | 1 | | | | | | 1 | | 44 | 14 |
| 河南 | Henan | 12 | 4 | 4 | | | | | | | | 6 | 2 |
| 湖北 | Hubei | 306 | 42 | 41 | 1 | **27** | 27 | | | 7 | | 96 | 134 |
| 湖南 | Hunan | 107 | 9 | 9 | | | | | | | | 31 | 67 |
| 广东 | Guangdong | 2283 | 228 | 221 | 7 | **1447** | 1062 | 385 | 21 | 70 | 13 | 279 | 225 |
| 广西 | Guangxi | 132 | | | | | | | | | | 53 | 79 |
| 海南 | Hainan | 13 | 1 | | 1 | | | | | | | 5 | 7 |
| 重庆 | Chongqing | | | | | | | | | | | | |
| 四川 | Sichuan | | | | | | | | | | | | |
| 贵州 | Guizhou | 29 | | | | | | | | | | 14 | 15 |
| 云南 | Yunnan | 6 | 6 | 6 | | | | | | | | | |
| 西藏 | Tibet | | | | | | | | | | | | |
| 陕西 | Shaanxi | 6 | | | | | | | | | | 6 | |
| 甘肃 | Gansu | 41 | | | | | | | | | | 21 | 20 |
| 青海 | Qinghai | 42 | | | | | | | | | | 21 | 21 |
| 宁夏 | Ningxia | | | | | | | | | | | | |
| 新疆 | Xinjiang | | | | | | | | | | | | |

# 6-9 各地区在聘专职教练员人数（2006年）

## Coaches with Full-time Contracts by Province (2006)

单位：人 (person)

| 地 区 | Province | 合 计<br>Total | 一 线<br>First Grade | 二 线<br>Second Grade | 三 线<br>Third Grade |
|---|---|---|---|---|---|
| **总 计** | **Total** | **23088** | **4150** | **4623** | **14315** |
| 国家直属 | Directly Under the Jurisdiction of State | 78 | 78 | | |
| 地区合计 | Sub-total of Regions | 23010 | 4072 | 4623 | 14315 |
| 北 京 | Beijing | 694 | 157 | 103 | 434 |
| 天 津 | Tianjin | 498 | 180 | 59 | 259 |
| 河 北 | Hebei | 1058 | 139 | 159 | 760 |
| 山 西 | Shanxi | 732 | 75 | 231 | 426 |
| 内蒙古 | Inner Mongolia | 584 | 87 | 185 | 312 |
| 辽 宁 | Liaoning | 1267 | 158 | 482 | 627 |
| 吉 林 | Jilin | 783 | 111 | 139 | 533 |
| 黑龙江 | Heilongjiang | 979 | 238 | 109 | 632 |
| 上 海 | Shanghai | 885 | 179 | 104 | 602 |
| 江 苏 | Jiangsu | 1254 | 277 | 254 | 723 |
| 浙 江 | Zhejiang | 815 | 201 | 173 | 441 |
| 安 徽 | Anhui | 672 | 99 | 97 | 476 |
| 福 建 | Fujian | 918 | 133 | 90 | 695 |
| 江 西 | Jiangxi | 566 | 99 | 52 | 415 |
| 山 东 | Shandong | 1979 | 289 | 553 | 1137 |
| 河 南 | Henan | 1370 | 294 | 334 | 742 |
| 湖 北 | Hubei | 805 | 223 | 154 | 428 |
| 湖 南 | Hunan | 769 | 118 | 63 | 588 |
| 广 东 | Guangdong | 1148 | 96 | 321 | 731 |
| 广 西 | Guangxi | 771 | 113 | 47 | 611 |
| 海 南 | Hainan | 133 | 27 | 22 | 84 |
| 重 庆 | Chongqing | 219 | 44 | 83 | 92 |
| 四 川 | Sichuan | 1025 | 267 | 16 | 742 |
| 贵 州 | Guizhou | 224 | 73 | 89 | 62 |
| 云 南 | Yunnan | 555 | 93 | 187 | 275 |
| 西 藏 | Tibet | 44 | 22 | 6 | 16 |
| 陕 西 | Shaanxi | 818 | 73 | 139 | 606 |
| 甘 肃 | Gansu | 497 | 93 | 178 | 226 |
| 青 海 | Qinghai | 168 | 35 | | 133 |
| 宁 夏 | Ningxia | 169 | 24 | 31 | 114 |
| 新 疆 | Xinjiang | 611 | 55 | 163 | 393 |

# 6-10 各项目在聘专职教练员人数（2006年）

## Employed Full-time Coaches by Item (2006)

单位：人 (person)

| 项　目 | Item | 合计 Total | 一线 First Grade | 二线 Second Grade | 三线 Third Grade |
|---|---|---|---|---|---|
| **总　计** | **Total** | **23088** | **4150** | **4623** | **14315** |
| 田　径 | Athletics | 6163 | 486 | 1190 | 4487 |
| 游　泳 | Swimming | 1391 | 226 | 270 | 895 |
| 跳　水 | Diving | 213 | 106 | 35 | 72 |
| 水　球 | Water Polo | 28 | 13 | 5 | 10 |
| 花样游泳 | Synchronized Swimming | 44 | 27 | 5 | 12 |
| 体　操 | Gymnastics | 817 | 223 | 155 | 439 |
| 艺术体操 | Rhythmic Gymnastics | 86 | 30 | 17 | 39 |
| 蹦　床 | Trampoline | 111 | 46 | 13 | 52 |
| 举　重 | Weightlifting | 1323 | 165 | 304 | 854 |
| 拳　击 | Boxing | 320 | 71 | 93 | 156 |
| 国际式摔跤 | International Wrestling | 1095 | 194 | 294 | 607 |
| 柔　道 | Judo | 826 | 124 | 241 | 461 |
| 跆拳道 | Taekwondo | 412 | 50 | 113 | 249 |
| 自行车 | Cycling | 268 | 116 | 47 | 105 |
| 击　剑 | Fencing | 274 | 85 | 75 | 114 |
| 马　术 | Equestrian | 23 | 21 |  | 2 |
| 现代五项 | Modern Pentathlon | 18 | 17 |  | 1 |
| 射　击 | Shooting | 1235 | 265 | 250 | 720 |
| 射　箭 | Archery | 261 | 57 | 59 | 145 |
| 赛　艇 | Rowing | 253 | 100 | 35 | 118 |
| 皮划艇 | Canoe Kayak | 292 | 75 | 49 | 168 |
| 帆　船 | Sailing | 98 | 50 | 14 | 34 |
| 足　球 | Football | 1039 | 198 | 207 | 634 |
| 篮　球 | Basketball | 1851 | 161 | 330 | 1360 |
| 排　球 | Volleyball | 599 | 172 | 137 | 290 |
| 沙滩排球 | Beach Volleyball | 31 | 14 | 8 | 9 |
| 乒乓球 | Table Tennis | 1046 | 143 | 160 | 743 |
| 羽毛球 | Badminton | 396 | 133 | 79 | 184 |
| 网　球 | Tennis | 251 | 82 | 36 | 133 |
| 手　球 | Handball | 118 | 50 | 22 | 46 |
| 曲棍球 | Hockey | 86 | 50 | 12 | 24 |
| 棒　球 | Baseball | 76 | 41 | 12 | 23 |
| 垒　球 | Softball | 81 | 46 | 13 | 22 |
| 速度滑冰 | Speed Skating | 306 | 52 | 53 | 201 |
| 短道速滑 | Short Track Speed Skating | 76 | 30 | 22 | 24 |
| 花样滑冰 | Figure Skating | 51 | 31 | 11 | 9 |
| 冰　球 | Ice Hockey | 63 | 47 | 4 | 12 |

## 6-10 续表 continued

单位：人 (person)

| 项 目 | Item | 合 计 Total | 一 线 First Grade | 二 线 Second Grade | 三 线 Third Grade |
|---|---|---|---|---|---|
| 冰 壶 | Curling | 3 | 2 | 1 | |
| 高山滑雪 | Alpine Skiing | 25 | 11 | 2 | 12 |
| 越野滑雪 | Cross-Country Skiing | 49 | 21 | 5 | 23 |
| 跳台滑雪 | Ski Jumping | 10 | 4 | 4 | 2 |
| 自由式滑雪 | Freestyle Skiing | 8 | 4 | 4 | |
| 技 巧 | Acrobatics | 58 | 12 | 12 | 34 |
| 健美操 | Aerobics | 21 | | 11 | 10 |
| 软式网球 | Soft Tennis | | | | |
| 武 术 | Wushu | 906 | 135 | 173 | 598 |
| 滑 水 | Water-ski | 13 | 11 | 1 | 1 |
| 蹼 泳 | Fin Swimming | 24 | 9 | 3 | 12 |
| 摩托艇 | Motorboat | 5 | 5 | | |
| 围 棋 | Weiqi | 73 | 16 | 6 | 51 |
| 国际象棋 | Chess | 37 | 16 | 1 | 20 |
| 中国象棋 | Chinese Chess | 59 | 17 | 1 | 41 |
| 桥 牌 | Bridge | | | | |
| 登 山 | Mountain-climbing | 8 | 8 | | |
| 攀 岩 | Rock-climbing | 4 | 3 | 1 | |
| 摩托车 | Motorcycle | 9 | 4 | 5 | |
| 铁人三项 | Triathlon | 3 | 2 | | 1 |
| 地掷球 | Boules | 6 | | | 6 |
| 台 球 | Billiards | 1 | | 1 | |
| 藤 球 | Sepaktakraw | 1 | | | 1 |
| 汽车模型 | Model Car | 2 | | | 2 |
| 航海模型 | Model Ship | 34 | 17 | 9 | 8 |
| 定 向 | Orienteering | 1 | | | 1 |
| 航空模型 | Model Aeroplane | 30 | 14 | 6 | 10 |
| 跳 伞 | Parachuting | 23 | 22 | | 1 |
| 悬挂滑翔 | Hang Gliding | | | | |
| 滑翔机 | Glider | 7 | 5 | 1 | 1 |
| 动力伞 | Power Parachute | 1 | 1 | | |
| 轻型飞机 | Lightplane | 4 | 4 | | |
| 无线电测向 | Radio Direction Finding | 18 | 1 | 3 | 14 |
| 轮 滑 | Roller Skating | 12 | 9 | 1 | 2 |
| 门 球 | Gateball | 6 | | | 6 |
| 体育舞蹈 | Dance Sports | 6 | | 2 | 4 |
| 健 美 | Bodybuilding | | | | |

# 6-11 各地区分项目优秀运动队在聘专职教练人数（2006年）

# Employed Full-time Coaches in Excellent Sports Teams by Province and Item (2006)

单位：人 (person)

| 地区 | Province | 总计 Total | 田径 Athletics | 游泳 Swimming | 跳水 Diving | 水球 Water Polo | 花样游泳 Synchronized Swimming | 体操 Gymnastics | 艺术体操 Rhythmic Gymnastics | 蹦床 Trampoline | 举重 Weightlifting | 拳击 Boxing |
|---|---|---|---|---|---|---|---|---|---|---|---|---|
| **总计** | **Total** | **4150** | **486** | **226** | **106** | **13** | **27** | **223** | **30** | **46** | **165** | **71** |
| 国家直属 | Directly Under the Jurisdiction of State | 78 | 4 | | | | | 4 | | | 1 | |
| 地区合计 | Sub-total of Regions | 4072 | 482 | 226 | 106 | 13 | 27 | 219 | 30 | 46 | 164 | 71 |
| 北京 | Beijing | 157 | | 15 | 12 | | 6 | | | | | 5 |
| 天津 | Tianjin | 180 | 17 | 13 | 6 | | | 8 | 1 | 2 | 11 | 2 |
| 河北 | Hebei | 139 | 20 | 10 | 5 | | | 6 | 1 | | 5 | 1 |
| 山西 | Shanxi | 75 | 8 | 3 | 1 | | | 8 | 1 | 3 | 4 | 1 |
| 内蒙古 | Inner Mongolia | 87 | 16 | | | | | | | | 1 | 6 |
| 辽宁 | Liaoning | 158 | 20 | 7 | | | | | | | 5 | |
| 吉林 | Jilin | 111 | 10 | | | | | 1 | | | 5 | 1 |
| 黑龙江 | Heilongjiang | 238 | 25 | 11 | | | | | | | 13 | 1 |
| 上海 | Shanghai | 179 | 15 | 10 | 5 | 6 | 3 | 19 | 4 | 6 | 4 | 1 |
| 江苏 | Jiangsu | 277 | 33 | 9 | 11 | | 7 | 13 | 7 | 6 | 10 | 2 |
| 浙江 | Zhejiang | 201 | 20 | 15 | 1 | | | 22 | 5 | 12 | 8 | 5 |
| 安徽 | Anhui | 99 | 7 | 9 | 3 | | | 8 | | 4 | 6 | 5 |
| 福建 | Fujian | 133 | 26 | 6 | 4 | | | 4 | | 3 | 5 | 1 |
| 江西 | Jiangxi | 99 | 9 | 12 | 6 | | | 4 | | | 9 | 3 |
| 山东 | Shandong | 289 | 42 | 11 | 4 | | | 26 | | | 17 | 6 |
| 河南 | Henan | 294 | 20 | 9 | 2 | | | 12 | | | 8 | 7 |
| 湖北 | Hubei | 223 | 29 | 8 | 6 | | 2 | 16 | | | 7 | 3 |
| 湖南 | Hunan | 118 | 13 | 6 | 7 | 1 | 4 | 14 | 2 | 6 | 11 | |
| 广东 | Guangdong | 96 | 15 | 12 | 4 | | | 16 | | | 2 | |
| 广西 | Guangxi | 113 | 14 | 9 | 5 | 2 | | 8 | 1 | 4 | 10 | 1 |
| 海南 | Hainan | 27 | 8 | | | | | | | | 7 | 2 |
| 重庆 | Chongqing | 44 | 11 | | | | | | | | | 2 |
| 四川 | Sichuan | 267 | 35 | 22 | 13 | 4 | 5 | 16 | 5 | | 9 | 3 |
| 贵州 | Guizhou | 73 | 11 | 18 | | | | 2 | | | 3 | 3 |
| 云南 | Yunnan | 93 | 13 | 4 | 4 | | | 9 | | | 3 | 3 |
| 西藏 | Tibet | 22 | 3 | | | | | | | | | 1 |
| 陕西 | Shaanxi | 73 | 10 | 7 | 7 | | | 7 | 3 | | | 1 |
| 甘肃 | Gansu | 93 | 14 | | | | | | | | | |
| 青海 | Qinghai | 35 | 7 | | | | | | | | | 2 |
| 宁夏 | Ningxia | 24 | 1 | | | | | | | | 1 | |
| 新疆 | Xinjiang | 55 | 10 | | | | | | | | | 3 |

## 6-11 续表 1 continued

单位：人 (person)

| 地　区 | Province | 国际式摔跤 International Wrestling | 柔　道 Judo | 跆拳道 Taekwondo | 自行车 Cycling | 击　剑 Fencing | 马　术 Equestrian | 现代五项 Modern Pentathlon | 射　击 Shooting | 射　箭 Archery | 赛　艇 Rowing | 皮划艇 Canoe Kayak |
|---|---|---|---|---|---|---|---|---|---|---|---|---|
| **总　计** | **Total** | **194** | **124** | **50** | **116** | **85** | **21** | **17** | **265** | **57** | **100** | **75** |
| 国家直属 | Directly Under the Jurisdiction of State | | | | 1 | | | 4 | 3 | | | |
| 地区合计 | Sub-total of Regions | 194 | 124 | 50 | 115 | 85 | 21 | 13 | 262 | 57 | 100 | 75 |
| 北　京 | Beijing | 11 | 7 | 5 | 10 | 4 | | | 9 | 4 | 5 | 4 |
| 天　津 | Tianjin | 2 | 5 | 2 | 3 | 19 | | | 3 | | | |
| 河　北 | Hebei | 6 | 7 | 2 | 9 | | | | 9 | | 3 | 3 |
| 山　西 | Shanxi | 8 | 3 | | 12 | 3 | | | 8 | 4 | | |
| 内蒙古 | Inner Mongolia | 16 | 11 | 2 | | 3 | 14 | | 9 | 2 | | |
| 辽　宁 | Liaoning | 6 | 7 | | 3 | | | | 15 | 3 | 5 | 5 |
| 吉　林 | Jilin | 5 | 4 | 1 | 2 | | | | | | | |
| 黑龙江 | Heilongjiang | 8 | 2 | 2 | 8 | 1 | | | 8 | | | |
| 上　海 | Shanghai | | | | 5 | 12 | | 4 | 15 | 4 | | |
| 江　苏 | Jiangsu | 7 | 6 | 2 | 12 | 22 | | 6 | 9 | 1 | 2 | 2 |
| 浙　江 | Zhejiang | 4 | 5 | 3 | | | | | 14 | | 8 | 5 |
| 安　徽 | Anhui | 7 | 7 | 4 | | 7 | | | 5 | | 2 | 1 |
| 福　建 | Fujian | | | 1 | 5 | | | | 5 | 4 | 2 | 3 |
| 江　西 | Jiangxi | 6 | | | | | | | 12 | | 9 | 6 |
| 山　东 | Shandong | 15 | 14 | 6 | 8 | 2 | | | 13 | 7 | 12 | 7 |
| 河　南 | Henan | 16 | 12 | 4 | 8 | | | | 15 | | 6 | 4 |
| 湖　北 | Hubei | 8 | 3 | 1 | | 7 | | 3 | 14 | | 17 | 11 |
| 湖　南 | Hunan | 4 | 3 | 2 | | | | | 7 | | 4 | 5 |
| 广　东 | Guangdong | 6 | 1 | | | 1 | | | 2 | | 3 | 1 |
| 广　西 | Guangxi | 7 | 2 | 1 | | | | | 9 | 8 | | |
| 海　南 | Hainan | | 1 | | | | | | | | | |
| 重　庆 | Chongqing | 4 | 2 | 4 | | | | | | | 1 | |
| 四　川 | Sichuan | 5 | 5 | 1 | 3 | 1 | | | 20 | 3 | 7 | 7 |
| 贵　州 | Guizhou | 2 | | 2 | | 2 | | | 8 | 4 | 3 | 3 |
| 云　南 | Yunnan | 6 | 3 | | 7 | 1 | | | 8 | 1 | | 2 |
| 西　藏 | Tibet | 5 | | | | | 7 | | | 1 | | |
| 陕　西 | Shaanxi | 2 | | 1 | | | | | 10 | 4 | 6 | 3 |
| 甘　肃 | Gansu | 11 | 8 | 1 | 12 | | | | 12 | | 5 | 3 |
| 青　海 | Qinghai | 5 | 4 | 3 | | | | | 10 | 2 | | |
| 宁　夏 | Ningxia | 3 | | | 7 | | | | 9 | 1 | | |
| 新　疆 | Xinjiang | 9 | 2 | | 1 | | | | 4 | 4 | | |

## 6-11 续表 2 continued

单位：人 (person)

| 地区 | Province | 帆船 Sailing | 足球 Football | 篮球 Basketball | 排球 Volleyball | 沙滩排球 Beach Volleyball | 乒乓球 Table Tennis | 羽毛球 Badminton | 网球 Tennis | 手球 Handball | 曲棍球 Hockey | 棒球 Baseball |
|---|---|---|---|---|---|---|---|---|---|---|---|---|
| **总计** | **Total** | **50** | **198** | **161** | **172** | **14** | **143** | **133** | **82** | **50** | **50** | **41** |
| 国家直属 | Directly Under the Jurisdiction of State | | 14 | | | | 5 | 2 | | 7 | 9 | 5 |
| 地区合计 | Sub-total of Regions | 50 | 184 | 161 | 172 | 14 | 138 | 131 | 82 | 43 | 41 | 36 |
| 北京 | Beijing | | | | 9 | | | 8 | | 11 | 3 | 6 |
| 天津 | Tianjin | | 18 | 5 | 8 | | 9 | | 13 | 5 | 8 | 8 |
| 河北 | Hebei | 2 | 9 | 10 | 11 | | 8 | | | | | |
| 山西 | Shanxi | | | | | | | | 2 | | | |
| 内蒙古 | Inner Mongolia | | | 4 | | | 3 | | | | | |
| 辽宁 | Liaoning | 2 | 28 | 9 | 8 | 1 | 5 | 12 | 3 | | 9 | |
| 吉林 | Jilin | | 6 | 6 | | | | | 3 | | 5 | |
| 黑龙江 | Heilongjiang | | | 8 | | | 7 | | | 3 | | |
| 上海 | Shanghai | | | 9 | 12 | | 7 | 7 | 3 | 8 | | |
| 江苏 | Jiangsu | 5 | 15 | 15 | 24 | | 7 | 9 | 9 | 3 | 3 | |
| 浙江 | Zhejiang | 7 | 2 | 16 | 16 | 4 | 7 | 14 | 3 | | | |
| 安徽 | Anhui | | | | | | 2 | | 1 | 9 | | |
| 福建 | Fujian | 6 | | 9 | 12 | 2 | 9 | 18 | 3 | | | |
| 江西 | Jiangxi | | | | | | 4 | 4 | 3 | | | |
| 山东 | Shandong | 17 | 11 | 10 | 12 | 2 | 10 | 6 | 1 | 2 | | |
| 河南 | Henan | | 22 | 30 | 31 | | 24 | | 10 | | | 11 |
| 湖北 | Hubei | | 30 | | 7 | | 14 | 8 | 5 | | | |
| 湖南 | Hunan | | | | | | 1 | 12 | 4 | | | |
| 广东 | Guangdong | 1 | 11 | | | | 1 | 10 | | | | |
| 广西 | Guangxi | 3 | | 3 | | | 4 | 8 | 1 | 2 | | |
| 海南 | Hainan | 3 | | | | 2 | | 1 | 1 | | | |
| 重庆 | Chongqing | | 9 | 7 | 1 | | | 1 | 2 | | | |
| 四川 | Sichuan | 4 | 6 | 11 | 12 | | 14 | 7 | 9 | | 5 | 6 |
| 贵州 | Guizhou | | 3 | | | | | 6 | | | | |
| 云南 | Yunnan | | 2 | 5 | 5 | 2 | 1 | | 6 | | | |
| 西藏 | Tibet | | 3 | | | | | | | | | |
| 陕西 | Shaanxi | | 3 | | | | | | | | | |
| 甘肃 | Gansu | | 3 | | | | | | | | 8 | 5 |
| 青海 | Qinghai | | | | | | | | | | | |
| 宁夏 | Ningxia | | | | | | | | | | | |
| 新疆 | Xinjiang | | 3 | 4 | 4 | 1 | 1 | | | | | |

## 6-11 续表 3 continued

单位：人 (person)

| 地区 | Province | 垒球 Softball | 速度滑冰 Speed Skating | 短道速滑 Short Track Speed Skating | 花样滑冰 Figure Skating | 冰球 Ice Hockey | 冰壶 Curling | 高山滑雪 Alpine Skiing | 越野滑雪 Cross-Country Skiing | 跳台滑雪 Ski Jumping | 自由式滑雪 Freestyle Skiing | 技巧 Biathlon |
|---|---|---|---|---|---|---|---|---|---|---|---|---|
| **总计** | **Total** | **46** | **52** | **30** | **31** | **47** | **2** | **11** | **21** | **4** | **4** | **12** |
| 国家直属 | Directly Under the Jurisdiction of State | 4 | | 1 | 1 | | | | | | | |
| 地区合计 | Sub-total of Regions | 42 | 52 | 29 | 30 | 47 | 2 | 11 | 21 | 4 | 4 | 12 |
| 北京 | Beijing | 8 | | | | | | | | | | |
| 天津 | Tianjin | 7 | | | | | | | | | | |
| 河北 | Hebei | | | | | | | | | | | |
| 山西 | Shanxi | | | | | | | | | | | |
| 内蒙古 | Inner Mongolia | | | | | | | | | | | |
| 辽宁 | Liaoning | 3 | | | | | | | | | | |
| 吉林 | Jilin | | 15 | 9 | 13 | | | 6 | 10 | 1 | 3 | |
| 黑龙江 | Heilongjiang | | 32 | 20 | 17 | 47 | 2 | 4 | 10 | 2 | 1 | |
| 上海 | Shanghai | | | | | | | | | | | 2 |
| 江苏 | Jiangsu | 1 | | | | | | | | | | 5 |
| 浙江 | Zhejiang | | | | | | | | | | | |
| 安徽 | Anhui | | | | | | | | | | | |
| 福建 | Fujian | | | | | | | | | | | 1 |
| 江西 | Jiangxi | | | | | | | | | | | |
| 山东 | Shandong | | | | | | | | | | | |
| 河南 | Henan | 15 | | | | | | | | | | |
| 湖北 | Hubei | | | | | | | | | | | |
| 湖南 | Hunan | | | | | | | | | | | |
| 广东 | Guangdong | | | | | | | | | | | 2 |
| 广西 | Guangxi | | | | | | | | | | | 1 |
| 海南 | Hainan | | | | | | | | | | | |
| 重庆 | Chongqing | | | | | | | | | | | |
| 四川 | Sichuan | 3 | | | | | | | | | | |
| 贵州 | Guizhou | | | | | | | | | | | |
| 云南 | Yunnan | | | | | | | | | | | 1 |
| 西藏 | Tibet | | | | | | | | | | | |
| 陕西 | Shaanxi | | | | | | | | | | | |
| 甘肃 | Gansu | 5 | | | | | | | | | | |
| 青海 | Qinghai | | | | | | | | | | | |
| 宁夏 | Ningxia | | | | | | | | | | | |
| 新疆 | Xinjiang | | 5 | | | | | 1 | 1 | 1 | | |

## 6-11 续表 4 continued

单位：人 (person)

| 地 区 | Province | 健美操 Aerobics | 武 术 Wushu | 滑 水 Water-ski | 蹼 泳 Fin Swimming | 摩托艇 Motor-boat | 围 棋 Weiqi | 国际象棋 Chess | 中国象棋 Chinese Chess | 登 山 Mountain-climbing | 攀 岩 Rock-climbing | 摩托车 Motor-cycle |
|---|---|---|---|---|---|---|---|---|---|---|---|---|
| **总 计** | **Total** | | **135** | **11** | **9** | **5** | **16** | **16** | **17** | **8** | **3** | **4** |
| 国家直属 | Directly Under the Jurisdiction of State | | 1 | | | | | 1 | | 6 | 3 | |
| 地区合计 | Sub-total of Regions | | 134 | 11 | 9 | 5 | 16 | 15 | 17 | 2 | | 4 |
| 北 京 | Beijing | | 9 | | | | 1 | | 2 | | | |
| 天 津 | Tianjin | | 3 | | | | | | | | | |
| 河 北 | Hebei | | 8 | | | | 1 | | 2 | | | |
| 山 西 | Shanxi | | 4 | | | | | | | | | |
| 内蒙古 | Inner Mongolia | | | | | | | | | | | |
| 辽 宁 | Liaoning | | | | 1 | | | | 1 | | | |
| 吉 林 | Jilin | | 5 | | | | | | | | | |
| 黑龙江 | Heilongjiang | | | | | | 2 | 1 | 3 | | | |
| 上 海 | Shanghai | | 3 | | 1 | | 1 | 3 | 1 | | | |
| 江 苏 | Jiangsu | | 5 | | | | 2 | 3 | 3 | | | |
| 浙 江 | Zhejiang | | 5 | | | | | | | | | |
| 安 徽 | Anhui | | 10 | | | 1 | 1 | | | | | |
| 福 建 | Fujian | | 4 | | | | | | | | | |
| 江 西 | Jiangxi | | 4 | 2 | | 1 | | | | | | |
| 山 东 | Shandong | | 15 | 1 | 2 | 2 | | | | | | |
| 河 南 | Henan | | 10 | | | | 2 | 1 | | | | |
| 湖 北 | Hubei | | 11 | | 2 | | 2 | 2 | 4 | | | |
| 湖 南 | Hunan | | 3 | 1 | | 1 | | | | | | |
| 广 东 | Guangdong | | 2 | 2 | | | | | | | | |
| 广 西 | Guangxi | | 6 | | 3 | | | | | | | |
| 海 南 | Hainan | | | | | | | 2 | | | | |
| 重 庆 | Chongqing | | | | | | | | | | | |
| 四 川 | Sichuan | | 7 | 5 | | | 4 | 1 | 1 | | | |
| 贵 州 | Guizhou | | | | | | | | | | | |
| 云 南 | Yunnan | | 2 | | | | | 2 | | | | 3 |
| 西 藏 | Tibet | | | | | | | | | 2 | | |
| 陕 西 | Shaanxi | | 9 | | | | | | | | | |
| 甘 肃 | Gansu | | 5 | | | | | | | | | |
| 青 海 | Qinghai | | 2 | | | | | | | | | |
| 宁 夏 | Ningxia | | 2 | | | | | | | | | |
| 新 疆 | Xinjiang | | | | | | | | | | | |

## 6-11 续表 5 continued

单位：人 (person)

| 地区 | Province | 铁人三项 Triathlon | 航海模型 Model Ship | 航空模型 Model Aeroplane | 跳伞 Parachuting | 滑翔机 Glider | 动力伞 Power Parachute | 轻型飞机 Lightplane | 无线电测向 Radio Direction Finding | 轮滑 Roller Skating | 体育舞蹈 Dance Sports |
|---|---|---|---|---|---|---|---|---|---|---|---|
| **总计** | **Total** | **2** | **17** | **14** | **22** | **5** | **1** | **4** | **1** | **9** | |
| 国家直属 | Directly Under the Jurisdiction of State | 1 | | | 1 | | | | | | |
| 地区合计 | Sub-total of Regions | 1 | 17 | 14 | 21 | 5 | 1 | 4 | 1 | 9 | |
| 北京 | Beijing | | | | 3 | | | | | | |
| 天津 | Tianjin | | 1 | 1 | | | | | | | |
| 河北 | Hebei | | 1 | | | | | | | | |
| 山西 | Shanxi | | | | 1 | 1 | | | | | |
| 内蒙古 | Inner Mongolia | | | | | | | | | | |
| 辽宁 | Liaoning | | | | | | | | | | |
| 吉林 | Jilin | | | | | | | | | | |
| 黑龙江 | Heilongjiang | | | | | | | | | | |
| 上海 | Shanghai | | | | | | | | | 9 | |
| 江苏 | Jiangsu | 1 | | | | | | | | | |
| 浙江 | Zhejiang | | | | | | | | | | |
| 安徽 | Anhui | | | | | | | | | | |
| 福建 | Fujian | | | | | | | | | | |
| 江西 | Jiangxi | | 2 | 2 | 1 | | | | | | |
| 山东 | Shandong | | 3 | 2 | 3 | | | | | | |
| 河南 | Henan | | 3 | 5 | 7 | | | | | | |
| 湖北 | Hubei | | | | 3 | | | | | | |
| 湖南 | Hunan | | 1 | | 1 | | 1 | 4 | | | |
| 广东 | Guangdong | | 4 | | | | | | | | |
| 广西 | Guangxi | | | 1 | | | | | | | |
| 海南 | Hainan | | | | | | | | | | |
| 重庆 | Chongqing | | | | | | | | | | |
| 四川 | Sichuan | | 1 | 1 | 2 | 4 | | | | | |
| 贵州 | Guizhou | | 1 | 2 | | | | | | | |
| 云南 | Yunnan | | | | | | | | | | |
| 西藏 | Tibet | | | | | | | | | | |
| 陕西 | Shaanxi | | | | | | | | | | |
| 甘肃 | Gansu | | | | | | | | 1 | | |
| 青海 | Qinghai | | | | | | | | | | |
| 宁夏 | Ningxia | | | | | | | | | | |
| 新疆 | Xinjiang | | | | | | | | | | |

# 6-12 各地区分项目体育运动学校在聘专职教练人数（2006年）

# Coaches with Full-time Contracts in Physical Education and Sports Schools by Province and Sports Item (2006)

单位:人 (person)

| 地 区 | Province | 合 计 Total | 田 径 Tract and Field Events | 游 泳 Swimming | 跳 水 Diving | 水 球 Water Polo | 花样游泳 Synchronized Swimming | 体 操 Gymnastics | 艺术体操 Rhythmic Gymnastics | 蹦 床 Trampoline | 举 重 Weightlifting | 拳 击 Boxing |
|---|---|---|---|---|---|---|---|---|---|---|---|---|
| **总 计** | **Total** | **4623** | **1190** | **270** | **35** | **5** | **5** | **155** | **17** | **13** | **304** | **93** |
| 北 京 | Beijing | 103 | 12 | 1 | | | | 8 | | | 5 | 2 |
| 天 津 | Tianjin | 59 | 28 | | | | | 2 | | | 3 | |
| 河 北 | Hebei | 159 | 55 | 11 | | | | 6 | | | 10 | 3 |
| 山 西 | Shanxi | 231 | 76 | 8 | | | | 11 | | 1 | 19 | |
| 内蒙古 | Inner Mongolia | 185 | 66 | 1 | | | | 1 | | | 11 | 6 |
| 辽 宁 | Liaoning | 482 | 125 | 36 | | | | 16 | 5 | 4 | 30 | 14 |
| 吉 林 | Jilin | 139 | 19 | | | | | 7 | | | 8 | 1 |
| 黑龙江 | Heilongjiang | 109 | 26 | 7 | | | | | | | 6 | 3 |
| 上 海 | Shanghai | 104 | 22 | 16 | | 1 | 3 | | | | 6 | |
| 江 苏 | Jiangsu | 254 | 62 | 22 | 1 | | 1 | 4 | 1 | 1 | 25 | 1 |
| 浙 江 | Zhejiang | 173 | 35 | 26 | | | | 17 | 5 | 2 | 12 | 3 |
| 安 徽 | Anhui | 97 | 21 | 5 | | | | | | | 3 | 3 |
| 福 建 | Fujian | 90 | 14 | 13 | 2 | | | 4 | | 2 | 7 | 2 |
| 江 西 | Jiangxi | 52 | 19 | 4 | | | | | | | 6 | 3 |
| 山 东 | Shandong | 553 | 156 | 21 | | | | 3 | | | 48 | 8 |
| 河 南 | Henan | 334 | 89 | 22 | | | | 3 | 1 | | 18 | 9 |
| 湖 北 | Hubei | 154 | 23 | 12 | | | | 13 | | | 7 | 3 |
| 湖 南 | Hunan | 63 | 13 | 4 | | | | 4 | | | 7 | |
| 广 东 | Guangdong | 321 | 49 | 23 | 20 | 2 | 1 | 15 | 1 | 1 | 28 | 8 |
| 广 西 | Guangxi | 47 | 7 | 6 | | 2 | | 3 | 2 | 1 | 4 | |
| 海 南 | Hainan | 22 | 5 | 3 | | | | | | | 3 | |
| 重 庆 | Chongqing | 83 | 21 | 7 | 5 | | | 8 | | 1 | 4 | 1 |
| 四 川 | Sichuan | 16 | 1 | | | | | | | | 3 | |
| 贵 州 | Guizhou | 89 | 22 | 1 | | | | 2 | 1 | | 6 | 4 |
| 云 南 | Yunnan | 187 | 32 | 17 | 7 | | | 20 | | | 6 | 7 |
| 西 藏 | Tibet | 6 | 2 | | | | | | | | | |
| 陕 西 | Shaanxi | 139 | 48 | 3 | | | | 8 | | | 17 | 4 |
| 甘 肃 | Gansu | 178 | 86 | | | | | | 1 | | | |
| 青 海 | Qinghai | | | | | | | | | | | |
| 宁 夏 | Ningxia | 31 | 9 | 1 | | | | | | | 2 | |
| 新 疆 | Xinjiang | 163 | 47 | | | | | | | | | 8 |

## 6-12 续表 1 continued

单位:人 (person)

| 地区 | Province | 国际式摔跤 International Wrestling | 柔道 Judo | 跆拳道 Taekwondo | 自行车 Cycling | 击剑 Fencing | 马术 Equestrian | 现代五项 Modern Pentathlon | 射击 Shooting | 射箭 Archery | 赛艇 Rowing | 皮划艇 Canoe Kayak |
|---|---|---|---|---|---|---|---|---|---|---|---|---|
| **总 计** | **Total** | **294** | **241** | **113** | **47** | **75** | | | **250** | **59** | **35** | **49** |
| 北 京 | Beijing | 4 | 6 | 4 | 3 | 5 | | | 3 | 3 | 2 | 3 |
| 天 津 | Tianjin | 2 | 3 | 1 | | | | | 2 | | | |
| 河 北 | Hebei | 5 | 7 | 4 | 2 | | | | 7 | | 1 | 1 |
| 山 西 | Shanxi | 21 | 19 | 2 | 9 | 5 | | | 14 | 4 | | |
| 内蒙古 | Inner Mongolia | 19 | 17 | 6 | | | | | 23 | 3 | | |
| 辽 宁 | Liaoning | 27 | 30 | 6 | 5 | 5 | | | 16 | 5 | 5 | 6 |
| 吉 林 | Jilin | 8 | 7 | 2 | 2 | | | | 2 | | | |
| 黑龙江 | Heilongjiang | 6 | 6 | 3 | | | | | 5 | | | |
| 上 海 | Shanghai | | 6 | | 2 | 3 | | | 2 | | | |
| 江 苏 | Jiangsu | 15 | 13 | 2 | 4 | 20 | | | 10 | 1 | 2 | 4 |
| 浙 江 | Zhejiang | 5 | 5 | 5 | | | | | 12 | | | 2 |
| 安 徽 | Anhui | 9 | 5 | 3 | | | | | 5 | | 2 | 2 |
| 福 建 | Fujian | | 1 | 1 | | 3 | | | 7 | 2 | 2 | 2 |
| 江 西 | Jiangxi | 2 | 2 | 2 | | | | | 6 | | | |
| 山 东 | Shandong | 45 | 33 | 16 | 5 | 1 | | | 34 | 14 | 5 | 5 |
| 河 南 | Henan | 23 | 15 | 13 | 8 | | | | 23 | 3 | 2 | 4 |
| 湖 北 | Hubei | 9 | 4 | 6 | | 1 | | | 7 | | 6 | 9 |
| 湖 南 | Hunan | 6 | 3 | 2 | | | | | 6 | | 1 | 1 |
| 广 东 | Guangdong | 18 | 12 | 8 | | 14 | | | 19 | 10 | | 2 |
| 广 西 | Guangxi | 5 | 1 | 2 | | | | | | | | |
| 海 南 | Hainan | | | | | | | | | | | |
| 重 庆 | Chongqing | 3 | 5 | 1 | | | | | | | | 1 |
| 四 川 | Sichuan | 3 | 1 | | | | | | | | 1 | |
| 贵 州 | Guizhou | 2 | 1 | 6 | | 2 | | | 6 | 2 | 2 | 4 |
| 云 南 | Yunnan | 6 | 9 | | 7 | 16 | | | 13 | | | |
| 西 藏 | Tibet | 1 | | | | | | | | 1 | | |
| 陕 西 | Shaanxi | 17 | 11 | 7 | | | | | 5 | 3 | 4 | 3 |
| 甘 肃 | Gansu | 13 | 11 | 6 | | | | | 2 | 2 | | |
| 青 海 | Qinghai | | | | | | | | | | | |
| 宁 夏 | Ningxia | 3 | | 1 | | | | | 7 | 2 | | |
| 新 疆 | Xinjiang | 17 | 8 | 4 | | | | | 14 | 4 | | |

## 6-12 续表 2 continued

单位:人 (person)

| 地 区 | Province | 帆 船 Sailing | 足 球 Football | 篮 球 Basketball | 排 球 Volleyball | 沙滩排球 Beach Volleyball | 乒乓球 Table Tennis | 羽毛球 Badminton | 网 球 Tennis | 手 球 Handball | 曲棍球 Hockey |
|---|---|---|---|---|---|---|---|---|---|---|---|
| **总 计** | **Total** | **14** | **207** | **330** | **137** | **8** | **160** | **79** | **36** | **22** | **12** |
| 北 京 | Beijing | | 2 | | 8 | | 8 | 3 | 2 | 4 | 5 |
| 天 津 | Tianjin | | 3 | 8 | 6 | | 1 | | | | |
| 河 北 | Hebei | | 9 | 13 | 10 | | 7 | | 1 | | |
| 山 西 | Shanxi | | 4 | 14 | | 2 | 11 | | | 4 | |
| 内蒙古 | Inner Mongolia | | 5 | 13 | 2 | | 3 | | | | |
| 辽 宁 | Liaoning | 4 | 19 | 29 | 18 | | 23 | 12 | 6 | | 1 |
| 吉 林 | Jilin | | 10 | 7 | | | 2 | | | | 3 |
| 黑龙江 | Heilongjiang | | | 7 | | | 5 | | | | |
| 上 海 | Shanghai | | 10 | 3 | 5 | | 3 | 5 | 4 | | |
| 江 苏 | Jiangsu | | 10 | 13 | 12 | | 5 | 8 | 4 | 2 | |
| 浙 江 | Zhejiang | | 1 | 11 | 8 | 2 | 7 | 7 | 1 | | |
| 安 徽 | Anhui | | 11 | 7 | 1 | | 1 | | 1 | 7 | |
| 福 建 | Fujian | | 1 | 6 | 4 | | 6 | 7 | 1 | | |
| 江 西 | Jiangxi | | 1 | 1 | | | 2 | 3 | | | |
| 山 东 | Shandong | | 25 | 44 | 19 | 1 | 20 | 5 | 1 | 2 | |
| 河 南 | Henan | | 24 | 33 | 10 | | 10 | | 3 | | |
| 湖 北 | Hubei | | 3 | 18 | 4 | | 6 | 7 | 4 | | |
| 湖 南 | Hunan | | 2 | 6 | | | 1 | 4 | | | |
| 广 东 | Guangdong | 8 | 16 | 18 | 9 | | 14 | 8 | 1 | 2 | 1 |
| 广 西 | Guangxi | | 2 | 4 | | | 3 | 3 | | | |
| 海 南 | Hainan | 2 | 1 | 3 | | 2 | 1 | 2 | | | |
| 重 庆 | Chongqing | | 1 | 9 | 1 | | 5 | | 1 | | |
| 四 川 | Sichuan | | | 2 | | | | 1 | | | |
| 贵 州 | Guizhou | | 10 | 6 | 3 | | 7 | 2 | | | |
| 云 南 | Yunnan | | 4 | 10 | 5 | 1 | 2 | 2 | 6 | | |
| 西 藏 | Tibet | | 2 | | | | | | | | |
| 陕 西 | Shaanxi | | 2 | 5 | | | 1 | | | | |
| 甘 肃 | Gansu | | 8 | 22 | | | 3 | | | 1 | 2 |
| 青 海 | Qinghai | | | | | | | | | | |
| 宁 夏 | Ningxia | | 4 | 1 | | | | | | | |
| 新 疆 | Xinjiang | | 17 | 17 | 12 | | 3 | | | | |

## 6-12 续表 3 continued

单位:人 (person)

| 地区 | Province | 棒 球 Baseball | 垒 球 Softball | 速度滑冰 Speed Skating | 短道速滑 Short Track Speed Skating | 花样滑冰 Figure Skating | 冰 球 Ice Hockey | 冰 壶 Curling | 高山滑雪 Alpine Skiing | 越野滑雪 Cross-Country Skiing | 跳台滑雪 Ski Jumping |
|---|---|---|---|---|---|---|---|---|---|---|---|
| **总 计** | **Total** | **12** | **13** | **53** | **22** | **11** | **4** | **1** | **2** | **5** | **4** |
| 北 京 | Beijing | 3 | | | | | | | | | |
| 天 津 | Tianjin | | | | | | | | | | |
| 河 北 | Hebei | | | | | | | | | | |
| 山 西 | Shanxi | | | | | | | | | | |
| 内蒙古 | Inner Mongolia | | | 3 | | | | | | | |
| 辽 宁 | Liaoning | 1 | 1 | 4 | | 2 | | | | | 2 |
| 吉 林 | Jilin | | | 22 | 16 | 8 | | | 2 | 5 | 2 |
| 黑龙江 | Heilongjiang | | | 17 | 6 | 1 | 4 | 1 | | | |
| 上 海 | Shanghai | 6 | 6 | | | | | | | | |
| 江 苏 | Jiangsu | | 1 | | | | | | | | |
| 浙 江 | Zhejiang | | | | | | | | | | |
| 安 徽 | Anhui | | | | | | | | | | |
| 福 建 | Fujian | | | | | | | | | | |
| 江 西 | Jiangxi | | | | | | | | | | |
| 山 东 | Shandong | | | | | | | | | | |
| 河 南 | Henan | | | | | | | | | | |
| 湖 北 | Hubei | | | | | | | | | | |
| 湖 南 | Hunan | | | | | | | | | | |
| 广 东 | Guangdong | | | | | | | | | | |
| 广 西 | Guangxi | | | | | | | | | | |
| 海 南 | Hainan | | | | | | | | | | |
| 重 庆 | Chongqing | | | | | | | | | | |
| 四 川 | Sichuan | | | | | | | | | | |
| 贵 州 | Guizhou | | | | | | | | | | |
| 云 南 | Yunnan | | | | | | | | | | |
| 西 藏 | Tibet | | | | | | | | | | |
| 陕 西 | Shaanxi | | | | | | | | | | |
| 甘 肃 | Gansu | 2 | 5 | | | | | | | | |
| 青 海 | Qinghai | | | | | | | | | | |
| 宁 夏 | Ningxia | | | | | | | | | | |
| 新 疆 | Xinjiang | | | 7 | | | | | | | |

## 6-12 续表 4 continued

单位:人 (person)

| 地区 | Province | 自由式滑雪 Freestyle Skiing | 技巧 Acrobatics | 健美操 Aerobics | 武术 Wushu | 蹼泳 Fin Swimming | 围棋 Weiqi | 国际象棋 Chess | 中国象棋 Chinese Chess | 攀岩 Rock-climbing | 摩托车 Motor-cycle |
|---|---|---|---|---|---|---|---|---|---|---|---|
| **总计** | **Total** | **4** | **12** | **11** | **173** | **3** | **6** | **1** | **1** | **1** | **5** |
| 北京 | Beijing | | | | 7 | | | | | | |
| 天津 | Tianjin | | | | | | | | | | |
| 河北 | Hebei | | | | 7 | | | | | | |
| 山西 | Shanxi | | | 1 | 5 | | | | | | |
| 内蒙古 | Inner Mongolia | | | | 6 | | | | | | |
| 辽宁 | Liaoning | 4 | 1 | | 10 | | 1 | | | | 4 |
| 吉林 | Jilin | | | 1 | 4 | | | | | | |
| 黑龙江 | Heilongjiang | | | 1 | 4 | | | | | | |
| 上海 | Shanghai | | | | | 1 | | | | | |
| 江苏 | Jiangsu | | | | 9 | | | | | | 1 |
| 浙江 | Zhejiang | | 1 | | 4 | | | | | | |
| 安徽 | Anhui | | 3 | | 4 | | 2 | 1 | 1 | | |
| 福建 | Fujian | | | | 3 | | | | | | |
| 江西 | Jiangxi | | | | 1 | | | | | | |
| 山东 | Shandong | | | 2 | 39 | | | | | 1 | |
| 河南 | Henan | | | 3 | 13 | | 3 | | | | |
| 湖北 | Hubei | | | | 10 | 2 | | | | | |
| 湖南 | Hunan | | | | 3 | | | | | | |
| 广东 | Guangdong | | 5 | | 7 | | | | | | |
| 广西 | Guangxi | | 1 | | 1 | | | | | | |
| 海南 | Hainan | | | | | | | | | | |
| 重庆 | Chongqing | | | | 8 | | | | | | |
| 四川 | Sichuan | | | | 3 | | | | | | |
| 贵州 | Guizhou | | | 1 | 3 | | | | | | |
| 云南 | Yunnan | | 1 | | 9 | | | | | | |
| 西藏 | Tibet | | | | | | | | | | |
| 陕西 | Shaanxi | | | | 1 | | | | | | |
| 甘肃 | Gansu | | | | 9 | | | | | | |
| 青海 | Qinghai | | | | | | | | | | |
| 宁夏 | Ningxia | | | | | | | | | | |
| 新疆 | Xinjiang | | | 2 | 3 | | | | | | |

## 6-12 续表 5 continued

单位:人 (person)

| 地区 Province | 地掷球 Boules | 台 球 Billiards | 汽车模型 Model Car | 航海模型 Model Ship | 航空模型 Model Aeroplane | 悬挂滑翔 Hang Gliding | 无线电测向 Radio Direction Finding | 轮 滑 Roller Skating | 门 球 Gateball | 体育舞蹈 Dance Sports |
|---|---|---|---|---|---|---|---|---|---|---|
| **总 计 Total** | | **1** | | **9** | **6** | | **3** | **1** | | **2** |
| 北 京 Beijing | | | | | | | | | | |
| 天 津 Tianjin | | | | | | | | | | |
| 河 北 Hebei | | | | | | | | | | |
| 山 西 Shanxi | | | | | | | | | | 1 |
| 内蒙古 Inner Mongolia | | | | | | | | | | |
| 辽 宁 Liaoning | | | | 4 | | | | | | |
| 吉 林 Jilin | | | | | | | | 1 | | |
| 黑龙江 Heilongjiang | | | | | | | | | | 1 |
| 上 海 Shanghai | | | | | | | | | | |
| 江 苏 Jiangsu | | | | | | | | | | |
| 浙 江 Zhejiang | | | | 2 | | | | | | |
| 安 徽 Anhui | | | | | | | | | | |
| 福 建 Fujian | | | | | | | | | | |
| 江 西 Jiangxi | | | | | | | | | | |
| 山 东 Shandong | | | | | | | | | | |
| 河 南 Henan | | | | 2 | | | | | | |
| 湖 北 Hubei | | | | | | | | | | |
| 湖 南 Hunan | | | | | | | | | | |
| 广 东 Guangdong | | | | | | | | | | |
| 广 西 Guangxi | | | | | | | | | | |
| 海 南 Hainan | | | | | | | | | | |
| 重 庆 Chongqing | | | | | 1 | | 1 | | | |
| 四 川 Sichuan | | | | | | | | | | |
| 贵 州 Guizhou | | | | | | | | | | |
| 云 南 Yunnan | | | | 1 | 2 | | | | | |
| 西 藏 Tibet | | | | | | | | | | |
| 陕 西 Shaanxi | | | | | | | | | | |
| 甘 肃 Gansu | | 1 | | | 2 | | 2 | | | |
| 青 海 Qinghai | | | | | | | | | | |
| 宁 夏 Ningxia | | | | | 1 | | | | | |
| 新 疆 Xinjiang | | | | | | | | | | |

# 6-13 各地区分项目少年儿童业余体校在聘专职教练人数（2006年）

## Coaches with Full-time Contracts in Juvenile Spare-time Sports Schools by Province and Sports Item (2006)

单位:人 (person)

| 地 区 | Province | 总 计 Total | 田 径 Track and Field Events | 游 泳 Swimming | 跳 水 Diving | 水 球 Water Polo | 花样游泳 Synchronized Swimming | 体 操 Gymnastics | 艺术体操 Rhythmic Gymnastics | 蹦 床 Trampoline |
|---|---|---|---|---|---|---|---|---|---|---|
| **总 计** | **Total** | **14315** | **4487** | **895** | **72** | **10** | **12** | **439** | **39** | **52** |
| 北 京 | Beijing | 434 | 116 | 48 | | | | 17 | | |
| 天 津 | Tianjin | 259 | 62 | 20 | | | | 6 | | |
| 河 北 | Hebei | 760 | 237 | 48 | 3 | | | 17 | | |
| 山 西 | Shanxi | 426 | 179 | 3 | | | | 8 | | 1 |
| 内蒙古 | Inner Mongolia | 312 | 139 | | | | | 1 | | |
| 辽 宁 | Liaoning | 627 | 247 | 24 | | | | 1 | 1 | 2 |
| 吉 林 | Jilin | 533 | 184 | 1 | | | | 14 | 1 | |
| 黑龙江 | Heilongjiang | 632 | 216 | 17 | | | | | | |
| 上 海 | Shanghai | 602 | 105 | 73 | 6 | 2 | 1 | 57 | 3 | 3 |
| 江 苏 | Jiangsu | 723 | 205 | 43 | 11 | | 5 | 37 | 4 | 10 |
| 浙 江 | Zhejiang | 441 | 141 | 40 | | | | 13 | 3 | 6 |
| 安 徽 | Anhui | 476 | 127 | 39 | 3 | | | 24 | | 8 |
| 福 建 | Fujian | 695 | 226 | 56 | 1 | | | 19 | | 4 |
| 江 西 | Jiangxi | 415 | 175 | 38 | | | | 13 | | |
| 山 东 | Shandong | 1137 | 434 | 53 | 3 | | | 28 | | 1 |
| 河 南 | Henan | 742 | 267 | 15 | | | | 19 | | |
| 湖 北 | Hubei | 428 | 112 | 30 | 11 | | | 10 | | |
| 湖 南 | Hunan | 588 | 152 | 51 | 5 | 2 | 4 | 43 | 2 | 5 |
| 广 东 | Guangdong | 731 | 141 | 70 | 12 | 5 | 2 | 33 | 5 | 5 |
| 广 西 | Guangxi | 611 | 115 | 69 | 8 | 1 | | 25 | 4 | 7 |
| 海 南 | Hainan | 84 | 28 | 8 | | | | | | |
| 重 庆 | Chongqing | 92 | 14 | 3 | 1 | | | 3 | | |
| 四 川 | Sichuan | 742 | 141 | 70 | 8 | | | 25 | 16 | |
| 贵 州 | Guizhou | 62 | 13 | 8 | | | | 1 | | |
| 云 南 | Yunnan | 275 | 90 | 32 | | | | 14 | | |
| 西 藏 | Tibet | 16 | 10 | | | | | | | |
| 陕 西 | Shaanxi | 606 | 266 | 32 | | | | 10 | | |
| 甘 肃 | Gansu | 226 | 128 | | | | | 1 | | |
| 青 海 | Qinghai | 133 | 61 | | | | | | | |
| 宁 夏 | Ningxia | 114 | 54 | | | | | | | |
| 新 疆 | Xinjiang | 393 | 102 | 4 | | | | | | |

# 6-13 续表 1 continued

单位:人 (person)

| 地区 | Province | 举重 Weightlifting | 拳击 Boxing | 国际式摔跤 International Wrestling | 柔道 Judo | 跆拳道 Taekwondo | 自行车 Cycling | 击剑 Fencing | 马术 Equestrian | 现代五项 Modern Pentathlon |
|---|---|---|---|---|---|---|---|---|---|---|
| **总计** | **Total** | **854** | **156** | **607** | **461** | **249** | **105** | **114** | **2** | **1** |
| 北京 | Beijing | 30 | 1 | 26 | 27 | 11 | 8 | 2 | | |
| 天津 | Tianjin | 11 | 1 | 8 | 13 | 9 | 1 | 16 | | |
| 河北 | Hebei | 36 | 5 | 31 | 37 | 16 | 15 | | | |
| 山西 | Shanxi | 14 | | 29 | 22 | 3 | 12 | 6 | | |
| 内蒙古 | Inner Mongolia | 8 | 4 | 40 | 24 | | | | 2 | |
| 辽宁 | Liaoning | 36 | 8 | 14 | 26 | 5 | 7 | 10 | | |
| 吉林 | Jilin | 29 | 3 | 20 | 25 | 13 | 5 | | | |
| 黑龙江 | Heilongjiang | 37 | 8 | 32 | 16 | 4 | | 2 | | |
| 上海 | Shanghai | 28 | 2 | 9 | 16 | 5 | 9 | 30 | | |
| 江苏 | Jiangsu | 35 | 8 | 15 | 13 | 12 | 12 | 14 | | 1 |
| 浙江 | Zhejiang | 27 | 14 | 15 | 12 | 9 | | | | |
| 安徽 | Anhui | 25 | 16 | 27 | 16 | 16 | | 5 | | |
| 福建 | Fujian | 60 | 3 | 1 | | 18 | 1 | 3 | | |
| 江西 | Jiangxi | 38 | 3 | 10 | 5 | 12 | | | | |
| 山东 | Shandong | 88 | 16 | 50 | 46 | 21 | 10 | 1 | | |
| 河南 | Henan | 23 | 9 | 25 | 14 | 11 | 7 | | | |
| 湖北 | Hubei | 32 | | 17 | 7 | 6 | | 3 | | |
| 湖南 | Hunan | 65 | 1 | 36 | 31 | 23 | | | | |
| 广东 | Guangdong | 37 | 5 | 21 | 18 | 5 | | 18 | | |
| 广西 | Guangxi | 64 | 4 | 25 | 14 | 17 | | | | |
| 海南 | Hainan | 15 | 1 | | | | | | | |
| 重庆 | Chongqing | 10 | 1 | 1 | 2 | 2 | | | | |
| 四川 | Sichuan | 33 | 9 | 30 | 23 | 8 | | 1 | | |
| 贵州 | Guizhou | 4 | 5 | | | 5 | | | | |
| 云南 | Yunnan | 9 | 1 | 6 | 7 | 1 | 4 | 3 | | |
| 西藏 | Tibet | | | | | | | | | |
| 陕西 | Shaanxi | 49 | | 21 | 21 | 11 | | | | |
| 甘肃 | Gansu | 1 | | 7 | 8 | 1 | 8 | | | |
| 青海 | Qinghai | | 2 | 13 | 10 | 1 | | | | |
| 宁夏 | Ningxia | 10 | | 6 | 2 | | 5 | | | |
| 新疆 | Xinjiang | | 26 | 72 | 6 | 4 | 1 | | | |

## 6-13 续表 2 continued

单位:人 (person)

| 地区 | Province | 射击 Shooting | 射箭 Archery | 赛艇 Rowing | 皮划艇 Canoe Kayak | 帆船 Sailing | 足球 Football | 篮球 Basketball | 排球 Volleyball | 沙滩排球 Beach Volleyball |
|---|---|---|---|---|---|---|---|---|---|---|
| **总计** | **Total** | **720** | **145** | **118** | **168** | **34** | **634** | **1360** | **290** | **9** |
| 北京 | Beijing | 19 | 2 | | 6 | | 17 | 34 | 14 | |
| 天津 | Tianjin | 4 | | | | | 42 | 17 | 7 | |
| 河北 | Hebei | 45 | | | 8 | | 27 | 81 | 26 | 1 |
| 山西 | Shanxi | 9 | 1 | | | | 9 | 37 | 3 | |
| 内蒙古 | Inner Mongolia | 15 | 4 | | | | 9 | 21 | 4 | |
| 辽宁 | Liaoning | 47 | 10 | 13 | 10 | 4 | 20 | 72 | 18 | |
| 吉林 | Jilin | 35 | 12 | | | | 21 | 38 | 2 | |
| 黑龙江 | Heilongjiang | 42 | | | | | 4 | 54 | | |
| 上海 | Shanghai | 26 | 16 | 10 | 9 | | 42 | 29 | 25 | |
| 江苏 | Jiangsu | 39 | 4 | 8 | 12 | 1 | 37 | 50 | 15 | |
| 浙江 | Zhejiang | 20 | | 17 | 15 | 11 | 15 | 17 | 5 | |
| 安徽 | Anhui | 26 | | 11 | 8 | 2 | 12 | 23 | 6 | |
| 福建 | Fujian | 40 | 15 | 4 | 12 | 10 | 4 | 66 | 25 | 2 |
| 江西 | Jiangxi | 29 | | 5 | 11 | | 9 | 11 | | |
| 山东 | Shandong | 53 | 8 | 11 | 12 | 4 | 28 | 93 | 18 | |
| 河南 | Henan | 28 | 4 | 13 | 15 | | 22 | 120 | 17 | |
| 湖北 | Hubei | 12 | | | | | 27 | 61 | 14 | |
| 湖南 | Hunan | 37 | | 15 | 25 | | 3 | 14 | 1 | |
| 广东 | Guangdong | 10 | 7 | 6 | 13 | 1 | 120 | 54 | 10 | 1 |
| 广西 | Guangxi | 19 | 14 | | | 1 | 19 | 110 | 1 | |
| 海南 | Hainan | | | | | | | 6 | 12 | 2 |
| 重庆 | Chongqing | 9 | 3 | | | | 4 | 13 | 1 | |
| 四川 | Sichuan | 28 | 20 | 5 | 10 | | 51 | 106 | 15 | |
| 贵州 | Guizhou | 13 | | | | | 3 | 3 | 1 | |
| 云南 | Yunnan | 8 | | | 1 | | 12 | 57 | 11 | |
| 西藏 | Tibet | | | | | | 2 | 3 | 1 | |
| 陕西 | Shaanxi | 37 | 7 | | 1 | | 10 | 86 | 8 | |
| 甘肃 | Gansu | 17 | | | | | 6 | 27 | 2 | |
| 青海 | Qinghai | 20 | 3 | | | | 4 | 12 | | |
| 宁夏 | Ningxia | 16 | 4 | | | | 1 | 11 | | 1 |
| 新疆 | Xinjiang | 17 | 11 | | | | 54 | 34 | 28 | 2 |

## 6-13 续表 3 continued

单位:人 (person)

| 地 区 | Province | 乒乓球 Table Tennis | 羽毛球 Badminton | 网 球 Tennis | 手 球 Handball | 曲棍球 Hockey | 棒 球 Baseball | 垒 球 Softball | 速度滑冰 Speed Skating | 短道速滑 Short Track Speed Skating |
|---|---|---|---|---|---|---|---|---|---|---|
| **总 计** | **Total** | **743** | **184** | **133** | **46** | **24** | **23** | **22** | **201** | **24** |
| 北 京 | Beijing | 20 | 2 | 8 | 9 |  | 2 | 4 |  |  |
| 天 津 | Tianjin | 13 |  | 13 | 2 |  | 5 | 4 |  |  |
| 河 北 | Hebei | 56 | 3 | 1 |  |  |  |  | 8 |  |
| 山 西 | Shanxi | 40 |  | 2 | 2 |  |  |  |  |  |
| 内蒙古 | Inner Mongolia | 13 |  | 2 |  | 4 |  |  | 15 |  |
| 辽 宁 | Liaoning | 24 | 3 | 8 |  | 2 |  |  |  |  |
| 吉 林 | Jilin | 22 |  |  |  | 6 |  |  | 59 | 10 |
| 黑龙江 | Heilongjiang | 37 |  | 1 |  |  |  | 1 | 99 | 14 |
| 上 海 | Shanghai | 26 | 22 | 8 | 11 | 3 | 4 | 1 |  |  |
| 江 苏 | Jiangsu | 43 | 21 | 3 |  | 4 | 4 | 5 |  |  |
| 浙 江 | Zhejiang | 19 | 5 | 10 |  |  |  |  |  |  |
| 安 徽 | Anhui | 17 | 1 | 10 | 13 |  |  |  |  |  |
| 福 建 | Fujian | 45 | 29 | 5 |  |  |  |  |  |  |
| 江 西 | Jiangxi | 33 | 11 |  |  | 1 |  |  |  |  |
| 山 东 | Shandong | 37 | 1 | 3 | 3 |  |  |  |  |  |
| 河 南 | Henan | 59 |  | 2 |  |  |  | 1 |  |  |
| 湖 北 | Hubei | 31 | 19 | 10 |  |  |  |  |  |  |
| 湖 南 | Hunan | 25 | 20 | 5 |  |  |  |  |  |  |
| 广 东 | Guangdong | 31 | 18 | 14 | 4 | 2 | 2 | 3 |  |  |
| 广 西 | Guangxi | 44 | 7 | 3 | 2 |  |  |  |  |  |
| 海 南 | Hainan | 7 | 5 |  |  |  |  |  |  |  |
| 重 庆 | Chongqing | 5 | 4 | 4 |  |  |  |  |  |  |
| 四 川 | Sichuan | 46 | 12 | 18 |  | 1 | 5 | 2 |  |  |
| 贵 州 | Guizhou | 5 |  |  |  |  |  |  |  |  |
| 云 南 | Yunnan | 8 |  | 3 |  |  |  |  |  |  |
| 西 藏 | Tibet |  |  |  |  |  |  |  |  |  |
| 陕 西 | Shaanxi | 16 | 1 |  |  |  | 1 |  |  |  |
| 甘 肃 | Gansu | 10 |  |  |  | 1 |  | 1 |  |  |
| 青 海 | Qinghai | 2 |  |  |  |  |  |  |  |  |
| 宁 夏 | Ningxia | 3 |  |  |  |  |  |  |  |  |
| 新 疆 | Xinjiang | 6 |  |  |  |  |  |  | 20 |  |

## 6-13 续表 4 continued

单位:人 (person)

| 地区 | Province | 花样滑冰 Figure Skating | 冰球 Ice Hockey | 高山滑雪 Alpine Skiing | 越野滑雪 Cross-country Skiing | 跳台滑雪 Ski Jumping | 技巧 Acrobatics | 健美操 Aerobics | 软式网球 Soft Tennis | 武术 Wushu |
|---|---|---|---|---|---|---|---|---|---|---|
| **总计** | **Total** | **9** | **12** | **12** | **23** | **2** | **34** | **10** | | **598** |
| 北京 | Beijing | | | | | | | | | 11 |
| 天津 | Tianjin | | | | | | | | | 4 |
| 河北 | Hebei | | | | | | | | | 37 |
| 山西 | Shanxi | | | | | | | 1 | | 40 |
| 内蒙古 | Inner Mongolia | | 2 | | | | | | | 3 |
| 辽宁 | Liaoning | | | | | | | 1 | | 7 |
| 吉林 | Jilin | 1 | | 9 | 13 | 2 | | 1 | | 2 |
| 黑龙江 | Heilongjiang | 8 | 10 | 3 | 10 | | | 1 | | 8 |
| 上海 | Shanghai | | | | | | 1 | | | 6 |
| 江苏 | Jiangsu | | | | | | 8 | | | 30 |
| 浙江 | Zhejiang | | | | | | 4 | | | 13 |
| 安徽 | Anhui | | | | | | 7 | | | 23 |
| 福建 | Fujian | | | | | | | | | 40 |
| 江西 | Jiangxi | | | | | | | | | 11 |
| 山东 | Shandong | | | | | | | | | 109 |
| 河南 | Henan | | | | | | | | | 60 |
| 湖北 | Hubei | | | | | | | | | 23 |
| 湖南 | Hunan | | | | | | | 1 | | 21 |
| 广东 | Guangdong | | | | | | 3 | | | 35 |
| 广西 | Guangxi | | | | | | 9 | | | 18 |
| 海南 | Hainan | | | | | | | | | |
| 重庆 | Chongqing | | | | | | | | | 5 |
| 四川 | Sichuan | | | | | | | 4 | | 42 |
| 贵州 | Guizhou | | | | | | | | | 1 |
| 云南 | Yunnan | | | | | | 2 | | | 4 |
| 西藏 | Tibet | | | | | | | | | |
| 陕西 | Shaanxi | | | | | | | | | 28 |
| 甘肃 | Gansu | | | | | | | | | 7 |
| 青海 | Qinghai | | | | | | | | | 4 |
| 宁夏 | Ningxia | | | | | | | 1 | | |
| 新疆 | Xinjiang | | | | | | | | | 6 |

## 6-13 续表 5 continued

单位:人 (person)

| 地 区 | Province | 蹼 泳 Fin Swimming | 摩托艇 Motorboat | 围 棋 Weiqi | 国际象棋 Chess | 中国象棋 Chinese Chess | 桥 牌 Bridge | 铁人三项 Triathlon | 地掷球 Boules | 藤 球 Sepaktakraw |
|---|---|---|---|---|---|---|---|---|---|---|
| **总 计** | **Total** | **12** | | **51** | **20** | **41** | | **1** | **6** | **1** |
| 北 京 | Beijing | | | | | | | | | |
| 天 津 | Tianjin | | | | | | | | | 1 |
| 河 北 | Hebei | | | 8 | 3 | 9 | | | | |
| 山 西 | Shanxi | | | | | 1 | | | 2 | |
| 内蒙古 | Inner Mongolia | | | | 1 | | | | | |
| 辽 宁 | Liaoning | | | 4 | | 1 | | | 1 | |
| 吉 林 | Jilin | | | 1 | 1 | | | | | |
| 黑龙江 | Heilongjiang | | | 1 | 1 | 5 | | | | |
| 上 海 | Shanghai | | | 2 | 4 | 3 | | | | |
| 江 苏 | Jiangsu | | | 4 | 1 | 4 | | | | |
| 浙 江 | Zhejiang | | | 5 | 1 | | | | | |
| 安 徽 | Anhui | | | 6 | | 2 | | | | |
| 福 建 | Fujian | | | 1 | | 3 | | | | |
| 江 西 | Jiangxi | | | | | | | | | |
| 山 东 | Shandong | | | | | | | 1 | | |
| 河 南 | Henan | | | 2 | 1 | | | | 2 | |
| 湖 北 | Hubei | | | 1 | | 1 | | | | |
| 湖 南 | Hunan | | | | | | | | | |
| 广 东 | Guangdong | 5 | | 6 | 2 | 6 | | | 1 | |
| 广 西 | Guangxi | 7 | | 3 | | 1 | | | | |
| 海 南 | Hainan | | | | | | | | | |
| 重 庆 | Chongqing | | | 4 | 1 | 2 | | | | |
| 四 川 | Sichuan | | | 3 | 3 | 2 | | | | |
| 贵 州 | Guizhou | | | | | | | | | |
| 云 南 | Yunnan | | | | 1 | 1 | | | | |
| 西 藏 | Tibet | | | | | | | | | |
| 陕 西 | Shaanxi | | | | | | | | | |
| 甘 肃 | Gansu | | | | | | | | | |
| 青 海 | Qinghai | | | | | | | | | |
| 宁 夏 | Ningxia | | | | | | | | | |
| 新 疆 | Xinjiang | | | | | | | | | |

## 6-13 续表 6 continued

单位:人 (person)

| 地区 | Province | 汽车模型 Model Car | 航海模型 Model Ship | 定向 Orien-teering | 航空模型 Model Aeroplane | 跳伞 Para-chuting | 无线电测向 Radio Direction Finding | 轮滑 Roller Skating | 门球 Gateball | 体育舞蹈 Dance Sports | 健美 Body-building |
|---|---|---|---|---|---|---|---|---|---|---|---|
| **总计** | **Total** | **2** | **8** | **1** | **10** | **1** | **14** | **2** | **6** | **4** | |
| 北京 | Beijing | | | | | | | | | | |
| 天津 | Tianjin | | | | | | | | | | |
| 河北 | Hebei | | | | 1 | | | 1 | | | |
| 山西 | Shanxi | | | | | | | | 2 | | |
| 内蒙古 | Inner Mongolia | | | | 1 | | | | | | |
| 辽宁 | Liaoning | | | | | | | | | | |
| 吉林 | Jilin | | | | | | | | 1 | 2 | |
| 黑龙江 | Heilongjiang | | | | | | | | | | |
| 上海 | Shanghai | | 3 | | | 1 | | 1 | | | |
| 江苏 | Jiangsu | | 1 | 1 | | | 3 | | | | |
| 浙江 | Zhejiang | | 2 | | 1 | | 1 | | | | |
| 安徽 | Anhui | 1 | | | | | 1 | | | 1 | |
| 福建 | Fujian | | 1 | | 1 | | | | | | |
| 江西 | Jiangxi | | | | | | | | | | |
| 山东 | Shandong | | | | 1 | | 4 | | | | |
| 河南 | Henan | 1 | | | 2 | | 3 | | | | |
| 湖北 | Hubei | | | | | | | | | 1 | |
| 湖南 | Hunan | | | | | | | | 1 | | |
| 广东 | Guangdong | | | | | | | | | | |
| 广西 | Guangxi | | | | | | | | | | |
| 海南 | Hainan | | | | | | | | | | |
| 重庆 | Chongqing | | | | | | | | | | |
| 四川 | Sichuan | | 1 | | 2 | | 1 | | 1 | | |
| 贵州 | Guizhou | | | | | | | | | | |
| 云南 | Yunnan | | | | | | | | | | |
| 西藏 | Tibet | | | | | | | | | | |
| 陕西 | Shaanxi | | | | | | | | 1 | | |
| 甘肃 | Gansu | | | | | | 1 | | | | |
| 青海 | Qinghai | | | | 1 | | | | | | |
| 宁夏 | Ningxia | | | | | | | | | | |
| 新疆 | Xinjiang | | | | | | | | | | |

# 6-14 各地区优秀运动队在聘专职教练员学历情况（2006年）

# Educational Attainment of Coaches with Full-time Contracts in Excellent Sports Teams by Province (2006)

单位：人 (person)

| 地区 | Province | 合计 Total | 研究生及以上 Postgraduates and Above | 本科 Undergraduates | 专科 Junior College | 中专(中学)及以下 Secondary Technical Schools (Secondary Schools) and Below |
|---|---|---|---|---|---|---|
| **总计** | **Total** | **4150** | **35** | **1455** | **2343** | **317** |
| 国家直属 | Directly Under the Jurisdiction of State | 78 | 5 | 49 | 23 | 1 |
| 地区合计 | Sub-total of Provinces | 4072 | 30 | 1406 | 2320 | 316 |
| 北京 | Beijing | 157 | 2 | 79 | 71 | 5 |
| 天津 | Tianjin | 180 | 1 | 27 | 139 | 13 |
| 河北 | Hebei | 139 | | 63 | 72 | 4 |
| 山西 | Shanxi | 75 | | 26 | 47 | 2 |
| 内蒙古 | Inner Mongolia | 87 | | 28 | 53 | 6 |
| 辽宁 | Liaoning | 158 | 2 | 58 | 80 | 18 |
| 吉林 | Jilin | 111 | | 83 | 22 | 6 |
| 黑龙江 | Heilongjiang | 238 | 2 | 90 | 137 | 9 |
| 上海 | Shanghai | 179 | 1 | 73 | 98 | 7 |
| 江苏 | Jiangsu | 277 | 1 | 92 | 167 | 17 |
| 浙江 | Zhejiang | 201 | 1 | 76 | 109 | 15 |
| 安徽 | Anhui | 99 | | 40 | 49 | 10 |
| 福建 | Fujian | 133 | 1 | 35 | 89 | 8 |
| 江西 | Jiangxi | 99 | 2 | 39 | 56 | 2 |
| 山东 | Shandong | 289 | 1 | 80 | 172 | 36 |
| 河南 | Henan | 294 | 3 | 130 | 151 | 10 |
| 湖北 | Hubei | 223 | 3 | 67 | 113 | 40 |
| 湖南 | Hunan | 118 | | 35 | 67 | 16 |
| 广东 | Guangdong | 96 | | 47 | 46 | 3 |
| 广西 | Guangxi | 113 | 1 | 23 | 86 | 3 |
| 海南 | Hainan | 27 | | 18 | 4 | 5 |
| 重庆 | Chongqing | 44 | | 21 | 23 | |
| 四川 | Sichuan | 267 | 8 | 63 | 181 | 15 |
| 贵州 | Guizhou | 73 | | 11 | 53 | 9 |
| 云南 | Yunnan | 93 | | 19 | 58 | 16 |
| 西藏 | Tibet | 22 | | 7 | 15 | |
| 陕西 | Shaanxi | 73 | 1 | 44 | 27 | 1 |
| 甘肃 | Gansu | 93 | | 15 | 61 | 17 |
| 青海 | Qinghai | 35 | | 5 | 26 | 4 |
| 宁夏 | Ningxia | 24 | | 4 | 10 | 10 |
| 新疆 | Xinjiang | 55 | | 8 | 38 | 9 |

# 6-15 各地区体育运动学校在聘专职教练员学历情况（2006年）

# Educational Attainment of Coaches with Full-time Contracts in Physical Education and Sports Schools by Province (2006)

单位：人 (person)

| 地区 | Province | 合计 Total | 研究生及以上 Postgraduates and Above | 本科 Undergraduates | 专科 Junior College | 中专(中学)及以下 Secondary Technical Schools (Secondary Schools) and Below |
|---|---|---|---|---|---|---|
| **总计** | **Total** | **4623** | **25** | **1972** | **2114** | **512** |
| 地区合计 | Sub-total of Regions | 4623 | 25 | 1972 | 2114 | 512 |
| 北京 | Beijing | 103 | | 59 | 40 | 4 |
| 天津 | Tianjin | 59 | 1 | 22 | 34 | 2 |
| 河北 | Hebei | 159 | 1 | 76 | 57 | 25 |
| 山西 | Shanxi | 231 | | 78 | 126 | 27 |
| 内蒙古 | Inner Mongolia | 185 | | 79 | 74 | 32 |
| 辽宁 | Liaoning | 482 | 8 | 218 | 218 | 38 |
| 吉林 | Jilin | 139 | 2 | 92 | 38 | 7 |
| 黑龙江 | Heilongjiang | 109 | | 71 | 24 | 14 |
| 上海 | Shanghai | 104 | 1 | 70 | 30 | 3 |
| 江苏 | Jiangsu | 254 | | 97 | 137 | 20 |
| 浙江 | Zhejiang | 173 | 1 | 68 | 85 | 19 |
| 安徽 | Anhui | 97 | | 22 | 63 | 12 |
| 福建 | Fujian | 90 | 1 | 40 | 38 | 11 |
| 江西 | Jiangxi | 52 | | 17 | 34 | 1 |
| 山东 | Shandong | 553 | 2 | 242 | 242 | 67 |
| 河南 | Henan | 334 | 2 | 161 | 133 | 38 |
| 湖北 | Hubei | 154 | 3 | 68 | 60 | 23 |
| 湖南 | Hunan | 63 | | 29 | 29 | 5 |
| 广东 | Guangdong | 321 | 1 | 105 | 175 | 40 |
| 广西 | Guangxi | 47 | 1 | 18 | 27 | 1 |
| 海南 | Hainan | 22 | | 11 | 3 | 8 |
| 重庆 | Chongqing | 83 | | 27 | 53 | 3 |
| 四川 | Sichuan | 16 | | | 13 | 3 |
| 贵州 | Guizhou | 89 | | 34 | 42 | 13 |
| 云南 | Yunnan | 187 | | 46 | 94 | 47 |
| 西藏 | Tibet | 6 | | 6 | | |
| 陕西 | Shaanxi | 139 | | 58 | 69 | 12 |
| 甘肃 | Gansu | 178 | | 76 | 84 | 18 |
| 青海 | Qinghai | | | | | |
| 宁夏 | Ningxia | 31 | | 8 | 21 | 2 |
| 新疆 | Xinjiang | 163 | 1 | 74 | 71 | 17 |

# 6-16 各地区少年儿童业余体校在聘专职教练员学历情况（2006年）

## Educational Attainment of Coaches with Full-time Contracts in Spare-time Juvenile Sports Schools by Province (2006)

单位：人 (person)

| 地区 | Province | 合计 Total | 研究生及以上 Postgraduates and Above | 本科 Undergraduates | 专科 Junior College | 中专(中学)及以下 Secondary Technical Schools (Secondary Schools) and Below |
|---|---|---|---|---|---|---|
| **总计** | **Total** | **14315** | **31** | **4330** | **7068** | **2886** |
| 地区合计 | Sub-total of Regions | 14315 | 31 | 4330 | 7068 | 2886 |
| 北京 | Beijing | 434 | 1 | 249 | 164 | 20 |
| 天津 | Tianjin | 259 | | 102 | 138 | 19 |
| 河北 | Hebei | 760 | | 179 | 396 | 185 |
| 山西 | Shanxi | 426 | | 60 | 244 | 122 |
| 内蒙古 | Inner Mongolia | 312 | | 63 | 141 | 108 |
| 辽宁 | Liaoning | 627 | 6 | 245 | 294 | 82 |
| 吉林 | Jilin | 533 | 4 | 187 | 244 | 98 |
| 黑龙江 | Heilongjiang | 632 | 3 | 212 | 321 | 96 |
| 上海 | Shanghai | 602 | 3 | 320 | 251 | 28 |
| 江苏 | Jiangsu | 723 | | 263 | 354 | 106 |
| 浙江 | Zhejiang | 441 | | 161 | 204 | 76 |
| 安徽 | Anhui | 476 | 2 | 68 | 306 | 100 |
| 福建 | Fujian | 695 | | 193 | 351 | 151 |
| 江西 | Jiangxi | 415 | | 84 | 227 | 104 |
| 山东 | Shandong | 1137 | 1 | 341 | 572 | 223 |
| 河南 | Henan | 742 | | 204 | 369 | 169 |
| 湖北 | Hubei | 428 | | 97 | 242 | 89 |
| 湖南 | Hunan | 588 | | 138 | 304 | 146 |
| 广东 | Guangdong | 731 | 3 | 259 | 307 | 162 |
| 广西 | Guangxi | 611 | 4 | 159 | 326 | 122 |
| 海南 | Hainan | 84 | | 30 | 30 | 24 |
| 重庆 | Chongqing | 92 | | 37 | 42 | 13 |
| 四川 | Sichuan | 742 | | 246 | 363 | 133 |
| 贵州 | Guizhou | 62 | | 15 | 32 | 15 |
| 云南 | Yunnan | 275 | | 54 | 158 | 63 |
| 西藏 | Tibet | 16 | | 4 | 7 | 5 |
| 陕西 | Shaanxi | 606 | 2 | 154 | 248 | 202 |
| 甘肃 | Gansu | 226 | | 58 | 108 | 60 |
| 青海 | Qinghai | 133 | 1 | 39 | 72 | 21 |
| 宁夏 | Ningxia | 114 | | 25 | 64 | 25 |
| 新疆 | Xinjiang | 393 | 1 | 84 | 189 | 119 |

# 6-17 全国分项目运动员情况（2006年）

# Number of Athletes by Sports Item (2006)

单位:人 (person)

| 项目 | Item | 合计 Total | 一线 First Grade | 二线 Second Grade | 三线 Third Grade |
|---|---|---|---|---|---|
| **总计** | **Total** | **408269** | **20754** | **66757** | **320758** |
| 田径 | Track and Field Events | 97073 | 2269 | 13778 | 81026 |
| 游泳 | Swimming | 27464 | 1001 | 2578 | 23885 |
| 跳水 | Diving | 2556 | 401 | 326 | 1829 |
| 水球 | Water Polo | 249 | 72 | 28 | 149 |
| 花样游泳 | Synchronized Swimming | 408 | 153 | 22 | 233 |
| 体操 | Gymnastics | 7482 | 513 | 1128 | 5841 |
| 艺术体操 | Rhythmic Gymnastics | 1352 | 170 | 133 | 1049 |
| 蹦床 | Trampoline | 1308 | 214 | 143 | 951 |
| 举重 | Weightlifting | 18046 | 825 | 3935 | 13286 |
| 拳击 | Boxing | 6979 | 470 | 1897 | 4612 |
| 国际式摔跤 | International Wrestling | 19252 | 1318 | 5634 | 12300 |
| 柔道 | Judo | 14502 | 1117 | 4380 | 9005 |
| 跆拳道 | Taekwondo | 19191 | 460 | 3911 | 14820 |
| 自行车 | Cycling | 2316 | 654 | 461 | 1201 |
| 击剑 | Fencing | 3670 | 529 | 1003 | 2138 |
| 马术 | Equestrian | 162 | 135 | 27 | |
| 现代五项 | Modern Pentathlon | 116 | 95 | 6 | 15 |
| 射击 | Shooting | 12713 | 1325 | 2860 | 8528 |
| 射箭 | Archery | 3383 | 269 | 600 | 2514 |
| 赛艇 | Rowing | 3118 | 750 | 413 | 1955 |
| 皮划艇 | Canoe Kayak | 3732 | 618 | 645 | 2469 |
| 帆船 | Sailing | 891 | 308 | 139 | 444 |
| 足球 | Football | 24971 | 652 | 3629 | 20690 |
| 篮球 | Basketball | 40985 | 712 | 7357 | 32916 |
| 排球 | Volleyball | 8682 | 677 | 1531 | 6474 |
| 沙滩排球 | Beach Volleyball | 272 | 67 | 37 | 168 |
| 乒乓球 | Table Tennis | 29031 | 654 | 2233 | 26144 |
| 羽毛球 | Badminton | 6729 | 550 | 1020 | 5159 |
| 网球 | Tennis | 3298 | 336 | 430 | 2532 |
| 手球 | Handball | 1610 | 383 | 353 | 874 |
| 曲棍球 | Hockey | 1101 | 414 | 212 | 475 |
| 棒球 | Baseball | 1046 | 270 | 111 | 665 |
| 垒球 | Softball | 1055 | 267 | 149 | 639 |
| 速度滑冰 | Speed Skating | 3178 | 163 | 450 | 2565 |
| 短道速滑 | Short Track Speed Skating | 889 | 93 | 208 | 588 |
| 花样滑冰 | Figure Skating | 196 | 46 | 35 | 115 |
| 冰球 | Ice Hockey | 416 | 142 | 74 | 200 |
| 冰壶 | Curling | 101 | 21 | 50 | 30 |
| 高山滑雪 | Alpine Skiing | 356 | 36 | 145 | 175 |
| 越野滑雪 | Cross-Country Skiing | 392 | 77 | 67 | 248 |

## 6-17 续表 continued

单位:人 (person)

| 项目 | Item | 合计 Total | 一线 First Grade | 二线 Second Grade | 三线 Third Grade |
|---|---|---|---|---|---|
| 跳台滑雪 | Ski Jumping | 85 | 10 | 53 | 22 |
| 自由式滑雪 | Freestyle Skiing | 30 | 12 | 18 | |
| 冬季两项 | Biathlon | 14 | 1 | 10 | 3 |
| 技巧 | Acrobatics | 633 | 120 | 39 | 474 |
| 健美操 | Aerobics | 2227 | | 81 | 2146 |
| 软式网球 | Soft Tennis | 2 | 2 | | |
| 武术 | Wushu | 25325 | 744 | 3468 | 21113 |
| 滑水 | Water-ski | 77 | 26 | 51 | |
| 蹼泳 | Fin Swimming | 228 | 70 | | 158 |
| 摩托艇 | Motorboat | 7 | 7 | | |
| 围棋 | Weiqi | 2290 | 77 | 31 | 2182 |
| 国际象棋 | Chess | 1595 | 50 | 35 | 1510 |
| 中国象棋 | Chinese Chess | 1532 | 68 | 40 | 1424 |
| 桥牌 | Bridge | | | | |
| 登山 | Mountain-climbing | 117 | 26 | 48 | 43 |
| 攀岩 | Rock-climbing | 12 | | 12 | |
| 摩托车 | Motorcycle | 20 | 20 | | |
| 铁人三项 | Triathlon | 28 | 26 | | 2 |
| 地掷球 | Boules | 10 | | | 10 |
| 台球 | Billiards | 32 | | 6 | 26 |
| 藤球 | Sepaktakraw | 53 | | | 53 |
| 汽车模型 | Model Car | 452 | | | 452 |
| 航海模型 | Model Ship | 478 | 55 | 6 | 417 |
| 定向 | Orienteering | 76 | 1 | | 75 |
| 航空模型 | Model Aeroplane | 374 | 86 | | 288 |
| 航天模型 | Model Astronautics | 16 | 4 | | 12 |
| 跳伞 | Parachuting | 105 | 99 | 1 | 5 |
| 悬挂滑翔 | Hang Gliding | 1 | 1 | | |
| 滑翔机 | Glider | 2 | 2 | | |
| 轻型飞机 | Lightplane | 2 | 2 | | |
| 热气球 | Hot Air Balloon | 1 | 1 | | |
| 无线电测向 | Radio Direction Finding | 209 | 9 | | 200 |
| 业余无线电 | Amateur Radio | 12 | | | 12 |
| 轮滑 | Roller Skating | 137 | 7 | | 130 |
| 毽球 | Jianqiu | 187 | | | 187 |
| 门球 | Gateball | 64 | | | 64 |
| 舞龙舞狮 | Dragon and Lion Dance | 43 | | | 43 |
| 风筝 | Kite Flying | 40 | | | 40 |
| 体育舞蹈 | Dance Sports | 1462 | 2 | 700 | 760 |
| 健美 | Bodybuilding | 20 | | 20 | |

# 6-18 各地区一二三线运动员人数（2006年）

# Number of Athletes by Province (2006)

单位:人 (person)

| 地区 | Province | 合计 Total | 一线 First Grade | 二线 Second Grade | 三线 Third Grade |
|---|---|---|---|---|---|
| **总计** | **Total** | **408269** | **20754** | **66757** | **320758** |
| 国家直属 | Directly Under the Jurisdiction of State | 269 | 269 | | |
| 地区合计 | Sub-total of Regions | 408000 | 20485 | 66757 | 320758 |
| 北京 | Beijing | 8160 | 773 | 1220 | 6167 |
| 天津 | Tianjin | 6126 | 938 | 1171 | 4017 |
| 河北 | Hebei | 21168 | 737 | 1693 | 18738 |
| 山西 | Shanxi | 11317 | 398 | 3593 | 7326 |
| 内蒙古 | Inner Mongolia | 7756 | 526 | 3608 | 3622 |
| 辽宁 | Liaoning | 18409 | 1446 | 5038 | 11925 |
| 吉林 | Jilin | 10204 | 605 | 1968 | 7631 |
| 黑龙江 | Heilongjiang | 13472 | 1092 | 2972 | 9408 |
| 上海 | Shanghai | 10285 | 1210 | 1031 | 8044 |
| 江苏 | Jiangsu | 19685 | 1346 | 4298 | 14041 |
| 浙江 | Zhejiang | 21535 | 853 | 1403 | 19279 |
| 安徽 | Anhui | 13495 | 371 | 2223 | 10901 |
| 福建 | Fujian | 14944 | 532 | 1304 | 13108 |
| 江西 | Jiangxi | 9643 | 412 | 560 | 8671 |
| 山东 | Shandong | 24546 | 1096 | 6528 | 16922 |
| 河南 | Henan | 19978 | 861 | 5125 | 13992 |
| 湖北 | Hubei | 16085 | 757 | 3698 | 11630 |
| 湖南 | Hunan | 12626 | 480 | 1255 | 10891 |
| 广东 | Guangdong | 30778 | 1611 | 4673 | 24494 |
| 广西 | Guangxi | 13645 | 688 | 401 | 12556 |
| 海南 | Hainan | 2294 | 77 | 703 | 1514 |
| 重庆 | Chongqing | 6329 | 299 | 1354 | 4676 |
| 四川 | Sichuan | 40699 | 663 | 418 | 39618 |
| 贵州 | Guizhou | 4802 | 264 | 594 | 3944 |
| 云南 | Yunnan | 5487 | 482 | 1479 | 3526 |
| 西藏 | Tibet | 664 | 140 | 383 | 141 |
| 陕西 | Shaanxi | 13014 | 363 | 2403 | 10248 |
| 甘肃 | Gansu | 13497 | 601 | 2613 | 10283 |
| 青海 | Qinghai | 2150 | 276 | | 1874 |
| 宁夏 | Ningxia | 3473 | 236 | 309 | 2928 |
| 新疆 | Xinjiang | 11734 | 352 | 2739 | 8643 |

# 6-19 各地区分文化程度在队优秀运动员人数（2006年）

# Excellent Athletes with Contracts by Educational Attainment and Province (2006)

单位：人 (person)

| 地 区 | Province | 合 计<br>Total | 大专以上<br>Junior College and Above | 中专以上<br>Secondary Technical Schools | 高 中<br>Senior Secondary Schools | 初 中<br>Junior Secondary Schools | 小 学<br>Primary Schools |
|---|---|---|---|---|---|---|---|
| **总 计** | **Total** | **16485** | **3154** | **5981** | **3045** | **3533** | **772** |
| 国家直属 | Directly Under the Jurisdiction of State | 269 | 146 | 78 | 36 | 2 | 7 |
| 地方合计 | Sub-total of Regions | 16216 | 3008 | 5903 | 3009 | 3531 | 765 |
| 北 京 | Beijing | 727 | 113 | 423 | 13 | 127 | 51 |
| 天 津 | Tianjin | 650 | 89 | 398 | | 93 | 70 |
| 河 北 | Hebei | 691 | 89 | 109 | 176 | 283 | 34 |
| 山 西 | Shanxi | 300 | 138 | 157 | 3 | | 2 |
| 内蒙古 | Inner Mongolia | 505 | 35 | 418 | 5 | 42 | 5 |
| 辽 宁 | Liaoning | 1178 | 182 | 624 | 28 | 299 | 45 |
| 吉 林 | Jilin | 440 | 314 | 120 | 2 | 4 | |
| 黑龙江 | Heilongjiang | 774 | 280 | 425 | 21 | 35 | 13 |
| 上 海 | Shanghai | 1096 | 114 | 13 | 576 | 330 | 63 |
| 江 苏 | Jiangsu | 1102 | 269 | 125 | 614 | 85 | 9 |
| 浙 江 | Zhejiang | 783 | 134 | 63 | 317 | 234 | 35 |
| 安 徽 | Anhui | 246 | 28 | 150 | 5 | 44 | 19 |
| 福 建 | Fujian | 416 | 68 | 176 | 42 | 116 | 14 |
| 江 西 | Jiangxi | 324 | 73 | 176 | 27 | 45 | 3 |
| 山 东 | Shandong | 972 | 136 | 535 | 49 | 213 | 39 |
| 河 南 | Henan | 794 | 307 | 398 | 47 | 37 | 5 |
| 湖 北 | Hubei | 655 | 48 | 255 | 40 | 280 | 32 |
| 湖 南 | Hunan | 385 | 21 | 12 | 144 | 162 | 46 |
| 广 东 | Guangdong | 1138 | 146 | 137 | 399 | 375 | 81 |
| 广 西 | Guangxi | 547 | 33 | 174 | 38 | 237 | 65 |
| 海 南 | Hainan | 51 | 13 | 27 | 5 | 6 | |
| 重 庆 | Chongqing | 295 | 43 | 25 | 192 | 14 | 21 |
| 四 川 | Sichuan | 582 | 119 | 64 | 160 | 188 | 51 |
| 贵 州 | Guizhou | 148 | 30 | 90 | 2 | 25 | 1 |
| 云 南 | Yunnan | 315 | 14 | 107 | 39 | 121 | 34 |
| 西 藏 | Tibet | 83 | 28 | 4 | 9 | 31 | 11 |
| 陕 西 | Shaanxi | 270 | 72 | 151 | 19 | 21 | 7 |
| 甘 肃 | Gansu | 368 | 18 | 338 | 3 | 9 | |
| 青 海 | Qinghai | 54 | 10 | 7 | 19 | 18 | |
| 宁 夏 | Ningxia | 79 | 1 | 39 | 8 | 31 | |
| 新 疆 | Xinjiang | 248 | 43 | 163 | 7 | 26 | 9 |

## 6-20 各项目分文化程度在队优秀运动员人数（2006年）

## Excellent Athletes with Contracts by Educational Attainment and Sports Item (2006)

单位：人 (person)

| 项　目 | Item | 合　计 Total | 大专以上 Junior College and Above | 中　专 Secondary Technical Schools | 高　中 Senior Secondary Schools | 初　中 Junior Secondary Schools | 小　学 Primary Schools |
|---|---|---|---|---|---|---|---|
| **总　计** | **Total** | **16485** | **3154** | **5981** | **3045** | **3533** | **772** |
| 田　径 | Track and Field Events | 1700 | 275 | 700 | 450 | 249 | 26 |
| 游　泳 | Swimming | 831 | 99 | 201 | 103 | 372 | 56 |
| 跳　水 | Diving | 354 | 29 | 26 | 54 | 82 | 163 |
| 水　球 | Water Polo | 63 | 9 | 13 | 23 | 16 | 2 |
| 花样游泳 | Synchronized Swimming | 127 | 15 | 26 | 24 | 44 | 18 |
| 体　操 | Gymnastics | 408 | 43 | 45 | 77 | 151 | 92 |
| 艺术体操 | Rhythmic Gymnastics | 140 | 11 | 10 | 36 | 56 | 27 |
| 蹦　床 | Trampoline | 175 | 18 | 26 | 56 | 55 | 20 |
| 举　重 | Weightlifting | 663 | 100 | 308 | 135 | 106 | 14 |
| 拳　击 | Boxing | 358 | 66 | 166 | 57 | 68 | 1 |
| 国际式摔跤 | International Wrestling | 924 | 152 | 524 | 70 | 167 | 11 |
| 柔　道 | Judo | 858 | 168 | 438 | 96 | 156 | |
| 跆拳道 | Taekwondo | 392 | 86 | 178 | 64 | 53 | 11 |
| 自行车 | Cycling | 488 | 89 | 232 | 61 | 98 | 8 |
| 击　剑 | Fencing | 451 | 80 | 184 | 119 | 64 | 4 |
| 马　术 | Equestrian | 114 | 26 | 47 | 12 | 28 | 1 |
| 现代五项 | Modern Pentathlon | 78 | 3 | 34 | 19 | 21 | 1 |
| 射　击 | Shooting | 990 | 287 | 449 | 119 | 131 | 4 |
| 射　箭 | Archery | 171 | 42 | 76 | 19 | 34 | |
| 赛　艇 | Rowing | 611 | 109 | 240 | 119 | 135 | 8 |
| 皮划艇 | Canoe Kayak | 487 | 75 | 169 | 103 | 136 | 4 |
| 帆　船 | Sailing | 238 | 38 | 71 | 45 | 71 | 13 |
| 足　球 | Football | 530 | 152 | 179 | 159 | 24 | 16 |
| 篮　球 | Basketball | 616 | 137 | 225 | 161 | 86 | 7 |
| 排　球 | Volleyball | 585 | 113 | 218 | 159 | 86 | 9 |
| 沙滩排球 | Beach Volleyball | 63 | 14 | 25 | 16 | 8 | |
| 乒乓球 | Table Tennis | 561 | 37 | 110 | 98 | 258 | 58 |
| 羽毛球 | Badminton | 490 | 43 | 90 | 130 | 202 | 25 |
| 网　球 | Tennis | 308 | 19 | 36 | 60 | 141 | 52 |
| 手　球 | Handball | 298 | 48 | 120 | 62 | 55 | 13 |
| 曲棍球 | Hockey | 328 | 97 | 148 | 38 | 43 | 2 |

## 6-20 续表 continued

单位：人 (person)

| 项 目 | Item | 合 计<br>Total | 大专以上<br>Junior College and Above | 中 专<br>Secondary Technical Schools | 高 中<br>Senior Secondary Schools | 初 中<br>Junior Secondary Schools | 小 学<br>Primary Schools |
|---|---|---|---|---|---|---|---|
| 棒 球 | Baseball | 244 | 72 | 109 | 23 | 23 | 17 |
| 垒 球 | Softball | 205 | 68 | 78 | 20 | 21 | 18 |
| 速度滑冰 | Speed Skating | 99 | 28 | 63 | 4 | 4 | |
| 短道速滑 | Short Track Speed Skating | 62 | 19 | 40 | | 3 | |
| 花样滑冰 | Figure Skating | 36 | 20 | 12 | | 3 | 1 |
| 冰 球 | Ice Hockey | 101 | 73 | 18 | 9 | 1 | |
| 冰 壶 | Curling | 17 | 13 | 4 | | | |
| 高山滑雪 | Alpine Skiing | 17 | 5 | 8 | | 4 | |
| 越野滑雪 | Cross-Country Skiing | 36 | 11 | 21 | | 4 | |
| 跳台滑雪 | Ski Jumping | 10 | 3 | 7 | | | |
| 自由式滑雪 | Freestyle Skiing | 9 | 9 | | | | |
| 技 巧 | Acrobatics | 83 | 13 | 5 | 36 | 13 | 16 |
| 武 术 | Wushu | 632 | 168 | 167 | 108 | 160 | 29 |
| 滑 水 | Water-ski | 19 | 4 | 6 | 8 | 1 | |
| 蹼 泳 | Fin Swimming | 50 | 9 | 14 | 6 | 20 | 1 |
| 摩托艇 | Motorboat | 7 | | 5 | | 2 | |
| 围 棋 | Weiqi | 72 | 18 | 18 | 14 | 14 | 8 |
| 国际象棋 | Chess | 50 | 22 | 4 | 12 | 12 | |
| 中国象棋 | Chinese Chess | 66 | 13 | 2 | 30 | 20 | 1 |
| 登 山 | Mountain-climbing | 25 | 12 | | 2 | | 11 |
| 攀 岩 | Rock-climbing | | | | | | |
| 摩托车 | Motorcycle | 15 | 1 | 10 | 1 | 3 | |
| 铁人三项 | Triathlon | 26 | 3 | 18 | 1 | 4 | |
| 航海模型 | Model Ship | 43 | 29 | | 13 | 1 | |
| 航空模型 | Model Aeroplane | 51 | 27 | 17 | 5 | 2 | |
| 跳 伞 | Parachuting | 89 | 25 | 36 | 6 | 18 | 4 |
| 悬挂滑翔 | Hang Gliding | 1 | | 1 | | | |
| 滑翔机 | Glider | 2 | 1 | 1 | | | |
| 轻型飞机 | Lightplane | 1 | | 1 | | | |
| 热气球 | Hot Air Balloon | 1 | 1 | | | | |
| 无线电测向 | Radio Direction Finding | 2 | | 2 | | | |
| 轮 滑 | Roller Skating | 7 | 5 | | 1 | 1 | |

# 6-21 各地区分技术等级在队优秀运动员人数（2006年）

# Excellent Athletes with Contracts by Technical Level and Province (2006)

单位：人 (person)

| 地区 | Province | 合计 Total | 国际级 International Level | 国家级 National Level | 一级 First Grade | 二级 Second Grade |
|---|---|---|---|---|---|---|
| **总计** | **Total** | **11985** | **439** | **3911** | **5721** | **1914** |
| 国家直属 | Directly Under the Jurisdiction of State | 269 | 25 | 157 | 87 | |
| 地方合计 | Sub-total of Regions | 11716 | 414 | 3754 | 5634 | 1914 |
| 北京 | Beijing | 564 | 18 | 111 | 297 | 138 |
| 天津 | Tianjin | 286 | 9 | 151 | 123 | 3 |
| 河北 | Hebei | 525 | 16 | 125 | 278 | 106 |
| 山西 | Shanxi | 263 | 1 | 82 | 115 | 65 |
| 内蒙古 | Inner Mongolia | 268 | 4 | 49 | 119 | 96 |
| 辽宁 | Liaoning | 893 | 51 | 569 | 220 | 53 |
| 吉林 | Jilin | 435 | 13 | 76 | 335 | 11 |
| 黑龙江 | Heilongjiang | 672 | 9 | 200 | 381 | 82 |
| 上海 | Shanghai | 281 | 25 | 137 | 104 | 15 |
| 江苏 | Jiangsu | 882 | 37 | 234 | 311 | 300 |
| 浙江 | Zhejiang | 452 | 33 | 141 | 206 | 72 |
| 安徽 | Anhui | 175 | 4 | 68 | 67 | 36 |
| 福建 | Fujian | 377 | 8 | 109 | 170 | 90 |
| 江西 | Jiangxi | 268 | 2 | 62 | 180 | 24 |
| 山东 | Shandong | 698 | 14 | 300 | 323 | 61 |
| 河南 | Henan | 762 | 21 | 203 | 433 | 105 |
| 湖北 | Hubei | 286 | 13 | 74 | 135 | 64 |
| 湖南 | Hunan | 242 | 9 | 63 | 87 | 83 |
| 广东 | Guangdong | 1001 | 59 | 386 | 487 | 69 |
| 广西 | Guangxi | 452 | 9 | 95 | 311 | 37 |
| 海南 | Hainan | 51 | | 20 | 24 | 7 |
| 重庆 | Chongqing | 166 | 3 | 27 | 114 | 22 |
| 四川 | Sichuan | 482 | 10 | 154 | 185 | 133 |
| 贵州 | Guizhou | 133 | 2 | 47 | 62 | 22 |
| 云南 | Yunnan | 288 | | 44 | 124 | 120 |
| 西藏 | Tibet | 65 | 21 | 5 | 21 | 18 |
| 陕西 | Shaanxi | 255 | 14 | 100 | 141 | |
| 甘肃 | Gansu | 183 | 4 | 50 | 98 | 31 |
| 青海 | Qinghai | 47 | 1 | 3 | 23 | 20 |
| 宁夏 | Ningxia | 79 | | 17 | 53 | 9 |
| 新疆 | Xinjiang | 185 | 4 | 52 | 107 | 22 |

# 6-22 各项目分性别和民族在队优秀运动员人数（2006年）

# Excellent Athletes with Contracts by Sex, Nationality and Sports Item (2006)

单位：人 (person)

| 项目 | Item | 合计 Total | 男 Male | 女 Female | 汉族 Han Nationality | 少数民族 Minority Nationalities |
|---|---|---|---|---|---|---|
| **总计** | **Total** | **16485** | **9445** | **7040** | **15335** | **1150** |
| 田径 | Track and Field Events | 1700 | 998 | 702 | 1631 | 69 |
| 游泳 | Swimming | 831 | 417 | 414 | 819 | 12 |
| 跳水 | Diving | 354 | 173 | 181 | 346 | 8 |
| 水球 | Water Polo | 63 | 60 | 3 | 55 | 8 |
| 花样游泳 | Synchronized Swimming | 127 | 1 | 126 | 125 | 2 |
| 体操 | Gymnastics | 408 | 228 | 180 | 393 | 15 |
| 艺术体操 | Rhythmic Gymnastics | 140 | | 140 | 135 | 5 |
| 蹦床 | Trampoline | 175 | 92 | 83 | 172 | 3 |
| 举重 | Weightlifting | 663 | 379 | 284 | 624 | 39 |
| 拳击 | Boxing | 358 | 331 | 27 | 319 | 39 |
| 国际式摔跤 | International Wrestling | 924 | 667 | 257 | 720 | 204 |
| 柔道 | Judo | 858 | 453 | 405 | 719 | 139 |
| 跆拳道 | Taekwondo | 392 | 211 | 181 | 374 | 18 |
| 自行车 | Cycling | 488 | 291 | 197 | 475 | 13 |
| 击剑 | Fencing | 451 | 249 | 202 | 441 | 10 |
| 马术 | Equestrian | 114 | 81 | 33 | 40 | 74 |
| 现代五项 | Modern Pentathlon | 78 | 46 | 32 | 78 | |
| 射击 | Shooting | 990 | 548 | 442 | 884 | 106 |
| 射箭 | Archery | 171 | 93 | 78 | 137 | 34 |
| 赛艇 | Rowing | 611 | 338 | 273 | 577 | 34 |
| 皮划艇 | Canoe Kayak | 487 | 355 | 132 | 457 | 30 |
| 帆船 | Sailing | 238 | 146 | 92 | 218 | 20 |
| 足球 | Football | 530 | 253 | 277 | 484 | 46 |
| 篮球 | Basketball | 616 | 330 | 286 | 578 | 38 |
| 排球 | Volleyball | 585 | 305 | 280 | 568 | 17 |
| 沙滩排球 | Beach Volleyball | 63 | 32 | 31 | 60 | 3 |
| 乒乓球 | Table Tennis | 561 | 298 | 263 | 546 | 15 |
| 羽毛球 | Badminton | 490 | 265 | 225 | 482 | 8 |
| 网球 | Tennis | 308 | 161 | 147 | 301 | 7 |
| 手球 | Handball | 298 | 127 | 171 | 288 | 10 |
| 曲棍球 | Hockey | 328 | 135 | 193 | 310 | 18 |

6-22 续表 continued

单位：人 (person)

| 项目 | Item | 合计 Total | 男 Male | 女 Female | 汉族 Han Nationality | 少数民族 Minority Nationalities |
|---|---|---|---|---|---|---|
| 棒球 | Baseball | 244 | 244 | | 239 | 5 |
| 垒球 | Softball | 205 | 2 | 203 | 196 | 9 |
| 速度滑冰 | Speed Skating | 99 | 52 | 47 | 93 | 6 |
| 短道速滑 | Short Track Speed Skating | 62 | 41 | 21 | 56 | 6 |
| 花样滑冰 | Figure Skating | 36 | 18 | 18 | 34 | 2 |
| 冰球 | Ice Hockey | 101 | 90 | 11 | 99 | 2 |
| 冰壶 | Curling | 17 | 11 | 6 | 17 | |
| 高山滑雪 | Alpine Skiing | 17 | 10 | 7 | 17 | |
| 越野滑雪 | Cross-Country Skiing | 36 | 25 | 11 | 34 | 2 |
| 跳台滑雪 | Ski Jumping | 10 | 7 | 3 | 9 | 1 |
| 自由式滑雪 | Freestyle Skiing | 9 | 5 | 4 | 9 | |
| 技巧 | Acrobatics | 83 | 48 | 35 | 79 | 4 |
| 武术 | Wushu | 632 | 453 | 179 | 602 | 30 |
| 滑水 | Water-ski | 19 | 9 | 10 | 17 | 2 |
| 蹼泳 | Fin Swimming | 50 | 16 | 34 | 48 | 2 |
| 摩托艇 | Motorboat | 7 | 5 | 2 | 7 | |
| 围棋 | Weiqi | 72 | 65 | 7 | 70 | 2 |
| 国际象棋 | Chess | 50 | 28 | 22 | 49 | 1 |
| 中国象棋 | Chinese Chess | 66 | 40 | 26 | 63 | 3 |
| 登山 | Mountain-climbing | 25 | 20 | 5 | 3 | 22 |
| 攀岩 | Rock-climbing | | | | | |
| 摩托车 | Motorcycle | 15 | 15 | | 10 | 5 |
| 铁人三项 | Triathlon | 26 | 15 | 11 | 26 | |
| 航海模型 | Model Ship | 43 | 43 | | 43 | |
| 航空模型 | Model Aeroplane | 51 | 49 | 2 | 49 | 2 |
| 跳伞 | Parachuting | 89 | 55 | 34 | 89 | |
| 悬挂滑翔 | Hang Gliding | 1 | 1 | | 1 | |
| 滑翔机 | Glider | 2 | 2 | | 2 | |
| 轻型飞机 | Lightplane | 1 | 1 | | 1 | |
| 热气球 | Hot Air Balloon | 1 | 1 | | 1 | |
| 无线电测向 | Radio Direction Finding | 2 | 1 | 1 | 2 | |
| 轮滑 | Roller Skating | 7 | 5 | 2 | 7 | |

# 6-23 各地区分等级公益性社会指导员人数（2006年）

# Social Instructors by Grade and Province (2006)

单位：人 (person)

| 地区 | Province | 累计 Accumulative Number | 当年发展数 Recruited During the Year | 国家级 National Level | | 一级 First Grade | | 二级 Second Grade | | 三级 Third Grade | |
|---|---|---|---|---|---|---|---|---|---|---|---|
| | | | | 累计 Accumulative Number | 当年发展数 Recruited During the Year | 累计 Accumulative Number | 当年发展数 Recruited During the Year | 累计 Accumulative Number | 当年发展数 Recruited During the Year | 累计 Accumulative Number | 当年发展数 Recruited During the Year |
| **总计** | **Total** | **707422** | **135151** | **3007** | **358** | **46700** | **6903** | **205687** | **38333** | **452028** | **89557** |
| **国家直属** | **Directly Under the Jurisdiction of State** | **103** | **103** | **103** | **103** | | | | | | |
| 北京 | Beijing | 28452 | 4187 | 304 | 31 | 2626 | 470 | 7133 | 1147 | 18389 | 2539 |
| 天津 | Tianjin | 14630 | 1215 | 27 | 13 | 2240 | 100 | 6163 | 613 | 6200 | 489 |
| 河北 | Hebei | 37133 | 4349 | 21 | 3 | 2430 | 290 | 7782 | 1100 | 26900 | 2956 |
| 山西 | Shanxi | 12635 | 1858 | 35 | 5 | 2251 | 200 | 4556 | 851 | 5793 | 802 |
| 内蒙古 | Inner Mongolia | 13699 | 1442 | 59 | 3 | 1048 | 94 | 3739 | 350 | 8853 | 995 |
| 辽宁 | Liaoning | 43001 | 12162 | 122 | 7 | 5190 | | 11689 | 3872 | 26000 | 8283 |
| 吉林 | Jilin | 17845 | 1766 | 147 | 4 | 1601 | 182 | 6786 | 554 | 9311 | 1026 |
| 黑龙江 | Heilongjiang | 10833 | 2971 | 52 | 12 | 396 | 132 | 2982 | 581 | 7403 | 2246 |
| 上海 | Shanghai | 14386 | 2968 | 64 | 6 | 234 | 35 | 3214 | 363 | 10874 | 2564 |
| 江苏 | Jiangsu | 58221 | 11879 | 217 | 31 | 1611 | 313 | 10535 | 2277 | 45858 | 9258 |
| 浙江 | Zhejiang | 41815 | 8943 | 88 | | 2214 | 583 | 11100 | 1825 | 28413 | 6535 |
| 安徽 | Anhui | 14574 | 3243 | 60 | 5 | 349 | 160 | 5118 | 1385 | 9047 | 1693 |
| 福建 | Fujian | 12564 | 4408 | 87 | 21 | 1682 | 277 | 2886 | 1150 | 7909 | 2960 |
| 江西 | Jiangxi | 11396 | 1855 | 42 | 3 | 770 | 54 | 4763 | 574 | 5821 | 1224 |
| 山东 | Shandong | 46546 | 16513 | 122 | 18 | 4911 | 965 | 8409 | 3638 | 33104 | 11892 |
| 河南 | Henan | 27384 | 5171 | 141 | 26 | 1002 | 95 | 9642 | 1613 | 16599 | 3437 |
| 湖北 | Hubei | 28381 | 3160 | 71 | | 642 | 71 | 4458 | 778 | 23210 | 2311 |
| 湖南 | Hunan | 33719 | 4740 | 102 | 3 | | | 17909 | 2056 | 15708 | 2681 |
| 广东 | Guangdong | 90965 | 15440 | 533 | 18 | 4574 | 1122 | 33899 | 6065 | 51959 | 8235 |
| 广西 | Guangxi | 20894 | 3165 | 55 | 9 | 4547 | 575 | 7948 | 799 | 8344 | 1782 |
| 海南 | Hainan | 2778 | 412 | 113 | | 561 | 62 | 917 | 164 | 1187 | 186 |
| 重庆 | Chongqing | 9597 | 2327 | 16 | 5 | 215 | 8 | 2022 | 176 | 7344 | 2138 |
| 四川 | Sichuan | 40581 | 6565 | 37 | 5 | 1507 | 443 | 7465 | 1322 | 31572 | 4795 |
| 贵州 | Guizhou | 6499 | 2545 | 25 | 1 | 558 | 308 | 2236 | 1233 | 3680 | 1003 |
| 云南 | Yunnan | 21749 | 3058 | 112 | 8 | 988 | 97 | 6638 | 1159 | 14011 | 1794 |
| 西藏 | Tibet | 2496 | 268 | 8 | | 348 | 28 | 1840 | 240 | 300 | |
| 陕西 | Shaanxi | 12826 | 2883 | 70 | 14 | 45 | | 4756 | 697 | 7955 | 2172 |
| 甘肃 | Gansu | 16192 | 2536 | 2 | 2 | 540 | | 4219 | 913 | 11431 | 1621 |
| 青海 | Qinghai | 2142 | 227 | 38 | | 331 | 1 | 1090 | 152 | 683 | 74 |
| 宁夏 | Ningxia | 1348 | 206 | 60 | 2 | 478 | 60 | 405 | 39 | 405 | 105 |
| 新疆 | Xinjiang | 12038 | 2586 | 74 | | 811 | 178 | 3388 | 647 | 7765 | 1761 |

# 七、卫　生
# Public Health

# 7-1 卫生机构数

## Number of Health Institutions

单位：个

| 年 份 Year | 合 计 Total | 医 院 Hospitals | 综合医院 General Hospitals | 中医医院 Hospitals Specialized in Traditional Chinese Medicine | 专科医院 Specialized Hospitals | 疗养院 Sanatoriums |
|---|---|---|---|---|---|---|
| 1949 | 3670 | 2600 | | | | 30 |
| 1950 | 8915 | 2803 | 2692 | 4 | 85 | 60 |
| 1955 | 67725 | 3648 | 3351 | 67 | 188 | 822 |
| 1960 | 261195 | 6020 | 5173 | 330 | 401 | 1577 |
| 1965 | 224266 | 5330 | 4747 | 131 | 339 | 887 |
| 1970 | 149823 | 5964 | 5353 | 117 | 385 | 359 |
| 1975 | 151733 | 7654 | 6817 | 160 | 543 | 297 |
| 1978 | 169732 | 9293 | 7539 | 447 | 643 | 389 |
| 1980 | 180553 | 9902 | 7859 | 678 | 694 | 470 |
| 1981 | 190126 | 10252 | 8044 | 781 | 718 | 538 |
| 1982 | 193438 | 10471 | 8146 | 878 | 731 | 593 |
| 1983 | 196017 | 10901 | 8370 | 1009 | 772 | 606 |
| 1984 | 198256 | 11381 | 8545 | 1218 | 810 | 599 |
| 1985 | 200866 | 11955 | 9197 | 1485 | 938 | 640 |
| 1986 | 203139 | 12442 | 9363 | 1646 | 1030 | 638 |
| 1987 | 204960 | 12962 | 9657 | 1790 | 1097 | 652 |
| 1988 | 205988 | 13544 | 9916 | 1932 | 1190 | 652 |
| 1989 | 206724 | 14090 | 10242 | 2046 | 1265 | 651 |
| 1990 | 208734 | 14377 | 10424 | 2115 | 1362 | 650 |
| 1991 | 209036 | 14628 | 10562 | 2195 | 1345 | 642 |
| 1992 | 204787 | 14889 | 10774 | 2269 | 1376 | 639 |
| 1993 | 193586 | 15436 | 11426 | 2298 | 1438 | 600 |
| 1994 | 191742 | 15595 | 11549 | 2336 | 1440 | 587 |
| 1995 | 190057 | 15663 | 11586 | 2361 | 1445 | 582 |
| 1996 | 322566 | 15833 | 11696 | 2405 | 1473 | 528 |
| 1997 | 315033 | 15944 | 11771 | 2413 | 1488 | 506 |
| 1998 | 314097 | 16001 | 11779 | 2443 | 1495 | 503 |
| 1999 | 300996 | 16678 | 11868 | 2441 | 1533 | 485 |
| 2000 | 324771 | 16318 | 11872 | 2453 | 1543 | 471 |
| 2001 | 330348 | 16197 | 11834 | 2478 | 1576 | 461 |
| 2002 | 306038 | 17844 | 12716 | 2492 | 2237 | 365 |
| 2003 | 291323 | 17764 | 12599 | 2518 | 2271 | 305 |
| 2004 | 297540 | 18393 | 12900 | 2611 | 2492 | 292 |
| 2005 | 298997 | 18703 | 12982 | 2620 | 2682 | 274 |
| 2006 | 308969 | 19246 | 13120 | 2665 | 3022 | 264 |

注：1.卫生机构不包括村卫生室；
2.2002年起，卫生机构数不再包括高中等医学院校本部、药检机构、国境卫生检疫所和非卫生部门举办的计划生育指导站；
3.1996年以前的卫生院指乡镇卫生院；
4.门诊部(所)包括门诊部、诊所、卫生所、医务室和护理站，1996年以前门诊部(所)不包括私人办诊所。

a) Number of health institutions excluded village clinics.

b) Number of health institutions since 2002 excludes medical colleges, drug test institutions,frontier health and quarantine centers and family planning guidance stations of non-health departments.

c) Health centers before 1996 refer to township health centers.

d) Number of outpatient department (institutions) includes outpatient department, clinics, health stations, infirmaries, nursing stations. And number of outpatient department (institutions) before 1996 excluded private clinics.

7-1 续表 continued

| 年 份 Year | 卫生院(个) Health Centers (unit) | #乡镇卫生院 Township Health Centers | 门诊部(所) Outpaient Departments (Institutions) | #诊所医务室卫生所护理站 Clinics, infirmaries, Health Stations, Nursing Stations | 妇幼保健院(所.站) Maternity and Child Care Centers (Institutions Stations) | 专科疾病防治院(所.站) Specialized Prevention & Treatment Centers (Institutions Stations) | 疾病预防控制中心(防疫站) Centers for Diseases Control and Prevention (Epidemic Prevention Stations) |
|---|---|---|---|---|---|---|---|
| 1949 | | | 769 | | 9 | 11 | |
| 1950 | | | 3356 | | 426 | 30 | 61 |
| 1955 | | | 51600 | | 3944 | 287 | 315 |
| 1960 | 24849 | 24849 | 213823 | | 4213 | 683 | 1866 |
| 1965 | 36965 | 36965 | 170430 | | 2910 | 822 | 2499 |
| 1970 | 56568 | 56568 | 79600 | | 1124 | 607 | 1714 |
| 1975 | 54026 | 54026 | 80739 | | 2128 | 683 | 2912 |
| 1978 | 55018 | 55018 | 94395 | | 2571 | 887 | 2989 |
| 1980 | 55413 | 55413 | 102474 | | 2745 | 1138 | 3105 |
| 1981 | 55500 | 55500 | 111189 | | 2789 | 1197 | 3202 |
| 1982 | 55496 | 55496 | 113916 | | 2827 | 1272 | 3271 |
| 1983 | 55559 | 55559 | 115826 | | 2851 | 1326 | 3274 |
| 1984 | 55549 | 55549 | 117028 | | 2955 | 1458 | 3339 |
| 1985 | 47387 | 47387 | 126604 | | 2996 | 1566 | 3410 |
| 1986 | 46967 | 46967 | 127575 | | 3059 | 1635 | 3475 |
| 1987 | 47177 | 47177 | 128459 | | 3082 | 1697 | 3512 |
| 1988 | 47529 | 47529 | 128422 | | 3103 | 1727 | 3532 |
| 1989 | 47523 | 47523 | 128112 | | 3112 | 1747 | 3591 |
| 1990 | 47749 | 47749 | 129332 | | 3148 | 1781 | 3618 |
| 1991 | 48140 | 48140 | 128665 | | 3187 | 1818 | 3652 |
| 1992 | 46117 | 46117 | 125873 | | 3187 | 1845 | 3673 |
| 1993 | 45024 | 45024 | 115161 | | 3115 | 1872 | 3729 |
| 1994 | 51929 | 51929 | 105984 | | 3190 | 1905 | 3711 |
| 1995 | 51797 | 51797 | 104406 | | 3179 | 1895 | 3729 |
| 1996 | 51723 | 51277 | 237153 | 233113 | 3172 | 1887 | 3737 |
| 1997 | 51535 | 50981 | 229474 | 225490 | 3180 | 1893 | 3747 |
| 1998 | 50613 | 50071 | 229349 | 225421 | 3191 | 1889 | 3746 |
| 1999 | 50257 | 49694 | 226588 | 222047 | 3180 | 1877 | 3763 |
| 2000 | 49777 | 49229 | 240934 | 237256 | 3163 | 1839 | 3741 |
| 2001 | 48643 | 48090 | 248061 | 244345 | 3132 | 1783 | 3813 |
| 2002 | 46014 | 44992 | 219907 | 212888 | 3067 | 1839 | 3580 |
| 2003 | 45204 | 44279 | 204468 | 198316 | 3033 | 1749 | 3584 |
| 2004 | 42471 | 41626 | 208794 | 202646 | 2998 | 1583 | 3588 |
| 2005 | 41694 | 40907 | 207457 | 201562 | 3021 | 1502 | 3585 |
| 2006 | 40791 | 39975 | 212243 | 205814 | 3003 | 1402 | 3548 |

# 7-2 医疗机构数（2006年）

## Number of Medical Institutions (2006)

单位：个 (unit)

| 机构 | Institutions | 合计 Total | 非营利性 Non-profit | 营利性 Profit-making | 其他 Others |
|---|---|---|---|---|---|
| **总计** | **Total** | **299800** | **137639** | **160419** | **1742** |
| 医院 | Hospitals | 19246 | 15616 | 3575 | 55 |
| 综合医院 | General Hospitals | 13120 | 11083 | 2012 | 25 |
| 中医医院 | Hospitals Specialized in Traditional Chinese Medicine | 2665 | 2376 | 285 | 4 |
| 中西医结合医院 | Hospitals of Traditional Chinese Medicine and Western Medicine | 211 | 121 | 89 | 1 |
| 民族医院 | Minority Hospitals | 196 | 180 | 16 | |
| 专科医院 | Specialized Hospitals | 3022 | 1836 | 1161 | 25 |
| 护理院 | Nursing Homes | 32 | 20 | 12 | |
| 疗养院 | Sanatoriums | 264 | 251 | 7 | 6 |
| 社区卫生服务中心(站) | Health Service Centers(Stations) for Community | 22656 | 19789 | 2236 | 631 |
| 社区卫生服务中心 | Health Service Centers for Community | 2077 | 1545 | 42 | 490 |
| 社区卫生服务站 | Health Service Stations for Community | 20579 | 18244 | 2194 | 141 |
| 卫生院 | Health Centers | 40791 | 40598 | 126 | 67 |
| 街道卫生院 | Sub-district Health Centers | 816 | 802 | 14 | |
| 乡镇卫生院 | Township Health Centers | 39975 | 39796 | 112 | 67 |
| 门诊部 | Outpatient Departments | 6429 | 2848 | 3494 | 87 |
| 诊所、卫生所、医务室、护理站 | Clinics,Health Stations, Infirmaries, Nursing Stations | 205814 | 54092 | 150957 | 765 |
| 诊所 | Clinics | 150867 | 10669 | 139700 | 498 |
| 卫生所、医务室 | Health Stations and Infirmaries | 54899 | 43422 | 11210 | 267 |
| 护理站 | Nursing Stations | 48 | 1 | 47 | |
| 妇幼保健院(所、站) | Maternity and Child Care Centers(Institutions,Stations) | 3003 | 3000 | 2 | 1 |
| #妇幼保健院 | Maternity and Child Care Centers | 1605 | 1605 | | |
| 妇幼保健所、站 | Maternity and Child Care Institutions and Stations | 1393 | 1392 | | 1 |
| 专科疾病防治院(所、站) | Specialized Prevention & Treatment Centers (Institutions,Stations) | 1402 | 1286 | 9 | 107 |
| 专科疾病防治院 | Specialized Prevention & Treatment Centers | 191 | 187 | 2 | 2 |
| 专科疾病防治所(站、中心) | Specialized Prevention & Treatment Institutions (Stations) | 1211 | 1099 | 7 | 105 |
| 急救中心(站) | First-Aid Centers(Stations) | 160 | 141 | 1 | 18 |
| 临床检验中心(所、站) | Centers (Institutions, Stations) for Clinical Laboratory | 35 | 18 | 12 | 5 |

# 7-3 各地区卫生机构数（2006年）

## Number of Health Institutions by Province (2006)

单位：个 (unit)

| 地 区 | Province | 合 计 Total | 医 院 Hospitals | 综合医院 General Hospitals | 中医医院 Hospitals Specialized in Traditional Chinese Medicine | 中西医结合医院 Hospitals of Traditional Chinese Medicine and Western Medicine | 民族医院 Minotiry Hospitals | 专科医院 Specialized Hospitals | 疗养院 Sanatoriums |
|---|---|---|---|---|---|---|---|---|---|
| **总 计** | **Total** | **308969** | **19246** | **13120** | **2665** | **211** | **196** | **3022** | **264** |
| 北 京 | Beijing | 4877 | 541 | 353 | 79 | 3 | 3 | 100 | 6 |
| 天 津 | Tianjin | 2367 | 218 | 135 | 26 | 4 | | 53 | 3 |
| 河 北 | Hebei | 17733 | 874 | 575 | 157 | 15 | | 127 | 5 |
| 山 西 | Shanxi | 9776 | 916 | 554 | 150 | 15 | | 197 | 8 |
| 内蒙古 | Inner Mongolia | 7958 | 474 | 315 | 54 | 6 | 41 | 58 | 8 |
| 辽 宁 | Liaoning | 15876 | 956 | 616 | 112 | 7 | 2 | 219 | 37 |
| 吉 林 | Jilin | 9696 | 590 | 387 | 77 | 10 | 4 | 112 | 14 |
| 黑龙江 | Heilongjiang | 8181 | 901 | 665 | 123 | 7 | 7 | 99 | 5 |
| 上 海 | Shanghai | 2519 | 260 | 156 | 16 | 4 | | 71 | 2 |
| 江 苏 | Jiangsu | 17143 | 1061 | 716 | 87 | 11 | | 243 | 25 |
| 浙 江 | Zhejiang | 14230 | 606 | 340 | 101 | 8 | | 152 | 18 |
| 安 徽 | Anhui | 9288 | 699 | 503 | 90 | 8 | | 96 | 9 |
| 福 建 | Fujian | 9652 | 370 | 232 | 68 | 5 | 2 | 63 | 14 |
| 江 西 | Jiangxi | 10210 | 489 | 344 | 100 | 6 | | 39 | 2 |
| 山 东 | Shandong | 17016 | 1168 | 803 | 141 | 5 | 1 | 217 | 20 |
| 河 南 | Henan | 14629 | 1201 | 839 | 180 | 6 | | 176 | 6 |
| 湖 北 | Hubei | 10052 | 575 | 401 | 82 | 8 | 2 | 82 | |
| 湖 南 | Hunan | 15331 | 812 | 565 | 125 | 11 | 1 | 110 | 5 |
| 广 东 | Guangdong | 16953 | 1008 | 670 | 140 | 6 | | 191 | 18 |
| 广 西 | Guangxi | 9977 | 460 | 310 | 80 | 6 | 5 | 58 | 8 |
| 海 南 | Hainan | 2337 | 190 | 145 | 18 | 3 | | 24 | 2 |
| 重 庆 | Chongqing | 6613 | 361 | 259 | 42 | 12 | | 48 | 6 |
| 四 川 | Sichuan | 24015 | 1178 | 811 | 166 | 14 | 21 | 165 | 8 |
| 贵 州 | Guizhou | 6147 | 394 | 289 | 62 | 6 | 3 | 33 | 3 |
| 云 南 | Yunnan | 10020 | 649 | 449 | 103 | 12 | 5 | 80 | 9 |
| 西 藏 | Tibet | 1349 | 97 | 80 | | | 17 | | 1 |
| 陕 西 | Shaanxi | 11631 | 851 | 602 | 146 | 6 | 1 | 96 | 8 |
| 甘 肃 | Gansu | 12022 | 381 | 274 | 70 | 1 | 10 | 26 | 6 |
| 青 海 | Qinghai | 1643 | 136 | 88 | 15 | 1 | 25 | 7 | 1 |
| 宁 夏 | Ningxia | 1553 | 131 | 88 | 18 | 3 | 2 | 20 | 1 |
| 新 疆 | Xinjiang | 8175 | 699 | 556 | 37 | 2 | 44 | 60 | 6 |

## 7-3 续表 1 continued

单位：个 (unit)

| 地区 | Province | 卫生院 Health Centers | 街道卫生院 Subdistrict Health Centers | 乡镇卫生院 Township Health Centers | 门诊部 Outpatient Departments | 诊所卫生所医务室护理站 Clinics, Health Stations, Infirmaries, Nursing Stations | #诊所 Clinics | #卫生所医务室 Health Institutions, Infirmaries |
|---|---|---|---|---|---|---|---|---|
| **总计** | **Total** | **40791** | **816** | **39975** | **6429** | **205814** | **150867** | **54899** |
| 北京 | Beijing | 164 | 2 | 162 | 505 | 3397 | 1362 | 2034 |
| 天津 | Tianjin | 183 | | 183 | 158 | 1475 | 640 | 835 |
| 河北 | Hebei | 1965 | | 1965 | 68 | 13710 | 9484 | 4226 |
| 山西 | Shanxi | 1585 | 41 | 1544 | 47 | 6395 | 5378 | 1016 |
| 内蒙古 | Inner Mongolia | 1346 | 21 | 1325 | 61 | 5040 | 4198 | 842 |
| 辽宁 | Liaoning | 1065 | 57 | 1008 | 431 | 11767 | 10047 | 1720 |
| 吉林 | Jilin | 796 | 17 | 779 | 284 | 5177 | 4365 | 786 |
| 黑龙江 | Heilongjiang | 935 | 10 | 925 | 93 | 5417 | 2712 | 2705 |
| 上海 | Shanghai | 49 | | 49 | 223 | 1656 | 611 | 1045 |
| 江苏 | Jiangsu | 1407 | 28 | 1379 | 395 | 9438 | 5198 | 4240 |
| 浙江 | Zhejiang | 2188 | 170 | 2018 | 549 | 6773 | 4031 | 2741 |
| 安徽 | Anhui | 1886 | 22 | 1864 | 87 | 5226 | 3841 | 1385 |
| 福建 | Fujian | 937 | 20 | 917 | 313 | 7382 | 4476 | 2906 |
| 江西 | Jiangxi | 1543 | 15 | 1528 | 47 | 7193 | 5106 | 2087 |
| 山东 | Shandong | 1774 | 105 | 1669 | 131 | 11123 | 6378 | 4745 |
| 河南 | Henan | 2091 | 3 | 2088 | 70 | 9845 | 7976 | 1869 |
| 湖北 | Hubei | 1195 | 55 | 1140 | 67 | 7049 | 4577 | 2472 |
| 湖南 | Hunan | 2430 | 61 | 2369 | 83 | 10888 | 7819 | 3069 |
| 广东 | Guangdong | 1427 | 70 | 1357 | 1605 | 10946 | 7563 | 3382 |
| 广西 | Guangxi | 1280 | 1 | 1279 | 69 | 7470 | 5860 | 1610 |
| 海南 | Hainan | 312 | 3 | 309 | 100 | 1533 | 1351 | 182 |
| 重庆 | Chongqing | 1088 | 27 | 1061 | 48 | 4836 | 4135 | 701 |
| 四川 | Sichuan | 5012 | 18 | 4994 | 306 | 15988 | 14094 | 1894 |
| 贵州 | Guizhou | 1460 | 9 | 1451 | 31 | 3684 | 3307 | 377 |
| 云南 | Yunnan | 1410 | 2 | 1408 | 69 | 7135 | 6344 | 791 |
| 西藏 | Tibet | 666 | | 666 | | 432 | 382 | 50 |
| 陕西 | Shaanxi | 1748 | 41 | 1707 | 240 | 7871 | 6246 | 1625 |
| 甘肃 | Gansu | 1351 | 9 | 1342 | 92 | 9557 | 7797 | 1760 |
| 青海 | Qinghai | 399 | 2 | 397 | | 790 | 551 | 239 |
| 宁夏 | Ningxia | 238 | | 238 | 37 | 985 | 770 | 215 |
| 新疆 | Xinjiang | 861 | 7 | 854 | 220 | 5636 | 4268 | 1350 |

## 7-3 续表 2 continued

单位: 个 (unit)

| 地区 | Province | 社区卫生服务中心(站) Health Service Centers (Stations) for Community | 急救中心(站) First-aid Centers (Stations) | 采供血机构 Blood Collected and Supplied Centers (unit) | 妇幼保健院(所、站) Maternity and Child Care Centers (Institutions, Stations) | #妇幼保健所(站) Maternity and Child Care Institutions (Stations) | 专科疾病防治院(所.站) Specialized Prevention & Treatment Centers (Institutions, Stations) | #专科疾病防治所(站) Specialized Prevention & Treatment Institutions (Stations) |
|---|---|---|---|---|---|---|---|---|
| **总　计** | **Total** | **22656** | **160** | **559** | **3003** | **1393** | **1402** | **1211** |
| 北　京 | Beijing | 90 | 5 | 8 | 18 | 2 | 26 | 24 |
| 天　津 | Tianjin | 214 | 2 | 5 | 23 | 12 | 16 | 13 |
| 河　北 | Hebei | 639 | 3 | 12 | 183 | 95 | 8 | 7 |
| 山　西 | Shanxi | 410 | 5 | 12 | 133 | 70 | 12 | 8 |
| 内蒙古 | Inner Mongolia | 545 | 3 | 13 | 113 | 98 | 51 | 48 |
| 辽　宁 | Liaoning | 706 | 11 | 23 | 111 | 77 | 104 | 95 |
| 吉　林 | Jilin | 2500 | 6 | 20 | 72 | 28 | 60 | 57 |
| 黑龙江 | Heilongjiang | 199 | 12 | 27 | 143 | 74 | 119 | 104 |
| 上　海 | Shanghai | 195 | 12 | 9 | 24 | 13 | 19 | 14 |
| 江　苏 | Jiangsu | 4111 | 18 | 32 | 107 | 93 | 48 | 36 |
| 浙　江 | Zhejiang | 3484 | 15 | 26 | 87 | 34 | 28 | 24 |
| 安　徽 | Anhui | 903 | 6 | 25 | 116 | 105 | 50 | 47 |
| 福　建 | Fujian | 300 | 10 | 9 | 88 | 35 | 31 | 4 |
| 江　西 | Jiangxi | 412 | 3 | 20 | 112 | 66 | 108 | 106 |
| 山　东 | Shandong | 2135 | 8 | 25 | 150 | 59 | 131 | 116 |
| 河　南 | Henan | 769 | 1 | 18 | 166 | 51 | 27 | 26 |
| 湖　北 | Hubei | 664 | 6 | 22 | 95 | 15 | 116 | 110 |
| 湖　南 | Hunan | 422 | 1 | 17 | 137 | 41 | 91 | 79 |
| 广　东 | Guangdong | 1204 | 9 | 44 | 122 | 8 | 154 | 122 |
| 广　西 | Guangxi | 262 | 2 | 33 | 102 | 3 | 52 | 36 |
| 海　南 | Hainan | 61 | 3 | 1 | 26 | 17 | 33 | 33 |
| 重　庆 | Chongqing | 108 |  | 12 | 41 | 8 | 13 | 12 |
| 四　川 | Sichuan | 609 | 10 | 35 | 202 | 39 | 42 | 35 |
| 贵　州 | Guizhou | 206 | 1 | 35 | 79 | 60 | 8 | 5 |
| 云　南 | Yunnan | 203 | 2 | 16 | 148 | 21 | 31 | 29 |
| 西　藏 | Tibet | 14 |  | 1 | 55 | 48 |  |  |
| 陕　西 | Shaanxi | 455 | 3 | 10 | 116 | 45 | 7 | 5 |
| 甘　肃 | Gansu | 268 | 1 | 19 | 99 | 83 | 7 | 7 |
| 青　海 | Qinghai | 166 |  | 9 | 22 | 16 |  |  |
| 宁　夏 | Ningxia | 73 |  | 5 | 21 | 13 | 3 | 3 |
| 新　疆 | Xinjiang | 329 | 2 | 16 | 92 | 64 | 7 | 6 |

## 7-3 续表 3 continued

单位:个 (unit)

| 地区 | Province | 疾病预防控制中心(防疫站) Centers for Disease Control and Prevention (Epidemic Prevention Stations) | 卫生监督所 Health Supervision Centers | 卫生监督检验/监测/检测所、站 Health Supervision and Inspection Centers (Stations) | 医学科研机构 Research Institutions of Medical Science | 医学在职培训机构 Training Institutes for Medical Staff and Workers | 健康教育所、站 Health Education Institutions (Stations) | 其他 Others |
|---|---|---|---|---|---|---|---|---|
| **总 计** | **Total** | **3548** | **2097** | **85** | **248** | **454** | **135** | **2078** |
| 北 京 | Beijing | 28 | 20 | 1 | 22 | 11 | | 35 |
| 天 津 | Tianjin | 24 | 4 | | 8 | | 1 | 33 |
| 河 北 | Hebei | 192 | 64 | 3 | 6 | | | 1 |
| 山 西 | Shanxi | 147 | 57 | 3 | 8 | 4 | 6 | 28 |
| 内蒙古 | Inner Mongolia | 140 | 73 | 1 | 6 | 22 | 19 | 43 |
| 辽 宁 | Liaoning | 131 | 52 | 30 | 8 | 3 | 10 | 431 |
| 吉 林 | Jilin | 71 | 29 | 8 | 9 | 4 | 3 | 53 |
| 黑龙江 | Heilongjiang | 196 | 96 | | 14 | 9 | 1 | 14 |
| 上 海 | Shanghai | 22 | 20 | 2 | 10 | 3 | 2 | 11 |
| 江 苏 | Jiangsu | 153 | 103 | 1 | 10 | 32 | | 202 |
| 浙 江 | Zhejiang | 100 | 95 | 2 | 9 | 47 | 2 | 201 |
| 安 徽 | Anhui | 130 | 71 | 2 | 14 | 6 | 3 | 55 |
| 福 建 | Fujian | 93 | 46 | | 8 | 25 | 5 | 21 |
| 江 西 | Jiangxi | 124 | 88 | | 8 | 1 | 6 | 54 |
| 山 东 | Shandong | 178 | 46 | 10 | 6 | 21 | 3 | 87 |
| 河 南 | Henan | 182 | 85 | 10 | 7 | 86 | 3 | 62 |
| 湖 北 | Hubei | 114 | 72 | | 2 | 27 | 1 | 47 |
| 湖 南 | Hunan | 151 | 114 | 4 | 4 | 2 | 2 | 168 |
| 广 东 | Guangdong | 131 | 120 | | 20 | 12 | 34 | 99 |
| 广 西 | Guangxi | 104 | 77 | 1 | 14 | 1 | 1 | 41 |
| 海 南 | Hainan | 28 | 8 | | 2 | | 5 | 33 |
| 重 庆 | Chongqing | 43 | 40 | | 2 | 6 | 1 | 8 |
| 四 川 | Sichuan | 207 | 195 | 5 | 13 | 21 | 8 | 176 |
| 贵 州 | Guizhou | 105 | 94 | | 5 | 22 | | 20 |
| 云 南 | Yunnan | 150 | 144 | | 9 | 6 | 5 | 34 |
| 西 藏 | Tibet | 81 | 1 | | | 1 | | |
| 陕 西 | Shaanxi | 124 | 84 | | 15 | 58 | 2 | 39 |
| 甘 肃 | Gansu | 106 | 83 | 1 | 4 | 20 | 6 | 21 |
| 青 海 | Qinghai | 56 | 52 | | 1 | 1 | 3 | 7 |
| 宁 夏 | Ningxia | 26 | 15 | | 1 | 3 | 2 | 12 |
| 新 疆 | Xinjiang | 211 | 49 | 1 | 3 | | 1 | 42 |

# 7-4 村卫生室数
# Number of Village Clinics

单位：个 (unit)

| 年 份<br>地 区 | Year<br>Province | 村卫生室<br>Number of Village Clinics | 村 办<br>Run by Villages | 乡卫生院设点<br>Run by Town Health Centers | 联合办<br>Run by Joint Institutions | 私人办<br>Run by Private | 其 他<br>Others | 行政村数<br>Number of Villages | 设卫生室的村数占行政村数%<br>Percentage of Villages with Clinics to Total Villages |
|---|---|---|---|---|---|---|---|---|---|
| | 1985 | 777674 | 305537 | 29769 | 88803 | 323904 | 29661 | 940617 | 87.4 |
| | 1990 | 803956 | 266137 | 29963 | 87149 | 381844 | 38863 | 743278 | 86.2 |
| | 1995 | 804352 | 297462 | 36388 | 90681 | 354981 | 22876 | 740150 | 88.9 |
| | 1996 | 755565 | 323249 | 38559 | 92745 | 283431 | 17581 | 740128 | 89.1 |
| | 1997 | 733624 | 327381 | 36555 | 87335 | 267036 | 15317 | 739447 | 89.3 |
| | 1998 | 728788 | 325115 | 39044 | 89310 | 259849 | 15470 | 739980 | 89.5 |
| | 1999 | 716677 | 314088 | 44027 | 88434 | 253989 | 16139 | 737429 | 89.9 |
| | 2000 | 709458 | 300864 | 47101 | 89828 | 255179 | 16486 | 734715 | 89.8 |
| | 2001 | 698966 | 289091 | 44857 | 92555 | 255423 | 17040 | 709257 | 89.7 |
| | 2003 | 514920 | 276590 | 26343 | 35998 | 157733 | 18256 | 678589 | 77.6 |
| | 2004 | 551600 | 298418 | 26964 | 40231 | 166533 | 19454 | 652718 | 80.7 |
| | 2005 | 583209 | 313633 | 32396 | 38561 | 180403 | 18216 | 629079 | 85.8 |
| | 2006 | 609128 | 333790 | 34803 | 36805 | 186524 | 17206 | 624428 | 88.1 |
| 北 京 | Beijing | 2762 | 2178 | 26 | 11 | 504 | 43 | 3957 | 69.8 |
| 天 津 | Tianjin | 2380 | 851 | 204 | 106 | 1036 | 183 | 3825 | 62.2 |
| 河 北 | Hebei | 52907 | 21065 | 1146 | 1805 | 26711 | 2180 | 49115 | 100.0 |
| 山 西 | Shanxi | 22123 | 16108 | 275 | 793 | 4506 | 441 | 28172 | 78.5 |
| 内蒙古 | Inner Mongolia | 13066 | 5737 | 1035 | 943 | 4871 | 480 | 11219 | 100.0 |
| 辽 宁 | Liaoning | 21345 | 11280 | 202 | 915 | 8899 | 49 | 11768 | 100.0 |
| 吉 林 | Jilin | 8594 | 2893 | 1135 | 974 | 3344 | 248 | 9211 | 93.3 |
| 黑龙江 | Heilongjiang | 12548 | 8981 | 325 | 202 | 2027 | 1013 | 9055 | 100.0 |
| 上 海 | Shanghai | 1642 | 1292 | 231 | 110 | | 9 | 1862 | 88.2 |
| 江 苏 | Jiangsu | 12656 | 8302 | 2188 | 1610 | 54 | 502 | 17303 | 73.1 |
| 浙 江 | Zhejiang | 16438 | 12304 | 779 | 266 | 2838 | 251 | 32931 | 49.9 |
| 安 徽 | Anhui | 22372 | 11743 | 1250 | 2037 | 6615 | 727 | 20019 | 100.0 |
| 福 建 | Fujian | 17470 | 13255 | 152 | 102 | 3612 | 349 | 14485 | 100.0 |
| 江 西 | Jiangxi | 22809 | 11691 | 346 | 1163 | 9108 | 501 | 17571 | 100.0 |
| 山 东 | Shandong | 56779 | 35707 | 9835 | 5111 | 5311 | 815 | 81283 | 69.9 |
| 河 南 | Henan | 61336 | 32025 | 713 | 3495 | 23687 | 1416 | 48362 | 100.0 |
| 湖 北 | Hubei | 24226 | 13307 | 2831 | 3801 | 3103 | 1184 | 25828 | 93.8 |
| 湖 南 | Hunan | 38227 | 25177 | 1967 | 1514 | 8039 | 1530 | 44270 | 86.3 |
| 广 东 | Guangdong | 24810 | 19840 | 752 | 221 | 3254 | 743 | 19505 | 100.0 |
| 广 西 | Guangxi | 22637 | 7940 | 183 | 1264 | 12853 | 397 | 14363 | 100.0 |
| 海 南 | Hainan | 2108 | 438 | 35 | 43 | 1572 | 20 | 2543 | 82.9 |
| 重 庆 | Chongqing | 10539 | 5916 | 405 | 644 | 3302 | 272 | 9722 | 100.0 |
| 四 川 | Sichuan | 51247 | 23145 | 1269 | 4322 | 20878 | 1633 | 50047 | 100.0 |
| 贵 州 | Guizhou | 19660 | 3334 | 1157 | 808 | 13610 | 751 | 19669 | 100.0 |
| 云 南 | Yunnan | 13608 | 9511 | 668 | 1383 | 1430 | 616 | 12882 | 100.0 |
| 西 藏 | Tibet | 3473 | 321 | 3097 | 51 | 4 | | 5746 | 60.4 |
| 陕 西 | Shaanxi | 25280 | 17268 | 133 | 1095 | 6414 | 370 | 27537 | 91.8 |
| 甘 肃 | Gansu | 13781 | 7891 | 549 | 711 | 4529 | 101 | 16823 | 81.9 |
| 青 海 | Qinghai | 4180 | 1779 | 143 | 185 | 2015 | 58 | 4163 | 100.0 |
| 宁 夏 | Ningxia | 2793 | 1144 | 35 | 72 | 1510 | 32 | 2376 | 100.0 |
| 新 疆 | Xinjiang | 5332 | 1367 | 1737 | 1048 | 888 | 292 | 8816 | 60.5 |

# 7-5 卫生机构床位数

## Number of Beds in Health Institutions

单位：万张 (10000 units)

| 年 份<br>Year | 合 计<br>Total | 医 院<br>Hospitals | #综合医院<br>General Hospitals | #中医医院<br>Hospitals Specialized in Traditional Chinese Medicine | #专科医院<br>Specialized Hospitals |
|---|---|---|---|---|---|
| 1949 | 8.5 | 8.0 | | | |
| 1950 | 11.9 | 9.7 | 8.5 | 0.0 | 0.7 |
| 1955 | 36.3 | 21.5 | 17.1 | 0.1 | 2.8 |
| 1960 | 97.7 | 59.1 | 44.7 | 1.4 | 8.0 |
| 1965 | 103.3 | 61.2 | 48.0 | 1.0 | 7.5 |
| 1970 | 126.2 | 70.5 | 57.2 | 1.0 | 7.8 |
| 1975 | 176.4 | 94.0 | 76.3 | 1.4 | 11.1 |
| 1978 | 204.2 | 110.0 | 87.3 | 3.4 | 12.1 |
| 1980 | 218.4 | 119.6 | 94.1 | 5.0 | 12.9 |
| 1981 | 223.4 | 124.1 | 96.8 | 5.8 | 13.5 |
| 1982 | 228.0 | 128.5 | 99.8 | 6.4 | 13.9 |
| 1983 | 234.2 | 134.5 | 104.0 | 7.2 | 14.6 |
| 1984 | 241.2 | 141.2 | 108.0 | 8.7 | 15.3 |
| 1985 | 248.7 | 150.9 | 112.8 | 11.2 | 16.6 |
| 1986 | 256.3 | 156.0 | 117.5 | 12.5 | 17.7 |
| 1987 | 268.5 | 165.3 | 123.7 | 14.2 | 19.0 |
| 1988 | 279.5 | 174.7 | 129.1 | 15.6 | 20.2 |
| 1989 | 286.7 | 181.5 | 133.6 | 16.6 | 20.9 |
| 1990 | 292.5 | 186.9 | 136.9 | 17.6 | 22.0 |
| 1991 | 299.2 | 192.6 | 140.6 | 18.8 | 22.3 |
| 1992 | 304.9 | 197.7 | 144.1 | 20.0 | 22.7 |
| 1993 | 309.9 | 203.6 | 156.6 | 21.4 | 24.4 |
| 1994 | 313.4 | 207.0 | 158.7 | 22.2 | 24.9 |
| 1995 | 314.1 | 206.3 | 158.7 | 22.7 | 24.5 |
| 1996 | 310.0 | 209.7 | 159.7 | 23.8 | 24.9 |
| 1997 | 313.5 | 211.9 | 161.2 | 24.5 | 25.0 |
| 1998 | 314.3 | 213.4 | 162.0 | 25.0 | 25.0 |
| 1999 | 315.9 | 215.1 | 163.3 | 25.3 | 25.0 |
| 2000 | 317.7 | 216.7 | 164.1 | 25.9 | 25.1 |
| 2001 | 320.1 | 215.6 | 150.5 | 24.6 | 25.7 |
| 2002 | 313.6 | 222.2 | 168.4 | 24.7 | 26.2 |
| 2003 | 316.4 | 227.0 | 171.3 | 26.0 | 26.7 |
| 2004 | 326.8 | 236.3 | 177.7 | 27.5 | 28.3 |
| 2005 | 336.8 | 244.5 | 183.5 | 28.8 | 29.2 |
| 2006 | 351.2 | 256.0 | 190.3 | 30.3 | 32.1 |

7-5 续表 continued

单位：万张 (10000 units)

| 年 份 Year | 疗养院 Sanatoriums | 卫生院 Health Centers | #乡镇卫生院 Township Health Centers | 妇幼保健院(所、站) Maternity and Child Care Centers (Institutions, Stations) | 专科疾病防治院(所、站) Specialized Prevention & Treatment Centers (Institutions, Stations) | 其 他 Others |
|---|---|---|---|---|---|---|
| 1949 | 0.4 | | | | | 0.1 |
| 1950 | 0.6 | | | 0.3 | | 1.3 |
| 1955 | 5.8 | | | 0.6 | | 8.4 |
| 1960 | 10.7 | 4.6 | 4.6 | 0.9 | 1.7 | 20.6 |
| 1965 | 9.8 | 13.3 | 13.3 | 0.9 | | 18.1 |
| 1970 | 4.8 | 36.8 | 36.8 | 0.7 | | 13.4 |
| 1975 | 3.7 | 62.0 | 62.0 | 1.0 | 2.9 | 12.8 |
| 1978 | 5.1 | 74.7 | 74.7 | 1.2 | 2.6 | 10.6 |
| 1980 | 6.8 | 77.5 | 77.5 | 1.6 | 2.7 | 10.2 |
| 1981 | 8.1 | 76.3 | 76.3 | 2.0 | 2.7 | 10.2 |
| 1982 | 8.8 | 75.3 | 75.3 | 2.3 | 2.7 | 10.4 |
| 1983 | 9.2 | 74.6 | 74.6 | 2.8 | 2.9 | 10.3 |
| 1984 | 9.5 | 73.1 | 73.1 | 3.2 | 3.0 | 11.2 |
| 1985 | 10.6 | 72.1 | 72.1 | 3.5 | 3.0 | 8.8 |
| 1986 | 11.1 | 71.1 | 71.1 | 3.7 | 3.1 | 11.3 |
| 1987 | 11.9 | 72.3 | 72.3 | 4.0 | 3.1 | 11.9 |
| 1988 | 12.2 | 72.6 | 72.6 | 4.4 | 3.0 | 12.6 |
| 1989 | 12.3 | 72.3 | 72.3 | 4.5 | 3.1 | 13.0 |
| 1990 | 12.3 | 72.3 | 72.3 | 4.7 | 3.1 | 13.3 |
| 1991 | 12.5 | 72.9 | 72.9 | 4.8 | 3.2 | 13.2 |
| 1992 | 12.5 | 73.3 | 73.3 | 5.0 | 3.2 | 13.3 |
| 1993 | 11.9 | 73.1 | 73.1 | 4.5 | 3.0 | 13.8 |
| 1994 | 11.8 | 73.2 | 73.2 | 4.8 | 3.0 | 13.5 |
| 1995 | 11.6 | 73.3 | 73.3 | 5.1 | 3.1 | 14.6 |
| 1996 | 10.9 | 73.8 | 73.5 | 5.6 | 2.8 | 7.3 |
| 1997 | 10.5 | 74.9 | 74.2 | 6.0 | 3.1 | 7.1 |
| 1998 | 10.2 | 74.4 | 73.8 | 6.3 | 2.9 | 7.1 |
| 1999 | 9.9 | 74.0 | 73.4 | 6.6 | 2.9 | 7.4 |
| 2000 | 9.7 | 74.1 | 73.5 | 7.1 | 2.8 | 7.3 |
| 2001 | 9.5 | 74.7 | 74.0 | 7.4 | 2.7 | 10.4 |
| 2002 | 6.9 | 68.5 | 67.1 | 8.0 | 3.2 | 4.8 |
| 2003 | 4.8 | 68.6 | 67.3 | 8.1 | 3.4 | 4.6 |
| 2004 | 5.4 | 68.2 | 66.9 | 8.7 | 3.1 | 5.0 |
| 2005 | 5.2 | 69.0 | 67.8 | 9.4 | 3.3 | 0.9 |
| 2006 | 4.6 | 71.0 | 69.6 | 9.9 | 2.8 | 6.8 |

# 7-6 各地区卫生机构床位数（2006年）

# Number of Beds in Health Institutions by Province (2006)

单位：张 (unit)

| 地区 | Province | 合计<br>Total | 医院<br>Hospitals | 综合医院<br>General Hospitals | 中医医院<br>Hospitals Specialized in Traditional Chinese Medicine | 中西医结合医院<br>Hospitals of Traditional Chinese Medicine and Western Medicine | 民族医院<br>Minotiry Hospitals | 专科医院<br>Specialized Hospitals | 护理院<br>Nursing Homes |
|---|---|---|---|---|---|---|---|---|---|
| **总计** | **Total** | **3511779** | **2560402** | **1902894** | **303155** | **22333** | **7856** | **320503** | **3661** |
| 北京 | Beijing | 81440 | 74762 | 51506 | 8194 | 332 | 95 | 14527 | 108 |
| 天津 | Tianjin | 43643 | 36662 | 21400 | 4318 | 714 | | 10230 | |
| 河北 | Hebei | 173048 | 126330 | 95120 | 15744 | 2013 | | 13453 | |
| 山西 | Shanxi | 112342 | 83739 | 61771 | 8873 | 798 | | 12297 | |
| 内蒙古 | Inner Mongolia | 70284 | 51500 | 40045 | 3948 | 346 | 1520 | 5641 | |
| 辽宁 | Liaoning | 179794 | 142360 | 100272 | 13127 | 240 | 110 | 28611 | |
| 吉林 | Jilin | 90919 | 72849 | 53670 | 7668 | 913 | 172 | 10426 | |
| 黑龙江 | Heilongjiang | 123308 | 102848 | 78314 | 10584 | 383 | 218 | 13349 | |
| 上海 | Shanghai | 94387 | 71039 | 45902 | 4033 | 1534 | | 17071 | 2499 |
| 江苏 | Jiangsu | 211626 | 142735 | 97354 | 16656 | 2036 | | 25993 | 696 |
| 浙江 | Zhejiang | 148584 | 116666 | 83256 | 16381 | 992 | | 15982 | 55 |
| 安徽 | Anhui | 133956 | 87736 | 69127 | 10245 | 677 | | 7643 | 44 |
| 福建 | Fujian | 84596 | 59469 | 43006 | 8081 | 1503 | 70 | 6809 | |
| 江西 | Jiangxi | 88260 | 60998 | 47086 | 9247 | 600 | | 4065 | |
| 山东 | Shandong | 258846 | 184603 | 137552 | 24074 | 155 | 20 | 22777 | 25 |
| 河南 | Henan | 225210 | 158189 | 119886 | 22577 | 428 | | 15298 | |
| 湖北 | Hubei | 142375 | 98129 | 77256 | 10444 | 1316 | 149 | 8964 | |
| 湖南 | Hunan | 160233 | 109685 | 81199 | 17467 | 822 | 20 | 10177 | |
| 广东 | Guangdong | 221886 | 165061 | 124518 | 20517 | 770 | | 19163 | 93 |
| 广西 | Guangxi | 97003 | 68125 | 49337 | 8598 | 1646 | 197 | 8267 | 80 |
| 海南 | Hainan | 20501 | 13890 | 11380 | 1153 | 50 | | 1307 | |
| 重庆 | Chongqing | 68298 | 46363 | 33661 | 5358 | 763 | | 6581 | |
| 四川 | Sichuan | 201854 | 130677 | 96511 | 16960 | 1618 | 350 | 15237 | 1 |
| 贵州 | Guizhou | 66452 | 47225 | 38979 | 5604 | 365 | 144 | 2073 | 60 |
| 云南 | Yunnan | 110472 | 77366 | 59572 | 8970 | 597 | 244 | 7983 | |
| 西藏 | Tibet | 7516 | 4531 | 3881 | | | 650 | | |
| 陕西 | Shaanxi | 111174 | 83692 | 66283 | 11236 | 180 | 20 | 5973 | |
| 甘肃 | Gansu | 66197 | 48779 | 38877 | 6969 | 80 | 352 | 2501 | |
| 青海 | Qinghai | 15546 | 13076 | 10328 | 1149 | 40 | 679 | 880 | |
| 宁夏 | Ningxia | 18307 | 15729 | 12515 | 1428 | 120 | 185 | 1481 | |
| 新疆 | Xinjiang | 83722 | 65589 | 53330 | 3552 | 302 | 2661 | 5744 | |

7-6 续表 1 continued

单位：张 (unit)

| 地区 | Province | 疗养院 Sanatoriums | 社区卫生服务中心 Health Service Centers for Community | 卫生院 Health Centers | 街道卫生院 Subdistrict Health Centers | 乡镇卫生院 Township Health Centers | 门诊部 Outpatient Departments |
|---|---|---|---|---|---|---|---|
| **总 计** | **Total** | **45851** | **41194** | **710308** | **14077** | **696231** | **10405** |
| 北 京 | Beijing | 770 | 289 | 3826 | 40 | 3786 | 155 |
| 天 津 | Tianjin | 643 | 2696 | 2231 | | 2231 | 156 |
| 河 北 | Hebei | 920 | 139 | 37656 | | 37656 | 854 |
| 山 西 | Shanxi | 1564 | 286 | 22711 | 556 | 22155 | 282 |
| 内蒙古 | Inner Mongolia | 1397 | 484 | 13316 | 168 | 13148 | 375 |
| 辽 宁 | Liaoning | 9828 | 747 | 22583 | 526 | 22057 | 625 |
| 吉 林 | Jilin | 2514 | 64 | 12633 | 278 | 12355 | 89 |
| 黑龙江 | Heilongjiang | 1170 | 26 | 13089 | 80 | 13009 | 450 |
| 上 海 | Shanghai | 332 | 15233 | 4640 | | 4640 | 41 |
| 江 苏 | Jiangsu | 3580 | 6680 | 53055 | 474 | 52581 | 127 |
| 浙 江 | Zhejiang | 2514 | 1772 | 21636 | 1817 | 19819 | 435 |
| 安 徽 | Anhui | 911 | 715 | 38844 | 454 | 38390 | 366 |
| 福 建 | Fujian | 2155 | 549 | 18196 | 52 | 18144 | 191 |
| 江 西 | Jiangxi | 100 | 551 | 20587 | 501 | 20086 | 306 |
| 山 东 | Shandong | 4452 | 171 | 57762 | 3073 | 54689 | 491 |
| 河 南 | Henan | 955 | 172 | 54098 | 85 | 54013 | 1187 |
| 湖 北 | Hubei | | 3698 | 33623 | 1915 | 31708 | 183 |
| 湖 南 | Hunan | 740 | 668 | 40047 | 688 | 39359 | 238 |
| 广 东 | Guangdong | 2630 | 795 | 39030 | 1479 | 37551 | 686 |
| 广 西 | Guangxi | 946 | | 22058 | 16 | 22042 | 152 |
| 海 南 | Hainan | 330 | 20 | 4740 | | 4740 | 100 |
| 重 庆 | Chongqing | 1000 | 552 | 18337 | 892 | 17445 | 230 |
| 四 川 | Sichuan | 408 | 2270 | 59707 | 242 | 59465 | 895 |
| 贵 州 | Guizhou | 750 | 428 | 15360 | 33 | 15327 | 278 |
| 云 南 | Yunnan | 1958 | 1303 | 24778 | 50 | 24728 | 317 |
| 西 藏 | Tibet | 58 | | 2560 | | 2560 | |
| 陕 西 | Shaanxi | 1434 | | 21143 | 492 | 20651 | 233 |
| 甘 肃 | Gansu | 782 | 441 | 13672 | 89 | 13583 | 516 |
| 青 海 | Qinghai | 50 | | 2133 | 8 | 2125 | |
| 宁 夏 | Ningxia | 100 | | 1756 | | 1756 | 44 |
| 新 疆 | Xinjiang | 860 | 445 | 14501 | 69 | 14432 | 403 |

## 7-6 续表 2 continued

单位：张 (unit)

| 地区 | Province | 妇幼保健院(所、站) Maternity and Child Care Centers (Institutions, Stations) | #妇幼保健所(站) Maternity and Child Care Institutions (Stations) | 专科疾病防治院(所.站) Specialized Prevention & Treatment Centers (Institutions, Stations) | #专科疾病防治所(站) Specialized Prevention & Treatment Institutions (Stations) | 急救中心(站) First-aid Centers (Stations) | 其他卫生机构 Others |
|---|---|---|---|---|---|---|---|
| **总计** | **Total** | **99291** | **14900** | **28013** | **14817** | **550** | **15765** |
| 北京 | Beijing | 1213 | | 425 | 212 | | |
| 天津 | Tianjin | 852 | 20 | 360 | 110 | | 43 |
| 河北 | Hebei | 6619 | 1427 | 427 | 97 | 79 | 24 |
| 山西 | Shanxi | 2850 | 738 | 563 | 50 | 108 | 239 |
| 内蒙古 | Inner Mongolia | 2388 | 1350 | 253 | 209 | 40 | 531 |
| 辽宁 | Liaoning | 1396 | 189 | 1726 | 920 | 150 | 379 |
| 吉林 | Jilin | 1698 | 262 | 639 | 312 | | 433 |
| 黑龙江 | Heilongjiang | 2865 | 619 | 2724 | 233 | 4 | 132 |
| 上海 | Shanghai | 1752 | 3 | 177 | 23 | | 1173 |
| 江苏 | Jiangsu | 1771 | 296 | 954 | 849 | | 2724 |
| 浙江 | Zhejiang | 4372 | 166 | 727 | 323 | | 462 |
| 安徽 | Anhui | 2402 | 1174 | 2347 | 1418 | | 635 |
| 福建 | Fujian | 2541 | 167 | 1420 | 420 | 15 | 60 |
| 江西 | Jiangxi | 3810 | 1134 | 1705 | 1642 | 4 | 199 |
| 山东 | Shandong | 8612 | 1083 | 2328 | 1002 | 4 | 423 |
| 河南 | Henan | 8390 | 1038 | 799 | 739 | 20 | 1400 |
| 湖北 | Hubei | 4192 | 184 | 2285 | 1666 | 42 | 223 |
| 湖南 | Hunan | 5716 | 642 | 2283 | 1575 | | 856 |
| 广东 | Guangdong | 9171 | 185 | 2942 | 1467 | | 1571 |
| 广西 | Guangxi | 5026 | 31 | 458 | 341 | | 238 |
| 海南 | Hainan | 823 | 99 | 24 | 24 | | 574 |
| 重庆 | Chongqing | 1619 | 178 | 149 | 136 | | 48 |
| 四川 | Sichuan | 5301 | 431 | 1064 | 500 | 22 | 1510 |
| 贵州 | Guizhou | 1864 | 886 | 247 | 51 | | 300 |
| 云南 | Yunnan | 3662 | 312 | 511 | 475 | | 577 |
| 西藏 | Tibet | 347 | 153 | | | | 20 |
| 陕西 | Shaanxi | 3989 | 256 | 452 | 4 | | 231 |
| 甘肃 | Gansu | 1768 | 952 | 18 | 18 | 12 | 209 |
| 青海 | Qinghai | 211 | 96 | | | | 76 |
| 宁夏 | Ningxia | 631 | 293 | | | | 47 |
| 新疆 | Xinjiang | 1440 | 536 | 6 | 1 | 50 | 428 |

# 7-7 每千人口医院、卫生院床位数

## Number of Hospitals and Health Centers' Beds per 1000 Population

单位：张 (unit)

| 年份 地区 | Year Province | 医院、卫生院床位 Number of Hospitals and Health Centers' Beds | 市 City | 县 County | 每千人口医院和卫生院床位 Number of Hospitals and Health Centers' Beds per 1000 Population | 市 City | 县 County | 每千农业人口乡镇卫生院床位数 Number of Township Health Centers' Beds per 1000 Rural Population |
|---|---|---|---|---|---|---|---|---|
| | 1950 | 99800 | 78072 | 21728 | 0.18 | 0.85 | 0.05 | |
| | 1960 | 654779 | 455324 | 199455 | 0.99 | 3.32 | 0.38 | |
| | 1970 | 1104984 | 509846 | 595138 | 1.34 | 4.18 | 0.85 | |
| | 1980 | 2184423 | 903323 | 1281100 | 2.02 | 4.70 | 1.48 | 0.95 |
| | 1985 | 2229200 | 962100 | 1267100 | 2.14 | 4.54 | 1.53 | 0.86 |
| | 1990 | 2624100 | 1386700 | 1237400 | 2.32 | 4.18 | 1.55 | 0.81 |
| | 1995 | 2836100 | 1739600 | 1096500 | 2.39 | 3.50 | 1.59 | 0.81 |
| | 2000 | 2947900 | 1914200 | 1033700 | 2.38 | 3.49 | 1.50 | 0.80 |
| | 2001 | 2976100 | 1958800 | 1017300 | 2.39 | 3.51 | 1.48 | 0.81 |
| | 2002 | 2907153 | 1947297 | 959856 | 2.32 | 3.40 | 1.41 | 0.74 |
| | 2003 | 2955160 | 2001267 | 953893 | 2.34 | 3.42 | 1.41 | 0.76 |
| | 2004 | 3045847 | 2089410 | 956437 | 2.40 | 3.48 | 1.42 | 0.76 |
| | 2005 | 3134930 | 2167052 | 967878 | 2.45 | 3.59 | 1.43 | 0.78 |
| | 2006 | 3270710 | 2257503 | 1013207 | 2.53 | 3.69 | 1.49 | 0.80 |
| 北京 | Beijing | 78588 | 76552 | 2036 | 6.55 | 6.78 | 2.88 | 1.29 |
| 天津 | Tianjin | 38893 | 35997 | 2896 | 4.08 | 4.61 | 1.69 | 0.59 |
| 河北 | Hebei | 163986 | 95272 | 68714 | 2.36 | 3.75 | 1.56 | 0.78 |
| 山西 | Shanxi | 106450 | 63723 | 42727 | 3.19 | 4.84 | 2.11 | 0.97 |
| 内蒙古 | Inner Mongolia | 64816 | 39833 | 24983 | 2.72 | 4.72 | 1.62 | 0.92 |
| 辽宁 | Liaoning | 164943 | 141211 | 23732 | 3.92 | 4.74 | 1.93 | 1.02 |
| 吉林 | Jilin | 85482 | 68356 | 17126 | 3.19 | 3.75 | 1.99 | 0.84 |
| 黑龙江 | Heilongjiang | 115937 | 90024 | 25913 | 3.06 | 3.96 | 1.70 | 0.66 |
| 上海 | Shanghai | 75679 | 72079 | 3600 | 5.53 | 5.55 | 5.14 | 2.38 |
| 江苏 | Jiangsu | 195790 | 160847 | 34943 | 2.68 | 3.26 | 1.46 | 1.29 |
| 浙江 | Zhejiang | 138302 | 107981 | 30321 | 2.99 | 3.47 | 2.00 | 0.60 |
| 安徽 | Anhui | 126580 | 70842 | 55738 | 1.92 | 3.28 | 1.26 | 0.74 |
| 福建 | Fujian | 77665 | 52431 | 25234 | 2.28 | 3.02 | 1.51 | 0.78 |
| 江西 | Jiangxi | 81585 | 43340 | 38245 | 1.83 | 2.89 | 1.29 | 0.61 |
| 山东 | Shandong | 242365 | 180244 | 62121 | 2.61 | 3.41 | 1.55 | 0.90 |
| 河南 | Henan | 212287 | 127372 | 84915 | 2.09 | 3.69 | 1.26 | 0.67 |
| 湖北 | Hubei | 131752 | 102865 | 28887 | 2.18 | 2.64 | 1.35 | 0.86 |
| 湖南 | Hunan | 149732 | 85449 | 64283 | 2.20 | 3.69 | 1.43 | 0.75 |
| 广东 | Guangdong | 204091 | 174647 | 29444 | 2.54 | 3.21 | 1.13 | 0.96 |
| 广西 | Guangxi | 90183 | 51796 | 38387 | 1.81 | 2.96 | 1.19 | 0.55 |
| 海南 | Hainan | 18630 | 13359 | 5271 | 2.24 | 2.60 | 1.65 | 0.93 |
| 重庆 | Chongqing | 64700 | 42964 | 21736 | 2.02 | 2.84 | 1.29 | 0.74 |
| 四川 | Sichuan | 190384 | 109281 | 81103 | 2.18 | 3.36 | 1.48 | 0.89 |
| 贵州 | Guizhou | 62585 | 34833 | 27752 | 1.60 | 3.50 | 0.95 | 0.47 |
| 云南 | Yunnan | 102144 | 47610 | 54534 | 2.37 | 4.77 | 1.64 | 0.69 |
| 西藏 | Tibet | 7091 | 1559 | 5532 | 2.64 | 5.63 | 2.30 | 1.14 |
| 陕西 | Shaanxi | 104835 | 60295 | 44540 | 2.80 | 4.62 | 1.83 | 0.76 |
| 甘肃 | Gansu | 62451 | 35169 | 27282 | 2.39 | 4.18 | 1.54 | 0.68 |
| 青海 | Qinghai | 15209 | 7510 | 7699 | 2.98 | 7.47 | 1.88 | 0.59 |
| 宁夏 | Ningxia | 17485 | 13925 | 3560 | 2.91 | 4.71 | 1.17 | 0.46 |
| 新疆 | Xinjiang | 80090 | 50137 | 29953 | 4.01 | 6.39 | 2.47 | 1.28 |

补充资料：2002年每千人口医疗机构床位数2.49张，2003年2.49张，2004年2.56张，2005年2.62张，2006年2.70张。

a) Number of beds in medical institutions per 1000 population is 2.49 unit in 2002, 2.49 unit in 2003, 2.56 unit in 2004, 2.62 unit in 2005 and 2.70 unit in 2006.

# 7-8 卫生人员数

## Number of Employed Persons in Health Institutions

单位：人 (person)

| 年 份 Year | 卫生人员 Number of Employed Persons | 卫生技术人员 Medical & Technical Personnel | 医 生 Doctors and Assistant Doctors | #医师 Doctors | 护 师（士） Senior and Junior Nurses | 药剂人员 Pharmacists | 检验人员 Laboratory Technicians | 其他技术人员 Other Technical Personnel | 管理人员 Managerial Personnel | 工勤人员 Logistic Personnel |
|---|---|---|---|---|---|---|---|---|---|---|
| 1949 | 541240 | 505040 | 363400 | 314000 | 32800 | 3357 | | | 11877 | 24323 |
| 1950 | 611240 | 555040 | 380800 | 327400 | 37800 | 8080 | | | 21877 | 34323 |
| 1955 | 1052787 | 874063 | 500398 | 402409 | 107344 | 60974 | 15394 | | 86465 | 92259 |
| 1960 | 1769205 | 1504894 | 596109 | 427498 | 170143 | 119293 | | | 132034 | 132277 |
| 1965 | 1872300 | 1531600 | 762804 | 510091 | 234546 | 117314 | | 10996 | 168845 | 160899 |
| 1970 | 1792515 | 1453247 | 702304 | 446251 | 295147 | | | 10813 | 156862 | 171593 |
| 1975 | 2593517 | 2057068 | 877716 | 521617 | 379545 | 219904 | 77506 | 14122 | 251420 | 270907 |
| 1978 | 3105572 | 2463931 | 1033018 | 609608 | 406649 | 266570 | 98806 | 22950 | 298104 | 320587 |
| 1980 | 3534707 | 2798241 | 1153234 | 709473 | 465798 | 308438 | 114290 | 27834 | 310805 | 397827 |
| 1981 | 3796121 | 3011038 | 1243787 | 620291 | 525311 | 323786 | 123652 | 29622 | 318721 | 436740 |
| 1982 | 3957804 | 3142943 | 1307205 | 668010 | 563912 | 342451 | 130625 | 32207 | 326883 | 455771 |
| 1983 | 4090030 | 3252836 | 1352651 | 704060 | 595569 | 351002 | 136630 | 37830 | 326927 | 472437 |
| 1984 | 4213646 | 3343998 | 1381456 | 716365 | 616080 | 358969 | 140728 | 42539 | 341271 | 485838 |
| 1985 | 4313011 | 3410910 | 1413281 | 724238 | 636974 | 365145 | 145217 | 46052 | 358812 | 497237 |
| 1986 | 4445919 | 3506517 | 1444150 | 745592 | 680583 | 372760 | 150132 | 50957 | 370056 | 518389 |
| 1987 | 4564122 | 3608618 | 1481754 | 777333 | 717596 | 382121 | 156878 | 57255 | 371167 | 527082 |
| 1988 | 4677512 | 3723756 | 1618174 | 1095926 | 829261 | 394287 | 161615 | 65063 | 368227 | 520466 |
| 1989 | 4786959 | 3809097 | 1718018 | 1257668 | 921687 | 401098 | 166383 | 73530 | 384890 | 519442 |
| 1990 | 4906201 | 3897921 | 1763086 | 1302997 | 974541 | 405978 | 170371 | 85504 | 396694 | 526082 |
| 1991 | 5025134 | 3984974 | 1779545 | 1310933 | 1011943 | 409325 | 176832 | 91265 | 408819 | 540076 |
| 1992 | 5140246 | 4073986 | 1808194 | 1327875 | 1039674 | 413598 | 180754 | 99177 | 417670 | 549413 |
| 1993 | 5215416 | 4117067 | 1831665 | 1372471 | 1056096 | 413025 | 183657 | 113138 | 432903 | 552311 |
| 1994 | 5307009 | 4199217 | 1882180 | 1425375 | 1093544 | 417166 | 186415 | 116921 | 438084 | 552787 |
| 1995 | 5373378 | 4256923 | 1917772 | 1454926 | 1125661 | 418520 | 189488 | 120782 | 450013 | 545660 |
| 1996 | 5419002 | 4311845 | 1941235 | 1475232 | 1162609 | 424952 | 192873 | 125480 | 444571 | 537106 |
| 1997 | 5516176 | 4397805 | 1984867 | 1505342 | 1198228 | 428295 | 198016 | 133369 | 448047 | 536955 |
| 1998 | 5535682 | 4423721 | 1999521 | 1513975 | 1218836 | 423644 | 200846 | 145060 | 435507 | 531394 |
| 1999 | 5570048 | 4458669 | 2044672 | 1561584 | 1244844 | 418574 | 201272 | 150041 | 434997 | 526341 |
| 2000 | 5591026 | 4490803 | 2075843 | 1603266 | 1266838 | 414408 | 200900 | 157533 | 426789 | 515901 |
| 2001 | 5583932 | 4507700 | 2099658 | 1637337 | 1286938 | 404087 | 203378 | 157961 | 412757 | 505514 |
| 2002 | 5238079 | 4269779 | 1843995 | 1463573 | 1246545 | 357659 | 209144 | 179962 | 332628 | 455710 |
| 2003 | 5274786 | 4306471 | 1867957 | 1486029 | 1265959 | 357378 | 209616 | 199331 | 318692 | 450292 |
| 2004 | 5356589 | 4392908 | 1906382 | 1522378 | 1308433 | 355451 | 211553 | 209422 | 315595 | 438664 |
| 2005 | 5426851 | 4460187 | 1938272 | 1555658 | 1349589 | 349533 | 211495 | 225697 | 312826 | 428141 |
| 2006 | 5619515 | 4624140 | 1994854 | 1610781 | 1426339 | 353565 | 218771 | 235466 | 323705 | 436204 |

注：从2002年起，卫生人员数不包括高中等医学院校本部、药检机构、国境卫生检疫所和非卫生部门举办的计划生育指导站（中心）人员数；医生系执业（助理）医师数，医师系执业医师数，护师（士）系注册护士数。

a) Number of employed persons in health institutions since 2002 excludes those working in medical universities and colleges, drug test institutions, frontier health and quarantine centers and family planning guidance stations of non-health departments. Doctors since 2002 refer to the certified (assistant) doctors, and nurses refer to registered nurses.

# 7-9 卫生人员性别、年龄、学历、职称构成（2005年）

# Composition of Medical Personnel by Sex, Age, Educational Level and Title (2005)

单位：% (%)

| 项目 | Item | 卫生技术人员 Medical & Technical Personnel | 执业(助理)医师 Doctors and Assistant Doctors | #执业医师 Doctors | 注册护士 Registered Nurses | 药剂人员 Pharmacists | 检验人员 Laboratory Technicians | 其他 Others | 其他技术人员 Other Technical Personnel | 管理人员 Managerial Personnel |
|---|---|---|---|---|---|---|---|---|---|---|
| **总计** | **Total** | **100.0** | **100.0** | **100.0** | **100.0** | **100.0** | **100.0** | **100.0** | **100.0** | **100.0** |
| 按性别分 | By Sex | | | | | | | | | |
| 男 | Male | 35.7 | 57.1 | 58.0 | 1.7 | 39.6 | 37.5 | 46.3 | 44.7 | 49.1 |
| 女 | Female | 64.3 | 42.9 | 42.0 | 98.3 | 60.4 | 62.5 | 53.7 | 55.3 | 50.9 |
| 按年龄分 | by Age Group | | | | | | | | | |
| 25岁以下 | 25 and Below | 7.0 | 2.6 | 1.7 | 10.1 | 4.9 | 6.7 | 14.6 | 6.8 | 3.2 |
| 25-34 | 25-34 | 37.9 | 36.6 | 31.3 | 40.3 | 29.7 | 37.6 | 40.9 | 31.3 | 23.0 |
| 35-44 | 35-44 | 31.3 | 32.9 | 35.3 | 31.6 | 31.9 | 31.0 | 25.3 | 33.4 | 35.2 |
| 45-54 | 45-54 | 19.7 | 20.8 | 23.4 | 17.3 | 28.6 | 21.8 | 16.0 | 24.1 | 31.6 |
| 55-59 | 55-59 | 3.1 | 5.0 | 5.7 | 0.6 | 4.0 | 2.3 | 2.5 | 3.8 | 5.8 |
| 60岁及以上 | 60 and Over | 1.1 | 2.1 | 2.5 | 0.1 | 0.8 | 0.6 | 0.7 | 0.7 | 1.1 |
| 按工作年限分 | by Work Experience | | | | | | | | | |
| 5年以下 | 5 Years and Below | 14.4 | 12.0 | 10.3 | 14.1 | 8.3 | 12.8 | 26.8 | 13.7 | 6.9 |
| 5-9年 | 5-9 Years | 19.1 | 19.3 | 16.0 | 19.4 | 15.6 | 18.9 | 19.6 | 15.0 | 10.5 |
| 10-19年 | 10-19 Years | 32.5 | 32.5 | 33.3 | 35.9 | 29.5 | 32.0 | 26.4 | 31.1 | 29.3 |
| 20-29年 | 20-29 Years | 22.0 | 20.6 | 22.5 | 22.7 | 31.4 | 23.8 | 18.4 | 27.7 | 32.7 |
| 30年及以上 | 30 Years and Over | 12.0 | 15.5 | 18.0 | 7.7 | 15.2 | 12.6 | 8.7 | 12.5 | 20.6 |
| 按学历分 | by Education Attainments | | | | | | | | | |
| 博士 | Doctor's Degree | 0.3 | 0.8 | 0.9 | 0.0 | 0.0 | 0.1 | 0.1 | 0.3 | 0.1 |
| 硕士 | Master's Degree | 1.3 | 2.8 | 3.3 | 0.0 | 0.2 | 0.8 | 0.5 | 0.9 | 0.8 |
| 大学本科 | Undergraduates | 15.5 | 29.1 | 34.3 | 2.7 | 6.6 | 10.3 | 10.2 | 10.0 | 15.3 |
| 大专 | Junior College | 29.2 | 32.2 | 32.1 | 28.9 | 22.4 | 31.1 | 23.9 | 26.5 | 35.3 |
| 中专 | Specialized Secondary Schools | 43.3 | 29.4 | 24.3 | 60.4 | 44.3 | 46.4 | 45.2 | 26.8 | 24.9 |
| 高中 | Senior Secondary Schools | 6.3 | 3.3 | 2.8 | 5.0 | 16.1 | 8.0 | 12.6 | 21.6 | 15.9 |
| 初中及以下 | Junior Secondary Schools and Below | 4.0 | 2.6 | 2.2 | 2.9 | 10.4 | 3.4 | 7.4 | 13.9 | 7.7 |
| 按专业技术资格分 | by Professional Technical Level | | | | | | | | | |
| 正高 | Senior Title | 1.5 | 2.8 | 3.4 | 0.4 | 0.8 | 0.9 | 1.0 | 3.1 | 2.4 |
| 副高 | Associate Senior Title | 5.8 | 11.7 | 14.3 | 1.1 | 2.3 | 3.4 | 1.5 | 2.3 | 5.8 |
| 中级 | Middle Title | 27.0 | 32.4 | 38.8 | 27.6 | 21.5 | 27.9 | 11.2 | 12.1 | 20.3 |
| 助理/师级 | Assistant | 37.7 | 40.0 | 38.4 | 40.0 | 41.1 | 38.2 | 23.2 | 21.0 | 21.5 |
| 员/士 | | 21.4 | 11.2 | 3.4 | 28.7 | 26.9 | 21.5 | 32.8 | 22.1 | 15.7 |
| 其他 | Others | 6.6 | 2.0 | 1.7 | 2.2 | 7.5 | 8.2 | 30.4 | 39.5 | 34.3 |
| 按聘任技术职务分 | by Appointed Technical Title | | | | | | | | | |
| 正高 | Senior Title | 1.1 | 2.4 | 2.9 | 0.0 | 0.3 | 0.3 | 0.2 | 0.4 | 1.3 |
| 副高 | Associate Senior Title | 5.5 | 11.3 | 13.8 | 0.9 | 2.1 | 3.1 | 1.4 | 2.2 | 6.5 |
| 中级 | Middle Title | 26.1 | 31.8 | 38.2 | 26.2 | 20.7 | 26.7 | 10.9 | 12.2 | 22.2 |
| 助理/师级 | Assistant | 38.3 | 40.3 | 39.1 | 40.9 | 41.4 | 39.7 | 23.3 | 24.9 | 24.8 |
| 员/士 | | 21.6 | 11.5 | 3.7 | 29.0 | 27.3 | 22.2 | 32.2 | 22.9 | 16.6 |
| 其他 | Others | 7.4 | 2.7 | 2.3 | 3.0 | 8.2 | 8.0 | 32.0 | 37.4 | 28.7 |

注：本表不包括诊所、卫生所、医务室、村卫生室数字。

a) Data in this table exclude clinics, health institutions, infirmaries and village clinics.

# 7-10 各地区卫生人员数（2006年）

## Number of Employed Persons in Health Institutions by Province (2006)

单位：人 (person)

| 地区 | Province | 合计 Total | 卫生技术人员 Medical & Technical Personnel | 执业(助理)医师 Doctors and Assistant Doctors | #执业医师 Doctors | 注册护士 Registered Nurses | 其他 Others | 其他技术人员 Other Technical Personnel | 管理人员 Managerial Personnel | 工勤人员 Logistic Personnel |
|---|---|---|---|---|---|---|---|---|---|---|
| **总计** | **Total** | **5619515** | **4624140** | **1994854** | **1610781** | **1426339** | **1202947** | **235466** | **323705** | **436204** |
| 北京 | Beijing | 166276 | 126903 | 52795 | 49265 | 45647 | 28461 | 9586 | 13058 | 16729 |
| 天津 | Tianjin | 78631 | 62057 | 25266 | 22586 | 20010 | 16781 | 1853 | 7837 | 6884 |
| 河北 | Hebei | 279663 | 234133 | 106086 | 81315 | 57952 | 70095 | 12199 | 13818 | 19513 |
| 山西 | Shanxi | 178994 | 149371 | 68145 | 57305 | 44694 | 36532 | 9213 | 8489 | 11921 |
| 内蒙古 | Inner Mongolia | 120575 | 102336 | 50409 | 42116 | 27601 | 24326 | 4331 | 6328 | 7580 |
| 辽宁 | Liaoning | 273374 | 216457 | 94321 | 81368 | 76796 | 45340 | 10810 | 16859 | 29248 |
| 吉林 | Jilin | 161438 | 128471 | 59060 | 50039 | 40267 | 29144 | 6829 | 11444 | 14694 |
| 黑龙江 | Heilongjiang | 191945 | 151916 | 64895 | 53314 | 45542 | 41479 | 5400 | 13310 | 21319 |
| 上海 | Shanghai | 138002 | 109009 | 45511 | 41888 | 42216 | 21282 | 6397 | 8191 | 14405 |
| 江苏 | Jiangsu | 334508 | 275368 | 114590 | 98722 | 85955 | 74823 | 10461 | 23014 | 25665 |
| 浙江 | Zhejiang | 255057 | 214622 | 94524 | 75169 | 66615 | 53483 | 10555 | 12781 | 17099 |
| 安徽 | Anhui | 204498 | 169181 | 69421 | 52884 | 50392 | 49368 | 8995 | 11353 | 14969 |
| 福建 | Fujian | 124909 | 106586 | 46051 | 38675 | 35910 | 24625 | 3535 | 4523 | 10265 |
| 江西 | Jiangxi | 142682 | 119761 | 51436 | 41410 | 37870 | 30455 | 6365 | 6779 | 9777 |
| 山东 | Shandong | 395897 | 336669 | 146391 | 119479 | 103843 | 86435 | 18629 | 17367 | 23232 |
| 河南 | Henan | 374924 | 300712 | 115481 | 87123 | 82850 | 102381 | 20054 | 23229 | 30929 |
| 湖北 | Hubei | 265298 | 217950 | 90149 | 73303 | 70608 | 57193 | 13037 | 15587 | 18724 |
| 湖南 | Hunan | 248018 | 204011 | 87853 | 64397 | 58187 | 57971 | 13457 | 14298 | 16252 |
| 广东 | Guangdong | 408972 | 332829 | 130551 | 103652 | 114445 | 87833 | 18947 | 23213 | 33983 |
| 广西 | Guangxi | 162725 | 133924 | 56661 | 45118 | 46756 | 30507 | 5176 | 9419 | 14206 |
| 海南 | Hainan | 38199 | 30787 | 12195 | 9373 | 11508 | 7084 | 882 | 2894 | 3636 |
| 重庆 | Chongqing | 96742 | 79805 | 37511 | 27250 | 21269 | 21025 | 2871 | 6343 | 7723 |
| 四川 | Sichuan | 285785 | 240444 | 114694 | 87945 | 63730 | 62020 | 10103 | 15903 | 19335 |
| 贵州 | Guizhou | 95654 | 82324 | 41147 | 32056 | 23641 | 17536 | 3136 | 4867 | 5327 |
| 云南 | Yunnan | 145621 | 121424 | 56476 | 45862 | 39837 | 25111 | 5393 | 6879 | 11925 |
| 西藏 | Tibet | 10746 | 8895 | 4310 | 3085 | 2000 | 2585 | 311 | 542 | 998 |
| 陕西 | Shaanxi | 168190 | 139065 | 60566 | 47336 | 40703 | 37796 | 5410 | 13312 | 10403 |
| 甘肃 | Gansu | 99431 | 85581 | 36018 | 28018 | 22985 | 26578 | 3939 | 3941 | 5970 |
| 青海 | Qinghai | 23509 | 20119 | 8575 | 6975 | 6739 | 4805 | 927 | 853 | 1610 |
| 宁夏 | Ningxia | 27852 | 23591 | 10991 | 9765 | 7652 | 4948 | 1497 | 1016 | 1748 |
| 新疆 | Xinjiang | 121400 | 99839 | 42775 | 33988 | 32119 | 24945 | 5168 | 6258 | 10135 |

# 7-11 各地区每千人口卫生技术人员数（2006年）

# Number of Medical and Technical Personnel per 1000 Population by Province (2006)

单位：人 (person)

| 地区 | Province | 合计 Total | | | 市 City | | | 县 County | | |
|---|---|---|---|---|---|---|---|---|---|---|
| | | 卫生技术人员 Medical & Technical Personnel | #执业(助理)医师 Doctors and Assistant Doctors | #注册护士 Registered Nurses | 卫生技术人员 Medical & Technical Personnel | #执业(助理)医师 Doctors and Assistant Doctors | #注册护士 Registered Nurses | 卫生技术人员 Medical & Technical Personnel | #执业(助理)医师 Doctors and Assistant Doctors | #注册护士 Registered Nurses |
| **总计** | **Total** | **3.58** | **1.54** | **1.10** | **5.14** | **2.20** | **1.74** | **2.17** | **0.96** | **0.53** |
| 北京 | Beijing | 10.58 | 4.40 | 3.80 | 10.88 | 4.51 | 3.94 | 5.71 | 2.69 | 1.65 |
| 天津 | Tianjin | 6.52 | 2.65 | 2.10 | 7.06 | 2.82 | 2.40 | 4.06 | 1.88 | 0.75 |
| 河北 | Hebei | 3.37 | 1.53 | 0.84 | 5.34 | 2.44 | 1.59 | 2.24 | 1.00 | 0.40 |
| 山西 | Shanxi | 4.47 | 2.04 | 1.34 | 6.92 | 3.07 | 2.38 | 2.88 | 1.37 | 0.66 |
| 内蒙古 | Inner Mongolia | 4.30 | 2.12 | 1.16 | 7.13 | 3.39 | 2.30 | 2.74 | 1.42 | 0.53 |
| 辽宁 | Liaoning | 5.14 | 2.24 | 1.82 | 6.17 | 2.66 | 2.31 | 2.64 | 1.23 | 0.65 |
| 吉林 | Jilin | 4.79 | 2.20 | 1.50 | 5.44 | 2.48 | 1.79 | 3.44 | 1.61 | 0.89 |
| 黑龙江 | Heilongjiang | 4.01 | 1.71 | 1.20 | 4.85 | 2.04 | 1.58 | 2.75 | 1.22 | 0.64 |
| 上海 | Shanghai | 7.97 | 3.33 | 3.09 | 8.17 | 3.40 | 3.17 | 4.26 | 1.98 | 1.50 |
| 江苏 | Jiangsu | 3.76 | 1.57 | 1.17 | 4.62 | 1.92 | 1.47 | 2.00 | 0.84 | 0.56 |
| 浙江 | Zhejiang | 4.64 | 2.04 | 1.44 | 5.35 | 2.35 | 1.72 | 3.17 | 1.42 | 0.86 |
| 安徽 | Anhui | 2.57 | 1.05 | 0.76 | 4.31 | 1.79 | 1.52 | 1.71 | 0.69 | 0.40 |
| 福建 | Fujian | 3.13 | 1.35 | 1.05 | 3.89 | 1.66 | 1.42 | 2.33 | 1.03 | 0.67 |
| 江西 | Jiangxi | 2.69 | 1.15 | 0.85 | 4.07 | 1.70 | 1.46 | 1.99 | 0.88 | 0.54 |
| 山东 | Shandong | 3.63 | 1.58 | 1.12 | 4.60 | 2.01 | 1.51 | 2.35 | 1.01 | 0.60 |
| 河南 | Henan | 2.95 | 1.13 | 0.81 | 4.82 | 1.93 | 1.57 | 1.99 | 0.73 | 0.43 |
| 湖北 | Hubei | 3.61 | 1.49 | 1.17 | 4.16 | 1.70 | 1.44 | 2.60 | 1.11 | 0.68 |
| 湖南 | Hunan | 3.00 | 1.29 | 0.86 | 4.66 | 1.99 | 1.53 | 2.15 | 0.93 | 0.51 |
| 广东 | Guangdong | 4.14 | 1.62 | 1.42 | 5.17 | 2.03 | 1.84 | 1.98 | 0.77 | 0.55 |
| 广西 | Guangxi | 2.69 | 1.14 | 0.94 | 4.29 | 1.74 | 1.58 | 1.82 | 0.81 | 0.59 |
| 海南 | Hainan | 3.69 | 1.46 | 1.38 | 4.29 | 1.68 | 1.66 | 2.74 | 1.12 | 0.93 |
| 重庆 | Chongqing | 2.49 | 1.17 | 0.66 | 3.39 | 1.57 | 1.02 | 1.69 | 0.82 | 0.35 |
| 四川 | Sichuan | 2.76 | 1.31 | 0.73 | 4.11 | 1.90 | 1.24 | 1.95 | 0.96 | 0.43 |
| 贵州 | Guizhou | 2.10 | 1.05 | 0.60 | 4.56 | 2.25 | 1.53 | 1.26 | 0.64 | 0.29 |
| 云南 | Yunnan | 2.81 | 1.31 | 0.92 | 6.04 | 2.74 | 2.17 | 1.84 | 0.88 | 0.55 |
| 西藏 | Tibet | 3.31 | 1.60 | 0.74 | 10.65 | 4.70 | 3.43 | 2.47 | 1.25 | 0.44 |
| 陕西 | Shaanxi | 3.72 | 1.62 | 1.09 | 6.12 | 2.62 | 2.08 | 2.44 | 1.09 | 0.56 |
| 甘肃 | Gansu | 3.27 | 1.38 | 0.88 | 5.37 | 2.31 | 1.77 | 2.28 | 0.94 | 0.45 |
| 青海 | Qinghai | 3.94 | 1.68 | 1.32 | 9.84 | 3.70 | 3.92 | 2.49 | 1.18 | 0.68 |
| 宁夏 | Ningxia | 3.93 | 1.83 | 1.27 | 6.04 | 2.67 | 2.11 | 1.88 | 1.02 | 0.46 |
| 新疆 | Xinjiang | 5.00 | 2.14 | 1.61 | 8.13 | 3.53 | 2.77 | 2.97 | 1.24 | 0.86 |

# 7-12 各地区乡镇卫生院人员数（2006年）

# Number of Personnel in Township Health Centers by Province (2006)

单位:人 (person)

| 地区 | Province | 合计 Total | 卫生技术人员 Medical & Technical Personnel | 执业(助理)医师 Doctors and Assistant Doctors | #执业医师 Doctors | 注册护士 Registered Nurses | 药剂人员 Pharmacists | 检验人员 Laboratory Technicians | 其他 Others |
|---|---|---|---|---|---|---|---|---|---|
| **总计** | **Total** | **1000112** | **859945** | **237479** | **155772** | **165729** | **81382** | **36244** | **183339** |
| 北京 | Beijing | 6444 | 5154 | 1928 | 730 | 846 | 514 | 263 | 873 |
| 天津 | Tianjin | 5000 | 4253 | 1744 | 676 | 581 | 401 | 197 | 654 |
| 河北 | Hebei | 43137 | 37780 | 9732 | 8099 | 3198 | 3534 | 2137 | 11080 |
| 山西 | Shanxi | 28433 | 24669 | 8450 | 3873 | 3825 | 1956 | 930 | 5635 |
| 内蒙古 | Inner Mongolia | 18901 | 17077 | 5911 | 3423 | 2075 | 1410 | 590 | 3668 |
| 辽宁 | Liaoning | 23839 | 18780 | 6026 | 3017 | 4249 | 1693 | 850 | 2945 |
| 吉林 | Jilin | 24367 | 19402 | 5845 | 3003 | 4515 | 1558 | 772 | 3709 |
| 黑龙江 | Heilongjiang | 21572 | 17757 | 4802 | 2974 | 3086 | 1520 | 608 | 4767 |
| 上海 | Shanghai | 3078 | 2489 | 964 | 348 | 632 | 239 | 137 | 169 |
| 江苏 | Jiangsu | 73862 | 62505 | 19881 | 7223 | 15038 | 6762 | 3304 | 10297 |
| 浙江 | Zhejiang | 41077 | 36153 | 10543 | 7451 | 5743 | 4233 | 1585 | 6598 |
| 安徽 | Anhui | 51777 | 44448 | 10077 | 8210 | 7253 | 3489 | 2354 | 13065 |
| 福建 | Fujian | 21728 | 18648 | 6452 | 2883 | 4871 | 2152 | 762 | 1528 |
| 江西 | Jiangxi | 31415 | 27121 | 8952 | 3007 | 6645 | 3443 | 1409 | 3665 |
| 山东 | Shandong | 79769 | 71193 | 19799 | 11366 | 15061 | 8140 | 3508 | 13319 |
| 河南 | Henan | 83487 | 69203 | 13527 | 11580 | 10780 | 6070 | 3604 | 23642 |
| 湖北 | Hubei | 65796 | 56331 | 16136 | 8816 | 13799 | 5646 | 2445 | 9489 |
| 湖南 | Hunan | 62757 | 55756 | 13497 | 12753 | 8102 | 7587 | 2062 | 11755 |
| 广东 | Guangdong | 68104 | 56149 | 11626 | 10836 | 14238 | 6310 | 2015 | 11124 |
| 广西 | Guangxi | 34043 | 29169 | 8165 | 5329 | 8021 | 2342 | 1103 | 4209 |
| 海南 | Hainan | 7711 | 6013 | 1197 | 813 | 1863 | 520 | 284 | 1336 |
| 重庆 | Chongqing | 25427 | 21813 | 6231 | 5251 | 3523 | 1616 | 574 | 4618 |
| 四川 | Sichuan | 68817 | 61385 | 18345 | 13962 | 9099 | 4652 | 1747 | 13580 |
| 贵州 | Guizhou | 18867 | 17193 | 4877 | 4635 | 2535 | 639 | 482 | 4025 |
| 云南 | Yunnan | 23730 | 20638 | 6507 | 4369 | 5166 | 718 | 559 | 3319 |
| 西藏 | Tibet | 1906 | 1843 | 434 | 248 | 162 | 7 | 8 | 984 |
| 陕西 | Shaanxi | 26723 | 23509 | 6596 | 4743 | 3623 | 2106 | 813 | 5628 |
| 甘肃 | Gansu | 15502 | 14131 | 4176 | 2653 | 2487 | 997 | 462 | 3356 |
| 青海 | Qinghai | 2590 | 2495 | 712 | 525 | 532 | 165 | 69 | 492 |
| 宁夏 | Ningxia | 3243 | 2925 | 1263 | 449 | 503 | 286 | 88 | 336 |
| 新疆 | Xinjiang | 17010 | 13963 | 3084 | 2527 | 3678 | 677 | 523 | 3474 |

7-12 续表 continued

单位:人 (person)

| 地 区 | Province | 其他技术人员 Other Technical Personnel | 管理人员 Managerial Personnel | 工勤人员 Logestic Personnel | 每千农业人口乡镇卫生院人员数 Number of Personnel in Township Health Centers per 1000 Rural Population |
|---|---|---|---|---|---|
| **总 计** | **Total** | **40513** | **46557** | **53097** | **1.15** |
| 北 京 | Beijing | 246 | 428 | 616 | 2.20 |
| 天 津 | Tianjin | 21 | 400 | 326 | 1.32 |
| 河 北 | Hebei | 2388 | 1749 | 1220 | 0.89 |
| 山 西 | Shanxi | 2180 | 817 | 767 | 1.24 |
| 内蒙古 | Inner Mongolia | 546 | 663 | 615 | 1.32 |
| 辽 宁 | Liaoning | 998 | 1367 | 2694 | 1.11 |
| 吉 林 | Jilin | 1194 | 1968 | 1803 | 1.66 |
| 黑龙江 | Heilongjiang | 477 | 1310 | 2028 | 1.10 |
| 上 海 | Shanghai | 140 | 87 | 362 | 1.58 |
| 江 苏 | Jiangsu | 1505 | 5255 | 4597 | 1.82 |
| 浙 江 | Zhejiang | 1389 | 1674 | 1861 | 1.24 |
| 安 徽 | Anhui | 2381 | 2249 | 2699 | 1.00 |
| 福 建 | Fujian | 486 | 702 | 1892 | 0.94 |
| 江 西 | Jiangxi | 1381 | 1009 | 1904 | 0.96 |
| 山 东 | Shandong | 2776 | 2940 | 2860 | 1.32 |
| 河 南 | Henan | 5290 | 4363 | 4631 | 1.04 |
| 湖 北 | Hubei | 2822 | 3368 | 3275 | 1.78 |
| 湖 南 | Hunan | 3006 | 1938 | 2057 | 1.20 |
| 广 东 | Guangdong | 4343 | 3677 | 3935 | 1.75 |
| 广 西 | Guangxi | 852 | 1837 | 2185 | 0.85 |
| 海 南 | Hainan | 135 | 746 | 817 | 1.51 |
| 重 庆 | Chongqing | 654 | 1335 | 1625 | 1.08 |
| 四 川 | Sichuan | 1665 | 2777 | 2990 | 1.03 |
| 贵 州 | Guizhou | 591 | 627 | 456 | 0.57 |
| 云 南 | Yunnan | 878 | 656 | 1558 | 0.66 |
| 西 藏 | Tibet | 30 | 19 | 14 | 0.85 |
| 陕 西 | Shaanxi | 612 | 1624 | 978 | 0.98 |
| 甘 肃 | Gansu | 473 | 256 | 642 | 0.78 |
| 青 海 | Qinghai | 30 | 39 | 26 | 0.72 |
| 宁 夏 | Ningxia | 158 | 61 | 99 | 0.85 |
| 新 疆 | Xinjiang | 866 | 616 | 1565 | 1.50 |

# 7-13 各地区村卫生室人员数（2006年）

# Number of Personnel in Village Clinics by Province (2006)

单位：人 (person)

| 地 区 | Province | 执业(助理)医师 Doctors and Assistant Doctors | 乡村医生和卫生员 Village Doctors and Associates | 乡村医生 Village Doctors | 卫生员 Village Associates | 平均每村乡村医生和卫生员 Number of Village Doctors and Associates per Village | 平均每千农业人口乡村医生和卫生员 Number of Village Doctors and Associates per 1000 Rural Population |
|---|---|---|---|---|---|---|---|
| **总 计** | **Total** | **104210** | **957459** | **906320** | **51139** | **1.53** | **1.10** |
| 北 京 | Beijing | 289 | 4019 | 3811 | 208 | 1.02 | 1.37 |
| 天 津 | Tianjin | 295 | 5178 | 5123 | 55 | 1.35 | 1.36 |
| 河 北 | Hebei | 6815 | 73038 | 71058 | 1980 | 1.49 | 1.51 |
| 山 西 | Shanxi | 2612 | 46318 | 44273 | 2045 | 1.64 | 2.02 |
| 内蒙古 | Inner Mongolia | 1717 | 17731 | 16936 | 795 | 1.58 | 1.24 |
| 辽 宁 | Liaoning | 5249 | 25834 | 25240 | 594 | 2.20 | 1.20 |
| 吉 林 | Jilin | 3022 | 13188 | 12892 | 296 | 1.43 | 0.90 |
| 黑龙江 | Heilongjiang | 3624 | 22482 | 21546 | 936 | 2.48 | 1.15 |
| 上 海 | Shanghai | 2933 | 1919 | 1810 | 109 | 1.03 | 0.99 |
| 江 苏 | Jiangsu | 1710 | 36720 | 35734 | 986 | 2.12 | 0.90 |
| 浙 江 | Zhejiang | 4930 | 15561 | 15306 | 255 | 0.47 | 0.47 |
| 安 徽 | Anhui | 3960 | 46271 | 44433 | 1838 | 2.31 | 0.90 |
| 福 建 | Fujian | 2003 | 29452 | 28561 | 891 | 2.03 | 1.27 |
| 江 西 | Jiangxi | 1679 | 35280 | 34803 | 477 | 2.01 | 1.08 |
| 山 东 | Shandong | 9730 | 101813 | 100704 | 1109 | 1.25 | 1.68 |
| 河 南 | Henan | 10502 | 104788 | 99201 | 5587 | 2.17 | 1.31 |
| 湖 北 | Hubei | 4916 | 41200 | 40128 | 1072 | 1.60 | 1.11 |
| 湖 南 | Hunan | 4722 | 39827 | 35108 | 4719 | 0.90 | 0.76 |
| 广 东 | Guangdong | 4077 | 32753 | 30074 | 2679 | 1.68 | 0.84 |
| 广 西 | Guangxi | 2276 | 35407 | 33729 | 1678 | 2.47 | 0.89 |
| 海 南 | Hainan | 411 | 2471 | 2317 | 154 | 0.97 | 0.48 |
| 重 庆 | Chongqing | 1748 | 21299 | 19666 | 1633 | 2.19 | 0.91 |
| 四 川 | Sichuan | 14698 | 73707 | 67952 | 5755 | 1.47 | 1.11 |
| 贵 州 | Guizhou | 1287 | 26072 | 21465 | 4607 | 1.33 | 0.79 |
| 云 南 | Yunnan | 3226 | 35478 | 31517 | 3961 | 2.75 | 0.99 |
| 西 藏 | Tibet | 262 | 3167 | 1760 | 1407 | 0.55 | 1.41 |
| 陕 西 | Shaanxi | 2927 | 32679 | 31207 | 1472 | 1.19 | 1.20 |
| 甘 肃 | Gansu | 1111 | 17448 | 15975 | 1473 | 1.04 | 0.88 |
| 青 海 | Qinghai | 302 | 4804 | 4537 | 267 | 1.15 | 1.34 |
| 宁 夏 | Ningxia | 293 | 4149 | 3495 | 654 | 1.75 | 1.09 |
| 新 疆 | Xinjiang | 884 | 7406 | 5959 | 1447 | 0.84 | 0.65 |

# 7-14 高、中级卫生技术人员数

## Number of Middle and Senior Level Medical and Technical Personnel

单位：人 (person)

| 项 目 | Item | 1990 | 1995 | 1997 | 1998 | 1999 | 2000 | 2001 | 2002 | 2005 |
|---|---|---|---|---|---|---|---|---|---|---|
| **总 计** | **Total** | **729070** | **974678** | **1008663** | **1046774** | **1104418** | **1139664** | **1188721** | **1182449** | **1283060** |
| 主任医、药、护、技师 | Chief Medical Technical Personnel | 11792 | 28516 | 29777 | 29506 | 30753 | 30938 | 33153 | 37748 | 46412 |
| 主任医师 | Chief Doctors | 10879 | 26393 | 27246 | 27447 | 28727 | 28848 | 31098 | 34790 | 42865 |
| 主任护师 | Chief Senior Nurses | 116 | 223 | 235 | 169 | 207 | 250 | 310 | 889 | 1101 |
| 主任药师 | Chief Pharmacists | 467 | 1155 | 1388 | 1039 | 974 | 1008 | 962 | 833 | 1245 |
| 主任技师 | Chief Technicians | 330 | 745 | 908 | 851 | 845 | 832 | 783 | 1236 | 1201 |
| 副主任医、药、护、技师 | Assistant Chief Medical Technical Personnel | 91778 | 139432 | 156837 | 164055 | 176284 | 182726 | 192827 | 196063 | 217133 |
| 副主任医师 | Assistant Chief Doctors | 82339 | 123206 | 136981 | 143740 | 155012 | 161063 | 169917 | 172061 | 188556 |
| 副主任护师 | Assistant Chief Senior Nurses | 1640 | 4698 | 5926 | 5877 | 6119 | 6449 | 7212 | 8791 | 13138 |
| 副主任药师 | Assistant Chief Pharmacists | 4174 | 5847 | 7147 | 7635 | 8190 | 8205 | 8179 | 6407 | 7136 |
| 副主任技师 | Assistant Chief Technicians | 3625 | 5681 | 6783 | 6803 | 6963 | 7009 | 7519 | 8804 | 8303 |
| 主治(管)医、药、护、技师 | Medical Technical Personnel in Charge | 625500 | 806730 | 822049 | 853213 | 897381 | 926000 | 962741 | 948638 | 1019515 |
| 主治医师 | Doctors in Charge | 459030 | 553777 | 520946 | 526562 | 541440 | 546336 | 556512 | 508743 | 539334 |
| 主管护师 | Senior Nurses in Charge | 91664 | 145396 | 178675 | 197424 | 220583 | 240018 | 260713 | 282649 | 339175 |
| 主管药师 | Pharmacists in Charge | 39689 | 55154 | 60623 | 63182 | 66305 | 68263 | 69559 | 60888 | 65386 |
| 主管技师 | Technicians in Charge | 35117 | 52403 | 61805 | 66045 | 69053 | 71383 | 75957 | 96358 | 75620 |

# 7-15 乡村医生、卫生员和农村接生员数

## Village Doctors, Associates and Midwives

单位：人 (person)

| 年 份<br>Year | 乡村医生和卫生员<br>Village Doctors and Associates | 乡村医生<br>Village Doctors | 卫生员<br>Village Associates | 平均每村乡村医生和卫生员<br>Number of Village Doctors and Associates per Village | 平均每千农业人口乡村医生和卫生员<br>Number of Village Doctors and Associates per 1000 Rural Population | 农村接生员<br>Village Midwives |
|---|---|---|---|---|---|---|
| 1980 | 1463406 | 607879 | 2357370 | 2.10 | 1.79 | 634858 |
| 1985 | 1293094 | 643022 | 650072 | 1.80 | 1.55 | 513977 |
| 1990 | 1231510 | 776859 | 454651 | 1.64 | 1.38 | 470982 |
| 1991 | 1253324 | 794507 | 458817 | 1.69 | 1.39 | 462436 |
| 1992 | 1269061 | 816557 | 452504 | 1.73 | 1.41 | 446072 |
| 1993 | 1325106 | 910664 | 414442 | 1.81 | 1.47 | 414728 |
| 1994 | 1323701 | 933386 | 390351 | 1.81 | 1.47 | 381171 |
| 1995 | 1331017 | 955933 | 375084 | 1.81 | 1.48 | 359052 |
| 1996 | 1316095 | 954630 | 361465 | 1.79 | 1.46 | 333787 |
| 1997 | 1317786 | 972288 | 345498 | 1.80 | 1.45 | 322371 |
| 1998 | 1327633 | 990217 | 337416 | 1.81 | 1.46 | 310110 |
| 1999 | 1324937 | 1009665 | 315272 | 1.82 | 1.45 | 290179 |
| 2000 | 1319357 | 1019845 | 299512 | 1.81 | 1.44 | 255879 |
| 2001 | 1290595 | 1021542 | 269053 | 1.82 | 1.41 | 226934 |
| 2003 | 867778 | 791956 | 75822 | 1.31 | 0.98 | … |
| 2004 | 883075 | 825672 | 57403 | 1.37 | 1.00 | … |
| 2005 | 916532 | 864168 | 52364 | 1.46 | 1.05 | … |
| 2006 | 957459 | 906320 | 51139 | 1.53 | 1.10 | … |

注：1985年以前的乡村医生系赤脚医生。

a) Village doctors before 1985 referred to barefoot doctors.

# 7-16 每千人口卫生技术人员数

# Number of Medical and Technical Personnel per 1000 Population

单位：人 (person)

| 年份 Year | 卫生技术人员 Medical & Technical Personnel | 市 City | 县 County | 医生 Doctors and Assistant Doctors | 市 City | 县 County | #医师 Doctors | 护师、士 Senior and Junior Nurses | 市 City | 县 County |
|---|---|---|---|---|---|---|---|---|---|---|
| 1949 | 0.93 | 1.87 | 0.73 | 0.67 | 0.70 | 0.66 | 0.58 | 0.06 | 0.25 | 0.02 |
| 1955 | 1.42 | 3.49 | 1.01 | 0.81 | 1.24 | 0.74 | 0.70 | 0.14 | 0.64 | 0.04 |
| 1960 | 2.37 | 5.67 | 1.85 | 1.04 | 1.97 | 0.90 | 0.79 | 0.23 | 1.04 | 0.07 |
| 1965 | 2.11 | 5.37 | 1.46 | 1.05 | 2.22 | 0.82 | 0.70 | 0.32 | 1.45 | 0.10 |
| 1970 | 1.76 | 4.88 | 1.22 | 0.85 | 1.97 | 0.66 | 0.43 | 0.29 | 1.10 | 0.14 |
| 1975 | 2.24 | 6.92 | 1.41 | 0.95 | 2.66 | 0.65 | 0.57 | 0.41 | 1.74 | 0.18 |
| 1978 | 2.57 | 7.73 | 1.63 | 1.08 | 2.99 | 0.73 | 0.64 | 0.42 | 1.74 | 0.18 |
| 1980 | 2.85 | 8.03 | 1.81 | 1.17 | 3.22 | 0.76 | 0.72 | 0.47 | 1.83 | 0.20 |
| 1985 | 3.28 | 7.92 | 2.09 | 1.36 | 3.35 | 0.85 | 0.70 | 0.61 | 1.85 | 0.30 |
| 1990 | 3.45 | 6.59 | 2.15 | 1.56 | 2.95 | 0.98 | 1.15 | 0.86 | 1.91 | 0.43 |
| 1995 | 3.59 | 5.36 | 2.32 | 1.62 | 2.39 | 1.07 | 1.23 | 0.95 | 1.59 | 0.49 |
| 1998 | 3.64 | 5.30 | 2.35 | 1.65 | 2.34 | 1.11 | 1.25 | 1.00 | 1.64 | 0.51 |
| 1999 | 3.64 | 5.24 | 2.38 | 1.67 | 2.33 | 1.14 | 1.27 | 1.02 | 1.64 | 0.52 |
| 2000 | 3.63 | 5.17 | 2.41 | 1.68 | 2.31 | 1.17 | 1.30 | 1.02 | 1.64 | 0.54 |
| 2001 | 3.62 | 5.15 | 2.38 | 1.69 | 2.32 | 1.17 | 1.32 | 1.03 | 1.65 | 0.54 |
| 2002 | 3.41 | | | 1.47 | | | 1.17 | 1.00 | | |
| 2003 | 3.42 | 4.84 | 2.19 | 1.48 | 2.08 | 0.97 | 1.18 | 1.00 | 1.59 | 0.50 |
| 2004 | 3.46 | 4.93 | 2.16 | 1.50 | 2.12 | 0.95 | 1.20 | 1.03 | 1.63 | 0.50 |
| 2005 | 3.49 | 4.99 | 2.15 | 1.52 | 2.14 | 0.96 | 1.22 | 1.06 | 1.66 | 0.51 |
| 2006 | 3.58 | 5.14 | 2.17 | 1.54 | 2.20 | 0.96 | 1.25 | 1.10 | 1.74 | 0.53 |

# 7-17 卫生总费用

# Total Expenditure for Public Health

| 年 份 Year | 卫生总费用（亿元） Total Expenditure for Public Health (100 million yuan) | | | | 卫生总费用构成（%） Composition (%) | | |
|---|---|---|---|---|---|---|---|
| | 合 计 Total | 政府预算卫生支出 Government Health Appropriation | 社会卫生支 出 Social Health Expenditure | 个人现金卫生支出 Individual Cash Expenditure | 政府预算卫生支出 Government Health Appropriation | 社会卫生支 出 Social Health Expenditure | 个人现金卫生支出 Individual Cash Expenditure |
| 1978 | 110.2 | 35.4 | 52.3 | 22.5 | 32.2 | 47.4 | 20.4 |
| 1979 | 126.2 | 40.6 | 59.9 | 25.7 | 32.2 | 47.5 | 20.3 |
| 1980 | 143.2 | 51.9 | 61.0 | 30.4 | 36.2 | 42.6 | 21.2 |
| 1981 | 160.1 | 59.7 | 62.4 | 38.0 | 37.3 | 39.0 | 23.7 |
| 1982 | 177.5 | 69.0 | 70.1 | 38.4 | 38.9 | 39.5 | 21.6 |
| 1983 | 207.4 | 77.6 | 64.6 | 65.2 | 37.4 | 31.1 | 31.5 |
| 1984 | 242.1 | 89.5 | 73.6 | 79.0 | 37.0 | 30.4 | 32.6 |
| 1985 | 279.0 | 107.7 | 92.0 | 79.4 | 38.6 | 33.0 | 28.5 |
| 1986 | 315.9 | 122.2 | 110.4 | 83.3 | 38.7 | 34.9 | 26.4 |
| 1987 | 379.6 | 127.3 | 137.3 | 115.1 | 33.5 | 36.2 | 30.3 |
| 1988 | 488.0 | 145.4 | 190.0 | 152.7 | 29.8 | 38.9 | 31.3 |
| 1989 | 615.5 | 167.8 | 237.8 | 209.8 | 27.3 | 38.6 | 34.1 |
| 1990 | 747.4 | 187.3 | 293.1 | 267.0 | 25.1 | 39.2 | 35.7 |
| 1991 | 893.5 | 204.1 | 354.4 | 335.0 | 22.8 | 39.7 | 37.5 |
| 1992 | 1096.9 | 228.6 | 431.6 | 436.7 | 20.8 | 39.3 | 39.8 |
| 1993 | 1377.8 | 272.1 | 524.8 | 581.0 | 19.7 | 38.1 | 42.2 |
| 1994 | 1761.2 | 342.3 | 644.9 | 774.1 | 19.4 | 36.6 | 43.9 |
| 1995 | 2155.1 | 387.3 | 767.8 | 1000.0 | 18.0 | 35.6 | 46.4 |
| 1996 | 2709.4 | 461.6 | 875.7 | 1372.2 | 17.0 | 32.3 | 50.6 |
| 1997 | 3196.7 | 523.6 | 984.1 | 1689.1 | 16.4 | 30.8 | 52.8 |
| 1998 | 3678.7 | 590.1 | 1071.0 | 2017.6 | 16.0 | 29.1 | 54.8 |
| 1999 | 4047.5 | 641.0 | 1146.0 | 2260.6 | 15.8 | 28.3 | 55.9 |
| 2000 | 4586.6 | 709.5 | 1171.9 | 2705.2 | 15.5 | 25.6 | 59.0 |
| 2001 | 5025.9 | 800.6 | 1211.4 | 3013.9 | 15.9 | 24.1 | 60.0 |
| 2002 | 5790.0 | 908.5 | 1539.4 | 3342.1 | 15.7 | 26.6 | 57.7 |
| 2003 | 6584.1 | 1116.9 | 1788.5 | 3678.7 | 17.0 | 27.2 | 55.8 |
| 2004 | 7590.3 | 1293.6 | 2225.4 | 4071.4 | 17.0 | 29.3 | 53.6 |
| 2005 | 8659.9 | 1552.5 | 2586.4 | 4521.0 | 17.9 | 29.9 | 52.2 |

注：1.本表系调整后的测算数；
2.按当年价格计算；
3.2003年起卫生总费用不含高等医学教育经费。

a) Data in this table are estimated with due adjustment.
b) Data in this table are calculated at current prices.
c) Expenditure for public health excludes that for higher medical education since 2003.

7-17 续表 continued

| 年 份<br>Year | 城乡卫生费用（亿元）<br>Expenditure on Health Services in Urban and Rural Areas (100 million yuan) | | 人均卫生费用（元）<br>per Capita Expenditure on Health (yuan) | | | 卫生总费用占GDP %<br>As Percentage of GDP |
|---|---|---|---|---|---|---|
| | 城 市<br>Urban | 农 村<br>Rural | 合 计<br>Total | 城 市<br>Urban | 农 村<br>Rural | |
| 1978 | | | 11.5 | | | 3.02 |
| 1979 | | | 12.9 | | | 3.11 |
| 1980 | | | 14.5 | | | 3.15 |
| 1981 | | | 16.0 | | | 3.27 |
| 1982 | | | 17.5 | | | 3.33 |
| 1983 | | | 20.1 | | | 3.48 |
| 1984 | | | 23.2 | | | 3.36 |
| 1985 | | | 26.4 | | | 3.09 |
| 1986 | | | 29.4 | | | 3.07 |
| 1987 | | | 34.7 | | | 3.15 |
| 1988 | | | 44.0 | | | 3.24 |
| 1989 | | | 54.6 | | | 3.62 |
| 1990 | 396.0 | 351.4 | 65.4 | 158.8 | 38.8 | 4.00 |
| 1991 | 482.6 | 410.9 | 77.1 | 187.6 | 45.1 | 4.10 |
| 1992 | 597.3 | 499.6 | 93.6 | 222.0 | 54.7 | 4.07 |
| 1993 | 760.3 | 617.5 | 116.3 | 268.6 | 67.6 | 3.90 |
| 1994 | 991.5 | 769.7 | 146.9 | 332.6 | 86.3 | 3.65 |
| 1995 | 1239.5 | 915.6 | 177.9 | 401.3 | 112.9 | 3.54 |
| 1996 | 1494.9 | 1214.5 | 221.4 | 467.4 | 150.7 | 3.81 |
| 1997 | 1771.4 | 1425.3 | 258.6 | 537.8 | 177.9 | 4.05 |
| 1998 | 1906.9 | 1771.8 | 294.9 | 625.9 | 194.6 | 4.36 |
| 1999 | 2193.1 | 1854.4 | 321.8 | 702.0 | 203.2 | 4.51 |
| 2000 | 2621.7 | 1964.9 | 361.9 | 812.9 | 214.9 | 4.62 |
| 2001 | 2793.0 | 2233.0 | 393.8 | 841.2 | 244.8 | 4.58 |
| 2002 | 3448.2 | 2341.8 | 450.7 | 987.1 | 259.3 | 4.81 |
| 2003 | 4150.3 | 2433.8 | 509.5 | 1108.9 | 274.7 | 4.85 |
| 2004 | 4939.2 | 2651.1 | 583.9 | 1261.9 | 301.6 | 4.75 |
| 2005 | 6285.4 | 2374.5 | 662.3 | 1122.8 | 318.5 | 4.73 |

## 7-18 卫生部门综合医院门诊和住院病人人均医疗费用

## Per Capita Medical Expense of Outpatients and Inpatients in General Hospitals of Health Sector

| 项 目 Item | 门诊病人人均医疗费（元） Per Capita Medical Expense for Outpatients (yuan) | #药 费 Drug | #检查治疗费 Examination and Treatment | 占门诊病人医疗费% As Percentage to Total Expenses of Outpatients 药 费 Drug | 检查治疗费 Examination and Treatment | 住院病人人均医疗费（元） Per Capita Medical Expense for Inpatients (yuan) | #药 费 Drug | #检查治疗费 Examination and Treatment | 占住院病人医疗费% As Percentage to Total Expenses of Inpatients 药 费 Drug | 检查治疗费 Examination and Treatment |
|---|---|---|---|---|---|---|---|---|---|---|
| **医院合计** Total | | | | | | | | | | |
| 1990 | 10.9 | 7.4 | 2.1 | 67.9 | 19.3 | 473.3 | 260.6 | 121.5 | 55.1 | 25.7 |
| 1995 | 39.9 | 25.6 | 9.1 | 64.2 | 22.8 | 1667.8 | 880.3 | 507.3 | 52.8 | 30.4 |
| 2000 | 85.8 | 50.3 | 16.8 | 58.6 | 19.6 | 3083.7 | 1421.9 | 978.5 | 46.1 | 31.7 |
| 2002 | 99.6 | 55.2 | 27.9 | 55.4 | 28.0 | 3597.7 | 1598.4 | 1320.7 | 44.4 | 36.7 |
| 2003 | 108.2 | 59.2 | 30.8 | 54.7 | 28.4 | 3910.7 | 1748.3 | 1411.6 | 44.7 | 36.1 |
| 2004 | 118.0 | 62.0 | 35.1 | 52.5 | 29.8 | 4284.8 | 1872.9 | 1566.3 | 43.7 | 36.6 |
| 2005 | 126.9 | 66.0 | 37.8 | 52.1 | 29.8 | 4661.5 | 2045.6 | 1678.1 | 43.9 | 36.0 |
| 2006 | 128.7 | 65.0 | 39.9 | 50.5 | 31.0 | 4668.9 | 1992.0 | 1691.3 | 42.7 | 36.2 |
| **卫生部属** Hospitals of MOH | | | | | | | | | | |
| 1990 | 21.6 | 13.7 | 3.8 | 63.4 | 17.6 | 1321.6 | 632.4 | 369.8 | 47.9 | 28.0 |
| 1995 | 82.7 | 55.4 | 14.4 | 67.0 | 17.4 | 5026.5 | 2787.0 | 1271.0 | 55.4 | 25.3 |
| 2000 | 140.9 | 86.3 | 24.9 | 61.3 | 17.7 | 8584.2 | 3710.8 | 2823.9 | 43.2 | 32.9 |
| 2002 | 221.1 | 128.5 | 55.5 | 58.1 | 25.1 | 11454.5 | 4646.1 | 4424.6 | 40.6 | 38.1 |
| 2003 | 223.2 | 128.6 | 53.3 | 57.6 | 23.9 | 12269.3 | 5128.6 | 4376.7 | 41.8 | 35.7 |
| 2004 | 234.8 | 129.0 | 60.8 | 55.0 | 25.9 | 11916.2 | 4921.4 | 4350.7 | 41.3 | 36.5 |
| 2005 | 247.1 | 136.7 | 61.8 | 55.3 | 25.0 | 12650.9 | 5089.9 | 4797.2 | 40.2 | 37.9 |
| 2006 | 251.5 | 139.0 | 62.6 | 55.3 | 24.9 | 12434.2 | 4909.1 | 4653.9 | 39.5 | 37.4 |
| **省 属** Provincial Hospitals | | | | | | | | | | |
| 1990 | 16.0 | 10.2 | 3.3 | 63.8 | 20.6 | 1021.1 | 528.0 | 263.5 | 51.7 | 25.8 |
| 1995 | 65.8 | 43.1 | 13.5 | 65.5 | 20.5 | 3915.9 | 2070.1 | 1224.9 | 52.9 | 31.3 |
| 2000 | 134.5 | 84.2 | 26.0 | 62.6 | 19.3 | 6513.8 | 3043.8 | 2199.5 | 46.7 | 33.8 |
| 2002 | 153.0 | 87.3 | 39.2 | 57.0 | 25.6 | 7947.2 | 3442.3 | 3027.8 | 43.3 | 38.1 |
| 2003 | 164.2 | 92.5 | 44.0 | 56.3 | 26.8 | 8497.3 | 3683.6 | 3287.8 | 43.4 | 38.7 |
| 2004 | 175.2 | 94.7 | 48.8 | 54.0 | 27.8 | 8925.4 | 3734.9 | 3396.0 | 41.8 | 38.0 |
| 2005 | 192.5 | 102.0 | 52.9 | 53.0 | 27.5 | 9871.2 | 4186.1 | 3573.4 | 42.4 | 36.2 |
| 2006 | 189.7 | 99.8 | 53.1 | 52.6 | 28.0 | 9686.0 | 4059.5 | 3437.2 | 41.9 | 35.5 |

注：1.本表系卫生部门综合医院数字；
2.按当年价格计算；
3.住院病人检查治疗费中含手术费。

a) Data in this table are from general hospitals of health sector.
b) Data in this table are calculated at current prices.
c) Examination and treatment expenses of inpatients inclued expense for operations.

7-18 续表 continued

| 项目 Item | 门诊病人人均医疗费(元) Per Capita Medical Expense for Outpatients (yuan) | #药费 Drug | #检查治疗费 Examination and Treatment | 占门诊病人医疗费% As Percentage to Total Expenses of Outpatients: 药费 Drug | 检查治疗费 Examination and Treatment | 住院病人人均医疗费(元) Per Capita Medical Expense for Inpatients (yuan) | #药费 Drug | #检查治疗费 Examination and Treatment | 占住院病人医疗费% As Percentage to Total Expenses of Inpatients: 药费 Drug | 检查治疗费 Examination and Treatment |
|---|---|---|---|---|---|---|---|---|---|---|
| **省辖市属** Hospitals of Cities at Prefecture Level | | | | | | | | | | |
| 1990 | 11.9 | 8.1 | 2.5 | 68.1 | 21.0 | 624.0 | 338.4 | 167.1 | 54.2 | 26.8 |
| 1995 | 43.3 | 27.9 | 10.2 | 64.4 | 23.6 | 2205.8 | 1136.5 | 691.1 | 51.5 | 31.3 |
| 2000 | 92.2 | 54.9 | 17.6 | 59.5 | 19.1 | 3718.0 | 1697.5 | 1207.0 | 45.7 | 32.5 |
| 2002 | 103.7 | 58.1 | 29.5 | 56.0 | 28.5 | 4270.9 | 1873.5 | 1587.4 | 43.9 | 37.2 |
| 2003 | 116.8 | 64.7 | 33.4 | 55.4 | 28.6 | 4679.2 | 2064.5 | 1697.2 | 44.1 | 36.3 |
| 2004 | 124.1 | 65.9 | 37.3 | 53.1 | 30.1 | 5121.9 | 2212.2 | 1903.9 | 43.2 | 37.2 |
| 2005 | 130.7 | 69.3 | 38.9 | 53.0 | 29.8 | 5452.4 | 2374.6 | 1994.3 | 43.6 | 36.6 |
| 2006 | 132.3 | 67.4 | 41.7 | 50.9 | 31.5 | 5351.6 | 2254.2 | 2007.7 | 42.1 | 37.5 |
| **地辖市属** Hospitals of Cities at County Level | | | | | | | | | | |
| 1990 | 10.1 | 7.3 | 1.6 | 72.3 | 15.8 | 399.8 | 223.0 | 98.5 | 55.8 | 24.6 |
| 1995 | 34.6 | 22.2 | 8.2 | 64.2 | 23.7 | 1291.1 | 687.3 | 443.3 | 53.2 | 34.3 |
| 2000 | 68.9 | 38.4 | 12.7 | 55.8 | 18.4 | 2279.6 | 1062.6 | 663.9 | 46.6 | 29.1 |
| 2002 | 83.4 | 45.3 | 23.9 | 54.3 | 28.6 | 2676.6 | 1236.8 | 924.8 | 46.2 | 34.6 |
| 2003 | 90.3 | 48.5 | 26.5 | 53.7 | 29.3 | 2932.6 | 1359.1 | 1006.9 | 46.3 | 34.3 |
| 2004 | 97.5 | 49.9 | 30.0 | 51.2 | 30.8 | 3082.9 | 1412.5 | 1067.3 | 45.8 | 34.6 |
| 2005 | 105.2 | 53.5 | 33.3 | 50.9 | 31.6 | 3380.9 | 1544.6 | 1187.4 | 45.7 | 35.1 |
| 2006 | 105.8 | 52.1 | 34.3 | 49.2 | 32.4 | 3387.4 | 1523.0 | 1166.3 | 45.0 | 34.4 |
| **县属** Hospitals of Counties | | | | | | | | | | |
| 1990 | 8.1 | 5.5 | 1.6 | 67.9 | 19.8 | 309.9 | 180.1 | 76.2 | 58.1 | 24.6 |
| 1995 | 24.8 | 15.2 | 6.3 | 61.3 | 25.4 | 880.6 | 472.5 | 261.6 | 53.7 | 29.7 |
| 2000 | 54.9 | 29.3 | 12.7 | 53.4 | 23.1 | 1592.3 | 751.1 | 473.0 | 47.2 | 29.7 |
| 2002 | 63.9 | 33.2 | 19.4 | 52.1 | 30.4 | 1779.3 | 836.0 | 624.5 | 47.0 | 35.1 |
| 2003 | 68.6 | 35.1 | 21.3 | 51.1 | 31.0 | 1901.1 | 902.0 | 647.0 | 47.4 | 34.0 |
| 2004 | 77.3 | 38.4 | 24.9 | 49.7 | 32.2 | 2089.5 | 975.5 | 726.2 | 46.7 | 34.8 |
| 2005 | 84.2 | 41.0 | 27.9 | 48.7 | 33.1 | 2266.5 | 1057.8 | 780.9 | 46.7 | 34.5 |
| 2006 | 84.7 | 38.6 | 29.9 | 45.5 | 35.3 | 2241.3 | 993.3 | 798.9 | 44.3 | 35.6 |

# 7-19　30种疾病平均住院医疗费用（2006年）

# Per Inpatient Medical Expense for 30 Diseases (2006)

| 疾病名称 (ICD-10) | Category of Diseases | 出院病人数（人） Number of Patients Discharged from Hospitals (person) | 出院者平均住院日（日） Average Duration of Hospitalization (day) | 出院者平均住院医疗费用（元） Per Capita Medical Expense for Patients Discharging from Hospitals (yuan) | #床位费 Beds | #药费 Drug | #手术费 Operation | #检查治疗费 Examination and Treatment |
|---|---|---|---|---|---|---|---|---|
| **内　科** | **Internal Department** | | | | | | | |
| 病毒性肝炎 | Viral Hepatitis | 57916 | 17.1 | 6199.5 | 524.8 | 3973.6 | | 570.2 |
| 浸润性肺结核 | Infiltrative Pulmonary Tuberculosis | 36584 | 11.7 | 3892.1 | 334.3 | 1950.4 | | 639.1 |
| 急性心肌梗塞 | Acute Myocardial Infarction | 21758 | 10.4 | 11401.1 | 426.7 | 3649.2 | | 3165.2 |
| 充血性心力衰竭 | Congestive Heart Failure | 2195 | 12.0 | 4689.2 | 307.0 | 2399.4 | | 894.3 |
| 细菌性肺炎 | Bacterial Pneumonia | 10370 | 10.3 | 3960.5 | 327.3 | 2058.0 | | 685.9 |
| 慢性肺源性心脏病 | Chronic Pulmonary Heart Diseases | 24276 | 11.2 | 5490.8 | 383.9 | 3039.6 | | 964.0 |
| 急性上消化道出血 | Acute Upper Gastrointestinal Haemorrhage | 3663 | 7.7 | 4901.4 | 392.8 | 2308.8 | | 870.6 |
| 原发性肾病综合征 | Primary Nephrotic Syndrome | 15960 | 14.5 | 4621.3 | 431.1 | 2293.8 | | 685.3 |
| 甲状腺机能亢进 | Hyperthyroidism | 17020 | 10.3 | 3569.4 | 298.7 | 1409.4 | | 773.9 |
| 脑出血 | Intracerebral Haemorrhage | 96019 | 13.4 | 7731.6 | 430.2 | 4034.7 | | 1520.2 |
| 脑梗塞 | Cerebral Infarction | 204934 | 13.1 | 6325.1 | 409.0 | 3813.7 | | 1008.4 |
| 再生障碍性贫血 | Aplastic Anaemias | 8581 | 8.8 | 5672.7 | 355.1 | 2653.0 | | 691.0 |
| 急性白血病 | Acute Leukaemia | 14206 | 13.9 | 9049.3 | 544.2 | 4899.8 | | 1033.1 |
| **外　科** | **Surgical Department** | | | | | | | |
| 结节性甲状腺肿 | Nodular Goitre | 25959 | 8.7 | 5091.3 | 300.4 | 1436.1 | 1333.3 | 912.7 |
| 急性阑尾炎 | Acute Appendicitis | 163534 | 6.6 | 2942.1 | 180.5 | 1174.7 | 670.9 | 434.3 |
| 急性胆囊炎 | Acute Cholecystitis | 19029 | 9.1 | 4595.1 | 256.0 | 2249.5 | 1376.4 | 686.4 |
| 腹股沟疝 | Inguinal Hernia | 84952 | 7.6 | 3428.2 | 223.2 | 867.4 | 940.3 | 569.5 |
| 胃恶性肿瘤 | Malignant Neoplasm of Stomach | 50749 | 15.3 | 12060.8 | 530.3 | 5597.0 | 2353.3 | 1746.3 |
| 肺恶性肿瘤 | Malignant Neoplasm of Lung | 51767 | 15.0 | 9599.2 | 570.3 | 5113.1 | 1626.3 | 1847.2 |
| 食管恶性肿瘤 | Malignant Neoplasm of Oesophagus | 25422 | 16.6 | 11837.2 | 534.8 | 5092.3 | 2576.1 | 2315.6 |
| 心肌梗塞冠状动脉搭桥 | Myocardial Infarction Coronary Artery Bypass Grafting | 599 | 16.4 | 31684.8 | 757.5 | 6335.6 | 8162.7 | 8118.5 |
| 膀胱恶性肿瘤 | Malignant Neoplasm of Bladder | 10853 | 16.3 | 10098.3 | 614.1 | 4098.8 | 1823.7 | 1836.3 |
| 前列腺增生 | Hyperplasia of Prostate | 46168 | 14.0 | 7050.6 | 440.0 | 2670.9 | 1752.4 | 1250.4 |
| 颅内损伤 | Intracranial Injury | 185116 | 11.5 | 7008.8 | 354.2 | 3690.0 | 1342.7 | 1248.8 |
| 腰椎间盘突出症 | Lumbar Intervertebral Disc Protrusion | 30851 | 12.7 | 5359.1 | 356.8 | 1624.4 | 1694.1 | 1293.6 |
| **儿　科** | **Pediatric Department** | | | | | | | |
| 支气管肺炎 | Bronchopneumonia | 201085 | 6.4 | 1359.2 | 148.7 | 658.8 | 133.7 | 236.5 |
| 感染性腹泻 | Infectious Diarrhoea | 10440 | 4.4 | 1032.8 | 109.2 | 452.2 | 224.1 | 201.8 |
| **妇产科** | **Department of Obstetric and Genecology** | | | | | | | |
| 子宫平滑肌瘤 | Leiomyoma of Uterus | 77639 | 9.9 | 5050.1 | 311.5 | 1249.3 | 1304.6 | 957.1 |
| **眼　科** | **Ophthalmology Department** | | | | | | | |
| 老年性白内障 | Senile Cataract | 63060 | 6.0 | 4169.1 | 212.8 | 469.1 | 1645.9 | 960.8 |

注：本表系卫生部门综合医院数字。

a) Data in this table are from general hospitals of health sector.

# 7-20 医院诊疗人次数

## Number of Visits in Hospitals

单位：亿次 (100 million)

| 年 份 Year | 诊疗人次 Number of Visits | #卫生部门 Health Sector | #综合医院 General Hospitals | #中医医院 Hospitals Specialized in Traditional Chinese Medicine | 诊疗人次中门、急诊人次 Number of Outpatients and Emergency Cases | #卫生部门 Health Sector | #综合医院 General Hospitals | #中医医院 Hospitals Specialized in Traditional Chinese Medicine |
|---|---|---|---|---|---|---|---|---|
| 1980 | 10.53 | 6.33 | 4.91 | 0.47 | 9.54 | 6.19 | 4.79 | 0.46 |
| 1981 | 11.37 | 6.57 | 4.96 | 0.55 | 10.51 | 6.47 | 4.89 | 0.54 |
| 1982 | 12.23 | 7.12 | 5.26 | 0.68 | 11.38 | 6.99 | 4.94 | 0.65 |
| 1983 | 12.47 | 7.26 | 5.32 | 0.72 | 11.71 | 7.15 | 5.24 | 0.71 |
| 1984 | 12.53 | 7.37 | 5.32 | 0.81 | 11.86 | 7.26 | 5.25 | 0.80 |
| 1985 | 12.55 | 7.21 | 5.08 | 0.87 | 11.37 | 7.00 | 4.93 | 0.83 |
| 1986 | 13.02 | 7.76 | 5.36 | 1.04 | 12.18 | 7.54 | 5.22 | 0.99 |
| 1987 | 14.80 | 8.50 | 5.61 | 1.38 | 14.00 | 8.30 | 5.49 | 1.33 |
| 1988 | 14.63 | 8.38 | 5.48 | 1.44 | 13.76 | 8.18 | 5.36 | 1.41 |
| 1989 | 14.43 | 8.16 | 5.25 | 1.46 | 13.52 | 7.96 | 5.13 | 1.43 |
| 1990 | 14.94 | 8.58 | 5.47 | 1.60 | 14.05 | 8.32 | 5.30 | 1.55 |
| 1991 | 15.33 | 8.88 | 5.54 | 1.78 | 14.40 | 8.64 | 5.42 | 1.70 |
| 1992 | 15.35 | 8.84 | 5.50 | 1.78 | 14.31 | 8.60 | 5.35 | 1.74 |
| 1993 | 13.07 | 7.98 | 4.95 | 1.61 | 12.19 | 7.70 | 4.77 | 1.55 |
| 1994 | 12.69 | 7.75 | 4.81 | 1.58 | 11.86 | 7.47 | 4.62 | 1.53 |
| 1995 | 12.52 | 7.76 | 4.78 | 1.58 | 11.65 | 7.49 | 4.59 | 1.53 |
| 1996 | 12.81 | 8.08 | 4.78 | 1.70 | 11.61 | 7.55 | 4.54 | 1.58 |
| 1997 | 12.27 | 7.95 | 4.76 | 1.65 | 11.38 | 7.61 | 4.57 | 1.56 |
| 1998 | 12.39 | 8.17 | 4.88 | 1.62 | 11.51 | 7.84 | 4.69 | 1.57 |
| 1999 | 12.31 | 8.19 | 4.93 | 1.56 | 11.51 | 7.90 | 4.73 | 1.51 |
| 2000 | 12.86 | 8.76 | 5.27 | 1.64 | 11.83 | 8.32 | 5.00 | 1.54 |
| 2001 | 12.50 | 8.74 | 5.18 | 1.64 | 11.74 | 8.39 | 4.96 | 1.57 |
| 2002 | 13.08 | 9.89 | 6.69 | 1.79 | 12.17 | 8.86 | 6.35 | 1.70 |
| 2003 | 12.82 | 9.99 | 6.69 | 1.85 | 12.13 | 9.57 | 6.44 | 1.78 |
| 2004 | 13.81 | 11.05 | 7.44 | 1.97 | 13.16 | 10.64 | 7.18 | 1.90 |
| 2005 | 14.74 | 11.95 | 8.12 | 2.06 | 14.19 | 11.57 | 7.86 | 1.99 |
| 2006 | 15.64 | 12.74 | 8.60 | 2.19 | 15.12 | 12.36 | 8.35 | 2.14 |

注：1.1993年以前诊疗人次系推算数字。
2.为统一口径，医院含妇幼保健院、专科疾病防治院数字。
3.2002年以前综合医院不含高等院校附属医院。

a) Number of visits before 1993 is estimated.
b) Hospitals includes maternity and child care centers and specialized prevention & treatment centers.
c) General hospitals before 2002 excluded hospitals attached to colleges and universities.

# 7-21 医院入院人数

## Number of Inpatients

| 年 份<br>Year | 入院人数(万人)<br>Number of Inpatients (10000 persons) | #卫生部门医院<br>Health Sector Hospitals | #综合医院<br>General Hospitals | #中医医院<br>Hospitals Specialized in Traditional Chinese Medicine | 每百门急诊入院人数(人)<br>Number of Inpatients Per 100 Outpatients and Emergency Cases (person) |
|---|---|---|---|---|---|
| 1980 | 2247 | 1667 | 1383 | 41 | 2.4 |
| 1981 | 2350 | 1720 | 1415 | 44 | 2.2 |
| 1982 | 2481 | 1828 | 1499 | 51 | 2.2 |
| 1983 | 2648 | 1944 | 1587 | 60 | 2.3 |
| 1984 | 2533 | 1855 | 1495 | 66 | 2.1 |
| 1985 | 2560 | 1862 | 1485 | 79 | 2.3 |
| 1986 | 2685 | 1960 | 1547 | 96 | 2.2 |
| 1987 | 2926 | 2155 | 1670 | 133 | 2.1 |
| 1988 | 3128 | 2292 | 1752 | 157 | 2.3 |
| 1989 | 3157 | 2304 | 1750 | 174 | 2.3 |
| 1990 | 3182 | 2341 | 1769 | 195 | 2.3 |
| 1991 | 3276 | 2433 | 1825 | 223 | 2.3 |
| 1992 | 3262 | 2428 | 1799 | 232 | 2.3 |
| 1993 | 3066 | 2325 | 1723 | 231 | 2.5 |
| 1994 | 3079 | 2344 | 1728 | 241 | 2.6 |
| 1995 | 3073 | 2358 | 1710 | 251 | 2.6 |
| 1996 | 3100 | 2379 | 1704 | 267 | 2.7 |
| 1997 | 3121 | 2425 | 1725 | 274 | 2.7 |
| 1998 | 3238 | 2538 | 1794 | 287 | 2.8 |
| 1999 | 3379 | 2676 | 1884 | 298 | 2.9 |
| 2000 | 3584 | 2862 | 1996 | 321 | 3.0 |
| 2001 | 3759 | 3030 | 2100 | 349 | 3.2 |
| 2002 | 4224 | 3429 | 2577 | 394 | 3.5 |
| 2003 | 4394 | 3661 | 2727 | 438 | 3.6 |
| 2004 | 4955 | 4184 | 3108 | 498 | 3.8 |
| 2005 | 5434 | 4569 | 3394 | 544 | 3.8 |
| 2006 | 5915 | 4966 | 3656 | 610 | 3.9 |

注：1.1993年以前的入院人数系推算数。
2.为统一口径，医院含妇幼保健院、专科疾病防治院数字。
3.2002年以前综合医院不含高等院校附属医院。

a) Number of impatients before 1993 is estimated.

b) Hospitals includes maternity and child care centers and specialized prevention & treatment centers.

c) General hospitals before 2002 excluded hospitals attached to colleges and universities.

# 7-22 医院病床使用情况

# Utilization of Beds in Hospitals

| 年 份<br>Year | 病 床<br>使用率<br>(%)<br>Utilization Rate (%) | #卫生部门<br>Health Sector Hospitals | #综合医院<br>General Hospitals | #中医医院<br>Hospitals Specialized in Traditional Chinese Medicine | 出院者平均住院日<br>(日)<br>Average Duration of Hospitalization for Patients Discharged from Hospitals (day) | #卫生部门<br>Health Sector | #综合医院<br>General Hospitals | #中医医院<br>Hospitals Specialized in Traditional Chinese Medicine |
|---|---|---|---|---|---|---|---|---|
| 1980 | 82.5 | 85.7 | 84.2 | 86.9 | 14.0 | 13.7 | 11.7 | 23.7 |
| 1981 | 83.3 | 86.8 | 85.4 | 88.2 | 14.3 | 13.9 | 11.9 | 24.4 |
| 1982 | 84.0 | 89.0 | 88.1 | 88.9 | 14.4 | 14.0 | 12.0 | 23.9 |
| 1983 | 84.8 | 90.1 | 89.6 | 88.5 | 14.2 | 13.8 | 11.9 | 22.8 |
| 1984 | 82.8 | 87.8 | 86.8 | 86.4 | 15.3 | 14.9 | 12.8 | 23.7 |
| 1985 | 82.7 | 87.9 | 87.0 | 83.9 | 15.8 | 15.4 | 13.3 | 23.3 |
| 1986 | 82.7 | 87.8 | 87.3 | 82.3 | 15.9 | 15.6 | 13.4 | 23.3 |
| 1987 | 84.3 | 89.8 | 89.5 | 81.9 | 16.0 | 15.6 | 13.4 | 21.9 |
| 1988 | 84.4 | 89.9 | 89.7 | 79.6 | 15.8 | 15.6 | 13.5 | 20.2 |
| 1989 | 81.5 | 86.2 | 86.1 | 73.7 | 15.8 | 15.4 | 13.4 | 19.0 |
| 1990 | 80.7 | 85.6 | 85.7 | 73.6 | 15.9 | 15.5 | 13.5 | 18.0 |
| 1991 | 81.2 | 85.8 | 86.2 | 74.0 | 16.0 | 15.5 | 13.4 | 17.4 |
| 1992 | 78.4 | 83.1 | 83.7 | 69.2 | 16.2 | 15.8 | 13.7 | 17.5 |
| 1993 | 70.9 | 75.7 | 76.3 | 62.5 | 15.6 | 15.2 | 13.3 | 15.4 |
| 1994 | 68.8 | 72.1 | 72.6 | 58.9 | 15.0 | 14.5 | 12.9 | 14.4 |
| 1995 | 66.9 | 70.2 | 70.8 | 57.4 | 14.8 | 14.2 | 12.6 | 13.9 |
| 1996 | 64.4 | 67.9 | 69.1 | 54.5 | 14.3 | 13.7 | 12.3 | 13.4 |
| 1997 | 61.5 | 65.0 | 65.4 | 52.1 | 13.8 | 13.3 | 11.9 | 13.1 |
| 1998 | 60.0 | 63.1 | 63.3 | 49.8 | 13.1 | 12.6 | 11.3 | 12.4 |
| 1999 | 59.6 | 63.1 | 63.2 | 50.5 | 12.7 | 12.1 | 11.0 | 12.0 |
| 2000 | 60.6 | 64.5 | 65.0 | 50.7 | 12.2 | 11.6 | 10.5 | 11.4 |
| 2001 | 61.1 | 65.3 | 65.6 | 51.5 | 11.8 | 11.3 | 10.3 | 10.9 |
| 2002 | 64.6 | 68.6 | 70.5 | 57.7 | 10.9 | 10.6 | 9.6 | 10.8 |
| 2003 | 65.3 | 69.3 | 70.6 | 59.4 | 11.0 | 10.8 | 10.0 | 10.9 |
| 2004 | 68.4 | 73.2 | 74.4 | 63.0 | 10.8 | 10.5 | 9.8 | 10.4 |
| 2005 | 70.3 | 75.3 | 76.6 | 65.7 | 10.9 | 10.6 | 9.8 | 10.8 |
| 2006 | 72.4 | 77.9 | 79.2 | 67.7 | 10.9 | 10.5 | 9.8 | 10.4 |

注：1.2002年以前医院含妇幼保健院、专科疾病防治院数字，综合医院不含高等院校附属医院。

2.2005年妇幼保健院病床使用率为65.8%，出院者平均住院日5.4日；专科疾病防治院(所、站)病床使用率为57.5%，出院者平均住院日20.6日。

a) Hospitals before 2002 included maternity and child care centers and specialized prevention & treatment centers, and general hospitals before 2002 exclude hospitals attached to colleges and universities

b) The utilization rate of beds in maternity and child care centers in 2005 is 65.8%, and average duration in hospitalization is 5.4 days. The utilization rate of beds in specialized prevention & treatment centers(institutions,stations)in 2005 is 57.5%, and average duration of hospitalization is 20.6 days

# 7-23 乡镇卫生院医疗服务及病床使用情况

# Medical Services and Utilization of Beds in Township Health Centers

| 年 份<br>Year | 诊疗人次<br>(亿次)<br>Number of Visits<br>(100 million times) | 入院人数<br>(万人)<br>Number of Inpatients<br>(10000 persons) | 病床周转次数<br>(次)<br>Turnover of Beds<br>(time) | 病床使用率<br>(%)<br>Utilization Rate of Beds<br>(%) | 平均住院日<br>(日)<br>Average Duration of Hospitalization<br>(day) |
|---|---|---|---|---|---|
| 1981 | 14.38 | 2123 | 29.5 | 53.5 | 6.3 |
| 1982 | 14.19 | 2228 | 31.0 | 54.2 | 6.0 |
| 1983 | 13.65 | 2373 | 33.4 | 56.6 | 5.9 |
| 1984 | 12.65 | 1893 | 27.9 | 49.1 | 6.0 |
| 1985 | 11.00 | 1771 | 26.4 | 46.0 | 5.9 |
| 1986 | 11.18 | 1782 | 26.9 | 46.0 | 5.9 |
| 1987 | 11.30 | 1959 | 28.5 | 47.4 | 5.6 |
| 1988 | 11.36 | 2031 | 29.2 | 47.3 | 5.6 |
| 1989 | 10.60 | 1935 | 28.3 | 44.6 | 5.4 |
| 1990 | 10.65 | 1958 | 28.6 | 43.4 | 5.2 |
| 1991 | 10.82 | 2016 | 29.1 | 43.5 | 5.1 |
| 1992 | 10.34 | 1960 | 28.7 | 42.9 | 5.1 |
| 1993 | 8.98 | 1855 | 27.9 | 38.4 | 4.6 |
| 1994 | 9.73 | 1913 | 29.4 | 40.5 | 4.6 |
| 1995 | 9.38 | 1960 | 29.9 | 40.2 | 4.6 |
| 1996 | 9.44 | 1916 | 28.6 | 37.0 | 4.4 |
| 1997 | 9.16 | 1918 | 26.0 | 34.5 | 4.5 |
| 1998 | 8.74 | 1751 | 24.4 | 33.3 | 4.6 |
| 1999 | 8.38 | 1688 | 24.2 | 32.8 | 4.6 |
| 2000 | 8.24 | 1708 | 24.8 | 33.2 | 4.6 |
| 2001 | 8.24 | 1700 | 23.7 | 31.3 | 4.5 |
| 2002 | 7.10 | 1625 | 28.0 | 34.7 | 4.0 |
| 2003 | 6.91 | 1608 | 28.1 | 36.2 | 4.2 |
| 2004 | 6.81 | 1599 | 27.0 | 37.1 | 4.4 |
| 2005 | 6.79 | 1622 | 25.8 | 37.7 | 4.6 |
| 2006 | 7.01 | 1836 | 28.8 | 39.4 | 4.6 |
| 中心卫生院<br>Central Health Centers | 2.73 | 828 | 30.6 | 43.1 | 4.8 |
| 乡卫生院<br>Town Health Centers | 4.28 | 1008 | 27.5 | 36.6 | 4.5 |

注:1993年以前的诊疗人次及入院人数系推算数字。

a) Number of visits and inpatients before 1993 is estimated.

# 7-24 卫生部门综合医院工作效率

# Efficiency of Medical Services in General Hospitals of Health Sector

| 项　目 Item | 医生人均 Per Doctor 每日担负诊疗人次(人次) Daily Visits (person-time) | 每日担负住院床日(日) Daily Inpatients (day) | 年业务收入(万元) Annual Business Income (10000 yuan) | 病床使用率(%) Utilization Rate of Beds (%) | 平均住院日(日) Average Duration of Hospitalization (day) |
|---|---|---|---|---|---|
| **医院合计** Total | | | | | |
| 1990 | 5.5 | 2.1 | 4.7 | 88.2 | 14.1 |
| 1995 | 4.4 | 1.5 | 12.7 | 72.7 | 13.3 |
| 2000 | 4.8 | 1.4 | 27.1 | 67.3 | 11.0 |
| 2005 | 5.3 | 1.6 | 44.7 | 76.9 | 9.9 |
| 2006 | 5.5 | 1.7 | 46.8 | 79.4 | 9.9 |
| **卫生部属** Hospitals of MOH | | | | | |
| 1990 | 6.4 | 2.0 | 9.8 | 100.3 | 22.1 |
| 1995 | 5.2 | 1.6 | 29.0 | 94.6 | 20.4 |
| 2000 | 8.5 | 1.8 | 72.8 | 95.5 | 14.6 |
| 2005 | 7.8 | 2.3 | 129.7 | 100.2 | 13.1 |
| 2006 | 8.4 | 2.4 | 139.2 | 97.7 | 12.8 |
| **省　属** Provincial Hospitals | | | | | |
| 1990 | 5.4 | 2.0 | 6.5 | 97.2 | 21.5 |
| 1995 | 4.5 | 1.6 | 20.5 | 87.3 | 21.5 |
| 2000 | 6.2 | 1.8 | 54.0 | 84.9 | 15.8 |
| 2005 | 6.6 | 2.1 | 90.1 | 91.3 | 12.8 |
| 2006 | 6.8 | 2.1 | 91.3 | 92.5 | 12.8 |
| **省辖市属** Hospitals of Cities at Prefecture Level | | | | | |
| 1990 | 5.5 | 2.2 | 5.2 | 94.7 | 17.4 |
| 1995 | 4.7 | 1.7 | 14.6 | 80.2 | 16.5 |
| 2000 | 5.0 | 1.5 | 30.4 | 74.0 | 13.1 |
| 2005 | 5.7 | 1.9 | 49.7 | 84.1 | 11.9 |
| 2006 | 5.8 | 1.9 | 51.0 | 85.4 | 11.7 |
| **地辖市属** Hospitals of Cities at County Level | | | | | |
| 1990 | 6.2 | 1.8 | 4.2 | 82.1 | 13.6 |
| 1995 | 4.5 | 1.4 | 10.6 | 68.3 | 11.4 |
| 2000 | 4.7 | 1.2 | 20.6 | 61.3 | 9.6 |
| 2005 | 5.0 | 1.4 | 32.6 | 70.3 | 8.8 |
| 2006 | 5.2 | 1.4 | 33.5 | 73.4 | 8.6 |
| **县　属** Hospitals of Counties | | | | | |
| 1990 | 5.2 | 2.1 | 3.7 | 83.0 | 11.2 |
| 1995 | 4.1 | 1.5 | 7.8 | 63.4 | 10.1 |
| 2000 | 3.9 | 1.2 | 15.2 | 56.3 | 8.4 |
| 2005 | 4.3 | 1.4 | 23.9 | 65.3 | 7.5 |
| 2006 | 4.4 | 1.5 | 25.1 | 68.0 | 7.6 |

注：为统一口径,本表综合医院包括高等院校附属医院。

a) General hospitals in this table include hospitals attached to colleges and universities.

## 7-25 卫生部门医院出院病人疾病转归情况（2006年）

## Disease Outcome of Patients Discharged from Hospitals of Health Sector (2006)

| 疾病名称 (ICD-10) | Category of Diseases | 出院人数（人次） Number of Patients Discharged from Hospitals (person-time) | 疾病构成(%) Composition of Diseases (%) | 治愈率(%) Cure Rate (%) | 好转率(%) Improvement Rate (%) |
|---|---|---|---|---|---|
| **总　计** | **Total** | **8476619** | **100.0** | **54.6** | **40.7** |
| **1.传染病和寄生虫病小计** | **Infestious & Parasitic Diseases** | **278721** | **3.3** | **35.0** | **59.0** |
| #肠道传染病 | Intestinal Infectious Diseases | 40266 | 0.5 | 60.8 | 37.3 |
| #霍　乱 | Cholera | 57 | 0.0 | 78.9 | 19.3 |
| 伤寒和副伤寒 | Typhoid and Paratyphoid Fever | 2752 | 0.0 | 53.9 | 42.8 |
| 志贺菌病 | Shigellosis | 12777 | 0.2 | 57.4 | 40.5 |
| 结核病 | Tuberculosis | 71340 | 0.8 | 13.6 | 78.0 |
| #肺结核 | Tuberculosis of Lung | 37280 | 0.4 | 8.7 | 81.3 |
| 白　喉 | Diphtheria | | | | |
| 百日咳 | Whooping Cough | 379 | 0.0 | 30.1 | 65.2 |
| 猩红热 | Scarlet Fever | 1125 | 0.0 | 68.4 | 30.0 |
| 性传播模式疾病 | Infections with a Predominantly Sexual Mode of Transmission | 3145 | 0.0 | 61.9 | 33.6 |
| #梅　毒 | Syphilis | 952 | 0.0 | 33.5 | 56.9 |
| 淋球菌感染 | Gonococcal infection | 326 | 0.0 | 69.9 | 29.1 |
| 乙型脑炎 | Encephalitis B | 2197 | 0.0 | 39.1 | 45.5 |
| 斑疹伤寒 | Typhus | 1359 | 0.0 | 58.0 | 39.0 |
| 病毒性肝炎 | Viral Hepatitis | 57916 | 0.7 | 13.7 | 79.3 |
| 人类免疫缺陷病毒病(HIV) | Human Immunodeficiency Virus Disease | 1038 | 0.0 | | 49.9 |
| 血吸虫病 | Schistosomiasis | 336 | 0.0 | 8.6 | 79.2 |
| 丝虫病 | Filariasis | 23 | 0.0 | 21.7 | 56.5 |
| 钩虫病 | Ancylostomiasis | 390 | 0.0 | 30.5 | 66.4 |
| **2.肿瘤小计** | **Neoplasms** | **650052** | **7.7** | **48.7** | **36.3** |
| 恶性肿瘤计 | Malignant Neoplasms | 412681 | 4.9 | 27.9 | 50.6 |
| #鼻咽恶性肿瘤 | Malignant Neoplasm of Nasopharynx | 6959 | 0.1 | 19.5 | 64.1 |
| 食管恶性肿瘤 | Malignant Neoplasm of Oesophagus | 25422 | 0.3 | 30.5 | 50.7 |
| 胃恶性肿瘤 | Malignant Neoplasm of Stomach | 50749 | 0.6 | 33.4 | 47.9 |
| 小肠恶性肿瘤 | Malignant Neoplasm of Small Intestine | 1648 | 0.0 | 35.7 | 45.5 |
| 结肠恶性肿瘤 | Malignant Neoplasm of Colon | 18601 | 0.2 | 42.5 | 43.2 |
| 直肠乙状结肠连接处、直肠、肛门和肛管恶性肿瘤 | Malignant Neoplasm of Rectosigmoid Junction, Rectum, Anus and Anal Canal | 19585 | 0.2 | 44.1 | 42.3 |
| 肝和肝内胆管恶性肿瘤 | Malignant Neoplasm of Liver and Intrahepatic Bile Ducts | 33036 | 0.4 | 10.8 | 52.0 |
| 喉恶性肿瘤 | Malignant Neoplasm of Larynx | 3337 | 0.0 | 48.3 | 32.6 |
| 气管、支气管、肺恶性肿瘤 | Malignant Neoplasm of Trachea, Bronchus and Lung | 65495 | 0.8 | 12.4 | 56.4 |
| 骨、关节软骨恶性肿瘤 | Malignant Neoplasms of Bone and Articular Cartilage | 2547 | 0.0 | 28.2 | 46.6 |
| 乳房恶性肿瘤 | Malignant Neoplasm of Breast | 24104 | 0.3 | 52.5 | 41.6 |
| 女性生殖器官恶性肿瘤 | Malignant Neoplasm of Female Genital Organs | 21497 | 0.3 | 36.2 | 50.9 |
| 男性生殖器官恶性肿瘤 | Malignant Neoplasm of Male Genital Organs | 6750 | 0.1 | 31.7 | 54.0 |
| 泌尿道恶性肿瘤 | Malignant Neoplasm of Urinary Tract | 17604 | 0.2 | 56.7 | 32.5 |
| 脑恶性肿瘤 | Malignant Neoplasm of Brain | 6590 | 0.1 | 37.3 | 44.6 |
| 白血病 | Leukaemia | 23364 | 0.3 | 12.9 | 64.7 |
| 原位癌计 | Carcinoma in Situ | 3637 | 0.0 | 49.4 | 35.3 |
| #子宫颈原位癌 | Carcinoma in Situ of Cervix Uteri | 1487 | 0.0 | 73.6 | 22.3 |

7-25 续表 1 continued

| 疾病名称 (ICD-10) | Category of Diseases | 未愈率 (%) Uncured Rate (%) | 病死率 (%) Mortality Rate (%) | 出院者平均住院日(日) Aveage Duration of Hospitalization for Patients Discharged from Hospitals (day) | 出院者平均医疗费用(元) Average Medical Expenses for Patients Discharged from Hospitals (yuan) |
|---|---|---|---|---|---|
| **总 计** | **Total** | **3.5** | **1.2** | **9.1** | **4676.1** |
| **1.传染病和寄生虫病小计** | **Infestious & Parasitic Diseases** | **5.0** | **1.0** | **10.3** | **3664.3** |
| #肠道传染病 | Intestinal Infectious Diseases | 1.6 | 0.3 | 4.7 | 1349.3 |
| #霍 乱 | Cholera | 1.8 | | 9.9 | 2874.6 |
| 伤寒和副伤寒 | Typhoid and Paratyphoid Fever | 3.2 | 0.1 | 6.4 | 3025.4 |
| 志贺菌病 | Shigellosis | 1.7 | 0.4 | 4.4 | 1098.0 |
| 结核病 | Tuberculosis | 7.4 | 0.9 | 12.2 | 4298.5 |
| #肺结核 | Tuberculosis of Lung | 8.7 | 1.2 | 11.3 | 3885.7 |
| 白 喉 | Diphtheria | | | | |
| 百日咳 | Whooping Cough | 4.0 | 0.8 | 6.1 | 1204.9 |
| 猩红热 | Scarlet Fever | 1.5 | | 5.3 | 868.8 |
| 性传播模式疾病 | Infections with a Predominantly Sexual Mode of Transmission | 4.3 | 0.2 | 8.8 | 2661.7 |
| #梅 毒 | Syphilis | 8.8 | 0.7 | 11.0 | 3313.8 |
| 淋球菌感染 | Gonococcal infection | 0.9 | | 7.2 | 1434.3 |
| 乙型脑炎 | Encephalitis B | 10.6 | 4.8 | 9.9 | 3975.2 |
| 斑疹伤寒 | Typhus | 2.4 | 0.7 | 5.3 | 2082.7 |
| 病毒性肝炎 | Viral Hepatitis | 6.0 | 1.0 | 16.4 | 6199.5 |
| 人类免疫缺陷病毒病(HIV) | Human Immunodeficiency Virus Disease | 40.8 | 9.2 | 6.7 | 4585.8 |
| 血吸虫病 | Schistosomiasis | 12.2 | | 10.9 | 5030.0 |
| 丝虫病 | Filariasis | 21.7 | | 7.5 | 3012.3 |
| 钩虫病 | Ancylostomiasis | 3.1 | | 5.6 | 2437.0 |
| **2.肿瘤小计** | **Neoplasms** | **11.5** | **3.5** | **13.1** | **8702.5** |
| 恶性肿瘤计 | Malignant Neoplasms | 16.1 | 5.3 | 15.0 | 10441.4 |
| #鼻咽恶性肿瘤 | Malignant Neoplasm of Nasopharynx | 13.0 | 3.3 | 18.4 | 10839.4 |
| 食管恶性肿瘤 | Malignant Neoplasm of Oesophagus | 14.7 | 4.2 | 16.2 | 11837.2 |
| 胃恶性肿瘤 | Malignant Neoplasm of Stomach | 14.9 | 3.8 | 15.0 | 12060.8 |
| 小肠恶性肿瘤 | Malignant Neoplasm of Small Intestine | 14.1 | 4.7 | 17.4 | 14622.4 |
| 结肠恶性肿瘤 | Malignant Neoplasm of Colon | 9.5 | 4.8 | 17.4 | 14152.0 |
| 直肠乙状结肠连接处、直肠、肛门和肛管恶性肿瘤 | Malignant Neoplasm of Rectosigmoid Junction, Rectum, Anus and Anal Canal | 10.7 | 3.0 | 17.5 | 13456.5 |
| 肝和肝内胆管恶性肿瘤 | Malignant Neoplasm of Liver and Intrahepatic Bile Ducts | 26.6 | 10.6 | 12.9 | 9279.4 |
| 喉恶性肿瘤 | Malignant Neoplasm of Larynx | 16.3 | 2.8 | 18.0 | 10847.3 |
| 气管、支气管、肺恶性肿瘤 | Malignant Neoplasm of Trachea, Bronchus and Lung | 22.3 | 8.8 | 14.2 | 9374.8 |
| 骨、关节软骨恶性肿瘤 | Malignant Neoplasms of Bone and Articular Cartilage | 21.6 | 3.6 | 15.3 | 9303.8 |
| 乳房恶性肿瘤 | Malignant Neoplasm of Breast | 3.9 | 2.0 | 16.5 | 10223.0 |
| 女性生殖器官恶性肿瘤 | Malignant Neoplasm of Female Genital Organs | 10.9 | 1.9 | 15.3 | 8790.1 |
| 男性生殖器官恶性肿瘤 | Malignant Neoplasm of Male Genital Organs | 11.2 | 3.0 | 16.0 | 9474.8 |
| 泌尿道恶性肿瘤 | Malignant Neoplasm of Urinary Tract | 8.1 | 2.8 | 16.4 | 10958.9 |
| 脑恶性肿瘤 | Malignant Neoplasm of Brain | 13.3 | 4.7 | 16.1 | 15642.0 |
| 白血病 | Leukaemia | 17.0 | 5.5 | 13.1 | 8522.0 |
| 原位癌计 | Carcinoma in Situ | 12.8 | 2.6 | 11.7 | 6446.5 |
| #子宫颈原位癌 | Carcinoma in Situ of Cervix Uteri | 3.9 | 0.2 | 10.4 | 6132.6 |

7-25 续表 2 continued

| 疾病名称 (ICD-10) | Category of Diseases | 出院人数(人次) Number of Patients Discharged from Hospitals (person-time) | 疾病构成(%) Composition of Diseases (%) | 治愈率(%) Cure Rate (%) | 好转率(%) Improvement Rate (%) |
|---|---|---|---|---|---|
| 良性肿瘤计 | Benign Neoplasms | 218889 | 2.6 | 89.0 | 8.2 |
| #皮肤良性肿瘤 | Benign Neoplasms of Skin | 4538 | 0.1 | 87.4 | 10.2 |
| 乳房良性肿瘤 | Benign Neoplasms of Breast | 17531 | 0.2 | 94.8 | 4.4 |
| 子宫平滑肌瘤 | Leiomyoma of Uterus | 77639 | 0.9 | 94.9 | 3.4 |
| 卵巢良性肿瘤 | Benign Neoplasm of Ovary | 21175 | 0.2 | 95.5 | 3.4 |
| 前列腺良性肿瘤 | Benign Neoplasm of Prostate | 40 | 0.0 | 52.5 | 35.0 |
| 甲状腺良性肿瘤 | Benign Neoplasm of Thyroid Gland | 20975 | 0.2 | 92.5 | 5.3 |
| 交界恶性肿瘤计 | Malignant Neoplasms of Borderline | 14747 | 0.2 | 33.5 | 50.5 |
| 动态未知的肿瘤计 | Neoplasms of Unknown Behaviour | 97 | 0.0 | 12.4 | 73.2 |
| 3.血液、造血器官及免疫疾病小计 | Diseases of the Blood and Blood Forming Organs and Certain Disorders Involving the Immune Mechanism | 72271 | 0.9 | 22.0 | 70.9 |
| #贫血 | Anaemias | 34686 | 0.4 | 11.8 | 79.1 |
| 4.内分泌、营养和代谢疾病小计 | Endocrine, Nutritional and Metabolic Diseases | 222915 | 2.6 | 26.8 | 70.0 |
| #甲状腺机能亢进 | Hyperthyroidism | 17020 | 0.2 | 24.6 | 71.6 |
| 糖尿病 | Diabetes Mellitus | 145617 | 1.7 | 11.8 | 85.7 |
| 5.精神和行为障碍小计 | Mental and Behavioural Disorders | 47332 | 0.6 | 30.8 | 64.4 |
| #使用精神活性物质的精神和行为障碍 | Mental and Behavioural Disorders due to Psychoactive Substance | 387 | 0.0 | 23.3 | 74.9 |
| 精神分裂症、分裂型障碍和妄想性障碍 | Schizophrenia, Schizotypal and Delusional Disorders | 4322 | 0.1 | 26.3 | 64.7 |
| 心境(情感)障碍 | Mood (Affective) Disorders | 3252 | 0.0 | 23.5 | 71.9 |
| 6.神经系统疾病小计 | Diseases of the Nervous System | 171207 | 2.0 | 29.1 | 64.9 |
| #中枢神经系统炎性疾病 | Inflammatory Diseases of the Central Nervous System | 9918 | 0.1 | 28.9 | 53.9 |
| 帕金森病 | Parkinson's Disease | 4712 | 0.1 | 8.2 | 88.1 |
| 癫　痫 | Epilepsy | 22221 | 0.3 | 19.2 | 71.5 |
| 7.眼和附器疾病小计 | Diseases of the Eye and Adnexa | 177354 | 2.1 | 84.0 | 13.9 |
| #晶状体疾患 | Disorders of Lens | 82938 | 1.0 | 95.6 | 2.9 |
| #老年性白内障 | Senile Cataract | 63060 | 0.7 | 95.9 | 2.7 |
| 视网膜脱离和断裂 | Retinal Detachments and Breaks | 10615 | 0.1 | 89.7 | 6.4 |
| 青光眼 | Glaucoma | 22438 | 0.3 | 77.5 | 21.0 |
| 8.耳和乳突疾病小计 | Diseases of the Ear and Mastoid Process | 41404 | 0.5 | 48.1 | 48.9 |
| #中耳和乳突疾病 | Diseases of Middle Ear and Mastoid | 12978 | 0.2 | 75.8 | 22.1 |
| 9.循环系统疾病小计 | Diseases of the Circulatory System | 1036931 | 12.2 | 20.0 | 73.0 |
| #急性风湿热 | Acute Rheumatic Fever | 2791 | 0.0 | 20.0 | 75.8 |
| #急性风湿性关节炎 | Acute Rheumatic Arthritis | 2306 | 0.0 | 20.7 | 76.1 |
| 慢性风湿性心脏病 | Chronic Rheumatic Heart Diseases | 24243 | 0.3 | 15.1 | 77.2 |
| 高血压 | Hypertension | 162804 | 1.9 | 13.2 | 85.0 |
| #高血压性心脏、肾脏病 | Hypertensive Heart and Renal Disease | 12388 | 0.1 | 10.2 | 86.9 |
| 缺血性心脏病 | Ischaemic Heart Disease | 239131 | 2.8 | 12.8 | 82.2 |
| #心绞痛 | Angina Pectoris | 25974 | 0.3 | 25.3 | 73.2 |
| 急性心肌梗死 | Acute Myocardial Infarction | 21878 | 0.3 | 18.4 | 63.6 |
| 其他缺血性心脏病 | Other Ischaemic Heart Disease | 191279 | 2.3 | 10.4 | 85.6 |
| 肺栓塞 | Pulmonary Embolism | 1690 | 0.0 | 18.3 | 61.6 |
| 心脏传导疾患和心律失常 | Heart Block and Cardiac Arrhythmias | 43381 | 0.5 | 30.2 | 66.6 |
| 心力衰竭 | Heart Failure | 14319 | 0.2 | 24.2 | 65.5 |

7-25 续表 3 continued

| 疾病名称 (ICD-10) | Category of Diseases | 未愈率 (%) Uncured Rate (%) | 病死率 (%) Mortality Rate (%) | 出院者平均住院日(日) Aveage Duration of Hospitalization for Patients Discharged from Hospitals (day) | 出院者平均医疗费用(元) Average Medical Expenses for Patients Discharged from Hospitals (yuan) |
|---|---|---|---|---|---|
| 良性肿瘤计 | Benign Neoplasms | 2.7 | 0.1 | 9.5 | 5527.7 |
| #皮肤良性肿瘤 | Benign Neoplasms of Skin | 2.4 | 0.0 | 8.0 | 3222.3 |
| 乳房良性肿瘤 | Benign Neoplasms of Breast | 0.9 | 0.0 | 6.1 | 2933.9 |
| 子宫平滑肌瘤 | Leiomyoma of Uterus | 1.8 | 0.0 | 9.7 | 5050.1 |
| 卵巢良性肿瘤 | Benign Neoplasm of Ovary | 1.1 | | 8.8 | 5191.9 |
| 前列腺良性肿瘤 | Benign Neoplasm of Prostate | 12.5 | | 12.3 | 7417.1 |
| 甲状腺良性肿瘤 | Benign Neoplasm of Thyroid Gland | 2.2 | 0.0 | 7.6 | 3960.5 |
| 交界恶性肿瘤计 | Malignant Neoplasms of Borderline | 14.2 | 1.9 | 12.1 | 7742.7 |
| 动态未知的肿瘤计 | Neoplasms of Unknown Behaviour | 11.3 | 3.1 | 10.4 | 5294.0 |
| 3.血液、造血器官及免疫疾病小计 | Diseases of the Blood and Blood Forming Organs and Certain Disorders Involving the Immune Mechanism | 6.4 | 0.8 | 8.9 | 3940.3 |
| #贫血 | Anaemias | 8.1 | 1.0 | 7.8 | 3763.2 |
| 4.内分泌、营养和代谢疾病小计 | Endocrine, Nutritional and Metabolic Diseases | 2.3 | 0.9 | 11.4 | 5138.5 |
| #甲状腺机能亢进 | Hyperthyroidism | 3.2 | 0.6 | 10.1 | 3569.4 |
| 糖尿病 | Diabetes Mellitus | 1.4 | 1.0 | 12.8 | 5660.2 |
| 5.精神和行为障碍小计 | Mental and Behavioural Disorders | 4.5 | 0.3 | 8.1 | 2811.2 |
| #使用精神活性物质的精神和行为障碍 | Mental and Behavioural Disorders due to Psychoactive Substance | 1.3 | 0.5 | 7.6 | 1749.9 |
| 精神分裂症、分裂型障碍和妄想性障碍 | Schizophrenia, Schizotypal and Delusional Disorders | 8.8 | 0.2 | 16.4 | 3908.4 |
| 心境(情感)障碍 | Mood (Affective) Disorders | 4.5 | 0.2 | 15.0 | 4156.7 |
| 6.神经系统疾病小计 | Diseases of the Nervous System | 5.0 | 1.0 | 9.8 | 4910.8 |
| #中枢神经系统炎性疾病 | Inflammatory Diseases of the Central Nervous System | 13.4 | 3.8 | 11.2 | 6017.7 |
| 帕金森病 | Parkinson's Disease | 2.8 | 0.9 | 13.8 | 7694.7 |
| 癫　痫 | Epilepsy | 8.6 | 0.8 | 6.5 | 3078.7 |
| 7.眼和附器疾病小计 | Diseases of the Eye and Adnexa | 2.1 | 0.0 | 7.7 | 3645.2 |
| #晶状体疾患 | Disorders of Lens | 1.5 | 0.0 | 5.9 | 4237.7 |
| #老年性白内障 | Senile Cataract | 1.4 | 0.0 | 5.8 | 4169.1 |
| 视网膜脱离和断裂 | Retinal Detachments and Breaks | 3.9 | | 11.1 | 5399.1 |
| 青光眼 | Glaucoma | 1.4 | | 10.1 | 3159.9 |
| 8.耳和乳突疾病小计 | Diseases of the Ear and Mastoid Process | 2.9 | 0.0 | 9.7 | 3423.1 |
| #中耳和乳突疾病 | Diseases of Middle Ear and Mastoid | 2.1 | 0.0 | 10.8 | 4168.4 |
| 9.循环系统疾病小计 | Diseases of the Circulatory System | 4.2 | 2.9 | 11.1 | 6118.4 |
| #急性风湿热 | Acute Rheumatic Fever | 3.8 | 0.5 | 9.9 | 2792.1 |
| #急性风湿性关节炎 | Acute Rheumatic Arthritis | 3.1 | 0.0 | 10.2 | 2740.4 |
| 慢性风湿性心脏病 | Chronic Rheumatic Heart Diseases | 4.9 | 2.8 | 10.5 | 6118.3 |
| 高血压 | Hypertension | 1.1 | 0.7 | 10.4 | 4746.7 |
| #高血压性心脏、肾脏病 | Hypertensive Heart and Renal Disease | 1.4 | 1.5 | 10.9 | 5817.7 |
| 缺血性心脏病 | Ischaemic Heart Disease | 2.1 | 2.9 | 10.7 | 6605.0 |
| #心绞痛 | Angina Pectoris | 0.9 | 0.6 | 10.6 | 8013.8 |
| 急性心肌梗死 | Acute Myocardial Infarction | 5.2 | 12.8 | 10.1 | 11402.7 |
| 其他缺血性心脏病 | Other Ischaemic Heart Disease | 1.9 | 2.1 | 10.7 | 5864.9 |
| 肺栓塞 | Pulmonary Embolism | 6.4 | 13.7 | 13.9 | 10894.2 |
| 心脏传导疾患和心律失常 | Heart Block and Cardiac Arrhythmias | 2.6 | 0.5 | 8.0 | 6923.0 |
| 心力衰竭 | Heart Failure | 3.3 | 7.1 | 10.0 | 5255.0 |

## 7-25 续表 4 continued

| 疾病名称 (ICD-10) | Category of Diseases | 出院人数(人次) Number of Patients Discharged from Hospitals (person-time) | 疾病构成(%) Composition of Diseases (%) | 治愈率(%) Cure Rate (%) | 好转率(%) Improvement Rate (%) |
|---|---|---|---|---|---|
| 脑血管病 | Cerebrovascular Diseases | 391933 | 4.6 | 17.9 | 71.2 |
| #颅内出血 | Intracranial Haemorrhage | 114246 | 1.3 | 20.7 | 56.3 |
| 脑梗死 | Cerebral Infarction | 204934 | 2.4 | 14.6 | 79.6 |
| 大脑动脉闭塞和狭窄 | Occlusion and Stenosis of Cerebral Arteries | 18186 | 0.2 | 25.4 | 65.5 |
| 静脉炎和血栓性静脉炎、静脉栓塞和血栓形成 | Phlebitis and thrombophlebitis,Venous Embolism and Thrombosis | 8330 | 0.1 | 30.5 | 64.7 |
| 下肢静脉曲张 | Varicose Veins of Lower Extremities | 15126 | 0.2 | 83.2 | 13.6 |
| 10.呼吸系统疾病小计 | Diseases of the Respiratory System | 1133761 | 13.4 | 52.9 | 44.2 |
| #急性上呼吸道感染 | Acute Upper Respiratory Infections | 255950 | 3.0 | 62.5 | 36.4 |
| 流行性感冒 | Influenza | 226 | 0.0 | 59.7 | 38.9 |
| 肺　炎 | Pneumonia | 312887 | 3.7 | 52.8 | 44.6 |
| 慢性扁桃体和腺样体疾病 | Chronic Disease of Tonsils and Adenoids | 26836 | 0.3 | 93.5 | 5.1 |
| 支气管炎、肺气肿和其他慢性阻塞性肺病 | Bronchitis,Emphysema and Other Chronic Obstructive Pulmonary Disease | 173248 | 2.0 | 24.7 | 71.1 |
| 哮　喘 | Asthma | 33998 | 0.4 | 32.1 | 66.1 |
| 外部物质引起的肺病 | Lung Diseases due to External Agents | 4510 | 0.1 | 25.8 | 64.6 |
| 11.消化系统疾病小计 | Diseases of the Digestive System | 1119039 | 13.2 | 64.1 | 32.9 |
| #口腔、涎腺和颌疾病 | Diseases of Oral Cavity, Salivary Glands and Jaws | 19597 | 0.2 | 74.0 | 23.4 |
| #牙齿及牙周病 | Gingivitis and Periodontal Diseases | 3329 | 0.0 | 78.1 | 19.9 |
| 胃及十二指肠溃疡 | Gastric Ulcer and Duodenal Ulcer | 64562 | 0.8 | 40.5 | 57.5 |
| 阑尾疾病 | Diseases of Appendix | 176437 | 2.1 | 87.9 | 11.4 |
| 疝　计 | Hernia | 91873 | 1.1 | 93.2 | 4.8 |
| #腹股沟疝 | Inguinal Hernia | 84952 | 1.0 | 93.9 | 4.2 |
| 肠梗阻 | Ileus | 48516 | 0.6 | 63.4 | 31.2 |
| 肝疾病 | Diseases of Liver | 76301 | 0.9 | 13.2 | 74.8 |
| 胆石病和胆囊炎 | Cholelithiasis and Cholecystitis | 217355 | 2.6 | 77.4 | 20.8 |
| 急性胰腺炎 | Acute Pancreatitis | 37121 | 0.4 | 55.8 | 40.1 |
| 12.皮肤和皮下组织疾病小计 | Diseases of the Skin and Subcutanceous Tissue | 61785 | 0.7 | 59.2 | 38.4 |
| #皮炎及湿疹 | Dermatitis and Eczema | 11275 | 0.1 | 54.6 | 43.8 |
| 牛皮癣 | Psoriasis | 2650 | 0.0 | 27.4 | 71.1 |
| 荨麻疹 | Urticaria | 6806 | 0.1 | 67.2 | 31.7 |
| 13.肌肉骨骼系统和结缔组织疾病小计 | Diseases of the Musculoskeketal System and Connective Tissue | 170792 | 2.0 | 38.2 | 58.6 |
| #类风湿性关节炎和其他炎性多关节病 | Rheumatoid Arthritis and Inflammatory Polyarthropathies | 19840 | 0.2 | 19.7 | 78.1 |
| 关节病 | Arthrosis | 5972 | 0.1 | 46.1 | 51.2 |
| 系统性结缔组织病 | Systemic Connective Tissue Disorders | 21566 | 0.3 | 12.1 | 82.1 |
| #系统性红斑狼疮 | Systemic Lupus Erythematosus | 12864 | 0.2 | 9.1 | 85.3 |
| 脊椎关节强硬 | Spondylosis | 17199 | 0.2 | 25.1 | 72.9 |
| 椎间盘疾患 | Intervertebral Disc Disorders | 47295 | 0.6 | 42.0 | 55.6 |
| 骨病和软骨病 | Osteopathies and Chondropathies | 17887 | 0.2 | 50.4 | 44.9 |
| #骨密度和结构的疾患 | Disorders of Bone Density and Structure | 8445 | 0.1 | 50.9 | 45.0 |
| 骨髓炎 | Osteomyelitis | 3272 | 0.0 | 46.5 | 49.2 |
| 14.泌尿生殖系统疾病小计 | Diseases of the Genitourinary System | 493723 | 5.8 | 61.3 | 34.6 |
| #肾小球疾病 | Glomerular Diseases | 43603 | 0.5 | 12.1 | 82.4 |
| 肾小管-间质疾病 | Renal Tubulo-interstitial Diseases | 25218 | 0.3 | 57.3 | 38.5 |
| 肾衰竭 | Renal Failure | 40291 | 0.5 | 10.0 | 76.8 |
| 尿石病 | Urolithiasis | 86283 | 1.0 | 62.1 | 34.8 |
| 膀胱炎 | Cystitis | 5468 | 0.1 | 66.5 | 32.1 |

7-25 续表 5 continued

| 疾病名称 (ICD-10) | Category of Diseases | 未愈率(%) Uncured Rate (%) | 病死率(%) Mortality Rate (%) | 出院者平均住院日(日) Aveage Duration of Hospitalization for Patients Discharged from Hospitals (day) | 出院者平均医疗费用(元) Average Medical Expenses for Patients Discharged from Hospitals (yuan) |
|---|---|---|---|---|---|
| 脑血管病 | Cerebrovascular Diseases | 6.9 | 4.0 | 12.7 | 6694.3 |
| #颅内出血 | Intracranial Haemorrhage | 14.1 | 8.9 | 12.9 | 7792.1 |
| 脑梗死 | Cerebral Infarction | 3.9 | 1.9 | 12.8 | 6325.1 |
| 大脑动脉闭塞和狭窄 | Occlusion and Stenosis of Cerebral Arteries | 6.3 | 2.9 | 11.5 | 5942.8 |
| 静脉炎和血栓性静脉炎、静脉栓塞和血栓形成 | Phlebitis and thrombophlebitis,Venous Embolism and Thrombosis | 4.4 | 0.5 | 12.3 | 8176.7 |
| 下肢静脉曲张 | Varicose Veins of Lower Extremities | 3.1 | 0.0 | 10.2 | 4784.6 |
| 10.呼吸系统疾病小计 | Diseases of the Respiratory System | 1.9 | 0.9 | 7.5 | 2902.9 |
| #急性上呼吸道感染 | Acute Upper Respiratory Infections | 1.0 | 0.0 | 4.6 | 1166.2 |
| 流行性感冒 | Influenza | 1.3 | | 6.3 | 1699.9 |
| 肺　炎 | Pneumonia | 1.8 | 0.8 | 7.4 | 2293.5 |
| 慢性扁桃体和腺样体疾病 | Chronic Disease of Tonsils and Adenoids | 1.4 | | 6.2 | 2490.0 |
| 支气管炎、肺气肿和其他慢性阻塞性肺病 | Bronchitis,Emphysema and Other Chronic Obstructive Pulmonary Disease | 2.4 | 1.9 | 10.6 | 5133.4 |
| 哮　喘 | Asthma | 1.3 | 0.6 | 7.4 | 2946.0 |
| 外部物质引起的肺病 | Lung Diseases due to External Agents | 4.7 | 4.8 | 12.2 | 6649.7 |
| 11.消化系统疾病小计 | Diseases of the Digestive System | 2.5 | 0.6 | 8.1 | 4179.6 |
| #口腔、涎腺和颌疾病 | Diseases of Oral Cavity, Salivary Glands and Jaws | 2.5 | 0.0 | 7.7 | 3166.8 |
| #牙齿及牙周病 | Gingivitis and Periodontal Diseases | 1.9 | | 8.0 | 3849.6 |
| 胃及十二指肠溃疡 | Gastric Ulcer and Duodenal Ulcer | 1.5 | 0.4 | 8.6 | 4700.1 |
| 阑尾疾病 | Diseases of Appendix | 0.7 | 0.0 | 6.3 | 2945.4 |
| 疝　气 | Hernia | 2.0 | 0.1 | 7.6 | 3567.3 |
| #腹股沟疝 | Inguinal Hernia | 1.8 | 0.0 | 7.4 | 3428.2 |
| 肠梗阻 | Ileus | 4.5 | 0.8 | 7.4 | 3867.9 |
| 肝疾病 | Diseases of Liver | 8.7 | 3.3 | 13.6 | 7257.3 |
| 胆石病和胆囊炎 | Cholelithiasis and Cholecystitis | 1.7 | 0.1 | 9.2 | 5743.4 |
| 急性胰腺炎 | Acute Pancreatitis | 3.1 | 1.1 | 10.7 | 8185.9 |
| 12.皮肤和皮下组织疾病小计 | Diseases of the Skin and Subcutaneous Tissue | 2.3 | 0.2 | 10.2 | 3338.3 |
| #皮炎及湿疹 | Dermatitis and Eczema | 1.5 | 0.1 | 9.6 | 2647.3 |
| 牛皮癣 | Psoriasis | 1.3 | 0.2 | 18.7 | 5332.1 |
| 荨麻疹 | Urticaria | 1.1 | | 5.6 | 1306.2 |
| 13.肌肉骨骼系统和结缔组织疾病小计 | Diseases of the Musculoskeketal System and Connective Tissue | 3.0 | 0.2 | 12.1 | 6226.7 |
| #类风湿性关节炎和其他炎性多关节病 | Rheumatoid Arthritis and Inflammatory Polyarthropathies | 2.0 | 0.2 | 13.1 | 5565.5 |
| 关节病 | Arthrosis | 2.7 | 0.1 | 13.8 | 10795.1 |
| 系统性结缔组织病 | Systemic Connective Tissue Disorders | 4.4 | 1.4 | 12.9 | 5582.4 |
| #系统性红斑狼疮 | Systemic Lupus Erythematosus | 4.1 | 1.5 | 12.5 | 5423.4 |
| 脊椎关节强硬 | Spondylosis | 2.0 | 0.0 | 10.9 | 6667.2 |
| 椎间盘疾患 | Intervertebral Disc Disorders | 2.4 | 0.0 | 12.1 | 5576.3 |
| 骨病和软骨病 | Osteopathies and Chondropathies | 4.5 | 0.1 | 13.7 | 8858.5 |
| #骨密度和结构的疾患 | Disorders of Bone Density and Structure | 3.9 | 0.1 | 13.1 | 7110.8 |
| 骨髓炎 | Osteomyelitis | 4.2 | 0.1 | 15.4 | 5889.1 |
| 14.泌尿生殖系统疾病小计 | Diseases of the Genitourinary System | 3.6 | 0.4 | 9.5 | 4394.3 |
| #肾小球疾病 | Glomerular Diseases | 4.8 | 0.7 | 12.2 | 4543.1 |
| 肾小管-间质疾病 | Renal Tubulo-interstitial Diseases | 4.0 | 0.2 | 11.4 | 5168.0 |
| 肾衰竭 | Renal Failure | 8.9 | 4.2 | 12.7 | 7595.4 |
| 尿石病 | Urolithiasis | 3.1 | 0.0 | 7.8 | 3682.1 |
| 膀胱炎 | Cystitis | 1.4 | 0.1 | 10.3 | 4273.9 |

7-25 续表 6 continued

| 疾病名称 (ICD-10) | Category of Diseases | 出院人数 (人次) Number of Patients Discharged from Hospitals (person-time) | 疾病构成 (%) Composition of Diseases (%) | 治愈率 (%) Cure Rate (%) | 好转率 (%) Improvement Rate (%) |
|---|---|---|---|---|---|
| 尿道狭窄 | Urethral Stricture | 3258 | 0.0 | 67.8 | 26.9 |
| 男性生殖器官疾病 | Diseases of Male Genital Organs | 80991 | 1.0 | 72.5 | 24.9 |
| #前列腺增生 | Hyperplasia of Prostate | 46168 | 0.5 | 65.4 | 31.4 |
| 乳房疾患 | Disorders of Breast | 20152 | 0.2 | 84.7 | 12.2 |
| 女性盆腔器官炎性疾病 | Inflammatory Diseases of Female Pelvic Organs | 44661 | 0.5 | 72.2 | 26.3 |
| 子宫内膜异位 | Endometriosis | 24747 | 0.3 | 91.4 | 6.8 |
| 女性生殖器脱垂 | Female Genital Prolapse | 8467 | 0.1 | 91.8 | 4.5 |
| 15.妊娠、分娩和产褥期小计 | Pregnancy,Childbirth and the Puerperium | 944488 | 11.1 | 95.5 | 3.9 |
| #异位妊娠 | Ectopic Pregnancy | 63972 | 0.8 | 88.2 | 10.3 |
| 医疗性流产 | Medical Abortion | 60301 | 0.7 | 99.6 | 0.3 |
| 妊娠、分娩和产褥期的水肿、蛋白尿和高血压疾患 | Oedema, Proteinuria and Hypertensive Disorders in Pregnancy, Childbirth and the Puerperium | 19154 | 0.2 | 81.0 | 16.8 |
| 前置胎盘、胎盘早剥和产前出血 | | 7978 | 0.1 | 82.2 | 15.4 |
| 梗阻性分娩 | Obstructed Labour | 60285 | 0.7 | 99.0 | 0.9 |
| 分娩时会阴、阴道裂伤 | Perineal and Vagina Laceration During Delivery | 14456 | 0.2 | 99.3 | 0.5 |
| 产后出血 | Postpartum Haemorrhage | 11607 | 0.1 | 93.6 | 5.4 |
| 顺　产 | Spontaneous Delivery | 256008 | 3.0 | 99.6 | 0.4 |
| 16.起源于围生期的某些情况小计 | Certain Conditions Originating in the Perinatal Period | 146562 | 1.7 | 51.7 | 41.5 |
| #产　伤 | Birth Trauma | 988 | 0.0 | 40.4 | 49.8 |
| 出生窒息 | Birth Asphyxia | 30554 | 0.4 | 45.2 | 45.7 |
| 新生儿吸入综合征 | Neonatal Aspiration Syndromes | 11868 | 0.1 | 58.6 | 35.9 |
| 特发于围生期的感染 | Infections Specific to the Perinatal Period | 8322 | 0.1 | 53.4 | 40.1 |
| 胎儿和新生儿的溶血性疾病 | Haemolytic Disease of Fetus and Newborn | 1964 | 0.0 | 62.8 | 34.4 |
| 新生儿硬化病 | Sclerema Neonatorum | 937 | 0.0 | 58.5 | 32.4 |
| 17.先天性畸形、变形和染色体异常小计 | Congenital Malformations,Deformations and Chromosomal Abnormalities | 67588 | 0.8 | 75.5 | 16.5 |
| #脊柱裂 | Spina Bifida | 354 | 0.0 | 62.7 | 24.0 |
| 神经系统其他先天性畸形 | Other Congenital Malformations of Nervous System | 1094 | 0.0 | 35.6 | 47.5 |
| 循环系统先天性畸形 | Congenital Malformations of the Circulatory System | 20060 | 0.2 | 63.0 | 22.9 |
| 消化系统其他先天性畸形 | Other Congenital Malformations of the Digestive System | 3732 | 0.0 | 63.1 | 23.1 |
| 泌尿系统其他先天性畸形 | Other Congenital Malformations of the Urinary System | 5406 | 0.1 | 86.5 | 9.0 |
| 肌肉骨骼系统其他先天性畸形 | Other Congenital Malformations of the Musculoskeletal System | 4244 | 0.1 | 75.8 | 18.5 |
| 18.症状、体征和临床与实验异常所见小计 | Symptoms,Signs and Abnormal Clinical and Laboratory Fingdings | 100477 | 1.2 | 42.7 | 42.9 |
| 19.损伤、中毒小计 | Injury and Poisoning | 1145307 | 13.5 | 50.4 | 45.1 |
| #骨　折 | Fracture | 360926 | 4.3 | 45.2 | 50.4 |
| #颅骨和面骨骨折 | Fracture of Skull and Facial Bones | 40328 | 0.5 | 46.2 | 49.3 |
| 股骨骨折 | Fracture of Femur | 54465 | 0.6 | 52.9 | 41.0 |
| 多部位骨折 | Fractures Involving Multiple Body Regions | 5126 | 0.1 | 44.6 | 49.6 |
| 颅内损伤 | Intracranial Injury | 185116 | 2.2 | 44.2 | 46.4 |
| 烧伤和腐蚀伤 | Burns and Corrosions | 37451 | 0.4 | 49.9 | 46.2 |
| 药物、药剂和生物制品中毒 | Poisoning by Drugs, Medicaments and Biological Substances | 17002 | 0.2 | 43.1 | 52.8 |
| 非药用物质的毒性效应 | Toxic Effects of Substances Chiefly Nonmedicinal as to Source | 43944 | 0.5 | 38.9 | 53.8 |
| 手术和医疗的并发症计 | Complications of Surgical and Medical Care | 16275 | 0.2 | 67.8 | 29.7 |
| #操作并发症 | Complications of Procedures | 8746 | 0.1 | 66.0 | 31.6 |
| 假体装置、植入物和移植物并发症 | Complications of Prosthetic Devices, Implants and Grafts | 3922 | 0.0 | 80.8 | 17.0 |
| 20.影响健康状态和与保健机构接触因素小计 | Factors Influencing Health Status and Contact with Health Services | 394746 | 4.7 | 81.8 | 17.4 |

7-25 续表 7 continued

| 疾病名称 (ICD-10) | Category of Diseases | 未愈率 (%) Uncured Rate (%) | 病死率 (%) Mortality Rate (%) | 出院者平均住院日(日) Aveage Duration of Hospitalization for Patients Discharged from Hospitals (day) | 出院者平均医疗费用(元) Average Medical Expenses for Patients Discharged from Hospitals (yuan) |
|---|---|---|---|---|---|
| 尿道狭窄 | Urethral Stricture | 5.3 | 0.0 | 12.6 | 4992.3 |
| 男性生殖器官疾病 | Diseases of Male Genital Organs | 2.6 | 0.1 | 11.1 | 5100.0 |
| #前列腺增生 | Hyperplasia of Prostate | 3.1 | 0.1 | 13.7 | 7050.6 |
| 乳房疾患 | Disorders of Breast | 3.1 | 0.0 | 7.0 | 3242.1 |
| 女性盆腔器官炎性疾病 | Inflammatory Diseases of Female Pelvic Organs | 1.5 | | 7.4 | 2577.3 |
| 子宫内膜异位 | Endometriosis | 1.8 | | 9.5 | 5493.6 |
| 女性生殖器脱垂 | Female Genital Prolapse | 3.8 | 0.0 | 10.6 | 4911.7 |
| 15.妊娠、分娩和产褥期小计 | Pregnancy,Childbirth and the Puerperium | 0.6 | 0.0 | 5.3 | 2417.2 |
| #异位妊娠 | Ectopic Pregnancy | 1.5 | 0.0 | 7.3 | 3853.5 |
| 医疗性流产 | Medical Abortion | 0.1 | | 3.6 | 936.3 |
| 妊娠、分娩和产褥期的水肿、蛋白尿和高血压疾患 | Oedema, Proteinuria and Hypertensive Disorders in Pregnancy, Childbirth and the Puerperium | 2.1 | 0.1 | 7.0 | 3699.9 |
| 前置胎盘、胎盘早剥和产前出血 | | 2.3 | 0.1 | 7.9 | 3681.8 |
| 梗阻性分娩 | Obstructed Labour | 0.2 | 0.0 | 6.8 | 3509.9 |
| 分娩时会阴、阴道裂伤 | Perineal and Vagina Laceration During Delivery | 0.1 | | 3.4 | 1840.0 |
| 产后出血 | Postpartum Haemorrhage | 0.5 | 0.5 | 5.7 | 3486.9 |
| 顺　产 | Spontaneous Delivery | 0.0 | 0.0 | 3.6 | 1336.0 |
| 16.起源于围生期的某些情况小计 | Certain Conditions Originating in the Perinatal Period | 5.0 | 1.8 | 6.1 | 2260.2 |
| #产　伤 | Birth Trauma | 8.5 | 1.3 | 6.5 | 2250.7 |
| 出生窒息 | Birth Asphyxia | 6.1 | 3.1 | 6.6 | 2518.6 |
| 新生儿吸入综合征 | Neonatal Aspiration Syndromes | 4.0 | 1.4 | 6.0 | 2550.5 |
| 特发于围生期的感染 | Infections Specific to the Perinatal Period | 5.4 | 1.1 | 6.1 | 2094.8 |
| 胎儿和新生儿的溶血性疾病 | Haemolytic Disease of Fetus and Newborn | 2.6 | 0.2 | 6.0 | 2612.3 |
| 新生儿硬化病 | Sclerema Neonatorum | 6.1 | 3.0 | 6.5 | 2221.4 |
| 17.先天性畸形、变形和染色体异常小计 | Congenital Malformations,Deformations and Chromosomal Abnormalities | 7.2 | 0.9 | 10.4 | 7581.8 |
| #脊柱裂 | Spina Bifida | 12.7 | 0.6 | 16.2 | 7717.4 |
| 神经系统其他先天性畸形 | Other Congenital Malformations of Nervous System | 15.9 | 1.0 | 11.3 | 6639.2 |
| 循环系统先天性畸形 | Congenital Malformations of the Circulatory System | 11.8 | 2.3 | 12.1 | 15366.2 |
| 消化系统其他先天性畸形 | Other Congenital Malformations of the Digestive System | 12.6 | 1.2 | 11.1 | 5531.4 |
| 泌尿系统其他先天性畸形 | Other Congenital Malformations of the Urinary System | 4.5 | | 10.7 | 4351.3 |
| 肌肉骨骼系统其他先天性畸形 | Other Congenital Malformations of the Musculoskeletal System | 5.4 | 0.3 | 8.8 | 4245.7 |
| 18.症状、体征和临床与实验异常所见小计 | Symptoms,Signs and Abnormal Clinical and Laboratory Fingdings | 11.0 | 3.4 | 6.5 | 3080.4 |
| 19.损伤、中毒小计 | Injury and Poisoning | 3.2 | 1.3 | 10.3 | 5416.2 |
| #骨　折 | Fracture | 4.2 | 0.2 | 12.8 | 7530.7 |
| #颅骨和面骨骨折 | Fracture of Skull and Facial Bones | 4.1 | 0.4 | 10.2 | 4935.4 |
| 股骨骨折 | Fracture of Femur | 5.7 | 0.4 | 15.9 | 12165.7 |
| 多部位骨折 | Fractures Involving Multiple Body Regions | 4.5 | 1.2 | 16.3 | 12494.5 |
| 颅内损伤 | Intracranial Injury | 4.2 | 5.2 | 11.0 | 7008.8 |
| 烧伤和腐蚀伤 | Burns and Corrosions | 3.2 | 0.8 | 10.9 | 4699.6 |
| 药物、药剂和生物制品中毒 | Poisoning by Drugs, Medicaments and Biological Substances | 2.5 | 1.5 | 3.2 | 1816.4 |
| 非药用物质的毒性效应 | Toxic Effects of Substances Chiefly Nonmedicinal as to Source | 4.4 | 2.9 | 4.8 | 2649.5 |
| 手术和医疗的并发症计 | Complications of Surgical and Medical Care | 2.1 | 0.4 | 11.0 | 5246.2 |
| #操作并发症 | Complications of Procedures | 2.0 | 0.4 | 13.0 | 5294.1 |
| 假体装置、植入物和移植物并发症 | Complications of Prosthetic Devices, Implants and Grafts | 2.0 | 0.1 | 10.0 | 6337.8 |
| 20.影响健康状态和与保健机构接触因素小计 | Factors Influencing Health Status and Contact with Health Services | 0.8 | 0.1 | 9.3 | 6017.2 |

# 7-26 城乡居民主要疾病死亡率及构成（2006年）

| 疾病名称 | Category of Diseases | 粗死亡率（1/10万）Crude Death Rate (per 100000 persons) |
|---|---|---|
| **城市居民** | **Urban Residents** | |
| 传染病(不含呼吸道结核) | Subtotal of infectious diseases(Exclude Respiratory Tuberculosis) | 4.24 |
| 呼吸道结核 | Respiratory tuberculosis | 1.92 |
| 寄生虫病 | Subtotal of parasitic diseases | 0.23 |
| 恶性肿瘤 | Subtotal of malignant neoplasm | 144.57 |
| 血液、造血器官及免疫疾病 | Total of diseases of the blood and blood-forming organs and certain disorders involving the immune mechanism | 1.44 |
| 内分泌、营养和代谢疾病 | Total of endocrine, nutritional and metabolic diseases | 17.59 |
| 精神障碍 | Total of mental and behavioural disorders | 3.44 |
| 神经系统疾病 | Total of diseases of the nervous sytem | 4.95 |
| 心脏病 | Subtotal of heart diseases | 93.69 |
| 脑血管病 | Cerebrovascular diseases | 90.72 |
| 呼吸系统疾病 | Total of diseases of the respiratory system | 69.29 |
| 消化系统疾病 | Total of diseases of the digestive system | 15.61 |
| 肌肉骨骼和结缔组织疾病 | Total of diseases of the musculoskeletal system and connective tissue | 1.22 |
| 泌尿生殖系统疾病 | Total of diseases of the genitourinary system | 7.28 |
| 妊娠、分娩和产褥期并发症 | Total of pregnancy, childbirth and the puerperium | 0.15 |
| 起源于围生期某些情况 | Total of certain conditions originating in the perinatal period | 2.74 |
| 先天畸形、变性和染色体异常 | Total of congenital malformations, deformations, and chromosomal abnormalities | 2.05 |
| 诊断不明 | Total of symptoms, signs and abnormal clinical and laboratory findings, not elsewhere | 6.83 |
| 其他疾病 | Total of other diseases | 12.78 |
| 损伤、中毒和外部原因 | Total of external causes of morbidity and mortality | 32.36 |
| **农村居民** | **Rural Residents** | |
| 传染病(不含呼吸道结核) | Subtotal of infectious diseases(Exclude Respiratory Tuberculosis) | 3.59 |
| 呼吸道结核 | Respiratory tuberculosis | 2.70 |
| 寄生虫病 | Subtotal of parasitic diseases | 0.05 |
| 恶性肿瘤 | Subtotal of malignant neoplasm | 130.23 |
| 血液、造血器官及免疫疾病 | Total of diseases of the blood and blood-forming organs and certain disorders involving the immune mechanism | 0.79 |
| 内分泌、营养和代谢疾病 | Total of endocrine, nutritional and metabolic diseases | 8.16 |
| 精神障碍 | Total of mental and behavioural disorders | 3.77 |
| 神经系统疾病 | Total of diseases of the nervous sytem | 4.16 |
| 心脏病 | Subtotal of heart diseases | 71.84 |
| 脑血管病 | Cerebrovascular diseases | 105.48 |
| 呼吸系统疾病 | Total of diseases of the respiratory system | 84.94 |
| 消化系统疾病 | Total of diseases of the digestive system | 17.00 |
| 肌肉骨骼和结缔组织疾病 | Total of diseases of the musculoskeletal system and connective tissue | 1.01 |
| 泌尿生殖系统疾病 | Total of diseases of the genitourinary system | 6.65 |
| 妊娠、分娩和产褥期并发症 | Total of pregnancy, childbirth and the puerperium | 0.27 |
| 起源于围生期某些情况 | Total of certain conditions originating in the perinatal period | 3.91 |
| 先天畸形、变性和染色体异常 | Total of congenital malformations, deformations, and chromosomal abnormalities | 2.20 |
| 诊断不明 | Total of symptoms, signs and abnormal clinical and laboratory findings, not elsewhere | 1.94 |
| 其他疾病 | Total of other diseases | 12.12 |
| 损伤、中毒和外部原因 | Total of external causes of morbidity and mortality | 46.12 |

# Death Rate and Composition by Cause of Major Diseases in Urban and Rural Areas (2006)

| 合计 Total | | | 男 Male | | | | 女 Female | | | |
|---|---|---|---|---|---|---|---|---|---|---|
| 标化死亡率 (1/10万) Standardized Death Rate (per 100000 persons) | 构成 (%) Composition (%) | 位次 Rank | 粗死亡率 (1/10万) Crude Death Rate (per 100000 persons) | 标化死亡率 (1/10万) Standardized Death Rate (per 100000 persons) | 构成 (%) Composition (%) | 位次 Rank | 粗死亡率 (1/10万) Crude Death Rate (per 100000 persons) | 标化死亡率 (1/10万) Standardized Death Rate (per 100000 persons) | 构成 (%) Composition (%) | 位次 Rank |
| | | | | | | | | | | |
| 3.27 | 0.80 | 12 | 5.62 | 4.28 | 0.94 | 11 | 2.81 | 2.23 | 0.61 | 13 |
| 1.22 | 0.36 | 16 | 2.92 | 1.78 | 0.49 | 15 | 0.89 | 0.59 | 0.19 | 18 |
| 0.13 | 0.04 | 19 | 0.21 | 0.12 | 0.04 | 19 | 0.24 | 0.15 | 0.05 | 20 |
| 90.67 | 27.25 | 1 | 181.32 | 110.79 | 30.45 | 1 | 106.71 | 68.37 | 23.02 | 1 |
| 1.01 | 0.27 | 17 | 1.4 | 0.99 | 0.23 | 17 | 1.48 | 1.03 | 0.32 | 17 |
| | | | | | | | | | | |
| 10.33 | 3.32 | 6 | 15.08 | 8.57 | 2.53 | 7 | 20.17 | 12.28 | 4.35 | 6 |
| 1.96 | 0.65 | 13 | 2.99 | 1.7 | 0.5 | 14 | 3.9 | 2.26 | 0.84 | 12 |
| 3.73 | 0.93 | 11 | 5.35 | 4.01 | 0.9 | 12 | 4.54 | 3.4 | 0.98 | 11 |
| 52.97 | 17.66 | 2 | 95.95 | 52.61 | 16.11 | 3 | 91.36 | 53.1 | 19.71 | 2 |
| 51.69 | 17.1 | 3 | 97.28 | 53.67 | 16.34 | 2 | 83.96 | 49.13 | 18.11 | 3 |
| 38.89 | 13.06 | 4 | 76.88 | 40.95 | 12.91 | 4 | 61.47 | 35.69 | 13.26 | 4 |
| 9.65 | 2.94 | 7 | 18.73 | 11.56 | 3.14 | 6 | 12.4 | 7.68 | 2.67 | 8 |
| 0.78 | 0.23 | 18 | 0.75 | 0.46 | 0.13 | 18 | 1.71 | 1.11 | 0.37 | 16 |
| 4.52 | 1.37 | 9 | 7.69 | 4.59 | 1.29 | 10 | 6.85 | 4.36 | 1.48 | 9 |
| 0.17 | 0.03 | 20 | | | | | 0.3 | 0.34 | 0.07 | 19 |
| 6.72 | 0.52 | 14 | 3.16 | 7.68 | 0.53 | 13 | 2.31 | 5.72 | 0.5 | 14 |
| 4.18 | 0.39 | 15 | 2.24 | 4.55 | 0.38 | 16 | 1.86 | 3.79 | 0.4 | 15 |
| 4.5 | 1.29 | 10 | 8.17 | 5.39 | 1.37 | 9 | 5.44 | 3.54 | 1.17 | 10 |
| 6.46 | 2.41 | 8 | 10.53 | 5.19 | 1.77 | 8 | 15.09 | 7.86 | 3.25 | 7 |
| 25.33 | 6.1 | 5 | 40.89 | 32.54 | 6.87 | 5 | 23.58 | 17.91 | 5.09 | 5 |
| | | | | | | | | | | |
| 2.91 | 0.69 | 13 | 4.49 | 3.60 | 0.77 | 10 | 2.64 | 2.18 | 0.59 | 13 |
| 1.89 | 0.52 | 14 | 3.96 | 2.72 | 0.68 | 12 | 1.40 | 0.99 | 0.31 | 16 |
| 0.03 | 0.01 | 20 | 0.06 | 0.04 | 0.01 | 19 | 0.04 | 0.03 | 0.01 | 20 |
| 92.20 | 25.14 | 1 | 168.77 | 117.65 | 28.93 | 1 | 90.12 | 64.30 | 20.03 | 2 |
| 0.66 | 0.15 | 18 | 0.78 | 0.66 | 0.13 | 18 | 0.80 | 0.65 | 0.18 | 18 |
| | | | | | | | | | | |
| 5.50 | 1.57 | 8 | 7.08 | 4.71 | 1.21 | 9 | 9.28 | 6.35 | 2.06 | 8 |
| 2.37 | 0.73 | 12 | 3.45 | 2.31 | 0.59 | 14 | 4.10 | 2.45 | 0.91 | 10 |
| 3.02 | 0.80 | 10 | 4.26 | 3.15 | 0.73 | 11 | 4.05 | 2.88 | 0.90 | 11 |
| 44.53 | 13.87 | 4 | 71.79 | 44.51 | 12.31 | 4 | 71.90 | 44.26 | 15.98 | 4 |
| 66.18 | 20.36 | 2 | 112.62 | 70.21 | 19.31 | 2 | 98.05 | 61.20 | 21.79 | 1 |
| 51.31 | 16.40 | 3 | 87.86 | 52.46 | 15.06 | 3 | 81.91 | 49.42 | 18.20 | 3 |
| 11.53 | 3.28 | 6 | 20.52 | 14.06 | 3.52 | 6 | 13.33 | 8.80 | 2.96 | 7 |
| 0.70 | 0.19 | 17 | 0.85 | 0.58 | 0.15 | 17 | 1.16 | 0.83 | 0.26 | 17 |
| 4.73 | 1.28 | 9 | 7.84 | 5.42 | 1.34 | 8 | 5.40 | 3.93 | 1.20 | 9 |
| 0.28 | 0.05 | 19 | | | | | 0.55 | 0.56 | 0.12 | 19 |
| 7.26 | 0.75 | 11 | 3.88 | 7.02 | 0.66 | 13 | 3.93 | 7.54 | 0.87 | 12 |
| 3.60 | 0.42 | 15 | 2.39 | 3.80 | 0.41 | 15 | 2.00 | 3.39 | 0.44 | 14 |
| 1.37 | 0.37 | 16 | 2.00 | 1.50 | 0.34 | 16 | 1.89 | 1.23 | 0.42 | 15 |
| 6.21 | 2.34 | 7 | 8.64 | 4.49 | 1.48 | 7 | 15.75 | 8.03 | 3.50 | 6 |
| 39.08 | 8.90 | 5 | 60.14 | 52.01 | 10.31 | 5 | 31.53 | 25.59 | 7.01 | 5 |

## 7-27 调查地区居民两周就诊率（2003年）

## Two-week Hospital Visit Rate in Survey Areas(2003)

| 项目 | Item | 合计 Total | 城市 Urban Areas | 大 Large-size | 中 Middle-size | 小 Small-size | 农村 Rural Areas | 一类 First Class | 二类 Second Class | 三类 Third Class | 四类 Fourth Class |
|---|---|---|---|---|---|---|---|---|---|---|---|
| 调查人数(人) | Total Number of Persons Surveyed (person) | 193689 | 49698 | 18746 | 14301 | 16651 | 143991 | 32064 | 42559 | 48311 | 21057 |
| 就诊人次(人次) | Total Number of Visits (person-time) | 25906 | 5869 | 2243 | 1324 | 2302 | 20037 | 3710 | 6202 | 7633 | 2492 |
| 两周就诊率（‰） | Two-week Visit Rate (‰) | 133.8 | 118.1 | 119.7 | 92.6 | 138.2 | 139.2 | 115.7 | 145.7 | 158.0 | 118.3 |
| 按性别分 | by Sex | | | | | | | | | | |
| 男性 | Male | 121.5 | 102.6 | 104.3 | 81.6 | 118.7 | 127.8 | 109.5 | 136.6 | 143.2 | 102.4 |
| 女性 | Female | 146.2 | 132.9 | 134.3 | 103.1 | 157.3 | 151.0 | 122.0 | 155.3 | 173.5 | 135.3 |
| 按年龄分 | by Age Group | | | | | | | | | | |
| 0-4岁 | 4 and Below | 202.4 | 156.2 | 184.9 | 122.4 | 163.1 | 212.8 | 200.7 | 244.5 | 230.6 | 144.9 |
| 5-14岁 | 5-14 | 77.4 | 55.1 | 49.5 | 49.2 | 63.3 | 82.0 | 66.1 | 99.6 | 90.6 | 51.6 |
| 15-24岁 | 15-24 | 47.0 | 31.8 | 33.2 | 24.2 | 35.8 | 51.1 | 51.2 | 52.6 | 47.6 | 54.7 |
| 25-34岁 | 25-34 | 78.3 | 47.8 | 30.8 | 34.0 | 75.4 | 88.9 | 67.7 | 87.7 | 98.4 | 100.0 |
| 35-44岁 | 35-44 | 112.6 | 75.0 | 47.2 | 51.4 | 124.9 | 126.6 | 99.8 | 123.8 | 141.0 | 145.5 |
| 45-54岁 | 45-54 | 176.2 | 125.2 | 95.2 | 101.7 | 184.7 | 196.0 | 140.8 | 204.1 | 223.7 | 213.3 |
| 55-64岁 | 55-64 | 227.5 | 191.1 | 191.6 | 158.6 | 222.4 | 243.6 | 172.2 | 244.0 | 303.8 | 226.2 |
| 65岁及以上 | 65 and Over | 280.6 | 287.7 | 304.7 | 234.4 | 311.2 | 276.2 | 233.6 | 303.8 | 314.1 | 194.2 |

## 7-28 调查地区居民住院率（2003年）

## Hospitalization Rate in Survey Areas (2003)

| 项目 | Item | 合计 Total | 城市 Urban Areas | 大 Large-size | 中 Middle-size | 小 Small-size | 农村 Rural Areas | 一类 First Class | 二类 Second Class | 三类 Third Class | 四类 Fourth Class |
|---|---|---|---|---|---|---|---|---|---|---|---|
| 住院人次(人次) | Number of Hospitalized Inpatients (person-time) | 6981 | 2107 | 756 | 658 | 693 | 4874 | 1097 | 1283 | 1725 | 769 |
| 住院率(‰) | Hospitalization Rate (‰) | 36.0 | 42.4 | 40.3 | 46.0 | 41.6 | 33.8 | 34.2 | 30.1 | 35.7 | 36.5 |
| 按性别分 | by Sex | | | | | | | | | | |
| 男性 | Male | 31.7 | 41.1 | 37.5 | 46.3 | 40.8 | 28.6 | 28.7 | 25.6 | 30.2 | 31.1 |
| 女性 | Female | 40.4 | 43.6 | 43.1 | 45.7 | 42.4 | 39.3 | 39.8 | 34.9 | 41.5 | 42.3 |
| 按年龄分 | by Age Group | | | | | | | | | | |
| 0-4岁 | 0-4 | 33.3 | 25.7 | 25.8 | 20.4 | 29.8 | 35.0 | 34.5 | 31.8 | 41.3 | 28.7 |
| 5-14岁 | 5-14 | 11.7 | 9.4 | 6.4 | 14.0 | 8.4 | 12.2 | 11.5 | 12.3 | 12.4 | 12.2 |
| 15-24岁 | 15-24 | 28.1 | 15.7 | 7.6 | 14.8 | 24.5 | 31.5 | 36.4 | 32.7 | 30.3 | 26.3 |
| 25-34岁 | 25-34 | 39.5 | 35.1 | 21.5 | 40.0 | 43.0 | 41.0 | 39.8 | 37.1 | 41.3 | 48.7 |
| 35-44岁 | 35-44 | 25.9 | 20.9 | 14.2 | 18.4 | 30.1 | 27.8 | 24.7 | 22.5 | 31.1 | 37.3 |
| 45-54岁 | 45-54 | 36.6 | 31.6 | 22.9 | 42.0 | 33.3 | 38.6 | 33.0 | 34.3 | 42.6 | 51.0 |
| 55-64岁 | 55-64 | 53.3 | 59.5 | 53.0 | 63.7 | 63.9 | 50.6 | 46.1 | 45.9 | 56.6 | 54.3 |
| 65岁及以上 | 65 and Over | 84.1 | 126.8 | 124.5 | 138.9 | 118.1 | 57.7 | 63.7 | 43.9 | 57.4 | 78.9 |

# 7-29 调查地区居民疾病别两周就诊率（2003年）

# Two-week Hospital Visit Rate by Type of Disease in Survey Areas (2003)

单位：‰ (‰)

| 项 目 | Item | 合计 Total | 城市 Urban Areas | 大 Large-size | 中 Middle-size | 小 Small-size | 农村 Rural Areas | 一类 First Class | 二类 Second Class | 三类 Third Class | 四类 Fourth Class |
|---|---|---|---|---|---|---|---|---|---|---|---|
| 传染病 | Subtotal of infectious diseases | 2.91 | 1.79 | 0.80 | 0.42 | 4.08 | 3.29 | 1.47 | 2.40 | 3.91 | 6.46 |
| 寄生虫病 | Subtotal of parasitic diseases | 0.15 | | | | | 0.21 | | 0.07 | 0.56 | |
| 恶性肿瘤 | Subtotal of malignant neoplasm | 1.28 | 1.61 | 2.67 | 0.77 | 1.14 | 1.16 | 0.90 | 1.86 | 0.93 | 0.66 |
| 良性肿瘤 | Subtotal of benign neoplasms | 0.44 | 0.44 | 0.59 | 0.42 | 0.30 | 0.44 | 0.37 | 0.61 | 0.39 | 0.28 |
| 内分泌、营养和代谢疾病 | Total of endocrine, nutritional and metabolic diseases | 2.16 | 4.61 | 7.09 | 4.55 | 1.86 | 1.31 | 1.31 | 1.50 | 1.51 | 0.47 |
| #糖尿病 | Diabetes mellitus | 1.38 | 3.32 | 5.23 | 3.57 | 0.96 | 0.71 | 0.53 | 0.82 | 0.97 | 0.14 |
| 血液、造血器官疾病 | Total of diseases of the blood and blood-forming organs and certain disorders involving the immune mechanism | 1.39 | 1.09 | 0.53 | 0.77 | 1.98 | 1.50 | 1.28 | 1.79 | 1.10 | 2.18 |
| 精神病 | Total of mental and behavioural disorders | 0.53 | 0.48 | 0.32 | 0.70 | 0.48 | 0.55 | 0.69 | 0.42 | 0.75 | 0.14 |
| 神经系病 | Total of diseases of the nervous sytem | 2.88 | 1.83 | 1.65 | 0.56 | 3.12 | 3.24 | 3.03 | 3.20 | 3.97 | 1.95 |
| 眼及附器疾病 | Diseases of the Eye and Adnexa | 1.38 | 1.57 | 1.81 | 0.63 | 2.10 | 1.31 | 1.87 | 0.66 | 1.74 | 0.81 |
| 耳和乳突疾病 | Diseases of the Ear and Mastoid Process | 0.60 | 0.72 | 1.23 | 0.14 | 0.66 | 0.56 | 0.56 | 0.52 | 0.66 | 0.43 |
| 循环系统疾病 | Total of the circulatory system | 18.28 | 27.97 | 34.99 | 26.43 | 21.38 | 14.93 | 12.76 | 15.01 | 17.45 | 12.30 |
| #心脏病 | Subtotal of heart diseases | 5.84 | 10.24 | 12.16 | 9.23 | 8.95 | 4.33 | 3.37 | 4.63 | 4.31 | 5.22 |
| 高血压 | Hypertensive diseases | 8.04 | 12.86 | 16.54 | 12.38 | 9.13 | 6.38 | 5.77 | 6.74 | 6.69 | 5.89 |
| 脑血管病 | Cerebrovascular diseases | 2.93 | 3.60 | 4.64 | 3.78 | 2.28 | 2.70 | 2.25 | 2.11 | 4.43 | 0.62 |
| 呼吸系统疾病 | Total of diseases of the respiratory system | 51.36 | 33.97 | 28.11 | 25.73 | 47.62 | 57.36 | 49.68 | 61.87 | 67.00 | 37.80 |
| #急上呼感染 | Acute upper respiratory infections | 41.91 | 26.48 | 20.22 | 19.72 | 39.34 | 47.24 | 40.98 | 52.77 | 55.27 | 27.16 |
| 肺 炎 | Pneumonia | 1.85 | 1.01 | 0.69 | 0.63 | 1.68 | 2.14 | 1.78 | 1.29 | 2.07 | 4.56 |
| 老慢支 | Chronic lower respiratory diseases | 3.65 | 3.20 | 4.21 | 1.61 | 3.42 | 3.80 | 4.05 | 3.03 | 4.51 | 3.32 |
| 消化系统疾病 | Total of diseases of the digestive system | 21.66 | 16.16 | 13.71 | 10.70 | 23.60 | 23.56 | 15.38 | 25.21 | 25.32 | 28.68 |
| #急性胃炎 | Acute Gastritis | 10.73 | 7.55 | 5.55 | 4.34 | 12.55 | 11.83 | 8.02 | 12.29 | 13.68 | 12.44 |
| 肝病硬化 | Hepatic Sclerosis | 0.28 | 0.26 | 0.11 | 0.14 | 0.54 | 0.29 | 0.28 | 0.12 | 0.25 | 0.76 |
| 胆囊疾病 | Diseases of Gallbladder | 2.89 | 2.56 | 1.97 | 1.26 | 4.32 | 3.01 | 1.78 | 1.90 | 3.29 | 6.46 |
| 泌尿生殖系病 | Total of diseases of the genitourinary system | 6.24 | 4.39 | 3.57 | 3.85 | 5.77 | 6.88 | 5.96 | 5.33 | 8.05 | 8.69 |
| 妊娠、分娩病及产褥期并发症 | Total of pregnancy, childbirth and the puerperium | 0.13 | 0.20 | 0.21 | 0.07 | 0.30 | 0.11 | 0.22 | 0.09 | | 0.24 |
| 皮肤皮下组织 | Diseases of the Skin and Subcutanceous Tissue | 2.61 | 2.54 | 2.08 | 3.08 | 2.58 | 2.64 | 3.21 | 3.17 | 2.34 | 1.38 |
| 肌肉、骨骼结缔 | Total of diseases of the musculoskeletal system and connective tissue | 11.05 | 12.21 | 13.76 | 7.83 | 14.23 | 10.65 | 8.55 | 10.90 | 12.25 | 9.69 |
| #类关节炎 | Proliferative arthritis | 3.79 | 2.86 | 1.71 | 1.05 | 5.71 | 4.12 | 2.18 | 3.60 | 4.86 | 6.41 |
| 先天异常 | Total of congenital malformations, deformations, and chromosomal abnormalities | 0.06 | 0.08 | 0.05 | | 0.18 | 0.06 | | | 0.08 | 0.19 |
| 围产期疾病 | Total of certain conditions originating in the perinatal period | 0.01 | | | | | 0.01 | | | 0.04 | |
| 损伤和中毒 | Total of external causes of morbidity and mortality | 6.92 | 4.65 | 5.01 | 4.55 | 4.32 | 7.71 | 7.20 | 9.00 | 8.07 | 5.03 |
| 其 他 | Total of other diseases | 0.56 | 0.42 | 0.48 | 0.56 | 0.24 | 0.61 | 0.50 | 0.66 | 0.60 | 0.71 |
| 不 详 | Not elsewhere classified | 1.14 | 1.37 | 0.96 | 0.84 | 2.28 | 1.06 | 0.78 | 1.46 | 1.26 | 0.24 |

# 7-30 调查地区居民疾病别住院率（2003年）

# Hospitalization Rate by Type of Disease in Survey Areas (2003)

单位：‰ (‰)

| 项目 | Item | 合计 Total | 城市 Urban Areas | 大 Large-size | 中 Middle-size | 小 Small-size | 农村 Rural Areas | 一类 First Class | 二类 Second Class | 三类 Third Class | 四类 Fourth Class |
|---|---|---|---|---|---|---|---|---|---|---|---|
| 传染病 | Subtotal of infectious diseases | 1.08 | 0.68 | 0.32 | 0.56 | 1.20 | 1.22 | 0.87 | 0.82 | 1.03 | 2.94 |
| 寄生虫病 | Subtotal of parasitic diseases | 0.05 | 0.08 |  | 0.21 | 0.06 | 0.04 |  | 0.02 | 0.08 | 0.05 |
| 恶性肿瘤 | Subtotal of malignant neoplasm | 1.12 | 2.29 | 3.36 | 1.12 | 2.10 | 0.71 | 1.56 | 0.54 | 0.41 | 0.43 |
| 良性肿瘤 | Subtotal of benign neoplasms | 0.99 | 1.21 | 1.28 | 1.05 | 1.26 | 0.91 | 1.09 | 0.89 | 0.95 | 0.57 |
| 内分泌、营养和代谢疾病 | Total of endocrine, nutritional and metabolic diseases | 0.91 | 2.11 | 2.45 | 2.59 | 1.32 | 0.49 | 0.69 | 0.42 | 0.56 | 0.19 |
| #糖尿病 | Diabetes mellitus | 0.58 | 1.65 | 2.24 | 1.89 | 0.78 | 0.21 | 0.37 | 0.09 | 0.25 | 0.09 |
| 血液、造血器官疾病 | Total of diseases of the blood and blood-forming organs and certain disorders involving the immune mechanism | 0.30 | 0.20 | 0.16 | 0.14 | 0.30 | 0.33 | 0.16 | 0.38 | 0.35 | 0.47 |
| 精神病 | Total of mental and behavioural disorders | 0.30 | 0.26 | 0.11 | 0.56 | 0.18 | 0.32 | 0.44 | 0.23 | 0.21 | 0.57 |
| 神经系病 | Total of diseases of the nervous sytem | 0.60 | 0.48 | 0.32 | 0.63 | 0.54 | 0.64 | 0.56 | 0.54 | 0.91 | 0.33 |
| 眼及附器疾病 | Diseases of the Eye and Adnexa | 0.59 | 0.66 | 0.43 | 0.49 | 1.08 | 0.56 | 0.53 | 0.68 | 0.58 | 0.33 |
| 耳和乳突疾病 | Diseases of the Ear and Mastoid Process | 0.07 | 0.14 | 0.05 | 0.28 | 0.12 | 0.05 | 0.06 | 0.07 | 0.04 |  |
| 循环系统疾病 | Total of the circulatory system | 6.22 | 11.93 | 11.52 | 14.05 | 10.57 | 4.25 | 4.18 | 3.62 | 5.09 | 3.70 |
| #心脏病 | Subtotal of heart diseases | 2.81 | 5.77 | 6.24 | 6.71 | 4.44 | 1.78 | 2.06 | 1.29 | 1.90 | 2.09 |
| 高血压 | Hypertensive diseases | 1.23 | 2.01 | 1.97 | 2.17 | 1.92 | 0.96 | 0.84 | 0.78 | 1.03 | 1.33 |
| 脑血管病 | Cerebrovascular diseases | 1.78 | 3.26 | 2.67 | 4.06 | 3.24 | 1.26 | 1.00 | 1.27 | 1.86 | 0.28 |
| 呼吸系统疾病 | Total of diseases of the respiratory system | 4.18 | 4.51 | 4.96 | 4.82 | 3.72 | 4.07 | 4.21 | 3.50 | 4.06 | 5.03 |
| #急上呼感染 | Acute upper respiratory infections | 1.47 | 1.19 | 1.39 | 1.19 | 0.96 | 1.57 | 1.81 | 1.60 | 1.51 | 1.28 |
| 肺炎 | Pneumonia | 0.99 | 0.89 | 1.07 | 0.56 | 0.96 | 1.03 | 0.81 | 0.80 | 1.12 | 1.61 |
| 老慢支 | Chronic lower respiratory diseases | 0.60 | 0.87 | 1.28 | 0.84 | 0.42 | 0.51 | 0.62 | 0.49 | 0.46 | 0.52 |
| 消化系统疾病 | Total of diseases of the digestive system | 5.73 | 5.61 | 5.28 | 5.45 | 6.13 | 5.77 | 5.77 | 4.37 | 5.80 | 8.55 |
| #急性胃炎 | Acute Gastritis | 0.95 | 0.62 | 0.48 | 0.56 | 0.84 | 1.06 | 0.47 | 0.85 | 1.20 | 2.09 |
| 肝病硬化 | Hepatic Sclerosis | 0.24 | 0.30 | 0.16 | 0.42 | 0.36 | 0.22 | 0.34 | 0.16 | 0.10 | 0.38 |
| 胆囊疾病 | Diseases of Gallbladder | 1.24 | 1.77 | 2.13 | 1.47 | 1.62 | 1.06 | 0.90 | 0.89 | 0.97 | 1.80 |
| 泌尿生殖系病 | Total of diseases of the genitourinary system | 2.31 | 2.35 | 2.40 | 2.52 | 2.16 | 2.30 | 1.84 | 1.76 | 2.48 | 3.66 |
| 妊娠、分娩病及产褥期并发症 | Total of pregnancy, childbirth and the puerperium | 5.63 | 4.73 | 2.72 | 6.15 | 5.77 | 5.94 | 6.77 | 6.58 | 5.86 | 3.61 |
| 皮肤皮下组织 | Diseases of the Skin and Subcutanceous Tissue | 0.36 | 0.42 | 0.37 | 0.56 | 0.36 | 0.33 | 0.47 | 0.33 | 0.29 | 0.24 |
| 肌肉、骨骼结缔 | Total of diseases of the musculoskeletal system and connective tissue | 1.13 | 1.41 | 1.81 | 1.05 | 1.26 | 1.03 | 0.62 | 0.66 | 1.39 | 1.61 |
| #类关节炎 | Proliferative arthritis | 0.24 | 0.18 | 0.21 | 0.14 | 0.18 | 0.26 | 0.12 | 0.16 | 0.31 | 0.52 |
| 先天异常 | Total of congenital malformations, deformations, and chromosomal abnormalities | 0.04 | 0.04 | 0.05 |  | 0.06 | 0.03 |  |  | 0.06 | 0.09 |
| 围产期疾病 | Total of certain conditions originating in the perinatal period | 0.03 | 0.02 |  |  | 0.06 | 0.03 | 0.03 | 0.05 | 0.02 | 0.05 |
| 损伤和中毒 | Total of external causes of morbidity and mortality | 3.78 | 2.54 | 2.08 | 3.15 | 2.52 | 4.22 | 3.87 | 4.25 | 4.84 | 3.23 |
| 其他 | Total of other diseases | 0.34 | 0.38 | 0.27 | 0.35 | 0.54 | 0.33 | 0.25 | 0.23 | 0.37 | 0.52 |
| 不详 | Not elsewhere classified | 0.28 | 0.32 | 0.37 | 0.28 | 0.30 | 0.26 | 0.25 | 0.19 | 0.31 | 0.33 |

# 7-31 调查地区居民两周患病率（2003年）

# Two-week Morbidity Rate by Type of Disease in Survey Areas(2003)

| 项 目 | Item | 合计 Total | 城市 Urban Areas | 大 Large-size | 中 Middle-size | 小 Small-size | 农村 Rural Areas | 一类 First Class | 二类 Second Class | 三类 Third Class | 四类 Fourth Class |
|---|---|---|---|---|---|---|---|---|---|---|---|
| 调查人数(人) | Number of Persons Surveyed (person) | 193689 | 49698 | 18746 | 14301 | 16651 | 143991 | 32064 | 42559 | 48311 | 21057 |
| 患病人数(人) | Number of Persons Falling Ill (person) | 26600 | 7050 | 2804 | 2085 | 2161 | 19550 | 3964 | 5522 | 7500 | 2564 |
| 患病人数(人次) | Number of Persons Falling Ill (person-time) | 27696 | 7614 | 3085 | 2301 | 2228 | 20082 | 4103 | 5642 | 7734 | 2603 |
| 两周患病率(‰) | Two-week Morbidity Rate (‰) | 143.0 | 153.2 | 164.6 | 160.9 | 133.8 | 139.5 | 128.0 | 132.6 | 160.1 | 123.6 |
| 按性别分 | by Sex | | | | | | | | | | |
| 男 性 | Male | 130.4 | 135.5 | 145.4 | 144.6 | 116.6 | 128.7 | 118.6 | 126.2 | 145.0 | 111.7 |
| 女 性 | Female | 155.8 | 170.2 | 182.9 | 176.2 | 150.5 | 150.6 | 137.5 | 139.2 | 175.8 | 136.3 |
| 按年龄分 | by Age Group | | | | | | | | | | |
| 0-4岁 | 0-4 | 133.0 | 104.2 | 94.6 | 103.9 | 110.6 | 139.5 | 112.2 | 136.3 | 176.0 | 103.6 |
| 5-14岁 | 5-14 | 72.2 | 60.9 | 59.1 | 67.2 | 57.7 | 74.5 | 66.1 | 79.1 | 84.1 | 57.1 |
| 15-24岁 | 15-24 | 49.8 | 40.4 | 38.9 | 37.0 | 44.3 | 52.4 | 53.2 | 50.1 | 52.1 | 56.1 |
| 25-34岁 | 25-34 | 82.5 | 59.5 | 44.3 | 55.9 | 76.5 | 90.4 | 70.9 | 83.4 | 99.0 | 111.4 |
| 35-44岁 | 35-44 | 126.2 | 100.0 | 81.5 | 90.6 | 127.9 | 135.9 | 105.4 | 131.2 | 156.9 | 148.9 |
| 45-54岁 | 45-54 | 191.5 | 163.1 | 139.5 | 192.7 | 166.6 | 202.6 | 172.6 | 193.8 | 231.2 | 206.5 |
| 55-64岁 | 55-64 | 251.8 | 258.1 | 269.1 | 292.1 | 210.7 | 249.0 | 207.8 | 243.7 | 289.4 | 236.6 |
| 65岁及以上 | 65 and Over | 338.3 | 396.9 | 420.0 | 424.9 | 320.0 | 302.1 | 289.8 | 267.2 | 349.6 | 271.4 |
| 按疾病分 | by Disease | | | | | | | | | | |
| 传染病 | Subtotal of infectious diseases | 2.47 | 1.81 | 1.28 | 0.77 | 3.30 | 2.70 | 1.34 | 1.67 | 3.37 | 5.32 |
| 寄生虫病 | Subtotal of parasitic diseases | 0.11 | 0.04 | 0.05 | 0.07 | | 0.14 | 0.03 | 0.09 | 0.29 | 0.05 |
| 恶性肿瘤 | Subtotal of malignant neoplasm | 0.94 | 1.27 | 1.97 | 0.98 | 0.72 | 0.83 | 0.97 | 1.13 | 0.66 | 0.43 |
| 良性肿瘤 | Subtotal of benign neoplasms | 0.37 | 0.42 | 0.53 | 0.35 | 0.36 | 0.35 | 0.31 | 0.40 | 0.35 | 0.33 |
| 内分泌、营养和代谢疾病 | Total of endocrine, nutritional and metabolic diseases | 3.15 | 7.69 | 11.68 | 9.23 | 1.86 | 1.58 | 2.21 | 1.55 | 1.64 | 0.57 |
| #糖尿病 | Diabetes mellitus | 2.25 | 6.32 | 9.50 | 7.90 | 1.38 | 0.84 | 1.34 | 0.73 | 0.89 | 0.19 |
| 血液、造血器官疾病 | Total of diseases of the blood and blood-forming organs and certain disorders involving the immune mechanism | 1.25 | 0.93 | 0.80 | 0.63 | 1.32 | 1.37 | 1.28 | 1.79 | 0.91 | 1.71 |
| 精神病 | Total of mental and behavioural disorders | 0.82 | 0.91 | 1.12 | 0.98 | 0.60 | 0.79 | 0.72 | 0.68 | 1.06 | 0.52 |
| 神经系病 | Total of diseases of the nervous sytem | 3.47 | 3.42 | 2.83 | 2.73 | 4.68 | 3.49 | 3.37 | 3.03 | 4.51 | 2.28 |
| 眼及附器疾病 | Diseases of the Eye and Adnexa | 1.62 | 1.95 | 2.51 | 1.40 | 1.80 | 1.51 | 1.50 | 1.17 | 1.86 | 1.38 |
| 耳和乳突疾病 | Diseases of the Ear and Mastoid Process | 0.46 | 0.38 | 0.43 | 0.21 | 0.48 | 0.49 | 0.44 | 0.47 | 0.56 | 0.43 |
| 循环系统疾病 | Total of the circulatory system | 24.38 | 45.17 | 55.69 | 54.54 | 25.28 | 17.21 | 20.93 | 15.48 | 18.51 | 12.06 |
| #心脏病 | Subtotal of heart diseases | 7.15 | 14.61 | 17.18 | 16.85 | 9.79 | 4.58 | 5.08 | 3.64 | 4.84 | 5.08 |
| 高血压 | Hypertensive diseases | 11.88 | 21.85 | 28.75 | 27.06 | 9.61 | 8.44 | 11.32 | 8.36 | 7.80 | 5.65 |
| 脑血管病 | Cerebrovascular diseases | 3.65 | 6.36 | 7.04 | 7.62 | 4.50 | 2.72 | 2.93 | 2.23 | 3.83 | 0.81 |
| 呼吸系统疾病 | Total of diseases of the respiratory system | 52.61 | 42.38 | 40.38 | 42.16 | 44.80 | 56.14 | 51.55 | 55.45 | 65.72 | 42.55 |
| #急上呼感染 | Acute upper respiratory infections | 44.06 | 34.13 | 30.99 | 34.05 | 37.72 | 47.48 | 43.32 | 48.26 | 55.33 | 34.24 |
| 肺 炎 | Pneumonia | 0.94 | 0.44 | 0.37 | 0.14 | 0.78 | 1.11 | 0.84 | 0.54 | 1.01 | 2.90 |
| 老慢支 | Chronic lower respiratory diseases | 3.77 | 3.58 | 4.91 | 2.52 | 3.00 | 3.84 | 4.15 | 3.22 | 4.68 | 2.71 |
| 消化系统疾病 | Total of diseases of the digestive system | 21.11 | 17.71 | 15.58 | 15.38 | 22.10 | 22.29 | 16.90 | 21.48 | 24.74 | 26.50 |
| #急性胃炎 | Acute Gastritis | 10.53 | 8.31 | 7.36 | 6.99 | 10.51 | 11.30 | 8.83 | 11.04 | 12.65 | 12.49 |
| 肝病硬化 | Hepatic Sclerosis | 0.37 | 0.38 | 0.27 | 0.42 | 0.48 | 0.37 | 0.22 | 0.35 | 0.39 | 0.57 |
| 胆囊疾病 | Diseases of Gallbladder | 2.48 | 2.84 | 2.13 | 1.82 | 4.50 | 2.35 | 1.53 | 1.34 | 2.55 | 5.22 |
| 泌尿生殖系病 | Total of diseases of the genitourinary system | 5.19 | 4.41 | 4.48 | 4.20 | 4.50 | 5.46 | 3.77 | 3.85 | 7.16 | 7.36 |
| 妊娠、分娩病及产褥期并发症 | Total of pregnancy, childbirth and the puerperium | 0.14 | 0.16 | 0.21 | 0.14 | 0.12 | 0.14 | 0.12 | 0.07 | 0.06 | 0.47 |
| 皮肤皮下组织 | Diseases of the Skin and Subcutanceous Tissue | 1.91 | 1.71 | 1.55 | 2.03 | 1.62 | 1.98 | 2.12 | 2.00 | 2.34 | 0.90 |
| 肌肉、骨骼结缔 | Total of diseases of the musculoskeletal system and connective tissue | 14.73 | 16.26 | 16.70 | 18.74 | 13.63 | 14.20 | 12.10 | 13.75 | 16.56 | 12.92 |
| #类关节炎 | Proliferative arthritis | 5.11 | 4.17 | 2.99 | 3.92 | 5.71 | 5.43 | 3.09 | 4.82 | 6.46 | 7.88 |
| 先天异常 | Total of congenital malformations, deformations, and chromosomal abnormalities | 0.15 | 0.12 | 0.11 | 0.07 | 0.18 | 0.17 | 0.12 | 0.12 | 0.12 | 0.43 |
| 围产期疾病 | Total of certain conditions originating in the perinatal period | 0.02 | | | | | 0.03 | | 0.02 | 0.04 | 0.05 |
| 损伤和中毒 | Total of external causes of morbidity and mortality | 5.67 | 3.98 | 3.63 | 4.75 | 3.72 | 6.26 | 6.55 | 5.83 | 6.73 | 5.60 |
| 其 他 | Total of other diseases | 0.69 | 0.52 | 0.64 | 0.63 | 0.30 | 0.75 | 0.69 | 0.85 | 0.72 | 0.71 |
| 不 详 | Not elsewhere classified | 1.69 | 1.97 | 2.40 | 0.91 | 2.40 | 1.59 | 0.94 | 1.69 | 2.17 | 1.04 |

# 7-32 调查地区居民慢性病患病率（2003年）

# Morbidity Rate of Chronic Disease in Survey Areas (2003)

单位：‰ (‰)

| 项　目 | Item | 合计 Total | 城市 Urban Areas | 大 Large-size | 中 Middle-size | 小 Small-size | 农村 Rural Areas | 一类 First Class | 二类 Second Class | 三类 Third Class | 四类 Fourth Class |
|---|---|---|---|---|---|---|---|---|---|---|---|
| 慢性病患病率 | Morbidity Rate of Chronic Diseases | | | | | | | | | | |
| 按人数计算 | Calculated by Number of Persons | 123.3 | 177.3 | 207.7 | 161.8 | 156.4 | 104.7 | 109.7 | 100.4 | 107.7 | 99.0 |
| 按例数计算 | Calculated by Number of Cases | 151.1 | 239.6 | 293.0 | 220.1 | 196.2 | 120.5 | 127.6 | 113.6 | 126.1 | 111.1 |
| 按性别分 | by Sex | | | | | | | | | | |
| 男　性 | Male | 133.5 | 215.4 | 261.8 | 200.2 | 176.5 | 106.4 | 112.0 | 103.2 | 109.9 | 96.5 |
| 女　性 | Female | 169.0 | 262.7 | 322.7 | 238.8 | 215.3 | 135.3 | 143.5 | 124.4 | 143.1 | 126.6 |
| 按年龄分 | by Age Group | | | | | | | | | | |
| 0-4岁 | 0-4 | 6.3 | 5.3 | 8.6 | 3.7 | 4.3 | 6.5 | 9.4 | 3.8 | 7.2 | 6.3 |
| 5-14岁 | 5-14 | 9.6 | 8.7 | 6.4 | 8.0 | 10.8 | 9.7 | 10.2 | 9.8 | 10.0 | 8.6 |
| 15-24岁 | 15-24 | 18.0 | 14.5 | 10.4 | 14.8 | 18.4 | 18.9 | 18.0 | 17.4 | 19.6 | 21.2 |
| 25-34岁 | 25-34 | 58.3 | 48.9 | 33.7 | 35.3 | 74.6 | 61.6 | 41.9 | 55.4 | 63.3 | 94.6 |
| 35-44岁 | 35-44 | 117.1 | 118.6 | 104.6 | 88.6 | 159.0 | 116.5 | 90.5 | 109.2 | 127.0 | 156.5 |
| 45-54岁 | 45-54 | 219.5 | 261.7 | 248.6 | 262.7 | 277.7 | 203.1 | 187.0 | 192.0 | 219.9 | 218.8 |
| 55-64岁 | 55-64 | 362.1 | 497.1 | 550.3 | 497.5 | 428.7 | 302.6 | 283.1 | 308.0 | 311.2 | 305.8 |
| 65岁及以上 | 65 and Over | 538.8 | 777.1 | 874.9 | 733.9 | 626.5 | 391.7 | 428.7 | 367.2 | 386.4 | 373.2 |
| 按疾病分 | by Disease | | | | | | | | | | |
| 传染病 | Subtotal of infectious diseases | 2.69 | 2.41 | 2.03 | 1.61 | 3.54 | 2.78 | 1.72 | 2.58 | 3.00 | 4.32 |
| 寄生虫病 | Subtotal of parasitic diseases | 0.15 | 0.16 | 0.16 | 0.28 | 0.06 | 0.15 | 0.03 | 0.21 | 0.12 | 0.24 |
| 恶性肿瘤 | Subtotal of malignant neoplasm | 1.26 | 2.45 | 4.11 | 1.61 | 1.32 | 0.85 | 1.43 | 0.96 | 0.56 | 0.38 |
| 良性肿瘤 | Subtotal of benign neoplasms | 0.77 | 1.13 | 1.60 | 0.91 | 0.78 | 0.65 | 0.53 | 0.66 | 0.75 | 0.57 |
| 内分泌、营养和代谢疾病 | Total of endocrine, nutritional and metabolic diseases | 7.50 | 20.32 | 28.43 | 21.40 | 10.27 | 3.08 | 5.11 | 2.51 | 2.86 | 1.61 |
| #糖尿病 | Diabetes mellitus | 5.61 | 16.30 | 22.46 | 17.55 | 8.29 | 1.92 | 3.40 | 1.48 | 1.72 | 1.00 |
| 血液、造血器官疾病 | Total of diseases of the blood and blood-forming organs and certain disorders involving the immune mechanism | 1.86 | 1.61 | 1.55 | 0.84 | 2.34 | 1.95 | 1.43 | 2.80 | 1.47 | 2.14 |
| 精神病 | Total of mental and behavioural disorders | 1.94 | 2.39 | 3.09 | 1.61 | 2.28 | 1.78 | 2.34 | 1.67 | 1.82 | 1.04 |
| 神经系病 | Total of diseases of the nervous sytem | 3.94 | 4.57 | 4.69 | 3.92 | 4.98 | 3.73 | 3.52 | 3.50 | 4.55 | 2.61 |
| 眼及附器疾病 | Diseases of the Eye and Adnexa | 2.77 | 4.61 | 6.88 | 3.85 | 2.70 | 2.14 | 2.09 | 2.07 | 2.13 | 2.37 |
| 耳和乳突疾病 | Diseases of the Ear and Mastoid Process | 0.60 | 0.91 | 1.07 | 0.84 | 0.78 | 0.49 | 0.53 | 0.52 | 0.43 | 0.52 |
| 循环系统疾病 | Total of the circulatory system | 50.01 | 105.76 | 139.02 | 104.75 | 69.19 | 30.77 | 40.89 | 28.34 | 30.12 | 21.80 |
| #心脏病 | Subtotal of heart diseases | 14.29 | 32.80 | 43.90 | 29.58 | 23.06 | 7.90 | 9.42 | 6.56 | 8.05 | 7.98 |
| 高血压 | Hypertensive diseases | 26.22 | 54.65 | 74.47 | 56.99 | 30.33 | 16.40 | 24.45 | 15.51 | 13.85 | 11.83 |
| 脑血管病 | Cerebrovascular diseases | 6.62 | 13.02 | 14.03 | 13.15 | 11.77 | 4.42 | 4.62 | 4.56 | 5.57 | 1.19 |
| 呼吸系统疾病 | Total of diseases of the respiratory system | 15.46 | 19.10 | 23.42 | 15.31 | 17.48 | 14.20 | 14.75 | 13.11 | 15.52 | 12.54 |
| #老慢支 | Chronic lower respiratory diseases | 7.51 | 8.25 | 12.00 | 4.82 | 6.97 | 7.26 | 8.26 | 6.13 | 8.36 | 5.46 |
| 消化系统疾病 | Total of diseases of the digestive system | 25.49 | 28.17 | 27.63 | 21.19 | 34.77 | 24.56 | 22.74 | 21.81 | 26.21 | 29.16 |
| #急性胃炎 | Acute Gastritis | 10.33 | 9.78 | 8.43 | 7.41 | 13.33 | 10.52 | 9.08 | 9.23 | 12.65 | 10.45 |
| 肝病硬化 | Hepatic Sclerosis | 1.16 | 1.43 | 1.23 | 1.26 | 1.80 | 1.06 | 1.37 | 0.89 | 0.64 | 1.90 |
| 胆囊疾病 | Diseases of Gallbladder | 5.69 | 8.47 | 8.43 | 6.64 | 10.09 | 4.74 | 4.09 | 2.94 | 4.60 | 9.69 |
| 泌尿生殖系病 | Total of diseases of the genitourinary system | 8.42 | 10.10 | 11.47 | 8.67 | 9.79 | 7.84 | 6.30 | 6.79 | 8.65 | 10.45 |
| 妊娠、分娩病及产褥期并发症 | Total of pregnancy, childbirth and the puerperium | 0.11 | 0.10 | 0.16 | | 0.12 | 0.11 | 0.06 | 0.09 | 0.08 | 0.28 |
| 皮肤皮下组织 | Diseases of the Skin and Subcutaneous Tissue | 1.32 | 1.77 | 1.97 | 1.54 | 1.74 | 1.16 | 1.25 | 1.43 | 1.18 | 0.43 |
| 肌肉、骨骼结缔 | Total of diseases of the musculoskeletal system and connective tissue | 23.08 | 29.82 | 30.94 | 28.32 | 29.85 | 20.75 | 19.06 | 21.29 | 22.87 | 17.38 |
| #类关节炎 | Proliferative arthritis | 8.64 | 8.41 | 7.31 | 6.15 | 11.59 | 8.72 | 5.33 | 8.51 | 10.06 | 11.26 |
| 先天异常 | Total of congenital malformations, deformations, and chromosomal abnormalities | 0.45 | 0.42 | 0.59 | 0.14 | 0.48 | 0.46 | 0.41 | 0.38 | 0.58 | 0.43 |
| 围产期疾病 | Total of certain conditions originating in the perinatal period | 0.02 | 0.02 | | | 0.06 | 0.01 | | | 0.02 | 0.05 |
| 损伤和中毒 | Total of external causes of morbidity and mortality | 2.09 | 2.39 | 2.67 | 2.45 | 2.04 | 1.99 | 2.40 | 1.90 | 2.26 | 0.90 |
| 其　他 | Total of other diseases | 0.26 | 0.22 | 0.27 | 0.28 | 0.12 | 0.28 | 0.31 | 0.47 | 0.12 | 0.19 |

# 7-33 监测地区儿童死亡率和孕产妇死亡率

## Maternal and Child Mortality Rate in Surveillance Areas

| 年 份<br>Year | 新生儿死亡率（‰）<br>Neonatal Mortality Rate<br>(per 1000 live births) | | | 婴儿死亡率（‰）<br>Infant Mortality Rate<br>(per 1000 live births) | | | 5岁以下儿童死亡率（‰）<br>Mortality Rate of Children under 5<br>(per 1000 Live Births) | | | 孕产妇死亡率(1/10万)<br>Maternal Mortality Rate<br>(1/100000) | | |
|---|---|---|---|---|---|---|---|---|---|---|---|---|
| | 合计<br>Total | 城市<br>Urban | 农村<br>Rural | 合计<br>Total | 城市<br>Urban | 农村<br>Rural | 合计<br>Total | 城市<br>Urban | 农村<br>Rural | 合计<br>Total | 城市<br>Urban | 农村<br>Rural |
| 1991 | 33.1 | 12.5 | 37.9 | 50.2 | 17.3 | 58.0 | 61.0 | 20.9 | 71.1 | 80.0 | 46.3 | 100.0 |
| 1992 | 32.5 | 13.9 | 36.8 | 46.7 | 18.4 | 53.2 | 57.4 | 20.7 | 65.6 | 76.5 | 42.7 | 97.9 |
| 1993 | 31.2 | 12.9 | 35.4 | 43.6 | 15.9 | 50.0 | 53.1 | 18.3 | 61.6 | 67.3 | 38.5 | 85.1 |
| 1994 | 28.5 | 12.2 | 32.3 | 39.9 | 15.5 | 45.6 | 49.6 | 18.0 | 56.9 | 64.8 | 44.1 | 77.5 |
| 1995 | 27.3 | 10.6 | 31.1 | 36.4 | 14.2 | 41.6 | 44.5 | 16.4 | 51.1 | 61.9 | 39.2 | 76.0 |
| 1997 | | | | 33.1 | 13.1 | 37.7 | 42.3 | 15.5 | 48.5 | 63.6 | 38.3 | 80.4 |
| 1998 | 22.3 | 10.0 | 25.1 | 33.2 | 13.5 | 37.7 | 42.0 | 16.2 | 47.9 | 56.2 | 28.6 | 74.1 |
| 1999 | 22.2 | 9.5 | 25.1 | 33.3 | 11.9 | 38.2 | 41.4 | 14.3 | 47.7 | 58.7 | 26.2 | 79.7 |
| 2000 | 22.8 | 9.5 | 25.8 | 32.2 | 11.8 | 37.0 | 39.7 | 13.8 | 45.7 | 53.0 | 29.3 | 69.6 |
| 2001 | 21.4 | 10.6 | 23.9 | 30.0 | 13.6 | 33.8 | 35.9 | 16.3 | 40.4 | 50.2 | 33.1 | 61.9 |
| 2002 | 20.7 | 9.7 | 23.2 | 29.2 | 12.2 | 33.1 | 34.9 | 14.6 | 39.6 | 43.2 | 22.3 | 58.2 |
| 2003 | 18.0 | 8.9 | 20.1 | 25.5 | 11.3 | 28.7 | 29.9 | 14.8 | 33.4 | 51.3 | 27.6 | 65.4 |
| 2004 | 15.4 | 8.4 | 17.3 | 21.5 | 10.1 | 24.5 | 25.0 | 12.0 | 28.5 | 48.3 | 26.1 | 63.0 |
| 2005 | 13.2 | 7.5 | 14.7 | 19.0 | 9.1 | 21.6 | 22.5 | 10.7 | 25.7 | 47.7 | 25.0 | 53.8 |

# 7-34 孕产妇保健情况

## Maternal Health

单位：% (%)

| 年 份<br>Year | 活产数（人）<br>Number of Live Births (person) | 高危产妇比重<br>Percentage of High Risk Lying-in Women | 建卡率<br>Rate of Establishing Card | 系 统 管理率<br>Systematic Management Rate | 产 前 检查率<br>Prenatal Examination Rate | 产 后 访视率<br>Postpartum Visiting Rate | 住院分娩率<br>Percentage of Hospitalized Delivery | | | 新法接生率<br>Percentage of New-method Delivery | | |
|---|---|---|---|---|---|---|---|---|---|---|---|---|
| | | | | | | | 合计<br>Total | 市<br>City | 县<br>County | 合计<br>Total | 市<br>City | 县<br>County |
| 1980 | | | | | | | | | | 91.4 | 98.7 | 90.3 |
| 1985 | | | | | | | 43.7 | 73.6 | 36.4 | 94.5 | 98.7 | 93.5 |
| 1990 | 14517207 | | | | | | 50.6 | 74.2 | 45.1 | 94.0 | 98.6 | 93.9 |
| 1991 | 15293237 | | | | | | 50.6 | 72.8 | 45.5 | 93.7 | 98.1 | 93.2 |
| 1992 | 11746275 | | 76.57 | | 69.71 | 69.70 | 52.7 | 71.7 | 41.2 | 84.1 | 91.2 | 82.0 |
| 1993 | 10170690 | | 75.68 | | 72.16 | 70.99 | 56.5 | 68.3 | 51.0 | 83.6 | 81.1 | 84.7 |
| 1994 | 11044607 | | 79.07 | | 76.31 | 74.49 | 65.6 | 76.4 | 50.4 | | | 87.4 |
| 1995 | 11539613 | | 81.44 | | 78.65 | 78.80 | 58.0 | 70.7 | 50.2 | | | 87.6 |
| 1996 | 11412028 | 7.32 | 82.40 | 65.54 | 83.69 | 80.06 | 61.1 | 77.8 | 51.6 | | | 91.1 |
| 1997 | 11286021 | 8.11 | 84.50 | 68.32 | 85.89 | 82.25 | 63.5 | 77.5 | 54.8 | | | 93.3 |
| 1998 | 10961516 | 8.55 | 86.23 | 72.27 | 87.13 | 83.91 | 66.8 | 79.8 | 58.3 | | | 94.2 |
| 1999 | 10698467 | 9.18 | 87.93 | 75.37 | 89.25 | 85.86 | 70.0 | 83.3 | 61.5 | 96.8 | 98.9 | 95.4 |
| 2000 | 10987691 | 10.00 | 88.64 | 77.16 | 89.36 | 94.71 | 72.9 | 84.9 | 65.2 | 96.6 | 98.9 | 95.2 |
| 2001 | 10690630 | 11.09 | 89.44 | 78.57 | 90.31 | 87.15 | 76.0 | 87.0 | 69.0 | 97.3 | 99.0 | 96.1 |
| 2002 | 10591949 | 11.90 | 89.22 | 78.16 | 90.14 | 86.70 | 78.7 | 89.4 | 71.6 | 97.2 | 98.8 | 96.0 |
| 2003 | 10188005 | 11.77 | 87.62 | 75.47 | 88.93 | 85.38 | 79.4 | 89.9 | 72.6 | 96.4 | 98.7 | 94.8 |
| 2004 | 10892614 | 12.40 | 88.29 | 76.44 | 89.71 | 85.90 | 82.8 | 91.4 | 77.1 | 97.5 | 99.2 | 96.4 |
| 2005 | 11415809 | 12.79 | 88.49 | 76.69 | 89.80 | 86.03 | 85.9 | 93.2 | 81.0 | 97.8 | 99.2 | 96.9 |
| 2006 | 11770056 | 12.98 | 88.21 | 76.48 | 89.72 | 85.73 | 88.4 | 94.1 | 84.6 | 97.8 | 98.7 | 97.2 |

# 7-35 城乡居民每人每日营养素摄入量

## Daily Per Capita Nutrient Intake in Urban and Rural Areas

| 项　目 | Item | 合计 Total | | | 城市 Urban | | | 农村 Rural | | |
|---|---|---|---|---|---|---|---|---|---|---|
| | | 1982 | 1992 | 2002 | 1982 | 1992 | 2002 | 1982 | 1992 | 2002 |
| 能量(卡) | Energy (Calorie) | 2491.3 | 2328.3 | 2250.5 | 2450.0 | 2394.6 | 2134.0 | 2509.0 | 2294.0 | 2295.5 |
| 蛋白质(克) | Protein(gram) | 66.7 | 68.0 | 65.9 | 66.8 | 75.1 | 69.0 | 66.6 | 64.3 | 64.6 |
| 脂肪(克) | Fat(gram) | 48.1 | 58.3 | 76.2 | 68.3 | 77.7 | 85.5 | 39.6 | 48.3 | 72.7 |
| 碳水化合物(克) | Carbohydrate (gram) | | | 321.2 | | | 268.3 | | | 341.6 |
| 糖(克) | Sugar(gram) | 443.4 | 378.4 | | 101.0 | 340.5 | | 489.7 | 397.9 | |
| 膳食纤维(克) | Dietary Fiber (gram) | 8.1 | 13.3 | 12.0 | 6.8 | 11.6 | 11.1 | 8.7 | 14.1 | 12.4 |
| 视黄醇(微克) | Retinol (microgram) | 53.8 | 156.5 | 151.1 | 103.9 | 277.0 | 223.6 | 32.7 | 94.2 | 123.1 |
| 视黄醇当量(微克) | Retinol Equivalents (microgram) | 119.5 | 476.0 | 469.2 | 147.3 | 605.5 | 547.2 | 107.8 | 409.0 | 439.1 |
| 硫胺素(毫克) | Thiamine (milligram) | 2.5 | 1.2 | 1.0 | 2.1 | 1.1 | 1.0 | 2.6 | 1.2 | 1.0 |
| 核黄素(毫克) | Riboflavin (milligram) | 0.9 | 0.8 | 0.8 | 0.8 | 0.9 | 0.9 | 0.9 | 0.7 | 0.7 |
| 维生素E(毫克) | Vitamine E (milligram) | | | 35.6 | | | 37.3 | | | 35.0 |
| 钾(毫克) | K (milligram) | | | 1700.1 | | | 1722.4 | | | 1691.5 |
| 钠(毫克) | Na (milligram) | | | 6268.2 | | | 6007.7 | | | 6368.8 |
| 钙(毫克) | Ca (milligram) | 694.5 | 405.4 | 388.8 | 563.0 | 457.9 | 438.6 | 750.0 | 378.2 | 369.6 |
| 铁(毫克) | Fe (milligram) | 37.3 | 23.4 | 23.2 | 34.2 | 25.5 | 23.7 | 38.6 | 22.4 | 23.1 |
| 锌(毫克) | Zn (milligram) | | | 11.3 | | | 11.5 | | | 11.2 |
| 铜(毫克) | Cu (milligram) | | | 2.2 | | | 2.3 | | | 2.2 |
| 硒(毫克) | Se (milligram) | | | 39.9 | | | 46.5 | | | 37.4 |
| 磷(毫克) | P (milligram) | 1623.2 | 1057.8 | 978.8 | 1574.0 | 1077.4 | 973.2 | 1644.0 | 1047.6 | 981.0 |

# 7-36 城乡居民膳食结构

## Dietary Structure in Urban and Rural Areas

单位：% (%)

| 项　目 | Item | 合计 Total | | 城市 Urban | | 农村 Rural | |
|---|---|---|---|---|---|---|---|
| | | 1992 | 2002 | 1992 | 2002 | 1992 | 2002 |
| 能量的食物来源 | Food Sources of Energy | | | | | | |
| 谷　类 | Cereals | 66.8 | 57.9 | 57.4 | 48.5 | 71.7 | 61.5 |
| 豆　类 | Beans | 1.8 | 2.6 | 2.1 | 2.7 | 1.7 | 2.6 |
| 薯　类 | Tubers | 3.1 | 2.0 | 1.7 | 1.4 | 3.9 | 2.2 |
| 动物性食物 | Animality Food | 9.3 | 12.6 | 15.2 | 17.6 | 6.2 | 10.7 |
| 纯热能食物 | Pure Energy-providing Foods | 11.6 | 17.3 | 14.3 | 19.3 | 10.2 | 16.5 |
| 其　他 | Others | 7.4 | 7.6 | 9.4 | 10.5 | 6.4 | 6.5 |
| 能量的营养素来源 | Nutrient Sources of Energy | | | | | | |
| 蛋白质 | Protein | 11.8 | 11.8 | 12.7 | 13.1 | 11.3 | 11.3 |
| 脂　肪 | Fat | 22.0 | 29.6 | 28.4 | 35.0 | 18.6 | 27.5 |
| 蛋白质的食物来源 | Food Sources of Protein | | | | | | |
| 谷　类 | Cereals | 61.6 | 52.0 | 48.8 | 40.7 | 68.3 | 56.5 |
| 豆　类 | Beans | 5.1 | 7.5 | 5.8 | 7.3 | 4.8 | 7.6 |
| 动物性食物 | Animality Food | 18.9 | 25.1 | 31.5 | 35.8 | 12.4 | 21.0 |
| 其　他 | Others | 14.4 | 15.3 | 14.0 | 16.3 | 14.6 | 15.0 |
| 脂肪的食物来源 | Food Sources of Fat | | | | | | |
| 动物性食物 | Animality Food | 37.2 | 39.2 | 38.7 | 36.2 | 36.3 | 40.4 |
| 植物性食物 | Plant Food | 62.8 | 60.8 | 61.3 | 63.8 | 63.7 | 59.6 |

# 7-37 城乡居民每人每日食物摄入量

## Daily Food Intake Per Capita in Urban and Rural Area

单位: 克 (gram)

| 项 目 | Item | 合计 Total | | | 城市 Urban | | | 农村 Rural | | |
|---|---|---|---|---|---|---|---|---|---|---|
| | | 1982 | 1992 | 2002 | 1982 | 1992 | 2002 | 1982 | 1992 | 2002 |
| 米及其制品 | Rice and Rice Products | 217.0 | 226.7 | 238.3 | 217.0 | 223.1 | 217.8 | 217.0 | 255.8 | 246.2 |
| 面及其制品 | Flour and Flour Products | 189.2 | 178.7 | 140.2 | 218.0 | 165.3 | 131.9 | 177.0 | 189.1 | 143.5 |
| 其他谷类 | Other Cereals | 103.5 | 34.5 | 23.6 | 24.0 | 17.0 | 16.3 | 137.0 | 40.9 | 26.4 |
| 薯 类 | Tubers | 179.9 | 86.6 | 49.1 | 66.0 | 46.0 | 31.9 | 228.0 | 108.0 | 55.7 |
| 干豆类 | Bean | 8.9 | 3.3 | 4.2 | 6.1 | 2.3 | 2.6 | 10.1 | 4.0 | 4.8 |
| 豆制品 | Bean Products | 4.5 | 7.9 | 11.8 | 8.2 | 11.0 | 12.9 | 2.9 | 6.2 | 11.4 |
| 深色蔬菜 | Vegetables with Dark Green Leaves | 79.3 | 102.0 | 90.8 | 68.0 | 98.1 | 88.1 | 84.0 | 107.1 | 91.8 |
| 浅色蔬菜 | Vegetables with Light Green Leaves | 236.8 | 208.3 | 185.4 | 234.0 | 221.2 | 163.8 | 238.0 | 199.6 | 193.8 |
| 腌 菜 | Salted Vegetable | 14.0 | 9.7 | 10.2 | 12.1 | 8.0 | 8.4 | 14.8 | 10.8 | 10.9 |
| 水 果 | Fruit | 37.4 | 49.2 | 45.0 | 68.3 | 80.1 | 69.4 | 24.4 | 32.0 | 35.6 |
| 坚 果 | Nut | 2.2 | 3.1 | 3.8 | 3.5 | 3.4 | 5.4 | 1.7 | 3.0 | 3.2 |
| 奶及其制品 | Milk & Milk Products | 8.1 | 14.9 | 26.5 | 9.9 | 36.1 | 65.8 | 7.3 | 3.8 | 11.4 |
| 蛋及其制品 | Egg and Egg Products | 7.3 | 16.0 | 23.7 | 15.5 | 29.4 | 33.2 | 3.8 | 8.8 | 20.0 |
| 畜禽类 | Poultry | 34.2 | 58.9 | 78.6 | 62.0 | 100.5 | 104.5 | 22.5 | 37.6 | 68.7 |
| 鱼虾类 | Fish and Prawn | 11.1 | 27.5 | 29.6 | 21.6 | 44.2 | 44.9 | 6.6 | 19.2 | 23.7 |
| 植物油 | Vegetable Oil | 12.9 | 22.4 | 32.9 | 21.2 | 32.4 | 40.2 | 9.3 | 17.1 | 30.1 |
| 动物油 | Animal Oil | 5.3 | 7.1 | 8.7 | 4.6 | 4.5 | 3.8 | 5.6 | 8.5 | 10.6 |
| 糕点类 | Cake | | | 9.2 | | | 17.2 | | | 6.2 |
| 淀粉及糖 | Starch and Sugar | 5.4 | 4.7 | 4.4 | 10.7 | 7.7 | 5.2 | 3.1 | 3.0 | 4.1 |
| 食 盐 | Salt | 12.7 | 13.9 | 12.0 | 11.4 | 13.3 | 10.9 | 13.2 | 13.9 | 12.4 |
| 酱 油 | Soybean Sauce | 14.2 | 12.6 | 8.9 | 32.5 | 15.9 | 10.6 | 6.5 | 10.6 | 8.2 |
| 酒 类 | Alcoholic Beverages | 3.2 | 2.2 | | 4.4 | 2.9 | | 3.6 | 1.8 | |
| 其 他 | Others | 9.2 | 11.5 | | 11.0 | 20.6 | | 9.8 | 6.6 | |

## 7-38 甲、乙类法定报告传染病发病率、死亡率及病死率排序（2006年）
## Ranking of Incidence, Death and Mortality Rate of Infectious Diseases (2006)

| 疾病名称 | Category of Diseases | 位 次<br>Rank | 发病率<br>(1/10万)<br>Incidence Rate<br>(per 100000 persons) |
|---|---|---|---|
| 病毒性肝炎 | Viral Hepatitis | 1 | 102.09 |
| 肺结核 | Pulmonary Tuberculosis | 2 | 86.23 |
| 细菌性和阿米巴性痢疾 | Bacillary and Amebic Dysentery | 3 | 32.36 |
| 梅　毒 | Syphilis | 4 | 12.80 |
| 淋　病 | Gonorrhea | 5 | 12.14 |
| 麻　疹 | Measles | 6 | 7.62 |
| 疟　疾 | Malaria | 7 | 4.60 |
| 猩红热 | Scarlet Fever | 8 | 2.11 |
| 伤寒和副伤寒 | Typhoid and and Paratyphoid Fever | 9 | 1.99 |
| 布鲁氏菌病 | Brucellosis | 10 | 1.45 |
| 流行性出血热 | Epidemic Hemorrhage Fever | 11 | 1.15 |
| 流行性乙型脑炎 | Epidemic Encephalitis B | 12 | 0.58 |
| 艾滋病 | AIDS | 13 | 0.51 |
| 狂犬病 | Hydrophobia | 14 | 0.25 |
| 血吸虫 | Schistosomiasis | 15 | 0.23 |
| 百日咳 | Pertussis | 16 | 0.19 |
| 新生儿破伤风 | Newborn Tetanus | 17 | 0.15 |
| 流行性脑脊髓膜炎 | Epidemic Cerebrospinal Meningitis | 18 | 0.13 |
| 登革热 | Dengue Fever | 19 | 0.08 |
| 钩端螺旋体病 | Leptospirosis | 20 | 0.05 |
| 炭　疽 | Anthrax | 21 | 0.03 |
| 霍　乱 | Cholera | 22 | 0.01 |
| 鼠　疫 | The Plague | 23 | 0.00 |
| 人禽流感 | HpAI | 24 | 0.00 |
| 白　喉 | Diphtheria | 25 | 0.00 |
| 脊髓灰质炎 | Poliomyelitis | 26 | . |
| 传染性非典型肺炎 | SARS | 27 | . |

注：1.新生儿破伤风发病率和死亡率单位为‰；
　2.“.”表示数值为“0”。

a) The unit of incidence rate and death rate of newborn baby tetanus is ‰;
b) “.” refers to zero cases.

7-38 续表 1 continued

| 疾病名称 | Category of Diseases | 位 次<br>Rank | 死亡率<br>(1/10万)<br>Death Rate<br>(per 100 000 persons) |
|---|---|---|---|
| 肺结核 | Pulmonary Tuberculosis | 1 | 0.26 |
| 狂犬病 | Hydrophobia | 2 | 0.25 |
| 病毒性肝炎 | Viral Hepatitis | 3 | 0.10 |
| 艾滋病 | AIDS | 4 | 0.10 |
| 流行性乙型脑炎 | Epidemic Encephalitis B | 5 | 0.04 |
| 新生儿破伤风 | Newborn Tetanus | 6 | 0.02 |
| 流行性出血热 | Epidemic Hemorrhage Fever | 7 | 0.01 |
| 流行性脑脊髓膜炎 | Epidemic Cerebrospinal Meningitis | 8 | 0.01 |
| 细菌性和阿米巴性痢疾 | Bacillary and Amebic Dysentery | 9 | 0.01 |
| 梅 毒 | Syphilis | 10 | 0.01 |
| 麻 疹 | Measles | 11 | 0.00 |
| 疟 疾 | Malaria | 12 | 0.00 |
| 伤寒和副伤寒 | Typhoid and and Paratyphoid Fever | 13 | 0.00 |
| 钩端螺旋体病 | Leptospirosis | 14 | 0.00 |
| 炭 疽 | Anthrax | 15 | 0.00 |
| 人禽流感 | HpAI | 16 | 0.00 |
| 布鲁氏菌病 | Brucellosis | 17 | 0.00 |
| 霍 乱 | Cholera | 18 | 0.00 |
| 猩红热 | Scarlet Fever | 19 | 0.00 |
| 百日咳 | Pertussis | 20 | 0.00 |
| 血吸虫 | Schistosomiasis | 21 | 0.00 |
| 鼠 疫 | The Plague | 22 | 0.00 |
| 淋 病 | Gonorrhea | 23 | 0.00 |
| 登革热 | Dengue Fever | 24 | 0.00 |
| 白 喉 | Diphtheria | 25 | . |
| 脊髓灰质炎 | Poliomyelitis | 26 | . |
| 传染性非典型肺炎 | SARS | 27 | . |

7-38 续表 2 continued

| 疾病名称 | Category of Diseases | 位 次 Rank | 病死率 (%) Mortality Rate (per 100 Infectious Disease Patients) |
|---|---|---|---|
| 狂犬病 | Hydrophobia | 1 | 98.05 |
| 人禽流感 | HpAI | 2 | 66.67 |
| 艾滋病 | AIDS | 3 | 19.95 |
| 新生儿破伤风 | Newborn Tetanus | 4 | 10.44 |
| 流行性脑脊髓膜炎 | Epidemic Cerebrospinal Meningitis | 5 | 9.35 |
| 流行性乙型脑炎 | Epidemic Encephalitis B | 6 | 6.06 |
| 炭 疽 | Anthrax | 7 | 2.66 |
| 钩端螺旋体病 | Leptospirosis | 8 | 2.55 |
| 霍 乱 | Cholera | 9 | 1.26 |
| 流行性出血热 | Epidemic Hemorrhage Fever | 10 | 1.15 |
| 肺结核 | Pulmonary Tuberculosis | 11 | 0.30 |
| 百日咳 | Pertussis | 12 | 0.16 |
| 病毒性肝炎 | Viral Hepatitis | 13 | 0.10 |
| 血吸虫 | Schistosomiasis | 14 | 0.10 |
| 伤寒和副伤寒 | Typhoid and and Paratyphoid Fever | 15 | 0.07 |
| 疟 疾 | Malaria | 16 | 0.06 |
| 梅 毒 | Syphilis | 17 | 0.05 |
| 麻 疹 | Measles | 18 | 0.04 |
| 细菌性和阿米巴性痢疾 | Bacillary and Amebic Dysentery | 19 | 0.03 |
| 淋 病 | Gonorrhea | 20 | 0.00 |
| 猩红热 | Scarlet Fever | 21 | 0.00 |
| 布鲁氏菌病 | Brucellosis | 22 | 0.00 |
| 登革热 | Dengue Fever | 23 | 0.00 |
| 鼠 疫 | The Plague | 24 | . |
| 白 喉 | Diphtheria | 25 | . |
| 脊髓灰质炎 | Poliomyelitis | 26 | . |
| 传染性非典型肺炎 | SARS | 27 | . |

# 7-39 食品卫生抽检情况（2006年）

# Monitoring and Check of Food Hygiene (2006)

单位：件、% (case,%)

| 项 目 | Item | 合计 Total | 粮食 Grain | 植物油 Vegetable Oil | 肉及肉制品 Meat & Meat Products | 消毒鲜乳 Pasteurized Fresh Milk | 乳制品 Milk Products | 水产品 Aquatic Products | 罐头 Canned Food |
|---|---|---|---|---|---|---|---|---|---|
| **合 计** | **Total** | | | | | | | | |
| 监测件数 | Number of Products under Monitoring | 1066892 | 51348 | 47706 | 185729 | 15692 | 31457 | 20864 | 14859 |
| 合格件数 | Number of Qualified Products | 968265 | 48246 | 44564 | 159197 | 14776 | 29158 | 19517 | 13844 |
| 合格率 | Qualification Rate | 90.8 | 94.0 | 93.4 | 85.7 | 94.2 | 92.7 | 93.5 | 93.2 |
| 生产加工业 | Producing and Processing Industry | | | | | | | | |
| 监测件数 | Number of Products under Monitoring | 430712 | 24419 | 20113 | 68092 | 5200 | 9044 | 4094 | 4389 |
| 合格件数 | Number of Qualified Products | 389551 | 23125 | 18866 | 59051 | 4780 | 8068 | 3400 | 4191 |
| 合格率 | Qualification Rate | 90.4 | 94.7 | 93.8 | 86.7 | 91.9 | 89.2 | 83.0 | 95.5 |
| 销售服务业 | Sales and Service Industry | | | | | | | | |
| 监测件数 | Number of Products under Monitoring | 636180 | 26929 | 27593 | 117637 | 10492 | 22413 | 16770 | 10470 |
| 合格件数 | Number of Qualified Products | 578714 | 25121 | 25698 | 100146 | 9996 | 21090 | 16117 | 9653 |
| 合格率 | Qualification Rate | 91.0 | 93.3 | 93.1 | 85.1 | 95.3 | 94.1 | 96.1 | 92.2 |

注：本表缺河北、江西、上海数据。

a) Data for Hebei, Jiangxi and Shanghai are not available in above table.

## 7-39 续表 1 continued

单位：件、% (case,%)

| 项 目 | Item | 食糖 Sugar | 冷食 Cold Food | 饮料 Beverage | 蒸馏酒配制酒 Distilled Spirits and Integrated Alcoholic Beverage | 发酵酒 Fermented Alcoholic Beverage | 调味品 Condi-ments | 豆制品 Bean Products | 糕点 Cake |
|---|---|---|---|---|---|---|---|---|---|
| **合 计** | **Total** | | | | | | | | |
| 监测件数 | Number of Products under Monitoring | 8413 | 46567 | 81234 | 49562 | 23986 | 53808 | 35832 | 219287 |
| 合格件数 | Number of Qualified Products | 8029 | 40320 | 74461 | 48176 | 22898 | 49790 | 31152 | 200314 |
| 合格率 | Qualification Rate | 95.4 | 86.6 | 91.7 | 97.2 | 95.5 | 92.5 | 86.9 | 91.3 |
| 生产加工业 | Producing and Processing Industry | | | | | | | | |
| 监测件数 | Number of Products under Monitoring | 2368 | 18397 | 26006 | 23960 | 8478 | 15822 | 18823 | 123277 |
| 合格件数 | Number of Qualified Products | 2231 | 15766 | 22857 | 23136 | 8158 | 14344 | 16576 | 112888 |
| 合格率 | Qualification Rate | 94.2 | 85.7 | 87.9 | 96.6 | 96.2 | 90.7 | 88.1 | 91.6 |
| 销售服务业 | Sales and Service Industry | | | | | | | | |
| 监测件数 | Number of Products under Monitoring | 6045 | 28170 | 55228 | 25602 | 15508 | 37986 | 17009 | 96010 |
| 合格件数 | Number of Qualified Products | 5798 | 24554 | 51604 | 25040 | 14740 | 35446 | 14576 | 87426 |
| 合格率 | Qualification Rate | 95.9 | 87.2 | 93.4 | 97.8 | 95.0 | 93.3 | 85.7 | 91.1 |

7-39 续表 2 continued

单位：件、% (case,%)

| 项 目 | Item | 糖果蜜饯 Confection and Glace Fruit | 酱腌菜 Sauce Salted Vegetable | 保健食品 Health Food | 新资源食 品 Novel Food | 食 品添加剂 Food Additive | 其它食品 Other Food | 食品用产 品 Products Used for Food | 餐具消毒 Tableware Disin-fection |
|---|---|---|---|---|---|---|---|---|---|
| **合 计** | **Total** | | | | | | | | |
| 监测件数 | Number of Products under Monitoring | 26402 | 21837 | 11433 | 3305 | 5180 | 112391 | 24817 | 4473358 |
| 合格件数 | Number of Qualified Products | 24332 | 19700 | 10820 | 3004 | 4956 | 101011 | 20740 | 3691393 |
| 合格率 | Qualification Rate | 92.2 | 90.2 | 94.6 | 90.9 | 95.7 | 89.9 | 83.6 | 82.5 |
| 生产加工业 | Producing and Processing Industry | | | | | | | | |
| 监测件数 | Number of Products under Monitoring | 11069 | 8373 | 2577 | 379 | 2757 | 33075 | 6171 | 243036 |
| 合格件数 | Number of Qualified Products | 10366 | 7620 | 2466 | 346 | 2627 | 28689 | 5921 | 207674 |
| 合格率 | Qualification Rate | 93.6 | 91.0 | 95.7 | 91.3 | 95.3 | 86.7 | 95.9 | 85.4 |
| 销售服务业 | Sales and Service Industry | | | | | | | | |
| 监测件数 | Number of Products under Monitoring | 15333 | 13464 | 8856 | 2926 | 2423 | 79316 | 18646 | 4230322 |
| 合格件数 | Number of Qualified Products | 13966 | 12080 | 8354 | 2658 | 2329 | 72322 | 14819 | 3483719 |
| 合格率 | Qualification Rate | 91.1 | 89.7 | 94.3 | 90.8 | 96.1 | 91.2 | 79.5 | 82.4 |

# 7-40 发生食物中毒及原因分析（2005年）

# Cases and Causes of Food Poisoning (2005)

单位：起、人 (case,person)

| 项 目 | Item | 总 计 Total | 生物性 Biological | 农药及化学物 Insecticide and Chemicals | 有毒动植物 Poisonous Animal & Plant | 原因不明 Unknown |
|---|---|---|---|---|---|---|
| **总 计** | **Total** | | | | | |
| 中毒起数 | Number of Cases | 2453 | 693 | 394 | 816 | 550 |
| 中毒人数 | Number of Persons | 32553 | 14670 | 3749 | 6804 | 7330 |
| 死亡人数 | Number of Deaths | 381 | 157 | 97 | 109 | 18 |
| 集体食堂 | Canteens | | | | | |
| 中毒起数 | Number of Cases | 700 | 182 | 47 | 325 | 146 |
| 中毒人数 | Number of Persons | 12210 | 4787 | 1107 | 4097 | 2219 |
| 死亡人数 | Number of Deaths | 82 | 82 | | | |
| 饮食服务单位 | Food Service Units | | | | | |
| 中毒起数 | Number of Cases | 488 | 264 | 56 | 23 | 145 |
| 中毒人数 | Number of Persons | 9495 | 6202 | 712 | 292 | 2289 |
| 死亡人数 | Number of Deaths | 53 | 53 | | | |
| 食品摊贩 | Private Vendors | | | | | |
| 中毒起数 | Number of Cases | 92 | 35 | 22 | 6 | 29 |
| 中毒人数 | Number of Persons | 981 | 522 | 160 | 83 | 216 |
| 死亡人数 | Number of Deaths | 3 | | 2 | 1 | |
| 家 庭 | Families | | | | | |
| 中毒起数 | Number of Cases | 1032 | 176 | 231 | 432 | 193 |
| 中毒人数 | Number of Persons | 7878 | 2621 | 1284 | 2034 | 1939 |
| 死亡人数 | Number of Deaths | 222 | 22 | 85 | 102 | 13 |
| 其他场所 | Other Venues | | | | | |
| 中毒起数 | Number of Cases | 141 | 36 | 38 | 30 | 37 |
| 中毒人数 | Number of Persons | 1989 | 538 | 486 | 298 | 667 |
| 死亡人数 | Number of Deaths | 21 | | 10 | 6 | 5 |

# 7-41 食品卫生监督行政处罚情况（2006年）

# Administrative Supervision and Penalty on Food Hygiene (2006)

单位：户次数、千克、元 (outlet-time,kg,yuan)

| 项目 | Item | 合计 Total | 生产加工业 Producing and Processing Industry | 批发零售业 Wholesale and Retail Trades |
|---|---|---|---|---|
| 处罚总户次数 | Number of Outlet-times under Penalty | 276901 | 74008 | 202893 |
| 受处罚情况 | Penalty | | | |
| 警告/责令改正户次数 | Number of Outlet-times Warned or Ordered for Corrections | 440940 | 47741 | 100177 |
| 责令公告收回已售出的食品户次数 | Number of Outlet-times Ordered to Recall Sold Food | 42439 | 4328 | 38111 |
| 责令公告收回已售出的食品重量 | Weight of Sold Food Ordered to be Recalled | 331615 | 204256 | 127359 |
| 责令停产、停业户次数 | Number of Outlet-times Ordered to Stop Production or Business | 12688 | 4047 | 8641 |
| 没收销毁食品户次数 | Number of Outlet-times for Confiscating or Destorying Food | 36683 | 6523 | 30160 |
| 没收销毁食品重量 | Weight of Food Condiscated or Destoryed | 3840069 | 1792758 | 2047311 |
| 没收违法所得户次数 | Number of Outlet-times for Confiscating Illegal Gains | 13807 | 1468 | 12339 |
| 没收违法所得金额 | Amount of Illegal Gains Confiscated | 2928569 | 1568828 | 1359741 |
| 罚款户次数 | Number of Outlets-times Paying Penalty | 60516 | 22891 | 37625 |
| 罚款金额 | Amount of Penalty | 57754120 | 29392828 | 28361292 |
| 吊销卫生许可证户次数 | Number of Outlet-times for Revoking Hygiene Licences | 579 | 239 | 340 |
| 取缔非法经营活动户次数 | Number of Outlet-times for Banning Illegal Business | 11607 | 4758 | 6849 |

注：不包括上海数据。

a) Data for Shanghai are not available in above table.

## 7-41 续表 continued

单位：户次数、千克、元 (outlet-time,kg,yuan)

| 项目 | Item | 饮食行业 Catering Service | 职工食堂 Staff Canteen | 食品摊贩 Private Vendors |
|---|---|---|---|---|
| 处罚总户次数 | Number of Outlet-times under Penalty | 306176 | 68688 | 69380 |
| 受处罚情况 | Penalty | | | |
| 警告/责令改正户次数 | Number of Outlet-times Warned or Ordered for Corrections | 215916 | 30218 | 46888 |
| 责令公告收回已售出的食品户次数 | Number of Outlet-times Ordered to Recall Sold Food | 9505 | 24026 | 918 |
| 责令公告收回已售出的食品重量 | Weight of Sold Food Ordered to be Recalled | 15781 | 22972 | 7723 |
| 责令停产、停业户次数 | Number of Outlet-times Ordered to Stop Production or Business | 11061 | 1240 | 4116 |
| 没收销毁食品户次数 | Number of Outlet-times for Confiscating or Destorying Food | 11621 | 2333 | 6740 |
| 没收销毁食品重量 | Weight of Food Condiscated or Destoryed | 351485 | 127560 | 184739 |
| 没收违法所得户次数 | Number of Outlet-times for Confiscating Illegal Gains | 9143 | 6252 | 626 |
| 没收违法所得金额 | Amount of Illegal Gains Confiscated | 1614384 | 901025 | 115621 |
| 罚款户次数 | Number of Outlets-times Paying Penalty | 84998 | 11008 | 12596 |
| 罚款金额 | Amount of Penalty | 71642320 | 17529110 | 4664985 |
| 吊销卫生许可证户次数 | Number of Outlet-times for Revoking Hygiene Licences | 626 | 129 | 278 |
| 取缔非法经营活动户次数 | Number of Outlet-times for Banning Illegal Business | 26992 | 1660 | 12187 |

# 7-42 公共场所卫生监督情况（2006年）

# Hygienic Supervision on Public Places (2006)

| 项　目 | Item | 卫生监督(户) Hygienic Supervision (outlet) | | | |
|---|---|---|---|---|---|
| | | 总户数 Total | 监督户数 Number of Outlets under Supervision | 无卫生许可证户数 Number of Outlets without Hygienic Certificates | 合格户数 Number of Qualified Outlets |
| **总　计** | **Total** | **1042209** | **983879** | **54448** | **914024** |
| 旅店业 | Hotel | | | | |
| 文化娱乐场所 | Entertainment | 194444 | 184781 | 11324 | 175011 |
| 公共浴室 | Public Bathroom | 149329 | 143159 | 7371 | 132018 |
| 理发店、美容店 | Hairdressing & Beauty Saloon | 66633 | 62189 | 3107 | 57903 |
| 游泳场所 | Swimming Pool | 545511 | 514246 | 25894 | 465724 |
| 体育馆 | Gym | 7549 | 6952 | 254 | 6587 |
| 图书馆、美术馆、 | Library, Art Gallery, | 1971 | 1791 | 108 | 1688 |
| 博物馆、展览馆 | Museum and Exhibition Hall | 1899 | 1511 | 160 | 1268 |
| 商场(店)、书店 | Department Store (Shop) and Bookstore | 38092 | 35684 | 1679 | 45256 |
| 医院候诊室 | Waiting Room of Hospital | 9214 | 8633 | 2062 | 6186 |
| 公共交通等候室 | Waiting Room of Public Traffic | 2682 | 2465 | 342 | 2201 |
| 公共交通工具 | Public Transport Means | 3544 | 2861 | 598 | 2559 |
| 其　他 | Others | 21341 | 19607 | 1549 | 17623 |

注：缺江西、陕西、西藏数据。
a)Data for Jiangxi, Shaanxi and Tibet are not available.

## 7-42　续表 1　continued

| 项　目 | Item | 从业人员经常性监督(人) Frequent Supervision on Employed Personnel (person) | | | | |
|---|---|---|---|---|---|---|
| | | 从业人员人数 Total Number of Employed Personnel | 有健康证人数 Number of Persons with Health Certificate | 无健康证人数 Number of Persons without Health Certificate | 有培训证人数 Number of Persons with Training Certificate | 无培训证人数 Number of Persons without Training Certificate |
| **总　计** | **Total** | **4522609** | **4338858** | **184237** | **4254661** | **243549** |
| 旅店业 | Hotel | | | | | |
| 文化娱乐场所 | Entertainment | 1008774 | 975554 | 33420 | 981977 | 58360 |
| 公共浴室 | Public Bathroom | 583075 | 553855 | 29262 | 533461 | 46203 |
| 理发店、美容店 | Hairdressing & Beauty Saloon | 358236 | 346382 | 12468 | 340555 | 17360 |
| 游泳场所 | Swimming Pool | 1343583 | 1282082 | 61398 | 1260858 | 69358 |
| 体育馆 | Gym | 37933 | 36404 | 1524 | 35614 | 1765 |
| 图书馆、美术馆、 | Library, Art Gallery, | 8922 | 8376 | 546 | 8135 | 642 |
| 博物馆、展览馆 | Museum and Exhibition Hall | 17881 | 16631 | 1197 | 16401 | 1223 |
| 商场(店)、书店 | Department Store (Shop) and Bookstore | 937355 | 907061 | 29951 | 865186 | 34875 |
| 医院候诊室 | Waiting Room of Hospital | 24134 | 21958 | 2166 | 21192 | 2755 |
| 公共交通等候室 | Waiting Room of Public Traffic | 32528 | 30117 | 2559 | 29365 | 2770 |
| 公共交通工具 | Public Transport Means | 28817 | 26775 | 2039 | 26639 | 2175 |
| 其　他 | Others | 141371 | 133663 | 7707 | 135278 | 6063 |

7-42 续表 2 continued

| 项 目 | Item | 卫生检测(户次数) Hygienic Surveillance (household-time) | | | |
|---|---|---|---|---|---|
| | | 监 测 户次数 Number of Outlets under Surveillance | 合 格 户次数 Number of Qualified Outlets | 监 测 样品数 Number of Samples under Surveillance | 合 格 样品数 Number of Qualified Samples |
| **总 计** | **Total** | **509749** | **453729** | **3378928** | **3105893** |
| 旅店业 | Hotel | | | | |
| 文化娱乐场所 | Entertainment | 112578 | 100337 | 1079086 | 1013986 |
| 公共浴室 | Public Bathroom | 65707 | 57859 | 477781 | 440970 |
| 理发店、美容店 | Hairdressing & Beauty Saloon | 38922 | 32573 | 255263 | 241614 |
| 游泳场所 | Swimming Pool | 245821 | 221291 | 1084689 | 954362 |
| 体育馆 | Gym | 7196 | 5667 | 92187 | 84281 |
| 图书馆、美术馆、 | Library, Art Gallery, | 960 | 665 | 11054 | 10861 |
| 博物馆、展览馆 | Museum and Exhibition Hall | 961 | 824 | 8827 | 8305 |
| 商场(店)、书店 | Department Store (Shop) and Bookstore | 19671 | 18055 | 206778 | 197734 |
| 医院候诊室 | Waiting Room of Hospital | 5647 | 5085 | 28619 | 26215 |
| 公共交通等候室 | Waiting Room of Public Traffic | 1523 | 1334 | 14693 | 13578 |
| 公共交通工具 | Public Transport Means | 2275 | 2176 | 11635 | 11409 |
| 其 他 | Others | 8488 | 7863 | 108316 | 102578 |

7-42 续表 3 continued

| 项 目 | Item | 处罚情况(户次数) Punishment(household-time) | | | | | |
|---|---|---|---|---|---|---|---|
| | | 总处罚户次数 Number of Outlets with Penalty | 警 告 Warning | 停 业 Ceasing Business | 吊销卫生许可证 Revoking Hygiene Licences | 罚 款 户次数 Number of Outlets Paying Penalty Fine | 罚 款 金 额 (万元) Total Amount of Penalty Fine |
| **总 计** | **Total** | **94712** | **61142** | **10986** | **4163** | **23009** | **41388** |
| 旅店业 | Hotel | | | | | | |
| 文化娱乐场所 | Entertainment | 13560 | 9455 | 899 | 249 | 3805 | 4979 |
| 公共浴室 | Public Bathroom | 30532 | 18005 | 6292 | 3031 | 3914 | 3033 |
| 理发店、美容店 | Hairdressing & Beauty Saloon | 7053 | 4065 | 1063 | 318 | 1932 | 1554 |
| 游泳场所 | Swimming Pool | 38175 | 25632 | 2286 | 548 | 11971 | 22035 |
| 体育馆 | Gym | 906 | 614 | 31 | 1 | 344 | 9225 |
| 图书馆、美术馆、 | Library, Art Gallery, | 63 | 52 | 5 | | 8 | 1 |
| 博物馆、展览馆 | Museum and Exhibition Hall | 89 | 59 | 1 | | 34 | 2 |
| 商场(店)、书店 | Department Store (Shop) and Bookstore | 2281 | 1724 | 69 | 1 | 382 | 534 |
| 医院候诊室 | Waiting Room of Hospital | 208 | 154 | 4 | | 24 | 1 |
| 公共交通等候室 | Waiting Room of Public Traffic | 164 | 78 | 11 | 13 | 28 | 2 |
| 公共交通工具 | Public Transport Means | 83 | 34 | 1 | | 63 | 1 |
| 其 他 | Others | 1598 | 1270 | 324 | 2 | 504 | 21 |

## 7-43 化妆品卫生监督情况（2006年）

## Supervision and Surveillance on Health of Cosmetics Prodcts (2006)

单位：件、%　　(piece,%)

| 项目 | Item | 合计 Total | 小计 Sub-total 进口 Imported | 小计 Sub-total 国产 Domestic | 发用类 Hair-care 进口 Imported | 发用类 Hair-care 国产 Domestic | 护肤类 Skin-care 进口 Imported | 护肤类 Skin-care 国产 Domestic |
|---|---|---|---|---|---|---|---|---|
| **总　计** | **Total** | | | | | | | |
| 检验件数 | Number of Products under Supervision | 43125 | 3359 | 39766 | 641 | 9268 | 1280 | 14543 |
| 合格件数 | Number of Qualified Products | 39459 | 3005 | 36454 | 546 | 8853 | 1201 | 13500 |
| 合格率 | Percentage of Qualified Products | 91.5 | 89.5 | 91.7 | 85.2 | 95.5 | 93.8 | 92.8 |
| **生产企业** | **Producing Units** | | | | | | | |
| 检验件数 | Number of Products under Supervision | 4056 | | 4056 | | 590 | | 1940 |
| 合格件数 | Number of Qualified Products | 4000 | | 4000 | | 585 | | 1913 |
| 合格率 | Percentage of Qualified Products | 98.6 | | 98.6 | | 99.2 | | 98.6 |
| **经营单位** | **Trade Units** | | | | | | | |
| 检验件数 | Number of Products under Supervision | 39069 | 3359 | 35710 | 641 | 8678 | 1280 | 12603 |
| 合格件数 | Number of Qualified Products | 35459 | 3005 | 32454 | 546 | 8268 | 1201 | 11587 |
| 合格率 | Percentage of Qualified Products | 90.8 | 89.5 | 90.9 | 85.2 | 95.3 | 93.8 | 91.9 |

注：缺广东、上海、西藏数据。

a) Data for Guangdong, Hebei, Chongqing, Shanghai, Tibet, Beijing and Shandong are not available.

### 7-43 续表 1 continued

单位：件、%　　(piece,%)

| 项目 | Item | 美容修饰类 Cosmetic 进口 Imported | 美容修饰类 Cosmetic 国产 Domestic | 香水类 Perfume 进口 Imported | 香水类 Perfume 国产 Domestic | 其他 Others 进口 Imported | 其他 Others 国产 Domestic |
|---|---|---|---|---|---|---|---|
| **总　计** | **Total** | | | | | | |
| 检验件数 | Number of Products under Supervision | 528 | 4447 | 396 | 2374 | 96 | 1093 |
| 合格件数 | Number of Qualified Products | 454 | 4103 | 369 | 2261 | 89 | 993 |
| 合格率 | Percentage of Qualified Products | 86.0 | 92.3 | 93.2 | 95.2 | 92.7 | 90.9 |
| **生产企业** | **Producing Units** | | | | | | |
| 检验件数 | Number of Products under Supervision | | 763 | | 212 | | 151 |
| 合格件数 | Number of Qualified Products | | 760 | | 212 | | 148 |
| 合格率 | Percentage of Qualified Products | | 99.6 | | 100.0 | | 98.0 |
| **经营单位** | **Trade Units** | | | | | | |
| 检验件数 | Number of Products under Supervision | 528 | 3684 | 396 | 2162 | 96 | 942 |
| 合格件数 | Number of Qualified Products | 454 | 3343 | 369 | 2049 | 89 | 845 |
| 合格率 | Percentage of Qualified Products | 86.0 | 90.7 | 93.2 | 94.8 | 92.7 | 89.7 |

7-43 续表 2 continued

单位:件、% (piece,%)

| 项 目 | Item | 进 口 Imported | 特殊用途类 Special Cosmetic Products 国 产 Domestic 小 计 Sub-total | 育 发 Hair Regrowth | 染 发 Hair Dye | 烫 发 Hair Perm | 脱 毛 Hair Removal |
|---|---|---|---|---|---|---|---|
| **总 计** | **Total** | | | | | | |
| 检验件数 | Number of Products under Supervision | 418 | 8041 | 532 | 1681 | 1167 | 329 |
| 合格件数 | Number of Qualified Products | 346 | 6744 | 460 | 1398 | 950 | 285 |
| 合格率 | Percentage of Qualified Products | 82.8 | 83.9 | 86.5 | 83.2 | 81.4 | 86.6 |
| **生产企业** | **Producing Units** | | | | | | |
| 检验件数 | Number of Products under Supervision | | 400 | 64 | 93 | 13 | 18 |
| 合格件数 | Number of Qualified Products | | 382 | 56 | 89 | 11 | 17 |
| 合格率 | Percentage of Qualified Products | | 95.5 | 87.5 | 95.7 | 84.6 | 94.4 |
| **经营单位** | **Trade Units** | | | | | | |
| 检验件数 | Number of Products under Supervision | 418 | 7641 | 468 | 1588 | 1154 | 311 |
| 合格件数 | Number of Qualified Products | 346 | 6362 | 404 | 1309 | 939 | 268 |
| 合格率 | Percentage of Qualified Products | 82.8 | 83.3 | 86.3 | 82.4 | 81.4 | 86.2 |

7-43 续表 3 continued

单位:件、% (piece,%)

| 项 目 | Item | 特殊用途类 Special Cosmetic Products 国 产 Domestic 美 乳 Breast Enhancing | 健 美 Fitness | 除 臭 Odors Elimination | 祛 斑 Spots Dispelling | 防 晒 Prevention of Sunburn |
|---|---|---|---|---|---|---|
| **总 计** | **Total** | | | | | |
| 检验件数 | Number of Products under Supervision | 251 | 105 | 399 | 1895 | 1682 |
| 合格件数 | Number of Qualified Products | 226 | 88 | 323 | 1566 | 1448 |
| 合格率 | Percentage of Qualified Products | 90.0 | 83.8 | 81.0 | 82.6 | 86.1 |
| **生产企业** | **Producing Units** | | | | | |
| 检验件数 | Number of Products under Supervision | 25 | 5 | 27 | 73 | 82 |
| 合格件数 | Number of Qualified Products | 24 | 5 | 27 | 73 | 80 |
| 合格率 | Percentage of Qualified Products | 96.0 | 100.0 | 100.0 | 100.0 | 97.6 |
| **经营单位** | **Trade Units** | | | | | |
| 检验件数 | Number of Products under Supervision | 226 | 100 | 372 | 1822 | 1600 |
| 合格件数 | Number of Qualified Products | 202 | 83 | 296 | 1493 | 1368 |
| 合格率 | Percentage of Qualified Products | 89.4 | 83.0 | 79.6 | 81.9 | 85.5 |

# 7-44 生活饮用水卫生监督情况（2006年）

# Hygienic Monitoring of Drinking Water (2006)

| 项　目 | Item | 卫生监督(户) Hygienic Supervision (unit) | | | |
|---|---|---|---|---|---|
| | | 总户数 Total | 监督户数 Number of Units under Supervision | 无卫生许可证户数 Number of Units without Hygienic Certificate | 合格户数 Number of Qualified Units |
| **供水系统** | **Water-supply System** | **2505421** | **585936** | **375015** | **71636** |
| 市政供水 | Civil Water-supply System | 15335 | 14230 | 2531 | 11749 |
| 二次供水 | Secondary Water-supply System | 287166 | 51160 | 229066 | 39522 |
| 分散式供水 | Separate Water-supply System | 2202920 | 520546 | 143418 | 20365 |
| **涉水产品** | **Water-related Products** | **4181** | **3878** | **1116** | **3446** |
| 家用水处理器 | Water Treatment Equipment for Household Use | 1442 | 1383 | 963 | 1246 |
| 集团用水处理器 | Treatment Equipment for Industrial Water | 256 | 225 | 20 | 209 |
| 输配水设备 | Equipment for Water Transportation and Distribution | 1765 | 1605 | 18 | 1495 |
| 防护涂料 | Protective Paint | 125 | 113 | 6 | 88 |
| 水处理剂 | Water Treatment Agent | 593 | 552 | 109 | 408 |

注：1.缺河北、海南、广西、宁夏、山西、西藏、新疆数据。
2.涉水产品指有证产品数。
a)Data for Hebei, Hainan, Guangxi, Ningxia, Shanxi, Tibet and Xinjiang are not available.
b)Water-related products refer to those with certificates.

7-44　续表 1　continued

| 项　目 | Item | 从业人员经常性监督(人) Frequent Supervision on Employed Personnel (person) | | | | |
|---|---|---|---|---|---|---|
| | | 从业人员人数 Total Number of Employed Personnel | 有健康证人数 Number of Persons with Health Certificate | 无健康证人数 Number of Persons without Health Certificate | 有培训证人数 Number of Persons with Training Certificate | 无培训证人数 Number of Persons without Training Certificate |
| **供水系统** | **Water-supply System** | **223631** | **190445** | **33191** | **188590** | **33867** |
| 市政供水 | Civil Water-supply System | 110579 | 102016 | 8797 | 100181 | 9446 |
| 二次供水 | Secondary Water-supply System | 69458 | 56834 | 12603 | 56729 | 12685 |
| 分散式供水 | Separate Water-supply System | 43594 | 31595 | 11791 | 31680 | 11736 |
| **涉水产品** | **Water-related Products** | **28236** | **8228** | **504** | **10762** | **541** |
| 家用水处理器 | Water Treatment Equipment for Household Use | 1166 | 1040 | 126 | 992 | 152 |
| 集团用水处理器 | Treatment Equipment for Industrial Water | 975 | 918 | 57 | 850 | 51 |
| 输配水设备 | Equipment for Water Transportation and Distribution | 22987 | 3947 | 286 | 6541 | 272 |
| 防护涂料 | Protective Paint | 271 | 268 | 3 | 259 | 12 |
| 水处理剂 | Water Treatment Agent | 2837 | 2055 | 32 | 2120 | 54 |

## 7-44 续表 2 continued

| 项 目 | Item | 卫生监测(户次数) Hygienic Surveillance (household-time) | | | |
|---|---|---|---|---|---|
| | | 监测户次数 Number of Units under Surveillance | 合格户次数 Number of Qualified Units | 监测样品数 Number of Samples under Surveillance | 合格样品数 Number of Qualified Samples |
| **供水系统** | **Water-supply System** | **85405** | **69777** | **209691** | **183983** |
| 市政供水 | Civil Water-supply System | 28630 | 21414 | 110033 | 96991 |
| 二次供水 | Secondary Water-supply System | 33991 | 31136 | 62977 | 58345 |
| 分散式供水 | Separate Water-supply System | 22784 | 17227 | 36681 | 28647 |
| **涉水产品** | **Water-related Products** | **3014** | **2876** | **2130** | **2051** |
| 家用水处理器 | Water Treatment Equipment for Household Use | 1253 | 1232 | 202 | 190 |
| 集团用水处理器 | Water Treatment Equipment for Non-household Use | 241 | 125 | 551 | 520 |
| 输配水设备 | Equipment for Water Transportation and Distribution | 1160 | 1160 | 878 | 877 |
| 防护涂料 | Protective Paint | 72 | 72 | 75 | 66 |
| 水处理剂 | Water Treatment Agent | 288 | 287 | 424 | 398 |

## 7-44 续表 3 continued

| 项 目 | Item | 处罚情况(户次数) Punishment(household-time) | | | | | |
|---|---|---|---|---|---|---|---|
| | | 总处罚户次数 Number of Units with Penalty | 警告 Warning | 停业 Ceasing Business | 吊销卫生许可证 Revoking Hygiene Licences | 罚款户次数 Number of Units Paying Penalty Fine | 罚款金额(万元) Total Amount of Penalty Fine |
| **供水系统** | **Water-supply System** | **4758** | **3768** | **73** | **3** | **872** | **128.00** |
| 市政供水 | Civil Water-supply System | 1471 | 1213 | 35 | | 178 | 42.86 |
| 二次供水 | Secondary Water-supply System | 2071 | 1481 | 25 | | 502 | 56.81 |
| 分散式供水 | Separate Water-supply System | 1216 | 1074 | 13 | 3 | 192 | 28.33 |
| **涉水产品** | **Water-related Products** | **197** | **175** | **2** | | **20** | **15.23** |
| 家用水处理器 | Water Treatment Equipment for Household Use | 42 | 33 | 1 | | 12 | 11.70 |
| 集团用水处理器 | Water Treatment Equipment for Non-household Use | 13 | 9 | | | 2 | 1.90 |
| 输配水设备 | Equipment for Water Transportation and Distribution | 18 | 14 | | | 6 | 1.63 |
| 防护涂料 | Protective Paint | 14 | 11 | 1 | | | |
| 水处理剂 | Water Treatment Agent | 110 | 108 | | | | |

# 八、社会秩序与安全
# Social Order and Safe

## 8-1 公安机关立案的刑事案件及构成

## Criminal Cases Registered in Public Security Organs and Composition

| 案件类别 | Category of Cases | 立案(起) Number of Cases Registered (case) | | 构成(%) Composition (%) | |
|---|---|---|---|---|---|
| | | 2005 | 2006 | 2005 | 2006 |
| **合计** | **Total** | **4648401** | **4653265** | **100.00** | **100.00** |
| 杀人 | Homicide | 20770 | 17936 | 0.45 | 0.39 |
| 伤害 | Injury | 155056 | 160964 | 3.34 | 3.46 |
| 抢劫 | Robbery | 332196 | 309872 | 7.15 | 6.66 |
| 强奸 | Rape | 33710 | 32352 | 0.72 | 0.70 |
| 拐卖妇女儿童 | Trafficking Women or Children | 2884 | 2569 | 0.06 | 0.06 |
| 盗窃 | Theft | 3158763 | 3143863 | 67.95 | 67.56 |
| 诈骗 | Fraud | 203083 | 213648 | 4.37 | 4.59 |
| 走私 | Smuggling | 925 | 974 | 0.02 | 0.02 |
| 伪造、变造货币,出售、购买、运输、持有、使用假币 | Couterfeiting the Currency and Selling,Buying Transporting, Holding and Using Counterfeit Currencies | 1858 | 1784 | 0.04 | 0.03 |
| 其他 | Others | 739156 | 769303 | 15.90 | 16.53 |

注：2006年共破获刑事案件2212625起。

a) The solved criminal cases in 2006 are 2212625 cases.

## 8-2 公安机关受理、查处治安案件数（2006年）

## Offense Cases Against Public Order Handled by Public Security Organs (2006)

| 案件类别 | Category of Cases | 受理(起) Number of Cases Accepted (case) | 查处(起) Number of Cases Investigated (case) | 每万人口受理案件数(起/万人) Number of Cases Accepted (case/10000 persons) |
|---|---|---|---|---|
| 合计 | **Total** | **7197200** | **6153699** | **56.3** |
| 扰乱单位秩序 | Disturbing business orders | 99099 | 97400 | 0.8 |
| 扰乱公共场所秩序 | Disturbing the orders in public places | 329100 | 327195 | 2.6 |
| 寻衅滋事 | Creating disturbances | 127064 | 115462 | 1.0 |
| 阻碍执行职务 | Obstructing state functionaries from performing duty | 44129 | 43123 | 0.3 |
| 非法携带枪支、弹药、管制工具 | Violation of firearms control regulations | 64647 | 64089 | 0.5 |
| 违反危险物质管理规定 | Violation of explosives control regulations | 25608 | 25277 | 0.2 |
| 殴打他人 | Beating Others | 1851419 | 1650119 | 14.5 |
| 故意伤害 | Wilfully injuring others | 81325 | 69198 | 0.6 |
| 盗窃 | Stealing property | 1763377 | 1185955 | 13.8 |
| 敲诈勒索 | Extertion and blackmail | 49012 | 37112 | 0.4 |
| 抢夺 | Robbery and snatch | 65060 | 36441 | 0.5 |
| 盗窃、损毁公共设施 | Stealing and damaging public facilities | 47246 | 35605 | 0.4 |
| 伪造、变造、倒卖有价票证、凭证 | Forge/alter/scalp valuable coupons or certificaties | 16759 | 16559 | 0.1 |
| 违反旅馆业管理 | Violating the hotel management regulations | 66561 | 66363 | 0.5 |
| 违反房屋出租管理 | Violating the rent control regulations | 81439 | 80240 | 0.6 |
| 诈骗 | Swindling, seizing and extorting property | 127884 | 79215 | 1.0 |
| 卖淫、嫖娼 | Prostitution or Visiting Prostitutes | 105724 | 104474 | 0.8 |
| 赌博 | Gambling | 366878 | 360831 | 2.9 |
| 毒品违法活动 | Illegal drug related action | 249468 | 249419 | 2.0 |
| 其他 | Others | 1635401 | 1509622 | 12.8 |

# 8-3 交通事故情况（2006年）

# Basic Statistics on Traffic Accidents (2006)

| 项　目 | Item | 发生数（起）Number of Traffic Accidents (case) | 死亡人数（人）Number of Deaths (person) | 受伤人数（人）Number of Injuries (person) | 损失折款（万元）Losses Converted into Cash (10000 yuan) |
|---|---|---|---|---|---|
| **总　计** | **Total** | **378781** | **89455** | **431139** | **148956** |
| #重大事故 | Serious Accidents | 77946 | 89038 | 46789 | 52441 |
| #特大事故 | Extraordinarily Serious Accidents | 1671 | 6611 | 5024 | 6689 |
| 机动车 | Vehicles | 358249 | 84805 | 412193 | 146385 |
| #汽　车 | Motor Vehicles | 230364 | 55992 | 256514 | 127771 |
| 摩托车 | Motorcycles | 100011 | 19677 | 126113 | 11330 |
| 拖拉机 | Tractors | 10507 | 3142 | 11319 | 1926 |
| 非机动车 | Non-motor-driven Vehicles | 13326 | 2108 | 13441 | 1333 |
| #自行车 | Bicycles | 6621 | 1233 | 6314 | 657 |
| 行人乘车人 | Pedestrians and Passengers | 7005 | 2464 | 5336 | 1179 |
| 其　他 | Others | 201 | 78 | 169 | 59 |

注：损失折款指直接损失(下表同)。

a) Losses converted into cash refer to direct losses. The same as in the following tables.

# 8-4 火灾事故情况（2006年）

# Basic Statistics on Fire Accidents (2006)

| 项　目 | Item | 合计 Total | 特　大 Extraordinarily Serious | 重　大 Serious | 一　般 Ordinary |
|---|---|---|---|---|---|
| 发生（起） | Fires Accidents (case) | 222702 | 20 | 181 | 222501 |
| 死亡（人） | Deaths (person) | 1517 | 39 | 288 | 1190 |
| 受伤（人） | Injuries (person) | 1418 | 13 | 84 | 1321 |
| 损失折款（万元） | Losses Converted into Cash (10000 yuan) | 78447 | 9542 | 8143 | 60762 |
| 平均每起事故损失（元） | Average Loss per Fire Accident (yuan) | 3523 | 4770764 | 449909 | 2731 |

# 8-5 各地区交通事故情况（2006年）

## Basic Statistics on Traffic Accidents by Province (2006)

| 地　区 | Province | 发生数（起）Number of Traffic Accidents (case) | 死亡人数（人）Number of Deaths (person) | 受伤人数（人）Number of Injuries (person) | 损失折款（万元）Losses Converted into Cash (10000 yuan) |
|---|---|---|---|---|---|
| **全　国** | **National Total** | **378781** | **89455** | **431139** | **148956.0** |
| 北　京 | Beijing | 5808 | 1373 | 6681 | 2772.0 |
| 天　津 | Tianjin | 4913 | 878 | 5865 | 3319.2 |
| 河　北 | Hebei | 8631 | 3486 | 9580 | 5846.0 |
| 山　西 | Shanxi | 10981 | 3413 | 12340 | 5422.9 |
| 内蒙古 | Inner Mongolia | 6481 | 1874 | 7058 | 1879.3 |
| 辽　宁 | Liaoning | 8671 | 2611 | 8325 | 4397.7 |
| 吉　林 | Jilin | 7415 | 2138 | 7820 | 3703.9 |
| 黑龙江 | Heilongjiang | 6732 | 2164 | 7139 | 3236.8 |
| 上　海 | Shanghai | 6585 | 1231 | 6665 | 3301.0 |
| 江　苏 | Jiangsu | 23852 | 6891 | 23458 | 9179.7 |
| 浙　江 | Zhejiang | 36768 | 6619 | 42313 | 14233.4 |
| 安　徽 | Anhui | 14151 | 3901 | 17987 | 4848.1 |
| 福　建 | Fujian | 21924 | 3871 | 25097 | 8742.3 |
| 江　西 | Jiangxi | 8867 | 2190 | 10079 | 6073.1 |
| 山　东 | Shandong | 30056 | 6309 | 28945 | 9511.2 |
| 河　南 | Henan | 18402 | 4046 | 19193 | 6849.2 |
| 湖　北 | Hubei | 9590 | 2304 | 11976 | 4750.0 |
| 湖　南 | Hunan | 12202 | 3563 | 16493 | 5745.5 |
| 广　东 | Guangdong | 56217 | 8828 | 67637 | 16384.9 |
| 广　西 | Guangxi | 8895 | 3016 | 11337 | 2803.6 |
| 海　南 | Hainan | 1398 | 427 | 1960 | 603.1 |
| 重　庆 | Chongqing | 9001 | 1299 | 12082 | 1775.3 |
| 四　川 | Sichuan | 24338 | 4090 | 29342 | 8283.3 |
| 贵　州 | Guizhou | 2734 | 1422 | 3643 | 1869.4 |
| 云　南 | Yunnan | 6692 | 2627 | 8332 | 2761.9 |
| 西　藏 | Tibet | 751 | 536 | 1001 | 731.1 |
| 陕　西 | Shaanxi | 10546 | 2711 | 9995 | 5358.2 |
| 甘　肃 | Gansu | 4828 | 1701 | 5315 | 1788.3 |
| 青　海 | Qinghai | 939 | 662 | 1199 | 374.8 |
| 宁　夏 | Ningxia | 2985 | 666 | 3434 | 748.0 |
| 新　疆 | Xinjiang | 7428 | 2608 | 8848 | 1662.8 |

# 8-6 各地区火灾事故情况（2006年）

## Basic Statistics on Fire Accidents by Province (2006)

| 地 区 | Province | 发生数（起） Number of Fire Accidents (case) | 死亡人数（人） Number of Deaths (person) | 受伤人数（人） Number of Injuries (person) | 直接经济损失（万元） Losses Converted into Cash (10000 yuan) | 人口火灾发生率（1/10万人） Average Number of Fire Accidents Per 100000 Persons |
|---|---|---|---|---|---|---|
| **全 国** | **National Total** | **222702** | **1517** | **1418** | **78446.8** | **17.4** |
| 北 京 | Beijing | 11906 | 33 | 79 | 1088.8 | 100.5 |
| 天 津 | Tianjin | 4200 | 21 | 19 | 480.5 | 44.5 |
| 河 北 | Hebei | 6770 | 57 | 51 | 2143.6 | 9.9 |
| 山 西 | Shanxi | 3907 | 11 | 13 | 1632.6 | 11.9 |
| 内蒙古 | Inner Mongolia | 5860 | 46 | 44 | 1383.9 | 24.9 |
| 辽 宁 | Liaoning | 20453 | 105 | 75 | 3114.8 | 48.8 |
| 吉 林 | Jilin | 17085 | 65 | 38 | 3794.4 | 64.0 |
| 黑龙江 | Heilongjiang | 10550 | 40 | 29 | 2227.2 | 28.0 |
| 上 海 | Shanghai | 4148 | 42 | 46 | 2051.9 | 30.5 |
| 江 苏 | Jiangsu | 16754 | 81 | 56 | 3765.2 | 23.1 |
| 浙 江 | Zhejiang | 5377 | 109 | 64 | 5296.9 | 11.7 |
| 安 徽 | Anhui | 9141 | 38 | 45 | 5638.9 | 14.0 |
| 福 建 | Fujian | 7932 | 70 | 62 | 3474.1 | 23.4 |
| 江 西 | Jiangxi | 5941 | 34 | 37 | 3403.7 | 13.6 |
| 山 东 | Shandong | 9996 | 17 | 15 | 3285.1 | 10.9 |
| 河 南 | Henan | 6156 | 19 | 23 | 1956.2 | 6.1 |
| 湖 北 | Hubei | 11328 | 50 | 46 | 2362.3 | 18.9 |
| 湖 南 | Hunan | 5003 | 56 | 50 | 3523.8 | 7.5 |
| 广 东 | Guangdong | 8817 | 172 | 200 | 5504.4 | 11.2 |
| 广 西 | Guangxi | 2645 | 48 | 59 | 3058.0 | 5.4 |
| 海 南 | Hainan | 1412 | 5 | 3 | 522.3 | 17.2 |
| 重 庆 | Chongqing | 8065 | 33 | 38 | 1603.6 | 25.4 |
| 四 川 | Sichuan | 13403 | 122 | 106 | 3997.7 | 15.5 |
| 贵 州 | Guizhou | 1876 | 53 | 23 | 1074.9 | 4.9 |
| 云 南 | Yunnan | 3804 | 84 | 54 | 2678.0 | 8.9 |
| 西 藏 | Tibet | 233 | 4 | 3 | 284.2 | 8.7 |
| 陕 西 | Shaanxi | 6615 | 38 | 34 | 3133.9 | 17.9 |
| 甘 肃 | Gansu | 2643 | 16 | 39 | 1496.6 | 10.2 |
| 青 海 | Qinghai | 1042 | 2 | 7 | 450.9 | 20.7 |
| 宁 夏 | Ningxia | 3176 | 4 | 3 | 455.1 | 54.0 |
| 新 疆 | Xinjiang | 6464 | 42 | 57 | 3563.2 | 32.9 |

注：全国总计数据包括发生在铁道、交通、军队的火灾情况。

a) The national data include the fires which happen in railways and other transport process.

## 8-7 人民检察院直接立案侦查案件情况（2006年）

## Statistics of Cases Directed Investigated by People's Procuratorate (2006)

| 案件类别 | Category of Cases | 受案 Cases Accepted | 立案 Cases Filing | | #大案 Major Cases | #要案 Key Cases | 结案 Cases Settled | |
|---|---|---|---|---|---|---|---|---|
| | | 件 case | 件 case | 人 person | 件 case | 人 person | 件 case | 人 person |
| **合　计** | **Total** | **57867** | **33668** | **40041** | **18241** | **2736** | **31774** | **37723** |
| 贪污贿赂案件 | Sub-total of Cases on Embezzlement and Bribery | 45057 | 27119 | 31949 | 15681 | 2435 | 25697 | 30256 |
| 贪　污 | Embezzlement | 20477 | 10337 | 13406 | 5592 | 529 | 9899 | 12798 |
| 贿　赂 | Bribery | 17889 | 11702 | 12525 | 7033 | 1598 | 10736 | 11475 |
| 挪用公款 | Misappropriation of Public Funds | 5793 | 4703 | 5433 | 3056 | 218 | 4690 | 5392 |
| 集体私分 | Collective Division of Stated-own Assets in secret to the Individuals | 687 | 323 | 511 | | 77 | 324 | 525 |
| 巨额财产来源不明 | Unstated Source of Large Properties | 188 | 39 | 4 2 | | 10 | 24 | 27 |
| 其　他 | Others | 23 | 15 | 32 | | 3 | 24 | 39 |
| 渎职侵权案件 | Sub-total of Cases on and Dereliction of Duty and Infringement of Citizens' Right | 12810 | 6549 | 8092 | 2560 | 301 | 6077 | 7467 |
| 滥用职权 | Abuse of Power | 3911 | 1975 | 2286 | 814 | 158 | 1847 | 2114 |
| 玩忽职守 | Dereliction of Duty | 4323 | 2725 | 3191 | 1201 | 105 | 2578 | 3021 |
| 徇私舞弊 | Malpractice | 2510 | 892 | 1054 | 211 | 26 | 838 | 982 |
| 其　他 | Others | 2066 | 957 | 1561 | 334 | 12 | 814 | 1350 |

注：结案中含上年旧存(以下各表同)。

a) Data of cases settled include cases turned over from previous year. The same as in the following tables.

## 8-8 人民检察院审查批准逮捕、决定逮捕犯罪嫌疑人和提起公诉被告人情况（2006年）

## Statistics of Arrests of Criminal Suspects Approved and Decided by People's Procuratorate and Defendants Prosecuted by People's Procuratorate (2006)

| 案件类别 | Category of Cases | 批捕、决定逮捕 Total of Arrests Approved and Decided | | 提起公诉 Total of Initiating Public Prosecutions | |
|---|---|---|---|---|---|
| | | 件 case | 人 person | 件 case | 人 person |
| **合　计** | **Total** | **588516** | **906936** | **670727** | **1029052** |
| 公安、安全、监狱管理机关提请 | Sub-total of Requests by Departments of State Security and Public Security and Prisons | 574619 | 891620 | 646279 | 999086 |
| 危害国家安全案 | Cases of Endangering State Security | 292 | 604 | 258 | 561 |
| 危害公共安全案 | Cases of Endangering Public Security | 52563 | 64448 | 79548 | 90367 |
| 破坏社会主义市场经济秩序案 | Cases of Disrupting the Order of the Socialist Market Economy | 15438 | 24211 | 16692 | 27728 |
| 侵犯公民人身、民主权利案 | Cases of Infringing upon Citizens' Right of the Person and Democratic Right | 125589 | 169069 | 147742 | 196718 |
| 侵犯财产案 | Cases of Property Voilation | 290021 | 471468 | 306401 | 501579 |
| 妨害社会管理秩序案 | Cases of Obstructing the Adiminstration of the Public Order | 90502 | 161506 | 95437 | 181833 |
| 危害国防利益案 | Cases of Impairing the Interests of National Defense | 205 | 301 | 195 | 288 |
| 军人违反职责案 | Cases of Servicemen's Transgression of Duties | 9 | 13 | 6 | 12 |
| 检察机关直接立案侦查案件 | Sub-total of Cases Directly Ivestigated by Procuratorates | 13897 | 15316 | 24448 | 29966 |
| 贪污贿赂案 | Cases of Embazzlement and Bribery | 12625 | 13831 | 20711 | 25115 |
| 渎职案 | Cases of Abuse and Dereliction of Duty | 1272 | 1485 | 3737 | 4851 |

## 8-9 人民检察院出庭公诉情况（2006年）

## Statistics of Public Prosecutions Appearing in Court by People's Procuratorate (2006)

单位：件 (cases)

| 案件类别 | Category of Cases | 适用简易程序 Summary Procedure Applied | 出庭公诉 Public Prosecutions Appearing in Court | 一审 First Instance | 二审 Second Instance | 上诉案 Appeal Cases | 抗诉案 Procuratoral Appeal Cases | 再审 Retrial |
|---|---|---|---|---|---|---|---|---|
| **合计** | **Total** | **249420** | **389052** | **381567** | **7285** | **6698** | **587** | **200** |
| 贪污贿赂 | Embazzlement and Bribery | 2795 | 17191 | 16513 | 625 | 503 | 122 | 53 |
| 渎职侵权 | Dereliction of Duty and Infringement of Citizens' Right | 562 | 2624 | 2534 | 76 | 44 | 32 | 14 |
| 刑事案件 | Criminal Cases | 246063 | 369233 | 362516 | 6584 | 6151 | 433 | 133 |
| 军人违反职责 | Crimes of Servicemen's Transgression of Duties | | 4 | 4 | | | | |

## 8-10 人民检察院办理刑事抗诉案件情况（2006年）

## Statistics of Criminal Cases Appealed by People's Procuratorate (2006)

| 案件类别 | Category of Cases | 提出抗诉 Presenting Procuratoral Appeal | 撤回抗诉 Withdrawing Procuratoral Appeal | 合计 Total | 改判 Revising Judgment | | 维持原判 Affirming Original Judgment | 发回重审 Remanding for Retrial |
|---|---|---|---|---|---|---|---|---|
| | | 件 case | 件 case | 件 case | 件 case | 人 person | 件 case | 件 case |
| **合计** | **Total** | **3161** | **670** | **1911** | **834** | **1144** | **652** | **425** |
| 二审小计 | Sub-total of Second Instance | 2746 | 575 | 1675 | 742 | 1027 | 608 | 325 |
| 贪污贿赂案件 | Embazzlement and Bribery Cases | 496 | 125 | 350 | 132 | 159 | 140 | 78 |
| 渎职侵权案件 | Dereliction of Duty and Infingement of Citizens' Right Cases | 103 | 15 | 67 | 27 | 34 | 31 | 9 |
| 刑事案件 | Criminal Cases | 2147 | 435 | 1258 | 583 | 834 | 437 | 238 |
| 再审小计 | Sub-total of Retrial | 415 | 95 | 236 | 92 | 117 | 44 | 100 |
| 贪污贿赂案件 | Embazzlement and Bribery Cases | 97 | 35 | 48 | 22 | 26 | 6 | 20 |
| 渎职侵权案件 | Dereliction of Duty and Infingement of Citizens' Right Cases | 28 | 6 | 12 | 5 | 5 | 6 | 1 |
| 刑事案件 | Criminal Cases | 290 | 54 | 176 | 65 | 86 | 32 | 79 |

## 8-11 人民检察院办理民事、行政抗诉案件情况（2006年）

## Statistics of Civil and Administrative Appealed by People's Procuratorate (2006)

单位:件 (case)

| 案件类别 | Category of Cases | 合计 Total | 民事案件 Civil Cases | 行政案件 Administrative Cases |
|---|---|---|---|---|
| 立 案 | Filing Cases | 38750 | 36481 | 2269 |
| 提请抗诉 | Submitting Procuratoral Appeal | 14496 | 13820 | 676 |
| 抗 诉 | Procuratoral Appeal | 12669 | 11979 | 690 |
| 撤回抗诉 | Withdrawing Procuratoral Appeal | 124 | 61 | 63 |
| 抗诉案件再审 | Retrial of Procuratoral Appeal | 8941 | 8620 | 321 |
| 改 判 | Revising Judgment | 3995 | 3874 | 121 |
| 发回重审 | Remanding for Retrial | 366 | 353 | 13 |
| 调 解 | Mediation | 1727 | 1713 | 14 |
| 维持原判 | Affirming Original Judgment | 2390 | 2223 | 167 |
| 其 他 | Others | 463 | 457 | 6 |

## 8-12 人民检察院纠正违法情况（2006年）

## Statistic of Law-breaking Cases Rectified by People's Procuratorate (2006)

| 项 目 | Item | 书面提出纠正 Written Rectification | | 已纠正 Rectified | |
|---|---|---|---|---|---|
| | | 件 次 Case-times | 人 次 person-times | 件 次 Case-times | 人 次 person-times |
| **合 计** | **Total** | **36750** | **6979** | **32713** | **6706** |
| 立案监督小计 | Sub-total of Supervision of Cases Filing | 23182 | | 21231 | |
| 监督立案 | Supervision of Cases Filing | 18551 | | 16662 | |
| 监督撤案 | Supervision of Cases withdrawed | 4631 | | 4569 | |
| 侦查监督小计 | Sub-total of Supervision of Investigation | 11368 | | 9901 | |
| 审查批捕环节 | Supervision of Investigation in the Process of Arrests Approved | 5329 | | 5088 | |
| 审查起诉环节 | Supervision of Investigation in the Process of Prosecution | 6039 | | 4813 | |
| 刑事审判监督 | Supervision of Criminal Trial | 2200 | | 1581 | |
| 刑罚执行监督小计 | Sub-total of Supervision of Punishment Execution | | 6979 | | 6706 |
| 监管活动 | Administration of Prison and Costody | | 3923 | | 3800 |
| 超期羁押 | Excessive Custody | | 210 | | 233 |
| 减刑、假释、保外就医 | Commutation of Sentence,Parole and Released on Parole for Medical Treatment | | 2846 | | 2673 |

## 8-13 人民检察院办理申诉案件情况（2006年）

## Statistics of Petitions Handled by People's Procuratorate (2006)

单位:件 (cases)

| 案件类别 | Category of Cases | 受理 Cases Accepted | 立案复查 Cases Filing for Reinvestigation | 结案 Case Settled | 改变原决定 Original Decision Changed |
|---|---|---|---|---|---|
| **合计** | **Total** | **8162** | **3538** | **3524** | **489** |
| 不服不批捕 | Petitions against Disapproval of Arrest | 437 | 268 | 251 | 32 |
| 不服不起诉 | Petitions against Not-initiating Prosecution | 1398 | 1031 | 1050 | 118 |
| 不服撤案 | Petitions against Dismissing the Cases | 107 | 49 | 53 | 13 |
| 不服原免予起诉 | Petitions Appeals against Original Exemption of Prosecution | 162 | 93 | 85 | 23 |
| 不服刑事判决、裁定 | Petition against Judgment or Orders of Criminal Cases | 4740 | 1531 | 1519 | 99 |
| 其他 | Others | 1318 | 566 | 566 | 204 |

## 8-14 人民检察院受理举报、控告、申诉案件情况（2006年）

## Statistics of Offences Reporting, Accusation and Petition Handled by People's Procuratorate (2006)

单位: 件 (cases)

| 案件类别 | Category of Cases | 受理 Cases Accepted | 处理 Cases Handled | #分送检察机关 Handled by General Office of People's Procuratorate | #转其他机关 Transfering to Other Organs |
|---|---|---|---|---|---|
| **合计** | **Total** | **398903** | **396489** | **236378** | **79974** |
| 首次举报 | First Report of an Offence | 191977 | 191733 | 144900 | 13301 |
| 首次控告 | First Accusation | 85875 | 85502 | 26658 | 40764 |
| 首次申诉 | First Petition | 121051 | 119254 | 64820 | 25909 |

# 8-15 人民法院审理一审案件情况

## First Trial Cases by Courts

单位: 件 (case)

| 年 份 Year | 收 案 Cases Accepted | 刑 事 Criminal | 民 事 Civil | 经济纠纷 Economic Disputes | 行 政 Administrative | 海事海商 Maritime and Marine |
|---|---|---|---|---|---|---|
| 1978 | 447755 | 146968 | 300787 | | | |
| 1979 | 513789 | 123846 | 389943 | | | |
| 1980 | 763535 | 197856 | 565679 | | | |
| 1981 | 906051 | 232125 | 673926 | | | |
| 1982 | 1024160 | 245219 | 778941 | | | |
| 1983 | 1343164 | 542648 | 756436 | 43553 | 527 | |
| 1984 | 1355460 | 431357 | 838307 | 84813 | 983 | |
| 1985 | 1319741 | 246655 | 846391 | 225541 | 916 | 238 |
| 1986 | 1611282 | 299720 | 989409 | 321220 | 632 | 301 |
| 1987 | 1875229 | 289614 | 1213219 | 366110 | 5940 | 346 |
| 1988 | 2290624 | 313306 | 1455130 | 513046 | 8573 | 569 |
| 1989 | 2913515 | 392564 | 1815385 | 694907 | 9934 | 725 |
| 1990 | 2916774 | 459656 | 1851897 | 591462 | 13006 | 753 |
| 1991 | 2901685 | 427840 | 1880635 | 566592 | 25667 | 951 |
| 1992 | 3051157 | 422991 | 1948786 | 650601 | 27125 | 1654 |
| 1993 | 3414845 | 403267 | 2089257 | 892580 | 27911 | 1830 |
| 1994 | 3955475 | 482927 | 2383764 | 1051742 | 35083 | 1959 |
| 1995 | 4545676 | 495741 | 2718533 | 1275959 | 52596 | 2847 |
| 1996 | 5312580 | 618826 | 3093995 | 1515848 | 79966 | 3945 |
| 1997 | 5288379 | 436894 | 3277572 | 1478822 | 90557 | 4534 |
| 1998 | 5410798 | 482164 | 3375069 | 1450049 | 98350 | 5166 |
| 1999 | 5692434 | 540008 | 3519244 | 1529877 | 97569 | 5736 |
| 2000 | 5356294 | 560432 | 3412259 | 1290867 | 85760 | 6976 |
| 2001 | 5344934 | 628996 | 3459025 | 1149101 | 100921 | 6891 |
| 2002 | 5132199 | 631348 | 4420123 | | 80728 | |
| 2003 | 5130760 | 632605 | 4410236 | | 87919 | |
| 2004 | 5072881 | 647541 | 4332727 | | 92613 | |
| 2005 | 5161170 | 684897 | 4380095 | | 96178 | |
| 2006 | 5183794 | 702445 | 4385732 | | 95617 | |

注：1.一审案件指人民法院按照诉讼级别管辖按第一审程序审理的案件。

2.2002年起经济纠纷和海事海商并入民事案件中。

a) First trial cases refer to the cases accepted by people's courts in accordance with the grade jurisdiction and the first trial proceedings.

b) Data of civil cases includes cases of economic disputes and maritime and marine since 2002.

## 8-16 人民法院审理刑事一审案件收结案情况（2006年）

## First Trial Criminal Cases Accepted and Concluded by Courts (2006)

单位：件 (case)

| 项 目 | Item | 收 案 Cases Accepted | 结 案 Cases Concluded |
|---|---|---|---|
| **合 计** | **Total** | **702445** | **701379** |
| 危害公共安全罪 | Crimes of Endangering Public Security | 79583 | 79072 |
| 破坏社会主义市场经济秩序罪 | Crimes of Disrupting the Order of the Socialist Market Economy | 16792 | 16679 |
| 侵犯公民人身权利民主权利罪 | Crimes of Infringing upon Citizens' Right of the Person and Democratic Rights | 175705 | 176253 |
| 侵犯财产罪 | Crimes of Property Violation | 310666 | 310219 |
| 妨害社会管理秩序罪 | Crimes of Obstructing Administration of Public Order | 95330 | 94925 |
| 危害国防利益罪 | Crimes of Impairing the Interests of National Defence | 192 | 188 |
| 贪污贿赂罪 | Crimes of Embezzlement and Bribery | 20952 | 20822 |
| 渎职罪 | Crimes of Dereliction of Duty | 2881 | 2911 |
| 其 他 | Others | 344 | 310 |
| 合计中含自诉案件 | Private Prosecution of Total | 23914 | 24428 |

## 8-17 人民法院审理刑事案件罪犯情况

## Criminal Cases Heard by Courts

单位：人 (person)

| 年 份 Year | 刑事罪犯总数 Number of Offenders | #青少年罪犯 Juvenile Offenders | 不满18岁 Age 18 and Below | 18岁至25岁 Age 18-25 | 青少年罪犯占刑事罪犯比重(%) Proportion of Juvenile Offenders to Total (%) |
|---|---|---|---|---|---|
| 1997 | 526312 | 199212 | 30446 | 168766 | 37.9 |
| 1998 | 528301 | 208076 | 33612 | 174464 | 39.4 |
| 1999 | 602380 | 221153 | 40014 | 181139 | 36.7 |
| 2000 | 639814 | 220981 | 41709 | 179272 | 34.5 |
| 2001 | 746328 | 253465 | 49883 | 203582 | 34.0 |
| 2002 | 701858 | 217907 | 50030 | 167879 | 31.0 |
| 2003 | 742261 | 231715 | 58870 | 172845 | 31.2 |
| 2004 | 764441 | 248834 | 70086 | 178748 | 32.6 |
| 2005 | 842545 | 285801 | 82692 | 203109 | 33.9 |
| 2006 | 889042 | 303631 | 83697 | 219934 | 34.2 |

## 8-18 人民法院审理婚姻家庭、继承一审案件收结案情况（2006年）
## First Trial Civil Cases of Marriages, Family Affairs and Inheritance Accepted and Concluded by Courts (2006)

单位: 件 (case)

| 项 目 | Item | 收 案 Cases Accepted | 结 案 Cases Concluded | 调 解 Mediation | 判 决 Judgement | 驳 回 Reject | 撤 诉 Withdrawal | 其 他 Others |
|---|---|---|---|---|---|---|---|---|
| **合 计** | **Total** | **1159826** | **1159437** | **533819** | **398484** | **4395** | **214788** | **7951** |
| 婚姻家庭 | Marriages and Family Affairs | 1139174 | 1139108 | 526883 | 389836 | 4177 | 210576 | 7636 |
| 离 婚 | Divorce | 984167 | 983272 | 458688 | 336430 | 3385 | 178754 | 6015 |
| 赡养纠纷 | Support Disputes | 31593 | 31682 | 12146 | 9949 | 96 | 9131 | 360 |
| 抚养、扶养关系纠纷 | Upbringing and Maintenance Relationship Disputes | 40574 | 40429 | 22871 | 10782 | 151 | 6373 | 252 |
| 抚育费纠纷 | Upbringing Fee Disputes | 22839 | 23014 | 10010 | 8296 | 93 | 4322 | 293 |
| 其 他 | Others | 60001 | 60711 | 23168 | 24379 | 452 | 11996 | 716 |
| 继 承 | Inheritance | 20652 | 20329 | 6936 | 8648 | 218 | 4212 | 315 |
| 法定继承 | Legal Inheritance | 10824 | 10773 | 3875 | 4391 | 115 | 2238 | 154 |
| 遗嘱继承 | Testament Inheritance | 1371 | 1349 | 437 | 640 | 10 | 244 | 18 |
| 其 他 | Others | 8457 | 8207 | 2624 | 3617 | 93 | 1730 | 143 |

## 8-19 人民法院审理合同纠纷一审案件收结案情况（2006年）
## First Trial Cases of Contract Disputes Accepted and Concluded by Courts (2006)

单位: 件 (case)

| 项 目 | Item | 收 案 Cases Accepted | 结 案 Cases Concluded | 调 解 Mediation | 判 决 Judgement | 驳 回 Reject | 撤 诉 Withdrawal | 其 他 Others |
|---|---|---|---|---|---|---|---|---|
| **合 计** | **Total** | **2240759** | **2236888** | **634672** | **926504** | **32209** | **600851** | **42652** |
| 借款合同 | Loan Contracts | 686895 | 686296 | 216834 | 302307 | 6103 | 149594 | 11458 |
| 买卖合同 | Trade Contracts | 500363 | 501526 | 154476 | 202954 | 6177 | 128078 | 9841 |
| 电信合同 | Telecom Contracts | 105744 | 105548 | 36359 | 15545 | 175 | 50319 | 3150 |
| 租赁合同 | Lease Contracts | 106102 | 105237 | 24278 | 45904 | 1634 | 31860 | 1561 |
| 劳动争议 | Labour Disputes | 126047 | 124966 | 27025 | 66989 | 5662 | 22407 | 2883 |
| 房地产合同 | Real Estate Contracts | 98443 | 98121 | 23130 | 51689 | 1742 | 19985 | 1575 |
| 供用动力合同 | Labor Contracts | 75063 | 75383 | 18119 | 18960 | 874 | 37124 | 306 |
| 建设工程合同 | Construction Contracts | 69148 | 68243 | 16650 | 32541 | 1519 | 15810 | 1723 |
| 农村承包合同 | Rural Contracts | 57116 | 56709 | 18027 | 19126 | 1032 | 17664 | 860 |
| 承揽合同 | Contracts for Work | 64018 | 63782 | 16681 | 25364 | 1129 | 19092 | 1516 |
| 其 他 | Others | 351820 | 351077 | 83093 | 145125 | 6162 | 108918 | 7779 |

## 8-20 人民法院审理权属、侵权纠纷及其他民事一审收结案情况（2006年）

## First Trial Cases of Disputes of Right, Infringement of Right and Other Civil Affairs Accepted and Concluded by Courts (2006)

单位：件 (case)

| 项目 | Item | 收案 Cases Accepted | 结案 Cases Concluded | 调解 Mediation | 判决 Judgement | 驳回 Reject | 撤诉 Withdrawal | 其他 Others |
|---|---|---|---|---|---|---|---|---|
| **合计** | **Total** | **985147** | **986082** | **257754** | **419104** | **14869** | **171141** | **123214** |
| 人身损害赔偿 | Compensation for Personal Harm | 472810 | 472404 | 168655 | 227008 | 3055 | 68946 | 4740 |
| 所有权及其相关权利 | Ownership and Related Rights | 263007 | 263553 | 63052 | 119592 | 6340 | 70147 | 4422 |
| 特别程序 | Special Proceedings | 152766 | 153989 | 3900 | 29895 | 2772 | 6266 | 111156 |
| 人身权纠纷 | Personal Rights Disputes | 8606 | 8706 | 1822 | 4149 | 188 | 2347 | 200 |
| 特殊侵权纠纷 | Disputes of Special Infringement | 20729 | 20984 | 5482 | 9848 | 395 | 4930 | 329 |
| 不当得利 | Unjustified Enrichment | 9753 | 9652 | 1817 | 4524 | 253 | 2747 | 311 |
| 票据、证券、股票纠纷 | Disputes of Bills, Securities and Stocks | 10771 | 10014 | 1508 | 4539 | 898 | 2664 | 405 |
| 其他 | Others | 46705 | 46780 | 11518 | 19549 | 968 | 13094 | 1651 |

## 8-21 人民法院审理知识产权一审案件收结案情况（2006年）

## First Trial Cases of Intellectual Property Rights Accepted and Concluded by Courts (2006)

单位：件 (case)

| 项目 | Item | 收案 Cases Accepted | 结案 Cases Concluded | 调解 Mediation | 判决 Judgement | 驳回 Reject | 撤诉 Withdrawal | 其他 Others |
|---|---|---|---|---|---|---|---|---|
| **合计** | **Total** | **14219** | **14056** | **1219** | **5502** | **284** | **6232** | **819** |
| 著作权 | Copyright | 5719 | 5751 | 356 | 2005 | 85 | 2945 | 360 |
| 商标权 | Trademark Right | 2521 | 2378 | 250 | 1129 | 77 | 782 | 140 |
| 专利权 | Patent Right | 3196 | 3227 | 260 | 1218 | 72 | 1535 | 142 |
| 技术合同 | Technical Contracts | 681 | 668 | 88 | 304 | 15 | 200 | 61 |
| 植物新品种纠纷 | Plant Variety Disputes | 128 | 133 | 8 | 39 | 6 | 79 | 1 |
| 不正当竞争 | Unfair Competition | 1256 | 1188 | 206 | 488 | 15 | 405 | 74 |
| 其他 | Others | 718 | 711 | 51 | 319 | 14 | 286 | 41 |

## 8-22 人民法院审理海事海商一审案件收结案情况（2006年）

## First Trial Cases of Maritime and Marine Accepted and Concluded by Courts (2006)

单位：件 (case)

| 项目 | Item | 收案 Cases Accepted | 结案 Cases Concluded | 调解 Mediation | 判决 Judgement | 驳回 Reject | 撤诉 Withdrawal | 其他 Others |
|---|---|---|---|---|---|---|---|---|
| **合计** | **Total** | **6644** | **7375** | **2627** | **2656** | **79** | **1903** | **110** |
| 海事侵权纠纷 | Maritime Tort Disputes | 1686 | 1913 | 1114 | 392 | 15 | 379 | 13 |
| 海上人身损害赔偿 | Compensation for Maritime Personal Harm | 438 | 408 | 148 | 166 | 3 | 87 | 4 |
| 其他 | Others | 1248 | 1505 | 966 | 226 | 12 | 129 | 172 |
| 海商合同 | Marine Contracts | 4843 | 5334 | 1494 | 2193 | 60 | 1498 | 89 |
| 海上货物运输合同 | Contracts of Carriage of Goods by Sea | 1395 | 1439 | 321 | 564 | 19 | 503 | 32 |
| 海员劳务合同 | Contrats of Employment with Mariners | 1282 | 1468 | 607 | 515 | 21 | 323 | 2 |
| 船舶建造买卖合同 | Contracts of Ship Building and Sale | 249 | 281 | 82 | 107 | 4 | 77 | 11 |
| 船舶租用合同 | Charter Party | 211 | 247 | 54 | 111 | 3 | 71 | 8 |
| 海上保险合同 | Marine Insurance Contracts | 150 | 167 | 36 | 68 | 1 | 60 | 2 |
| 其他 | Others | 1556 | 1732 | 394 | 828 | 12 | 402 | 96 |
| 其他海事海商纠纷 | Other Maritime and Marine Disputes | 115 | 128 | 19 | 71 | 4 | 26 | 8 |

## 8-23 人民法院审理行政一审案件收结案情况（2006年）

## First Trial Administrative Cases Accepted and Concluded by Courts (2006)

单位：件 (case)

| 项目 | Item | 收案 Cases Accepted | 结案 Cases Concluded | 维持 Affirmation of Original Judgement | 撤销 Cancel Lation | 驳回 Reject | 撤诉 With-drawal | 单独赔偿 Separate Compen-sation | 其他 Others |
|---|---|---|---|---|---|---|---|---|---|
| **合计** | **Total** | **95617** | **95052** | **16779** | **9595** | **11562** | **31801** | **492** | **24823** |
| 土地等资源 | Land and Other Resources | 20752 | 20643 | 3103 | 2930 | 2271 | 6413 | 36 | 5890 |
| 公安 | Public Security | 9313 | 9215 | 2730 | 842 | 743 | 2858 | 93 | 1949 |
| 城建 | City Construction | 20693 | 20334 | 3436 | 2272 | 2202 | 6850 | 111 | 5463 |
| 交通运输 | Traffic and Transportation | 3460 | 3399 | 351 | 131 | 153 | 1924 | 42 | 798 |
| 工商 | Industry and Commerce | 2985 | 2961 | 555 | 303 | 258 | 1180 | 10 | 655 |
| 环保 | Environmental Protection | 1179 | 1183 | 79 | 22 | 202 | 662 | 2 | 216 |
| 计划生育 | Family Planning | 2151 | 2282 | 456 | 44 | 128 | 507 | 39 | 1108 |
| 税务 | Taxation | 359 | 356 | 41 | 27 | 34 | 173 | 1 | 80 |
| 卫生 | Health | 1285 | 1229 | 240 | 40 | 72 | 545 | 8 | 324 |
| 乡政府 | Township Government | 2752 | 2806 | 313 | 469 | 410 | 847 | 21 | 746 |
| 劳动和社会保障 | Labour and Social Security | 7411 | 7410 | 1982 | 846 | 580 | 2399 | 3 | 1600 |
| 其他 | Others | 23277 | 23234 | 3493 | 1669 | 4509 | 7443 | 126 | 5994 |

## 8-24 全国律师工作基本情况

## Basic Statistics on Lawyers

| 项 目 | Item | 2001 | 2002 | 2003 | 2004 | 2005 | 2006 | 2006年比2005年增减% Change in 2006 over 2005 |
|---|---|---|---|---|---|---|---|---|
| 律师事务所(个) | Number of Law Firms (unit) | 10225 | 10873 | 11593 | 11823 | 12988 | 13096 | 0.83 |
| #国资所 | State owned Law Firms | 1967 | 1979 | 1891 | 1653 | 2183 | 1470 | -32.66 |
| 合作所 | Cooperative Law Firms | 1700 | 1948 | 1750 | 1805 | 1943 | 1969 | 1.34 |
| 合伙所 | Partnership Law Firms | 6395 | 6245 | 7777 | 8161 | 8598 | 9296 | 8.12 |
| 律师工作人员(人) | Number of Lawyers (person) | 122585 | 136684 | 142534 | 145196 | 153846 | 164516 | 6.94 |
| #专职律师 | Full-time Lawyers | 76558 | 90012 | 99793 | 100875 | 114471 | 122242 | 6.79 |
| 兼职律师 | Part-time Lawyers | 13699 | 12186 | 6850 | 6966 | 7418 | 8068 | 8.76 |
| 律师业务 | Legal Affairs | | | | | | | |
| 担任常年法律顾问(处) | Permanent Legal Advisor (unit) | 254758 | 265362 | 271669 | 282361 | 276097 | 279573 | 12.59 |
| 民事诉讼代理(件) | Agent of Civil Cases (case) | 667232 | 767628 | 781452 | 853897 | 965956 | 1027117 | 6.33 |
| 经济诉讼代理(件) | Agent of Economic Cases (case) | 402669 | 381146 | 405133 | 357326 | 376793 | 377999 | 0.32 |
| 刑事诉讼辩护及代理(件) | Defence and Agent of Criminal Cases (case) | 339549 | 335267 | 324454 | 332688 | 354229 | 341619 | -3.56 |
| 行政诉讼代理(件) | Agent of Administrative Action (case) | 43800 | 43703 | 48115 | 50778 | 50389 | 56657 | 12.44 |
| 非诉讼法律事务(件) | Agent of Non-litigious Legal Affairs (case) | 1162715 | 827057 | 876696 | 904516 | 933346 | 915482 | -1.91 |
| 涉外及港澳台(件) | Agent of Foreign-related, Hong Kong, Macao & Taiwan Legal Affairs (case) | 10609 | 26788 | 20622 | 37728 | 36361 | 10700 | -70.57 |
| 法律咨询(万人次) | Legal Advisory Services (10000 person-times) | 403.40 | 487.41 | 430.25 | 471.05 | 441.48 | 520.13 | 17.82 |
| 代书(万件) | Agent of Legal Documents Written on Behalf of Clients (10 000 cases) | 113.90 | 119.70 | 120.27 | 123.16 | 120.07 | 145.32 | 21.03 |

## 8-25 全国律师人员构成情况

## Basic Statistics on Composition of Lawyers

单位：人 (person)

| 项 目 | Item | 2001 | 2002 | 2003 | 2004 | 2005 | 2006 | 2006年比2005年增减% Change in 2006 over 2005 |
|---|---|---|---|---|---|---|---|---|
| 律师数 | Total Number | 122585 | 136684 | 142534 | 145196 | 153864 | 164516 | 6.92 |
| #博 士 | With Doctor's Degree | 575 | 745 | 778 | 1050 | 1322 | 1395 | 5.52 |
| 硕士、双学士 | With Master's Degree and Dual Bachlors' Degree | 7137 | 9148 | 9434 | 11515 | 14301 | 16378 | 14.52 |
| 法律专业本科 | Undergraduates Majoring in Law | 36349 | 44596 | 48845 | 58492 | 71350 | 88594 | 24.17 |
| 其他专业本科 | Undergraduates Majoring in Other Subjects | 13582 | 14715 | 19061 | 19534 | 20372 | 16930 | -16.9 |
| 女律师 | Female | 17068 | 19204 | 21112 | 23286 | 24361 | 27540 | 13.05 |
| 中共党员 | Communist Party Members | 32209 | 34620 | 37081 | 38877 | 41134 | 41753 | 1.5 |

## 8-26 全国律师代理刑事案件工作

## Basic Statistics on Agents of Criminal Cases

单位：件 (case)

| 项　目 | Item | 2001 | 2002 | 2003 | 2004 | 2005 | 2006 | 2006年比2005年增减% Change in 2006 over 2005 |
|---|---|---|---|---|---|---|---|---|
| 律师代理刑事案件数 | Total Agents of Criminal Cases | 339549 | 335267 | 324454 | 332688 | 354229 | 341619 | -3.56 |
| #提供法律咨询代为申诉控告 | Providing Legal Advisory Service, Agents of Appeals and Complaints | 49975 | 46932 | 43025 | 47715 | 52619 | 50284 | -4.44 |
| 被告人委托辩护 | Defence Commissioned by the Accused | 169257 | 171013 | 163312 | 169737 | 179945 | 176402 | -1.97 |
| 法庭指定辩护 | Court-Appointed Defence | 37204 | 36974 | 39081 | 38802 | 41360 | 40004 | -3.28 |
| 自诉案件代理 | Agents of Private Prosecution | 30502 | 29253 | 26021 | 23391 | 24081 | 22862 | -5.06 |
| 公诉案件代理 | Agents of Public Prosecution | 34486 | 32197 | 34312 | 33086 | 34729 | 30966 | -10.84 |

## 8-27 全国律师代理民事诉讼工作

## Basic Statistics on Agents of Civil Cases

单位：件 (case)

| 项　目 | Item | 2001 | 2002 | 2003 | 2004 | 2005 | 2006 | 2006年比2005年增减% Change in 2006 over 2005 |
|---|---|---|---|---|---|---|---|---|
| 律师代理民事案件数 | Total Number of Civil Cases | 667232 | 767628 | 781452 | 853897 | 965956 | 1027117 | 6.33 |
| #婚姻家庭 | Marriages and Family Affairs | 189190 | 210378 | 222837 | 217693 | 231978 | 245613 | 5.88 |
| 继　承 | Inheritance | 45573 | 47112 | 52723 | 46842 | 59061 | 55030 | -6.83 |
| 房地产 | Real Estate | 89504 | 103738 | 104910 | 126265 | 138105 | 145226 | 5.16 |
| 著作、商标、专利 | Copyright, Trademark Right and Patent | 10939 | 10581 | 14966 | 20490 | 28056 | 35064 | 24.98 |
| 涉外及港澳台 | Foreign-related , Hong Kong, Macao and Taiwan | 4178 | 4138 | 23307 | 10157 | 7787 | 6833 | -12.25 |

# 8-28 全国公证工作基本情况

## Basic Statistics on Notarization

| 项　目 | Item | 2001 | 2002 | 2003 | 2004 | 2005 | 2006 | 2006年比2005年增减% Change in 2006 over 2005 |
|---|---|---|---|---|---|---|---|---|
| 公证处（个） | Notary Offices (unit) | 3186 | 3157 | 3175 | 3164 | 3160 | 3082 | -2.47 |
| #涉外公证处 | Foreign-related Notary Offices | 1238 | 1278 | 1200 | 1244 | 1440 | 1245 | -13.54 |
| 公证人员（人） | Notarial Personnel (person) | 19303 | 19460 | 20015 | 19913 | 20789 | 31123 | 49.71 |
| #公证员 | Notaries | 12931 | 12245 | 12093 | 11714 | 11738 | 21362 | 89.99 |
| 公证员助理 | Assistant Notaries | 1995 | 2556 | 3018 | 3644 | 4138 | 4709 | 13.8 |
| 行政人员及合同工（人） | Administrative Staff and Contracted Employees (person) | 4390 | 4650 | 4878 | 5168 | 5072 | 5052 | 0.39 |
| 办理公证（万件） | Number of Notarized Documents (10000 cases) | 1007.25 | 1004.5 | 1010.4 | 1021.9 | 945.22 | 980.7 | 3.75 |
| 国内公证（万件） | Notarized Documents on Domestic Affairs(10 000 cases) | 663.81 | 706.78 | 748.79 | 737.83 | 654.67 | 660.22 | 0.84 |
| #经济公证 | Notarized Documents on Economic Affairs | 327.62 | 348.6 | 382.42 | 391.58 | 311.56 | 309.64 | 0.62 |
| 民事公证 | Notarized Documents on Civil Affairs | 336.61 | 358.18 | 366.37 | 346.25 | 343.11 | 350.58 | 2.18 |
| 涉外及涉港澳台公证（万件） | Notarized Documents on Foreign, Hong Kong, Macao & Taiwan Related Affairs (10000 cases) | 313.97 | 298.5 | 262.16 | 263.81 | 293.65 | 320.59 | 9.17 |
| 业务收费（万元） | Business Income (10000 yuan) | 111356.4 | 122668.9 | 128227.0 | 135480.9 | 163439.5 | 803131575 | 491293.9 |
| #国内公证 | Notarized Documents on Domestic Affairs | 78672.5 | 88327.4 | 92299.4 | 102182.6 | 125328.7 | 797204051 | 635990.4 |
| 涉外公证 | Notarized Documents on Foreign-related Affairs | 32683.8 | 34341.5 | 35927.6 | 33298.3 | 38110.7 | 5927524.3 | 15453.4 |
| 公证社会效益 | Social Effects of Notarization | | | | | | | |
| 拒绝公证（件） | Refused Notarization (case) | 85941 | 43512 | 44450 | 45689 | 77019 | 41356 | -46.3 |
| 民事公证 | Notarized Documents on Civil Affairs | 24435 | 23915 | 24715 | 23711 | 30133 | 23621 | -21.61 |
| 经济公证 | Notarized Documents on Economic Affairs | 61506 | 19597 | 19735 | 21978 | 46976 | 17735 | -62.25 |
| 制止不法经济活动（件） | Prevention of Illegal Economic Activities (case) | 8791 | 9574 | 11577 | 10360 | 12958 | 9227 | -28.79 |
| 提出司法建议(件) | Providing Judicial Suggestions (case) | 232852 | 9433 | 6530 | 5633 | 4522 | 3902 | -13.71 |
| #被采纳数 | Number of Suggestions Adopted | 12405 | 7458 | 4618 | 3831 | 2924 | 3186 | 8.96 |

# 8-29 国内经济公证文书分类

# Categories of Domestic Notarized Documents on Economic Affairs

单位：件、%　　(case,%)

| 项　目 | Item | 2001 | | 2002 | | 2003 | |
|---|---|---|---|---|---|---|---|
| | | 数　值 Number | 比　重 Percentage | 数　值 Number | 比　重 Percentage | 数　值 Number | 比　重 Percentage |
| **合　计** | **Total** | **3354326** | **100.00** | **3485972** | **100.00** | **3824249** | **100.00** |
| 购　销 | Purchases and Sales of Products | 62354 | 1.86 | 92404 | 2.65 | 119422 | 3.12 |
| 联　营 | Joint Business | 6734 | 0.20 | 6355 | 0.18 | 9676 | 0.25 |
| 拍　卖 | Auctions | 2826 | 0.08 | 22010 | 0.63 | 28374 | 0.74 |
| 贷　款 | Loans | 1171711 | 34.93 | 1399875 | 40.16 | 1851760 | 48.42 |
| 担　保 | Guarantees | 86806 | 2.59 | 95476 | 2.74 | 94798 | 2.10 |
| 招标、投标 | Bidding and Bidding Invitation | 69655 | 2.08 | 55513 | 1.60 | 72990 | 1.91 |
| 技术合作 | Scientific and Technological Contracts | 2442 | 0.07 | 3406 | 0.10 | 1429 | 0.09 |
| 供用电 | Contracts on Supply and Consumption of Electric Power | 153670 | 4.58 | 63754 | 1.83 | 14047 | 5.72 |
| 劳　务 | Labor Contracts | 169919 | 5.07 | 112024 | 3.21 | 95145 | 2.49 |
| 建筑工程承包 | Construction Project Contracts | 19089 | 0.57 | 15128 | 0.34 | 19406 | 0.51 |
| 工商服务业承包 | Industrial and Commercial Service Contracts | 17726 | 0.53 | 10887 | 0.31 | 11830 | 0.31 |
| 农林牧副渔业承包 | Farming, Forestry, Animal Husbandry and Fising Contracts | 205251 | 6.12 | 164162 | 4.71 | 125585 | 3.28 |
| 乡镇企业承包 | Township Enterprise Contracts | 6604 | 0.20 | 5342 | 0.15 | 9991 | 0.26 |
| 财产租赁 | Property Leases | 27257 | 0.81 | 22489 | 0.65 | 24546 | 0.64 |
| 企业租赁 | Leases of Enterprises | 5007 | 0.15 | 4086 | 0.12 | 5391 | 0.14 |
| 资产经营协议 | Asset Business Contracts | 42179 | 1.26 | 2757 | 0.08 | 4435 | 0.12 |
| 还款协议 | Repayment Contracts | 11373 | 0.34 | 131405 | 3.77 | 110829 | 2.90 |
| 土地使用权出(转)让 | Selling or Transfer of Right of Land Utilization | 44890 | 1.34 | 49373 | 1.42 | 40792 | 1.07 |
| 其他经济合同 | Other Business Contracts | 440973 | 13.15 | 328667 | 9.43 | 360705 | 1.59 |
| 法人(代表人)资格 | Legal Person (agent) Identification | 1001 | 0.03 | 12839 | 0.37 | 13116 | 0.34 |
| 法人委托书 | Legal Person Trust Deeds | 29518 | 0.88 | 44700 | 1.28 | 86811 | 2.27 |
| 公司章程 | Articles of Association | 4729 | 0.14 | 6114 | 0.18 | 3779 | 0.46 |
| 执行许可证明 | Operating Permits | 12274 | 0.37 | 18010 | 0.52 | 19268 | 0.50 |
| 提　存 | Deposit | 1143 | 0.03 | 12579 | 0.36 | 16794 | 0.44 |
| 抵押登记 | Mortgage Registration | 72433 | 2.16 | 87303 | 2.50 | 85648 | 2.24 |
| 公司会议记录 | Minutes of Corporation Meetings | 10123 | 0.30 | 18842 | 0.54 | 9658 | 0.52 |
| 其　他 | Others | 529471 | 15.78 | 695462 | 19.95 | 587984 | 15.38 |

8-29 续表 continued

单位：件、% (case,%)

| 项　目 | Item | 2004 数值 Number | 2004 比重 Percentage | 2005 数值 Number | 2005 比重 Percentage | 2006 数值 Number | 2006 比重 Percentage |
|---|---|---|---|---|---|---|---|
| **合　计** | **Total** | **3915752** | **100.00** | **3115642** | **100.00** | **3096350** | **100.00** |
| 购　销 | Purchases and Sales of Products | 81717 | 2.09 | 55428 | 1.78 | 59058 | 1.91 |
| 联　营 | Joint Business | 8864 | 0.23 | 10565 | 0.34 | 6389 | 0.21 |
| 拍　卖 | Auctions | 43326 | 1.11 | 21507 | 0.69 | 45645 | 1.47 |
| 贷　款 | Loans | 1950465 | 49.81 | 1620008 | 52.00 | 1489700 | 48.11 |
| 担　保 | Guarantees | 82248 | 2.10 | 79276 | 2.54 | 84810 | 2.74 |
| 招标、投标 | Bidding and Bidding Invitation | 67795 | 1.73 | 66010 | 2.12 | 77500 | 2.50 |
| 技术合作 | Scientific and Technological Contracts | 3340 | 0.09 | 955 | 0.03 | 1120 | 0.04 |
| 供用电 | Contracts on Supply and Consumption of Electric Power | 224003 | 5.72 | 15005 | 0.48 | 9646 | 0.31 |
| 劳　务 | Labor Contracts | 95010 | 2.43 | 80289 | 2.58 | 69321 | 2.24 |
| 建筑工程承包 | Construction Project Contracts | 15896 | 0.41 | 11932 | 0.38 | 12836 | 0.41 |
| 工商服务业承包 | Industrial and Commercial Service Contracts | 23968 | 0.61 | 15496 | 0.50 | 4674 | 0.15 |
| 农林牧副渔业承包 | Farming, Forestry, Animal Husbandry and Fising Contracts | 96043 | 2.45 | 77025 | 2.47 | 95027 | 3.07 |
| 乡镇企业承包 | Township Enterprise Contracts | 3811 | 0.10 | 2303 | 0.07 | 3548 | 0.11 |
| 财产租赁 | Property Leases | 17419 | 0.44 | 15951 | 0.51 | 10690 | 0.35 |
| 企业租赁 | Leases of Enterprises | 2917 | 0.07 | 2692 | 0.09 | 4325 | 0.14 |
| 资产经营协议 | Asset Business Contracts | 1814 | 0.05 | 1216 | 0.04 | 1419 | 0.05 |
| 还款协议 | Repayment Contracts | 118080 | 3.02 | 80371 | 2.58 | 86442 | 2.79 |
| 土地使用权出(转)让 | Selling or Transfer of Right of Land Utilization | 40042 | 1.02 | 31771 | 1.02 | 31975 | 0.01 |
| 其他经济合同 | Other Business Contracts | 301955 | 7.71 | 234079 | 7.51 | 226736 | 7.32 |
| 法人(代表人)资格 | Legal Person (agent) Identification | 13027 | 0.33 | 12341 | 0.40 | 98984 | 3.20 |
| 法人委托书 | Legal Person Trust Deeds | 112830 | 2.88 | 97964 | 3.14 | 135015 | 4.36 |
| 公司章程 | Articles of Association | 6266 | 0.16 | 3203 | 0.10 | 3292 | 0.11 |
| 执行许可证明 | Operating Permits | 18897 | 0.48 | 19499 | 0.63 | 14791 | 0.48 |
| 提　存 | Deposit | 11004 | 0.28 | 5500 | 0.18 | 8424 | 0.27 |
| 抵押登记 | Mortgage Registration | 59955 | 1.53 | 66830 | 2.14 | 62093 | 2.01 |
| 公司会议记录 | Minutes of Corporation Meetings | 19896 | 0.51 | 4440 | 0.14 | 10927 | 0.35 |
| 其　他 | Others | 495164 | 12.65 | 483986 | 15.53 | 441963 | 14.27 |

# 8-30 国内民事公证文书分类

# Number of Domestic Notarized Documents on Civil Affairs by Category

单位：件、%  (case,%)

| 项目 | Item | 2001 | | 2002 | | 2003 | |
|---|---|---|---|---|---|---|---|
| | | 数值 Number | 比重 Percentage | 数值 Number | 比重 Percentage | 数值 Number | 比重 Percentage |
| **合计** | **Total** | **3923549** | **100.00** | **3581838** | **100.00** | **3663716** | **100.00** |
| 收养 | Child Adoption | 14310 | 0.36 | 8924 | 0.25 | 6884 | 0.19 |
| 解除收养 | Adoption Termination | 1568 | 0.04 | 1030 | 0.03 | 1273 | 0.03 |
| 继承权 | Rights to Inheritance | 124200 | 3.17 | 151032 | 4.22 | 194478 | 5.31 |
| 遗嘱 | Testaments | 59348 | 1.51 | 65450 | 1.83 | 65535 | 1.79 |
| 产权 | Property Rights | 33823 | 0.86 | 31287 | 0.87 | 41275 | 1.13 |
| 亲属关系 | Kinship Confirmation | 52434 | 1.34 | 50096 | 1.40 | 49569 | 1.35 |
| 死亡 | Death Certificates | 7898 | 0.20 | 8865 | 0.25 | 14375 | 3.95 |
| 房屋买卖 | Purchases and Sales of Houses | 455893 | 11.62 | 332162 | 9.27 | 352353 | 9.62 |
| 房屋租赁 | House Leases | 38081 | 0.97 | 37286 | 1.04 | 23745 | 0.65 |
| 留学协议 | Foreign Study Contracts | 8851 | 0.23 | 9634 | 0.27 | 9769 | 0.27 |
| 遗赠扶养协议 | Donations and Family Fostering Agreements | 8564 | 0.22 | 7985 | 0.22 | 12976 | 0.27 |
| 委托书 | Trust Deeds | 145027 | 3.70 | 186369 | 5.20 | 373838 | 10.20 |
| 赠与书 | Deeds of Gift | 100304 | 2.56 | 102583 | 2.92 | 108398 | 2.96 |
| 声明书 | Declarations | 122778 | 3.13 | 130992 | 3.66 | 176289 | 4.81 |
| 现场监督 | Field Supervision | 106036 | 2.70 | 107190 | 3.00 | 102125 | 2.79 |
| 签名印鉴属实 | Confirmation of Signatures and Seals | 32133 | 0.82 | 41419 | 1.16 | 49751 | 1.36 |
| 副本等与原本相符 | Confirmation of Copies and Photo-offset Copies to Originals | 21690 | 0.55 | 26191 | 7.31 | 37181 | 1.01 |
| 宅基地使用权 | Usufruct of Premise | 41257 | 1.05 | 21336 | 0.60 | 26906 | 0.73 |
| 证据保全 | Evidence Preservation | 39763 | 1.01 | 56804 | 1.59 | 73393 | 2.00 |
| 拆迁协议 | Housing Demolition Agreements | 135045 | 3.44 | 135886 | 3.79 | 287543 | 7.85 |
| 计划生育 | Family Planning | 582844 | 14.86 | 547718 | 15.29 | 312007 | 8.52 |
| 赡养协议 | Agreements on Supporting Parents | 29309 | 0.75 | 30519 | 0.85 | 12130 | 0.33 |
| 合伙协议 | Partnership Agreements | 10918 | 0.28 | 14832 | 0.41 | 26983 | 0.74 |
| 夫妻财产协议 | Property Agreements Between Husband and Wife | 98596 | 2.51 | 103412 | 2.89 | 163655 | 4.47 |
| 其他民事协议 | Other Civil Agreements | 539264 | 13.74 | 530773 | 14.28 | 492024 | 13.43 |
| 其他 | Others | 1113615 | 28.38 | 841866 | 23.50 | 648698 | 17.71 |

8-30 续表 continued

单位：件、% (case,%)

| 项 目 | Item | 2004 数值 Number | 2004 比重 Percentage | 2005 数值 Number | 2005 比重 Percentage | 2006 数值 Number | 2006 比重 Percentage |
|---|---|---|---|---|---|---|---|
| **合 计** | **Total** | **3462455** | **100.00** | **3431118** | **100.00** | **3505770** | **100.00** |
| 收 养 | Child Adoption | 7040 | 0.20 | 6395 | 0.19 | 4988 | 0.14 |
| 解除收养 | Adoption Termination | 2991 | 0.09 | 2008 | 0.06 | 3203 | 0.09 |
| 继承权 | Rights to Inheritance | 232621 | 6.72 | 263560 | 7.68 | 319966 | 9.13 |
| 遗 嘱 | Testaments | 72685 | 2.10 | 73398 | 2.15 | 81240 | 2.32 |
| 产 权 | Property Rights | 36383 | 1.05 | 30675 | 0.90 | 27323 | 0.78 |
| 亲属关系 | Kinship Confirmation | 40898 | 1.18 | 40805 | 1.20 | 44704 | 1.28 |
| 死 亡 | Death Certificates | 10940 | 0.32 | 11209 | 0.33 | 10348 | 0.30 |
| 房屋买卖 | Purchases and Sales of Houses | 362682 | 10.47 | 342168 | 9.97 | 351763 | 10.03 |
| 房屋租赁 | House Leases | 22901 | 0.66 | 23222 | 0.68 | 15199 | 0.43 |
| 留学协议 | Foreign Study Contracts | 7840 | 0.23 | 6406 | 0.19 | 8186 | 0.23 |
| 遗赠扶养协议 | Donations and Family Fostering Agreements | 14615 | 0.42 | 8327 | 0.24 | 11488 | 0.33 |
| 委托书 | Trust Deeds | 560125 | 16.18 | 594318 | 17.32 | 699551 | 19.95 |
| 赠与书 | Deeds of Gift | 113653 | 3.28 | 114659 | 3.36 | 147183 | 4.20 |
| 声明书 | Declarations | 200202 | 5.78 | 215877 | 6.29 | 255506 | 7.29 |
| 现场监督 | Field Supervision | 88739 | 2.56 | 113544 | 3.33 | 96575 | 2.75 |
| 签名印鉴属实 | Confirmation of Signatures and Seals | 48833 | 1.41 | 53103 | 1.56 | 56209 | 1.60 |
| 副本等与原本相符 | Confirmation of Copies and Photo-offset Copics to Originals | 40544 | 1.17 | 44120 | 1.29 | 49582 | 1.41 |
| 宅基地使用权 | Usufruct of Premise | 13882 | 0.40 | 10025 | 0.29 | 9143 | 0.26 |
| 证据保全 | Evidence Preservation | 106956 | 3.09 | 112962 | 3.31 | 110930 | 3.16 |
| 拆迁协议 | Housing Demolition Agreements | 88747 | 2.56 | 68963 | 2.02 | 86367 | 2.46 |
| 计划生育 | Family Planning | 192544 | 5.56 | 136691 | 0.40 | 63416 | 1.81 |
| 赡养协议 | Agreements on Supporting Parents | 9301 | 0.27 | 10506 | 0.30 | 12179 | 0.35 |
| 合伙协议 | Partnership Agreements | 11923 | 0.34 | 8366 | 0.25 | 12998 | 0.37 |
| 夫妻财产协议 | Property Agreements Between Husband and Wife | 69860 | 2.02 | 57485 | 1.68 | 62559 | 1.78 |
| 其他民事协议 | Other Civil Agreements | 504835 | 14.58 | 361436 | 10.53 | 363434 | 10.37 |
| 其 他 | Others | 600715 | 17.35 | 720890 | 21.01 | 601730 | 17.16 |

## 8-31 涉外公证文书分类

## Categories of Foreign-Related Notaried Documents

单位：件、% (case,%)

| 项目 | Item | 2004 | | 2005 | | 2006 | |
|---|---|---|---|---|---|---|---|
| | | 办证件数 Number of Notarial Documents Issued | 比重 Percentage | 办证件数 Number of Notarial Documents Issued | 比重 Percentage | 办证件数 Number of Notarial Documents Issued | 比重 Percentage |
| **合计** | **Total** | **2592005** | **100.00** | **2717454** | **100.00** | **3013979** | **100** |
| 收养 | Child Adoption | 22285 | 0.86 | 17554 | 0.65 | 12929 | 4.28 |
| 遗嘱 | Testaments | 3293 | 0.13 | 4265 | 0.16 | 828 | 0.03 |
| 出生 | Births | 381714 | 14.73 | 368510 | 13.56 | 421970 | 14 |
| 死亡 | Deaths | 11812 | 0.46 | 15392 | 0.57 | 17707 | 0.59 |
| 生存、居住 | Survival and Residence | 9176 | 0.35 | 12551 | 0.46 | 14467 | 0.48 |
| 学历 | Education | 211498 | 8.16 | 203673 | 7.49 | 250500 | 8.31 |
| 经历 | Personal Histories | 43850 | 1.69 | 36623 | 1.35 | 49562 | 0.15 |
| 国籍 | Nationality | 48358 | 1.87 | 58612 | 2.16 | 58782 | 1.95 |
| 婚姻状况 | Marital Status | 201330 | 7.77 | 194409 | 7.15 | 215049 | 7.14 |
| 亲属关系 | Kinship Confirmation | 304515 | 11.75 | 313478 | 11.54 | 367488 | 12.19 |
| 继承权 | Rights of Inheritance | 2989 | 0.12 | 4311 | 0.16 | 3488 | 0.12 |
| 受、未受 刑事处分 | Criminal Records | 276506 | 10.67 | 282106 | 10.38 | 307506 | 10.2 |
| 声明书 | Declarations | 61615 | 2.38 | 77590 | 2.86 | 77772 | 2.58 |
| 委托书 | Trust Deeds | 34037 | 1.31 | 33769 | 1.24 | 31044 | 1.03 |
| 营业证书 | Business Certificate | 15134 | 0.58 | 15732 | 0.58 | 17453 | 0.58 |
| 公司章程 | Articles of Association | 2977 | 0.11 | 3248 | 0.12 | 3878 | 0.13 |
| 其他法律文书 | Other Legal Documents | 57046 | 2.20 | 25210 | 0.93 | 36334 | 1.21 |
| 职称 | Professional Qualifications | 12690 | 0.49 | 11386 | 0.42 | 16927 | 0.56 |
| 法人资格 | Legal Person Identification | 2599 | 0.10 | 3354 | 0.12 | 3182 | 0.11 |
| 商标注册 | Trademark Registrations | 335 | 0.01 | 243 | 0.01 | 181 | 0.006 |
| 贷款 | Loans | 8643 | 0.33 | 6526 | 0.24 | 5352 | 0.18 |
| 担保 | Guarantees | 1413 | 0.05 | 5320 | 0.2 | 1912 | 0.06 |
| 其他经济合同 | Other Business Contracts | 22081 | 0.85 | 27462 | 1.01 | 12022 | 0.4 |
| 副本等与原本相符 | Confirmation of Copies and Photo-offset Copies to Originals | 352779 | 13.61 | 459239 | 16.9 | 459194 | 15.24 |
| 签名印鉴属实 | Confirmation of Signatures and Seals | 161250 | 6.22 | 194776 | 7.17 | 204280 | 6.78 |
| 其他 | Others | 342080 | 13.20 | 342115 | 12.59 | 424172 | 14.07 |

## 8-32 全国人民调解工作基本情况

## Basic Statistics on the People's Mediation

| 项目 | Item | 2001 | 2002 | 2003 | 2004 | 2005 | 2006 | 2006年比2005年增减% Change in 2006 over 2005 |
|---|---|---|---|---|---|---|---|---|
| 专职司法助理员(人) | Full-time Judicial Assistants (person) | 48682 | 47173 | 46088 | 63438 | 61666 | 62573 | 1.47 |
| 人民调解委员会(万个) | People's Mediation Committees (10000 units) | 92.35 | 89.06 | 87.78 | 85.33 | 84.71 | 84.3 | -0.48 |
| 调解人员(万人) | Mediators (10000 persons) | 779.33 | 716.16 | 669.2 | 514.42 | 509.65 | 498.19 | -2.25 |
| 调解民间纠纷(万件) | Number of Civil Disputes Mediated ( 10000 cases) | 486.07 | 314.1 | 449.22 | 441.42 | 448.68 | 462.8 | 3.15 |
| 防止可能发生的非正常死亡(万人) | Preventing Possible Abnormal Deaths (10000 persons) | 3.06 | 2.8 | 2.55 | 2.83 | 2.27 | 2.23 | -1.76 |

## 8-33 调解民间纠纷分类

## Categories of Civil Disputes Mediated

| 项 目 | Item | 调解纠纷（件） Civil Disputes Mediated (cases) | | 各类纠纷所占比重（%） Percentage | |
|---|---|---|---|---|---|
| | | 2005 | 2006 | 2005 | 2006 |
| **合 计** | **Total** | **4486825** | **4628018** | **100.0** | **100** |
| 婚姻家庭 | Marriage and Family Disputes | 1049969 | 1015616 | 23.4 | 21.7 |
| 婚 姻 | Marriages | | | | |
| 继 承 | Rights of Inheritance | | | | |
| 赡抚扶养 | Family Fostering | | | | |
| 其 他 | Others | | | | |
| 房屋、宅基地 | Housing and Premise | 388032 | 386350 | 8.7 | 8.4 |
| 债 务 | Debts | | | | |
| 生产经营 | Business | | | | |
| 邻 里 | Neighbor Disputes | 836919 | 929423 | 18.7 | 20.08 |
| 损害赔偿 | Compensation for Damages | 332514 | 346018 | 7.4 | 7.48 |
| 其 他 | Others | 525756 | 509443 | 11.7 | 11 |

## 8-34 全国法律援助工作情况

## Basic Statistics on Legal Aid

| 项 目 | Item | 2001 | 2002 | 2003 | 2004 | 2005 | 2006 | 2006年比2005年增减% Change in 2006 over 2005 |
|---|---|---|---|---|---|---|---|---|
| 法律援助机构（个） | Legal Aid Institutions (unit) | 2274 | 2418 | 2774 | 3023 | 3129 | 3149 | 0.6 |
| 工作人员（人） | Legal Aid Staff (person) | 8816 | 8285 | 9457 | 10458 | 11377 | 12038 | 5.8 |
| #法律专业 | Persons Majoring in Law | 6252 | 6537 | 7643 | 8468 | 7419 | 8032 | 8.3 |
| 受理案件（件） | Cases Handled (case) | 178748 | 164908 | 166433 | 190187 | 253665 | 318514 | 25.6 |
| #民事法律援助 | Civil Legal Aid Cases | 85429 | 57892 | 95053 | 108323 | 147688 | 204945 | 64 |
| 刑事法律援助 | Criminal Legal Aid Cases | 58361 | 51219 | 67807 | 78602 | 103485 | 110961 | 35 |
| 行政法律援助 | Administrative Legal Aid Cases | 3649 | 3291 | 3573 | 3262 | 2492 | 2608 | 1 |
| 咨询（人次） | Legal Advisory Services (person-time) | 1133718 | 1231571 | 1936675 | 1919440 | 2663458 | 3193801 | 19.9 |

## 8-35 全国司法所、司法助理员基本情况

## Basic Statistics on Judicial Institutions and Judicial Assistants

| 项　目 | Item | 2001 | 2002 | 2003 | 2004 | 2005 | 2006 | 2006年比2005年增减% Change in 2006 over 2005 |
|---|---|---|---|---|---|---|---|---|
| 司法所（个） | Number of Judicial Offices (unit) | 38819 | 38521 | 39222 | 40982 | 41143 | 40714 | -1.04 |
| 司法助理员（人） | Judicial Assistants (person) | 58875 | 56942 | 56679 | 74975 | 99800 | 62573 | -34.6 |
| #专职司法助理员 | Full-time Judicial Assistants | 48682 | 47173 | 46088 | 63438 | 74007 | 39902 | -46.08 |
| 兼职司法助理员 | Part-time Judicial Assistants | 10193 | 9769 | 10591 | 11537 | 12341 | 12276 | -0.53 |
| #司法所司法助理员 | Judicial Assistants in Judicial Offices | 53719 | 55912 | 54152 | 95950 | 61666 | 99342 | 61.1 |
| 调解纠纷（万件） | Number of Disputes Mediated (10000 cases) | 105.52 | 845.99 | 708.62 | 517.33 | 560.83 | 579.3 | 3.29 |
| 制止群众性上访（次） | Organized Mass Appeals to Higher Authorities Restrained (time) | 47504 | 61196 | 60676 | 59968 | 64704 | 71619 | 10.69 |
| 制止群众性械斗（次） | Organized Mass Weaponed Affrays Restrained (time) | 29916 | 34363 | 36635 | 45126 | 37007 | 35934 | -2.90 |
| 为基层政府提出司法建议（件） | Providing Judicial Suggestions for Local Governments (case) | 115983 | 120435 | 117440 | 125327 | 165247 | 147939 | -10.47 |
| #采纳建议数 | Number of Suggestions Adopted | 91180 | 93795 | 89882 | 95926 | 106783 | 115400 | 8.07 |
| 协助基层政府制定规范性文件（件） | Assisting Local Governments in Drafting Normative Documents (case) | 78943 | 85667 | 76799 | 79205 | 78088 | 87933 | 12.61 |
| 法制宣传 | Publicity of Laws and Regulations | | | | | | | |
| 宣讲法律（万场次） | Number of Law-related Publicity Lectures Provided (10000 times) | 41.06 | 40.27 | 40.98 | 54.18 | 42.04 | 41.65 | -0.93 |
| 受教育人数（亿人次） | Number of Persons Educated (100 million person-times) | 2.43 | 2.45 | 2.67 | 2.9 | 2.43 | 2.07 | -14.81 |

## 8-36 在押服刑人员基本情况

## Basic Statistics of Inmates in Custody

单位：人　　(persons)

| 项　目 | Item | 2005 | 2006 | 2006年比2005年增减% Change in 2006 over 2005 |
|---|---|---|---|---|
| 年初在押服刑人数 | Number of Inmates at the Beginning of the Year | 1558511 | 1565711 | 0.46 |
| #女性 | Females | 77279 | 77771 | 0.64 |
| #未成年 | Juveniles | 23957 | 23250 | -2.95 |
| 释放人数 | Released | 319346 | 340694 | 6.68 |
| 年末在押服刑人数 | Number of Inmates at the End of the Year | 1565711 | 1566839 | 0.07 |

注：1.本表未成年是指14-18岁服刑人员。
　　2.释放人员是指减刑释放、假释和刑满释放人员。

a) Juveniles in this table refers to inmates aged between 14 and 18.

b) The released refers to inmates whose sentence has been commuted, who are on parole, or released after serving the full term.

## Basic Statistics on Judicial Institutions and Judicial Assistants

[illegible]

## Basic Statistics of Inmates in Custody

| Item | | | |
|---|---|---|---|
| Number of Inmates at the Beginning of the Year | [illegible] | [illegible] | [illegible] |
| [illegible] | [illegible] | [illegible] | [illegible] |
| [illegible] | [illegible] | [illegible] | [illegible] |
| Released | [illegible] | [illegible] | [illegible] |
| Number of Inmates at the End of the Year | [illegible] | [illegible] | [illegible] |

[illegible]

# 九、社会保障
# Social Security

# 9-1 "七五"—"十五"时期民政事业发展主要指标增长情况

# Increase Rate of Key Indicators on Development of Civil Affairs from the 7th Five Year Plan to the 10th Five Year Plan

单位：% (%)

| 项 目 | Item | "七五"时期年平均增长速度 Average Annual Increase Rate During the 7th Five Year Plan Period | "八五"时期年平均增长速度 Average Annual Increase Rate During the 8th Five Year Plan Period | "九五"时期年平均增长速度 Average Annual Increase Rate During the 9th Five Year Plan Period | "十五"时期年平均增长速度 Average Annual Increase Rate During the 10th Five Year Plan Period |
|---|---|---|---|---|---|
| 民间组织 | NGO | | 75.5 | -3.2 | 15.8 |
| 抚恤补助优抚对象 | Beneficiaries of State Pension or Subsidies with Preferential Treatment | 8.5 | 1.1 | -0.3 | 0.8 |
| 伤残人员年均抚恤金 | Average Annual Pensions of Disabled Veterans | | | 27.1 | 18.2 |
| 烈属和牺牲病故军人家属人均年抚恤金 | Per Capita Annual Pension for Family Members of Martyrs and Veterans Sacrificed or Died of Illness | | | 6.7 | 13.5 |
| 城镇居民最低生活保障 | Number of Persons Receiving Lowest Cost-of-living in Urban Areas | | | | 40.9 |
| 城镇社区服务中心 | Urban Community Services Centers | | | 8.0 | 5.6 |
| 群众性自治组织 | Self-governing Mass Organizations | | | | |
| 村民委员会 | Villagers' Committees | 1.1 | -6.9 | -4.7 | -3.0 |
| 社区居委会 | Community Residential Committees | 4.1 | 2.5 | -0.6 | -5.9 |
| 乡镇区划调整 | Adjustment of Division of Administrative Areas at Township Level | | | | |
| 乡 | Towns | -11.6 | -7.8 | -4.7 | -7.2 |
| 镇 | Townships | 5.7 | 7.7 | 3.0 | -0.8 |
| 收养性单位床位 | Number of Beds in Adopting Institutions | 9.7 | 4.6 | 3.0 | 7.7 |
| #儿童福利院 | Baby Welfare Institutions | | | | 11.7 |
| 城市老年福利机构 | Urban Welfare Homes for the Aged Persons | | | | 5.0 |
| 农村老年福利机构 | Rural Welfare Homes for the Aged Persons | | | | 10.0 |
| 婚 姻 | Marriage | | | | |
| 办理结婚登记 | Registered Marriages | 2.7 | -0.4 | -0.2 | -0.6 |
| 办理离婚登记 | Registered Divorces | 11.7 | 5.7 | 2.8 | 8.0 |
| 家庭收养儿童 | Children Adopted by Families | | | | -2.0 |
| 全年火化遗体 | Cremated Remains During the Year | 5.3 | 5.5 | 7.3 | 3.8 |
| 社会福利企业 | Social Welfare Enterprises | 23.0 | 7.6 | -7.6 | -5.2 |
| 福利彩票销售额 | Sales of Welfare Lottery | | 54.5 | 14.6 | 29.4 |
| 老年人口 | Aging Population | | | | 2.7 |
| 事业费支出情况 | Operating Costs of Civil Affairs | 11.9 | 14.8 | 17.3 | 25.6 |
| 民政系统固定资产原值 | Fixed Assets at Original Value of Civil Affairs System | 20.8 | 22.5 | 53.1 | 9.9 |

## 9-2 民政事业发展情况
## Development of Civil Affairs

| 项　目 | Item | 1985 | 1990 | 1995 | 2000 | 2005 | 2006 |
|---|---|---|---|---|---|---|---|
| 民间组织(个) | NGO (unit) |  | 10855 | 180583 | 153322 | 319762 | 354393 |
| 抚恤补助优抚对象(万人) | Beneficiaries of State Pension or Subsidies with Preferential Treatment (10000 persons) | 283.3 | 425.7 | 448.8 | 442.4 | 460.3 | 462.6 |
| 伤残人员人均年抚恤金(元/年、人) | Per Capita Annual Pension for Disabled Veterans (yuan) |  |  | 478 | 1586 | 3655.6 |  |
| 烈属和牺牲病故军人家属人均年抚恤金(元/年、人) | Per Capita Annual Pension for Family Members of Martyrs and Veterans Sacrificed or Died of Illness (yuan) |  |  | 1090 | 1507 | 2843.8 |  |
| 城镇居民最低生活保障人数(万人) | Number of Persons Receiving Subsistence Allowance in Urban Areas (10000 persons) |  |  |  | 402.6 | 2234.2 | 2240.1 |
| 城镇社区服务中心数(个) | Number of Urban Community Services Centers (unit) |  |  | 4380 | 6444 | 8479.0 | 8565 |
| 村委会(万个) | Villagers' Committees (10000 units) | 94.9 | 100.1 | 93.2 | 73.2 | 62.9 | 62.4 |
| (社区)居委会变(万个) | (Community) Neighbouhood Committees (10000 units) | 80943 | 98814 | 111860 | 108424 | 79947.0 | 8.1 |
| 乡(个) | Towns (units) | 82450 | 44397 | 29502 | 23199 | 15950.0 | 15306 |
| 镇(个) | Townships (units) | 9140 | 12084 | 17532 | 20312 | 19521.0 | 19369 |
| 收养性单位床位数(万张) | Number of Beds in Adopting Social Welfare Institutions (10000 units) | 49.1 | 78 | 97.6 | 113 | 163.9 | 187.4 |
| #儿童福利院 | Baby Welfare Institutions |  |  |  | 18284 | 31839.0 | 30716 |
| 城市老年福利机构 | Urban Welfare Homes for the Aged Persons |  |  |  | 327902 | 419131.0 | 399391 |
| 农村老年福利机构 | Rural Welfare Homes for the Aged Persons |  |  |  | 555782 | 895340.0 | 1135937 |
| 办理结婚登记(万对) | Registered Marriages (10000 couples) | 831.3 | 951.1 | 934.1 | 848.5 | 823.1 | 945 |
| 办理离婚登记(万对) | Registered Divorces (10000 couples) | 45.8 | 80 | 105.6 | 121.3 | 178.5 | 191.3 |
| 家庭收养儿童(万件) | Children Adopted by Families (10000 cases) |  |  |  | 56191 | 50921.0 | 48178 |
| 全年火化遗体(万具) | Cremated Remains During the Year (10000 bodies) | 155.2 | 201.3 | 262.7 | 373.7 | 450.2 | 430.2 |
| 社会福利企业(个) | Social Welfare Enterprises (unit) | 14872 | 41827 | 60237 | 40670 | 31211.0 | 30199 |
| 福利彩票销售额(亿元) | Sales of Welfare Lottery (100 million yuan) |  | 6.5 | 57.3 | 113.4 | 411.2 | 495.7 |
| 老年人口(万人) | Aging Population (10000 persons) |  |  |  | 8811 | 10055 | 10419 |
| 事业费支出情况(亿元) | Operating Costs of Civil Affairs (100 million yuan) | 29.6 | 51.9 | 103.5 | 229.7 | 718.4 | 915.4 |
| 民政系统固定资产原值(亿元) | Fixed Assets at Original Value of Civil Affairs System (100 million yuan) | 20.1 | 51.7 | 142.6 | 1199.3 | 1922.9 | 2196.8 |

# 9-3 民政事业发展主要指标比较

# Key Statistics on Development of Civil Affairs

| 项　目 | Item | 2005 | 2006 | 2006年比2005年增减% Increase of 2006 over 2005 |
|---|---|---|---|---|
| **一、民间组织** | **NGO** | | | |
| 民间组织总数(万个) | Number of NGOs (10000 units) | 32.0 | 35.4 | 10.6 |
| 社会团体 | Social Organizations | 17.1 | 19.2 | 12.3 |
| 民办非企业单位 | Nongovernmental and Noncommercial Enterprises | 14.8 | 16.1 | 8.8 |
| 基金会(个) | Foundations (unit) | 975 | 1144 | 17.3 |
| **二、优抚安置(万人)** | **Preferential Treatment and Resettlement (10000 persons)** | | | |
| 国家抚恤、补助各类优抚对象 | Beneficiaries of State Pension or Subsidies with Preferential Treatment | 460.3 | 462.6 | 0.5 |
| 安置义务兵、士官人数 | Number of Resettled Conscripts and Non-commissioned Officers | 45.2 | 42.5 | -6.0 |
| 接收军队离退休人员人数 | Number of Resettled Retired Veterans | 1.9 | 3.2 | 68.4 |
| **三、社会救助** | **Social Relief** | | | |
| **城　市** | **Urban Area** | | | |
| 城市居民最低生活保障人数(万人) | Number of Persons Receiving Lowest Cost-of-living in Urban Area (10000 persons) | 2234.2 | 2240.1 | 0.3 |
| 城市居民最低生活保障户数(万户) | Number of Households Receiving Lowest Cost-of-living in Urban Area (10000 households) | 994.7 | 1029.7 | 3.5 |
| 城市最低生活保障平均标准(元/人、月) | Average Standard of Lowest Cost-of-living in Urban Area (yuan) | 156 | 169.6 | 8.7 |
| **农　村** | **Rural Area** | | | |
| 农村居民最低生活保障人数(万人) | Number of Persons Receiving Lowest Cost-of-living in Rural Area (10000 persons) | 825 | 1593.1 | 93.1 |
| 农村居民最低生活保障户数(万户) | Number of Households Receiving Lowest Cost-of-living in Rural Area (10000 households) | 365.5 | 777.2 | 91.4 |
| 农村最低生活保障平均标准(元/人、月) | Average Standard of Lowest Cost-of-living in Rural Area (yuan) | 76 | 70.9 | -6.7 |
| 农村特困救济人数（万人） | Number of Persons in Rural Destitute Households Receiving Subsidies (10000 persons) | 1066.8 | 775.8 | -27.3 |
| 农村特困救济户数（万户） | Number of Rural Destitute Households Receiving Subsidies (10000 households) | 654.8 | 325.8 | -50.2 |
| 农村特困救济平均标准(元/人、月) | Average Standard of Subsidies to Rural Destitute Households (yuan) | 40 | 47.7 | 19.3 |
| 农村五保户救济户数（万户） | Number of Households with Livelihood Guaranteed in Five Aspects (10000 households) | 349.7 | 468 | 33.8 |
| 农村五保户平均标准(元/人、月) | Average Standard of Subsidies to Households with Livelihood Guaranteed in Five Aspects (yuan) | 136 | 102 | -25.0 |
| **医疗救助（万人次）** | **Medical Assistance (10000 person-times)** | | | |
| 城市医疗救助 | Urban Medical Assistance | 114.9 | 187.2 | 62.9 |
| 农村医疗救助 | Rural Medical Assistance | 854.5 | 1559 | 82.4 |
| **四、社会捐赠** | **Social Donations** | | | |
| 社会捐赠款数（亿元） | Donated Fund (100 million yuan) | 31.3 | 43 | 37.4 |
| 捐赠衣被总数（亿件） | Donated Clothes and Quilts (100 million pieces) | 1 | 0.7 | -30.0 |
| 捐赠其他物资价值（亿元） | Value of Other Materials Donated (100 million yuan) | 1.6 | 6.4 | 300.0 |
| 受益人次数（万人次） | Total Number of Beneficiaries (10000 person-times) | 3610.7 | 3259.1 | -9.7 |
| 社会捐赠接收站、点数(万个) | Number of Work Stations and Spots Receiving Social Donations (10000 units) | 3.1 | 3.3 | 6.5 |

9-3 续表 continued

| 项 目 | Item | 2005年 | 2006年 | 2006年比2005年增减% Increase of 2006 over 2005 |
|---|---|---|---|---|
| **五、社区建设（万个）** | **Community Development (10000 units)** | | | |
| 村委会 | Villagers' Committees | 62.9 | 62.4 | -0.8 |
| 居委会(社区居委会) | Residential Committees (Community Residential Committees) | 8 | 8.1 | 1.3 |
| 社区服务中心（个） | Community Services Centers (unit) | 8479 | 8565 | 1.0 |
| 城镇社区服务设施数 | Urban Community Services Facilities | 19.5 | 16 | -17.9 |
| 城市便民、利民网点 | Convenience Stores in Urban Areas | 66.5 | 45.8 | -31.1 |
| **六、行政区划（个）** | **Division of Administrative Areas (unit)** | | | |
| 镇 | Townships | 19522 | 19369 | -0.8 |
| 乡 | Towns | 15951 | 15306 | -4.0 |
| #民族乡 | Ethnic Townships | 1093 | 1089 | -0.4 |
| 街道办事处 | Street Communities | 6152 | 6355 | 3.3 |
| 区公所 | District Community | 11 | 10 | -9.1 |
| **七、社会福利** | **Social Welfare** | | | |
| 收养性单位数（万个） | Adopting Social Welfare Institutions (10000 units) | 4.1 | 4.2 | 2.4 |
| 床位数（万张） | Number of Beds (10000 units) | 163.9 | 187.4 | 14.3 |
| 收养人数（万人） | Number of Persons Adopted (10000 persons) | 123.6 | 147.2 | 19.1 |
| 社会福利企业数（万个） | Social Welfare Enterprises (10000 units) | 3.1 | 3 | -3.2 |
| 其中残疾职工数（万人） | Disabled Staff and Workers (10000 persons) | 63.7 | 55.9 | -12.2 |
| **八、婚姻、收养与殡葬** | **Marriage, Adoption and Funeral** | | | |
| 结婚登记（万对） | Registered Marriages (10000 couples) | 823.1 | 945 | 14.8 |
| #涉外及港澳台 | Registered Marriages with Foreigners and the Citizen of Hong Kong, Macao, Taiwan | 6.4 | 6.8 | 6.2 |
| 结婚率（‰） | Marriage Rate (‰) | 12.6 | 14.38 | 14.1 |
| 每千居民之结婚宗数（‰） | Number of Marriages per 1000 Population (‰) | 6.3 | 7.19 | 14.1 |
| 离婚办理（万对） | Registered Divorces (10000 couples) | 178.5 | 191.3 | 7.2 |
| 离婚率（‰） | Divorce Rate (‰) | 2.73 | 2.92 | 7.0 |
| 每千居民之离婚宗数（‰） | Number of Divorces per 1000 Population (‰) | 1.365 | 1.46 | 7.0 |
| 收养孤残儿童（万人） | Orphans and Disabled Children Adopted (10000 persons) | 5.1 | 4.9 | -3.9 |
| 火化遗体数（万具） | Cremated Remains (10000 bodies) | 450.2 | 430.2 | -4.4 |
| 火化率（%） | Cremated Rate (%) | 53 | 48.2 | -9.1 |
| **九、福利彩票（亿元）** | **Welfare Lottery (100 million yuan)** | | | |
| 销售福利彩票 | Sales of Welfare Lottery | 411.2 | 495.7 | 20.5 |
| 筹集社会福利基金 | Public Fund Raised from Welfare Lottery | 144 | 173.5 | 20.5 |
| **十、老龄人口** | **Aging Population** | | | |
| 65岁以上老年人口（万人） | Population Aged 65 and Over (10000 persons) | 10055 | 10419 | 3.6 |
| 占全国总人口（%） | Percentage to Total Population (%) | 7.7 | 7.9 | 2.6 |
| **十一、民政事业费（亿元）** | **Operating Costs of Civil Affairs (100 million yuan)** | | | |
| 民政事业费总支出 | Total Operating Costs of Civil Affairs | 718.4 | 915.4 | 27.4 |
| #抚恤事业 | Pension for Disabled and Bereaved Families | 143.6 | 178.8 | |
| 安置事业 | Pension for Resettlement | 88.9 | 115.7 | 30.1 |
| 社会福利事业 | Social Welfare Funds | 55.6 | 65.3 | 17.4 |
| 城市最低生活保障 | Subsistence Allowance in Urban Areas | 191.9 | 224.2 | 16.8 |
| 农村及其他社会救助 | Social Relief Fund in Rural Areas | 79.9 | 147.8 | 85.0 |
| 自然灾害救济 | Natural Disaster Relief | 62.6 | 79 | 26.2 |
| 地方离退休人员 | Pension for Civilian Retired Persons | 13.7 | 14 | 2.2 |
| 其 他 | Others | 82.3 | 90.6 | 10.1 |
| 基本建设支出 | Expenses for Capital Construction | 31.6 | 33.5 | 6.0 |

# 9-4 民间组织发展情况

## Development of NGOs

单位：个 (unit)

| 项　目 | Item | 2005 | 2006 | 2006年比2005年增减% Increase of 2006 over 2005 |
|---|---|---|---|---|
| **民间组织合计** | **Total Number of NGOs** | **319762** | **354393** | **10.8** |
| **社团管理** | **Social Organizations Management** | **171150** | **191946** | **12.2** |
| 按活动区域分 | by Range of Activity | | | |
| 中央级 | Central Government Level | 1688 | 1730 | 2.5 |
| 省　级 | Provincial Level | 21119 | 21506 | 1.8 |
| 地　级 | Prefecture Level | 53080 | 56544 | 6.5 |
| 县　级 | County Level | 95263 | 112166 | 17.7 |
| 按性质分 | by Character | | | |
| 专业性 | Professional Organizations | 50328 | 57685 | 14.6 |
| 行业性 | Industrial Organizations | 53004 | 59783 | 12.8 |
| 学术性 | Academic Organizations | 39640 | 40871 | 3.1 |
| 联合性 | Joint Organizations | 23961 | 26736 | 11.6 |
| 港澳台 | Hong Kong, Macao and Taiwan Social Organizations | 52 | 42 | -19.2 |
| 外国商会 | Foreign Chambers of Commerce | 16 | 17 | 6.3 |
| 其　他 | Others | 4149 | 6812 | 64.2 |
| **民办非企业单位** | **Nongovernmental and Noncommercial Enterprises** | **147637** | **161303** | **9.3** |
| 按活动区域分 | by Range of Activity | | | |
| 中央级 | Central Government Level | 26 | 28 | 7.7 |
| 省　级 | Provincial Level | 5602 | 6457 | 15.3 |
| 地　级 | Prefecture Level | 25390 | 30998 | 22.1 |
| 县　级 | County Level | 116619 | 123820 | 6.2 |
| 按性质分 | by Character | | | |
| 法　人 | Legal Entity | 75621 | 95688 | 26.5 |
| 合　伙 | Partnership | 6483 | 6644 | 2.5 |
| 个　体 | Individual | 65533 | 58971 | -10.0 |
| 按隶属行业分类 | by Jurisdiction of Sector | | | |
| 教　育 | Education | 75813 | 80666 | 6.4 |
| 卫　生 | Public Health | 27179 | 28050 | 3.2 |
| 文　化 | Culture | 3773 | 4482 | 18.8 |
| 科　技 | Science and Technology | 6915 | 7927 | 14.6 |
| 体　育 | Sports | 4012 | 4712 | 17.4 |
| 劳　动 | Labour | 12085 | 13878 | 14.8 |
| 民　政 | Civil Affairs | 10445 | 11179 | 7.0 |
| 社会中介服务业 | Social Intermediate Service | 1665 | 1997 | 19.9 |
| 法律服务业 | Legal Service | 662 | 682 | 3.0 |
| 其　他 | Others | 5088 | 7730 | 51.9 |
| **基金会** | **Foundations** | **975** | **1144** | **17.3** |
| 按活动区域分 | by Range of Activity | | | |
| 中央级 | Central Government Level | 92 | 99 | 7.6 |
| 省　级 | Provincial Level | 883 | 1045 | 18.3 |
| 按性质分 | by Character | | | |
| 公募性 | Public Funding Foundations | 771 | 795 | 3.1 |
| 非公募性 | Non-public Funding Foundations | 204 | 349 | 71.1 |
| 境外基金代表机构 | Representative Offices of Foreign Foundations | | | |

## 9-5 历年民间组织情况

## Number of NGOs 1988-2006

单位：个 (unit)

| 年 份<br>Year | 民间组织合计<br>Total Number of NGOs | 社会团体<br>Social Organizations | 民办非企业<br>Nongovernmental and Noncommercial Enterprises | 基金会<br>Foundations |
|---|---|---|---|---|
| 1988 | 4446 | 4446 | | |
| 1989 | 4544 | 4544 | | |
| 1990 | 10855 | 10855 | | |
| 1991 | 82814 | 82814 | | |
| 1992 | 154502 | 154502 | | |
| 1993 | 167506 | 167506 | | |
| 1994 | 174060 | 174060 | | |
| 1995 | 180583 | 180583 | | |
| 1996 | 184821 | 184821 | | |
| 1997 | 181318 | 181318 | | |
| 1998 | 165600 | 165600 | | |
| 1999 | 142665 | 136764 | 5901 | |
| 2000 | 153322 | 130668 | 22654 | |
| 2001 | 210939 | 128805 | 82134 | |
| 2002 | 244509 | 133297 | 111212 | |
| 2003 | 266612 | 141167 | 124491 | 954 |
| 2004 | 289476 | 153359 | 135181 | 936 |
| 2005 | 319762 | 171150 | 147637 | 975 |
| 2006 | 354393 | 1191946 | 161303 | 1144 |

注：2001年以前的基金会含在社会团体内。

a)Data of Social organizations included foundations before 2001.

## 9-6 国家优抚、安置情况

## Beneficiaries of Preferential Treatment and Resettlement of Demobilized Veterans

单位：人 (person)

| 项 目 | Item | 2005 | 2006 | 2006年比2005年增减%<br>Increase of 2006 over 2005 |
|---|---|---|---|---|
| **国家抚恤、补助优抚对象总人数** | **Total Number of Beneficiaries Enjoying State Pension or Subsidies with Preferential Treatment** | **4602931** | **4625644** | **0.49** |
| 重点优抚对象人数 | Key Beneficiaries of Preferential Treatment | 4579618 | 4585041 | 0.12 |
| 抚 恤 | Beneficiaries of State Pension | 1377134 | 1375937 | -0.09 |
| 烈士家属抚恤 | Family Members of Martyrs | 349253 | 346089 | -0.91 |
| 因公牺牲抚恤 | Family Members of Veterans Sacrificed | 63603 | 64248 | 1.01 |
| 病故军人家属抚恤 | Family Members of Veterans Died of Illness | 79661 | 80983 | 1.66 |
| 伤残人员抚恤 | Disabled Veterans | 884617 | 884617 | |
| 补 助 | Beneficiaries of Subsidies | 3202484 | 3209104 | 0.21 |
| 在乡复员军人 | Demobilized Soldiers in the Countryside | 2145421 | 2064713 | -3.76 |
| 在乡退伍军人 | Veterans in the Countryside | 977424 | 1072684 | 9.75 |
| 在乡红军老战士 | Red Army Soldiers in the Countryside | 2681 | 2417 | -9.85 |
| 在乡西路军红军老战士 | West Road Army of the Red Army in the Countryside | 1370 | 1220 | -10.95 |
| 红军失散人员 | Scattered Red Army Soldiers | 75588 | 68070 | -9.95 |
| 其他定补人数 | Other Regular Beneficiaries of Subsidies | 63313 | 64955 | 2.59 |
| **离退休人员数** | **Number of Retired and Resigned Servicemen** | **18512** | **31968** | **72.69** |
| 军队干部(含地方) | Cadres of the Army (Including Local) | 17416 | 21467 | 23.26 |
| 军队退休士官 | Retired Non-commissioned Officers | 192 | 365 | 90.10 |
| 军队无军籍职工 | Employees without Military Status form the Army | 904 | 10136 | 1021.24 |

# 9-7 定期抚恤优抚对象情况

## Regular Beneficiaries of State Pension with Preferential Treatment

| 年 份<br>Year | 定期抚恤人数<br>(人)<br>Regular Beneficiaries<br>of State Pension<br>(person) | 烈 属<br>Family Members<br>of Martyrs | 牺牲、病故军人家属<br>Family Members of<br>Veterans Sacrificed<br>or Died of Illness | 伤残人员<br>(万人)<br>Disabled<br>Veterans<br>(10000 persons) |
|---|---|---|---|---|
| 1978 | | | | 73.4 |
| 1979 | | | | 75.6 |
| 1980 | | | | 78.6 |
| 1981 | | | | 79.6 |
| 1982 | 590104 | 541516 | 48588 | 81.6 |
| 1983 | 577791 | 526826 | 50965 | 83.0 |
| 1984 | 585403 | 536523 | 48880 | 84.4 |
| 1985 | 518566 | 440000 | 78566 | 85.3 |
| 1986 | 533245 | 446209 | 87036 | 86.5 |
| 1987 | 548063 | 453480 | 94583 | 88.0 |
| 1988 | 537472 | 429271 | 108201 | 88.7 |
| 1989 | 525134 | 422656 | 102478 | 89.1 |
| 1990 | 516638 | 407276 | 109362 | 87.4 |
| 1991 | 614945 | 504462 | 110483 | 87.5 |
| 1992 | 602163 | 492457 | 109706 | 87.6 |
| 1993 | 495994 | 383924 | 112070 | 88.3 |
| 1994 | 487256 | 372850 | 114406 | 88.5 |
| 1995 | 486250 | 370685 | 115565 | 88.8 |
| 1996 | 484270 | 366216 | 118054 | 89.3 |
| 1997 | 480464 | 362086 | 118378 | 89.5 |
| 1998 | 473901 | 357492 | 116409 | 89.2 |
| 1999 | 458079 | 336587 | 121492 | 88.7 |
| 2000 | 2550321 | 2113343 | 436978 | 88.1 |

### 9-7 续表 continued

| 年 份<br>Year | 定期抚恤人数<br>(人)<br>Regular Beneficiaries<br>of State Pension<br>(person) | 烈 属<br>Family Members<br>of Martyrs | 牺牲军人家属<br>Family Members<br>of Sacrificed<br>Veterans | 病故军人家属<br>Family Members<br>of Veterans<br>Died of Illness | 伤残人员<br>(万人)<br>Disabled<br>Veterans<br>(10000 persons) |
|---|---|---|---|---|---|
| 2001 | 480852 | 348521 | 60081 | 72250 | 85.5 |
| 2002 | 480466 | 341109 | 63953 | 75404 | 85.8 |
| 2003 | 488820 | 345141 | 65303 | 78376 | 86.0 |
| 2004 | 485733 | 339817 | 65695 | 80221 | 85.6 |
| 2005 | 492517 | 349253 | 63603 | 79661 | 84.5 |
| 2006 | 491320 | 346089 | 64248 | 80983 | 86.0 |

注：2000年的定期抚恤人数含未享受的人数。

a) Number of persons receiving regular pensions in 2000 included those entitled to pensions but did not receive them.

# 9-8 定期补助优抚对象情况

# Regular Beneficiaries of Subsidies with Preferential Treatment

单位：人 (person)

| 年份 Year | 定期补助总人数 Regular Beneficiaries of Subsidies | 在乡红军老战士 Red Army Soldiers in the Countryside | 西路军 West Road Army of the Red Army | 红军失散人员 Scattered Red Army Soldiers | 在乡复员军人 Demobilized Soldiers in the Countryside | 在乡退伍军人 Veterans in the Countryside | 其他 Others |
|---|---|---|---|---|---|---|---|
| 1978 | 9251 | 9251 | | | | | |
| 1979 | 7872 | 7872 | | | | | |
| 1980 | 6922 | 6922 | | | | | |
| 1981 | 6567 | 6567 | | | | | |
| 1982 | 1002181 | 6383 | | | 859055 | 136743 | |
| 1983 | 1104586 | 6142 | | | 952993 | 145451 | |
| 1984 | 1243633 | 6159 | | | 1081350 | 156124 | |
| 1985 | 1461180 | 6329 | | | 1185502 | 183129 | 86220 |
| 1986 | 1999872 | 6315 | | | 1673990 | 210445 | 109122 |
| 1987 | 2230873 | 7466 | | | 1833402 | 241290 | 148715 |
| 1988 | 2360462 | 7415 | | | 1950641 | 247009 | 155397 |
| 1989 | 2715258 | 6628 | | | 2272639 | 283075 | 152916 |
| 1990 | 2866579 | 7514 | | | 2373873 | 305045 | 180147 |
| 1991 | 2939074 | 7015 | | | 2419453 | 346021 | 166585 |
| 1992 | 2975175 | 6599 | | | 2402869 | 373989 | 191718 |
| 1993 | 2947209 | 5531 | 2997 | 105200 | 2424984 | 408497 | |
| 1994 | 2963965 | 5058 | 2430 | 104566 | 2424435 | 427476 | |
| 1995 | 2987751 | 4659 | 2318 | 101507 | 2423191 | 456076 | |
| 1996 | 3018047 | 4480 | 2303 | 108534 | 2421517 | 481213 | |
| 1997 | 3037367 | 4195 | 2214 | 115706 | 2396017 | 519235 | |
| 1998 | 3033826 | 3996 | 2157 | 112092 | 2367266 | 548315 | |
| 1999 | 3056727 | 3687 | 2106 | 105303 | 2363466 | 582165 | |
| 2000 | 3038754 | 3326 | 1997 | 100309 | 2603497 | 329625 | |
| 2001 | 3170877 | 3325 | 1889 | 93131 | 2246954 | 782802 | 42776 |
| 2002 | 3251971 | 3136 | 1691 | 90021 | 2274657 | 882090 | 376 |
| 2003 | 3300232 | 2893 | 1610 | 86264 | 2262264 | 919349 | 27852 |
| 2004 | 3277914 | 2701 | 1454 | 83366 | 2214467 | 950428 | 25498 |
| 2005 | 3265797 | 2681 | 1370 | 75588 | 2145421 | 977424 | 63313 |
| 2006 | 3274063 | 2417 | 1220 | 68070 | 2064713 | 1072648 | 64995 |

# 9-9 烈士褒扬和优待情况

# Commendation and Preferential Treatment of Martyrs

| 年份<br>Year | 本年批准烈士人数（人）<br>Number of Martyrs Approved During the Year (person) | 零散烈士纪念建筑物（个）<br>Scattered Martyr Memorial Buildings (unit) | 优待优抚对象户数（户）<br>Number of Households with Preferential Treatment (household) | #优待军属<br>Households with Veteran | 优待总金额（万元）<br>Total Pension of Preferential Treatment (10000 yuan) | #固定优待军属<br>Fixed Pensions for Family Members of Veterans |
|---|---|---|---|---|---|---|
| 1978 | | 5347 | | | | |
| 1979 | | 3779 | | | 20393 | |
| 1980 | | 2825 | | | 31459 | |
| 1981 | | 2915 | | | 47255 | |
| 1982 | 8601 | 3592 | 4730756 | | 58750 | |
| 1983 | 11024 | 3826 | 4387292 | | 59588 | |
| 1984 | 8478 | 3953 | 4102419 | | 62263 | |
| 1985 | 5887 | 3716 | 3567165 | 2884906 | 71655 | 577018 |
| 1986 | 11758 | 3871 | 3355694 | 2710272 | 75243 | 62205 |
| 1987 | 10644 | 4121 | 3223550 | 2562036 | 80915 | 66321 |
| 1988 | 9035 | 4236 | 3225253 | 2477699 | 87160 | 71735 |
| 1989 | 3960 | 4466 | 3086285 | 2423418 | 92169 | 77764 |
| 1990 | 3067 | 6065 | 2941486 | 2522476 | 99535 | 86739 |
| 1991 | 1556 | 6474 | 2967881 | 2540714 | 106354 | 93069 |
| 1992 | 1338 | 6957 | 2967002 | 2535037 | 116573 | 102008 |
| 1993 | 1467 | 6956 | 3009163 | 2470099 | 1315551 | 113330 |
| 1994 | 1215 | 7279 | 3027420 | 2462671 | 155627 | 133070 |
| 1995 | 1277 | 7067 | 3051322 | 2476261 | 194379 | 166414 |
| 1996 | 1187 | 7020 | 3040439 | 2449077 | 251798 | 217527 |
| 1997 | 888 | 7048 | 3334000 | 2427586 | 321741 | 261865 |
| 1998 | 749 | 7322 | 3250395 | 2415838 | 356413 | 292305 |
| 1999 | 616 | 7252 | 3818210 | 2380675 | 402998 | 305386 |
| 2000 | 468 | 7427 | 3855797 | 2282584 | 469054 | 363675 |
| 2001 | 460 | 7802 | 3973085 | 2086464 | 385859 | 275456 |
| 2002 | 403 | 8051 | 4130817 | 1929011 | 374818.7 | 251854.3 |
| 2003 | 461 | 7781 | 3962425 | 1672205 | 391580.9 | 239410.3 |
| 2004 | 316 | 7425 | 3632630 | 1430630 | 418498.9 | 267457.8 |
| 2005 | 314 | 7483 | 3393218 | 1224036 | 379631.2 | 213967.5 |
| 2006 | 264 | 7414 | 3220933 | 1183674 | 421010 | 224353.9 |

## 9-10 人口受灾和救灾情况

## Population Affected by Disasters and Disaster Relief

| 年 份<br>Year | 受灾人口<br>(万人次)<br>Population Affected by Disasters<br>(10001 person-times) | 因灾死亡人口<br>(人)<br>Number of Persons Died in Disasters<br>(person) | 紧急转移人口<br>(万人)<br>Population Transferred Urgently<br>(10 001 persons) | 紧急抢救灾民累计人数<br>(万人)<br>Accumulative Number of Rescued Victims in Natural Disaster Urgently<br>(10000 persons) | 因灾发救济费累计人数<br>(万人)<br>Accumulative Number of Persons Distributed Disaster Relief<br>(10000 persons) |
|---|---|---|---|---|---|
| 1978 | | 4965 | | | |
| 1979 | | 6962 | | | |
| 1980 | | 6821 | | | |
| 1981 | 26710.0 | 7422 | | | |
| 1982 | 22900.7 | 7935 | | | |
| 1983 | 22439.0 | 10952 | | | |
| 1984 | 20894.0 | 6927 | | | |
| 1985 | 26446.0 | 4394 | 290.5 | 139.0 | 6061.0 |
| 1986 | 29928.0 | 5410 | 345.8 | 199.0 | 6738.0 |
| 1987 | 23512.0 | 5495 | 348.0 | 113.0 | 6710.0 |
| 1988 | 36169.0 | 7306 | 582.9 | 112.0 | 6029.0 |
| 1989 | 34569.0 | 5952 | 365.3 | 132.0 | 6499.0 |
| 1990 | 29348.0 | 7338 | 579.2 | 129.0 | 5804.0 |
| 1991 | 41941.0 | 7315 | 1308.5 | 549.0 | 6725.0 |
| 1992 | 37174.0 | 5741 | 303.6 | 205.0 | 5259.0 |
| 1993 | 37541.0 | 6125 | 307.7 | 159.0 | 5258.0 |
| 1994 | 43799.0 | 8549 | 1054.0 | 244.0 | 5990.0 |
| 1995 | 24215.0 | 5561 | 1064.0 | 297.0 | 6710.0 |
| 1996 | 32305.0 | 7273 | 1216.0 | 478.0 | 6447.0 |
| 1997 | 47886.0 | 3212 | 511.3 | 305.0 | 5487.0 |
| 1998 | 35216.0 | 5511 | 2082.4 | 903.0 | 5781.0 |
| 1999 | 35319.0 | 2966 | 664.8 | 367.0 | 5058.0 |
| 2000 | 45652.3 | 3014 | 467.1 | 324.0 | 5127.0 |
| 2001 | 37255.9 | 2583 | 211.1 | 476.0 | 5727.0 |
| 2002 | 37841.8 | 2840 | 471.8 | 460.0 | 6013.0 |
| 2003 | 49745.9 | 2259 | 707.3 | 1001.5 | 6242.0 |
| 2004 | 33920.6 | 2250 | 563.2 | 492.0 | 4854.9 |
| 2005 | 40653.7 | 2475 | 1570.3 | 623.6 | 5097.1 |
| 2006 | 43453.3 | 3186 | 1384.5 | 659.2 | 4981.7 |

# 9-11 因灾造成物资损失情况

## Loss of Materials Caused by Disasters

| 年 份<br>Year | 直接经济损失<br>(亿元)<br>Direct<br>Economic Loss<br>(100 million yuan) | 倒塌房屋<br>(万间)<br>Collapsed<br>Houses<br>(10000 rooms) | 受灾面积<br>(万公顷)<br>Areas Affected<br>by Disaster<br>(10000 hectares) | 死亡大牲畜<br>(万头)<br>Number of Livestock<br>Died in Disasters<br>(10000 heads) |
|---|---|---|---|---|
| 1978 | | 73.09 | 4844 | 226.3 |
| 1979 | | 152.06 | 3937 | |
| 1980 | | 137.30 | 5003 | 72.6 |
| 1981 | | 261.50 | 3979 | 170.9 |
| 1982 | | 320.30 | 3313 | 198.6 |
| 1983 | 260.9 | 345.40 | 3471 | 114.8 |
| 1984 | | 274.70 | 3189 | 36.9 |
| 1985 | 410.4 | 224.90 | 4437 | 322.7 |
| 1986 | | 209.71 | 4714 | 79.0 |
| 1987 | 326.3 | 180.00 | 4207 | 100.0 |
| 1988 | | 258.00 | 5087 | 249.2 |
| 1989 | 525.0 | 194.10 | 4699 | 450.0 |
| 1990 | 616.0 | 247.35 | 3847 | 166.0 |
| 1991 | 1215.1 | 581.51 | 5547 | 97.9 |
| 1992 | 853.9 | 196.56 | 5133 | 171.4 |
| 1993 | 933.2 | 271.64 | 4867 | 150.8 |
| 1994 | 1876.0 | 512.06 | 5504 | 238.2 |
| 1995 | 1863.0 | 439.29 | 4587 | 245.2 |
| 1996 | 2882.0 | 809.00 | 5975 | 619.3 |
| 1997 | 1975.0 | 288.00 | 5343 | 33.5 |
| 1998 | 3007.4 | 821.40 | 2229 | 689.3 |
| 1999 | 1962.4 | 174.53 | 4998 | 82.2 |
| 2000 | 2045.3 | 147.30 | 5469 | 162.0 |
| 2001 | 1942.0 | 92.20 | 5215 | 62.8 |
| 2002 | 1717.4 | 175.7 | 4711.9 | 74.8 |
| 2003 | 1884.2 | 343 | 5438.6 | 81.1 |
| 2004 | 1602.3 | 155 | 3710.6 | 169.5 |
| 2005 | 2042.1 | 226.4 | 3881.8 | 112.9 |
| 2006 | 2528.1 | 193.3 | 4109.1 | 126.3 |

## 9-12 社会捐赠情况

## Social Donations

单位：万元、万件、个 (10000 yuan, 10000 pieces, unit)

| 项　目 | Item | 2005 | 2006 | 2006年比2005年增减% Increase of 2006 over 2005 |
|---|---|---|---|---|
| **社会捐赠合计** | **Total** | **618935.2** | **894811.3** | **44.57** |
| **民政部门直接接收的捐赠** | **Social Donations Received by Civil Affairs Department Directly** | **328973.2** | **49399.6** | **-84.98** |
| 直接接收捐赠情况 | Social Donations Received Directly | | | |
| 捐赠款数额 | Donated Fund | 313392.9 | 429944.7 | 37.19 |
| 捐赠衣被合计 | Value of Donated Clothes and Quilts | 10356.0 | 7123.6 | -31.21 |
| #棉衣被 | Cotton-padding Clothes and Quilts | 2851.0 | 1922.1 | -32.58 |
| 捐赠其他物资价值 | Value of Other Materials Donated | 15580.3 | 64051.9 | 311.11 |
| 间接接收捐赠情况 | Social Donations Received Indirectly | | | |
| 捐赠款数额 | Donated Fund | 22252.1 | 30487.5 | 37.01 |
| 捐赠衣被合计 | Value of Donated Clothes and Quilts | 3999.0 | 2518.6 | -37.02 |
| #棉衣被 | Cotton-padding Clothes and Quilts | 975.0 | 388.0 | -60.21 |
| 捐赠其他物资价值 | Value of Other Materials Donated | 4721.7 | 6778.0 | 43.55 |
| 受益人次数（万人次） | Number of Beneficiaries (10 000 person-times) | 3610.7 | 3259.1 | -9.74 |
| 社会捐赠接收工作站、点数 | Number of Work Stations and Spots Receiving Social Donations | 31153.0 | 33064.0 | 6.13 |
| #社会捐赠接收工作站数 | Number of Work Stations Receiving Social Donations | 13407.0 | 17149.0 | 27.91 |
| 慈善超市数 | Number of Charity Supermarkets | 3076.0 | 4632.0 | 50.59 |
| **慈善会直接接收的捐赠** | **Social Donations Received by Charity Associations Directly** | **289962.0** | **400814.7** | **38.23** |

## 9-13 历年社会捐赠情况

## Social Donations 1997-2006

单位：万元、万件 (10000 yuan, 10000 pieces)

| 年份 Year | 社会捐赠款物金额合计 Total Value of Social Donattion in Cash and Kind | 社会捐赠款 Donated Fund | 民政部门 Civil Affairs Departments | 慈善会 Charity Associations | 社会捐赠衣被物资折款 Total Value of Clothes and Quilts Donated (cash equivalent) | 接收社会捐赠衣被数量 Donated Clothes and Quilts |
|---|---|---|---|---|---|---|
| 1997 | 140159.5 | 41514.6 | | | 98644.9 | 9358.0 |
| 1998 | 1132082.4 | 501921.3 | 501921.3 | | 630161.1 | 29000.0 |
| 1999 | 177807.4 | 69434.8 | 49914.4 | 19520.4 | 108372.6 | 5636.2 |
| 2000 | 163053.6 | 93464.0 | 54211.7 | 39252.3 | 69589.6 | 7708.5 |
| 2001 | 199885.6 | 117241.8 | 75769.6 | 41472.2 | 82643.8 | 12635.4 |
| 2002 | 207979.7 | 189675.8 | 110905.8 | 78770.0 | 18303.9 | 22961.1 |
| 2003 | 434054.9 | 410234.7 | 291690.4 | 118544.3 | 23820.2 | 19648.8 |
| 2004 | 351205.7 | 339641.3 | 170671.3 | 168970.0 | 11564.4 | 8957.2 |
| 2005 | 618935.2 | 603354.9 | 313392.9 | 289962.0 | 15580.3 | 10356.0 |
| 2006 | 894811.3 | 830759.4 | 429944.7 | 400814.7 | 7123.6 | 64051.0 |

# 9-14 最低生活保障与农村社会救济情况

## Subsistence Allowance and Rural Social Relief

单位：万人、万户 (10000 persons, 10000 households)

| 项目 | Item | 2005 | 2006 | 2006年比2005年增减% Increase of 2006 over 2005 |
|---|---|---|---|---|
| **最低生活保障与农村传统救济总人数** | **Total Number of Persons Receiving Lowest Cost-of-living or Rural Traditional Relief** | **4126.0** | **5227.8** | **26.70** |
| **城市居民最低生活保障人数** | **Number of Persons Receiving Subsistence Allowance in Urban Areas** | **2234.2** | **2240.0** | **0.26** |
| 在职人员 | Employed Workers | 114.1 | 97.6 | -14.46 |
| 下岗人员 | Laid-off Workers | 430.7 | 350.0 | -18.74 |
| 退休人员 | Retired Workers | 61.3 | 53.2 | -13.21 |
| 失业人员 | Unemployed Persons | 410.1 | 420.8 | 2.61 |
| “三无”人员 | "Three-without" Persons | 95.8 | 93.1 | -2.82 |
| 其他人员 | Others | 1122.1 | 1225.3 | 9.20 |
| **农村社会救济人数** | **Number of Persons Receiving Social Relief in Rural Areas** | **1891.8** | **2987.8** | **57.93** |
| 农村居民最低生活保障人数 | Persons Receiving Subsistence in Rural Areas | 825.0 | 1593.1 | 93.10 |
| 传统救济人数 | Persons Receiving Traditional Relief | | 115.6 | |
| **城市居民最低生活保障家庭数** | **Number of Households Receiving Subsistence Allowance in Urban Areas** | **994.7** | **1029.7** | **3.52** |
| **农村居民最低生活保障家庭数** | **Number of Households Receiving Subsistence in Rural Areas** | **406.1** | **777.2** | **91.38** |

# 9-15 各地区城市最低生活保障支出水平

# Expenditure on Urban Subsistence Security by Province

单位：元/人、月 (yuan per capita per month)

| 地 区 | Province | 2005 | 2006 | 2006年比2005年增减% Increase of 2006 over 2005 |
|---|---|---|---|---|
| **全 国** | **National Average** | **72.3** | **83.6** | **15.63** |
| 北 京 | Beijing | 236.3 | 249.9 | 5.76 |
| 天 津 | Tianjin | 140.4 | 187.7 | 33.69 |
| 河 北 | Hebei | 63.8 | 71.4 | 11.91 |
| 山 西 | Shanxi | 68.1 | 78.2 | 14.83 |
| 内蒙古 | Inner Mongolia | 80.5 | 100.7 | 25.09 |
| 辽 宁 | Liaoning | 83.1 | 88.3 | 6.26 |
| 吉 林 | Jilin | 68.3 | 79.6 | 16.54 |
| 黑龙江 | Heilongjiang | 63.4 | 82.9 | 30.76 |
| 上 海 | Shanghai | 158.6 | 172.8 | 8.95 |
| 江 苏 | Jiangsu | 87.9 | 102.7 | 16.84 |
| 浙 江 | Zhejiang | 151.4 | 150.0 | -0.92 |
| 安 徽 | Anhui | 64.9 | 75.2 | 15.87 |
| 福 建 | Fujian | 60.2 | 66.8 | 10.96 |
| 江 西 | Jiangxi | 60.0 | 73.7 | 22.83 |
| 山 东 | Shandong | 71.5 | 82.5 | 15.38 |
| 河 南 | Henan | 58.1 | 66.0 | 13.60 |
| 湖 北 | Hubei | 63.7 | 81.8 | 28.41 |
| 湖 南 | Hunan | 63.4 | 79.0 | 24.61 |
| 广 东 | Guangdong | 80.7 | 90.5 | 12.14 |
| 广 西 | Guangxi | 65.6 | 74.5 | 13.57 |
| 海 南 | Hainan | 58.4 | 57.9 | -0.86 |
| 重 庆 | Chongqing | 84.3 | 92.4 | 9.61 |
| 四 川 | Sichuan | 61.1 | 67.3 | 10.15 |
| 贵 州 | Guizhou | 74.5 | 85.4 | 14.63 |
| 云 南 | Yunnan | 75.1 | 81.4 | 8.39 |
| 西 藏 | Tibet | 99.1 | 106.1 | 7.06 |
| 陕 西 | Shaanxi | 71.0 | 83.9 | 18.17 |
| 甘 肃 | Gansu | 68.9 | 76.3 | 10.74 |
| 青 海 | Qinghai | 92.5 | 103.4 | 11.78 |
| 宁 夏 | Ningxia | 64.0 | 71.9 | 12.34 |
| 新 疆 | Xinjiang | 74.0 | 85.2 | 15.14 |

# 9-16 各地区城市最低生活保障平均标准与上年比较及月最低工资标准

## Average Standard of Urban Subsistence Allowance in Comparison with Preceding Year and Monthly Minimum Wage by Province

单位：元/人、月 (yuan per capita per month)

| 地 区 | Province | 月最低工资标准 Monthly Minimum Wage | 城市最低生活保障平均标准 Average Standard of Subsistence Allowance in Urban Areas | | |
|---|---|---|---|---|---|
| | | | 2005 | 2006 | 2006年比2005年增减% Increase of 2006 over 2005 |
| **全 国** | **National Average** | **499.5** | **156.0** | **169.6** | **8.72** |
| 北 京 | Beijing | 640.0 | 300.0 | 310.0 | 3.33 |
| 天 津 | Tianjin | 660.0 | 265.0 | 300.0 | 13.21 |
| 河 北 | Hebei | 510.0 | 140.0 | 154.5 | 10.36 |
| 山 西 | Shanxi | 490.0 | 133.2 | 149.4 | 12.16 |
| 内蒙古 | Inner Mongolia | 485.0 | 128.4 | 147.1 | 14.56 |
| 辽 宁 | Liaoning | 496.7 | 174.0 | 185.9 | 6.84 |
| 吉 林 | Jilin | 460.0 | 142.2 | 144.6 | 1.69 |
| 黑龙江 | Heilongjiang | 476.0 | 126.0 | 162.3 | 28.81 |
| 上 海 | Shanghai | 750.0 | 300.0 | 320.0 | 6.67 |
| 江 苏 | Jiangsu | 630.0 | 209.0 | 221.4 | 5.93 |
| 浙 江 | Zhejiang | 645.0 | 217.6 | 234.3 | 7.67 |
| 安 徽 | Anhui | 443.3 | 170.3 | 185.1 | 8.69 |
| 福 建 | Fujian | 541.7 | 168.8 | 179.9 | 6.58 |
| 江 西 | Jiangxi | 315.0 | 129.7 | 138.9 | 7.09 |
| 山 东 | Shandong | 490.0 | 175.4 | 190.2 | 8.44 |
| 河 南 | Henan | 400.0 | 129.1 | 146.9 | 13.79 |
| 湖 北 | Hubei | 364.0 | 141.6 | 158.1 | 11.65 |
| 湖 南 | Hunan | 475.0 | 142.4 | 155.1 | 8.92 |
| 广 东 | Guangdong | 604.0 | 203.9 | 206.7 | 1.37 |
| 广 西 | Guangxi | 417.0 | 137.2 | 147.5 | 7.51 |
| 海 南 | Hainan | 496.7 | 143.8 | 141.6 | -1.53 |
| 重 庆 | Chongqing | 500.0 | 164.4 | 177.7 | 8.09 |
| 四 川 | Sichuan | 485.0 | 140.2 | 154.1 | 9.91 |
| 贵 州 | Guizhou | 500.0 | 135.2 | 150.6 | 11.39 |
| 云 南 | Yunnan | 480.0 | 159.2 | 168.2 | 5.65 |
| 西 藏 | Tibet | 470.0 | 205.8 | 225.5 | 9.57 |
| 陕 西 | Shaanxi | 480.0 | 139.3 | 153.4 | 10.12 |
| 甘 肃 | Gansu | 377.5 | 129.3 | 142.5 | 10.21 |
| 青 海 | Qinghai | 450.0 | 162.6 | 171.9 | 5.72 |
| 宁 夏 | Ningxia | 416.7 | 162.7 | 172.3 | 5.90 |
| 新 疆 | Xinjiang | 535.6 | 129.7 | 131.1 | 1.08 |

注：月最低工资标准数据来源劳动和社会保障部。

Note: Data of monthly minimum wage are from the Ministry of Labour and Social Security.

# 9-17 城市传统救济和居民最低生活保障情况

## Traditional Relief and Subsistence Allowance for Urban Residents

单位：万人 (10000 persons)

| 年 份<br>Year | 城市居民传统救济总人数<br>Total Number of Urban Residents Receiving Traditional Relief | 城市居民传统定救人数<br>Number of Urban Residents Receiving Traditional Regular and Fixed Relief | 城市精简退职老职工人数<br>Number of Laid-off, Retired and Disabled Staff and Workers in Urban Areas | 享受40%人数<br>Number of Persons Receiving 40% of Their Original Wages | 定量救济人数<br>Number of Persons Receiving Fixed Relief |
|---|---|---|---|---|---|
| 1978 | | | | | |
| 1979 | 33.6 | 23.7 | 9.9 | | |
| 1980 | 32.9 | 22.9 | 10.0 | | |
| 1981 | 31.5 | 21.5 | 10.0 | | |
| 1982 | 34.7 | 21.4 | 13.3 | | |
| 1983 | 47.1 | 22.6 | 24.5 | | |
| 1984 | 207.4 | 160.6 | 46.8 | 25.3 | |
| 1985 | 30.0 | 18.2 | 11.8 | 6.4 | 5.4 |
| 1986 | 49.0 | 35.6 | 13.4 | 7.1 | 6.3 |
| 1987 | 29.8 | 16.2 | 13.6 | 7.2 | 6.4 |
| 1988 | 32.9 | 17.6 | 15.3 | 7.7 | 7.6 |
| 1989 | 30.5 | 16.2 | 14.3 | 7.1 | 7.2 |
| 1990 | 41.8 | 16.4 | 25.4 | 16.4 | 9.0 |
| 1991 | 33.7 | 16.1 | 17.6 | 8.5 | 9.0 |
| 1992 | 39.5 | 19.2 | 20.3 | 9.7 | 10.6 |
| 1993 | 24.6 | 13.8 | 10.8 | 5.0 | 5.8 |
| 1994 | 23.0 | 12.4 | 10.6 | 4.9 | 5.7 |
| 1995 | 109.0 | 55.2 | 53.8 | 23.9 | 29.9 |
| 1996 | 120.1 | 66.5 | 53.6 | 23.6 | 30.0 |

9-17 续表 continued

单位：万人 (10000 persons)

| 年 份<br>Year | 城市最低生活保障人数<br>Number of Persons Receiving Subsistence Allowance in Urban Areas | 在职人员<br>Staff and Workers | 下岗人员<br>Laid-off Workers | 退休人员<br>Retirees | 失业人员<br>Unemployed Persons | "三无"人员<br>"Three-without" Persons | 其他人员<br>Others |
|---|---|---|---|---|---|---|---|
| 1996 | 84.9 | | | | | | |
| 1997 | 87.9 | | | | | | |
| 1998 | 184.1 | | | | | | |
| 1999 | 256.9 | | | | | | |
| 2000 | 402.6 | | | | | | |
| 2001 | 1170.7 | | | | | | |
| 2002 | 2064.7 | 186.8 | 554.5 | 90.8 | 358.3 | 91.9 | 783.1 |
| 2003 | 2246.8 | 179.3 | 518.4 | 90.7 | 409.0 | 99.9 | 949.3 |
| 2004 | 2205.0 | 141.0 | 468.9 | 73.1 | 423.1 | 95.4 | 1003.5 |
| 2005 | 2234.2 | 114.1 | 430.7 | 61.3 | 410.1 | 95.8 | 1122.1 |
| 2006 | 2240.1 | 94.6 | 350.0 | 53.2 | 420.8 | 93.1 | 1225.3 |

注：1984年的精简退职老职工人数含农村的数据。

a) Number of laid-off,retired and disabled staff and workers in 1984 included those in rural areas.

## 9-18 农村社会救济情况

## Social Relief for Rural Residents

单位：万人 (10000 persons)

| 年份 Year | 农村社会救济总人数 Total Number of Rural Residents Receiving Social Relief | 农村定期定量救济人数 Number of Rural Residents Receiving Regular and Fixed Relief | 农村精简退职老职工人数 Number of Laid-off, Retired and Disabled Workers in Rural Areas | |
|---|---|---|---|---|
| | | | 享受40%人数 Number of Persons Receiving 40% of Their Original Wages | 定量救济人数 Number of Persons Receiving Fixed Relief |
| 1978 | | | | | |
| 1979 | 6847.6 | 6837.7 | 9.9 | | |
| 1980 | 4651.8 | 4641.8 | 10.0 | | |
| 1981 | 4265.1 | 4255.1 | 10.0 | | |
| 1982 | 4270.7 | 4257.4 | 13.3 | | |
| 1983 | 3526.7 | 3502.2 | 24.5 | | |
| 1984 | 3842.7 | 3795.9 | 46.8 | 25.3 | |
| 1985 | 116.7 | 75.1 | 41.6 | 18.1 | 23.5 |
| 1986 | 103.0 | 63.1 | 39.9 | 18.1 | 21.7 |
| 1987 | 92.2 | 53.2 | 39 | 17.7 | 21.3 |
| 1988 | 93.0 | 54.1 | 38.9 | 17.6 | 21.4 |
| 1989 | 75.7 | 35.0 | 40.7 | 18.3 | 22.3 |
| 1990 | 100.2 | 46.7 | 53.5 | 23.6 | 29.9 |
| 1991 | 97.0 | 43.8 | 53.2 | 23.5 | 29.8 |
| 1992 | 97.5 | 45.6 | 51.9 | 23.3 | 28.6 |
| 1993 | 80.1 | 36.3 | 43.8 | 19.5 | 24.3 |
| 1994 | 82.1 | 38.5 | 43.6 | 19.2 | 24.3 |
| 1995 | 98.3 | 55.2 | 43.1 | 19 | 24.1 |
| 1996 | 109.2 | 66.5 | 42.7 | 18.6 | 24.1 |
| 1997 | 104.5 | 51.4 | 53.1 | 23.2 | 29.8 |
| 1998 | 120.5 | 65.6 | 54.9 | 24.9 | 30 |
| 1999 | 107.1 | 55.6 | 51.5 | 22.5 | 28.7 |
| 2000 | 112.2 | 62.5 | 49.7 | 22.1 | 27.6 |
| 2001 | 130.5 | 80.7 | 49.8 | 21.3 | 27.8 |
| 2002 | 138.7 | 90 | 48.7 | 20.9 | 27.8 |

## 9-18 续表 1 continued

单位：万人、万户 (10000 persons, 10000 households)

| 年份 Year | 农村困难群众救助总人数 Total Number of Rural Poor Residents Receiving Subsidies | 居民最低生活保障 Number of Rural Residents Receiving Subsistence Allowance | 特困户救助 Number of Persons in Rural Destitute Households Receiving Subsidies | 农村困难群众救助总户数 Number of Rural Poor Households Receiving Subsidies | 居民最低生活保障 Number of Rural Households Receiving Subsistence Allowance | 困难户 Poor Households | 其他 Others | 特困户救助 Number of Destitute Households Receiving Subsidies | 困难户 Poor Households | 其他 Others | 五保户供养户数 Number of Households with Livelihood Guaranteed in Five Aspects |
|---|---|---|---|---|---|---|---|---|---|---|---|
| 2001 | 385.3 | 304.6 | 80.7 | | | | | | | | |
| 2002 | 497.8 | 407.8 | 90.0 | 156.7 | 156.7 | | | | | | |
| 2003 | 1160.5 | 367.1 | 793.4 | 632.8 | 146.5 | 114.5 | 32.0 | 282.1 | 192.7 | 89.3 | 204.2 |
| 2004 | 1402.1 | 488.0 | 914.1 | 780.8 | 197.9 | 165.2 | 33.6 | 317.1 | 260.4 | 56.6 | 265.8 |
| 2005 | 1891.8 | 825.0 | 1066.8 | 1061.0 | 356.5 | 298.8 | 57.7 | 354.8 | 290.4 | 64.4 | 349.7 |

## 9-18 续表 2 continued

单位：万人、万户 (10000 persons, 10000 households)

| 年份 Year | 农村困难群众救助总人数 Total Number of Rural Poor Residents Receiving Subsidies | 居民最低生活保障 Number of Rural Residents Receiving Lowest Cost-of-living | 特困户救助 Number of Persons in Rural Destitute Households Receiving Subsidies | 五保户供养 Number of persons with Livelihood Guaranteed in Five Aspects | 农村困难群众救助总户数 Number of Rural Poor Households Receiving Subsidies | 居民最低生活保障 Number of Rural Households Receiving Lowest Cost-of-living | 特困户救助 Number of Destitute Households Receiving Subsidies | 五保户供养户数 Number of Households with Livelihood Guaranteed in Five Aspects |
|---|---|---|---|---|---|---|---|---|
| 2006 | 2987.8 | 1593.1 | 775.8 | 503.3 | 1571.0 | 777.2 | 325.8 | 468.0 |

注：1984年以前含应保未保的农村救济人数。

Note: Data prior to 1984 include those entitled to receiving subsidies but did not receive them in rural areas.

# 9-19 基层组织及社区建设情况

## Grass-roots Organizations and Community Development

单位：个、人 (unit, person)

| 项　目 | Item | 2005 | 2006 | 2006年比2005年增减% Increase of 2006 over 2005 |
|---|---|---|---|---|
| **城　市** | **Urban Areas** | | | |
| 社区居委会 | Community Residential Committees | 79947 | 80717 | 0.96 |
| 居民小组 | Residential Groups | 1232992 | 1234815 | 0.15 |
| 居民委员会成员人数 | Members of Residential Committees | 453543 | 443060 | -2.31 |
| #女　性 | Female | 240890 | 213384 | -11.42 |
| #中共党员 | Members of CPC | 218397 | 214500 | -1.78 |
| 居委会选举情况 | Election of Residential Committees | | | |
| 当年进行选举的居委会 | Number of Residential Committees Elected During the Year | 29689 | 21238 | -28.47 |
| 当年参选人口数 | Total Population of Residential Committees Holding Election During the Year | 71367425 | 45143699 | -36.74 |
| #登记选民数 | Number of Registered Voters | 54755196 | 37588855 | -31.35 |
| 参选人数 | Actual Number of Voters Taking Part in Election | 39546260 | 26318987 | -33.45 |
| 城市社区服务 | Urban Community Services | | | |
| 城镇社区服务设施 | Community Services Facilities in Urban Areas | 194 796 | 160 007 | -17.86 |
| #星光老年之家 | Star Home for Old Persons | 25 840 | 24 612 | -4.75 |
| 社区从业人员 | Community Employed Workers and Staff | 3 578 352 | 3 375 622 | -5.67 |
| #安置下岗人员 | Placement of Laid-off Workers | 1 388 161 | 1 182 842 | -14.79 |
| 社区服务志愿者组织数 | Number of Community Voluntary Organizations | 644 180 | 271 380 | -57.87 |
| 社区服务志愿者人数 | Number of Volunteers for Community Services | 5 635 268 | 5 672 693 | 0.66 |
| 城镇便民、利民服务网点 | Number of Convenience Stores in Urban Areas | 664 764 | 457 896 | -31.12 |
| **农　村** | **Rural Areas** | | | |
| 村民委员会 | Villagers' Committees | 629079 | 623669 | -0.86 |
| 村民小组 | Villagers' Groups | 4904536 | 4533311 | -7.57 |
| 村民委员会成员人数 | Members of Villagers' Committees | 2657032 | 2429577 | -8.56 |
| #女　性 | Female | 444016 | 562777 | 26.75 |
| #中共党员 | Members of CPC | 1462891 | 1339829 | -8.41 |
| 村民自治模范县(市、区、旗) | Number of Villagers' Self-governing Model Counties( Cities, Districts, Banners) | 513 | 371 | -27.68 |
| 村民自治模范乡镇 | Number of Villagers' Self-governing Model Townships | 7543 | 6148 | -18.49 |
| 村民自治模范村 | Number of Self-governing Model Villages | 88181 | 69955 | -20.67 |
| 村委会选举情况 | Election of Villagers' Committees | | | |
| 当年进行选举的村委会 | Number of Villagers' Committees Elected During the Year | 367950 | 197925 | -46.21 |
| 当年参选村人口数 | Total Population of Villages Holding Election During the Year | 405662716 | 99902720 | -75.37 |
| #登记选民数 | Number of Registered Voters | 351018227 | 88156561 | -74.89 |
| 参选人数 | Actual Number of Voters Taking Part in Election | 323284114 | 78196077 | -75.81 |

# 9-20 基层群众性自治组织

## Self-Governing Mass Organizations at Gross-root Level

| 年 份<br>Year | 居民委员会<br>(个)<br>Number of Residential Committees<br>(unit) | 居民小组<br>(万个)<br>Number of Residential Groups<br>(10000 units) | 居民委员会成员<br>(万人)<br>Membership of Residential Committees<br>(10000 persons) | 村民委员会<br>(万个)<br>Number of Villagers' Committees<br>(10000 units) | 村民小组<br>(万个)<br>Number of Villagers' Groups<br>(10000 units) | 村民委员会成员<br>(万人)<br>Membership of Villagers' Committees<br>(10000 persons) |
|---|---|---|---|---|---|---|
| 1979 | 46810 | | | | | |
| 1980 | | | | | | |
| 1981 | 57169 | | | | | |
| 1982 | | | | | | |
| 1983 | 65519 | | | 31.2 | | |
| 1984 | 75609 | | | 92.7 | | |
| 1985 | 80943 | | 34.9 | 94.9 | | 379.6 |
| 1986 | 86824 | | 36.2 | 86.6 | | 365.9 |
| 1987 | 86799 | | 37.0 | 84.5 | | 359.9 |
| 1988 | 95684 | | 36.1 | 88.3 | | 366.6 |
| 1989 | 93691 | | 36.6 | 93.4 | | 379.4 |
| 1990 | 98814 | | 43.1 | 100.1 | | 409.4 |
| 1991 | 100347 | | 44.1 | 101.9 | | 424.4 |
| 1992 | 104136 | | 46.5 | 100.4 | | 430.9 |
| 1993 | 107173 | | 47.9 | 101.3 | | 456 |
| 1994 | 110112 | | 48.0 | 100.7 | | 458.5 |
| 1995 | 111860 | | 48.0 | 93.2 | | 400.5 |
| 1996 | 113690 | | 49.3 | 92.8 | | 397.5 |
| 1997 | 117915 | 108.3 | 49.8 | 90.6 | 535.8 | 378.8 |
| 1998 | 119042 | 117.2 | 50.8 | 83.3 | 537.1 | 358.6 |
| 1999 | 114815 | 124.7 | 50.1 | 80.1 | 555.7 | 351.3 |
| 2000 | 108424 | 127.2 | 48.4 | 73.2 | 553.4 | 315.0 |
| 2001 | 91893 | 125.9 | 46.4 | 70.0 | 541.9 | 316.4 |
| 2002 | 86087 | 124.4 | 39.6 | 68.1 | 528.6 | 294.2 |
| 2003 | 77431 | 122.2 | 39.7 | 66.3 | 519.2 | 319.1 |
| 2004 | 77884 | 129.6 | 42.5 | 64.4 | 507.9 | 292.1 |
| 2005 | 79947 | 123.3 | 45.4 | 62.9 | 490.5 | 265.7 |
| 2006 | 80717 | 123.5 | 44.3 | 62.4 | 453.3 | 243.0 |

# 9–21 历年社区服务情况
## Community Services 1988-2006

单位：个 (unit)

| 年 份<br>Year | 社区服务中心<br>Number of Community Services Centers | 城镇社区服务设施数<br>Number of Urban Community Services Facilities | 城镇便民、利民网点<br>Number of Convenience Stores in Urban Areas |
|---|---|---|---|
| 1988 | | 69699 | |
| 1989 | | 71357 | |
| 1990 | | 84757 | |
| 1991 | | 89918 | |
| 1992 | | 112171 | |
| 1993 | 3711 | 89235 | 169503 |
| 1994 | 4034 | 94645 | 204229 |
| 1995 | 4380 | 110795 | 234024 |
| 1996 | 5055 | 127254 | 259201 |
| 1997 | 5113 | 133253 | 307226 |
| 1998 | 6154 | 148042 | 345075 |
| 1999 | 7623 | 157339 | 405740 |
| 2000 | 6444 | 181444 | 451567 |
| 2001 | 6179 | 195579 | 539544 |
| 2002 | 7898 | 198845 | 622986 |
| 2003 | 7520 | 196425 | 668418 |
| 2004 | 7804 | 198122 | 703760 |
| 2005 | 8479 | 194796 | 664764 |
| 2006 | 8565 | 160007 | 457896 |

# 9-22 历年结婚登记情况

## Registered Marriages 1978-2006

| 年 份<br>Year | 结婚登记总数<br>(万对)<br>Total Number of Registered Marriages<br>(10000 couples) | 内地居民登记结婚数<br>Registered Marriages of Mainland | 涉外华侨港澳台登记结婚数<br>Registered Marriages with Foreigners, Overseas Chinese and the Citizen of Hong Kong, Macao and Taiwan | 结婚率<br>(‰)<br>Marriage Rate<br>(‰) | 每千居民结婚宗数<br>(粗结婚率)<br>(‰)<br>Number of Marriages per 1000 Population<br>(Crude Marriage Rate)<br>(‰) |
|---|---|---|---|---|---|
| 1978 | 597.8 | 597.8 | | 12.4 | 6.20 |
| 1979 | 637.1 | 636.3 | 0.8 | 13.4 | 6.70 |
| 1980 | 720.9 | 719.8 | 1.1 | 14.6 | 7.30 |
| 1981 | 1041.7 | 1040.3 | 1.4 | 20.8 | 10.40 |
| 1982 | 836.9 | 835.5 | 1.4 | 16.5 | 8.25 |
| 1983 | 765.4 | 764.2 | 1.3 | 14.9 | 7.45 |
| 1984 | 784.8 | 783.4 | 1.4 | 15.0 | 7.50 |
| 1985 | 831.3 | 829.1 | 2.2 | 15.7 | 7.85 |
| 1986 | 884.0 | 882.3 | 1.7 | 16.4 | 8.20 |
| 1987 | 926.7 | 924.7 | 2.0 | 17.2 | 8.60 |
| 1988 | 899.2 | 897.2 | 2.0 | 16.6 | 8.30 |
| 1989 | 937.2 | 935.2 | 2.0 | 16.8 | 8.40 |
| 1990 | 951.1 | 948.7 | 2.4 | 16.4 | 8.20 |
| 1991 | 953.6 | 951.0 | 2.6 | 16.5 | 8.25 |
| 1992 | 957.5 | 954.5 | 3.0 | 16.5 | 8.25 |
| 1993 | 915.4 | 912.2 | 3.3 | 15.5 | 7.75 |
| 1994 | 932.4 | 929.0 | 3.4 | 15.6 | 7.80 |
| 1995 | 934.1 | 929.7 | 4.4 | 15.4 | 7.70 |
| 1996 | 938.7 | 934.0 | 4.7 | 15.3 | 7.65 |
| 1997 | 914.1 | 909.1 | 5.1 | 14.7 | 7.35 |
| 1998 | 891.7 | 886.7 | 5.0 | 14.4 | 7.20 |
| 1999 | 885.3 | 879.9 | 5.4 | 14.1 | 7.05 |
| 2000 | 848.5 | 842.0 | 6.5 | 13.4 | 6.70 |
| 2001 | 805.0 | 797.1 | 7.9 | 12.6 | 6.30 |
| 2002 | 786.0 | 778.8 | 7.3 | 12.2 | 6.10 |
| 2003 | 811.4 | 803.5 | 7.8 | 12.6 | 6.30 |
| 2004 | 867.2 | 860.8 | 6.4 | 13.3 | 6.65 |
| 2005 | 823.1 | 816.6 | 6.4 | 12.6 | 6.30 |
| 2006 | 945.0 | 938.2 | 6.8 | 14.4 | 7.19 |

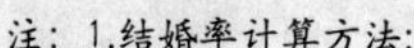

注：1.结婚率计算方法：

$$结婚率 = \frac{当年领证人数(人)}{(当年期初人口数+当年期末人口数)/2} \times 1000‰$$

2.每千居民结婚宗数(粗结婚率)计算方法：

$$每千居民结婚宗数 = \frac{结婚宗数}{(当年期初人口数+当年期末人口数)/2} \times 1000‰$$

Note: a) Method to compile marriage rate

$$\text{Marriage rate} = \frac{\text{Number of persons receiving marriage certificates}}{(\text{Beginning population} + \text{Ending population})/2} \times 1000‰$$

b) Method to compile number of marriages per 1000 population (crude marriage rate)

$$\text{Number of marriages per 1000 population} = \frac{\text{Number of marriages}}{(\text{Beginning population} + \text{Ending population})/2} \times 1000‰$$

# 9-23 历年离婚办理情况

## Registration of Divorces

| 年 份<br>Year | 离婚总数<br>(万对)<br>Total Number of Divorces (10000 couples) | 民政部门登记离婚数<br>(万对)<br>Number of Divorces Registered in Civil Affairs Departments | 内地居民登记离婚数<br>Registered Divorces of Mainland | 涉外华侨港澳台登记离婚数<br>(对)<br>Registered Divorces with Foreigners, Oversesa Chinese and the Citizen of Hong Kong, Macao and Taiwan (couple) | 法院部门办理离婚数<br>Number of Divorces Registered in Courts | 离婚率<br>(‰)<br>Divorce Rate (‰) | 每千居民离婚宗数<br>(粗离婚率)<br>(‰)<br>Number of Divorces per 1000 Population (Crude Divorce Rate) (‰) |
|---|---|---|---|---|---|---|---|
| 1978 | 28.5 | 17.0 | 17.0 | | 11.5 | 0.35 | 0.18 |
| 1979 | 31.9 | 19.3 | 19.3 | 82 | 12.6 | 0.65 | 0.33 |
| 1980 | 34.1 | 18.0 | 18.0 | 330 | 16.1 | 0.69 | 0.35 |
| 1981 | 38.9 | 18.7 | 18.7 | 46 | 20.2 | 0.78 | 0.39 |
| 1982 | 42.8 | 21.1 | 21.1 | 116 | 21.7 | 0.84 | 0.42 |
| 1983 | 41.8 | 19.7 | 19.7 | 126 | 22.1 | 0.83 | 0.42 |
| 1984 | 45.4 | 19.9 | 19.9 | 110 | 25.5 | 0.80 | 0.40 |
| 1985 | 45.8 | 19.6 | 19.6 | 108 | 26.2 | 0.87 | 0.44 |
| 1986 | 50.6 | 21.4 | 21.4 | 205 | 29.2 | 0.94 | 0.47 |
| 1987 | 58.1 | 23.6 | 23.6 | 220 | 34.5 | 1.10 | 0.55 |
| 1988 | 65.5 | 26.4 | 26.4 | 310 | 39.1 | 1.20 | 0.60 |
| 1989 | 75.3 | 28.8 | 28.7 | 518 | 46.5 | 1.35 | 0.68 |
| 1990 | 80.0 | 30.1 | 30.0 | 602 | 49.9 | 1.38 | 0.69 |
| 1991 | 83.1 | 30.1 | 30.0 | 588 | 53.0 | 1.43 | 0.72 |
| 1992 | 85.0 | 31.6 | 31.5 | 833 | 53.4 | 1.47 | 0.74 |
| 1993 | 91.0 | 33.6 | 33.5 | 968 | 57.4 | 1.54 | 0.77 |
| 1994 | 98.2 | 35.5 | 35.4 | 737 | 62.7 | 1.64 | 0.82 |
| 1995 | 105.6 | 36.8 | 36.7 | 813 | 68.8 | 1.75 | 0.88 |
| 1996 | 113.4 | 39.4 | 39.3 | 1175 | 74.0 | 1.85 | 0.93 |
| 1997 | 119.9 | 44.0 | 43.9 | 1385 | 75.9 | 1.94 | 0.97 |
| 1998 | 119.2 | 46.6 | 46.5 | 948 | 72.6 | 1.92 | 0.96 |
| 1999 | 120.2 | 47.8 | 47.7 | 975 | 72.4 | 1.91 | 0.96 |
| 2000 | 121.3 | 48.9 | 48.8 | 1075 | 72.4 | 1.91 | 0.96 |
| 2001 | 125.0 | 52.8 | 52.5 | 2856 | 72.2 | 1.96 | 0.98 |
| 2002 | 117.7 | 57.3 | 56.8 | 5221 | 60.4 | 1.80 | 0.90 |
| 2003 | 133.0 | 69.0 | 68.7 | 3333 | 64.0 | 2.10 | 1.05 |
| 2004 | 166.5 | 104.6 | 104.0 | 5830 | 61.9 | 2.56 | 1.28 |
| 2005 | 178.5 | 118.4 | 117.5 | 8267 | 60.1 | 2.73 | 1.37 |
| 2006 | 189.3 | 129.1 | 128.3 | 8414 | 60.2 | 2.92 | 1.46 |

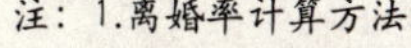

注：1.离婚率计算方法：

$$离婚率 = \frac{当年领证人数(人)}{(当年期初人口数+当年期末人口数)/2} \times 1000‰$$

2.每千居民离婚宗数(粗离婚率)计算方法：

$$每千居民离婚宗数 = \frac{离婚宗数}{(当年期初人口数+当年期末人口数)/2} \times 1000‰$$

Note: a) Method to compile divorce rate

$$\text{divorce rate} = \frac{\text{Number of persons receiving divorce certificates}}{\text{(Beginning population + Ending population) /2}} \times 1000‰$$

b) Method to compile number of divorces per 1000 population (crude divorce rate)

$$\text{Number of divorces per 1000 population} = \frac{\text{Number of divorces}}{\text{(Beginning population + Ending population) /2}} \times 1000‰$$

## 9-24 行政区划

## Division of Administrative Areas

单位：个 (unit)

| 项 目 | Item | 2005 | 2006 | 2006年比2005年增减% Increas of 2006 over 2005 |
|---|---|---|---|---|
| **地级行政区划合计** | **Total Number of Administrative Areas at Prefecture Level** | **333** | **333** | |
| 地级市 | Cities at Prefecture Level | 283 | 283 | |
| 地区 | Prefecture | 17 | 17 | |
| 自治州 | Autonomous Prefectures | 30 | 30 | |
| 盟 | Leagues | 3 | 3 | |
| **县级行政区划合计** | **Total Number of Administrative Areas at County Level** | **2862** | **2860** | **-0.07** |
| 市辖区 | Districts under the Jurisdiction of Cities | 852 | 856 | **0.47** |
| 县级市 | Cities at County Level | 374 | 369 | **-1.34** |
| 县 | Counties | 1464 | 1463 | **-0.07** |
| 自治县 | Autonomous Counties | 117 | 117 | |
| 旗 | Banners | 49 | 49 | |
| 自治旗 | Autonomous Banners | 3 | 3 | |
| 特区 | Special Zones | 2 | 2 | |
| 林区 | Forestry Districts | 1 | 1 | |
| **乡镇、街道级行政区划合计** | **Total Number of Administrative Areas at Townships and Streets Level** | **41636** | **41040** | **-1.43** |
| 镇 | Towns | 19522 | 19369 | -0.78 |
| 乡 | Townships | 15951 | 15306 | -4.04 |
| #民族乡 | Ethnic Townships | 1093 | 1089 | -0.37 |
| 街道办事处 | Street Communities | 6152 | 6355 | 3.30 |
| 区公所 | District Communities | 11 | 10 | -9.09 |

# 9-25 县及以上行政区划

# Divison of Administrative Areas at County Level and Above

单位：个 (unit)

| 年 份<br>Year | 省 级<br>Provinces, Autonomous Regions and Municipalities | 地 级<br>(不含地级市)<br>Administrative Areas at Prefecture Level (Excluding Cities at Prefecture Level) | 县 级<br>(不含县级市、市辖区)<br>Administrative Areas at County Level (Excluding Cities at County level and Districts under the Jurisdiction of Cities) | 市<br>Cities | 地 级<br>Cities at Prefecture Level | 县 级<br>Cities at County Level | 市辖区<br>Districts under the Jurisdiction of Cities |
|---|---|---|---|---|---|---|---|
| 1978 | 30 | 241 | 2138 | 190 | 99 | 91 | |
| 1979 | 30 | 209 | 2137 | 216 | 104 | 109 | 520 |
| 1980 | 30 | 209 | 2137 | 223 | 107 | 113 | 511 |
| 1981 | 30 | 208 | 2136 | 226 | 110 | 113 | 581 |
| 1982 | 30 | 210 | 2133 | 245 | 109 | 133 | 527 |
| 1983 | 30 | 183 | 2095 | 281 | 137 | 141 | 599 |
| 1984 | 30 | 175 | 2069 | 300 | 148 | 149 | 595 |
| 1985 | 30 | 165 | 2046 | 324 | 162 | 159 | 620 |
| 1986 | 30 | 159 | 2017 | 353 | 166 | 184 | 629 |
| 1987 | 30 | 156 | 1986 | 381 | 170 | 208 | 623 |
| 1988 | 31 | 151 | 1930 | 434 | 183 | 248 | 647 |
| 1989 | 31 | 151 | 1919 | 450 | 185 | 262 | 648 |
| 1990 | 31 | 151 | 1903 | 467 | 185 | 279 | 651 |
| 1991 | 31 | 151 | 1894 | 479 | 187 | 289 | 650 |
| 1992 | 31 | 148 | 1848 | 517 | 191 | 323 | 662 |
| 1993 | 31 | 139 | 1795 | 570 | 196 | 371 | 669 |
| 1994 | 31 | 127 | 1735 | 622 | 206 | 413 | 697 |
| 1995 | 31 | 124 | 1716 | 640 | 210 | 427 | 706 |
| 1996 | 31 | 117 | 1696 | 666 | 218 | 445 | 717 |
| 1997 | 33 | 110 | 1693 | 668 | 222 | 442 | 727 |
| 1998 | 33 | 104 | 1689 | 668 | 227 | 437 | 737 |
| 1999 | 34 | 95 | 1682 | 667 | 236 | 427 | 749 |
| 2000 | 34 | 74 | 1674 | 663 | 259 | 400 | 787 |
| 2001 | 34 | 67 | 1660 | 662 | 265 | 393 | 808 |
| 2002 | 34 | 57 | 1649 | 660 | 275 | 381 | 830 |
| 2003 | 34 | 51 | 1642 | 660 | 282 | 374 | 845 |
| 2004 | 34 | 50 | 1636 | 661 | 283 | 374 | 852 |
| 2005 | 34 | 50 | 1636 | 661 | 283 | 374 | 852 |
| 2006 | 34 | 50 | 1635 | 661 | 283 | 369 | 856 |

# 9-26 乡镇级行政区划

## Divison of Administrative Areas at Townships Level

单位：个 (unit)

| 年份<br>Year | 乡镇级合计<br>Total Number of Administrative Areas at Townships Level | 镇<br>Towns | 乡<br>Townships | #民族乡<br>Ethnic Townships | 区公所<br>District Community | 街道办事处<br>Street Communities |
|---|---|---|---|---|---|---|
| 1978 | 6198 | 2176 | | | 4022 | |
| 1979 | 10424 | 2361 | | | 3619 | 4444 |
| 1980 | | | | | | |
| 1981 | 11434 | 2678 | | | 3791 | 4965 |
| 1982 | | | | | | |
| 1983 | 49695 | 2968 | 35514 | | 5909 | 5304 |
| 1984 | 106439 | 7186 | 85290 | | 8119 | 5844 |
| 1985 | 104900 | 9140 | 82450 | 3144 | 7908 | 5402 |
| 1986 | 84018 | 10718 | 61417 | 2936 | 6165 | 5718 |
| 1987 | 81025 | 11103 | 58739 | 3020 | 5503 | 5680 |
| 1988 | 65345 | 11481 | 45195 | 1571 | 3570 | 5099 |
| 1989 | 65419 | 11873 | 44624 | 1755 | 3502 | 5420 |
| 1990 | 65188 | 12084 | 44397 | 1980 | 3438 | 5269 |
| 1991 | 63391 | 12455 | 42654 | 1403 | 3096 | 5186 |
| 1992 | 54830 | 14539 | 33827 | 1348 | 1231 | 5233 |
| 1993 | 54863 | 15805 | 32445 | 1351 | 1143 | 5470 |
| 1994 | 54605 | 16702 | 31463 | 1322 | 1068 | 5372 |
| 1995 | 53360 | 17532 | 29502 | 1330 | 730 | 5596 |
| 1996 | 51336 | 18171 | 27056 | 1383 | 544 | 5565 |
| 1997 | 50967 | 18925 | 25966 | 1545 | 398 | 5678 |
| 1998 | 50999 | 19216 | 25712 | 1517 | 339 | 5732 |
| 1999 | 50750 | 19756 | 24745 | 1222 | 345 | 5904 |
| 2000 | 49668 | 20312 | 23199 | 1356 | 255 | 5902 |
| 2001 | 45303 | 20374 | 19341 | 1188 | 78 | 5510 |
| 2002 | 44850 | 20601 | 18639 | 1167 | 34 | 5576 |
| 2003 | 44067 | 20226 | 18064 | 1149 | 26 | 5751 |
| 2004 | 43258 | 19883 | 17451 | 1124 | 20 | 5904 |
| 2005 | 41636 | 19522 | 15951 | 1093 | 11 | 6152 |
| 2006 | 41040 | 19369 | 15306 | 1089 | 10 | 6355 |

# 9-27 社会行政事务情况

## Social Administrative Affairs

| 项 目 | Item | 2005 | 2006 | 2006年比2005年增减% Increase of 2006 over 2005 |
|---|---|---|---|---|
| **结婚登记** | **Registered Marriages** | **8230508** | **9449900** | **14.82** |
| 内地居民登记结婚(对) | Registered Marriages of the Mainland Population (couple) | 8166203 | 9381717 | 14.88 |
| 初婚人数(人) | First Marriages (person) | 14829979 | 17055538 | 15.01 |
| 再婚人数(人) | Remarriages (person) | 1631037 | 1844262 | 13.07 |
| #男 性 | Male | 742818 | 866740 | 16.68 |
| #恢复结婚 | Resume Marriages | 115003 | 107113 | -6.86 |
| 涉外及华侨、港澳台居民登记结婚(对) | Registered Marriages with Foreigners,Overseas Chinese and Citizens of Hong Kong, Macao, Taiwan (couple) | 64305 | 68183 | 6.03 |
| **离婚登记** | **Registered Divorces** | **1784791** | **1912824** | **7.17** |
| 民政部门办理离婚(对) | Divorces Registered in Civil Affairs Departments (couple) | 1183568 | 1291113 | 9.09 |
| 内地居民办理离婚 | Registered Divorces of the Mainland Population | 1175301 | 1282699 | 9.14 |
| 华侨、港澳台居民登记离婚 | Registered Divorces with Overseas Chinese, Citizens of Hong Kong, Macao, Taiwan | 8267 | 8414 | 1.78 |
| 各级法院办理离婚(对) | Divorces Registered in Courts (couple) | 601223 | 621711 | 3.41 |
| **收养登记合计(人)** | **Total Number of Registered Adoption (person)** | **49506** | **48178** | **-2.68** |
| 中国公民收养登记 | Registered Adoption by Chinese | 35470 | 38393 | 8.24 |
| #香港居民 | Citizens of Hong Kong | 567 | 442 | -14.9 |
| 澳门居民 | Citizens of Macao | 71 | 32 | |
| 台湾居民 | Citizens of Taiwan | 108 | 78 | -27.78 |
| 华 侨 | Overseas Chinese | 90 | 47 | -47.78 |
| 外国人收养登记 | Registered Adoption by Foreigners | 14036 | 9785 | -30.29 |
| **被收养人合计(人)** | **Total Number of Adoptees (person)** | **50921** | **49148** | **-3.48** |
| 社会福利机构抚养的孤儿 | Orphans from Social Welfare Institutions | 3564 | 2867 | -19.56 |
| #被外国人收养 | Children Adopted by Foreigners | 508 | 710 | 39.76 |
| 社会福利机构抚养的弃婴 | Abandoned Babies Fostered by Social Welfare Institutions | 18927 | 15892 | -16.04 |
| #被外国人收养 | Babies Adopted by Foreigners | 12349 | 9014 | -27.01 |
| 社会弃婴 | Abandoned Babies | 24965 | 26657 | 6.78 |
| 父母无力抚养的儿童 | Children Whose Parents Unable to Bring Them Up | 1012 | 959 | -5.24 |
| #被外国人收养 | Adopted by Foreigners | 7 | | -100.00 |
| 其 他 | Others | 3453 | 2773 | -19.69 |
| **救助人次数(人次)** | **Number of Person-times Receiving Subsidies** | **1178104** | **1295506** | **9.97** |
| **殡仪馆、公墓** | **Funeral Homes and Public Cemeteries** | | | |
| 火化炉数(个) | Cremators | 5037 | 5649 | 12.15 |
| 全年处理遗体数(具) | Cremated Remains During the Year | 4501777 | 4301680 | -4.44 |
| 火化率(%) | Cremation Rate | 53 | 48.5 | (-4.8百分点) |
| 穴位数(个) | | 7964557 | 8522021 | 7.00 |
| 安葬数(个) | Number of Buried | 5047372 | 5374715 | 6.49 |

# 9-28 历年收养性社会福利单位情况

# Basic Statistics on Adopting Social Welfare Institutions 1978-2006

| 年 份<br>Year | 单位数<br>(个)<br>Number of Institutions<br>(unit) | 床位数<br>(万张)<br>Number of Beds<br>(10000 units) | 收养人数<br>(万人)<br>Inmates<br>(10000 persons) |
|---|---|---|---|
| 1978 | 8571 | | 16.3 |
| 1979 | 8988 | 22.6 | 18.6 |
| 1980 | 9669 | 24.2 | 19.1 |
| 1981 | 10031 | 25.3 | 19.7 |
| 1982 | 12275 | 28.2 | 22.5 |
| 1983 | 15807 | 32.4 | 25.9 |
| 1984 | 22796 | 42.5 | 34.1 |
| 1985 | 29100 | 49.1 | 40.8 |
| 1986 | 35008 | 58.7 | 47.4 |
| 1987 | 37372 | 64.9 | 51.8 |
| 1988 | 39030 | 69.5 | 54.8 |
| 1989 | 39743 | 73.8 | 56.9 |
| 1990 | 40583 | 78.0 | 59.9 |
| 1991 | 42264 | 82.8 | 64.6 |
| 1992 | 43319 | 89.8 | 69.6 |
| 1993 | 43681 | 92.7 | 72.4 |
| 1994 | 43240 | 95.5 | 73.6 |
| 1995 | 43074 | 97.6 | 74.7 |
| 1996 | 42829 | 100.8 | 76.9 |
| 1997 | 42385 | 103.1 | 78.5 |
| 1998 | 42131 | 105.8 | 80.0 |
| 1999 | 40430 | 108.9 | 82.7 |
| 2000 | 40491 | 113.0 | 85.4 |
| 2001 | 39338 | 124.7 | 89.3 |
| 2002 | 38875 | 125.1 | 92.6 |
| 2003 | 37294 | 129.8 | 96.5 |
| 2004 | 38593 | 146.7 | 110.9 |
| 2005 | 41368 | 163.9 | 123.6 |
| 2006 | 41948 | 187.2 | 147 |

# 9-29 历年家庭收养儿童登记情况

## Registration of Children Adopted by Families 1996-2006

| 年份<br>Year | 收养登记<br>总数（件）<br>Total Number of Registered Adoption (case) | 中国公民收养登记<br>Adoption Registered by Chinese Citizens | 外国公民收养登记<br>Adoption Registered by Foreigners | 被收养人<br>合计（人）<br>Total Number of Adopted Children (person) | 福利机构抚养的孤儿<br>Orphans Adopted by Welfare Institutions | 被中国公民收养<br>Children Adopted by Chinese Citizens | 被外国人收养<br>Children Adopted by Foreigners |
|---|---|---|---|---|---|---|---|
| 1996 | 18896 | 14804 | 4092 | 20389 | 2201 | | |
| 1997 | 21548 | 17193 | 4355 | 21548 | 975 | | |
| 1998 | 26498 | 20611 | 5887 | 26498 | 677 | | |
| 1999 | 38074 | 31584 | 6158 | 38019 | 1670 | 31882 | 6137 |
| 2000 | 55802 | 49037 | 6765 | 56191 | 1847 | 49500 | 6691 |
| 2001 | 44706 | 36089 | 8617 | 45844 | 1908 | 37200 | 8644 |
| 2002 | 45336 | 35372 | 9964 | 47860 | 2404 | 37642 | 10218 |
| 2003 | 54159 | 44884 | 9275 | 54159 | 3427 | 44884 | 9275 |
| 2004 | 52603 | 40084 | 12519 | 55572 | 3189 | 44708 | 10864 |
| 2005 | 49506 | 35470 | 14036 | 50921 | 3564 | 38057 | 12864 |
| 2006 | 48178 | 38393 | 9785 | 49148 | 2867 | 39424 | 9724 |

# 9-30 收养、救助类单位情况

## Social Welfare Institutions by Type

| 项　目 | Item | 床位数(万张) Number of Beds (10000 units) | | | 收养救助人数(万人) Inmates (10000 persons) | | | 年末床位利用率(%) Bed Utilization Rate (year-end) (%) |
|---|---|---|---|---|---|---|---|---|
| | | 2005 | 2006 | 2006年比2005年增减% Increase of 2006 over 2005 | 2005 | 2006 | 2006年比2005年增减% Increase of 2006 over 2005 | |
| **全国合计** | **National Total** | **170.4** | **193.3** | **13.4** | **128.1** | **151.2** | **18.0** | **78.2** |
| **收养类单位** | **Adopting Institutions** | **164** | **187.2** | **14.1** | **123.7** | **147** | **18.8** | **78.5** |
| 优抚类收养单位 | Adopting Institutions for Martyrs | 8.2 | 8.1 | -1.2 | 5.8 | 5.9 | 1.7 | 72.8 |
| 荣誉军人康复医院 | Convalescent Hospitals for Honorable Servicemen | 0.6 | 0.5 | -16.7 | 0.4 | 0.3 | -25.0 | 60.0 |
| 复员军人慢性病疗养院 | Sanatoriums for Ex-servicemen | 0.6 | 0.6 | | 0.4 | 0.5 | 25.0 | 83.3 |
| 复退军人精神病院 | Mental Hospitals for Ex-servicemen | 1.5 | 1.4 | -6.7 | 1.2 | 1.2 | | 85.7 |
| 光荣院 | Homes for Disabled Veterans | 5.5 | 5.6 | 1.8 | 3.8 | 3.9 | 2.6 | 69.6 |
| 福利类收养单位 | Social Welfare Adopting Institutions | 155.8 | 179.1 | 15.0 | 117.9 | 141.1 | 19.7 | 78.8 |
| 社会福利院 | General Social Welfare Homes | 16.3 | 16.7 | 2.5 | 12.5 | 13.4 | 7.2 | 80.2 |
| 儿童福利院 | Baby Welfare Homes | 3.2 | 3.1 | -3.1 | 2.9 | 3.2 | 10.3 | 103.2 |
| 社会福利医院 | Social Welfare Hospitals | 2.9 | 3 | 3.4 | 2.6 | 2.6 | | 86.7 |
| 城镇老年福利机构 | Urban Welfare Homes for the Aged Persons | 41.9 | 39.9 | -4.8 | 31.2 | 28.4 | -9.0 | 71.2 |
| 农村五保供养福利机构 | Welfare Homes for Rural Households with Livelihood Guaranteed in Five Aspects | 89.5 | 113.6 | 26.9 | 67.9 | 92 | 35.5 | 81.0 |
| 其它收养性单位 | Others | 2 | 2.8 | 40.0 | 0.8 | 1.5 | 87.5 | 53.6 |
| **社区类收养单位** | **Community Welfare Units** | **1.8** | **1.5** | **-16.7** | **0.7** | **1.1** | **57.1** | **73.3** |
| **救助类单位** | **Salvation Institutions** | **4.6** | **4.6** | | **3.7** | **3.1** | **-16.2** | **67.4** |

# 9-31 历年社会福利企业情况

## Basic Statistics on Social Welfare Enterprises 1978-2006

| 年 份<br>Year | 单位数<br>(个)<br>Number of Social Welfare Enterprises<br>(unit) | 残疾职工人数<br>(万人)<br>Number of Disabled Persons Employed<br>(10000 persons) | 利润额<br>(亿元)<br>Profits<br>(100 million yuan) |
|---|---|---|---|
| 1978 | 920 | 3.5 | 0.8 |
| 1979 | 1106 | 4.8 | 0.8 |
| 1980 | 1309 | 5.5 | 0.9 |
| 1981 | 1574 | 6.1 | 0.7 |
| 1982 | 1704 | 6.4 | 0.8 |
| 1983 | 5930 | 9.6 | 0.9 |
| 1984 | 6710 | 11.6 | 1.3 |
| 1985 | 14872 | 23.2 | 5.1 |
| 1986 | 19865 | 31.4 | 4.2 |
| 1987 | 27793 | 43.3 | 8.8 |
| 1988 | 40496 | 55.9 | 16.5 |
| 1989 | 41565 | 60.5 | 16.1 |
| 1990 | 41827 | 63.8 | 17.8 |
| 1991 | 43805 | 70.1 | 21.3 |
| 1992 | 49836 | 77.8 | 32.6 |
| 1993 | 56881 | 84.5 | 44.7 |
| 1994 | 60233 | 90.9 | 44.1 |
| 1995 | 60237 | 93.9 | 49.1 |
| 1996 | 59397 | 93.6 | 45.1 |
| 1997 | 55509 | 91.0 | 66.3 |
| 1998 | 50514 | 85.6 | 63.9 |
| 1999 | 44628 | 79.0 | 76.7 |
| 2000 | 40670 | 72.5 | 99.0 |
| 2001 | 37980 | 69.9 | 119.5 |
| 2002 | 35758 | 68.3 | 148.3 |
| 2003 | 33976 | 67.9 | 189.9 |
| 2004 | 32410 | 66.2 | 219 |
| 2005 | 31211 | 63.7 | 225.2 |
| 2006 | 30199 | 55.9 | 237.8 |

# 9-32 中国福利彩票销售情况

## China Welfare Lottery

| 年 份<br>Year | 福利彩票发行单位（个）<br>Welfare Lottery Issuing Units (unit) | 福利彩票销售额（亿元）<br>Sales of Welfare Lottery (100 million yuan) | 提取公益金（亿元）<br>Public Fund from Welfare Lottery (100 million yuan) | 公益金支出（亿元）<br>Expenditure of Public Fund from Welfare Lottery (100 million yuan) |
|---|---|---|---|---|
| **“七五”时期**<br>The Seventh Five-year Plan Period | | **14.3** | **4.5** | |
| 1986 | | | | |
| 1987 | | 0.2 | | |
| 1988 | | 3.8 | 1.2 | |
| 1989 | | 3.8 | 1.3 | |
| 1990 | | 6.5 | 2.0 | |
| **“八五”时期**<br>The Eighth Five-year Plan Period | | **115.3** | **34.4** | |
| 1991 | | 7.7 | 2.5 | |
| 1992 | | 13.8 | 4.1 | |
| 1993 | | 18.4 | 5.5 | |
| 1994 | | 18.1 | 5.3 | |
| 1995 | | 57.3 | 17.0 | |
| **“九五”时期**<br>The Ninth Five-year Plan Period | | **382.1** | **124.1** | **72.7** |
| 1996 | | 64.7 | 20.7 | |
| 1997 | | 36.4 | 11.0 | |
| 1998 | | 63.2 | 20.0 | 14.1 |
| 1999 | 1169 | 104.4 | 30.5 | 19.9 |
| 2000 | 1253 | 113.4 | 41.9 | 38.7 |
| **“十五”时期**<br>The Tenth Five-year Plan Period | | **2137.0** | **745.2** | **358.1** |
| 2001 | 1185 | 140.0 | 49.0 | 19.7 |
| 2002 | 1121 | 168.0 | 58.8 | 25.5 |
| 2003 | 1145 | 200.0 | 67.2 | 30.6 |
| 2004 | 1128 | 226.4 | 79.2 | 41.4 |
| 2005 | 1113 | 411.2 | 144.0 | 58.9 |
| **“十一五”时期**<br>The Elventh Five-year Plan Period | | **495.7** | **173.5** | **91.0** |
| 2006 | 989 | 495.7 | 173.5 | 91 |

# 9–33 民政行业单位基本情况

## Institutions Engaged in Civil Affairs Activities

| 项　目 | Item | 单位数(个) Number of Institutions (unit) 2005 | 2006 | 2006年比2005年增减% Increase of 2006 over 2005 | 职工人数(人) Number of Employees (person) 2005 | 2006 | 2006年比2005年增减% Increase of 2006 over 2005 |
|---|---|---|---|---|---|---|---|
| **全国合计** | **National Total** | **1130740** | **1159789** | **2.57** | **6020413** | **9082745** | **50.87** |
| **行政机关** | **Administrative Departments** | **3698** | **3524** | **-4.71** | **84081** | **82670** | **-1.68** |
| **事业单位** | **Institutions** | **67043** | **67287** | **0.36** | **453557** | **462397** | **1.95** |
| 提供住宿的社会福利单位 | Lodging Providing Social Welfare Institutions | 45178 | 45794 | 1.36 | 264854 | 282672 | 6.73 |
| 收养类单位 | Welfare Adopting Institutions | 41368 | 41948 | 1.40 | 221463 | 239010 | 7.92 |
| 社区服务单位 | Community Service Institutions | 622 | 500 | -19.61 | 5541 | 4960 | -10.49 |
| 救助类单位 | Salvation Institutions | 1119 | 1239 | 10.72 | 14711 | 14946 | 1.60 |
| 军队离退休干部休养所 | Sanatoriums for Retired Servicemen | 1745 | 1782 | 2.12 | 15713 | 16769 | 6.72 |
| 军队供应管理单位 | Military Supply and Management Institutions | 324 | 325 | 0.31 | 7426 | 6987 | -5.91 |
| 不提供住宿的社会福利单位 | No Lodging Social Welfare Institutions | 21355 | 18915 | -11.43 | 186921 | 177315 | -5.14 |
| 烈士纪念建筑物管理单位 | Institutions Managing Memorial Buildings of Martyrs | 989 | 1072 | 8.39 | 8871 | 9009 | 1.56 |
| 社区服务单位 | Community Service Institutions | 7857 | 8065 | 2.65 | 54363 | 49943 | -8.13 |
| 殡葬事业单位 | Funeral and Interment Institutions | 3284 | 3549 | 8.07 | 68588 | 70500 | 2.79 |
| 福利彩票发行单位 | Welfare Lottery Issuing Institutions | 1113 | 989 | -11.14 | 6169 | 6508 | 5.50 |
| 救灾储备单位 | | | 238 | | | 764 | |
| 婚姻登记服务单位 | | | 1562 | | | 5489 | |
| 老龄事业单位 | Aging Population Institutions | 4001 | 2304 | -42.41 | 13449 | 8460 | -37.10 |
| 其他事业单位 | Other Institutions | 4111 | 3019 | -26.56 | 35481 | 26642 | -24.91 |
| **民间组织** | | **319762** | **354393** | **10.83** | **874440** | **4251850** | **386.24** |
| **基层群众自治组织** | | **709026** | **704386** | **-0.65** | **3110575** | **2872637** | **-7.65** |
| **福利企业** | **Social Welfare Enterprises** | **31211** | **30199** | **-3.24** | **1442733** | **1367557** | **-5.21** |
| **乡镇民政助理员** | **Civil Affairs Assistants in Townships** | | | | **55027** | **45634** | **-17.07** |

# 9-34 历年民政行业单位情况

## Basic Conditions of Civil Affairs Institutions

单位：个 (unit)

| 年份 Year | 合计 Total | 行政机关 Administrative Departments | 提供住宿的社会福利单位 Lodging Providing Social Welfare Institutions | 不提供住宿的社会福利单位 No Lodging Social Welfare Institutions | 社会福利企业 Social Welfare Enterprises |
|---|---|---|---|---|---|
| 1978 | 11497 | | 8571 | 2006 | 920 |
| 1979 | 12863 | | 8988 | 2769 | 1106 |
| 1980 | 14214 | | 9669 | 3236 | 1309 |
| 1981 | 14898 | | 10031 | 3293 | 1574 |
| 1982 | 17303 | | 12275 | 3324 | 1704 |
| 1983 | 25137 | | 15807 | 3400 | 5930 |
| 1984 | 33116 | | 22796 | 3610 | 6710 |
| 1985 | 47736 | | 29100 | 3764 | 14872 |
| 1986 | 58968 | | 35008 | 4095 | 19865 |
| 1987 | 69401 | | 37372 | 4236 | 27793 |
| 1988 | 83900 | | 39030 | 4374 | 40496 |
| 1989 | 85797 | | 39743 | 4489 | 41565 |
| 1990 | 86657 | | 40583 | 4247 | 41827 |
| 1991 | 90448 | | 42264 | 4379 | 43805 |
| 1992 | 97630 | | 43319 | 4475 | 49836 |
| 1993 | 109577 | | 43681 | 9015 | 56881 |
| 1994 | 112202 | | 43240 | 8729 | 60233 |
| 1995 | 112499 | | 43074 | 9188 | 60237 |
| 1996 | 112205 | | 42829 | 9979 | 59397 |
| 1997 | 108696 | | 42385 | 10802 | 55509 |
| 1998 | 104543 | | 42131 | 11898 | 50514 |
| 1999 | 98308 | | 40430 | 13250 | 44628 |
| 2000 | 101222 | | 42342 | 18210 | 40670 |
| 2001 | 101118 | 6121 | 40176 | 16841 | 37980 |
| 2002 | 98377 | 4666 | 39736 | 18217 | 35758 |
| 2003 | 95951 | 4323 | 38741 | 18911 | 33976 |
| 2004 | 103411 | 4117 | 40141 | 26743 | 32410 |
| 2005 | 101352 | 3698 | 43019 | 23424 | 31211 |
| 2006 | 101010 | 3524 | 43687 | 23600 | 30199 |

# 9-35 历年民政行业单位职工情况

# Staff and Workers in Civil Affairs Agencies 1978-2006

单位：万人 (10000 persons)

| 年 份<br>Year | 合 计<br>Total | 民政行政机关职工<br>Administrative Departments | 乡、镇民政助理员<br>Civil Affairs Assistants in Townships | 提供住宿的社会福利单位职工<br>Social Welfare Institutions with Accommodation | 不提供住宿的社会福利单位职工<br>Social Welfare Institutions without Accommodation | 社会福利企业职工<br>Social Welfare Enterprises |
|---|---|---|---|---|---|---|
| 1978 | 19.7 | | | 2.8 | 2.4 | 14.5 |
| 1979 | 21.9 | | | 4.3 | 3.1 | 14.5 |
| 1980 | 25.3 | | | 5.2 | 3.2 | 16.9 |
| 1981 | 27.8 | | | 5.8 | 3.3 | 18.7 |
| 1982 | 29.1 | | | 6.4 | 3.4 | 19.3 |
| 1983 | 41.5 | | | 7.3 | 3.4 | 30.7 |
| 1984 | 48.0 | | | 9.2 | 3.7 | 35.1 |
| 1985 | 83.4 | | | 11.0 | 4.3 | 68.0 |
| 1986 | 104.1 | | | 12.8 | 4.7 | 86.6 |
| 1987 | 132.2 | | | 13.5 | 4.8 | 113.9 |
| 1988 | 166.9 | | | 14.4 | 4.9 | 147.6 |
| 1989 | 171.5 | | | 14.8 | 5.2 | 151.5 |
| 1990 | 179.3 | | | 15.6 | 5.5 | 158.3 |
| 1991 | 192.7 | | | 16.3 | 5.7 | 170.7 |
| 1992 | 213.9 | | | 17.1 | 5.9 | 190.9 |
| 1993 | 230.0 | | | 17.5 | 6.3 | 206.3 |
| 1994 | 243.1 | | | 17.6 | 6.4 | 219.0 |
| 1995 | 245.7 | | | 17.6 | 6.6 | 221.4 |
| 1996 | 229.2 | | | 18.1 | 7.0 | 204.2 |
| 1997 | 252.5 | 14.3 | | 18.4 | 9.9 | 209.8 |
| 1998 | 239.8 | 14.8 | | 18.5 | 11.2 | 195.3 |
| 1999 | 234.4 | 14.8 | 5.9 | 19.9 | 13.6 | 180.2 |
| 2000 | 222.6 | 13.5 | 5.7 | 21.5 | 16.1 | 165.8 |
| 2001 | 219.1 | 12.1 | 4.6 | 22.2 | 20.5 | 159.8 |
| 2002 | 207.7 | 11.2 | 4.1 | 21.0 | 19.1 | 152.3 |
| 2003 | 207.5 | 10.8 | 3.7 | 23.1 | 19.4 | 150.5 |
| 2004 | 213.0 | 11.3 | 3.9 | 23.3 | 22.0 | 152.5 |
| 2005 | 203.4 | 8.4 | 5.5 | 24.2 | 21.0 | 144.3 |
| 2006 | 195.9 | 8.3 | 4.6 | 25.9 | 20.3 | 136.8 |

# 9-36 历年民政行业单位固定资产原值情况

## Original Value of Fixed Assets in Civil Affairs Institutions 1983-2006

单位：万元　　(10000 yuan)

| 年 份 Year | 合 计 Total | 民政行政机关 Administrative Departments | 提供住宿的社会福利单位 Social Welfare Institutions with Accommodation | 不提供住宿的社会福利单位 Social Welfare Institutions without Accommodation | 社会福利企业 Social Welfare Enterprises |
|---|---|---|---|---|---|
| 1983 | 130200 | | 33023 | 33206 | 63972 |
| 1984 | 149324 | | 40178 | 38167 | 70979 |
| 1985 | 201418 | | 73453 | 39491 | 88474 |
| 1986 | 242227 | | 99090 | 40058 | 103078 |
| 1987 | 286568 | | 118461 | 44020 | 124087 |
| 1988 | 408046 | | 191115 | 49479 | 167452 |
| 1989 | 441057 | | 188699 | 56329 | 196029 |
| 1990 | 516551 | | 220459 | 63473 | 232619 |
| 1991 | 636200 | | 266807 | 74582 | 294811 |
| 1992 | 756337 | | 309597 | 84089 | 362651 |
| 1993 | 1003139 | | 381322 | 114127 | 507690 |
| 1994 | 1190134 | | 426571 | 142076 | 621487 |
| 1995 | 1426480 | | 271845 | 384761 | 769874 |
| 1996 | 1680916 | | 320348 | 480552 | 880016 |
| 1997 | 2115436 | | 366103 | 685941 | 1063392 |
| 1998 | 9623553 | | 435516 | 842762 | 8345275 |
| 1999 | 10173444 | | 665228 | 613100 | 8895116 |
| 2000 | 11992536 | | 1753386 | 1022484 | 9216665 |
| 2001 | 13170429 | | 1981000 | 1249000 | 9940429 |
| 2002 | 13948963 | | 2042000 | 1497000 | 10409963 |
| 2003 | 16442842 | | 2282000 | 1730000 | 12430842 |
| 2004 | 18183807 | 627965 | 2535000 | 2590000 | 12430842 |
| 2005 | 19229272 | 649237 | 2616000 | 2670000 | 13294035 |
| 2006 | 21973420 | 943447 | 2635326 | 3115936 | 15278710 |

# 9-37 民政行业单位经费支出情况

# Expenditure of Civil Affairs Institutions

单位：万元 (10000 yuan)

| 项　目 | Item | 2005 | 2006 | 2006年比2005年增减% Increase of 2006 over 2005 |
|---|---|---|---|---|
| **全国合计** | **National Total** | **5630406.6** | **5743550.7** | **2.01** |
| **行政单位** | **Administrative Departments** | **2092310.0** | **2072027.4** | **-0.97** |
| **事业单位** | **Institutions** | **3538096.6** | **3671523.3** | **3.77** |
| 优抚事业单位 | Number of Institutions for Martyrs | 842943.5 | 995644.2 | 18.12 |
| 军队离退休干部休养所 | Sanatoriums for Retired Servicemen | 591265.6 | 718178.5 | 21.46 |
| 军队供应管理单位 | Military Supply and Management Institutions | 42220.9 | 44342.2 | 5.02 |
| 烈士纪念建筑物管理单位 | Institutions Managing Memorial Buildings of Martyrys | 55412.0 | 62010.7 | 11.91 |
| 荣誉军人康复医院 | Convalescent Hospitals for Hornorable Servicemen | 33883.0 | 43316.3 | 27.84 |
| 复员军人慢性病疗养院 | Sanatoriums for Ex-servicemen | 34996.7 | 26610.7 | -23.96 |
| 复退军人精神病院 | Mental Hospitals for Ex-servicemen | 45701.0 | 52954.6 | 15.87 |
| 光荣院 | Homes for Disabled Veterans | 39464.3 | 48231.2 | 22.21 |
| 福利事业单位 | Number of Welfare Institutions | 729436.7 | 730999.3 | 0.21 |
| 社会福利院 | Social Welfare Homes | 188470.7 | 193924.8 | 2.89 |
| 儿童福利院 | Baby Welfare Homes | 48277.4 | 53326.1 | 10.46 |
| 社会福利医院 | Social Welfare Hospitals | 87365.0 | 94897.5 | 8.62 |
| 城镇老年福利机构 | Urban Welfare Homes for the Aged Persons | 154168.3 | 159070.9 | 3.18 |
| 农村老年福利机构 | Welfare Homes for Rural Households with Livelihood Guaranteed in Five Aspects | 241387.2 | 219380.0 | -9.12 |
| 其它福利机构 | Other Adopting Institutions | 9768.1 | 10400.0 | 6.47 |
| **社区服务单位** | **Community Service Institutions** | **206324.1** | **107208.1** | **-48.04** |
| **救助类单位** | **Salvation Institutions** | **95685.5** | **101861.1** | **6.45** |
| **殡葬事业单位** | **Funeral and Interment Institutions** | **795124.2** | **779160.0** | **-2.01** |
| **彩票、募捐单位** | **Lottery and Collecting Purse Institutions** | **581765.5** | **678966.4** | **16.71** |
| **其他事业单位** | **Other Institutions** | **286817.1** | **249201.9** | **-13.11** |

# 9-38 历年基本建设投资情况

## Investment of Capital Construction 1989-2006

| 年份<br>Year | 计划总投资(万元)<br>Total Planning Investment (10000 yuan) | 本年完成投资(万元)<br>Investment Completed in Reference Year (10000 yuan) | 国家投资<br>State Investment | 国内贷款<br>Domestic Loans | 自筹<br>Self-raising Fund | #福利彩票公益金<br>Public Fund from Welfare Lottery | 其他<br>Others | 本年施工项目个数(个)<br>Number of Projects under Construction in Reference Year (unit) |
|---|---|---|---|---|---|---|---|---|
| 1989 | 57958 | 19527 | 7995 | 1162 | 7958 | | 2412 | |
| 1990 | 69125 | 23600 | 9562 | 633 | 10438 | | 2967 | |
| **"八五"时期 The Eighth Five-year Plan Period** | **633959** | **275977** | **101200** | **12208** | **134411** | | **28262** | |
| 1991 | 69593 | 30010 | 10803 | 1468 | 14680 | | 3059 | |
| 1992 | 72702 | 32111 | 8270 | 1412 | 18877 | | 3552 | |
| 1993 | 127777 | 55800 | 13126 | 1824 | 33941 | | 7013 | |
| 1994 | 154660 | 62196 | 23466 | 4601 | 28587 | | 5542 | |
| 1995 | 209227 | 95860 | 45535 | 2903 | 38326 | | 9096 | |
| **"九五"时期 The Ninth Five-year Plan Period** | **2379262** | **898423** | **213134** | **58958** | **543162** | **68499** | **83169** | **2793** |
| 1996 | 298233 | 100529 | 21014 | 4136 | 63992 | | 11387 | |
| 1997 | 356854 | 138158 | 27171 | 8245 | 86340 | | 16402 | |
| 1998 | 410430 | 165656 | 28352 | 8034 | 110656 | | 18614 | |
| 1999 | 631558 | 246885 | 59661 | 22982 | 146282 | 35354 | 17959 | 1456 |
| 2000 | 682187 | 247195 | 76935 | 15561 | 135892 | 33145 | 18807 | 1337 |
| **"十五"时期 The Tenth Five-year Plan Period** | **3768953** | **1516654** | **478643** | **87815** | **784017** | **209767** | **166180** | **22117** |
| 2001 | 774690 | 307980 | 103834 | 22418 | 151129 | 35850 | 30599 | 1360 |
| 2002 | 887154 | 301346 | 95141 | 14228 | 158958 | 33374 | 33020 | 3659 |
| 2003 | 872516 | 300137 | 99341 | 17251 | 150951 | 35298 | 32594 | 3867 |
| 2004 | 896879 | 291491 | 89225 | 23753 | 143730 | 46765 | 34783 | 8982 |
| 2005 | | | | | | | | |
| "十一五"时期 The Elventh Five-year Plan Period | 348461 | 334906 | 98982 | 9435 | 199029 | 83900 | 24664 | 3626 |
| 2006 | 348461 | 334906 | 98982 | 9435 | 199029 | 83900 | 24664 | 3626 |

## 9-39 基本建设投资情况

## Investment of Capital Construction

单位：亿元 (100 million yuan)

| 项　　目 | Item | 2005 | 2006 | 2006年比2005年增减% Increase of 2006 over 2005 |
|---|---|---|---|---|
| 计划总投资 | Total Planned Investment | 95.2 | 112.2 | 17.9 |
| 本年计划投资 | Planned Investment in Reference Year | 31.5 | 33.4 | 6.0 |
| 自开始建设至本年底累计完成投资 | Accumulative Investment Actually Made From the Starting of Construction to the End of Reference Year | 62.7 | 70.6 | 12.6 |
| 本年完成投资 | Actural Investment in Reference Year | 31.6 | 33.5 | 6.0 |
| 国家投资 | State Investment | 9.1 | 9.9 | 8.8 |
| 国内投资 | Domestic Investment | 1.0 | 0.9 | -10.0 |
| 自　筹 | Self-raising Funds | 17.9 | 19.9 | 11.2 |
| #福利彩票公益金 | Public Fund from Welfare Lottery | 5.8 | 8.4 | 44.8 |
| 其　他 | Others | 3.5 | 2.5 | -28.6 |
| 本年施工项目个数(个) | Number of Projects under Construction in Reference Year (unit) | 4249 | 3626 | -14.7 |
| 本年施工房屋建设面积(万平方米) | Floor Space of Buildings under Construction in Reference Year (10000 sq.m) | 333.9 | 355.3 | 6.4 |
| 本年新增固定资产 | Newly Increased Fixed Assets in Reference Year | 15.7 | 21.3 | 35.7 |

## 9-40 各项民政事业费情况

## Operating Costs of Civil Affairs by Main Item

单位：亿元 (100 million yuan)

| 项　　目 | Item | 2005 | 2006 | 2006年比2005年增减% Increase of 2006 over 2005 |
|---|---|---|---|---|
| **各项民政事业费总支出** | **Total Expenditure on Civil Affairs** | **828.3** | **1073.9** | **29.7** |
| **国家财政性支出** | **Government Expenditure** | **786.4** | **1016.3** | **29.2** |
| 民政事业费支出 | Expenditure on Civil Affairs | 718.4 | 915.4 | 27.4 |
| 比上年增长 % | Year-on-year Increase % | 24.2 | 27.4 | (+3.2百分点) |
| 占国家财政支出比重(%) | Percentage to Total Government Expenditure | 2.13 | 2.28 | (+0.15百分点) |
| #抚恤费 | State Pension | 143.6 | 178.8 | 24.5 |
| 军队离退休、退职费 | Pensions for Retired Servicemen | 88.9 | 115.7 | 30.1 |
| 社会福利费 | Social Welfare Expenses | 55.6 | 65.3 | 17.4 |
| 城市最低生活保障 | Expenses for Subsistence Allowance in Urban Areas | 191.9 | 224.2 | 16.8 |
| 农村及其他社会救济 | Rural Social Relief and Others | 79.9 | 147.8 | 85.0 |
| 自然灾害救济费 | Natural Disaster Relief | 62.6 | 79.0 | 26.2 |
| 地方离、退休人员费 | Pensions for Civilian Retirees | 13.7 | 14.0 | 2.2 |
| 其他民政事业费 | Other Civil Affairs Expenditure | 82.3 | 90.6 | 10.1 |
| 国家基本建设 | State Capital Construction | 9.1 | 9.9 | 8.8 |
| 公益金支出 | Expenditure of Public Fund | 58.9 | 91.0 | 54.5 |
| **其他基本建设投资** | **Other Investment for Capital Construction** | **22.5** | **23.6** | **4.9** |
| **社会捐赠(含捐赠物资折款)** | **Social Donations (Including Cash Equivalent of Donated Materials )** | **19.4** | **34.0** | **75.3** |

# 9-41 中央级民政事业费和中央转移支付的民政事业费情况

## Operating Costs of Civil Affairs at Central Level and Transfer Payment for Civil Affairs

单位：万元 (10000yuan)

| 项　目 | Item | 2005 | 2006 | 2006年比2005年增减% Increase of 2006 over 2005 |
|---|---|---|---|---|
| **合　计** | **Total** | **3140255.8** | **4067766.5** | **29.5** |
| **中央级民政事业费** | **Operating Costs of Civil Affairs at Central Level** | **37422.8** | **27906.5** | **-25.4** |
| 其他民政事业费 | Other Operating Costs of Civil Affairs | 7335.1 | 9181.3 | **25.2** |
| 干部训练 | Training of Cadres | 1107.4 | 1319.3 | **19.1** |
| 老龄机构 | Aging Institutions | 608.3 | 1091.0 | **79.4** |
| 拥军拥属慰问 | Supporting Servicemen and Their Families | 150.0 | 199.9 | **33.3** |
| 民间组织管理 | Administration of NGOs | 196.0 | 854.3 | **335.9** |
| 行政区划和地名管理 | Management of Administrative Division and Place Name | 160.0 | 154.5 | **-3.4** |
| 其　他 | Others | 5113.3 | 5562.3 | **8.8** |
| 自然灾害生活救助 | Livelihood Relief for Natural Disaster | 24511.5 | 8864.7 | **-63.8** |
| 救灾储备 | Disaster Relief Reserves | | | |
| 其他款项用于民政支出 | Other Expenditure for Civil Affairs | 5576.2 | 9860.5 | **76.8** |
| **中央财政转移支付的民政经费** | **Central Government Transfer Payment for Local Civil Affairs** | **3102833.0** | **4039860.0** | **30.2** |
| 抚　恤 | State Pension | 763830.0 | 1116500.8 | **46.2** |
| 安　置 | Placement | 650227.0 | 739438.0 | **13.7** |
| 低　保 | Subsistence Allowance | 1120000.0 | 1360000.0 | **21.4** |
| 救　灾 | Natural Disaster Relief | 431426.0 | 494094.0 | **14.5** |
| 医疗救助 | Medical Assistance | 60000.0 | 143000.0 | **138.3** |
| 其　他 | Others | 77350.0 | 186827.2 | **141.5** |

# 9-42 历年民政事业费支出及财政支出情况

## Operating Costs of Civil Affairs and Government Expenditure 1978-2006

单位：亿元 (100 million yuan)

| 年份 Year | 国家财政支出 Government Expenditure | 民政事业费总支出 Total Operating Costs of Civil Affairs | 抚恤费 State Pension | 离休费 Retirement Pension Category I | 社会福利及其他社会救济费 Social Welfare and Relief Funds | #最低生活保障事业费 Subsistence Allowance and its Operating Cost | 自然灾害救济费 Natural Disaster Relief | 退休费 Retirement Pension Category II | 其他民政事业费 Other Operating Costs of Civil Affairs |
|---|---|---|---|---|---|---|---|---|---|
| 1978 | 1122.1 | 13.7 | 2.8 | | 4.4 | | 4.2 | 2.3 | |
| 1979 | 1281.8 | 18.4 | 3.5 | | 5.2 | | 6.8 | 2.9 | |
| 1980 | 1228.8 | 17.5 | 4.4 | | 5.2 | | 4.5 | 3.4 | |
| **"六五"时期 The Sixth Five-year Plan Period** | **7483.2** | **114.2** | **27.3** | **0.9** | **32.1** | | **35.2** | **16.8** | **1.7** |
| 1981 | 1138.4 | 19.2 | 4.4 | | 5.1 | | 6.3 | 3.4 | |
| 1982 | 1230.0 | 19.6 | 4.8 | | 5.1 | | 6.0 | 3.5 | |
| 1983 | 1409.5 | 21.6 | 5.3 | | 6.5 | | 6.4 | 3.4 | |
| 1984 | 1701.0 | 24.2 | 6.1 | 0.2 | 8.0 | | 6.9 | 3.0 | |
| 1985 | 2004.3 | 29.6 | 6.7 | 0.7 | 7.4 | | 9.6 | 3.5 | 1.7 |
| **"七五"时期 The Seventh Five-year Plan Period** | **12865.7** | **208.4** | **59.2** | **11.4** | **46.7** | | **56.4** | **22.0** | **12.8** |
| 1986 | 2204.9 | 34.4 | 8.4 | 1.2 | 8.3 | | 10.7 | 3.8 | 1.9 |
| 1987 | 2262.2 | 35.9 | 9.6 | 1.8 | 8.6 | | 9.9 | 4.1 | 2.0 |
| 1988 | 2491.2 | 39.6 | 11.0 | 2.3 | 9.0 | | 10.4 | 4.3 | 2.5 |
| 1989 | 2823.8 | 46.6 | 14.0 | 2.9 | 10.0 | | 12.3 | 4.6 | 2.9 |
| 1990 | 3083.6 | 51.9 | 16.2 | 3.2 | 10.8 | | 13.1 | 5.2 | 3.5 |
| **"八五"时期 The Eighth Five-year Plan Period** | **24387.5** | **386.6** | **107.8** | **23.2** | **75.6** | | **94.1** | **45.5** | **40.5** |
| 1991 | 3386.6 | 62.5 | 16.8 | 3.6 | 11.7 | | 20.9 | 5.4 | 4.2 |
| 1992 | 3742.2 | 63.7 | 18.0 | 4.2 | 12.4 | | 17.1 | 6.6 | 5.4 |
| 1993 | 4642.3 | 69.9 | 20.1 | 3.6 | 14.5 | | 14.9 | 8.3 | 8.4 |
| 1994 | 5792.6 | 87.0 | 24.4 | 5.5 | 17.3 | | 17.7 | 12.1 | 10.1 |
| 1995 | 6823.7 | 103.5 | 28.5 | 6.3 | 19.7 | | 23.5 | 13.1 | 12.4 |
| **"九五"时期 The Ninth Five-year Plan Period** | **57043.5** | **121.2** | **31.9** | **6.2** | **22.8** | **3.0** | **30.8** | **13.9** | **15.5** |
| 1996 | 7937.6 | 121.2 | 31.9 | 6.2 | 22.8 | 3.0 | 30.8 | 13.9 | 15.5 |

## 9-42 续表 1 continued

单位：亿元 (100 million yuan)

| 年份 Year | 国家财政支出 Government Expenditure | 民政事业费总支出 Total Operating Costs of Civil Affairs | 抚恤费 Pension for Disabled and Bereaved Families | 军队离退休退职费 Pensions for Retired Servicemen | 社会福利及其他社会救济费 Social Welfare and Relief Funds | #最低生活保障事业费 Subsistence Allowance and its Operating Cost | 农村及其他社会救济费 Rural and Other Social Relief Funds | 自然灾害救济费 Natural Disaster Relief | 地方离退休人员费 Pensions for Civilian Retirees | 其他民政事业费 Other Operating Costs of Civil Affairs |
|---|---|---|---|---|---|---|---|---|---|---|
| 1997 | 9233.56 | 133.5 | 36.1 | 12.4 | 27.1 | 2.9 | | 28.7 | 10.3 | 19 |
| 1998 | 10798.18 | 161.8 | 39.4 | 15.2 | 34 | 7.1 | | 41.2 | 10.9 | 21.3 |
| 1999 | 13187.67 | 194.7 | 49.7 | 18.4 | 52.5 | 13.8 | | 35.6 | 11.2 | 27.2 |
| 2000 | 15886.5 | 229.7 | 63.5 | 24.7 | 65.4 | 21.9 | | 35.2 | 11.7 | 29.2 |
| **“十五”时期 The Tenth Five-year Plan Period** | **127800.69** | **4302.6** | **837.4** | **534.1** | **575.3** | **1116.4** | **423.2** | **405.6** | **94.9** | **465.9** |
| 2001 | 18902.58 | 284.8 | 69.5 | 31.2 | 90.6 | 41.6 | | 41 | 13 | 39.5 |
| 2002 | 22053.15 | 392.3 | 74.7 | 49.5 | 167.5 | 108.7 | | 40 | 13.2 | 47.3 |

## 9-42 续表 2 continued

单位：亿元 (100 million yuan)

| 年份 Year | 国家财政支出 Government Expenditure | 民政事业费总支出 Total Operating Costs of Civil Affairs | 抚恤费 Pension for Disabled and Bereaved Families | 军队离退休职费 Pensions for Retired Servicemen | 社会福利费 Social Welfare Fund | 城市居民最低生活保障事业费 Urban Subsistence Allowance and its Operating Cost | 农村及其他社会救济费 Rural and Other Social Relief Funds | 自然灾害救济费 Natural Disaster Relief | 地方离退休人员费 Pensions for Civilian Retirees | 其他民政事业费 Other Operating Costs of Civil Affairs |
|---|---|---|---|---|---|---|---|---|---|---|
| 2003 | 24649.95 | 498.9 | 87.9 | 59 | 78.9 | 153.1 | | 52.9 | 13.1 | 54 |
| 2004 | 28486.89 | 577.4 | 104.1 | 74.1 | 52.1 | 172.7 | 47.7 | 51.1 | 13.9 | 61.7 |
| 2005 | 33708.12 | 718.4 | 143.6 | 88.9 | 55.6 | 191.9 | 79.9 | 62.6 | 13.7 | 82.2 |
| **"十一五"时期 The Elventh Five-year Plan Period** | **40213.16** | **915.4** | **178.8** | **115.7** | **65.3** | **224.2** | **147.8** | **79** | **14** | **90.6** |
| 2006 | 40213.16 | 915.4 | 178.8 | 115.7 | 65.3 | 224.2 | 147.8 | 79 | 14 | 90.6 |

# 十、社会活动参与
# Participance of Social Activities

# 10-1 视力残疾康复（2006年）

## Rehabilitation of Persons with Visual Disability (2006)

单位：例、人 (case,person)

| 地 区 | Province | 白内障复明 Sight-Restoring Surgeries for Cataract Victims | | 低视力康复 Rehabilitation of Persons with Low-vision | | 盲人定向行走训练 Number of Blind Persons Receiving Training on Oriented Mobility |
|---|---|---|---|---|---|---|
| | | 白内障复明手术 Number of Sight-Restoring Surgeries for Cataract Victims | 贫困白内障患者免费手术 Number of Free Surgeries for Poor Cataract Patients | 低视力配用助视器 Vision-aids Provided | 培训低视力儿童家长 Parents Trained | |
| **总 计** | **Total** | **705683** | **148871** | **32298** | **13564** | **6815** |
| 北 京 | Beijing | 27843 | 2007 | 353 | 326 | 60 |
| 天 津 | Tianjin | 5800 | 740 | 313 | 71 | 40 |
| 河 北 | Hebei | 31719 | 3715 | 1245 | 551 | 175 |
| 山 西 | Shanxi | 15519 | 3974 | 1107 | 320 | 148 |
| 内蒙古 | Inner Mongolia | 9937 | 2023 | 636 | 298 | 88 |
| 辽 宁 | Liaoning | 16604 | 3259 | 943 | 364 | 149 |
| 吉 林 | Jilin | 15227 | 5000 | 768 | 447 | 17 |
| 黑龙江 | Heilongjiang | 10874 | 1236 | 750 | 253 | 83 |
| 上 海 | Shanghai | 32165 | 3652 | 526 | 33 | 385 |
| 江 苏 | Jiangsu | 38639 | 9722 | 1838 | 698 | 414 |
| 浙 江 | Zhejiang | 25003 | 4958 | 1131 | 349 | 160 |
| 安 徽 | Anhui | 40848 | 7143 | 2811 | 1362 | 357 |
| 福 建 | Fujian | 20700 | 2963 | 703 | 211 | 141 |
| 江 西 | Jiangxi | 18746 | 2567 | 826 | 255 | 111 |
| 山 东 | Shandong | 57915 | 7563 | 1638 | 634 | 656 |
| 河 南 | Henan | 54748 | 6757 | 3271 | 1511 | 488 |
| 湖 北 | Hubei | 30000 | 3572 | 1191 | 766 | 353 |
| 湖 南 | Hunan | 24734 | 9686 | 1531 | 736 | 642 |
| 广 东 | Guangdong | 52034 | 10353 | 3149 | 1111 | 524 |
| 广 西 | Guangxi | 22847 | 6619 | 678 | 369 | 102 |
| 海 南 | Hainan | 2040 | 1305 | 175 | 20 | 21 |
| 重 庆 | Chongqing | 8271 | 1645 | 294 | 107 | 55 |
| 四 川 | Sichuan | 44568 | 16120 | 1457 | 528 | 510 |
| 贵 州 | Guizhou | 10507 | 2748 | 443 | 236 | 99 |
| 云 南 | Yunnan | 28296 | 10307 | 1047 | 441 | 760 |
| 西 藏 | Tibet | 2547 | 2547 | 58 | | |
| 陕 西 | Shaanxi | 27827 | 3915 | 1884 | 883 | 135 |
| 甘 肃 | Gansu | 9840 | 4872 | 553 | 230 | 60 |
| 青 海 | Qinghai | 4497 | 4321 | 394 | 239 | 37 |
| 宁 夏 | Ningxia | 1922 | 768 | 235 | 98 | 44 |
| 新 疆 | Xinjiang | 11000 | 2158 | 260 | 95 | |
| 新疆兵团 | Xinjiang Corps | 2022 | 586 | 45 | 15 | |
| 黑龙江农垦 | Heilongjiang Land Reclamation | 444 | 70 | 45 | 7 | 1 |

# 10-2 聋儿康复情况（2006年）

# Rehabilitation of Children with Hearing Disability (2006)

单位：人 (person)

| 地 区 | Province | 新收训聋儿 New Children Trained | 培训聋儿家长 Parents Trained | 培训专业人员 Professionals Trained | 在岗专业人员 On-the-job Professionals | | | 资助贫困聋儿 Needy Children Aided |
|---|---|---|---|---|---|---|---|---|
| | | | | | 教师 Teachers | 医技 Doctors and Technical Personnel | 管理 Managerial Personnel | |
| **总 计** | **Total** | **19444** | **22322** | **4928** | **5575** | **882** | **1967** | **1930** |
| 北 京 | Beijing | 241 | 147 | 160 | 182 | 5 | 20 | 5 |
| 天 津 | Tianjin | 116 | 423 | 30 | 42 | 15 | 45 | 5 |
| 河 北 | Hebei | 1102 | 1102 | 402 | 387 | 17 | 158 | 87 |
| 山 西 | Shanxi | 447 | 508 | 99 | 154 | 37 | 74 | 42 |
| 内蒙古 | Inner Mongolia | 403 | 543 | 66 | 79 | 34 | 49 | 74 |
| 辽 宁 | Liaoning | 574 | 585 | 232 | 145 | 28 | 51 | 35 |
| 吉 林 | Jilin | 334 | 380 | 414 | 93 | 16 | 46 | 35 |
| 黑龙江 | Heilongjiang | 490 | 418 | 152 | 246 | 10 | 42 | 38 |
| 上 海 | Shanghai | 103 | 224 | 257 | 65 | 28 | 31 | 5 |
| 江 苏 | Jiangsu | 1029 | 1090 | 216 | 500 | 76 | 126 | 46 |
| 浙 江 | Zhejiang | 641 | 600 | 77 | 145 | 24 | 66 | 25 |
| 安 徽 | Anhui | 1127 | 1138 | 201 | 283 | 46 | 55 | 77 |
| 福 建 | Fujian | 450 | 579 | 107 | 114 | 29 | 38 | 23 |
| 江 西 | Jiangxi | 538 | 558 | 39 | 121 | 12 | 48 | 49 |
| 山 东 | Shandong | 1423 | 1675 | 196 | 586 | 70 | 179 | 81 |
| 河 南 | Henan | 1966 | 1966 | 383 | 601 | 50 | 185 | 144 |
| 湖 北 | Hubei | 1003 | 1040 | 85 | 327 | 55 | 96 | 81 |
| 湖 南 | Hunan | 1192 | 1005 | 148 | 256 | 83 | 185 | 96 |
| 广 东 | Guangdong | 1083 | 1852 | 666 | 389 | 66 | 131 | 46 |
| 广 西 | Guangxi | 568 | 615 | 98 | 199 | 31 | 61 | 111 |
| 海 南 | Hainan | 133 | 123 | 7 | 13 | 1 | 4 | 60 |
| 重 庆 | Chongqing | 322 | 259 | 76 | 71 | 11 | 30 | 59 |
| 四 川 | Sichuan | 1159 | 594 | 402 | 98 | 19 | 53 | 210 |
| 贵 州 | Guizhou | 435 | 454 | 29 | 98 | 16 | 33 | 106 |
| 云 南 | Yunnan | 769 | 737 | 79 | 60 | 12 | 29 | 133 |
| 西 藏 | Tibet | 9 | 18 | 2 | 4 | 1 | 1 | 4 |
| 陕 西 | Shaanxi | 1174 | 2927 | 206 | 211 | 42 | 91 | 133 |
| 甘 肃 | Gansu | 265 | 265 | 54 | 42 | 3 | 15 | 60 |
| 青 海 | Qinghai | 97 | 197 | 19 | 11 | 1 | 4 | 9 |
| 宁 夏 | Ningxia | 93 | 137 | 6 | 6 | 39 | 8 | 11 |
| 新 疆 | Xinjiang | 98 | 130 | 20 | 46 | 4 | 11 | 26 |
| 新疆兵团 | Xinjiang Corps | 24 | 27 | | | | | 6 |
| 黑龙江农垦 | Heilongjiang Land Reclamation | 36 | 6 | | 1 | 1 | 3 | 8 |

# 10-3 精神病防治康复情况（2005年）

# Prevention and Treatment of Psychiatric Diseases (2005)

| 地 区 | Province | 覆盖总人口数（万人） Population Covered (10000 persons) | 精神病人数（人） Number of Patients with Psychiatric Diseases (person) | 监护病人数（人） Number of Patients under Monitoring (person) | 显好病人数（人） Number of Patients with Significant Improvement (person) | 参与社会总人数（人） Number of Patients Participating in Social Activities (person) | 肇事率(%) Violent Events Rate (%) |
|---|---|---|---|---|---|---|---|
| **总 计** | **Total** | **630683545** | **3488076** | **3071669** | **2183587** | **1827665** | **0.30** |
| 北 京 | Beijing | 11051008 | 67598 | 63966 | 51976 | 45544 | 0.05 |
| 天 津 | Tianjin | 9417486 | 58487 | 57495 | 43866 | 37866 | 0.02 |
| 河 北 | Hebei | 17680766 | 110457 | 96913 | 63558 | 51636 | 0.40 |
| 山 西 | Shanxi | 16814886 | 83450 | 71542 | 54623 | 45153 | 0.26 |
| 内蒙古 | Inner Mongolia | 13301500 | 54166 | 43333 | 27143 | 24317 | 0.06 |
| 辽 宁 | Liaoning | 36834980 | 227287 | 205708 | 139506 | 112044 | 0.06 |
| 吉 林 | Jilin | 18097400 | 115084 | 110873 | 82541 | 67941 | 0.13 |
| 黑龙江 | Heilongjiang | 29840011 | 187171 | 168742 | 114487 | 95350 | 0.03 |
| 上 海 | Shanghai | 12989547 | 99156 | 94699 | 86325 | 82735 | 0.06 |
| 江 苏 | Jiangsu | 59649709 | 393544 | 362813 | 262890 | 212475 | 0.09 |
| 浙 江 | Zhejiang | 30870055 | 150080 | 145431 | 105150 | 90301 | 0.28 |
| 安 徽 | Anhui | 9309121 | 57607 | 53573 | 40110 | 33697 | 0.11 |
| 福 建 | Fujian | 21163700 | 102076 | 80791 | 51660 | 42775 | 0.17 |
| 江 西 | Jiangxi | 30349603 | 101963 | 79484 | 53150 | 42221 | 1.45 |
| 山 东 | Shandong | 47920200 | 301879 | 279619 | 202650 | 175433 | 0.12 |
| 河 南 | Henan | 40166700 | 253687 | 234330 | 165500 | 139907 | 0.19 |
| 湖 北 | Hubei | 46020000 | 223239 | 174878 | 119621 | 98820 | 0.38 |
| 湖 南 | Hunan | 26207527 | 174029 | 136866 | 98627 | 82621 | 0.22 |
| 广 东 | Guangdong | 41271753 | 204703 | 170567 | 120847 | 100933 | 0.02 |
| 广 西 | Guangxi | 9647860 | 56981 | 53272 | 37449 | 31840 | 0.06 |
| 海 南 | Hainan | 2858052 | 5205 | 3347 | 1466 | 978 | 0.44 |
| 重 庆 | Chongqing | 30735322 | 135247 | 110013 | 76868 | 63344 | 2.49 |
| 四 川 | Sichuan | 22230578 | 84996 | 76533 | 54600 | 43952 | 0.82 |
| 贵 州 | Guizhou | 10688781 | 46552 | 42844 | 28339 | 23754 | 0.15 |
| 云 南 | Yunnan | 5476523 | 38756 | 32726 | 23214 | 20699 | 0.11 |
| 西 藏 | Tibet | | | | | | |
| 陕 西 | Shaanxi | 16263989 | 69259 | 53934 | 36298 | 29402 | 0.29 |
| 甘 肃 | Gansu | 3423900 | 20869 | 19931 | 13544 | 11239 | 0.10 |
| 青 海 | Qinghai | 2396733 | 4117 | 3841 | 2422 | 1670 | 0.05 |
| 宁 夏 | Ningxia | 1787918 | 12397 | 11598 | 8314 | 6003 | 0.27 |
| 新 疆 | Xinjiang | 3186000 | 18000 | 16000 | 9676 | 7723 | 0.17 |
| 新疆兵团 | Xinjiang Corps | 1660848 | 9644 | 7966 | 5650 | 4378 | 0.49 |
| 黑龙江农垦 | Heilongjiang Land Reclamation | 1371089 | 20390 | 8041 | 1517 | 914 | 0.20 |

# 10-4 康复训练情况（2006年）
# Rehabilitation Training (2006)

单位：人 (person)

| 地区 | Province | 肥体残疾康复 Rehabilitation of People with Physical Disability | | | | 智力残疾康复 Rehabilitation of People with Mental Disability | | |
|---|---|---|---|---|---|---|---|---|
| | | 肢体残疾康复训练数 Number of Persons with Physical Disability Receiving Rehabilitation Training | | 贫困肢体残疾儿童矫治手术 | 麻风畸残矫治手术 | 贫困智力残疾儿童训练数 Number of Trained Impoverished Children with Mental Disability | | 智力残疾儿童家长培训数 |
| | | 肢体残疾儿童机构康复训练数 Number of Children with Physical Disability Receiving Rehabilitation Training in Rehabilitation Institutions | 肢体残疾人社区、家庭康复训练数 Number of Persons with Physical Disability Receiving Rehabilitation Training in Communities and Families | Orthopedic Surgeries for Impoverished Children with Physical Disability | Orthopedic Surgeries for Persons with Leprosy-induced Disability | 机构康复训练数 Trained in Rehabilitation Institutions | 社区、家庭康复训练数 Trained in Communities and Families | Parents Trained |
| **总　计** | **Total** | **13674** | **53903** | | **1692** | **14006** | **11651** | **18192** |
| 北　京 | Beijing | 222 | 4764 | | | 387 | 78 | 393 |
| 天　津 | Tianjin | 223 | 1193 | | | 191 | 97 | 255 |
| 河　北 | Hebei | 345 | 1269 | | 2 | 715 | 442 | 1198 |
| 山　西 | Shanxi | 160 | 480 | | | 388 | 84 | 236 |
| 内蒙古 | Inner Mongolia | 36 | 266 | | | 137 | 139 | 137 |
| 辽　宁 | Liaoning | 456 | 1505 | | | 507 | 414 | 675 |
| 吉　林 | Jilin | 120 | 756 | | | 191 | 212 | 388 |
| 黑龙江 | Heilongjiang | 107 | 727 | | 1 | 255 | 198 | 260 |
| 上　海 | Shanghai | 329 | 1102 | | | 291 | 215 | 215 |
| 江　苏 | Jiangsu | 299 | 1673 | | 66 | 1242 | 799 | 1494 |
| 浙　江 | Zhejiang | 284 | 1432 | | 22 | 638 | 424 | 675 |
| 安　徽 | Anhui | 272 | 1364 | | 25 | 440 | 845 | 830 |
| 福　建 | Fujian | 312 | 1397 | | 1 | 424 | 353 | 450 |
| 江　西 | Jiangxi | 148 | 556 | | 64 | 283 | 343 | 300 |
| 山　东 | Shandong | 1055 | 6001 | | 352 | 1597 | 1073 | 1787 |
| 河　南 | Henan | 387 | 1181 | | 10 | 931 | 681 | 1236 |
| 湖　北 | Hubei | 661 | 4288 | | 79 | 495 | 575 | 760 |
| 湖　南 | Hunan | 803 | 1227 | | 36 | 508 | 508 | 804 |
| 广　东 | Guangdong | 2266 | 6232 | | 318 | 1926 | 1054 | 2277 |
| 广　西 | Guangxi | 588 | 2473 | | 74 | 329 | 604 | 768 |
| 海　南 | Hainan | 60 | 292 | | 1 | 44 | 44 | 73 |
| 重　庆 | Chongqing | 137 | 2253 | | 29 | 169 | 211 | 261 |
| 四　川 | Sichuan | 190 | 2058 | | 50 | 368 | 498 | 626 |
| 贵　州 | Guizhou | 71 | 449 | | 27 | 159 | 243 | 265 |
| 云　南 | Yunnan | 260 | 2587 | | 184 | 144 | 452 | 431 |
| 西　藏 | Tibet | 177 | 64 | | | 10 | | |
| 陕　西 | Shaanxi | 3170 | 2629 | | 339 | 987 | 594 | 815 |
| 甘　肃 | Gansu | 213 | 397 | | | 86 | 97 | 206 |
| 青　海 | Qinghai | 56 | 577 | | 12 | 33 | 119 | 117 |
| 宁　夏 | Ningxia | 24 | 499 | | | 29 | 71 | 113 |
| 新　疆 | Xinjiang | 242 | 1489 | | | 87 | 136 | 116 |
| 新疆兵团 | Xinjiang Corps | | 125 | | | 12 | 18 | 25 |
| 黑龙江农垦 | Heilongjiang Land Reclamation | 1 | 598 | | | 3 | 30 | 6 |

# 10-5　社区康复服务情况（2006年）

# Community-based Rehabilitation (2006)

单位：个　(unit)

| 地　区 | Province | 开展社区康复服务工作的市辖区 Districts under Jurisdiction of Cities Conducting Community-based Rehabilitation | | 开展社区康复服务工作的县（市） Counties(Cities) Conducting Community-based Rehabilitation | |
|---|---|---|---|---|---|
| | | 本年新开展数 Districts Newly Conducting CBR During the Year | 累计数 Accumulative Number | 本年新开展数 Counties(Cities) Newly Conducting CBR During the Year | 累计数 Accumulative Number |
| **总　计** | **Total** | **175** | **692** | **299** | **1074** |
| 北　京 | Beijing | | 16 | | 2 |
| 天　津 | Tianjin | | 15 | | 3 |
| 河　北 | Hebei | 2 | 33 | 9 | 97 |
| 山　西 | Shanxi | 1 | 9 | 1 | 10 |
| 内蒙古 | Inner Mongolia | 7 | 5 | 3 | 23 |
| 辽　宁 | Liaoning | 9 | 56 | 12 | 41 |
| 吉　林 | Jilin | | 14 | 6 | 30 |
| 黑龙江 | Heilongjiang | 11 | 56 | 20 | 51 |
| 上　海 | Shanghai | | 18 | | 1 |
| 江　苏 | Jiangsu | 10 | 49 | 15 | 47 |
| 浙　江 | Zhejiang | 10 | 27 | 22 | 50 |
| 安　徽 | Anhui | 14 | 27 | 20 | 35 |
| 福　建 | Fujian | 2 | 22 | 4 | 56 |
| 江　西 | Jiangxi | 11 | 17 | 31 | 61 |
| 山　东 | Shandong | 4 | 49 | 2 | 82 |
| 河　南 | Henan | 19 | 47 | 21 | 60 |
| 湖　北 | Hubei | 8 | 37 | 10 | 38 |
| 湖　南 | Hunan | 8 | 28 | 15 | 53 |
| 广　东 | Guangdong | 14 | 53 | 25 | 59 |
| 广　西 | Guangxi | 4 | 17 | 10 | 30 |
| 海　南 | Hainan | | | 4 | 6 |
| 重　庆 | Chongqing | 10 | 15 | 3 | 7 |
| 四　川 | Sichuan | 3 | 11 | 3 | 44 |
| 贵　州 | Guizhou | 1 | 9 | 3 | 21 |
| 云　南 | Yunnan | 2 | 6 | 12 | 31 |
| 西　藏 | Tibet | | | | |
| 陕　西 | Shaanxi | 12 | 20 | 22 | 42 |
| 甘　肃 | Gansu | 9 | 9 | 5 | 5 |
| 青　海 | Qinghai | | 4 | 1 | 14 |
| 宁　夏 | Ningxia | 1 | 6 | 2 | 7 |
| 新　疆 | Xinjiang | 1 | 10 | 18 | 43 |
| 新疆兵团 | Xinjiang Corps | 2 | 7 | | 18 |
| 黑龙江农垦 | Heilongjiang Land Reclamation | | | | 7 |

# 10-6 康复训练服务机构情况（2006年）

## Institutions Providing Rehabilitation Training Services (2006)

单位：个 (unit)

| 地区 | Province | 合计 Total | 省级 Provincial Level | 残联系统办 Run by Disabled Persons' Federations | 其他办 Run by Others | 地(市)级 Prefecture (City) Level | 残联系统办 Run by Disabled Persons' Federations | 其他办 Run by Others | 县(市、区)级 County (City, District) Level | 残联系统办 Run by Disabled Persons' Federations | 其他办 Run by Others | 县(市、区)以下 Below County (City, Districts) Level |
|---|---|---|---|---|---|---|---|---|---|---|---|---|
| **总计** | **Total** | **11961** | **35** | **29** | **6** | **363** | **141** | **222** | **2613** | **1180** | **1433** | **8950** |
| 北京 | Beijing | 1764 | 1 | 1 | | | | | 87 | 15 | 72 | 1676 |
| 天津 | Tianjin | 531 | 1 | 1 | | | | | 33 | 11 | 22 | 497 |
| 河北 | Hebei | 562 | 1 | 1 | | 9 | 3 | 6 | 255 | 84 | 171 | 297 |
| 山西 | Shanxi | 87 | 2 | 1 | 1 | 9 | 4 | 5 | 67 | 32 | 35 | 9 |
| 内蒙古 | Inner Mongolia | 212 | 1 | 1 | | 8 | 1 | 7 | 95 | 60 | 35 | 108 |
| 辽宁 | Liaoning | 276 | 1 | 1 | | 13 | 6 | 7 | 78 | 32 | 46 | 184 |
| 吉林 | Jilin | 161 | 1 | 1 | | 3 | 1 | 2 | 49 | 24 | 25 | 108 |
| 黑龙江 | Heilongjiang | 155 | 1 | 1 | | 19 | 8 | 11 | 83 | 45 | 38 | 52 |
| 上海 | Shanghai | 514 | 1 | 1 | | | | | 68 | 2 | 66 | 445 |
| 江苏 | Jiangsu | 1615 | 2 | 2 | | 60 | 7 | 53 | 236 | 44 | 192 | 1317 |
| 浙江 | Zhejiang | 617 | 1 | 1 | | 11 | 5 | 6 | 74 | 31 | 43 | 531 |
| 安徽 | Anhui | 199 | 1 | 1 | | 11 | 3 | 8 | 68 | 29 | 39 | 119 |
| 福建 | Fujian | 313 | 2 | 1 | 1 | 3 | 2 | 1 | 76 | 36 | 40 | 232 |
| 江西 | Jiangxi | 81 | 1 | 1 | | 3 | 1 | 2 | 61 | 38 | 23 | 16 |
| 山东 | Shandong | 1536 | 3 | 1 | 2 | 42 | 24 | 18 | 169 | 55 | 114 | 1322 |
| 河南 | Henan | 398 | 1 | 1 | | 24 | 6 | 18 | 181 | 76 | 105 | 192 |
| 湖北 | Hubei | 320 | 1 | 1 | | 16 | 11 | 5 | 26 | 12 | 14 | 277 |
| 湖南 | Hunan | 161 | 1 | 1 | | 13 | 5 | 8 | 106 | 56 | 50 | 41 |
| 广东 | Guangdong | 356 | 1 | 1 | | 57 | 28 | 29 | 177 | 94 | 83 | 121 |
| 广西 | Guangxi | 522 | 1 | 1 | | 11 | 7 | 4 | 80 | 48 | 32 | 430 |
| 海南 | Hainan | 19 | | | | 1 | | 1 | 6 | 4 | 2 | 12 |
| 重庆 | Chongqing | 102 | 1 | 1 | | 4 | 1 | 3 | 56 | 35 | 21 | 41 |
| 四川 | Sichuan | 307 | 1 | 1 | | 13 | 8 | 5 | 63 | 31 | 32 | 230 |
| 贵州 | Guizhou | 114 | | | | 2 | | 2 | 39 | 22 | 17 | 73 |
| 云南 | Yunnan | 136 | | | | 4 | | 4 | 65 | 51 | 14 | 67 |
| 西藏 | Tibet | 1 | 1 | 1 | | | | | | | | |
| 陕西 | Shaanxi | 207 | 3 | 1 | 2 | 13 | 3 | 10 | 76 | 49 | 27 | 115 |
| 甘肃 | Gansu | 264 | 1 | 1 | | 7 | 3 | 4 | 85 | 45 | 40 | 171 |
| 青海 | Qinghai | 22 | 1 | 1 | | | | | 7 | 5 | 2 | 14 |
| 宁夏 | Ningxia | 221 | 1 | 1 | | 1 | 1 | | 14 | 12 | 2 | 205 |
| 新疆 | Xinjiang | 159 | 1 | 1 | | 6 | 3 | 3 | 108 | 87 | 21 | 44 |
| 新疆兵团 | Xinjiang Corps | 25 | | | | | | | 22 | 12 | 10 | 3 |
| 黑龙江农垦 | Heilongjiang Land Reclamation | 4 | | | | | | | 3 | 3 | | 1 |

# 10-7 特殊教育普通高中情况（2006年）

## Regular Senior Secondary Schools of Special Education (2006)

单位：个、人　　　　(unit,person)

| 地区 | Province | 盲普通高中 Regular Senior Secondary Schools for Students with Visual Disability | 聋普通高中 Regular Senior Secondary Schools for Students with Hearing Disability | 新生数 Number of New Enrollment | | 在校生数 Number of Enrollment | | 毕业生数 Number of Graduates | |
|---|---|---|---|---|---|---|---|---|---|
| | | | | 盲 Visual Disability | 聋 Hearing Disability | 盲 Visual Disability | 聋 Hearing Disability | 盲 Visual Disability | 聋 Hearing Disability |
| **总　计** | **Total** | **15** | **54** | **493** | **1179** | **807** | **3385** | **325** | **759** |
| 北　京 | Beijing | 1 | 1 | 9 | 35 | 18 | 108 | 3 | 22 |
| 天　津 | Tianjin | | 1 | | 25 | | 97 | | 27 |
| 河　北 | Hebei | | 8 | | 119 | | 260 | | 45 |
| 山　西 | Shanxi | 1 | 2 | 31 | 40 | 42 | 143 | 32 | 27 |
| 内蒙古 | Inner Mongolia | | 2 | | 25 | | 39 | | |
| 辽　宁 | Liaoning | | 3 | | 35 | | 84 | | 25 |
| 吉　林 | Jilin | | 2 | | 27 | | 183 | | 39 |
| 黑龙江 | Heilongjiang | | | | | | | | |
| 上　海 | Shanghai | 1 | | 13 | | 35 | 2 | 6 | |
| 江　苏 | Jiangsu | | 1 | | 64 | | 248 | | 27 |
| 浙　江 | Zhejiang | | 1 | 11 | 10 | | 34 | | 12 |
| 安　徽 | Anhui | 1 | 3 | 27 | 49 | 27 | 249 | 14 | 45 |
| 福　建 | Fujian | 1 | 4 | 5 | 34 | 24 | 62 | 3 | 6 |
| 江　西 | Jiangxi | 1 | 2 | 18 | 28 | 50 | 35 | 15 | |
| 山　东 | Shandong | 2 | 3 | 128 | 147 | 144 | 317 | 47 | 67 |
| 河　南 | Henan | 1 | 3 | 8 | 103 | 17 | 206 | 2 | 71 |
| 湖　北 | Hubei | | 2 | | 56 | | 148 | 5 | 36 |
| 湖　南 | Hunan | | 2 | 1 | 38 | 24 | 81 | 12 | 36 |
| 广　东 | Guangdong | | | 1 | 13 | 1 | 47 | 3 | 15 |
| 广　西 | Guangxi | 1 | 2 | 3 | 9 | 12 | 38 | 7 | 4 |
| 海　南 | Hainan | | | | | | | | |
| 重　庆 | Chongqing | 1 | 1 | 146 | 41 | 145 | 69 | 18 | 21 |
| 四　川 | Sichuan | | 4 | | 8 | | 52 | | 4 |
| 贵　州 | Guizhou | 1 | 2 | 4 | 23 | 4 | 45 | | 6 |
| 云　南 | Yunnan | | | | | | | | |
| 西　藏 | Tibet | | | | | | | | |
| 陕　西 | Shaanxi | 1 | 2 | 73 | 141 | 210 | 458 | 146 | 162 |
| 甘　肃 | Gansu | 1 | 1 | 15 | 68 | 15 | 68 | 12 | 36 |
| 青　海 | Qinghai | | | | | | | | |
| 宁　夏 | Ningxia | 1 | 1 | | 17 | 39 | 267 | | 18 |
| 新　疆 | Xinjiang | | 1 | | 24 | | 45 | | 8 |
| 新疆兵团 | Xinjiang Corps | | | | | | | | |
| 黑龙江农垦 | Heilongjiang Land Reclamation | | | | | | | | |

# 10-8 残疾学生的录取与职业培训情况（2006年）
## Admission and Vocational Training of Disabled Students (2006)

单位：人、个 (person,unit)

| 地 区 | Province | 普通高等院校达到录取分数线人数 Number of Students of Regular Institutions of Higher Education Coming up to Enrollment Mark | #录取人数 Number of Students Admitted | 高等特殊教育院校录取人数 Number of Students Admitted into Institutions of Higher Special Education | 教育与培训机构 Educational and Training Institutions | 残联系统办 Run by Disabled Persons' Federations | 社会办 Run by No-state/ Private | 职业培训人数 Vocational Training | 城镇培训 Training in Urban Areas | 农村培训 Training in Rural Areas |
|---|---|---|---|---|---|---|---|---|---|---|
| **总 计** | **Total** | **4371** | **4148** | **986** | **4457** | **2413** | **2044** | **647389** | **219627** | **427762** |
| 北 京 | Beijing | 198 | 188 | 38 | 36 | 13 | 23 | 6309 | 3618 | 2691 |
| 天 津 | Tianjin | 47 | 47 | 12 | 3 | 1 | 2 | 5052 | 3118 | 1934 |
| 河 北 | Hebei | 293 | 276 | 35 | 194 | 71 | 123 | 30325 | 10541 | 19784 |
| 山 西 | Shanxi | 91 | 89 | 13 | 181 | 138 | 43 | 17769 | 7496 | 10273 |
| 内蒙古 | Inner Mongolia | 131 | 131 | 18 | 93 | 28 | 65 | 6145 | 3193 | 2952 |
| 辽 宁 | Liaoning | 142 | 142 | 47 | 118 | 68 | 50 | 29060 | 12831 | 16229 |
| 吉 林 | Jilin | 67 | 65 | 54 | 336 | 52 | 284 | 25324 | 11486 | 13838 |
| 黑龙江 | Heilongjiang | 76 | 76 | 18 | 84 | 38 | 46 | 13348 | 7262 | 6086 |
| 上 海 | Shanghai | 98 | 98 | 10 | 31 | 7 | 24 | 16638 | 11590 | 5048 |
| 江 苏 | Jiangsu | 159 | 159 | 165 | 241 | 87 | 154 | 28994 | 12086 | 16908 |
| 浙 江 | Zhejiang | 188 | 162 | 57 | 728 | 619 | 109 | 27723 | 10053 | 17670 |
| 安 徽 | Anhui | 125 | 125 | 20 | 108 | 37 | 71 | 18567 | 6703 | 11864 |
| 福 建 | Fujian | 149 | 147 | 18 | 83 | 36 | 47 | 19247 | 5525 | 13722 |
| 江 西 | Jiangxi | 83 | 75 | 8 | 92 | 47 | 45 | 12007 | 3660 | 8347 |
| 山 东 | Shandong | 243 | 238 | 112 | 311 | 154 | 157 | 51174 | 10548 | 40626 |
| 河 南 | Henan | 205 | 179 | 64 | 262 | 106 | 156 | 51145 | 19713 | 31432 |
| 湖 北 | Hubei | 246 | 245 | 44 | 153 | 59 | 94 | 22677 | 10048 | 12629 |
| 湖 南 | Hunan | 346 | 338 | 37 | 121 | 70 | 51 | 26225 | 8560 | 17665 |
| 广 东 | Guangdong | 202 | 192 | 36 | 205 | 92 | 113 | 24466 | 9343 | 15123 |
| 广 西 | Guangxi | 152 | 149 | 6 | 195 | 153 | 42 | 7997 | 2135 | 5862 |
| 海 南 | Hainan | 49 | 47 |  | 12 | 9 | 3 | 3037 | 989 | 2048 |
| 重 庆 | Chongqing | 70 | 69 | 48 | 32 | 18 | 14 | 10454 | 4485 | 5969 |
| 四 川 | Sichuan | 176 | 164 | 17 | 112 | 69 | 43 | 53219 | 12963 | 40256 |
| 贵 州 | Guizhou | 144 | 144 | 18 | 53 | 43 | 10 | 10634 | 3274 | 7360 |
| 云 南 | Yunnan | 174 | 146 | 40 | 92 | 60 | 32 | 27948 | 3225 | 24723 |
| 西 藏 | Tibet |  |  |  | 1 | 1 |  | 104 | 64 | 40 |
| 陕 西 | Shaanxi | 139 | 121 | 10 | 103 | 63 | 40 | 38815 | 8668 | 30147 |
| 甘 肃 | Gansu | 67 | 64 | 1 | 129 | 25 | 104 | 42913 | 10571 | 32342 |
| 青 海 | Qinghai | 52 | 52 | 3 | 55 | 55 |  | 3247 | 911 | 2336 |
| 宁 夏 | Ningxia | 70 | 62 |  | 5 | 2 | 3 | 2066 | 795 | 1271 |
| 新 疆 | Xinjiang | 163 | 132 | 37 | 286 | 190 | 96 | 13463 | 2876 | 10587 |
| 新疆兵团 | Xinjiang Corps | 16 | 16 |  | 2 | 2 |  | 1266 | 1266 |  |
| 黑龙江农垦 | Heilongjiang Land Reclamation | 10 | 10 |  |  |  |  | 31 | 31 |  |

# 10-9 残疾人中等职业教育情况（2006年）

# Secondary Vocational Education of Disabled Persons (2006)

单位：个、人 (unit,person)

| 地区 | Province | 中等职业教育机构 Total Number of Institutions of Secondary Vocational Education | 新生数 Number of New Enrollment | | | 在校生数 Number of Enrollment | | | 毕业生数 Number of Graduates | | |
|---|---|---|---|---|---|---|---|---|---|---|---|
| | | | 盲 Visual Disability | 聋 Hearing Disability | 肢残 Physical Disability | 盲 Visual Disability | 聋 Hearing Disability | 肢残 Physical Disability | 盲 Visual Disability | 聋 Hearing Disability | 肢残 Physical Disability |
| **总　计** | **Total** | **117** | **869** | **1497** | **1164** | **2319** | **4404** | **1968** | **1404** | **916** | **2664** |
| 北　京 | Beijing | 6 | 16 | 33 | 15 | 41 | 169 | 54 | 13 | 69 | 19 |
| 天　津 | Tianjin | 3 | 11 | 16 | 10 | 33 | 57 | | 13 | 20 | 3 |
| 河　北 | Hebei | 2 | | | | 13 | 98 | | | | |
| 山　西 | Shanxi | | | | | | | | 1 | | |
| 内蒙古 | Inner Mongolia | 3 | 51 | | 10 | 65 | | 20 | 57 | 11 | 15 |
| 辽　宁 | Liaoning | 9 | 35 | 99 | 1 | 158 | 332 | 2 | 20 | 58 | |
| 吉　林 | Jilin | 4 | 25 | 53 | | 84 | 167 | 3 | 22 | 9 | |
| 黑龙江 | Heilongjiang | 3 | 24 | 7 | | 32 | 20 | | 2 | 28 | |
| 上　海 | Shanghai | 1 | | 64 | | | 296 | 2 | | 72 | |
| 江　苏 | Jiangsu | 5 | 40 | 45 | 8 | 180 | 145 | 8 | 28 | 33 | |
| 浙　江 | Zhejiang | 3 | | 167 | 4 | 16 | 592 | 10 | | 174 | 5 |
| 安　徽 | Anhui | 6 | 98 | 4 | 18 | | | 52 | | | 20 |
| 福　建 | Fujian | 1 | | 22 | 3 | | 48 | 2 | | 9 | 1 |
| 江　西 | Jiangxi | 2 | 10 | 13 | | 40 | 11 | | 11 | 5 | 8 |
| 山　东 | Shandong | 8 | 198 | 340 | 135 | 591 | 899 | 154 | 110 | 131 | 95 |
| 河　南 | Henan | 17 | 5 | 60 | 68 | 5 | 107 | 39 | 1 | 28 | 15 |
| 湖　北 | Hubei | 6 | 32 | 85 | 59 | 32 | 67 | 12 | 23 | | 8 |
| 湖　南 | Hunan | 4 | 80 | 103 | 75 | 245 | 235 | 80 | 81 | 74 | 11 |
| 广　东 | Guangdong | 6 | 76 | 167 | 371 | 183 | 241 | 631 | 27 | 71 | 132 |
| 广　西 | Guangxi | 1 | | 7 | 26 | | | | | | |
| 海　南 | Hainan | | | | | 1 | 4 | | | | 3 |
| 重　庆 | Chongqing | 5 | 22 | | 88 | 22 | 2 | 96 | 930 | | 2172 |
| 四　川 | Sichuan | 9 | 16 | 32 | 36 | 60 | 88 | 86 | 12 | 14 | 40 |
| 贵　州 | Guizhou | 1 | | 2 | 6 | | 2 | 6 | | | |
| 云　南 | Yunnan | 1 | | 49 | 74 | | 155 | 206 | | 46 | 65 |
| 西　藏 | Tibet | | | | | | | | | | |
| 陕　西 | Shaanxi | 4 | 25 | 80 | 33 | 355 | 542 | 278 | 20 | 29 | 19 |
| 甘　肃 | Gansu | 3 | 33 | 13 | | 19 | 13 | | 11 | 8 | |
| 青　海 | Qinghai | 2 | | | | 1 | 1 | | | | 1 |
| 宁　夏 | Ningxia | | | | 3 | | | 3 | | | 1 |
| 新　疆 | Xinjiang | 2 | 72 | 36 | 121 | 143 | 113 | 224 | 22 | 27 | 31 |
| 新疆兵团 | Xinjiang Corps | | | | | | | | | | |
| 黑龙江农垦 | Heilongjiang Land Reclamation | | | | | | | | | | |

# 10-10 未入学学龄残疾儿童少年情况（2006年）

# School-age Disabled Children without Schooling (2006)

单位：人 (person)

| 地 区 | Province | 未入学学龄残疾儿童少年合计 Total Number of Disabled Children without Schooling | 视力残疾 Visual Disability | 听力残疾 Hearing Disability | 言语残疾 Speech Disability | 肢体残疾 Physical Disability | 智力残疾 Mental Disability | 精神残疾 Psychiatric Disability | 多重残疾 Multiple Disability | 应救助未入学学龄贫困残疾儿童少年 Poor School-age Disabled Children without Schooling in Need of Aid | 本年度资助残疾儿童少年入学人数 Number of Disabled Students Entering into Schools with Aid During the Year |
|---|---|---|---|---|---|---|---|---|---|---|---|
| **总 计** | **Total** | **222526** | **31371** | **33310** | **21544** | **47312** | **48084** | **13894** | **27011** | **125085** | |
| 北 京 | Beijing | 415 | 24 | 26 | 14 | 91 | 182 | 14 | 64 | 60 | |
| 天 津 | Tianjin | 681 | 28 | 56 | 5 | 150 | 283 | 27 | 132 | 176 | |
| 河 北 | Hebei | 6476 | 851 | 1052 | 739 | 1333 | 1581 | 358 | 562 | 4101 | |
| 山 西 | Shanxi | 4116 | 648 | 732 | 588 | 921 | 759 | 167 | 301 | 2158 | |
| 内蒙古 | Inner Mongolia | 1709 | 248 | 415 | 208 | 247 | 315 | 66 | 210 | 2118 | |
| 辽 宁 | Liaoning | 4048 | 426 | 381 | 336 | 874 | 1009 | 320 | 702 | 1943 | |
| 吉 林 | Jilin | 2228 | 231 | 318 | 333 | 489 | 511 | 115 | 231 | 1121 | |
| 黑龙江 | Heilongjiang | 893 | 114 | 188 | 28 | 128 | 273 | 10 | 152 | 272 | |
| 上 海 | Shanghai | 390 | 3 | 20 | | 39 | 272 | 8 | 48 | | |
| 江 苏 | Jiangsu | 3670 | 362 | 339 | 217 | 809 | 1030 | 441 | 472 | 2567 | |
| 浙 江 | Zhejiang | 1830 | 179 | 306 | 120 | 354 | 514 | 69 | 288 | 442 | |
| 安 徽 | Anhui | 13673 | 1560 | 2049 | 1816 | 1715 | 3680 | 888 | 1965 | 8409 | |
| 福 建 | Fujian | 4465 | 326 | 423 | 358 | 1133 | 1247 | 341 | 637 | 1743 | |
| 江 西 | Jiangxi | 10352 | 2036 | 1729 | 1036 | 1902 | 2326 | 490 | 833 | 6246 | |
| 山 东 | Shandong | 8795 | 894 | 1211 | 803 | 1813 | 2292 | 560 | 1222 | 4172 | |
| 河 南 | Henan | 22929 | 2944 | 3618 | 2554 | 5757 | 3656 | 1732 | 2668 | 10867 | |
| 湖 北 | Hubei | 13432 | 2057 | 1704 | 1351 | 2434 | 3433 | 955 | 1498 | 6133 | |
| 湖 南 | Hunan | 13522 | 1834 | 2224 | 1256 | 2571 | 3116 | 829 | 1692 | 8310 | |
| 广 东 | Guangdong | 6989 | 1004 | 987 | 395 | 1516 | 1766 | 582 | 739 | 3539 | |
| 广 西 | Guangxi | 10618 | 930 | 1388 | 900 | 2443 | 2428 | 673 | 1856 | 6254 | |
| 海 南 | Hainan | 1949 | 224 | 307 | 127 | 458 | 471 | 109 | 253 | 1781 | |
| 重 庆 | Chongqing | 6555 | 1050 | 1041 | 590 | 1054 | 1655 | 369 | 796 | 3135 | |
| 四 川 | Sichuan | 18117 | 3988 | 3127 | 754 | 4659 | 2086 | 1118 | 2385 | 13092 | |
| 贵 州 | Guizhou | 15281 | 1989 | 2201 | 1179 | 3973 | 3798 | 807 | 1334 | 7506 | |
| 云 南 | Yunnan | 6368 | 895 | 969 | 787 | 1082 | 993 | 485 | 1157 | 4843 | |
| 西 藏 | Tibet | 756 | 193 | 156 | 156 | 76 | 83 | 28 | 64 | 22 | |
| 陕 西 | Shaanxi | 16605 | 2531 | 2891 | 2292 | 3306 | 3230 | 917 | 1438 | 8493 | |
| 甘 肃 | Gansu | 11008 | 1862 | 1615 | 950 | 2545 | 2239 | 383 | 1414 | 9219 | |
| 青 海 | Qinghai | 3786 | 700 | 563 | 430 | 898 | 660 | 152 | 383 | 1668 | |
| 宁 夏 | Ningxia | 2232 | 268 | 391 | 277 | 315 | 715 | 114 | 152 | 1430 | |
| 新 疆 | Xinjiang | 7840 | 914 | 819 | 888 | 2038 | 1192 | 724 | 1265 | 2888 | |
| 新疆兵团 | Xinjiang Corps | 527 | 49 | 49 | 43 | 126 | 183 | 40 | 37 | 271 | |
| 黑龙江农垦 | Heilongjiang Land Reclamation | 271 | 9 | 15 | 14 | 63 | 106 | 3 | 61 | 106 | |

# 10-11 城镇残疾人和农村残疾人就业情况（2006年）

# Employment of Disabled Persons in Urban and Rural Areas (2006)

单位：人 (person)

| 地区 | Province | 城镇残疾人就业状况 Employment of Disabled Persons in Urban Areas | | | | 农村残疾人就业状况 Employment of Disabled Persons in Rural Areas | | | | |
|---|---|---|---|---|---|---|---|---|---|---|
| | | 就业人数合计 Total Number of Disabled Persons Employed | #本年度安排 Employed During the Year | 本年度残疾人职业技能培训 Number of Disabled Persons Receiving Vocational Training During the Year | 未就业合计 Total Number of Disabled Persons Unemployed | 实际就业人数 Total Number of Disabled Persons Employed | #从事农业生产劳动 Engaged in Farming | #从事其他形式就业 Engaged in Other Forms of Employment | 本年度实用技术培训 Number of Disabled Persons Receiving Applicable Technical Training During the Year | 未就业合计 Total Number of Unemployed |
| **总　计** | **Total** | **4355422** | **362186** | **272020** | **1396063** | **16720760** | **11684487** | **3135570** | **781942** | **4336567** |
| 北　京 | Beijing | 52982 | 3767 | 3352 | 8947 | 39511 | 27332 | 10523 | 2131 | 7724 |
| 天　津 | Tianjin | 38209 | 7998 | 2660 | 4251 | 47862 | 32295 | 10531 | 2423 | 3412 |
| 河　北 | Hebei | 209742 | 7876 | 14231 | 45957 | 849719 | 662756 | 166427 | 33048 | 161143 |
| 山　西 | Shanxi | 113229 | 8125 | 9643 | 42489 | 528161 | 369311 | 118321 | 18389 | 157483 |
| 内蒙古 | Inner Mongolia | 120505 | 2249 | 6035 | 33784 | 286795 | 196738 | 90057 | 12602 | 63735 |
| 辽　宁 | Liaoning | 329988 | 12969 | 11804 | 67715 | 440677 | 227773 | 61584 | 16557 | 113894 |
| 吉　林 | Jilin | 108373 | 9808 | 11543 | 58397 | 283993 | 196055 | 53368 | 52783 | 90728 |
| 黑龙江 | Heilongjiang | 151034 | 8025 | 7428 | 60824 | 245105 | 187187 | 38225 | 15998 | 54715 |
| 上　海 | Shanghai | 85206 | 7476 | 12682 | 3377 | 38769 | 12780 | 25989 | 5150 | 2334 |
| 江　苏 | Jiangsu | 332140 | 21592 | 13189 | 77264 | 992621 | 628803 | 208681 | 20622 | 169058 |
| 浙　江 | Zhejiang | 161038 | 12710 | 11186 | 29428 | 324865 | 180114 | 91513 | 25903 | 68940 |
| 安　徽 | Anhui | 146399 | 18679 | 8012 | 108046 | 1085479 | 716729 | 152083 | 27364 | 336369 |
| 福　建 | Fujian | 103011 | 12951 | 7208 | 24187 | 365392 | 263475 | 93149 | 18103 | 45323 |
| 江　西 | Jiangxi | 105513 | 13679 | 7214 | 46550 | 548533 | 361303 | 98575 | 18966 | 156449 |
| 山　东 | Shandong | 173122 | 17951 | 13694 | 82574 | 1305234 | 895121 | 247086 | 47579 | 321503 |
| 河　南 | Henan | 266739 | 41747 | 19269 | 114665 | 1266778 | 846420 | 258233 | 46858 | 430708 |
| 湖　北 | Hubei | 230520 | 19054 | 9632 | 112806 | 843864 | 508916 | 200124 | 39894 | 299322 |
| 湖　南 | Hunan | 250041 | 33039 | 11132 | 91234 | 876684 | 568901 | 220316 | 30910 | 184717 |
| 广　东 | Guangdong | 369740 | 15780 | 9740 | 51434 | 505216 | 347458 | 80667 | 17443 | 121426 |
| 广　西 | Guangxi | 78192 | 7070 | 4469 | 44349 | 466043 | 338248 | 62017 | 23500 | 200452 |
| 海　南 | Hainan | 21910 | 2212 | 870 | 11174 | 79776 | 51935 | 10385 | 1213 | 45735 |
| 重　庆 | Chongqing | 120873 | 5510 | 6573 | 22354 | 535421 | 320139 | 60035 | 10860 | 104468 |
| 四　川 | Sichuan | 305743 | 30009 | 25681 | 56892 | 1784010 | 1465825 | 316890 | 126946 | 322948 |
| 贵　州 | Guizhou | 54862 | 6217 | 5503 | 25922 | 726039 | 531227 | 133359 | 14874 | 176933 |
| 云　南 | Yunnan | 83517 | 7469 | 5130 | 45514 | 927211 | 753872 | 85749 | 51242 | 254394 |
| 西　藏 | Tibet | 145 | 61 | | 3686 | 8699 | 6949 | 710 | 97 | 1329 |
| 陕　西 | Shaanxi | 89823 | 9682 | 10913 | 46099 | 559614 | 394224 | 107721 | 33390 | 244484 |
| 甘　肃 | Gansu | 118455 | 10226 | 16256 | 23457 | 442982 | 336107 | 94655 | 39832 | 107413 |
| 青　海 | Qinghai | 21359 | 1339 | 1141 | 5673 | 58870 | 48378 | 5044 | 2670 | 20888 |
| 宁　夏 | Ningxia | 22972 | 2087 | 1363 | 5512 | 86654 | 70952 | 11606 | 6723 | 19510 |
| 新　疆 | Xinjiang | 65773 | 2917 | 3171 | 23255 | 169059 | 137006 | 21912 | 12921 | 48115 |
| 新疆兵团 | Xinjiang Corps | 9985 | 779 | 1266 | 8540 | | | | 4948 | 1 |
| 黑龙江农垦 | Heilongjiang Land Reclamation | 14282 | 1133 | 30 | 9707 | 1124 | 158 | 35 | 3 | 914 |

# 10-12 农村残疾人贫困人口情况（2006年）

# Disabled Persons in Poverty in Rural Areas (2006)

单位：人 (person)

| 地区 | Province | 绝对贫困残疾人 Disabled Persons in Absolute Poverty | 相对贫困残疾人 Disabled Persons in Relative Poverty | 当地低收入残疾人 Disabled Persons with Low Income |
|---|---|---|---|---|
| **总计** | **Total** | **4967734** | **5720647** | **6030704** |
| 北京 | Beijing | | 21193 | 26074 |
| 天津 | Tianjin | 2461 | 2890 | 1827 |
| 河北 | Hebei | 209840 | 248015 | 277026 |
| 山西 | Shanxi | 186462 | 201387 | 170959 |
| 内蒙古 | InnerMongolia | 87360 | 112916 | 112957 |
| 辽宁 | Liaoning | 118660 | 128821 | 128717 |
| 吉林 | Jilin | 63662 | 64396 | 97439 |
| 黑龙江 | Heilongjiang | 101791 | 121026 | 114702 |
| 上海 | Shanghai | | 7922 | 3355 |
| 江苏 | Jiangsu | 73507 | 76061 | 124476 |
| 浙江 | Zhejiang | 55178 | 70289 | 88981 |
| 安徽 | Anhui | 326152 | 400673 | 371201 |
| 福建 | Fujian | 62463 | 83919 | 114795 |
| 江西 | Jiangxi | 238979 | 239665 | 215940 |
| 山东 | Shandong | 183649 | 236195 | 270971 |
| 河南 | Henan | 349945 | 489290 | 572208 |
| 湖北 | Hubei | 289903 | 370730 | 392247 |
| 湖南 | Hunan | 339155 | 407265 | 394371 |
| 广东 | Guangdong | | 249609 | 268349 |
| 广西 | Guangxi | 173839 | 189386 | 318219 |
| 海南 | Hainan | 29073 | 31047 | 36684 |
| 重庆 | Chongqing | 246080 | 300871 | 255189 |
| 四川 | Sichuan | 247553 | 229997 | 283413 |
| 贵州 | Guizhou | 414648 | 336951 | 261701 |
| 云南 | Yunnan | 565139 | 504844 | 497846 |
| 西藏 | Tibet | 30288 | 2483 | 590 |
| 陕西 | Shaanxi | 221407 | 224471 | 225937 |
| 甘肃 | Gansu | 238595 | 221275 | 270546 |
| 青海 | Qinghai | 17021 | 29695 | 16602 |
| 宁夏 | Ningxia | 34850 | 55065 | 40793 |
| 新疆 | Xinjiang | 50228 | 50867 | 53812 |
| 新疆兵团 | XinjiangCorps | 4952 | 7170 | 7228 |
| 黑龙江农垦 | Heilongjiang LandReclamation | 4894 | 4263 | 15549 |

# 10-13 残疾人社会保障情况（2006年）

# Social Security for Disabled Persons (2006)

单位：人 (person)

| 地区 | Province | 城镇社会保障措施落实情况 Social Security in Urban Areas | | | | 农村保障措施落实情况 Social Security in Rural Areas | | | |
|---|---|---|---|---|---|---|---|---|---|
| | | 已纳入最低生活保障范围 Number of Disabled Persons Receiving Minimum Subsistence Allowance | 集中供养 Institutionalized | 临时救济 Temporary Relief | 定期补助 Regular Subsidy | 已纳入最低生活保障范围 Number of Disabled Persons Receiving Minimum Subsistence Allowance | 五保供养 Disabled Persons Receiving Relief in Five Aspects | 临时救济 Temporary Relief | 定期补助 Regular Subsidy |
| **总计** | **Total** | **1952601** | **93739** | **524574** | **262160** | **2926038** | **529428** | **1753856** | **708341** |
| 北京 | Beijing | 22391 | 312 | 6944 | 4665 | 20890 | 1249 | 5954 | 10825 |
| 天津 | Tianjin | 20408 | 243 | 9779 | 3545 | 8639 | 898 | 3176 | 2042 |
| 河北 | Hebei | 50655 | 2307 | 24072 | 3148 | 92648 | 15575 | 78089 | 13901 |
| 山西 | Shanxi | 41291 | 3567 | 8643 | 1955 | 100137 | 9801 | 34429 | 11405 |
| 内蒙古 | Inner Mongolia | 47716 | 1281 | 12457 | 3584 | 48975 | 4532 | 33183 | 13651 |
| 辽宁 | Liaoning | 189437 | 6027 | 37935 | 23032 | 148242 | 17038 | 41360 | 15963 |
| 吉林 | Jilin | 83203 | 1829 | 13130 | 5098 | 65050 | 6974 | 47865 | 13527 |
| 黑龙江 | Heilongjiang | 107320 | 4623 | 11810 | 3219 | 45474 | 6816 | 27134 | 6571 |
| 上海 | Shanghai | 22146 | 2163 | 22994 | 24850 | 11942 | 239 | 6267 | 7266 |
| 江苏 | Jiangsu | 94173 | 3822 | 36134 | 23561 | 244279 | 22536 | 89144 | 36248 |
| 浙江 | Zhejiang | 29427 | 2426 | 9851 | 10013 | 93130 | 8006 | 33711 | 32221 |
| 安徽 | Anhui | 118493 | 6481 | 19949 | 10609 | 142189 | 44411 | 119010 | 59115 |
| 福建 | Fujian | 39069 | 1633 | 7870 | 2893 | 165643 | 9028 | 20894 | 7867 |
| 江西 | Jiangxi | 76485 | 6169 | 42251 | 8809 | 130670 | 19836 | 53602 | 30328 |
| 山东 | Shandong | 46455 | 3500 | 15736 | 5757 | 109219 | 19139 | 49665 | 21927 |
| 河南 | Henan | 129947 | 6796 | 24628 | 17699 | 383113 | 47444 | 135396 | 70394 |
| 湖北 | Hubei | 161392 | 8244 | 55991 | 32195 | 199851 | 40634 | 204539 | 106874 |
| 湖南 | Hunan | 128624 | 6554 | 39335 | 16998 | 133794 | 57061 | 97925 | 39978 |
| 广东 | Guangdong | 64247 | 2905 | 12508 | 22778 | 162825 | 12725 | 36239 | 41960 |
| 广西 | Guangxi | 34862 | 1482 | 5673 | 3411 | 34341 | 33456 | 63291 | 13396 |
| 海南 | Hainan | 3028 | 152 | 2290 | 362 | 11404 | 1409 | 6274 | 2200 |
| 重庆 | Chongqing | 47891 | 1058 | 11658 | 4325 | 27542 | 18212 | 71439 | 11885 |
| 四川 | Sichuan | 128869 | 12568 | 22687 | 3600 | 129902 | 60025 | 98806 | 37526 |
| 贵州 | Guizhou | 54252 | 2174 | 14265 | 13465 | 131284 | 10144 | 88417 | 25995 |
| 云南 | Yunnan | 38513 | 1412 | 8662 | 3582 | 57160 | 26526 | 138171 | 40338 |
| 西藏 | Tibet | | | | | | | | |
| 陕西 | Shaanxi | 33782 | 1198 | 14240 | 1750 | 92422 | 15584 | 79289 | 16994 |
| 甘肃 | Gansu | 55796 | 984 | 15928 | 1016 | 60077 | 14416 | 55306 | 5431 |
| 青海 | Qinghai | 7425 | 83 | 933 | 744 | 15894 | 1667 | 8765 | 1991 |
| 宁夏 | Ningxia | 13003 | 297 | 1519 | 1293 | 56837 | 590 | 9291 | 8172 |
| 新疆 | Xinjiang | 28291 | 890 | 4072 | 2872 | 1863 | 3430 | 17153 | 2334 |
| 新疆兵团 | Xinjiang Corps | 16838 | 244 | 5437 | 967 | | | | |
| 黑龙江农垦 | Heilongjiang Land Reclamation | 17172 | 315 | 5193 | 365 | 602 | 27 | 72 | 16 |

# 10-14 市和市辖区(不含直辖市、县级市)专门协会数（2006年）

# Special Associations in Cities and Districts under the Jurisdiction of Cities (Excluding Municipalities and Cities at County Level) (2006)

单位：个 (unit)

| 地区 | Province | 盲人协会 Associations of the Blind | 聋人协会 Associations of the Deaf | 肢残人协会 Associations of Persons with Physical Disability | 智力残疾人及亲友协会 Associations of Persons with Mental Disability and their Families and Relatives | 精神残疾人及亲友协会 Associations of Persons with Psychiatric Disability and their Families and Relatives |
|---|---|---|---|---|---|---|
| **总 计** | **Total** | **1066** | **1055** | **1091** | **975** | **975** |
| 北 京 | Beijing | 16 | 16 | 16 | 16 | 16 |
| 天 津 | Tianjin | 15 | 15 | 15 | 15 | 15 |
| 河 北 | Hebei | 47 | 47 | 47 | 47 | 47 |
| 山 西 | Shanxi | 34 | 34 | 34 | 32 | 31 |
| 内蒙古 | Inner Mongolia | 21 | 20 | 21 | 19 | 19 |
| 辽 宁 | Liaoning | 70 | 70 | 70 | 70 | 70 |
| 吉 林 | Jilin | 24 | 24 | 24 | 24 | 24 |
| 黑龙江 | Heilongjiang | 80 | 80 | 80 | 80 | 80 |
| 上 海 | Shanghai | 18 | 18 | 18 | 17 | 17 |
| 江 苏 | Jiangsu | 67 | 67 | 67 | 65 | 65 |
| 浙 江 | Zhejiang | 39 | 38 | 40 | 27 | 26 |
| 安 徽 | Anhui | 53 | 49 | 57 | 49 | 45 |
| 福 建 | Fujian | 30 | 29 | 34 | 13 | 11 |
| 江 西 | Jiangxi | 22 | 21 | 23 | 14 | 15 |
| 山 东 | Shandong | 64 | 63 | 64 | 55 | 55 |
| 河 南 | Henan | 68 | 68 | 68 | 66 | 66 |
| 湖 北 | Hubei | 39 | 38 | 41 | 34 | 34 |
| 湖 南 | Hunan | 44 | 43 | 43 | 38 | 37 |
| 广 东 | Guangdong | 71 | 71 | 73 | 71 | 73 |
| 广 西 | Guangxi | 32 | 32 | 42 | 29 | 31 |
| 海 南 | Hainan | 7 | 7 | 7 | 6 | 7 |
| 重 庆 | Chongqing | 13 | 11 | 13 | 6 | 7 |
| 四 川 | Sichuan | 61 | 61 | 61 | 61 | 61 |
| 贵 州 | Guizhou | 15 | 15 | 15 | 15 | 15 |
| 云 南 | Yunnan | 19 | 20 | 20 | 15 | 15 |
| 西 藏 | Tibet | | | | | |
| 陕 西 | Shaanxi | 31 | 32 | 32 | 25 | 27 |
| 甘 肃 | Gansu | 29 | 29 | 29 | 29 | 29 |
| 青 海 | Qinghai | 5 | 5 | 5 | 5 | 5 |
| 宁 夏 | Ningxia | 10 | 10 | 10 | 10 | 10 |
| 新 疆 | Xinjiang | 13 | 13 | 13 | 13 | 13 |
| 新疆兵团 | Xinjiang Corps | | | | | |
| 黑龙江农垦 | Heilongjiang Land Reclamation | 9 | 9 | 9 | 9 | 9 |

## 10-15 县(含县级市)专门协会数（2005年）

## Special Associations at County Level (Inc.Cities at County Level) (2005)

单位：个 (unit)

| 地区 | Province | 盲人协会 Associations of the Blind | 聋人协会 Associations of the Deaf | 肢残人协会 Associations of Persons with Physical Disability | 智力残疾人及亲友协会 Associations of Persons with Mental Disability and their Families and Relatives | 精神残疾人及亲友协会 Associations of Persons with Psychiatric Disability and their Families and Relatives |
|---|---|---|---|---|---|---|
| **总计** | **Total** | **1695** | **1676** | **1792** | **1515** | **1499** |
| 北京 | Beijing | 2 | 2 | 2 | 2 | 2 |
| 天津 | Tianjin | 3 | 3 | 3 | 3 | 3 |
| 河北 | Hebei | 139 | 139 | 139 | 139 | 139 |
| 山西 | Shanxi | 91 | 87 | 92 | 85 | 85 |
| 内蒙古 | Inner Mongolia | 60 | 60 | 61 | 50 | 46 |
| 辽宁 | Liaoning | 44 | 44 | 44 | 44 | 44 |
| 吉林 | Jilin | 43 | 43 | 43 | 43 | 43 |
| 黑龙江 | Heilongjiang | 64 | 64 | 64 | 64 | 64 |
| 上海 | Shanghai | 1 | 1 | 1 | 1 | 1 |
| 江苏 | Jiangsu | 54 | 54 | 54 | 49 | 49 |
| 浙江 | Zhejiang | 52 | 53 | 57 | 39 | 36 |
| 安徽 | Anhui | 41 | 39 | 51 | 35 | 34 |
| 福建 | Fujian | 47 | 49 | 53 | 27 | 24 |
| 江西 | Jiangxi | 46 | 45 | 46 | 37 | 36 |
| 山东 | Shandong | 80 | 73 | 79 | 56 | 56 |
| 河南 | Henan | 108 | 108 | 108 | 108 | 108 |
| 湖北 | Hubei | 41 | 36 | 40 | 31 | 31 |
| 湖南 | Hunan | 80 | 79 | 80 | 74 | 73 |
| 广东 | Guangdong | 62 | 61 | 62 | 57 | 56 |
| 广西 | Guangxi | 18 | 19 | 62 | 16 | 15 |
| 海南 | Hainan | 10 | 9 | 11 | 2 | 2 |
| 重庆 | Chongqing | 15 | 14 | 16 | 9 | 11 |
| 四川 | Sichuan | 92 | 93 | 99 | 76 | 70 |
| 贵州 | Guizhou | 77 | 77 | 77 | 77 | 77 |
| 云南 | Yunnan | 93 | 92 | 101 | 85 | 85 |
| 西藏 | Tibet | | | | | |
| 陕西 | Shaanxi | 80 | 76 | 83 | 51 | 52 |
| 甘肃 | Gansu | 69 | 69 | 69 | 69 | 69 |
| 青海 | Qinghai | 22 | 23 | 23 | 22 | 22 |
| 宁夏 | Ningxia | 12 | 12 | 13 | 12 | 12 |
| 新疆 | Xinjiang | 79 | 80 | 81 | 77 | 77 |
| 新疆兵团 | Xinjiang Corps | | | | | |
| 黑龙江农垦 | Heilongjiang Land Reclamation | 70 | 72 | 78 | 75 | 77 |

# 10-16　省级文化体育情况（2006年）

# Culture and Sports Activities at Provincial Level (2006)

| 地　区 | Province | 盲文及盲人有声读物阅览室（个）Reading Rooms with Braille and Audio Reading Matters (unit) | 体　育 Sports | | | | | | |
|---|---|---|---|---|---|---|---|---|---|
| | | | 体育活动场所（处）Places for Sports Activities (unit) | 开发残疾人康复健身项目（个）Sports Developed for Rehabilitation and Fitness for People with Disabilities (unit) | 残疾人体育比赛（次）Sports Games of People with Disabilities (time) | 参赛残疾运动员（人次）Disabled Athletes Attending Sports Games (person-time) | 残疾人体育基地（个）Sports Training Bases for People with Disabilities (unit) | 残疾人体育训练基地在编人员（人）Staff of Sports Training Bases for People with Disabilities (person) | 相对稳定教练员（人）Relatively Steady Coaches (person) |
| **总　计** | **Total** | **30** | **176** | **73** | **148** | **17585** | **175** | **185** | **595** |
| 北　京 | Beijing | 2 | 1 | 2 | 5 | 1500 | 16 | 44 | 62 |
| 天　津 | Tianjin | 1 | 6 | 1 | 2 | 386 | 1 | 14 | 10 |
| 河　北 | Hebei | | 20 | 2 | 2 | 580 | 1 | 20 | 30 |
| 山　西 | Shanxi | 2 | 10 | | 1 | 150 | 4 | | |
| 内蒙古 | Inner Mongolia | | | | | | | | |
| 辽　宁 | Liaoning | 1 | 5 | | 1 | 700 | 27 | 50 | 20 |
| 吉　林 | Jilin | 3 | 18 | 4 | 2 | 800 | 13 | | 40 |
| 黑龙江 | Heilongjiang | 1 | 5 | | 10 | 320 | 2 | | 21 |
| 上　海 | Shanghai | 2 | 1 | | 25 | 3013 | 24 | 16 | 80 |
| 江　苏 | Jiangsu | | | | 29 | 443 | 1 | 7 | 21 |
| 浙　江 | Zhejiang | 1 | 6 | 4 | 2 | 678 | 4 | | 12 |
| 安　徽 | Anhui | 1 | 3 | 5 | 1 | 359 | 6 | | 20 |
| 福　建 | Fujian | 1 | | | | | 8 | | 15 |
| 江　西 | Jiangxi | 1 | 4 | | | | 3 | | 12 |
| 山　东 | Shandong | 1 | 1 | 5 | 2 | 1420 | | | 16 |
| 河　南 | Henan | 1 | 20 | | 2 | 450 | 9 | 3 | 22 |
| 湖　北 | Hubei | 1 | 6 | 1 | 3 | 360 | 2 | 11 | 29 |
| 湖　南 | Hunan | 4 | 8 | 1 | 9 | 76 | 5 | | 16 |
| 广　东 | Guangdong | 2 | 7 | 18 | 3 | 2800 | 10 | | 25 |
| 广　西 | Guangxi | 1 | | | 1 | 121 | | | 12 |
| 海　南 | Hainan | | 6 | | 1 | 127 | 4 | 4 | 10 |
| 重　庆 | Chongqing | 1 | 6 | 6 | 20 | 700 | 5 | | 16 |
| 四　川 | Sichuan | 1 | 5 | 3 | 4 | 186 | 4 | | 12 |
| 贵　州 | Guizhou | 1 | | | 1 | 274 | 5 | | 8 |
| 云　南 | Yunnan | 1 | 1 | 2 | | | | | 22 |
| 西　藏 | Tibet | | | | | 30 | 1 | | 2 |
| 陕　西 | Shaanxi | | | 6 | 2 | 160 | 6 | 5 | 20 |
| 甘　肃 | Gansu | 1 | 27 | 11 | 17 | 1100 | 9 | 9 | 36 |
| 青　海 | Qinghai | 1 | 5 | 2 | 2 | 292 | 2 | 2 | 6 |
| 宁　夏 | Ningxia | | | | | | | | |
| 新　疆 | Xinjiang | | 3 | | 1 | 560 | 3 | | |
| 新疆兵团 | Xinjiang Corps | | 2 | | | | | | |
| 黑龙江农垦 | Heilongjiang Land Reclamation | | | | | | | | |

# 10-17 市(地)级文化体育情况（2006年）

## Culture and Sports Activities at Prefecture Level (2006)

| 地区 | Province | 盲文及盲人有声读物阅览室（个） Reading Rooms with Braille and Audio Reading Matters (unit) | 体育 Sports | | | | | |
|---|---|---|---|---|---|---|---|---|
| | | | 体育活动场所（处） Places for Sports Activities (unit) | 残疾人体育比赛（次） Sports Games of People with Disabilities (time) | 参赛残疾人运动员（人次） Disabled Athletes Attending Sports Games (person-time) | 残疾人体育基地（个） Sports Training Bases for People with Disabilities (unit) | 残疾人体育训练基地在编人员（人） Staff of Sports Training Bases for People with Disabilities (person) | 相对稳定教练员（人） Relatively Steady Coaches (person) |
| **总 计** | **Total** | **208** | **1148** | **771** | **53588** | **405** | **402** | **1269** |
| 北 京 | Beijing | 17 | 136 | 79 | 9572 | 25 | 17 | 56 |
| 天 津 | Tianjin | 15 | 83 | 33 | 2662 | 19 | 20 | 40 |
| 河 北 | Hebei | 10 | 31 | 11 | 1324 | 12 | | 61 |
| 山 西 | Shanxi | 5 | 24 | 19 | 707 | 16 | 32 | 44 |
| 内蒙古 | InnerMongolia | 10 | 11 | 10 | 372 | 6 | 9 | 17 |
| 辽 宁 | Liaoning | 10 | 21 | 34 | 1756 | 25 | 35 | 53 |
| 吉 林 | Jilin | 1 | 11 | 9 | 213 | 9 | 45 | 48 |
| 黑龙江 | Heilongjiang | 5 | 9 | 7 | 194 | 5 | | 17 |
| 上 海 | Shanghai | 7 | 170 | 146 | 11172 | 28 | 36 | 118 |
| 江 苏 | Jiangsu | 6 | 29 | 41 | 2894 | 15 | 12 | 53 |
| 浙 江 | Zhejiang | 10 | 31 | 24 | 4894 | 28 | 5 | 98 |
| 安 徽 | Anhui | 15 | 131 | 37 | 2310 | 12 | 23 | 45 |
| 福 建 | Fujian | 6 | 11 | 10 | 425 | 4 | 4 | 11 |
| 江 西 | Jiangxi | 2 | 13 | 1 | 50 | 9 | 5 | 17 |
| 山 东 | Shandong | 17 | 42 | 24 | 2545 | 39 | 22 | 110 |
| 河 南 | Henan | 11 | 67 | 32 | 1116 | 8 | 25 | 39 |
| 湖 北 | Hubei | 4 | 30 | 24 | 821 | 12 | 11 | 27 |
| 湖 南 | Hunan | 4 | 49 | 19 | 847 | 24 | | 78 |
| 广 东 | Guangdong | 23 | 117 | 74 | 3283 | 42 | 24 | 114 |
| 广 西 | Guangxi | 3 | 24 | 18 | 1132 | 8 | 32 | 69 |
| 海 南 | Hainan | 1 | | 1 | 24 | | | |
| 重 庆 | Chongqing | 7 | 16 | 17 | 648 | 4 | 2 | 21 |
| 四 川 | Sichuan | 9 | 17 | 42 | 1236 | 12 | 16 | 23 |
| 贵 州 | Guizhou | 3 | 2 | 2 | 449 | 2 | | 15 |
| 云 南 | Yunnan | 3 | 10 | | | 8 | | 17 |
| 西 藏 | Tibet | | | | | | | |
| 陕 西 | Shaanxi | 1 | 11 | 4 | 185 | 1 | | 9 |
| 甘 肃 | Gansu | 1 | 21 | 28 | 1727 | 8 | 26 | 31 |
| 青 海 | Qinghai | | | 3 | 35 | | | |
| 宁 夏 | Ningxia | 1 | 2 | 3 | 41 | | | 5 |
| 新 疆 | Xinjiang | 1 | 29 | 19 | 954 | 24 | 1 | 33 |
| 新疆兵团 | Xinjiang Corps | | | | | | | |
| 黑龙江农垦 | Heilongjiang Land Reclamation | | | | | | | |

## 10-18 扶助残疾人规定的数量情况（2006年）

## Number of Local Regulations and Preferential Policies Supporting Disabled Persons (2006)

单位：个 (unit)

| 地 区 | Province | 合 计 Total | 省 级 Provincial Level | 市(地)级 City (Prefecture) Level | 县 级 County Level |
|---|---|---|---|---|---|
| **总 计** | **Total** | **1281** | **26** | **160** | **1095** |
| 北 京 | Beijing | 15 | 7 | | 8 |
| 天 津 | Tianjin | 42 | 10 | | 32 |
| 河 北 | Hebei | 72 | | 8 | 64 |
| 山 西 | Shanxi | 63 | | 8 | 55 |
| 内蒙古 | Inner Mongolia | 50 | 1 | 4 | 45 |
| 辽 宁 | Liaoning | 23 | | 7 | 16 |
| 吉 林 | Jilin | 32 | 1 | 6 | 25 |
| 黑龙江 | Heilongjiang | 2 | | | 2 |
| 上 海 | Shanghai | 6 | | | 6 |
| 江 苏 | Jiangsu | 55 | | 12 | 43 |
| 浙 江 | Zhejiang | 63 | 1 | 8 | 54 |
| 安 徽 | Anhui | 66 | | 7 | 59 |
| 福 建 | Fujian | 31 | | 2 | 29 |
| 江 西 | Jiangxi | 72 | | 8 | 64 |
| 山 东 | Shandong | 87 | 1 | 9 | 77 |
| 河 南 | Henan | 72 | | 1 | 71 |
| 湖 北 | Hubei | 36 | | 7 | 29 |
| 湖 南 | Hunan | 94 | 2 | 6 | 86 |
| 广 东 | Guangdong | 36 | | 11 | 25 |
| 广 西 | Guangxi | 34 | | 9 | 25 |
| 海 南 | Hainan | 6 | | 1 | 5 |
| 重 庆 | Chongqing | 21 | | | 21 |
| 四 川 | Sichuan | 48 | 1 | 11 | 36 |
| 贵 州 | Guizhou | 30 | 1 | 2 | 27 |
| 云 南 | Yunnan | 35 | | 11 | 24 |
| 西 藏 | Tibet | | | | |
| 陕 西 | Shaanxi | 74 | | 5 | 69 |
| 甘 肃 | Gansu | 35 | 1 | 7 | 27 |
| 青 海 | Qinghai | 2 | | 1 | 1 |
| 宁 夏 | Ningxia | 13 | | 5 | 8 |
| 新 疆 | Xinjiang | 49 | | 2 | 47 |
| 新疆兵团 | Xinjiang Corps | 3 | | 2 | 1 |
| 黑龙江农垦 | Heilongjiang Land Reclamation | 14 | | | 14 |

# 10-19 执法检查情况（2006年）

# Inspection of Law Implementation (2006)

单位：次 (time)

| 地区 | Province | 人大执法检查 Inspection by People's Congresses | | | | 政协视察或专题调研 Inspection or Special Research by People's Political Consultative Conferences | | | | 残工委组织的专项检查 Inspection by Working Committees on Disability | | | |
|---|---|---|---|---|---|---|---|---|---|---|---|---|---|
| | | 合计 Total | 省级 Provincial Level | 市(地)级 City (Prefecture) Level | 县级 County Level | 合计 Total | 省级 Provincial Level | 市(地)级 City (Prefecture) Level | 县级 County Level | 合计 Total | 省级 Provincial Level | 市(地)级 City (Prefecture) Level | 县级 County Level |
| **总计** | **Total** | **1301** | **10** | **156** | **1135** | **1192** | **21** | **154** | **1017** | **1979** | **27** | **278** | **1674** |
| 北京 | Beijing | 5 | 1 | | 4 | 11 | 3 | | 8 | 23 | 3 | | 20 |
| 天津 | Tianjin | 11 | | | 11 | 9 | 1 | | 8 | 28 | 1 | | 27 |
| 河北 | Hebei | 159 | | 11 | 148 | 150 | | 10 | 140 | 218 | 4 | 25 | 189 |
| 山西 | Shanxi | 60 | | 8 | 52 | 46 | | 9 | 37 | 77 | | 7 | 70 |
| 内蒙古 | Inner Mongolia | 48 | 1 | 5 | 42 | 40 | | 7 | 33 | 59 | | 7 | 52 |
| 辽宁 | Liaoning | 48 | 1 | 2 | 45 | 48 | 1 | 5 | 42 | 44 | 2 | 3 | 39 |
| 吉林 | Jilin | 28 | | 2 | 26 | 23 | | 1 | 22 | 32 | | 5 | 27 |
| 黑龙江 | Heilongjiang | 50 | | 5 | 45 | 28 | 1 | 2 | 25 | 24 | | 3 | 21 |
| 上海 | Shanghai | 5 | | | 5 | 3 | | | 3 | 6 | | | 6 |
| 江苏 | Jiangsu | 40 | | 5 | 35 | 51 | | 10 | 41 | 71 | | 8 | 63 |
| 浙江 | Zhejiang | | | | | 48 | | 6 | 42 | 56 | | 7 | 49 |
| 安徽 | Anhui | 75 | 1 | 13 | 61 | 73 | | 12 | 61 | 115 | 1 | 16 | 98 |
| 福建 | Fujian | 29 | | 1 | 28 | 30 | 1 | 4 | 25 | 41 | 1 | 4 | 36 |
| 江西 | Jiangxi | 29 | | 2 | 27 | 23 | | 4 | 19 | 39 | | 6 | 33 |
| 山东 | Shandong | 114 | 1 | 13 | 100 | 100 | 3 | 13 | 84 | 192 | 4 | 38 | 150 |
| 河南 | Henan | 75 | | 12 | 63 | 59 | 1 | 7 | 51 | 123 | 2 | 19 | 102 |
| 湖北 | Hubei | 49 | | 5 | 44 | 45 | 2 | 8 | 35 | 61 | | 5 | 56 |
| 湖南 | Hunan | 83 | | 11 | 72 | 77 | 2 | 2 | 73 | 108 | 1 | 8 | 99 |
| 广东 | Guangdong | 37 | 1 | 13 | 23 | 33 | 2 | 7 | 24 | 48 | 1 | 14 | 33 |
| 广西 | Guangxi | 23 | 1 | 7 | 15 | 23 | | 8 | 15 | 38 | 1 | 18 | 19 |
| 海南 | Hainan | 5 | | 1 | 4 | 5 | | 2 | 3 | 7 | | 2 | 5 |
| 重庆 | Chongqing | 21 | | | 21 | 28 | 1 | | 27 | 43 | | | 43 |
| 四川 | Sichuan | 56 | 1 | 13 | 42 | 70 | 1 | 15 | 54 | 80 | 1 | 20 | 59 |
| 贵州 | Guizhou | 28 | | 2 | 26 | 8 | | | 8 | 20 | 1 | 1 | 18 |
| 云南 | Yunnan | 65 | | 11 | 54 | 34 | 1 | 10 | 23 | 105 | | 24 | 81 |
| 西藏 | Tibet | | | | | | | | | | | | |
| 陕西 | Shaanxi | 68 | | 4 | 64 | 46 | | 6 | 40 | 107 | 1 | 7 | 99 |
| 甘肃 | Gansu | 41 | 1 | 3 | 37 | 35 | 1 | 3 | 31 | 82 | 2 | 10 | 70 |
| 青海 | Qinghai | 5 | 1 | 4 | | 4 | | 1 | 3 | 5 | | 2 | 3 |
| 宁夏 | Ningxia | 15 | | | 15 | 14 | | 1 | 13 | 24 | | 2 | 22 |
| 新疆 | Xinjiang | 28 | | 2 | 26 | 28 | | 1 | 27 | 61 | 1 | 11 | 49 |
| 新疆兵团 | Xinjiang Corps | 1 | | 1 | | | | | | 29 | | 5 | 24 |
| 黑龙江农垦 | Heilongjiang Land Reclamation | | | | | | | | | 13 | | 1 | 12 |

# 10-20 法律服务和法律援助情况（2006年）

# Legal Service and Legal Aid (2006)

| 地区 | Province | 残疾人法律援助(服务)中心（个） Number of Legal Aid (Service) Centers for Disabled Persons (unit) | | | | 残疾人法律援助(服务)中心办理的案件（件） Number of Cases Handled by the Legal Aid (Service) Centers for Disabled Persons (case) | | | |
|---|---|---|---|---|---|---|---|---|---|
| | | 合计 Total | 省级 Provincial Level | 市(地)级 City (Prefecture) Level | 县级 County Level | 合计 Total | 省级 Provincial Level | 市(地)级 City (Prefecture) Level | 县级 County Level |
| **总计** | **Total** | **2279** | **22** | **236** | **2021** | **19582** | **516** | **3618** | **15448** |
| 北京 | Beijing | 19 | 1 | | 18 | 103 | 46 | | 57 |
| 天津 | Tianjin | 19 | 1 | | 18 | 429 | 70 | | 359 |
| 河北 | Hebei | 187 | 1 | 11 | 175 | 1233 | 20 | 329 | 884 |
| 山西 | Shanxi | 112 | | 9 | 103 | 592 | | 88 | 504 |
| 内蒙古 | Inner Mongolia | 88 | | 11 | 77 | 1191 | | 1000 | 191 |
| 辽宁 | Liaoning | 99 | 1 | 14 | 84 | 620 | 16 | 221 | 383 |
| 吉林 | Jilin | 36 | | 5 | 31 | 103 | | 21 | 82 |
| 黑龙江 | Heilongjiang | 101 | 1 | 11 | 89 | 625 | 2 | 89 | 534 |
| 上海 | Shanghai | 17 | 1 | | 16 | 441 | 28 | | 413 |
| 江苏 | Jiangsu | 159 | 1 | 6 | 152 | 347 | | 55 | 292 |
| 浙江 | Zhejiang | 79 | 1 | 7 | 71 | 2063 | 10 | 198 | 1855 |
| 安徽 | Anhui | 102 | 1 | 17 | 84 | 829 | 77 | 154 | 598 |
| 福建 | Fujian | 88 | 1 | 9 | 78 | 1090 | 9 | 155 | 926 |
| 江西 | Jiangxi | 64 | 1 | 4 | 59 | 432 | 4 | 17 | 411 |
| 山东 | Shandong | 144 | 1 | 14 | 129 | 2955 | 2 | 503 | 2450 |
| 河南 | Henan | 132 | 1 | 14 | 117 | 1286 | 46 | 144 | 1096 |
| 湖北 | Hubei | | | | | | | | |
| 湖南 | Hunan | 103 | 1 | 14 | 88 | 1315 | 2 | 142 | 1171 |
| 广东 | Guangdong | 114 | | 20 | 94 | 646 | 53 | 86 | 507 |
| 广西 | Guangxi | 106 | 1 | 14 | 91 | 278 | | 70 | 208 |
| 海南 | Hainan | 5 | | 1 | 4 | 70 | | 4 | 66 |
| 重庆 | Chongqing | 33 | 1 | | 32 | 898 | 53 | | 845 |
| 四川 | Sichuan | 37 | 1 | 10 | 26 | 137 | 5 | 46 | 86 |
| 贵州 | Guizhou | 80 | 1 | 7 | 72 | 205 | 9 | 9 | 187 |
| 云南 | Yunnan | 133 | 1 | 9 | 123 | 645 | 15 | 13 | 617 |
| 西藏 | Tibet | | | | | | | | |
| 陕西 | Shaanxi | 1 | 1 | | | 5 | 5 | | |
| 甘肃 | Gansu | 88 | 1 | 15 | 72 | 539 | 44 | 76 | 419 |
| 青海 | Qinghai | 45 | 1 | 7 | 37 | 183 | | 15 | 168 |
| 宁夏 | Ningxia | 32 | | 3 | 29 | 319 | | 183 | 136 |
| 新疆 | Xinjiang | | | | | | | | |
| 新疆兵团 | Xinjiang Corps | 56 | | 4 | 52 | 3 | | | 3 |
| 黑龙江农垦 | Heilongjiang Land Reclamation | | | | | | | | |

# 10-21　侵害残疾人合法权益大案要案查处（2006年）

# Investigation on Serious and Key Cases Violating Legal Rights and Interests of Persons with Disabilities (2006)

| 地　区 | Province | 侵害残疾人合法权益大案要案查处(件) Investigation on Serious and Key Cases Violating Legal Rights and Interests of Persons with Disabilities (case) | | | |
|---|---|---|---|---|---|
| | | 合　计 Total | 省　级 Provincial Level | 市(地)级 City (Prefecture) Level | 县　级 County Level |
| **总　计** | **Total** | **185** | **18** | **26** | **141** |
| 北　京 | Beijing | | | | |
| 天　津 | Tianjin | 1 | 1 | | |
| 河　北 | Hebei | | | | |
| 山　西 | Shanxi | 13 | | 1 | 12 |
| 内蒙古 | Inner Mongolia | 6 | | 1 | 5 |
| 辽　宁 | Liaoning | 6 | | 4 | 2 |
| 吉　林 | Jilin | 2 | | | 2 |
| 黑龙江 | Heilongjiang | | | | |
| 上　海 | Shanghai | | | | |
| 江　苏 | Jiangsu | | | | |
| 浙　江 | Zhejiang | 2 | 2 | | |
| 安　徽 | Anhui | 22 | 1 | | 21 |
| 福　建 | Fujian | | | | |
| 江　西 | Jiangxi | 3 | | | 3 |
| 山　东 | Shandong | 10 | | 1 | 9 |
| 河　南 | Henan | 14 | | 4 | 10 |
| 湖　北 | Hubei | 32 | | 4 | 28 |
| 湖　南 | Hunan | 3 | | 3 | |
| 广　东 | Guangdong | 5 | | 5 | |
| 广　西 | Guangxi | | | | |
| 海　南 | Hainan | 1 | | | 1 |
| 重　庆 | Chongqing | | | | |
| 四　川 | Sichuan | 5 | | 2 | 3 |
| 贵　州 | Guizhou | 3 | | | 3 |
| 云　南 | Yunnan | | | | |
| 西　藏 | Tibet | 1 | 1 | | |
| 陕　西 | Shaanxi | 34 | | 1 | 33 |
| 甘　肃 | Gansu | 20 | 12 | | 8 |
| 青　海 | Qinghai | | | | |
| 宁　夏 | Ningxia | 1 | | | 1 |
| 新　疆 | Xinjiang | | | | |
| 新疆兵团 | Xinjiang Corps | | | | |
| 黑龙江农垦 | Heilongjiang Land Reclamation | 1 | 1 | | |

# 10-22 无障碍建设情况（2006年）

# Accessibility for Disabled Persons (2006)

单位：个 (unit)

| 地区 | Province | 无障碍建设法规、政府令 Laws and Regulations on Accessibility | | | | 系统开展无障碍建设省、市(地) Provinces, Cities (Prefectures) Implementing Systematic Plans for Building Accessible Environment | | |
|---|---|---|---|---|---|---|---|---|
| | | 合计 Total | 省级 Provincial Level | 市(地)级 City (Prefecture) Level | 县级 County Level | 合计 Total | 市(地)级 City (Prefecture) Level | 县级 County Level |
| **总计** | **Total** | **517** | **8** | **103** | **406** | **4660** | **126** | **4534** |
| 北京 | Beijing | 2 | | | 2 | 18 | | 18 |
| 天津 | Tianjin | 9 | 1 | | 8 | 18 | | 18 |
| 河北 | Hebei | 106 | 1 | 11 | 94 | 123 | 11 | 112 |
| 山西 | Shanxi | 8 | | 1 | 7 | 47 | 10 | 37 |
| 内蒙古 | Inner Mongolia | 7 | | 2 | 5 | 11 | 1 | 10 |
| 辽宁 | Liaoning | 22 | 1 | 5 | 16 | 13 | 2 | 11 |
| 吉林 | Jilin | 9 | | 2 | 7 | 7 | 2 | 5 |
| 黑龙江 | Heilongjiang | | | | | 6 | 2 | 4 |
| 上海 | Shanghai | 1 | 1 | | | 20 | | 20 |
| 江苏 | Jiangsu | 33 | | 10 | 23 | 22 | 14 | 8 |
| 浙江 | Zhejiang | 22 | | 1 | 21 | 20 | 3 | 17 |
| 安徽 | Anhui | 25 | | 6 | 19 | 22 | 9 | 13 |
| 福建 | Fujian | | | | | 22 | 8 | 14 |
| 江西 | Jiangxi | 11 | | 1 | 10 | 10 | 2 | 8 |
| 山东 | Shandong | 43 | 1 | 10 | 32 | 20 | 5 | 15 |
| 河南 | Henan | 21 | | 2 | 19 | 9 | 3 | 6 |
| 湖北 | Hubei | 10 | | 2 | 8 | 8 | 1 | 7 |
| 湖南 | Hunan | 25 | | 4 | 21 | 19 | 7 | 12 |
| 广东 | Guangdong | 20 | | 8 | 12 | 14 | 3 | 11 |
| 广西 | Guangxi | 4 | | 2 | 2 | 1 | 1 | |
| 海南 | Hainan | 2 | | 1 | 1 | 1 | | 1 |
| 重庆 | Chongqing | 8 | | | 8 | 4005 | | 4005 |
| 四川 | Sichuan | 40 | 1 | 17 | 22 | 66 | 20 | 46 |
| 贵州 | Guizhou | 18 | | 2 | 16 | 21 | 3 | 18 |
| 云南 | Yunnan | | | | | 45 | 4 | 41 |
| 西藏 | Tibet | | | | | | | |
| 陕西 | Shaanxi | 12 | | 1 | 11 | 15 | 2 | 13 |
| 甘肃 | Gansu | 25 | 1 | 7 | 17 | 42 | 7 | 35 |
| 青海 | Qinghai | 4 | 1 | 3 | | 9 | 2 | 7 |
| 宁夏 | Ningxia | 6 | | 1 | 5 | | | |
| 新疆 | Xinjiang | 11 | | 4 | 7 | 12 | 3 | 9 |
| 新疆兵团 | Xinjiang Corps | | | | | | | |
| 黑龙江农垦 | Heilongjiang Land Reclamation | 13 | | | 13 | 14 | 1 | 13 |

# 10-23 残疾人信访工作情况（2006年）

# Handling of Complaints (2006)

| 地区 | Province | 来信（件） Letters (piece) | 来访（人次） Visits (person-time) | 专用机动车集体访（人次） Collective Visits Relating to Vehicles for Disabled Persons (person-time) |
|---|---|---|---|---|
| **总计** | **Total** | **151551** | **993779** | **17051** |
| 北京 | Beijing | 908 | 12005 | 25 |
| 天津 | Tianjin | 342 | 7046 | 28 |
| 河北 | Hebei | 5341 | 24886 | 336 |
| 山西 | Shanxi | 5023 | 43437 | 884 |
| 内蒙古 | Inner Mongolia | 3045 | 15240 | 191 |
| 辽宁 | Liaoning | 1801 | 44174 | 1095 |
| 吉林 | Jilin | 2794 | 20662 | 404 |
| 黑龙江 | Heilongjiang | 1197 | 14081 | 5 |
| 上海 | Shanghai | 3716 | 9176 | |
| 江苏 | Jiangsu | 2725 | 44309 | 2629 |
| 浙江 | Zhejiang | 9556 | 30582 | 688 |
| 安徽 | Anhui | 3073 | 46822 | 338 |
| 福建 | Fujian | 4428 | 18284 | 237 |
| 江西 | Jiangxi | 5332 | 28344 | 104 |
| 山东 | Shandong | 2667 | 16205 | 40 |
| 河南 | Henan | 3268 | 34208 | 852 |
| 湖北 | Hubei | 9745 | 64061 | 3415 |
| 湖南 | Hunan | 34051 | 142636 | 447 |
| 广东 | Guangdong | 7513 | 34405 | 558 |
| 广西 | Guangxi | 3405 | 28879 | 587 |
| 海南 | Hainan | 1234 | 3795 | |
| 重庆 | Chongqing | 3138 | 10914 | 33 |
| 四川 | Sichuan | 15785 | 108688 | 424 |
| 贵州 | Guizhou | 1561 | 21180 | 978 |
| 云南 | Yunnan | 4234 | 52863 | 411 |
| 西藏 | Tibet | | 732 | |
| 陕西 | Shaanxi | 5758 | 32459 | 91 |
| 甘肃 | Gansu | 4140 | 25143 | 2101 |
| 青海 | Qinghai | 599 | 5269 | |
| 宁夏 | Ningxia | 2488 | 14192 | 50 |
| 新疆 | Xinjiang | 2370 | 37362 | 100 |
| 新疆兵团 | Xinjiang Corps | 248 | 1360 | |
| 黑龙江农垦 | Heilongjiang Land Reclamation | 66 | 380 | |

# 10-24 组织建设情况（2006年）

# Capacity-building of Organizations of/for Disabled Persons (2006)

| 地 区 | Province | 乡、镇、街道残联 Disabled Persons' Federations at Townships and Neighbourhood Level | | 村委会残疾人协会(小组)数(个) Number of Disabled Persons' Associations (Groups) at Villagers' Committees (unit) | 社区残疾人组织 Disabled Persons' Organizations in Communities | |
|---|---|---|---|---|---|---|
| | | 残联数(个) Number of Disabled Persons' Federations (unit) | 助残志愿者登记在册数(人) Number of Registered Volunteers Assisting the Disabled (person) | | 社区残疾人协会数(个) Number of Disabled Persons' Associations in Communities (unit) | 社区助残志愿者数(人) Number of Community Volunteers Assisting Disabled Persons in Communities (person) |
| **总 计** | **Total** | **40425** | **1637501** | **378683** | **52688** | **1312617** |
| 北 京 | Beijing | 312 | 51813 | 2709 | 1908 | 49418 |
| 天 津 | Tianjin | 240 | 95859 | 3538 | 1203 | 80939 |
| 河 北 | Hebei | 2272 | 50554 | 37487 | 2307 | 40724 |
| 山 西 | Shanxi | 1397 | 25144 | 21986 | 1295 | 35744 |
| 内蒙古 | Inner Mongolia | 771 | 16407 | 4375 | 1149 | 17254 |
| 辽 宁 | Liaoning | 1614 | 76246 | 10616 | 4353 | 188835 |
| 吉 林 | Jilin | 854 | 79581 | 6200 | 1198 | 41369 |
| 黑龙江 | Heilongjiang | 1275 | 120586 | 7176 | 2133 | 52246 |
| 上 海 | Shanghai | 225 | 9220 | 1837 | 2825 | 13959 |
| 江 苏 | Jiangsu | 1360 | 108972 | 15059 | 4460 | 104106 |
| 浙 江 | Zhejiang | 1530 | 33481 | 19767 | 2365 | 39952 |
| 安 徽 | Anhui | 1690 | 26904 | 10588 | 1326 | 27300 |
| 福 建 | Fujian | 1088 | 43435 | 10403 | 1495 | 29988 |
| 江 西 | Jiangxi | 1495 | 47043 | 7388 | 1136 | 39749 |
| 山 东 | Shandong | 1867 | 136236 | 67004 | 3632 | 123753 |
| 河 南 | Henan | 2142 | 32387 | 35015 | 2123 | 47826 |
| 湖 北 | Hubei | 949 | 46760 | 4309 | 1710 | 17084 |
| 湖 南 | Hunan | 2380 | 75855 | 28817 | 2430 | 89187 |
| 广 东 | Guangdong | 1459 | 131094 | 3580 | 3077 | 37671 |
| 广 西 | Guangxi | 1280 | 22889 | 5680 | 939 | 11607 |
| 海 南 | Hainan | 305 | 1851 | 1149 | 245 | 2499 |
| 重 庆 | Chongqing | 1052 | 22912 | 5137 | 1190 | 25148 |
| 四 川 | Sichuan | 4783 | 167849 | 21568 | 2268 | 37747 |
| 贵 州 | Guizhou | 1520 | 6342 | 8059 | 907 | 5879 |
| 云 南 | Yunnan | 1296 | 20693 | 5948 | 896 | 30455 |
| 西 藏 | Tibet | | | | | |
| 陕 西 | Shaanxi | 2351 | 123808 | 13712 | 1194 | 83076 |
| 甘 肃 | Gansu | 1292 | 38636 | 12662 | 1041 | 20862 |
| 青 海 | Qinghai | 426 | 4736 | 1955 | 288 | 694 |
| 宁 夏 | Ningxia | 200 | 6705 | 945 | 328 | 6130 |
| 新 疆 | Xinjiang | 1000 | 13503 | 4014 | 1244 | 10140 |
| 新疆兵团 | Xinjiang Corps | | | | 23 | 1276 |
| 黑龙江农垦 | Heilongjiang Land Reclamation | | | | | |

## 10-25 县残疾人综合服务设施情况（2006年）

## Comprehensive Service Facilities for Disabled Persons at County Level (2006)

| 地区 | Province | 已投入使用项目 Facilities in Use | | | | | | | |
|---|---|---|---|---|---|---|---|---|---|
| | | 本年度新投入使用项目 Facilities Newly Put into Use During the Year | | | | 累计已投入使用项目 All Facilities in Use | | | |
| | | 项目个数（个） Number of Facilities (unit) | 建设用地面积（平方米） Construction Area (sq.m) | 建设规模（平方米） Floor Area (sq.m) | 总投资（万元） Total Investment (10000 yuan) | 项目个数（个） Number of Facilities (unit) | 建设用地面积（平方米） Construction Area (sq.m) | 建设规模（平方米） Floor Area (sq.m) | 总投资（万元） Total Investment (10000 yuan) |
| **总　计** | **Total** | **160** | **150878.3** | **146032.6** | **16999.0** | **1134** | **1157505.7** | **1046216.5** | **85876.6** |
| 北　京 | Beijing | | | | | 3 | 3210.0 | 2423.5 | 345.0 |
| 天　津 | Tianjin | 1 | 5200.0 | 2800.0 | 800.0 | 3 | 7725.0 | 5403.0 | 1415.0 |
| 河　北 | Hebei | 14 | 9358.4 | 7552.4 | 688.0 | 102 | 112162.6 | 67240.5 | 6156.4 |
| 山　西 | Shanxi | 9 | 11616.0 | 13266.0 | 1172.0 | 52 | 51441.0 | 64748.7 | 3040.0 |
| 内蒙古 | Inner Mongolia | 11 | 16144.3 | 7901.0 | 669.0 | 40 | 54384.9 | 29712.2 | 2532.0 |
| 辽　宁 | Liaoning | 2 | 1100.0 | 1428.0 | 82.0 | 28 | 24988.3 | 17596.1 | 1923.7 |
| 吉　林 | Jilin | 1 | 120.0 | 619.3 | 99.5 | 19 | 10424.0 | 8191.3 | 898.7 |
| 黑龙江 | Heilongjiang | | | | | 36 | 19988.3 | 11680.4 | 1443.0 |
| 上　海 | Shanghai | | | | | | | | |
| 江　苏 | Jiangsu | 1 | 768.0 | 1500.0 | 135.0 | 23 | 21490.0 | 18013.0 | 2096.8 |
| 浙　江 | Zhejiang | 3 | 6903.8 | 9355.8 | 3307.0 | 26 | 30002.2 | 35337.9 | 6957.8 |
| 安　徽 | Anhui | 4 | 1472.7 | 2253.7 | 232.3 | 31 | 40602.0 | 23975.5 | 2073.1 |
| 福　建 | Fujian | 1 | 390.0 | 2300.0 | 216.0 | 41 | 19157.3 | 44259.5 | 4001.2 |
| 江　西 | Jiangxi | 5 | 4377.0 | 4790.0 | 528.0 | 43 | 24188.2 | 41198.8 | 2877.3 |
| 山　东 | Shandong | 4 | 4650.0 | 4702.9 | 660.0 | 44 | 149727.8 | 58266.1 | 5733.2 |
| 河　南 | Henan | 12 | 9934.3 | 10613.0 | 1209.0 | 74 | 117685.6 | 70128.6 | 5154.0 |
| 湖　北 | Hubei | 13 | 4389.0 | 3981.0 | 211.0 | 32 | 22083.6 | 27389.9 | 1371.0 |
| 湖　南 | Hunan | 6 | 12616.0 | 4243.0 | 420.0 | 60 | 54066.3 | 50299.0 | 3714.3 |
| 广　东 | Guangdong | 3 | 560.0 | 1100.0 | 165.0 | 35 | 36671.6 | 118258.5 | 3736.5 |
| 广　西 | Guangxi | 1 | 288.0 | 1010.0 | 95.0 | 47 | 14192.3 | 33621.9 | 1999.4 |
| 海　南 | Hainan | 1 | 150.0 | 200.0 | 20.0 | 3 | 610.0 | 1790.0 | 140.0 |
| 重　庆 | Chongqing | 4 | 3568.1 | 13643.0 | 788.6 | 17 | 7863.3 | 19013.7 | 1329.1 |
| 四　川 | Sichuan | 4 | 961.0 | 1981.0 | 178.0 | 37 | 38888.0 | 49129.0 | 4674.3 |
| 贵　州 | Guizhou | 3 | 853.5 | 1472.7 | 74.0 | 50 | 29460.6 | 36838.9 | 2531.4 |
| 云　南 | Yunnan | 18 | 20789.8 | 19962.9 | 2201.6 | 81 | 88490.7 | 80385.1 | 9120.4 |
| 西　藏 | Tibet | | | | | | | | |
| 陕　西 | Shaanxi | 16 | 20113.7 | 16250.7 | 1464.0 | 63 | 83806.2 | 47068.1 | 3424.6 |
| 甘　肃 | Gansu | 7 | 4386.0 | 3926.0 | 460.0 | 55 | 35872.4 | 41529.4 | 3209.4 |
| 青　海 | Qinghai | 8 | 4899.0 | 3755.6 | 486.0 | 24 | 11636.8 | 10140.5 | 787.3 |
| 宁　夏 | Ningxia | | | | | 9 | 4988.9 | 3050.3 | 299.0 |
| 新　疆 | Xinjiang | 8 | 5269.7 | 5424.7 | 638.0 | 56 | 41697.9 | 29527.4 | 2892.8 |
| 新疆兵团 | Xinjiang Corps | | | | | | | | |
| 黑龙江农垦 | Heilongjiang Land Reclamation | | | | | | | | |

## 10-26 历届全国人民代表大会代表人数

## Number of Deputies to National People's Congresses

单位：人、%　　(person,%)

| 届别 | Congress | 年份 Year | 代表总数 Total Number of Deputies | #女代表 Female Deputies | #少数民族代表 Minority Deputies | 占代表总数比重 As Percentage to Total Deputies #女代表 Female Deputies | #少数民族代表 Minority Deputies |
|---|---|---|---|---|---|---|---|
| 一　届 | First Congress | 1954 | 1226 | 147 | 178 | 12.0 | 14.5 |
| 二　届 | Second Congress | 1959 | 1226 | 150 | 179 | 12.2 | 14.6 |
| 三　届 | Third Congress | 1964 | 3040 | 542 | 372 | 17.8 | 12.2 |
| 四　届 | Fourth Congress | 1975 | 2885 | 653 | 270 | 22.6 | 9.4 |
| 五　届 | Fifth Congress | 1978 | 3497 | 742 | 381 | 21.2 | 10.9 |
| 六　届 | Sixth Congress | 1983 | 2978 | 632 | 403 | 21.2 | 13.5 |
| 七　届 | Seventh Congress | 1988 | 2978 | 634 | 445 | 21.3 | 14.9 |
| 八　届 | Eighth Congress | 1993 | 2978 | 626 | 439 | 21.0 | 14.8 |
| 九　届 | Ninth Congress | 1998 | 2979 | 650 | 428 | 21.8 | 14.4 |
| 十　届 | Tenth Congress | 2003 | 2985 | 604 | 414 | 20.2 | 13.9 |

## 10-27 历届全国政治协商会议委员人数

## Number of Deputies to Chinese People's Political Consultative Conferences

单位：人、%　　(person,%)

| 届别 | Conference | 年份 Year | 委员总数 Total Number of Deputies | #中国共产党委员 Deputies from the Communist Party of China | #少数民族委员 Minority Deputies | 占委员总数比重 As Percentage to Total Deputies #中国共产党委员 Deputies from the Communist Party of China | #少数民族委员 Minority Deputies |
|---|---|---|---|---|---|---|---|
| 一　届 | First Conference | 1954 | 198 | | 19 | | 9.6 |
| 二　届 | Second Conference | 1959 | 729 | 40 | 61 | 5.5 | 8.4 |
| 三　届 | Third Conference | 1964 | 1071 | 60 | 78 | 5.6 | 7.3 |
| 四　届 | Fourth Conference | 1975 | 1199 | 61 | 81 | 5.1 | 6.8 |
| 五　届 | Fifth Conference | 1978 | 1988 | 76 | 143 | 3.8 | 7.2 |
| 六　届 | Sixth Conference | 1983 | 2039 | 76 | 185 | 3.7 | 9.1 |
| 七　届 | Seventh Conference | 1988 | 2083 | 90 | 225 | 4.3 | 10.8 |
| 八　届 | Eighth Conference | 1993 | 2093 | 91 | 241 | 4.3 | 11.5 |
| 九　届 | Ninth Conference | 1998 | 2196 | 92 | 258 | 4.2 | 11.7 |
| 十　届 | Tenth Conference | 2003 | 2238 | 99 | 103 | 4.4 | 4.6 |

# 10-28 中国共产党及各民主党派成员情况

## Basic Statistics on Membership of the Communist Party of China and Democratic Parties

单位：千人 (1000 persons)

| 党派名称 | Name of Party | 1980 | 1985 | 1990 | 1995 | 2000 | 2005 |
|---|---|---|---|---|---|---|---|
| 中共党员 | Communist Party of China | 38920 | 44260 | 50320 | 57030 | 64520 | 70800 |
| 民　革 | Revolutionary Committee of the Chinese Kuomintang | 9 | 24 | 40 | 50 | 62 | 77 |
| 民　盟 | China Democratic League | 22 | 54 | 102 | 123 | 148 | 175 |
| 民　建 | China Democratic National Construction Association | 19 | 31 | 52 | 65 | 81 | 100 |
| 民　进 | China Association for Promoting Democracy | 7 | 23 | 47 | 60 | 77 | 99 |
| 农　工 | Chinese Peasants and Workers Democratic Party | 5 | 20 | 46 | 59 | 77 | 95 |
| 致　公 | China Zhi Gong Party | 0.4 | 4 | 10 | 14 | 18 | 26 |
| 九　三 | Jiu San Society | 5 | 19 | 47 | 62 | 81 | 100 |
| 台　盟 | Taiwan Democratic Self-government League | 0.3 | 0.8 | 1 | 1 | 1 | 2 |

# 10–29 工会组织情况

## Basic Statistics on Trade Unions

单位：万个、万人 (10000 nits,10000 persons)

| 年份<br>Year | 工会基层组织数<br>Number of Grassroot Trade Unions | 全国已建工会组织的基层单位的职工与会员人数（万人）Staff and Workers in Grassroot Units with Trade Unions (10000 persons) | | | | 工会专职工作人员人数<br>Number of Full-time Personnel of Trade Unions |
|---|---|---|---|---|---|---|
| | | 职工人数<br>Staff and Workers | #女职工<br>Female | 会员人数<br>Members | #女会员<br>Female | |
| 1952 | 20.7 | 1393.2 | | 1002.3 | | 5.3 |
| 1957 | 16.5 | 2158.3 | | 1746.7 | | |
| 1962 | 16.5 | 2667.1 | | 1922.0 | | 8.6 |
| 1979 | 32.9 | 6897.2 | 2171.7 | 5147.3 | | 17.9 |
| 1980 | 37.6 | 7448.2 | 2518.6 | 6116.5 | | 24.3 |
| 1981 | 41.1 | 8183.0 | 2902.0 | 6843.9 | 2412.8 | 29.1 |
| 1982 | 43.3 | 8586.6 | 3065.9 | 7331.6 | 2629.3 | 32.2 |
| 1983 | 44.7 | 8845.7 | 3191.8 | 7693.4 | 2771.4 | 33.7 |
| 1984 | 46.6 | 9243.9 | 3370.3 | 8029.1 | 2950.3 | 41.9 |
| 1985 | 46.5 | 9643.0 | 3596.7 | 8525.8 | 3149.2 | 38.1 |
| 1986 | 50.2 | 9949.6 | 3664.3 | 8908.5 | 3309.2 | 45.9 |
| 1987 | 53.6 | 10411.8 | 3900.4 | 9336.5 | 3486.9 | 47.0 |
| 1988 | 56.4 | 10747.4 | 4434.9 | 9628.9 | 3647.0 | 47.4 |
| 1989 | 58.9 | 10998.6 | 4178.7 | 9909.2 | 3777.7 | 48.8 |
| 1990 | 60.6 | 11156.9 | 4291.0 | 10135.6 | 3897.7 | 55.6 |
| 1991 | 61.4 | 11351.4 | 4394.8 | 10389.1 | 3991.6 | 58.0 |
| 1992 | 61.7 | 11223.9 | 4377.1 | 10322.5 | 3974.0 | 58.0 |
| 1993 | 62.7 | 11103.8 | 4359.9 | 10176.1 | 3949.6 | 55.4 |
| 1994 | 58.3 | 11269.6 | 4483.2 | 10202.5 | 4018.1 | 56.0 |
| 1995 | 59.3 | 11321.4 | 4515.3 | 10399.6 | 4116.5 | 46.8 |
| 1996 | 58.6 | 11181.4 | 4500.0 | 10211.9 | 4093.1 | 60.5 |
| 1997 | 51.0 | 10111.5 | 4004.8 | 9131.0 | 3579.4 | 57.7 |
| 1998 | 50.4 | 9716.5 | 3882.0 | 8913.4 | 3546.7 | 48.4 |
| 1999 | 50.9 | 9683.0 | 3797.9 | 8689.9 | 3406.2 | 49.7 |
| 2000 | 85.9 | 11472.1 | 4534.5 | 10361.5 | 3917.3 | 48.2 |
| 2001 | 153.8 | 12997.0 | 5087.9 | 12152.3 | 4696.6 | |
| 2002 | 171.3 | 14461.5 | 5157.6 | 13397.8 | 4665.2 | 47.2 |
| 2003 | 90.6 | 13301.6 | 5079.3 | 12340.5 | 4601.2 | 46.5 |
| 2004 | 102.0 | 14436.7 | 5502.6 | 13694.9 | 5135.3 | 45.6 |
| 2005 | 117.4 | 15985.3 | 6016.3 | 15029.4 | 5574.8 | 47.7 |
| 2006 | 132.4 | 18143.6 | 6719.3 | 16994.2 | 6177.8 | 54.3 |

注：2003年起工会基层组织数统计口径有所调整。

a) Number of grassroots trade unions since 2003 has been adjusted due to change in coverage.

# 10-30 各地区按登记注册类型分基层工会组织情况（2006年）

# Number of Grassroot Trade Unions by Province and Status of Registration (2006)

单位：个 (unit)

| 地 区 | Province | 总 计 Total | 国有企业 State-owned Enterprises | 集体企业 Collective-owned Enterprises | 股份合作企业 Share-holding Enterprises | 联营企业 Joint-owned Enterprises | 有限责任公司 Limited Liability Corporations | 股份有限公司 Share-holding Corporations Ltd. |
|---|---|---|---|---|---|---|---|---|
| **全 国** | **National** | **1323965** | **93845** | **72674** | **32954** | **6025** | **69992** | **29359** |
| 北 京 | Beijing | 15732 | 1965 | 1549 | 919 | 66 | 1878 | 668 |
| 天 津 | Tianjin | 20917 | 1961 | 1496 | 438 | 83 | 1759 | 570 |
| 河 北 | Hebei | 75918 | 4677 | 4745 | 1015 | 478 | 2402 | 1384 |
| 山 西 | Shanxi | 32506 | 3827 | 3942 | 445 | 118 | 802 | 494 |
| 内蒙古 | Inner Mongolia | 30303 | 1957 | 480 | 859 | 109 | 1869 | 662 |
| 辽 宁 | Liaoning | 48691 | 4010 | 3062 | 956 | 118 | 2291 | 1132 |
| 吉 林 | Jilin | 23672 | 2810 | 911 | 309 | 66 | 1033 | 673 |
| 黑龙江 | Heilongjiang | 29346 | 5211 | 1603 | 756 | 201 | 1086 | 587 |
| 上 海 | Shanghai | 38155 | 3051 | 2597 | 1331 | 153 | 2173 | 1178 |
| 江 苏 | Jiangsu | 71833 | 2538 | 2793 | 2995 | 262 | 5070 | 1856 |
| 浙 江 | Zhejiang | 80774 | 2213 | 1787 | 6531 | 519 | 7413 | 3408 |
| 安 徽 | Anhui | 40194 | 3369 | 3276 | 813 | 293 | 1867 | 499 |
| 福 建 | Fujian | 64498 | 3621 | 3381 | 1046 | 554 | 1611 | 962 |
| 江 西 | Jiangxi | 41130 | 3690 | 1774 | 425 | 206 | 1804 | 289 |
| 山 东 | Shandong | 109026 | 5747 | 6503 | 2954 | 467 | 7931 | 3244 |
| 河 南 | Henan | 69364 | 5332 | 4553 | 1335 | 164 | 5193 | 2183 |
| 湖 北 | Hubei | 61627 | 5129 | 4874 | 1182 | 366 | 2098 | 1003 |
| 湖 南 | Hunan | 62860 | 4944 | 4329 | 1492 | 298 | 1504 | 1051 |
| 广 东 | Guangdong | 135701 | 6502 | 6620 | 1936 | 296 | 8510 | 1911 |
| 广 西 | Guangxi | 34593 | 3427 | 1835 | 737 | 145 | 874 | 560 |
| 海 南 | Hainan | 6628 | 1705 | 552 | 54 | 43 | 185 | 142 |
| 重 庆 | Chongqing | 22496 | 1113 | 1142 | 633 | 205 | 1931 | 624 |
| 四 川 | Sichuan | 70088 | 2639 | 1981 | 1270 | 262 | 3423 | 1474 |
| 贵 州 | Guizhou | 26807 | 2990 | 1295 | 401 | 156 | 551 | 455 |
| 云 南 | Yunnan | 23732 | 1336 | 1103 | 542 | 49 | 1383 | 458 |
| 西 藏 | Tibet | 4079 | -- | -- | -- | -- | -- | -- |
| 陕 西 | Shaanxi | 38600 | 4043 | 3196 | 915 | 232 | 1201 | 816 |
| 甘 肃 | Gansu | 19328 | 1577 | 695 | 250 | 80 | 507 | 379 |
| 青 海 | Qinghai | 6464 | 450 | 188 | 157 | 10 | 199 | 111 |
| 宁 夏 | Ningxia | 5740 | 478 | 132 | 119 | 2 | 611 | 161 |
| 新 疆 | Xinjiang | 13163 | 1533 | 280 | 139 | 24 | 833 | 425 |

注：北京市的各项数据中包括国家机关工委和中直机关工委的数据。

a) Data for Beijing include figures of Work Committee for Offices Directly under the CCCPC and State Organs Work Committee of the CPC.

10-30 续表 continued

单位：个 (unit)

| 地区 | Region | 私营企业 Private Enterprises | 其他内资企业 Other Domestic Enterprises | 个体经营户 Selfemployed Business | 港澳台商投资企业 Hong Kong, Macao and Taiwan Funded Enterprises | 外商投资企业 Foreign Funded Enterprises | 事业 Institutions | 机关 Government Agencies |
|---|---|---|---|---|---|---|---|---|
| **全国** | **National** | **466202** | **7020** | **44770** | **27142** | **34131** | **276600** | **159172** |
| 北京 | Beijing | 2774 | 57 | 144 | 173 | 377 | 3962 | 1200 |
| 天津 | Tianjin | 6318 | 226 | 605 | 493 | 2211 | 3623 | 1134 |
| 河北 | Hebei | 36385 | 82 | 2547 | 352 | 1043 | 11773 | 9035 |
| 山西 | Shanxi | 8226 | 164 | 564 | 31 | 136 | 8911 | 4846 |
| 内蒙古 | Inner Mongolia | 8712 | 58 | 1303 | 84 | 194 | 7831 | 6185 |
| 辽宁 | Liaoning | 16491 | 235 | 2806 | 301 | 1377 | 10314 | 5598 |
| 吉林 | Jilin | 8200 | 61 | 659 | 17 | 184 | 6392 | 2357 |
| 黑龙江 | Heilongjiang | 4745 | 8 | 1072 | 61 | 531 | 8678 | 4807 |
| 上海 | Shanghai | 15023 | 341 | 106 | 1538 | 3926 | 5466 | 1272 |
| 江苏 | Jiangsu | 30765 | 228 | 617 | 3078 | 5223 | 11628 | 4780 |
| 浙江 | Zhejiang | 37193 | 194 | 644 | 1392 | 1799 | 11426 | 6255 |
| 安徽 | Anhui | 12800 | 64 | 769 | 133 | 577 | 10403 | 5331 |
| 福建 | Fujian | 28834 | 2642 | 1244 | 4234 | 2627 | 8666 | 5076 |
| 江西 | Jiangxi | 13844 | 106 | 429 | 161 | 837 | 11029 | 6536 |
| 山东 | Shandong | 47365 | 309 | 4241 | 1167 | 5063 | 14842 | 9193 |
| 河南 | Henan | 24124 | 156 | 2362 | 146 | 247 | 15929 | 7640 |
| 湖北 | Hubei | 19512 | 207 | 2737 | 739 | 797 | 16511 | 6472 |
| 湖南 | Hunan | 23728 | 470 | 2341 | 118 | 222 | 13437 | 8926 |
| 广东 | Guangdong | 59568 | 609 | 9335 | 12028 | 4995 | 16533 | 6858 |
| 广西 | Guangxi | 10948 | 131 | 837 | 319 | 461 | 8983 | 5336 |
| 海南 | Hainan | 891 | 36 | 39 | 50 | 71 | 1864 | 996 |
| 重庆 | Chongqing | 6254 | 151 | 1131 | 37 | 83 | 5602 | 3590 |
| 四川 | Sichuan | 13924 | 276 | 5075 | 193 | 601 | 24361 | 14609 |
| 贵州 | Guizhou | 6878 | 50 | 769 | 36 | 65 | 7003 | 6158 |
| 云南 | Yunnan | 3634 | 8 | 250 | 47 | 72 | 7547 | 7303 |
| 西藏 | Tibet | -- | -- | -- | -- | -- | -- | -- |
| 陕西 | Shaanxi | 9716 | 37 | 1298 | 103 | 204 | 10696 | 6143 |
| 甘肃 | Gansu | 5083 | 92 | 193 | 77 | 109 | 5497 | 4789 |
| 青海 | Qinghai | 1056 | 8 | 474 | 20 | 48 | 1733 | 2010 |
| 宁夏 | Ningxia | 1686 | 1 | 103 | 7 | 24 | 1497 | 919 |
| 新疆 | Xinjiang | 1525 | 13 | 76 | 7 | 27 | 4463 | 3818 |

# 10-31 各地区各级工会劳动法律监督工作情况（2006年）

# Legal Supervision on Labor Laws by Trade Unions at All Levels by Province (2006)

单位：个、件　　(unit,case)

| 地　区 | Province | 基层工会劳动法律监督组织 Supervision Organizations in Grassroot Trade Unions | | 基层以上工会劳动法律监督组织 Supervision Organizations in Trade Unions above Grassroot Level | |
|---|---|---|---|---|---|
| | | 组织个数 Number of Organizations | 提请劳动监察部门处理的违反劳动法律行为、事件件数 Cases Delivered to Labor Supervision Departments | 受理职工举报件数 Number of Cases Accepted | 提请劳动监察部门处理的违反劳动法律行为、事件件数 Cases Delivered to Labor Supervision Departments |
| **全　国** | **National** | **194809** | **3532** | **31096** | **6639** |
| 北　京 | Beijing | 2321 | 27 | 276 | 11 |
| 天　津 | Tianjin | 2302 | 7 | 171 | 12 |
| 河　北 | Hebei | 25951 | 43 | 1689 | 316 |
| 山　西 | Shanxi | 2414 | 72 | 312 | 124 |
| 内蒙古 | Inner Mongolia | 4671 | 36 | 294 | 151 |
| 辽　宁 | Liaoning | 8074 | 52 | 1128 | 262 |
| 吉　林 | Jilin | 1989 | 25 | 331 | 105 |
| 黑龙江 | Heilongjiang | 3429 | 62 | 738 | 345 |
| 上　海 | Shanghai | 6215 | 77 | 830 | 226 |
| 江　苏 | Jiangsu | 20568 | 187 | 2708 | 423 |
| 浙　江 | Zhejiang | 19097 | 236 | 5485 | 636 |
| 安　徽 | Anhui | 1706 | 69 | 274 | 115 |
| 福　建 | Fujian | 3358 | 257 | 848 | 256 |
| 江　西 | Jiangxi | 1785 | 5 | 275 | 112 |
| 山　东 | Shandong | 28725 | 235 | 2594 | 562 |
| 河　南 | Henan | 8006 | 335 | 2664 | 526 |
| 湖　北 | Hubei | 7415 | 118 | 1187 | 296 |
| 湖　南 | Hunan | 4235 | 127 | 1294 | 491 |
| 广　东 | Guangdong | 17356 | 808 | 4315 | 628 |
| 广　西 | Guangxi | 7139 | 23 | 486 | 92 |
| 海　南 | Hainan | 345 | 23 | 22 | 14 |
| 重　庆 | Chongqing | 1945 | 318 | 418 | 82 |
| 四　川 | Sichuan | 4431 | 168 | 1173 | 310 |
| 贵　州 | Guizhou | 2590 | 34 | 146 | 30 |
| 云　南 | Yunnan | 2715 | 33 | 248 | 58 |
| 西　藏 | Tibet | 176 | | | |
| 陕　西 | Shaanxi | 1916 | 71 | 492 | 162 |
| 甘　肃 | Gansu | 1289 | 23 | 68 | 22 |
| 青　海 | Qinghai | 250 | 4 | 6 | |
| 宁　夏 | Ningxia | 1002 | 23 | 201 | 73 |
| 新　疆 | Xinjiang | 1394 | 34 | 423 | 199 |

注：北京市的各项数据中包括国家机关工委和中直机关工委的数据。

a) Data for Beijing include figures of Work Committee for Offices Directly under the CCCPC and State Organs Work Committee of the CPC.

# 10-32 全国妇联主要情况

## Basic Statistics about the All-China Women's Federation

| 项　目 | Item | 2004年 | 2005年 | 2006年 |
|---|---|---|---|---|
| "绿色证书"受教育人数(万人) | Number of Persons Receiving Green Certificate Training (10000 persons) | 74 | 94 | 84 |
| 全国县以上"三八绿色工程"基地数(个) | Number of March 8th Women's Forestation Program Bases above County Level (unit) | 39405 | 36375 | 36143 |
| 受表彰的"巾帼文明岗"数(个) | Number of Women Civility Work Posts Awarded (unit) | 50653 | 54330 | 36690 |
| 由妇联系统创办的法律服务机构数(个) | Number of Legal Service Institutions Affiliated to Women's Federations (unit) | 14197 | 10906 | 35595 |
| 各级评选"五好文明家庭"数(万户) | Number of "Five-good" Families Awarded at All Levels (10000 households) | 74 | 69 | 450 |
| 各类家长学校数(万个) | Number of Parent Schools (10000 units) | 34 | 36 | 38 |
| 春蕾小学(所) | Number of Spring Bud Primary Schools (unit) | | 400 | 584 |
| 春蕾活动中资助女童入学或返校数(万人次) | Number of Girls Sponsored by the Spring Bud Program (10000 person-times) | | 160 | 198 |
| 春蕾活动中社会捐资总额(亿元)<br>春蕾活动中社会捐资总额(亿元) | Total Amount of Donation to the Spring Bud Program (100 million RMB yuan) | | 6 | 6.37 |
| 母亲水窖(万眼) | Number of Mother Water Cellars (10000 units) | | 10 | 14 |

# 10-33 共青团组织情况

## Basic Statistics on Communist Youth Leagues of China

单位：万人，万个　　　　(10000 persons, 10000 units)

| 年　份<br>Year | 团　员<br>League Members | | | | 基层团组织<br>Grassroot Level Youth Leagues | | | | 专职团干部<br>Full-time Cadres of Youth Leagues | |
|---|---|---|---|---|---|---|---|---|---|---|
| | 总　数<br>Total | 占青年%<br>As Percentage to Total Youths | 女团员<br>Female League Members | 少数民族<br>Minority League Members | 团　委<br>Committees of Youth Leagues | 团总支<br>General Branches of Youth Leagues | 团支部<br>Branches of Youth Leagues | 团工委<br>Work Committees of Youth Leagues | 人　数<br>Total | 占团员%<br>As Percentage to Total League Members |
| 2000 | 6805 | 21.8 | 2857 | 512 | 18.2 | 24.9 | 259.1 | 1.89 | 18.10 | 0.27 |
| 2001 | 6841 | 22.1 | 2849 | 502 | 18.9 | 25.9 | 253.4 | 1.64 | 18.08 | 0.26 |
| 2002 | 6986 | 22.6 | 2937 | 558 | 18.7 | 23.6 | 271.7 | 1.78 | 18.25 | 0.26 |
| 2003 | 7107 | 23.0 | 2957 | 556 | 18.5 | 23.0 | 255.4 | 1.77 | 18.76 | 0.26 |
| 2004 | 7188 | 23.2 | 3060 | 578 | 18.9 | 23.4 | 254.0 | 2.31 | 19.15 | 0.27 |
| 2005 | 7215 | 25.3 | 3093 | 572 | 17.6 | 22.0 | 249.1 | 2.24 | 19.06 | 0.26 |
| 2006 | 7350 | 24.1 | 3172 | 577 | 17.9 | 22.0 | 256.1 | 2.56 | 19.34 | 0.26 |

注：本表中青年的年龄范围为14周岁以上，28周岁以下。

a) Youths in this table refer to those aged 14-28.

# 十一、主要统计指标解释
# Explanatory Notes on Main Statistical Indicators

# 主要统计指标解释

## 教育

**普通高等学校**　指按国家规定的设置标准和审批程序批准举办的，通过全国普通高等教育统一招生考试，招收高中毕业生为主要培养对象，实施高等学历教育的全日制大学、独立设置的学院和高等专科学校、高等职业学校和其他机构。

大学、独立设置的学院主要实施本科层次以上教育，高等专科学校、高等职业学校实施专科层次教育，其他机构是承担国家普通招生计划任务不计校数的机构。包括普通高等学校分校和批准筹建的普通高等学校等。

**独立学院**　指由普通本科高校按新机制、新模式举办的本科层次的二级学院。一些普通本科高校按公办机制和模式建立的二级学院、"分校"或其他类似的二级办学机构不属此范畴。

**成人高等学校**　指按国家规定的设置标准和审批程序批准举办的，通过全国成人高等教育统一招生考试，招收具有高中毕业或同等学历的人员为主要培养对象，利用函授、业余、脱产的多种形式对其实施高等学历教育的学校。包括职工高等学校、农民高等学校、管理干部学院、教育学院、独立函授学院、广播电视大学、其他机构等。其他机构是承担国家成人招生计划任务不计校数的机构。

**民办的其他高等教育机构**　指经省、自治区、直辖市教育行政部门审批并颁发办学许可证，不具有颁发普通本专科和成人本专科学历文凭资格的实施高等教育的单位。

**中等职业教育**　调整后的中等职业学校是指将普通中等专业学校（中等技术学校、中等师范学校）、成人中等专业学校、职业高中学校、其他机构等各种实施中等职业教育的办学类型，通过合并、共建、联办、划转等形式调整为统一的办学类型。

其他机构是指承担中等职业教育不计校数的教育机构（包括停办的学校和高等学校附设的中等职业教育机构）。

**职业初中**　指经县或县以上教育行政部门批准设立，招收小学毕业生实施初级中等职业技术教育的教学机构。

**初等教育**　指由县或县以上教育行政部门批准，招收学龄儿童实施初等教育的教学机构。

**工读学校**　指由教育部门和公安部门联合举办的，对有轻微违法行为的中学生进行挽救教育的教学机构。

**特殊教育**　指独立设置的招收盲聋哑和智残儿童，以及其他特殊需要的儿童、青少年进行普通或职业初、中等教育的教学机构。

**学前教育**　包括幼儿园和学前班。学前班是指在部分不能满足学龄前幼儿三年入园的地区，组织学龄前儿童进行学前一年教育的一种组织形式。学前班是农村发展学前教育的重要形式，也是城市弥补幼儿园数量不足的一种辅助形式。

**完全中学**　是指普通初、高中合设的教育机构。

**在职人员攻读博士、硕士学位**　指经国务院学位委员会批准的，为提高在职人员业务水平，通过攻读博士、硕士学位入学全国联考所招收的学生。培养的学生只有学位没有学历。

**自考助学班学生**　指为参加高等教育自学考试的学生举办的全日制教学辅导班所招收的学生。

**学历文凭考试学生**　指民办的其他高等教育机构中所招收参加高等教育学历文凭考试的全日制专科学生。

**普通预科生**　指经教育部和国家民委批准下达预科招生计划，招收的少数民族和港澳、华侨、台籍学生，经过一年的文化补习，合格者升入普通高等学校有关专业学习。

**进修及培训**　指在高等教育学校（机构）进行的各类非学历教育。

**高等教育资格证书培训** 指由各类高等教育机构举办的,招收具有高中毕业文化程度,从事专业技术工作或专业性较强的管理工作人员,经过学习及考试合格,取得达到岗位要求的专业知识水平的非学历教育。证书教育形式包括单科班和专业证书班。

**高等教育岗位证书培训** 指由各类高等教育机构举办的,以提高本职工作能力为目的的非学历教育和培训活动。接受培训的各类人员按要求经考核合格,颁发岗位合格证书和上岗任职聘任书。岗位培训形式包括资格性培训和适应性培训。

**中等教育资格证书培训** 指接受培训的各类人员经过学习及考试合格,取得达到岗位要求的职业资格证书。

**中等教育岗位证书培训** 指接受培训的各类人员经过学习及考试合格,颁发岗位合格证书和上岗任职聘任书。

**小学学龄儿童净入学率** 指调查范围内已入小学学习的学龄儿童占校内外学龄儿童总数(包括弱智儿童,不包括盲聋哑儿童)的比重。

**教职工** 指编制在学校,并从事教学、管理和后勤保障工作的固定人员(不包括临时工和聘任教师)。

教职工按工作性质可分为教师、行政人员、教辅人员和工勤人员。

基础教育指标定义

**教职工数** 是指在学校(机构)工作并由学校(机构)支付工资的教职工人数,人员包括①在编人员,即根据原人事管理制度,人事关系和档案均在学校的人员;②聘任制人员,即人事制度改革后,高校(机构)招聘录用的长期、全时工作人员。聘任制人员的人事关系在学校但档案不在学校。

教职工数包括校本部教职工、科研机构人员、校办企业职工、其他附设机构人员。

高等和中职教育指标定义

**专任教师** 是指具有教师资格,专门从事教学工作的人员。

**国家财政性教育经费** 包括国家财政预算内教育经费,各级政府征收用于教育的税费,企业办学校教育经费,校办产业、勤工俭学和社会服务收入用于教育的经费。

**财政预算内教育经费** 指中央、地方各级财政或上级主管部门在年度内安排,并计划拨到教育部门和其他部门主办的各级各类学校、教育事业单位,列入国家预算支出科目的教育经费,包括教育事业拨款、科研经费拨款、基建拨款和其他经费拨款。

## 文化

**文化事业和文化企业机构** 指专门从事文化及相关工作具有法人资格、独立核算的事业、企业单位,以及单独核算、附属于事业单位的经营性专业文化活动单位。包括:文艺创作与表演、艺术表演场馆、文物及文化保护、博物馆、图书馆与档案馆、群众文化活动、文化艺术经纪与代理业、其他文化艺术业、娱乐文化服务业等;教育业中的文化艺术教育;以及不属于以上行业的,由文化事(企)业单位办的其他行业。

**非文化产业机构** 指不属于以上"文化事业和文化企业机构"的、直属于各级文化主管部门的事业、企业单位,以及文化部门内各事业、企业单位办的各类经营性的非文化活动单位。

**艺术表演团体** 指由文化部门举办或实行行业性管理的专门从事文学、美术创造和表演艺术等活动的各类专业艺术表演团体,不包括半工半艺、半农半艺的剧团。

**艺术表演场馆** 指有观众席、舞台、灯光设备,专供文艺团体演出的场所的管理活动。包括音乐厅、歌剧院(场)、舞剧院(场)、话剧院(场)、马戏场、其他文艺表演的场所。不包括电影院、礼堂、体育场馆、美术馆及绘画、雕塑等艺术馆。

**高等艺术院校** 指按国家规定的设置标准和审批程序批准举办的,纳入国家招生计划,通过国家统一招生考试,招收高中毕业生和相当于高中学历者为主要培养对象,实施高等教育的全日制、独立设置的学院和高等专科艺术学校。

**中等艺术学校** 指文化系统内由文化部或省、自治区、直辖市人民政府批准举办,纳入国家招生计划,按国家规定组织入学考试,招收小学或初中(或部分高中)毕业生和具有同等学历者,实施中等艺术教育、培养中等艺术人才的全日制专业学校。

**文化干部院校** 指各级文化行政部门领导的培养和训练文化干部的院校。

**经营性互联网文化单位** 指由文化行政部门核发网络文化经营许可证的单位。

## 广电

**有线广播电视传输干线网络总长** 用于各类前端之前或前端与各分配点或各光节点之间传输信号的链路。包括:国家干线网、省级干线网、地市级干线网、县级及县级以下干线网及租用干线网。

**有线广播电视用户数** 指通过广播电视有线传输网收看电视节目的用户数,包括接收模拟信号和接收数字信号的有线电视用户数。

**模拟电视用户数** 指通过广播电视有线传输网收看模拟信号电视节目的用户数。

**数字电视用户数** 指通过广播电视有线传输网收看数字信号电视节目的用户数。

**付费数字电视用户数** 指通过广播电视有线传输网收看数字信号的电视节目,并交纳收看费的有线电视用户数。

**公共广播节目套数** 指经国家广电总局批准的、广播电视播出机构开办的不向听众收取收听费用,以为大众提供公共广播服务为主要目的,用固定频率播出,并编有整套自办节目时间表的广播节目套数。这里指免费向大众播出的节目套数,不仅指公共频道。

**全年播出购买、交换节目时间** 指广播电视播出机构通过购买、交换等交易方式取得的全年广播节目播出时间,包括进口节目,属于公共播出时间。

**微波实有站** 微波线路的始发站或开口站、中继站、终端站的总站数。

**数字微波传送干线长度** 指能够传送数字信号的微波干线长度。

**长期职工** 指用工期限在一年以上(包括一年)的职工。

**结转自筹基建** 指用非财政性资金转作基建的资金。

## 体育

**体育专职教练员** 指专门从事运动训练的教练人员。

**优秀运动员** 指经各级劳动人事部门批准入队,专门从事体育运动训练的人员。

**一线运动员** 指国家队、国家集训队、中青队和各省市自治区优秀运动队。

**二线运动员** 指体育运动学校运动班。三线运动员:是指各类少年儿童业余体校。

## 卫生

**卫生机构** 指从卫生行政部门取得《医疗机构执业许可证》,或从民政、工商行政、机构编制管理部门取得法人单位登记证书,为社会提供医疗保健、疾病控制、卫生监督服务或从事医学科研和教育等工作的单位。卫生机构包括医院、疗养院、社区卫生服务中心(站)、卫生院、门诊部、诊所(卫生所、医务室)、急救中心(站)、采供血机构、妇幼保健院(所、站)、专科疾病防治院(所、站)、疾病预防控制中心(防疫站)、卫生监督所、卫生监督检验(监测、检测)机构、医学科研机构、医学在职培训机构、健康教育所(站)等其他卫生机构。本资料不包括村卫生室(单独统计)。

**医疗机构** 指从卫生行政部门取得《医疗机构执业许可证》的机构,包括医院、疗养院、社区卫生服务中心(站)、卫生院、门诊部、诊所(卫生所、医务室)、妇幼保健院(所、站)、专科疾病防治院(所、站)、急救中心(站)和临床检验中心。本资料不包括村卫生室(单独统计)。

**非营利性医疗机构** 指为社会公众利益服务而设立运营的医疗机构,不以营利为目的,其收入用于弥补医疗服务成本。

**营利性医疗机构** 指医疗服务所得收益可用于投资者经济回报的弥补医疗机构。政府不举办营利性医疗机构。

**医院** 包括综合医院、中医医院、中西医结合医院、民族医院、各类专科医院和护理院,不包括专科疾病防治院、妇幼保健院和疗养院。

**中医医院** 指中医(综合)医院和中医专科医院,不包括中西医结合医院和民族医院。

**专科医院** 包括口腔医院、眼科医院、耳鼻喉科医院、肿瘤医院、心血管病医院、胸科医院、血液病医院、妇产(科)医院、儿童医院、精神病医院、传染病医院、皮肤病医院、结核病医院、麻风病医院、职业病医院、骨科医院、康复医院、整形外科医院、美容医院等其他专科医院,不包括中医专科医院、各类专科疾病防治院和妇幼保健院。

**社区卫生服务中心(站)** 指为本社区居民提供预防、医疗、保健、康复、健康教育、计划生育技术服务等的基层卫生机构。

**联合办村卫生室** 指村卫生室由两个或多个乡村医生联合办、乡村医生与卫生员联合办、执业(助理)医师与乡村医生或卫生员联合办等。

**卫生人员** 指在医疗、预防保健、医学科研和在职教育等卫生机构工作的职工,包括卫生技术人员、其他技术人员、管理人员和工勤人员。一律按支付年底工资的在岗职工统计,包括招聘人员,不包括临时工、离退休人员、离开本单位仍保留劳动关系人员和返聘人员。

**卫生技术人员** 包括执业(助理)医师、注册护士、药剂人员、检验和影像人员等卫生专业人员。不包括从事管理工作的卫生技术人员(一律计入管理人员)。

**医生** 包括主任医师、副主任医师、主治医师、住院医师和医士。

**医师** 包括主任医师、副主任医师、主治医师、住院医师。

**执业(助理)医师** 指具有《医师执业证》及其"级别"为"执业(助理)医师"且实际从事医疗、预防保健工作的人员,不包括实际从事管理工作的执业(助理)医师。执业(助理)医师类别分为临床、中医、口腔和公共卫生四类。

**注册护士** 指具有注册护士证书且实际从事护理工作的人员,不包括从事管理工作的护士。

**药剂人员** 包括主任药师、副主任药师、主管药师、药师、药士和药剂员。

**检验人员** 包括主任检验技师、副主任检验技师、主管检验技师、检验技师、检验技士和检验员。

**其他技术人员** 指毕业于高中等院校化学、数学等非卫生专业,现从事卫生宣传、科研、教学等技术工作的人员。

**管理人员** 包括单位负责人,主要从事医疗保健、疾病控制、卫生监督、医学科研与教学等业务管理工作的人员,主要从事党政、人事、财务、信息、安全保卫等行政管理工作的人员。

**每千人口卫生技术人员** 即卫生技术人员数/人口数 X1000。人口数系公安部户籍人口。

**乡村医生** 指村卫生室中从当地卫生行政部门获得"乡村医生"证书的人员。

**卫生员** 指村卫生室中未获得"乡村医生"证书的人员。

**床位数** 指年底固定实有床位(非编制床位),包括正规床、简易床、监护床、正在消毒和修理床位、因扩建或大修而停用的床位,不包括产科新生儿床、接产室待产床、库存床、观察床、临时加床和病人家属陪侍床。

**每千人口医院、卫生院床位数** 即(医院床位 + 卫生院床位)/人口数 X1000。人口数系公安部户籍人口。

**卫生总费用** 反映全国当年用于医疗卫生保健服务所消耗的资金总量,用筹资来源法测算。分为政府预算卫生支出、社会卫生支出、个人现金卫生支出三部分。

政府预算卫生支出指各级政府用于卫生事业的财政预算拨款。包括:①公共卫生服务经费(含卫生事业费、中医事业费、药品监督管理费、计划生育事业费、预算内基建经费、医学科研经费、卫生行政管理费、基本医疗保险基本补助、农村合作医疗政府补助基本);②行政事业单位医疗经费。

社会卫生支出指政府预算外社会各界对卫生事业的资金投入。包括社会基本医疗保险费、社会其他保险医疗卫生费、商业性健康保险费、非卫生部门行政事业单位办支出、企业职工医疗卫生费、农村集体经济卫生支出、卫生预算外基本建设资金、私人办医初始投资、公共卫生机构预算外资金投入等。

个人现金卫生支出指城乡居民用自己可支配的经济收入,在接受各类医疗卫生服务时的现金,包括城镇居民个人现金卫生支出和农村居民个人现金卫生支出。

**门诊病人人均医疗费用** 又称每诊疗人次医疗费用。即(医疗门诊收入 + 药品门诊收入)/总诊疗人次数。

**住院病人人均医疗费用** 又称出院者人均医疗费用。即(医疗住院收入 + 药品住院收入)/出院人数。

**出院者平均每天住院医疗费** 即(医疗住院收入 + 药品住院收入)/出院者占用总床日数。

**总诊疗人次数** 指所有诊疗工作的总人次数。包括病人来院就诊的门诊、急诊人次,出诊、赴家庭病床、下地段等外出诊疗人次,本院职工的诊疗人次数,外出进行的单项健康检查及健康咨询指导人次,局部的单项健康检查人数等。

**每百门、急诊入院人数** 即入院人数/门、急诊人次 X100。

**病床周转次数** 是指“出院人数”与“平均开放床位数”之比。

**出院者平均住院日** 是指“出院者占用总床日数”与“出院人数”之比。

**医师人均每日担负诊疗人次** 即诊疗人次数/平均医师人数/251。

**医师人均每日担负住院床日** 是指实际占用总床日数/平均医师人数/365。

**居民两周就诊率** 是指调查前两周内居民因病或身体不适到医疗机构就诊的人次数与调查人口数之比。

**居民两周未就诊率** 是指调查前两周内居民患病而未就诊的人次数与两周患病人次数之比。

**居民住院率** 是指调查前一年内居民因病住院人次数与调查人口数之比。

**活产数** 指年内活产胎儿数。活产是指不论妊娠期长短而自母体完全排出或取出的受孕产物,他与母体分离后,无论脐带是否切断或胎盘是否附着,只要妊娠产物具备呼吸、心跳、脐带搏动或明显的随意肌运动的四种生命指征之一都被认为活产。

**新生儿死亡率** 指年内产后28天以内死亡的新生儿数与活产数之比。一般以千分率表示。

**5岁以下儿童死亡率** 指年内未满5岁儿童死亡人数与活产数之比。一般以‰表示。

**孕产妇死亡率** 指年内每10万名孕产妇的死亡人数。孕产妇死亡指从妊娠开始至产后42天内死亡者,不论妊娠时间与部位,包括内外科原因、计划生育手术、宫外孕、葡萄胎死亡者,但不包括意外原因死亡者。按国际通用计算方法,“孕产妇总数”以“活产数”代替计算。

**高危产妇比率** 指各种病理因素及急慢性危险因素造成产妇高危人数与活产数之比。一般用%表示。

**孕产妇建卡率** 指年内孕产妇中由保健人员建立的保健卡(册)人数与活产数之比。一般用%表示。

**孕产妇系统管理率** 指年内妊娠至产后28天内接受过早孕检查、产前检查次数≥5次、消毒接生和产后访视全程保健服务的产妇人数与当地活产数的比率。一般用%表示。

**产前检查率** 指年内产前接受过一次及以上产前检查的产妇人数与活产数之比。一般用%表示。

**产后访视率** 指年内产后接受过一次及以上产后访视的产妇人数与活产数之比。一般用%表示。

**住院分娩率** 指年内在乡镇卫生院及乡镇以上医疗保健机构分娩的人数与活产数之比。一般用%表示。

**新法接生率** 指年内住院分娩和非住院分娩新法接生人数之和与活产数之比。一般用%表示。新法接生指产包、接生者的手、产妇的外阴部、脐带四消毒并由医生、助产士和受过培训并取得“家庭接生人员合格证”的初级卫生人员、接生员接生。

**两周患病率** 即调查前两周内患病人数(或例数)/调查人数 X1000。

**慢性病患病率** 两种定义:按人数计算的慢性病患病率,是指调查前半年内慢性病患病人数与调查人数之比;按例数计算的慢性病患病率,是指调查前半年内慢性病患病例数(含一人多次得病)与调查人数之比。“慢性病患病”是指:①调查前半年内经过医生诊断明确有慢性病(包括慢性感染性疾病如结核等和慢性非感染性疾病如冠心病和高血压等);②半年以前经医生诊断有慢性病,在调查前半年内时有发作,并采取了治疗措施如服药、理疗等。二者有其一者,即认为患“慢性病”。

**法定报告传染病发病率** 是指某年某地区每10万人口中甲、乙类法定报告传染病发病数。即法定报告传染病发病率=甲、乙类法定报告传染病发病数/人口数 X100000。

**法定报告传染病死亡率** 是指某年某地区每10万人口中甲、乙类法定报告传染病死亡数。即法定报告传染病死亡率=甲、乙类法定报告传染病死亡数/人口数 X100000。

**法定报告传染病病死率** 是指某年某地区甲、乙类法定报告传染病死亡数与发病数之比。即法定报告传染病病死率=甲、乙类法定报告传染病死亡数/发病数 X100%。

**标化死亡率** 即年龄标准化死亡率,是指按照某一标准人口年龄结构计算的死亡率。

**食品卫生合格率** 是指食品卫生抽检合格率,即食品卫生抽样监测合格件数/监测件数 X100%。

## 社会秩序与安全

**人民检察院直接立案侦查案件** 是指按照管辖的规定,由人民检察院直接立案侦查的贪污贿赂犯罪、渎职侵权犯罪、国家机关工作人员利用职权实施的侵犯公民人身权利和民主权利的犯罪以及经省级人民检察院决定立案侦查的国家机关工作人员利用职权实施的其他重大犯罪案件。

**受案** 指本年新受理的案件。

**立案** 指人民检察院对受理的案件进行初步调查后,认为存在职务犯罪事实,应追究刑事责任,并决定作为刑事案件进行侦查的诉讼活动,是追究犯罪的开始。该指标主要反映人民检察院依法将职务犯罪线索作为刑事案件进行侦查的诉讼活动。

**结案** 指侦查程序的结束。

**大案** 指贪污贿赂案件数额在五万元以上,挪用公款数额在十万元以上,以及按照《人民检察院直接受理立案侦查的渎职侵权重特大案件标准(试行)》认定的案件。该指标主要反映人民检察院立案查办的职务犯罪案件中经济损失大、社会危害严重的案件。

要案 指县、处级以上的干部犯罪案件。该指标主要反映职务犯罪案件中县、处级以上干部被人民检察院依法立案侦查的情况。

**批准逮捕** 指人民检察院对公安、国家安全机关、监狱管理机关提请逮捕的犯罪嫌疑人进行审查,根据事实,依法作出逮捕的决定。该指标主要反映人民检察院对提请逮捕的犯罪嫌疑人进行审查后依法作出批准逮捕决定的情况。

**决定逮捕** 指人民检察院对直接立案侦查的案件,认为需要逮捕犯罪嫌疑人时,依据法律作出的逮捕决定。该指标主要反映人民检察院对直接受理的案件行使决定逮捕权的情况。

**提起公诉** 指人民检察院对公安、国家安全机关、监狱管理机关和检察机关侦查部门移送起诉的案件进行审查,根据事实,作出提起公诉的案件。该指标主要反映人民检察院对各类刑事案件向人民法院提起公诉情况。

**刑事案件** 指按照管辖的规定由公安机关、国家安全机关、监狱管理机关侦查的案件。

**适用简易程序** 指人民法院对依法可能判处三年以下有期徒刑、拘役、管制、单处罚金的公诉案件,事实清楚,证据充分,人民检察院建议或者同意适用简易程序的;告诉才处理的案件;被害人起诉的有证据证明的轻微刑事案件。

**一审** 指公诉案件的第一审程序。

**再审** 指人民法院按照审判监督程序重新审判的案件。

**提出抗诉** 指人民检察院对人民法院的判决、裁定认为确有错误,向人民法院提出对案件重新进行审理的诉讼活动。包括按照第二审程序提出的抗诉和按照审判监督程序(再审程序)提出的抗诉。

**撤回抗诉** 指上级人民检察院对下级人民检察院按照第二审程序提出的抗诉,经审查,认为抗诉不当时向同级人民法院撤回抗诉,同时通知提出抗诉的下级人民检察院。

**立案** 指决定立案审查的案件。

**提请抗诉** 指本级人民检察院将本院有提请抗诉权的案件交下级人民检察院办理,下级人民检察院审查认为应当提请抗诉,建议上级人民检察院提请抗诉的案件。

**抗诉** 指本级人民检察院提出抗诉的案件。

**撤回抗诉** 指作出抗诉决定的人民检察院发现抗诉不当的,或接到上级人民检察院撤销抗诉决定后,向人民法院撤回抗诉的案件。

**立案监督** 指人民检察院对侦查机关刑事立案活动的监督。包括对应当立案而不立案的监督和不应立案而立案的监督。

**监督立案** 包括侦查机关接到要求说明不立案理由后主动立案和执行通知立案两个内容。

**监督撤案** 指人民检察院对侦查机关不应当立案而立案的监督。

**监管活动** 指对监狱等监管改造场所的管理活动进行的监督。

**“减假保”** 指人民检察院针对罪犯减刑、假释和保外就医中出现的违法情况进行的监督。

**受理** 指人民检察院接受申诉的情况。包括来信和来访。

**立案复查** 指人民检察院接受申诉后,经审查决定立案进行复查。

**结案** 指立案复查有结果的案件。

**首次举报** 指单位或个人以来信、来访形式检举国家工作人员涉嫌贪污、贿赂犯罪,国家机关工作人员涉嫌渎职、侵权犯罪。不包括重复举报数。

**首次控告** 指单位或个人以来信、来访形式检举国家工作人员违法或涉嫌刑事犯罪。不包括重复控告数。

**首次申诉** 不服人民检察院处理决定的或不服人民法院判决或裁定的以来信、来访形式的申诉。不包括重复申诉。

**分送检察机关** 指人民检察院对受理的举报、控告、申诉案件，经审查，分不同情况，或由控告申诉部门直接办理、或转本院有关业务部门、或转其他人民检察院。

## 社会保障

**民办非企业** 指企业事业单位、社会团体和其他社会力量以及公民个人利用非国有资产举办的，从事非营利性社会服务活动的社会组织。

**定期抚恤人数** 指报告期末革命烈士家属、因公牺牲、病故军人家属中符合抚恤条件，国家给予定期发放抚恤金的人数。

**定期补助人数** 指报告期末由国家定期发放给带病回乡不能参加生产劳动、生活特别困难的复员、退伍军人，完全丧失劳动能力、生活困难的复员军人，红军失散人员，以及用抚恤费开支的其他享受定期发放的人员总和。

**在乡红军老战士(红军失散人员、西路军)等** 指1937年7月6日以前入伍参加中国工农红军(包括西路军、抗日联军和中国共产党领导的脱产游击队)；有退伍手续或确切的证明；没有投敌叛变行为，回到地方以后，继续保持革命传统的人员及因伤、因病、因战斗失利或组织动员分散隐蔽离队失散的红军失散人员，并在离队后表现较好，经当地群众公认，乡、镇人民政府审查，县、市人民政府批准的人员。

**在乡复员军人** 指在1954年11月1日以前自愿参军并复员的军士、兵，或虽系义务兵入伍，但后改志愿兵或干部按复员处理的人员。

**零散烈士纪念建筑物数** 指报告期末不设有烈士纪念建筑物管理单位的烈士纪念建筑物的总数。包括褒扬革命烈士的纪念碑、塔、馆、亭、祠和烈士陵园数。

**收养性单位(提供食宿的社会福利单位)** 指提供食宿的、不以盈利为目的的革命伤残军人休养院、复退军人慢性病疗养院、复退军人精神病院、光荣院、社会福利院、儿童福利院、精神病人福利院、老年收养性机构(敬老院、养老院、老年公寓)等收养性的社会福利事业单位的总称。

**社会福利企业** 指以集中安置有一定劳动能力的残疾人就业为目的(残疾职工占生产人员10%以上)、带有社会福利性质的企业总称。社会福利企业分类为：社会福利工厂、假肢厂、其他福利企业。

**城镇定期定量救济费** 按规定由民政部门发给尚未实行最低生活保障制度城镇中无依无靠、无生活来源的孤、老、残、幼和无固定职业、无固定收入、生活困难居民的定期定量救济费。

**农村定期定量救济** 由民政部门发给农村收入水平很低、生活确有困难的五保户、贫困户的生活救济。

**精简退职老职工** 指1957年底以前参加工作，在1961年到1965年6月9日期间被精简的老职工。

**40%救济** 指由民政部门对精简退职老职工中的老弱病残者给予本人原标准工资40%的救济。

**精简退职职工定救** 指对不符合40%救济条件而生活确有困难的精简退职职工由民政部门给予半年以上的生活救济。

**农村临时救济** 指报告期内由国家或集体给予生活发生临时困难者发放半年以下的生活救济。

**福利彩票公益金** 指根据国家有关规定发行中国福利彩票筹集的专项用于发展社会福利事业的预算外资金。社会福利基金收入包括：销售中国福利彩票总额扣除兑奖和管理费用后的净收入；彩票销售中的不设奖池的弃奖收入；社会福利基金的银行存款利息。

**孤老残幼户("三无"对象)** 指无法定抚养义务人，或者虽有法定抚养义务人，但是抚养人无抚养能力的；无劳动能力的；无生活来源的老年人、残疾人和未成年人。

**慈善超市数** 指以经常性社会捐助站(点)为依托，以解决城市特困居民生活困难为主的，以有针对性的募集和发放为主要形式，借鉴商业超市管理模式，救助对象按需领取捐助物资的社会捐助机构数。

**城市老年收养性福利机构** 指提供食宿的、不以盈利为目的、城市中主要收养社会"三无"对象和家庭无力照顾的老年人的社会福利事业单位的总称。

**农村老年收养性福利机构(农村五保供养福利机构)** 指提供食宿的、不以盈利为目的、农村(乡、镇)中主要收养"五保户"和家庭无力照顾的老年人的社会福利单位的总称。

**社区服务中心** 指不以盈利为目的为老年人、残疾人、烈军属等社区居民提供多功能综合性服务(服务内容两项以上)的福利事业单位。称为社区服务中心的基本条件:(1)有一定的场所(建筑面积在100平方米以上);(2)有固定的管理人员;(3)所提供的社会福利服务项目必须在两项以上;(4)是独立核算单位。

**社会福利医院** 指提供食宿的、不以盈利为目的、主要收治无家可归、无依无靠、无生活来源的困难人群和低保对象、优抚对象等民政对象为主的社会福利医院(含精神病福利医院)。

**其他款项用于民政支出** 指财政从预算内经费中安排的用于民政事业的经费支出。如军队供应站经费、医疗救助、民政部门举办的中等专业学校经费等。

## 社会活动参与

**白内障复明手术** 指实施白内障复明手术的例数。

**人工晶体植入** 指在白内障复明手术中植入人工晶体的例数。

**脱盲** 指在实施白内障复明手术后脱盲的例数。

**配用助视器** 指本年度内低视力配用助视器的任务完成数。

**医院眼科** 指本年度内市级(含县级市)新开设低视力门诊的医院眼科数。

**新收训聋儿合计** 指本年度内康复机构训练与家庭新收训聋儿数之和。

**培训聋儿家长** 指本年度内举办家长培训班培训的聋儿家长数(不含省中心、语训部在训聋儿的家长)。

**在岗教师** 指在各级康复机构中直接从事康复训练的教师。

**在岗医技** 指在各级康复机构中从事耳聋诊断、听力测试、助听器选配、耳模制作、康复评估、心理测查等专业技术人员。

**麻风畸残康复矫治手术** 指本年度内麻风畸残者接受麻风畸残矫治手术例数。

**组派医疗队** 指本年度内组派省级、市级麻风康复医疗队的批数。

**为麻风畸残者发放辅助用具(不含假肢)** 指本年度内为麻风畸残者发放辅助用具总件数。辅助用具包括除安装假肢以外的防护鞋、鞋垫、护目镜、拐杖、轮椅、自助具、矫形器装配等。

**麻风畸残康复训练** 指本年度内麻风畸残康复训练任务完成数。康复训练包括自我护理训练和功能锻炼。

**普及型小腿假肢装配总例数** 指本年度内由残联系统组织装配的普及型小腿假肢数。

**普及型大腿假肢装配总例数** 指本年度内由残联系统组织装配的普及型大腿假肢数。

**覆盖总人口数** 指开展精防康复工作市、县覆盖人口的总和。其中地级市人口数是指该市人口数,不含所辖市、县人口数;县级市及县人口数是指该市、县所辖的人口数。

**精神病人数** 指经过摸底调查,已登记在册的精神病人总数,而不是根据发病率推算或估计得来的数字。

**监护病人数** 指通过监护小组、家庭病床、工疗站、社会就业以及精神卫生机构,接受社会化、开放式、综合性治疗与康复的精神病人总数。**显好病人数** 指经过采取有效的治疗康复措施,病情稳定,症状缓解的精神病人数。

**参与社会总人数** 指生活能自理、参加家务劳动、社会生产和社会活动的精神病人数。

**肇事率** 指年度内精神病人肇事程度达到违反社会治安管理条例以上的人次数与登记在册的精神病总人数的百分比。

**肢体残疾人、脑瘫儿童康复训练数** 分别指本年度内肢体残疾人、脑瘫儿童康复训练的任务完成数。

**肢体残疾人、脑瘫儿童康复有效数** 指经过系统康复训练后,其训练效果为显效与有效数之和。

**智力残疾儿童康复训练数** 指本年度内智力残疾儿童在机构和家庭进行康复训练的任务完成数之和。

**智力残疾儿童机构和家庭康复有效数** 分别指经过机构、家庭康复训练后,其训练效果为进步大和有进步数之和。

**本年开展康复服务工作的市辖区、县(市)数** 分别指本年度内开展残疾人康复服务工作达到《康复训练与服务“十五”实施方案》实施办法工作要求的的市辖区、县(市)任务数。

**开展康复服务工作的市辖区、县(市)累计数** 分别指自2001年起,开展残疾人康复服务工作达到《康复训练与服务“十五”实施方案》实施办法工作要求的市辖区、县(市)的历年任务数之和。

**康复训练服务机构合计** 指截止到本年度12月31日,省级、市(地)级、县(市、区)级和县(市、区)级以下肢体残疾(含脑瘫儿童)、智力残疾儿童康复训练服务机构数之和。

**省、地(市)、县(市、区)级残联系统康复训练服务机构** 分别指截止到本年度12月31日,省级、市(地)级、县(市、区)级残联系统建立的肢体残疾(含脑瘫儿童)、智力残疾儿童康复训练服务机构数。

**省、地(市)、县(市、区)级残联系统外建立的康复训练服务机构** 分别指截止到本年度12月31日,省级、市(地)级、县(市、区)级残联系统外的部门和社会力量建立的肢体残疾(含脑瘫儿童)、智力残疾儿童康复训练服务机构数。

**本年度培训合计** 指本年度内按《康复训练与服务“十五”实施方案》省、市、区(县)开展的管理人员和技术人员培训人次数之和。

**发放补碘宣传材料** 指本年度内中国残联印发的和各省、自治区、直辖市及县残联印发的宣传材料(宣传画、宣传册、科普读物等)之和。

**举办补碘宣传活动** 指本年度内各级残联及残联与卫生、民政、计生委、盐业、宣传等有关部门共同举办的各种消除碘缺乏病、预防因缺碘导致的力智残疾的宣传活动,如:防治碘缺乏病日、展览、咨询、知识讲座等。

**接受补碘宣传教育的特需人群数** 指一个地区特需人群(新婚育龄妇女、孕妇)总数中接受补碘宣传教育的人数。宣传教育的特需人群总数可以1996年测算的特需人群补碘人数为依据。

**盲、聋普通高中** 分别指专为盲人、聋人开办的普通高中的实际达到数。

**达到普通高等院校录取分数线人数** 指本年度应届高中残疾毕业生参加本年高考达到录取分数线的实际数。

**达到普通高等院校录取分数线录取人数** 指残疾考生不但达到高考的录取分数线而且被普通高等院、校录取的实际人数(不含高等特殊教育院校录取人数)。

**高等特殊教育院校录取人数** 指本年度被高等特殊教育院(校)、专业(班)录取的盲生、聋生人数。

**教育与培训机构合计** 指社会和残联系统专门为残疾人举办的学历教育与非学历培训的机构数。

**职业培训合计** 指社会和残联系统除学历教育以外的职业培训,颁发结业证书,本年度(含正在培训数)的实际培训人数。

**残疾人中等职业教育机构合计** 指截止到本年度12月31日,包括在特教学校、社会及残联专为残疾人开办的有学历的中等职业教育机构的实际达到数。

**视力、听力、智力、肢体、精神残疾未入学学龄残疾儿童少年** 指一人只患一类残疾的人员。残疾类别的划定标准使用1987年4月全国残疾人抽样调查统计的残疾类别标准。

**多重残疾** 指一人患两种及两种以上类别的残疾人。残疾类别的划定标准使用1987年4月全国残疾人抽样调查统计的残疾类别标准。

**应救助未入学学龄贫困残疾儿童少年** 指生活在当地贫困线以下且未入学的残疾儿童少年。

**城镇残疾人就业状况累计** 指城镇(非农业户口)残疾人集中就业、分散按比例就业(包括实施按比例就业前已在社会各单位就业的残疾人)和个体就业等三种形式,截止到本年度12月31日已安排就业的累计人数。

**本年度残疾人职业技能培训** 指本年度内有就业能力而未就业、需转换职业和已就业需要提高技术水平的残疾人所进行的职业技能培训的人数。(包括就业前培训、岗前培训、转岗培训和在职培训等)

**城镇残疾人未就业累计** 指截止到本年度12月31日城镇残疾人有就业要求、有就业能力但未安排就业的实际累计人数(就业年龄段男性16-49岁;女性16-44岁)

**农村已就业累计** 指截止到本年度12月31日农村残疾人(农业户口)从事各种生产劳动,包括种植业、养殖业、家庭手工业及在各种类型企事业、服务业、商业及个体从业累计残疾人数的总和。

**农村稳定就业累计** 指在“农村已就业累计”中,有着相对固定收入生活较稳定的累计残疾人数。

**本年度实用技术培训** 指本年度内残疾人就业服务机构,组织和借助社会力量办学,对农村残疾人进行

“种、养、加”等各种农用技术培训的人数。

**农村残疾人未就业累计** 指截止到本年度12月31日持有当地正式农业户口,有参加劳动需求而未从事“农村已就业累计”所述的职业的累计农村残疾人数(就业年龄均为16岁及16岁以上。不包括由于缺乏劳动条件不能扶持参加生产劳动,只能通过社会救济解决温饱的残疾人)。

**贫困残疾人** 指截止到本年度12月31日,生活在当地贫困线以下的农村贫困残疾人数。

**可扶持贫困残疾人** 指“贫困残疾人”中适合参加生产劳动的贫困残疾人数。

**城镇已纳入最低生活保障范围** 指具有城市户口的残疾人,家庭成员人均收入低于当地城市居民最低生活保障标准,已经纳入最低生活保障的残疾人数。

**集中供养** 指城镇符合五保供养条件、集中在社会福利院等社会福利机构进行供养的残疾人数。

**临时救济** 指具有城镇户口、因突发事故临时发生困难,影响基本生活,不定期享受政府或社会捐助的资金和实物救助的残疾人数。

**农村已纳入最低生活保障范围** 指具有农业户口的残疾人,家庭成员人均收入低于当地农村最低生活保障标准,已经纳入最低生活保障的残疾人数。

**五保供养** 指农村无法定扶养义务人,或有法定扶养义务人但扶养义务人无抚养能力的,无劳动能力的,无生活来源的残疾人纳入五保供养,在吃、穿、住、医、葬方面得到生活照顾和物质帮助的残疾人数。

**临时救济** 指具有农业户口、因突发事故临时发生困难,影响基本生活,不定期享受政府或社会捐助的资金和实物救助的残疾人数。

**定期补助** 指连续6个月以上享受临时救济,由政府给予定期定量的资金补助的残疾人数。

**专项补助** 指在落实各项保障措施之外,残联采取设立专项补助等措施补助的残疾人数。

省、市(地)级有声读物图书馆(室) 分别指本年度内省、市(地)级公共图书馆(室)、残疾人活动设施内已经开办或开辟的盲人有声读物图书馆、室的实际数。

**省、市(地)级体育活动场所** 分别指本年度内省、市(地)级在公共体育场所经签订协议或挂牌确定的残疾人体育活动场所数。

**开发残疾人康复健身项目** 指本年度内省级残联开发的适合残疾人康复健身项目数。

**省、市(地)级残疾人体育比赛** 分别指本年度内省级(含计划单列市)和市(地)级体委、残联、体协组织的省级和市(地)级残疾人运动会(选拔赛)次数。

**人大执法检查** 指本年度内省(自治区、直辖市)、地(市)、县(市、区)级人大对残疾人保障法及其实施办法和扶助残疾人规定的执行情况进行检查的次数。

**政协视察或专题调研** 指本年度内省(自治区、直辖市)、地(市)、县(市、区)级政协对残疾人保障法及其实施办法和扶助残疾人规定的执行情况进行视察或专题调研的次数。

**政府及有关行政职能单位专项检查** 指本年度内省(自治区、直辖市)、地(市)、县(市、区)级政府和有关行政职能部门对残疾人保障法及其实施办法和扶助残疾人规定的执行情况进行专项检查的次数。

**残疾人法律援助(服务)中心** 指截止到本年度12月31日,经省(自治区、直辖市)、地(市)、县(市、区)级司法行政部门与同级残联合办或残联自办经同级司法行政部门批准的为残疾人提供法律咨询等服务及法律援助的残疾人法律援助中心或法律援助中心残疾人分部(站)等的累计数。

**残疾人接受法律援助和服务** 分别指本年度省(自治区、直辖市)、市(地)、县(市、区)级残联指定或委托的律师事务所、设立的残疾人法律援助(服务)中心(分中心)或法律援助中心残疾人工作部(站)等为残疾人提供法律援助和服务的人次数。

**侵害残疾人合法权益大案要案查处** 指由省、市残联及残联成立或委托的残疾人法律服务援助机构直接介入(包括与有关部门配合)的具备下列条件之一的本年度内审结或处理完毕的案件:

一、根据当地经济发展水平,案件标的数额较大的;

二、当地主要媒体报道案件情况的;

三、省级以上、地市级以上主要领导作出批示.要求处理的;

四、群体性残疾人权益受到侵害的。

**省级维权热线电话** 指截止到本年度12月31日,省(自治区、直辖市)残联在机关维权部(处)、信访部门、残疾人法律援助(服务)中心设立的残疾人维权热线电话(号码)的累计数。

**无障碍设施建设法规、政府令**　指截止到本年度12月31日，省（自治区、直辖市）、地（市）级人大或政府颁布实施的旨在促进本地区无障碍设施建设和管理的地方性法规或规章。

**开展无障碍设施建设市、县、区**　指截止到本年度12月31日，省级残联与同级建设等部门联合确定的依据中国残疾人事业"十五"、"十一五"计划纲要及其配套实施方案要求开展无障碍设施建设的市、县、区的累积数。

**机动车集体访**　指5人以上群体关于机动车代步和机动车营运等方面的问题的来访。

**残联应建数**　以当地行政区划为准。

**已投入使用项目**　指所建综合服务设施已竣工验收并开展为残疾人服务的设施。其中，"本年度新投入使用项目"指在本年度1月1日到本年度12月31日之间新投入使用的设施。

"累计已投入使用项目" 指截止到本年度12月31日，已经投入使用的全部设施。

**建设用地面积**　指所建综合服务设施规划总占用土地的面积。

**建设规模**　指所建综合服务设施的建筑面积。

**总投资**　对"已投入使用项目"，指竣工结算时的实际投入资金额；对"在建项目"和"筹建项目"，指建设残疾人综合服务设施的总概算金额。

"绿色证书" 指"绿色证书"是指农民具备从事某项岗位规范要求的基本知识和技能后，经当地政府认可的从业资格凭证，即农村劳动者的岗位合格证书。

"三八绿色工程" 指"三八绿色工程"是按照党中央、国务院关于全社会办林业、全民搞绿化的指示，为发动城乡亿万妇女参与林业发展，改善生态环境，全国妇联、林业部共同倡导开展了"三八绿色工程"活动，动员组织广大妇女积极参与义务植树、建设绿色通道、美化生态环境。

"巾帼文明岗" 指"巾帼文明岗" 创建活动是适应社会主义市场经济需要，服务国家改革发展稳定大局，由全国妇联等24家部委发起并推出，旨在激励广大妇女争先创优、岗位建功、岗位成才的一项群众性精神文明创建活动。

**由妇联系统创办的法律服务机构数**　指在妇联系统建立的，由专职或兼职法律服务人员担任的，专门为妇女儿童提供法律服务的机构数，包括投诉中心、法律援助中心、法律顾问、维权服务部、法律服务处、妇女庇护所等。

**五好文明家庭**　指"爱国守法、热心公益好"、"学习进取、爱岗敬业好"、"男女平等、尊老爱幼好"、"移风易俗、少生优生好"、"勤俭持家、保护环境好"，评选条件是优中选优。

**各类家长学校数**　为了进一步推动家庭教育的健康发展、传播家庭教育的先进理念、帮助家长掌握科学的家庭教育知识和教子方法，根据不同年龄儿童的家长和有特殊需要儿童家长的要求，举办的各种类型的家长学校个数，以及在广播、电视中开办的广播父母学校个数。这些学校对提高家长素质，提高家庭教育水平发挥了很好的作用。要求学校有机构、有固定场地和师资、有教材、有考核、有年度工作计划、档案齐全。

**春蕾小学**　中国儿童少年基金会捐款修建或改建的学校，也包括通过各级妇联捐建的学校。

**母亲水窖**　由中国妇女发展基金会承办的为帮助西部干旱地区母亲和儿童解决饮水困难问题，募集社会各界资金修建的水窖。

# 十二、附　　录
# Appendix

# 教育部 国家统计局 财政部

# 关于2005年全国教育经费执行情况统计公告

## 一、全国教育经费情况

2005年，全国教育经费为8418.84亿元，比上年的7242.60亿元增长16.24%。其中，国家财政性教育经费（包括各级财政对教育的拨款、教育费附加、企业办中小学支出以及校办产业减免税等项）为5161.08亿元，比上年的4465.86亿元增长15.57%。

## 二、落实《教育法》规定的“三个增长”情况

1.中央和地方各级政府预算内教育拨款（不包括城市教育费附加）为4665.69亿元，比上年的4027.82亿元增长15.84%。其中，中央财政教育支出349.85亿元，比上年的299.45亿元增长16.83%，高于中央本级财政经常性收入15.42%的增长幅度。

2.各级教育生均预算内教育事业费支出增长情况

2005年全国普通小学、普通初中、普通高中、职业中学、普通高等学校生均预算内教育事业费支出情况是：

（1）全国普通小学生均预算内事业费支出为1327.24元，比上年的1129.11元增长17.55%。其中，农村普通小学生均预算内事业费支出为1204.88元，比上年的1013.80元增长18.85%。普通小学生均预算内事业费支出增长最快的是山西省（33.41%）。

（2）全国普通初中生均预算内事业费支出为1498.25元，比上年的1246.07元增长20.24%。其中，农村普通初中生均预算内事业费支出为1314.64元，比上年的1073.68元增长22.44%。普通初中生均预算内事业费支出增长最快的是湖南省（33.99%）。

（3）全国普通高中生均预算内事业费支出为1959.24元，比上年的1758.63元增长11.41%。普通高中生均预算内事业费支出增长最快的是宁夏回族自治区（34.12%）。

（4）全国职业中学生均预算内事业费支出为1980.54元，比上年的1842.58元增长7.49%。职业中学生均预算内事业费支出增长最快的是新疆维吾尔自治区（45.27%）。

（5）全国普通高等学校生均预算内事业费支出为5375.94元，比上年的5552.50元下降3.18%。普通高等学校生均预算内事业费支出增长最快的是新疆维吾尔自治区（51.70%）。

3.各级教育生均预算内公用经费支出增长情况

2005年全国普通小学、普通初中、普通高中、职业中学、普通高等学校生均预算内公用经费支出情况是：

（1）全国普通小学生均预算内公用经费支出为166.52元，比上年的116.51元增长42.92%。其中，农村普通小学生均预算内公用经费支出为142.25元，比上年的95.13元增长49.53%。普通小学生均预算内公用经费支出增长最快的是海南省（448.10%）。

（2）全国普通初中生均预算内公用经费支出为232.88元，比上年的164.55元增长41.53%。其中，农村普通初中生均预算内公用经费支出为192.75元，比上年的125.52元增长53.56%。普通初中生均预算内公用经费支出增长最快的是海南省（261.10%）。

（3）全国普通高中生均预算内公用经费支出为363.54元，比上年的290.31元增长25.22%。普通高中生均预算内公用经费支出增长最快的是海南省（127.64%）。

（4）全国职业中学生均预算内公用经费支出为336.66元，比上年的267.70元增长25.76%。职业中学生均预算内公用经费支出增长最快的是新疆维吾尔自治区（438.06%）。

（5）全国普通高等学校生均预算内公用经费支出为2237.57元，比上年的2298.41元下降2.65%。普通高等学校生均预算内公用经费支出增长最快的是新疆维吾尔自治区（173.83%）。

## 三、预算内教育经费占财政支出比例情况

按预算内教育经费包含城市教育费附加的口径计算，2005年全国预算内教育经费占财政支出33930.28亿元（2006年《中国统计年鉴》公布数）比例为14.58%，比上年14.90%下降了0.32个百分点。从全国情况看，有23个省、自治区、直辖市预算内教育经费占财政支出比例比上年有不同程度的下降。

## 四、国家财政性教育经费占国内生产总值比例情况

据统计，2005年全国国内生产总值为183084.80亿元，国家财政性教育经费占国内生产总值比例为2.82%，比上年的2.79%增加了0.03个百分点。目前我国国家财政性教育经费统计口径尚不能完全反映我国政府安排教育经费的总量。

2005年全国教育经费执行情况监测结果表明，政府教育投入总量继续增加，国家财政性教育经费占GDP的比例比上年有所增加，但预算内教育经费占财政支出比例比上年有所下降，有一些省、自治区、直辖市没有达到《教育法》规定的教育投入增长要求。

附件：2005年全国教育经费执行情况统计表

教育部　国家统计局　财政部

二○○六年十二月二十九日

注：1. 公告中所列教育经费数据以教育经费统计口径为准，包括国民教育序列学校所支出的经费，不包括党政工团的教育经费、职工培训费、党政群干训费和军事院校的经费。

2. 公告中所涉及的全国性统计数据，均不包括台湾省、香港特别行政区、澳门特别行政区。

3. 公告中的2005年全国国内生产总值183084.80亿元、全国财政收入31649.29亿元和财政支出33930.28亿元等数据来源于2006年《中国统计年鉴》。

# 2006年群众安全感继续保持稳定水平

国家统计局

2007年3月19日

2006年11月初，国家统计局组织进行了第六次全国群众安全感抽样调查。本次调查在全国31个省（自治区、直辖市）共调查了102448个家庭，每个家庭随机抽取一名16岁以上的成员进行了问卷调查。结果表明，2006年群众安全感继续保持稳定水平，我国的治安形势呈好转趋势，但仍存在一些不容忽视的问题。

## 一、连续四年群众安全感比重超过九成

对于目前的社会治安环境，认为“很安全”的人占被调查人员总数的15.4%，认为“安全”的占40.1%，认为“基本安全”的占36.5%。选择“很安全”、“安全”和“基本安全”（统称为群众安全感）的比重合计占到92.0%，比2005年又上升了0.1个百分点。群众安全感比重连续四年超过九成（见表1），表明我国治安总体保持了良好的平稳态势，群众对公共安全的感受继续保持稳定水平。

分城乡看，城镇群众安全感比重为89.4%，乡村为94.0%，乡村比城镇高出4.6个百分点，乡村群众安全感依然高于城镇。

**表1　2003-2006年全国群众安全感比重**

单位：%

| 年　份 | 2003 | 2004 | 2005 | 2006 |
|---|---|---|---|---|
| 安全感比重 | 91.2 | 90.8 | 91.9 | 92.0 |

## 二、社会治安形势总体有所好转

被调查人对所在地的社会治安状况选择“很好”的占18.7%，选择“较好”的占39.0%，选择“一般”的占36.8%。选择“很好”、“较好”和“一般”的比重合计为94.5%，比2005年上升了0.6个百分点。被调查人认为当地治安状况与去年相比“有明显好转”的占17.7%，认为“有好转”的占45.8%，认为“和以前一样”的占31.6%，选择“有明显好转”、“有好转”和“和以前一样”的比重合计为95.1%，比2005年上升了1.3个百分点，表明2006年我国社会治安形势总体趋于好转。

## 三、影响群众安全感的突出问题

### （一）交通事故、公共秩序混乱、刑事犯罪是影响群众安全感的最主要方面

在影响群众安全感受的问题中，被调查人选择“交通事故”、“公共秩序混乱”和“刑事犯罪”比

重依次占 33.2%、31.8%和 26.0%，三者合计达到 91%。其中，交通事故已跃居为影响人们安全感的首要因素，而刑事犯罪在经过几年的连续下降后，已成为第三位影响因素（见表 2）。与 2005 年相比，选择“刑事犯罪”的下降了 5.0 个百分点，选择“交通事故”的上升了 5.1 个百分点。

**表 2　2003-2006 年最影响群众安全感的治安问题**

单位：%

| 年　份 | 刑事犯罪 | 公共秩序混乱 | 交通事故 | 火　灾 |
|---|---|---|---|---|
| 2003 | 35.4 | 33.3 | 24.5 | 6.7 |
| 2004 | 33.0 | 31.3 | 28.2 | 7.5 |
| 2005 | 31.0 | 31.9 | 28.2 | 9.0 |
| 2006 | 26.0 | 31.8 | 33.2 | 9.0 |

### （二）群众认为赌博和外来人员违法犯罪现象仍较为突出

在群众对所在地的十种违法犯罪现象进行评价时，选择赌博、外来人员违法犯罪、未成年人违法犯罪、入室盗窃严重的人数比重都超过了 10%，列居前四位（见表 3）。

**表 3　群众认为所在地严重的违法犯罪现象**

单位：%

| 违法犯罪现象 | 2006 | 2005 | 2004 | 2003 |
|---|---|---|---|---|
| 赌　博 | 17.5 | 19.7 | 25.6 | 24.5 |
| 外来人员违法犯罪 | 11.9 | 14.3 | 16.8 | 16.5 |
| 未成年人违法犯罪 | 10.8 | 13.1 | 15.2 | 13.8 |
| 入室盗窃犯罪 | 10.6 | 13.2 | 15.9 | 16.3 |
| 制假贩假 | 8.8 | 11.5 | 15.3 | 12.9 |
| 拦路抢劫犯罪 | 8.6 | 10.2 | 12.3 | 11.9 |
| 制黄贩黄、卖淫嫖娼 | 7.8 | 9.3 | 13.1 | 12.9 |
| 流氓黑恶势力违法犯罪 | 7.2 | 8.2 | 9.3 | 10.5 |
| 吸毒贩毒 | 6.0 | 7.3 | 9.1 | 9.3 |
| 强买强卖、欺行霸市 | 4.4 | 5.1 | 6.3 | 7.0 |

注：按 2006 年栏数据从高到低顺序排列。

### （三）铁路、车站、码头和某些公共场所治安秩序较差

从近几年群众的评价来看，当地公共环境的治安秩序呈现出逐年好转的趋势（见表 4）。但认为铁路、车站、码头和公共场所、大企业周边、学校周围治安秩序差的人员分别占 13.6%、10.7%、6.9%和 5.4%。因此，仍需进一步加强公共场所的乱点整治工作。

**表 4　群众对当地下列地区或场所的治安秩序评价**

单位：%

| 地区或场所 | 好 | | | | 差 | | | |
|---|---|---|---|---|---|---|---|---|
| | 2006 | 2005 | 2004 | 2003 | 2006 | 2005 | 2004 | 2003 |
| 学校周围 | 51.4 | 48.7 | 46.1 | 46.0 | 5.4 | 7.4 | 8.1 | 7.7 |
| 铁路、车站、码头 | 33.7 | 28.4 | 24.8 | 24.2 | 13.6 | 16.4 | 18.2 | 17.6 |
| 大企业周边 | 41.8 | 36.4 | 31.1 | 30.9 | 6.9 | 8.2 | 9.4 | 10.0 |
| 公共场所(商场、影剧院等) | 35.3 | 29.8 | 25.5 | 25.8 | 10.7 | 12.1 | 13.7 | 13.9 |

注：扣除不了解后的比重。

### （四）近一成群众在过去的一年里遭受过不法侵害

被调查人员中，有 9.9%的群众在过去的一年里自己或家人（包括家庭财产）遭受过不法侵害，且遭受过两次以上不法侵害的占受到过侵害人数的 29.2%。群众遭受的不法侵害，主要是侵财犯罪（见表 5），其中自行车被盗、入室盗窃和被扒窃占遭受不法侵害总数的比重均超过 30%。

**表 5　群众遭受的不法侵害（最多选三项）**

单位：%

| 不法侵害类型 | 比　重 |
|---|---|
| 自行车被盗 | 41.3 |
| 入室盗窃 | 33.0 |
| 被扒窃 | 30.3 |
| 其　他 | 19.2 |
| 被诈骗 | 14.6 |
| 遭抢劫、抢夺 | 13.2 |
| 人身伤害 | 11.6 |
| 被敲诈勒索 | 5.8 |

## 四、继续加大社会治安整治力度，为和谐社会建设提供保障

### （一）继续加大对违法犯罪活动的打击力度

调查中认为打击违法犯罪活动的力度“不太有力”和“不力”的人数占 51.8%，而认为“有力”的，虽比 2005 年上升了 5.7 个百分点，但只占 48.2%，仍没有超过一半。

### （二）治安巡逻、青少年教育和公正执法需进一步加大工作力度

被调查人认为增强群众安全感急需解决的三个主要问题是加强巡逻和青少年教育以及公正执

法，分别占被调查者的 20.3%、18.9%和 17.1%。此外，在城镇进一步加强外来人口管理也是目前增强群众安全感急需解决的问题之一（见表 6）。

**表 6　增强群众安全感急需解决的问题**

单位：%

| 急需解决的问题 | 全　国 | 城　镇 | 乡　村 |
|---|---|---|---|
| 加强巡逻 | 20.3 | 22.0 | 19.0 |
| 加强青少年教育 | 18.9 | 14.4 | 22.7 |
| 公正执法 | 17.1 | 13.2 | 20.3 |
| 加强外来人口管理 | 8.8 | 12.9 | 5.3 |
| 提高警察素质 | 7.5 | 7.2 | 7.8 |
| 增加街面警力 | 6.7 | 8.6 | 5.0 |
| 迅速破案 | 6.5 | 5.5 | 7.3 |
| 鼓励见义勇为 | 5.5 | 5.0 | 5.8 |
| 其　他 | 3.7 | 3.1 | 4.2 |
| 改善警民关系 | 3.2 | 2.5 | 3.8 |
| 改进警察装备 | 1.8 | 1.8 | 1.9 |

# 第二次全国残疾人抽样调查主要数据公报

（第二号）

国家统计局、第二次全国残疾人抽样调查领导小组

2007年5月28日

现将第二次全国残疾人抽样调查汇总的残疾人口的地区分布和主要社会经济数据公布如下：

## 一、残疾人口的地区分布

据推算，全国大陆31个省、自治区、直辖市2006年4月1日零时的残疾人口数及占本省（区、市）总人口的比例分别为：

| 地　区 | 残疾人口数（万人） | 占总人口比例（%） | 地　区 | 残疾人口数（万人） | 占总人口比例（%） |
|---|---|---|---|---|---|
| 北京市 | 99.9 | 6.5 | 湖北省 | 379.4 | 6.6 |
| 天津市 | 57.0 | 5.5 | 湖南省 | 408.0 | 6.4 |
| 河北省 | 495.9 | 7.2 | 广东省 | 539.9 | 5.9 |
| 山西省 | 202.9 | 6.0 | 广西壮族自治区 | 337.5 | 7.2 |
| 内蒙古自治区 | 152.5 | 6.4 | 海南省 | 49.4 | 6.0 |
| 辽宁省 | 224.2 | 5.3 | 重庆市 | 169.4 | 6.1 |
| 吉林省 | 190.9 | 7.0 | 四川省 | 622.3 | 7.6 |
| 黑龙江省 | 218.9 | 5.7 | 贵州省 | 239.2 | 6.4 |
| 上海市 | 94.2 | 5.3 | 云南省 | 288.3 | 6.5 |
| 江苏省 | 479.3 | 6.4 | 西藏自治区 | 19.4 | 7.0 |
| 浙江省 | 311.8 | 6.4 | 陕西省 | 249.0 | 6.7 |
| 安徽省 | 358.6 | 5.9 | 甘肃省 | 187.1 | 7.2 |
| 福建省 | 221.1 | 6.3 | 青海省 | 30.0 | 5.5 |
| 江西省 | 276.1 | 6.4 | 宁夏回族自治区 | 40.8 | 6.8 |
| 山东省 | 569.5 | 6.2 | 新疆维吾尔自治区 | 106.9 | 5.3 |
| 河南省 | 676.3 | 7.2 | | | |

## 二、有残疾人的家庭户人口

全国有残疾人的家庭户共7050万户，占全国家庭户总户数的17.80%；其中有2个以上残疾人的家庭户876万户，占残疾人家庭户的12.43%。有残疾人的家庭户的总人口占全国总人口的19.98%。有残疾人的家庭户户规模为3.51人。

## 三、残疾人口的性别构成

全国残疾人口中，男性为4277万人，占51.55%；女性为4019万人，占48.45%。性别比（以女性为100，男性对女性的比例）为106.42。

## 四、残疾人口的年龄构成

全国残疾人口中，0-14 岁的残疾人口为 387 万人，占 4.66%；15-59 岁的人口为 3493 万人，占 42.10%；60 岁及以上的人口为 4416 万人，占 53.24%（65 岁及以上的人口为 3755 万人，占 45.26%）。

## 五、残疾人口的城乡分布

全国残疾人口中，城镇残疾人口为 2071 万人，占 24.96%；农村残疾人口为 6225 万人，占 75.04%。

## 六、残疾人口的残疾等级构成

全国残疾人口中，残疾等级为一、二级的重度残疾人为 2457 万人，占 29.62%；残疾等级为三、四级的中度和轻度残疾人为 5839 万人，占 70.38%。

## 七、残疾人口的受教育程度

全国残疾人口中，具有大学程度（指大专及以上）的残疾人为 94 万人，高中程度（含中专）的残疾人为 406 万人，初中程度的残疾人为 1248 万人，小学程度的残疾人为 2642 万人（以上各种受教育程度的人包括各类学校的毕业生、肄业生和在校生）。

15 岁及以上残疾人文盲人口（不识字或识字很少的人）为 3591 万人，文盲率为 43.29%。

## 八、残疾儿童受教育状况

6-14 岁学龄残疾儿童为 246 万人，占全部残疾人口的 2.96%。其中视力残疾儿童 13 万人，听力残疾儿童 11 万人，言语残疾儿童 17 万人，肢体残疾儿童 48 万人，智力残疾儿童 76 万人，精神残疾儿童 6 万人，多重残疾儿童 75 万人。学龄残疾儿童中，63.19%正在普通教育或特殊教育学校接受义务教育，各类别残疾儿童的相应比例为：视力残疾儿童 79.07%，听力残疾儿童 85.05%，言语残疾儿童 76.92%，肢体残疾儿童 80.36%，智力残疾儿童 64.86%，精神残疾儿童 69.42%，多重残疾儿童 40.99%。

## 九、残疾人口的婚姻状况

全国 15 岁及以上残疾人口中，未婚人口 982 万人，占 12.42%；在婚有配偶的人口 4811 万人，占 60.82%；离婚及丧偶人口 2116 万人，占 26.76%。

## 十、残疾人口的就业与有关社会保障情况

全国城镇残疾人口中，在业的残疾人为 297 万人，不在业的残疾人为 470 万人。

城镇残疾人口中，有 275 万人享受到当地居民最低生活保障，占城镇残疾人口总数的 13.28%。9.75%的城镇残疾人领取过定期或不定期的救济。

农村残疾人口中，有 319 万人享受到当地居民最低生活保障，占农村残疾人口总数的 5.12%。11.68%的农村残疾人领取过定期或不定期的救济。

## 十一、残疾人家庭户的收入

全国有残疾人的家庭户 2005 年人均全部收入，城镇为 4864 元，农村为 2260 元。12.95%的农村残

疾人家庭户年人均全部收入低于 683 元，7.96%的农村残疾人家庭户年人均全部收入在 684 元至 944 元之间。

## 十二、残疾人曾接受的扶助、服务和需求

残疾人曾接受的扶助、服务的前四项及比例分别为：曾接受过医疗服务与救助的有 35.61%；曾接受过救助或扶持的有 12.53%；曾接受过康复训练与服务的有 8.45%；曾接受过辅助器具的配备与服务的有 7.31%。

残疾人需求的前四项及比例分别为：有医疗服务与救助需求的有 72.78%；有救助或扶持需求的有 67.78%；有辅助器具需求的有 38.56%；有康复训练与服务需求的有 27.69%。

## 十三、残疾人的生活环境

在此次调查的残疾人所在社区（村、居委会）中，68.13%的社区距离最近的法律服务所（司法所）在 5 公里以内，21.86%的社区距离最近的特殊教育学校（班）在 5 公里以内，47.35%的社区建有文化活动站（室），71.95%的社区设有卫生室（所、站）。

注：1. 全国残疾人口数未包括中国香港特别行政区、中国澳门特别行政区、中国台湾省残疾人口数。
2. 家庭户人口不包括现役军人，也不包括相互之间没有家庭成员关系、集体居住的人。
3. 2006 年第二次全国残疾人抽样调查的城乡口径为：城镇包括街道和镇的居委会，农村包括乡和镇的村委会。
4. 城镇在业和不在业残疾人指男 16－59 岁、女 16－54 岁的在业和不在业的城镇残疾人。
5. 调查中家庭全部收入包括工薪收入、经营性净收入、财产性收入、转移性收入，农村住户的全部收入还包括各种农作物、养殖等实物折算收入。